Johann David Michaelis

Abhandlung von den Ehegesetzen Mosis

welche die heiraten in die nahe Freundschaft untersagen

Johann David Michaelis

Abhandlung von den Ehegesetzen Mosis
welche die heiraten in die nahe Freundschaft untersagen

ISBN/EAN: 9783741167874

Hergestellt in Europa, USA, Kanada, Australien, Japan

Cover: Foto ©ninafisch / pixelio.de

Manufactured and distributed by brebook publishing software (www.brebook.com)

Johann David Michaelis

Abhandlung von den Ehegesetzen Mosis

Johann David Michaelis
Königlichen Grosbritannischen Hofraths und ordentlichen Lehrers der
Weltweisheit

Abhandlung
von den
Ehegesetzen Mosis
welche
die Heyrathen in die nahe Freundschaft
untersagen.

Zweite und vermehrte Auflage.

Göttingen,
verlegts Abram Vandenhoecks seel. Wittwe.
1768.

Vorrede zur zweiten Ausgabe.

Die zweite Auflage dieses Buchs erfolget freilich in so fern um einige Jahre zu spät, weil es an Exemplarien gemangelt hat, und ich sie früher zugesaget hatte. Meinen Lesern aber wird nicht daran gelegen seyn, daß ich ihnen nun erst die Abhaltungen erzähle, die ich gehabt habe: und sie werden mir den Verzug zu gute halten, wenn die neue Ausgabe nunmehr vollständiger und ausgebesserter ist, als sie gewesen seyn würde, wenn ich sie vor vier oder fünf Jahren zur Unzeit für mich hätte fertig machen sollen.

Die Ordnung der ersten Ausgabe hat mir nachher nicht recht gefallen: ich habe sie deswegen jetzt geändert, und bisweilen ganzen Capiteln eine andere Stelle angewiesen.

Zu den Capiteln sind auch zwey neue hinzugekommen: das zweite, von dessen Inhalt etwas beyläufig und zerstreuet in der ersten Ausgabe

Vorrede

vorkam: und das achte, dessen Inhalt neu ist. Ausserdem sind, hin und wieder Materien, die in der ersten Ausgabe nicht berühret waren, ausgeführt; neue Beweise oder Erklärungen gegeben, und Einwendungen, die ich damahls nicht sahe, angemerkt und beantwortet worden. An einigen Orten sage ich nunmehr einen länger geprüften Gedanken, mit mehrerer Gewißheit, z. E. im 32sten Paragrapho, und ich glaube nicht viel Entschuldigung nöthig zu haben, wenn ich mich in der ersten Schrift über einen Satz noch nicht so entscheidend auszudrucken wagte, sondern ihn mehr unter die Vermuthungen und Möglichkeiten zählte, die ich erst genauer untersuchen wollte. Ein andermahl habe ich auch meine Meinung geändert, wiewol diß nur in Nebensachen geschehen ist: dahin gehört der 71ste und 103te §. wo ich die richtige Ursach von dem Verbot der Ehe mit des Bruders und Vaterbruders Witwe entdeckt zu haben glaube, die ich vorhin unrichtig errathen, und auch da nicht unterlassen hatte, meine Besorgniß, daß ich irren möchte, anzuzeigen. In etymologischen Sachen kommen diese Veränderungen etliche mahl vor, und das wird niemanden Wunder nehmen, der aus irgend einer Sprache das Ungewisse der Etymologie kennet, die ich doch hier nicht ganz vorbey lassen konnte.

Wer beide Editionen mit einander vergleichen, oder in dieser neuen blos die Zusätze und Veränderungen lesen will, der findet die beträchtlichsten:

S. 13. Z. 7. bis S. 14. Z. 16.
S. 18. die Note.
S. 21. Z. 8. - S. 23. Z. 3.
S. 31. - S. 43. Z. 17.
S. 43. die Note.
S. 44. Z. 18. - S. 59. Z. 9.
S. 60. die Note.
S. 61. Z. 9. - S. 65. Z. 10.
S. 66.

zur zweiten Ausgabe.

S. 66. Z. 5. - S. 69. Z. 29.
S. 79. Z. 29. - S. 83.
S. 85. Z. 21. - S. 86. Z. 3. eben daselbst die Noten.
S. 89. Z. 1. - S. 92. Z. 25.
S. 101. Z. 10. - S. 106. Z. 35.
S. 108. Z. 30. - S. 109. Z. 9.
S. 109. Z. 24. - S. 110. Z. 4.
S. 121. Z. 3. - Z. 19.
S. 124. die Note.
S. 127. die Note.
S. 130. Z. 21. bis zu Ende, nebst der Note.
S. 135. Z. 3. - Z. 22.
S. 137. Z. 12. - S. 138. Z. 26.
S. 143. 144. 145. 146. 147. 148. die Noten.
S. 153. Z. 31. - S. 158. Z. 14.
S. 179. Z. 28. - S. 190. Z. 7.
S. 191. Z. 24. - S. 200. Z. 23.
S. 202. Z. 28. - S. 204. Z. 13.
S. 209. 210. 211. die Note.
S. 212. Z. 23. - S. 230. Z. 3.
S. 235. Z. 13. - S. 239. Z. 10.
S. 245. Z. 19. bis zu Ende der Sekte.
S. 251. Z. 7. - S. 252. Z. 5.
S. 254. Z. 2. - Z. 10.
S. 264. Z. 12. bis zu Ende.
S. 276. Z. 23. - S. 281. Z. 11.
S. 287. Z. 5. - S. 291. bis S. 104.
S. 292. 293. die Noten.
S. 298. Z. 22. - S. 299. Z. 18.
S. 315. Nachschrift in der Note.
S. 316. Z. 15. - S. 335. Z. 7.
S. 350. Z. 3. - S. 351. Z. 14.
S. 319. Z. 13. bis zu Ende.
S. 363. Z. 4. - S. 364. Z. 19.

Die geringern Veränderungen übergehe ich, die blos einzelne Zeilen, oder den Ausdruck betreffen. Glaubte ich, daß meinen Lesern an diesem viel gelegen wäre, so hätte ich ihn noch an mehr Orten geändert, denn er mißfällt mir bisweilen. Unsere Sprache selbst hat sich seit 1755 in manchen Stücken geändert, (und in der That sind ihre Regeln und ihr Wohlstand eine beständge Ebbe und Fluth) und ich habe mich auch geändert. Ich werde mich, wenn ich noch eben so lange lebe, noch einmahl ändern, und die Sprache auch noch ein oder zweymahl: denn der jetzige Ton hat zu viel witziges, zu viel nachläßiges, zu viel ausländisches, als daß er 1780, so wie er ist, erleben könnte. Ich habe also lieber manches, was mir blos von der Seite mißfiel, dahin vornehmlich das erste Capitel gehört, gelassen wie es ist. Denn ich denke, meinen Lesern ist es um die Sachen zu thun. Indessen habe ich doch die Ehrerbietung vor sie gehabt, vieles von dem zu ändern, was mir auch blos in der Schreibart mißfiel.

Ich muß noch von einigen gedruckten und ungedruckten Schriften reden, die bisweilen in dieser neuen Ausgabe angeführt werden, weil sie mir zu diesen oder jenen Zusätzen und Aenderungen Anlaß gegeben haben.

Der seelige Gesner pflegte sich gemeiniglich aus den neuen Büchern, die er las, mit ein Paar Worten das, was ihm merkwürdig war, oder wogegen er etwas zu erinnern hatte, aufzuzeichnen. Er that dis auch bey meiner Abhandlung, die er wegen einer besondern Veranlassung, und selbst über die Materie zweifelhaft, mit einer verdoppelten Aufmerksamkeit las. Er war so gütig, mir nicht allein diese Anmerkungen mündlich mitzutheilen, sondern auch den Zettel zum Eigenthum zu überlassen. Gesners Einwürfe verdienten immer Aufmerksamkeit und Hochachtung, und es gereicht jedem zur Ehre, wenn ihm eben der Zweifel beyfällt: ich habe es daher für meine Schuldigkeit gehalten, dieser Gesnerischen Erinnerungen an dem Orte zu gedenken, zu dem sie gehörten, welches S. 143. 180. 213. geschehen ist. Ich hätte sie ganz abdrucken lassen, wenn nicht einiges darin wäre, das Wohlstand und Bescheidenheit von meiner Seite verletzt haben würde: wo indessen auf seine Worte etwas ankommt, findet man sie ganz, und in der Sprache, in welcher er sie aufgezeichnet hatte.

Nicht

zur zweiten Ausgabe.

Nicht lange nachher erhielt ich ein gnädiges Schreiben von des Hochseeligen Herrn Geheimten Raths von Schwicheld Excellenz, in welchem Seine Excellenz bezeugten, in der Hauptsache und den Conclusionen, daß die Ehen, von denen ich im 7ten Capitel handele, erlaubt, wären, schon vorhin einerley Meinung gewesen zu seyn. Sie fügten hinzu: in gewissen andern Sätzen hätten Sie verschieden gedacht, und in einigen derselben träten Sie nach Lesung meiner Schrift mir bey, in andern wieder nicht, und über diese wollten Sie künftig, bey erhaltener Muße, Ihre Zweifel mir melden. Um aber diese bey kürzerem Ausdruck besser zu verstehen, legten Sie ein geschriebenes Bedenken bey, daß Ihro Excellenz Selbst ehedem in einer Ehefrage gegeben hatten (*): ein Bedenken, von dem ich beyläufig sagen darf, daß es nicht bloß juristische, sondern auch theologische und philosophische Einsicht und Gelehrsamkeit im hohen Grad verband. Die Correspondenz, zu der Ihro Excellenz mir Hofnung machten, ward durch die Unruhen des bald nachher ausbrechenden Krieges gestöret; indessen hatte ich mir aus dem Responso am Rande meines Buchs die nöthigen Excerpten gemacht, um künftig die Erinnerungen des Herrn Geheimten Raths besser verstehen zu können. In der That vermuthe ich zwar, daß die Einwürfe Seiner Excellenz meistens gegen einen Satz gerichtet gewesen seyn würden, von dem ich in der ersten Ausgabe zweifelhaft geredet, und den ich in dieser zweiten im 32sten §. geleugnet habe: ich würde also in dem Falle keine weitere

(*) Rechtliches Bedenken über die Frage, ob ein Landesherr mit gutem Gewissen gestatten könne, daß jemand seines Bruders Wittib, die keine Kinder hat, heyrathet: Vom 30sten Octobr. 1740.

weitere Antwort haben geben können, als, ich hielte dieselbe Meinung für die wahrscheinlichste, und hätte mich nur nicht unterstanden, sie gerade zu zu behaupten, oder etwas auf sie zu bauen, weil ihr noch ein gewisser Grad der Wahrscheinlichkeit nach meiner Einsicht gemangelt hätte. Wo indessen doch auch ein und anderer Einwurf in Nebensachen aus dem Bedenken, und meinen Excerpten desselben, genommen werden konnte, da habe ich denselben berührt, oder, in meinen Ausdrücken etwas corrigirt, und ein schwaches Argument der ersten Ausgabe weggelassen. Ich muß zugleich, um auch nicht in einer Citation ein Plagiarius an meinem ehemahligen großen Gönner zu werden, erinnern, daß ich das S. 226. befindliche Citatum aus Augustino eigentlich dem Schwichelschen Responso zu danken habe: und wer den 83sten §. der ersten Ausgabe damit vergleicht, wird sehen, was dieses Citatum, und daß ich eben die Meinung von Ihro Excellenz schon angenommen fand, in die Aenderung gewisser Ausdrücke, für einen Einfluß gehabt hat. Die Verehrung, die ich für die vortreflichen Eigenschaften dieses in so manchem Verstande großen Mannes habe, und die Dankbarkeit, für diejenige Gnade, deren Er mich gewürdiget hat, werden unauslöschlich seyn: und ich nehme die Gelegenheit wahr, diß um eine Zeit zu schreiben, da es nicht Schmeicheley scheinen kann.

Ein Geistlicher, der in einem der angesehensten Aemter stehet, hatte bey seiner eigenen Heyrath die erste Ausgabe meines Buchs gebraucht, nicht zwar um sich selbst, denn er war nicht zweifelhaft gewesen, sondern die Verwandten von der Rechtmäßigkeit der Ehe zu überführen.

führen. Ich lernte ihn im Jahr 1761. auf einer Reise kennen, und der Gebrauch, den er von meiner Schrift gemacht hatte, war eine der ersten Sachen, die er mir erzählte: zugleich aber entdeckte er mir seinen Zweifel, ob irgend im 18ten und 20sten Capitel des dritten Buchs Mose Ehegesetze enthalten wären, und er führte dieses nachher in einem Schreiben vom 3ten Nov. 1761. weiter aus. Dis ist die Veranlassung zum 14ten Paragraphen. Ich werde bey abermahliger Durchlesung seines Briefes gewahr, daß ich einen Einwurf nicht beantwortet habe. Ich will es noch thun, weil es mit wenig Worten geschehen kann. Er schreibt: "Cap. XVIII, 7. heißt es: du sollst deines Va„ters Scham nicht blössen. Will denn aber, oder kann wol jemand „seinen Vater heyrathen? Man möchte etwan sagen, dis Verbot sey „der Tochter gegeben, daß die den Vater nicht heyrathen solle. Allein „hiewider streitet a) das Verbum, welches nicht im feminino, sondern „masculino stehet. b) Sind alle Objecta, die nicht sollten entblößt „werden, in beiden Capiteln weiblichen Geschlechtes, folglich ist das „Verbot für die Personen männlichen Geschlechts. c) Scheint mir ein „Verbot für eine junge Tochter, ihren alten Vater nicht zu heyrathen, „gänz überflüßig." Meine Antwort ist: ich gebe gern zu, daß hier nicht die Ehe der Tochter mit dem Vater verboten werde, und ich habe es beyläufig in meiner Abhandlung schon behauptet (S. 268-272.). Ich verstehe dagegen dis Verbot von der Ehe mit der Mutter, deren Blöße des Vaters eigene Blöße genannt wird. Moses erkläret sich selbst: der ganze Vers lautet: Die Blösse deines Vaters und deiner Mutter sollst du (Sohn) nicht aufdecken. Sie ist deine Mutter, darum

Vorrede

sollst du ihre Blöſſe nicht aufdecken. Der Einwurf trift also wenigſtens meine Erklärung nicht, und dieſe iſt darin gegründet, theils daß Moſes im ſingulari hinzuſetzt, ſie iſt deine Mutter, alſo nur von Einer, nicht aber von zweyerley Blöſſen geredet zu haben ſcheint, theils daß er V. 10. 12. 13. 14. gleiche Redensarten hat, und z. E. dem Vater ſagt, die Blöſſen deiner Enkelinnen ſollſt du nicht aufdecken, ſie ſind deine Blöſſen.

Von Joh. Fry *Caſes of Marriages*, der auf eine andere Art leugnete, daß Moſes Eheverbote gegeben habe, ſage ich hier nichts, weil ich den völligen Titel ſeines Buchs im 13ten Paragrapho angeführt habe.

In der erſten Ausgabe redete ich bisweilen von einem mir ſchriftlich mitgetheilten Bedenken eines berühmten Gottesgelehrten, das in der Hauptſache mit meinen Sätzen übereinſtimmete: und von einem andern, das jenem entgegen geſetzt, und mir zur Beantwortung der darin enthaltenen Zweifel zugeſchickt war. Ohne Erlaubniß wollte ich keinen von beiden nennen. Bald darauf aber ſind beide Bedenken im Druck erſchienen: das erſte hat den ſel. Baumgarten zum Verfaſſer, und iſt unter ſeinen theologiſchen Gutachten das neunzehnte der zweiten Sammlung: und das andere, dieſem entgegen geſetzte, welches ich anonymiſch laſſe, weil ich keine ausdrückliche Erlaubniß habe, den Nahmen des Verfaſſers zu nennen, iſt in der Vorrede zu eben der zweiten Sammlung der Baumgartiſchen Gutachten S. 7. bis 14. abgedruckt.

druckt. Ich habe dis zwar auch in dem Text der neuen Auflage erwähnt, weil es aber ohne verdrießliche Wiederhohlungen nicht überall geschehen konnte, und doch mancher ein Buch von dieser Art, das halb casuistisch ist, nur stückweise liest, so habe ich eben dis auch noch einmahl in der Vorrede sagen wollen.

Ich befürchte bey der ersten Ausgabe, daß ich von einigen, die die gegenseitige Meinung hatten, scharf angegriffen werden würde: und das habe ich auch am Ende der Vorrede geäussert. Meine Besorgniß ist so ziemlich vergeblich gewesen. In der theologischen Bibliothek des seel. Kraft, in welcher ich am ersten einen Widerspruch, und zwar da einen vernünftigen und gemäßigten, erwartet hätte, widerfuhr meiner Arbeit alle Güte und Gerechtigkeit, die ich wünschen konnte, und der Recensente, der mir unbekannt ist, schien den von mir geführten Beweisen ein Uebergewicht zuzuerkennen. Er bemerkte einen Fehler, und den habe ich gebessert: er machte einige Einwürfe in Nebensachen, und auf die habe ich in der neuen Ausgabe geantwortet, weil ich nicht seiner Meinung geworden war: denn sonst würde ich ohne harte Verleugnung meine Arbeit so gut corrigirt haben, als da geschehen ist, wo ich den Fehler antraf.

Keinen freundschaftlichern Gegner hätte ich haben können, als den Hrn. Consistorialrath Jacobi: und er ist es auch nur in Nebensachen. Er hat im vierten Theil seiner Betrachtungen über die Absichten

Gottes einige Einwürfe gegen mich vorgetragen. Ich habe es sehr für meine Pflicht gegen das Publicum gehalten, Gebrauch davon zu machen, und entweder meinen Vortrag zu ändern, oder die Gründe anzuzeigen, warum ich bey meiner vorigen Meinung bleibe.

Ein einziger Mann hat meine Erwartung zur Hälfte erfüllet, und in einer andern Betrachtung übertroffen. Er schreibt nicht eigentlich gegen mich, ob er mich gleich bisweilen, seiner Empfindung nach, sehr satyrisch refutirt; sondern gegen den Hrn. Abt Jerusalem, der um eben die Zeit ein Bedenken herausgegeben hatte, so die Ehe mit der Schwester-Tochter erlaubt. Meine Schrift, die er nebenbey widerlegen will, kann er unmöglich durchgelesen haben, oder er müßte sich stellen, als stünde das nicht darin, was darin stehet, z. E. die Antworten auf seine Einwürfe, oder die Citata, aus denen er sich wegen seiner Fragen Raths erhohlen konnte. Wenn ich alles zum Besten auslegen soll, so hat er meine Schrift nie gesehen, sondern nur Auszüge derselben in einem Journal gelesen. Allein gegen den Herrn Abt Jerusalem beweiset er eine solche ungewöhnliche Grobheit von etlichen Jahrhunderten zurück (von der ich bisweilen im Vorbeygehen mein gar mäßiges Theil abbekomme', er verräth eine so große Unwissenheit, und sein ganzer Stilus ist so reich an Sprichwörtern und Redensarten des Pöbels: daß ich es nochmahl wiederhohlen kann, alle meine Erwartung von ihm übertroffen zu sehen. Dieser Gegner ist Herr Mag. Johann Fridrich Gühling, Archidiaconus zu Chemnitz. Er gab schon im Jahr 1755 heraus, J. F. W. Jerusalems Beantwortung der Frage, ob die

Ehe

Ehe mit der Schwestertochter nach den göttlichen Gesetzen zuläßig sey. Mit Anmerkungen erläutert, von M. Joh. Fr. Gühling. Weil ich in der ganzen Schrift keinen einzigen Einwurf fand, der einer Untersuchung werth war, so habe ich wirklich bey mir angestanden, ob ich etwas erwiedern sollte. Fast schien es mir eine Unhöflichkeit gegen meine Leser, und eine unnütze Anschwellung des Buchs. Weil indessen dis doch die einzige Schrift war, die mir in der Hauptsache entgegen gesetzt war, und von mir Erläuterungen foderte, so dachte ich, es könnte ungleich gedeutet werden, wenn ich ganz schwiege. Ich habe dahero aus Noth meinen meisten Lesern den Verdruß machen müssen, sie einem Disput zuhören zu lassen, aus dem sie nichts lernen können; und Antworten zu geben, die sie ohnehin in meine Seele gegeben haben würden.

Das zum Beschluß angehängete Register hat einer meiner fleißigsten Zuhörer, Herr Cellarius, auf meine Bitte verfertiget.

Göttingen den 16. Sept. 1768.

Vorrede der ersten Ausgabe.

Dasjenige, was ich von der Sache selbst, die ich abhandle, in einer Vorrede hätte sagen können, ist schon im ersten Capitel dieser Schrift da gewesen: daher es mir hier erlaubt ist, kurz zu seyn. Dies einzige bleibt mir für die Vorrede übrig, daß ich meine Leser, die anders denken als ich, bitte, eben so mit mir zu verfahren, als ich mich gegen die betragen habe, die ich widerlege, und zu Bestreitung meiner Meinung blos Gründe, nicht aber Verdacht, und andere solche unerlaubte Mittel zu gebrauchen. Ich hoffe desto eher dieser Bitte gewähret zu werden, da jetzt mehrere angesehene Gottesgelehrten wiederum von den Ehefragen eben so denken, als unsere ersten Reformatoren gethan haben, und ich nicht einmahl völlig so weit gegangen bin, als sie thun, sondern bisweilen aus Furchtsamkeit, und aus Beysorge einen Fehltrit zu thun, lieber einen Schritt zurück geblieben bin, z. E. in den letzten Paragraphen des fünften (*) Hauptstückes.

Ich habe beyläufig in der Anmerkung zum 12ten §. einen Satz wiederhohlt und noch weiter erläutert, den ich in meinen Anmerkungen zum Briefe an die Galater ehemahls geäussert habe, und über den ich von einigen angegriffen bin. Ich glaube, es werde bey denen, die an meinem

Vor-

(*) N. S. Die Zahlen von Capiteln und Paragraphen sind überall von der ersten Edition zu nehmen, und in der zweiten geändert.

Vorrede der ersten Ausgabe.

Vortrage Anloß genommen haben, mich beynahe am kräftigsten entschuldigen, wenn sie wissen, daß derselbe Satz, fast mit eben den Worten, von solchen Gottesgelehrten vorgetragen sey, die einen allgemeinen Beyfall erhalten haben. Ich habe eben ein geschriebenes Bedenken des Herrn D. Baumgartens über eine gewisse Ehefrage vor mir, auf welches ich mich auch bisweilen in dieser Schrift ohne Nennung Seines Nahmens bezogen habe, das aber vermuthlich bald im Druck erscheinen möchte. In diesem schreibt der Herr Doctor, den ein so großer Theil der jetzigen Gottesgelehrten als ihren Lehrer in Collegiis, und fast alle als ihren Lehrer in seinen Schriften verehren, unter andern: im Neuen Testament sind alle von Gott durch Mosen gegebene und bekannt gemachte Gesetze, die nicht entweder auf erweisliche Art zum unveränderlichen Naturgesetze gehören, welches von allgemeiner Verbindlichkeit und nothwendiger Sittlichkeit ist, oder von Christo und seinen Aposteln ausdrücklich wiederholet und bestätiget worden, bey Christen unverbindlich. Ich habe von dem Herrn Doctor die Erlaubniß bekommen, diese Stelle aus seinem Bedynken vorläufig anzuführen, und ich hoffe, daß sie mich zum wenigsten ausser dem Verdacht setzet, als wenn ich eine neue und unsern Gottesgelehrten unbekannte Lehre von dem Mosaischen Gesetze geäussert hätte. Die Wahrheit meiner Lehre gründe ich nicht auf dis Zeugniß, sondern mit dem Herrn D. Baumgarten blos auf die Bibel.

Ich trete in den Ehefragen zwar im sechsten und siebenten Capitel der gelinderen Parthey bey: ich hoffe aber doch vieles in dieser ganzen Abhandlung zu haben, das denen, die zur strengeren Parthey gehören, angenehm seyn wird: als, den geschärften Beweis, daß die Ehegesetze Mosis in der Hauptsache wirklich ein Stück des allgemeinen Sittenrechtes sind; die Untersuchung

tersuchung der Ursachen dieser Eheverbote; und die Entkräftung oder Schwächung mancher Scheingründe, welche die gelindere Parthey bisher vor sich gebraucht hat. Vielleicht ist es möglich, hierdurch bey einigen der Leser, die von mir abgehen, gleichsam einigen geneigten Willen zu erkaufen, und sie zu bewegen, daß sie die Abhandlung, in welcher so vieles für sie ist, nicht stückweise, sondern ganz und mit gehöriger Gedult und Unpartheylichkeit durchlesen. Das Urtheil, welches sie alsdenn fällen, wird hoffentlich zum wenigsten für meine Wahrheitsliebe, und für meinen Willen günstig und geneigt seyn, wenn sie gleich an meiner Einsicht noch manches auszusetzen finden, und meiner Meinung nicht beytreten.

Ich kann mir leicht zum voraus vorstellen, daß manche unter denen, die anders von den Ehefragen urtheilen als ich, solches öffentlich und in Schriften äussern werden. Wollte ich mich anheischig machen, ihnen zu antworten, so würde ich mir eine allzu mannigfaltige und wol gar unnütze Arbeit auf den Hals laden: denn die meisten Streitschriften pflegen doch nur zu wiederhohlen, was schon gesagt und beantwortet worden ist. Ich werde daher das Buch, so wie es ist, sich verantworten lassen, und bitte nur zum voraus, daß es niemand verdammen wolle, ohne es selbst gelesen zu haben. Geschiehet dieses, so will ich alsdenn gleichgültig dabey seyn, wohin auch das Urtheil meiner Leser ausfällt, und meiner Schrift nicht eben durch neue Vertheidigungen zu Hülfe kommen: es wäre denn, daß mir solche wahrhaftig neue Gründe oder Beantwortungen entgegen gesetzt würden, deren Beleuchtung der mehreren Aufklärung der Wahrheit vortheilhaft seyn könnte.

Göttingen, den 12ten April 1755.

Das erste Hauptstück,
welches
einige Borerinnerungen
enthält.

§. 1.

Anzeige dessen, worüber bisher in Absicht auf die Ehe-Gesetze Mosis hauptsächlich gestritten ist, ohne daß sich noch zur Zeit ein recht merkliches Uebergewicht der Gründe auf einer Seite findet.

So viel bisher über die Gesetze gestritten ist, in welchen Moses die Heyrathen der allzunahen Anverwandten untersaget, so wenig kann man sich doch rühmen, daß man etwas zuverläßiges durch eine solche Menge Streitschriften ausfändig, oder doch der Welt hinlänglich bekant gemacht habe. Die immer von neuen wiederhohlten Aufragen über eine und eben dieselbe Sache, können auch solche, die gleichsam diesem Streit nur aus der Ferne zusehen, schon einigermaßen überzeugen, wie wenig Gewißheit bisher gefunden sey, wenn sie auch nicht wüsten, daß es geschickte und berühmte Gottes- und Rechts-

A Geleh-

Gelehrten giebt, die noch keine Meinung zu wählen sich unterstanden haben, oder unterstehen wollen, und furchtsam bleiben, daß sie entweder etwas sündliches vor erlaubt erklären, oder die Gewissen anderer durch Verbietung einer erlaubten Sache beunruhigen möchten, falls sie eine Antwort von sich gäben. Um beides zu vermeiden erwählen sie bisweilen einen Ausweg, indem sie entweder wünschen, man möchte die Heyrathen, über deren Rechtmäßigkeit noch gestritten wird, lieber unterlassen, weil dieses doch das sicherste sey, und man dabey künftig keine Gemüths-Unruhe zu besorgen habe, die uns auch bey irrendem Gewissen wegen erlaubter Handlungen überfallen kann: oder ohne selbst ein Urtheil zu fällen, es blos dem Gewissen des Anfragenden zu überlassen, welche Meinung ihm am wahrscheinlichsten vorkomme. Ihre Bescheidenheit, ihre Sorgfalt und Schonung gegen die Gewissen, ja selbst ihr aufrichtiger Zweifel, welcher in der That der nächste Weg zur Wahrheit ist, verdienet lob: allein beide Auswege sind doch eine Art der höflich-verweigerten Antwort, auf die Frage, was Recht oder Unrecht sey; und ein Beweis, wie unausgemacht ihnen noch diese Frage scheine. Stünde es eben so um alle Sätze der Sittenlehre, so wäre der zu bedauren, der bey einem zärtlichen Gewissen in beständiger Furcht würde leben müssen: oder es würde vielmehr die Sittenlehre uns gänzlich unbrauchbar werden. Sollte aber keine Hoffnung seyn, diejenige Gewißheit oder hohe Wahrscheinlichkeit auch hier zu erlangen, die wir sonst meistenthe ls in der Sittenlehre antreffen, um die Gewissen dadurch völliger zu beruhigen?

Diese Hoffnung möchte sich merklich verringern, wenn man das meiste von dem, was beide Theile in sogenannten Bedenken, oder andern Schriften, mit mehr als hundertfacher Wiederhohlung einer und eben derselbigen Gründe geschrieben haben, liefet und gegen einander hält: denn es findet sich entweder gar kein, oder nur ein so kleines Uebergewichte der Gründe auf die eine Seite, daß es ohnmöglich scheint, den Ausschlag deutlich genug zu erkennen. Wenn man den Gottesgelehrten hört (denn ich kann in gewisser maßen sagen, daß der größere Theil der Gottesgelehrten auf der einen und zwar der strengern, und der größere Theil der Rechtsgelehrten auf der andern oder gelindern Seite sey), so möchte man fast glauben, daß die Gesetze von den verbotenen Ehen alle Menschen angehen, weil Moses es auch den Cananitern zur Sünde anrechnet, daß sie darwider gehandelt haben: wenn aber der Rechtsgelehrte oder der Philosophe zeiget, daß dieses ohnmöglich allgemeine willkührliche Gesetze Gottes (leges positivae universales) seyn können, weil sie als solche die Cananiter,

die

die vor ihrer Bekanntmachung lebten, nicht hätten verbinden können; wenn er fortfähret, sie aus dem Verzeichniß der ewigen Natur-Gesetze auszustreichen, und einen Beweis nach dem andern umstößt, der aus der Vernunft wider die Zuläßigkeit der nahen Heyrathen geführt wird; so kann man sich fast nicht mehr überreden, daß diese Gesetze allen Menschen gegeben seyn sollten. Noch zweifelhafter und unentschlossener aber pflegt der Leser zu bleiben, wenn die Ursachen dieser Gesetze untersuchet werden: welches doch nicht blos aus einer Gelehrten Neugier geschiehet, sondern zum rechten Verstande und Anwendung derselben unentbehrlich ist. Denn ist die Ursache, welche Gott bewog, diese Gesetze zu geben, allgemein, so wird behauptet werden können, daß sie allen Menschen gegeben sind: gehet sie aber nur auf Ein Volk, so wird es nicht mehr möglich seyn, die allgemeine Verbindlichkeit derselben zu glauben. Allein über die angegebenen Ursachen wird noch gestritten, ohne daß sich die Wahrheit deutlich genug vor eine oder die andere Seite erkläret hätte.

Hievon hänget beynahe zur Hälfte die Entscheidung einer andern Haupt-Frage ab, welche die Gottes- und Rechts-Gelehrten am meisten theilet; nehmlich, ob die Worte Mosis blos von denen Fällen zu verstehen sind, die er ausdrücklich genannt hat, oder ob sie auch auf andere ähnlich scheinende Fälle, und gleich nahe Verwandschaften ausgedähnt werden sollen.

Eine andere wichtige Frage würde endlich wol das Recht der höchsten Landes-Obrigkeit betreffen; von diesen Gesetzen in einzelnen Fällen zu dispensiren, wenn sie auch ordentlich auf alle Menschen gehen sollten. Würde dieses ausgemacht, und zwar dergestalt, daß man eine solche Dispensation mit gutem Gewissen suchen, und annehmen könne, und dabey das dispensirte Ehe-Paar auch theologisch und vor Gott recht handle, und die Dispensation nicht blos von der Art sey, als wenn Moses die Ehescheidung wegen der Herzens-Härtigkeit der Israeliten erlaubte, da er zwar selbst recht handelte, diejenigen aber sündigten, die sich einer dem bürgerlichen Gesetz gleichsam abgezwungenen Erlaubniß bedieneten: wenn, sage ich, ein solches völliges Dispensations-Recht erwiesen würde, so hätte die gelindere Parthey auf eine andere Art fast alles erhalten, was sie sucht, ohne sich in die bisher geführten weitläuftigen Streitigkeiten zu verwickeln. Ist aber ein solches Dispensations-Recht nicht erweislich, so wird die Obrigkeit bey den Fällen sehr furchtsam seyn müssen, über welche gestritten wird, und davon sie mehr die Meinung beider Theile weiß, als eine zuverläßige Ueberzeugung hat, auf welcher Seite sich die Wahrheit befinde: und wenn die Obrigkeit eine Dispensation gäbe, und darin selbst bey zweifelndem Gewissen deswegen nicht unrecht handelte, weil sie nicht schuldig ist, die Gewissen der Unterthanen in unentschiedenen Dingen nach dem ihrigen zu richten, so wird doch durch eine solche Dispensation das Gewissen des nahe verwandten Ehepaars auf keine Weise beruhiget werden, und sie wird demselben in der folgenden Zeit so viel Gemüths-Unruhe und Folter verursachen können, daß es künftig vielleicht aufhören wird, das für eine Wohlthat zu achten, was es zu Anfang so sehnlich begehret hatte.

§. 2.

Es ist nützlich, die Ursachen dieser Ungewißheit, die einem befremdlich vorkommen möchte, zu untersuchen.

Wenn dieses Dispensations-Recht der Obrigkeit, in dem Umfange wie ich es hier nehme, bisher noch wenig in ein Licht gesetzt, und auf eine oder andere Weise ausgemacht ist; so hat man sich nicht so sehr darüber zu verwundern: denn die verschieden denkenden Gelehrten von beiden Facultäten kommen in ihren Bedenken nur selten auf diese vierte Frage, und beschäftigen sich am meisten mit den drey ersten allein. Das aber könnte einem billig befremden, daß auch bey den ersten Fragen, aus denen sich endlich die vierte von selbst ergeben würde, nach so vielem Schreiben und Vorstellung der Gründe von beiden Seiten, so viel Dunkelheit und Ungewißheit übrig ist. Es wird nicht unnütz seyn, die Ursachen, woher dieses komme, kürzlich anzuzeigen: vielleicht werden meine Leser bey Entdeckung derselben die Hoffnung, zu mehrerer Gewißheit in diesem Stück der Sittenlehre zu gelangen, weniger verlohren geben, und den Muth fassen, die Sache mit neuem Fleiß und Anstrengung des Nachdenkens zu untersuchen! Vielleicht werden sie sehen, es sey nicht schlechterdings nothwendig, entweder aus zweifelndem Gewissen etwas zu unterlassen, so man mit gutem Gewissen hätte thun können! oder bey zweifelndem und unruhigem Gewissen etwas blos deshalb zu wagen, weil es doch auch wahrscheinliche Gründe, und angesehene Lehrer, die es behaupten, vor sich hat: welches dem gefährlichen Probabilismo morali zu nahe kommt, den unsere Gottesgelehrten billig verwerfen.

§. 3.

§. 3.

Ursachen, warum die bisherigen Streitschriften und Bedenken noch so wenige Gewißheit in Entscheidung obbenannter Fragen geben. Es ist der Wahrheit nicht vortheilhaft gewesen, daß die aufgeworfene Frage eine Streitfrage geworden ist.

Zuförderst dürfte ich beynahe eben dieses zur Ursache von der Unentschiedenheit der oben genannten Fragen angeben: daß so viel über sie gestritten worden ist. Gemeiniglich hat man sich bey den Ehe-Gesetzen nicht blos als Ausleger Mosis verhalten: sondern die mehresten Abhandlungen sind bey der Gelegenheit ausgearbeitet worden, da Personen, auch wol von vornehmen Stande, eine Heyrath mit einer Verwandtin vorgehabt, und gewünscht haben, daß sie erlaubt seyn möchte. Hier haben sich nun die Beantwortenden öfters, ohne es zu wissen, oder den Vorsatz zu haben, als Parthen anführet, und ohne die Wahrheit in kühlem Blute zu untersuchen, für ihren Satz, obgleich auf eine glimpfliche Art, zu streiten angefangen: welches eben nicht die Gemüthsfassung ist, bey der am meisten Wahrheit erfunden wird. Die gelindern Sittenlehrer, welches hier die meisten Rechts- und einige Gottesgelehrten gewesen sind, haben die Härte der abschlagenden und verneinenden Antwort, und wol den daraus entstehenden Schaden, sich lebhaft vorgestellet, und daher mit den Anfragenden gleichsam gemeinschaftliche Sache gemacht, und nicht so wol ganz von neuen untersuchen wollen, was wahr und recht sey, als vielmehr sich aus allen Kräften bemühet, zu beweisen, daß der anfragende Theil zu der nahen Ehe berechtiget sey: die strengeren hingegen haben den Satz ohne neue Untersuchung gleichfalls zum voraus gesetzt, den sie, oder ihre Vorgänger schon in mehreren Antworten oder Bedenken behauptet, oder den sie früh von ihren Lehrern gehöret hatten, daß diese Ehen schlechterdings unerlaubt seyn, und ihn blos durch Beweise bestärket. Selten ging hier eine neue Untersuchung der Wahrheit vor; selten ging der aufrichtige Zweifel, den man nicht selbst mühsam bey sich erwecket, sondern gegen den man sich selbst lich verhält, vorher, welcher zur unpartheyischen Untersuchung einer Frage der nächste Weg ist, und von dem mir des Herrn Premontvals Ausdrücke so wohl gefallen, daß ich nicht unterlassen kann, sie unten anzuführen (*), da sie noch

darzu

(*) Le doute méthodique n'est bon à rien. Un doute qui n'est qu'afecté & non réel, n'anéantit pas le préjugé, & ne manque jamais de vous ramener tout juste

darzu von einem Manne herkommen, welchem die theologische und philosophische Moral, in Absicht auf die Lehre vom Ehestande, ewig verpflichtet bleiben muß. Wie klein war nun die Hoffnung, daß man Wahrheit finden würde? Wie klein sonderlich alsdenn, wenn vorhin beide Partheyen gefehlet haben, und eigentlich bey keiner die Wahrheit anzutreffen gewesen seyn sollte? Mancher bemerkte nicht einmahl das genug, was für seine Meinung zu sagen war, weil er sich nie die gegenseitigen Gründe in ihrer Stärke vorstellete, und sich gleichsam in den Platz seiner Widersacher setzte, welches einem oft dazu dient, die Schwierigkeiten besser einzusehen, die sich finden würden, so bald man die andere Meinung für wahr annähme. Jeder kennet die Schwäche seiner eigenen Vestung am besten, und genauer als der Feind. Ich weiß nicht, ob ich hinzusetzen darf, daß viele Entdeckungen, die es nicht mit Sätzen von mathematischer Gewißheit, sondern mit dem Wahrscheinlichen zu thun haben, leichter von ohngefähr, und wenn man andere ihnen verwandte Wahrheiten untersuchet, gemacht werden, und sich uns gleichsam aufdringen: da sie hingegen vor uns zu fliehen scheinen, wenn man die zweifelhafte Frage mit allem Fleiß untersuchen und die noch versteckte Wahrheit finden will. Die Geschichte vieler Erfindungen und Entdeckungen möchte diese Anmerkung, die wir über den menschlichen Verstand machen, zu bestätigen scheinen: und es würde sich allenfalls eine Ursache von diesem sonderbaren Eigensinn der vor uns fliehenden Wahrheit angeben lassen. Denn wenn man sich auf das stärkste vornimmt, eine gewisse Lehre oder Satz zu untersuchen, und deswegen alle seine Gedanken darauf richtet, so siehet man den zu untersuchenden Satz blos von den vorhin bekannten Seiten, und gleichsam von den Gesichts-Puncten an, darunter andere vor uns ihn betrachtet, und uns vorgestellet haben: wenn wir es hingegen mit andern verwandten Lehren und Sätzen zu thun haben, so zeiget sich uns oft eine unentschiedene Frage unter dem Gesichts-Punct, bey welchem die Wahrheit am kenntlichsten ist, und sich verrathen muß. Es scheint wirklich einigen bey Untersuchung der Ehefragen also ergangen zu seyn. Sie stelleten sich die vorgelegte Frage blos auf den beiden Seiten vor, auf welchen sie ihre Vorgänger betrachtet hatten: sie meinten: entweder gehet das göttliche Gesetz alle
Men-

juste au point d'ou l'on est parti. C'est ce qui est arrivé à Descartes. Se figure-t-on qu'après son doute il ait cru autre chose, que ce qu'il croyoit auparavant? Tout cela n'est qu'une façon, je dirois presque une momerie indigne d'un philosophe. Un bon doute, ou ne nous auroit rien donné, ou nous auroit donné probablement une tout autre philosophie. In seinem *Diogene d'Alembert*, S. 102.

Menschen an, und kann daher von dem Fürsten, als der nur eine Unter-Obrigkeit Gottes ist, in keinem Falle aufgehoben, noch davon dispensirt werden, wenigstens ist es nicht recht, eine solche Dispensation zu suchen, und anzunehmen; oder, es ist blos dem Israelitischen Volk gegeben, und daher bey uns nicht als ein göttliches, sondern höchstens als ein menschliches Gesetz anzusehen, davon der Fürst dispensiren kann, ja vielleicht gnädiger handelte, wenn er es gar aufhöbe. Andere haben sich nur diese beiden Seiten der Sache vorgestellet: entweder sind blos diejenigen einzelnen Fälle vor verboten zu achten, die Moses ausdrücklich nennet, und alsdenn ist die und die Heyrath, über welche wir befragt werden, erlaubt, weil Moses sie nicht ausdrücklich untersaget, sondern nur Ehen unter andern eben so nahen Anverwandten verbietet: oder, es sind die Grade der Verwandtschaft zu rechnen, und alsdenn ist die Ehe, über welche wir befragt werden, verboten, und auf keine Weise ohne Beleidigung Gottes zu verstatten. Hier mußten sich einem billigen und sorgfältigen Gemüthe sehr große Schwierigkeiten zeigen, den einen oder den andern Satz zu behaupten. Auf der einen Seite schien es nicht wohl zu leugnen zu seyn, daß Moses so rede, als seyen die allzunahen Heyrathen nicht blos den Israeliten, sondern auch andern Völkern, selbst solchen, die vor seinem Gesetz gelebt hatten, untersagt; und es sind auch zum wenigsten so wahrscheinliche Ursachen vorhanden, um welcher willen es das Ansehen hat, als habe Moses nicht blos die ausdrücklich benennten Fälle, sondern die Grade der Verwandtschaft, davon jene die Exempel abgeben, verboten, daß man es niemanden zur Einfalt oder Eigensinn auslegen darf, wenn ihn die Gründe, so am häufigsten dagegen vorgebracht werden, noch nicht vom Gegentheil überzeugen: auf der andern Seite aber wird es einem doch stets hart vorkommen, eine Ehe naher Anverwandten, von der man nicht den geringsten Schaden absehen kann, und davon vielleicht die Erhaltung und das Glück einer Familie, oder wol gar (wie es sich öfters bey der Heyrath mit der verstorbenen Frauen Schwester findet) die beste Erziehung der Kinder erster Ehe abhänget, zu verwehren, und Personen, die sich beiderseits lieben, ihre Zuneigung gegen einander zur Folter zu machen. Es wird einem doch schwer werden, zu glauben, daß dieses der gütige und weise Gott, dessen Gesetze auf das Wohl seiner Unterthanen gehen, und aus Liebe gegeben sind, verlange. Bey allen andern Gesetzen Gottes wird man gewahr, daß die verbothene Sache schädlich, und uns deswegen von der weisen Güte verwehret sey: und hier

kann

kann man gar keinen Schaden entdecken, der daraus entstünde, wenn beide nahe Anverwandten, die es wol mit Heftigkeit wünschen, auch durch das Band der Ehe verknüpfet würden. Es ist lobenswürdig, wenn einer, der nur diese beiden Seiten der Frage siehet, zweifelhaft bleibt, und sich nicht entschließen kann, welche von beiden Meinungen er völlig, und so wie sie ist, annehmen solle: läßt sich auch gleich, wie ich nunmehr zu thun hoffe, durch bisher ungebrauchte Gründe deutlich beweisen, daß Moses nicht Grade, sondern einzelne Ehen verboten habe, so sind doch die menschlichen Gemüther so sehr verschieden, daß in wahrscheinlichen Dingen ein und eben derselbe Beweis nicht bey allen einerley Kraft hat; es kann daher auch dieser Beweis richtig seyn, und doch viele unüberzeugt lassen: allein die Frage hat, wie wir am Ende sehen werden, eine dritte Seite. Diese hat man gemeiniglich nicht bemerkt, weil die große Aufmerksamkeit auf die Frage, so wie sie vorgelegt war, uns davon abhielt, sie uns anders vorzustellen: wenn man aber gleichsam von ohngefähr diese dritte Seite erblicket, so möchte sich uns vielleicht die Wahrheit in einer kenntlichen Gestalt zeigen, und auch derjenige überführet werden, der vorhin unentschlossen blieb. Kann er sich gleich nicht beruhigen, daß gewisse Ehen nie verboten sind, so wird er doch sie in diesem und jenem besondern Fall nicht mehr für sündlich halten, so bald er das Dispensations-Recht des Fürsten in seinem ganzen Umfange erkennet: und leuchtet ihm auch dieses, bey der so verschiedenen Denkungs-Art der Menschen nicht ein, so wird er endlich bey solchen Betrachtungen, als ich in das letzte Capitel verspare, die einmahl angefangene Ehe, die nicht getrennet werden darf, ohne Gewissens-Unruhe fortsetzen.

Ich darf noch einen Schaden hinzusetzen, den die Lehre von den Ehen naher Verwandten davon gehabt, daß sie gemeiniglich als eine Streitfrage abgehandelt ist. Sie ist durch Einmengung vieler entbehrlichen Gelehrsamkeit weitläuftiger, und eben dadurch schwerer zu beurtheilen geworden. Man hat von beiden Seiten die Meinungen der Gottesgelehrten unserer Kirche gesammlet, und für sich angeführet, ja wol anführen müssen, um nicht verführet zu werden: ob sie gleich nichts entscheiden. Man hat sich um die Gedanken der Kirchenväter und der Juden, einigermaßen bekümmern müssen, um nicht gleichsam seinem Gegentheil Waffen wider sich, oder doch das Vorurtheil, als wären die Kirchenväter und Juden auf seiner Seite, zu überlassen; und beide entscheiden doch nichts. Wem dieses, in Absicht auf die Juden, befremdlich vorkäme, den ersuche ich nur um einige Geduld: er wird die Ursachen, warum ich so denke, in dem neunten und zehnten Paragraphen vor sich finden.

Es

von verbotenen Ehen. C. 1. §. 4.

Es ist beynahe eine allgemeine Anmerkung, daß theologische Wahrheiten von Streitigkeiten nur selten eine Aufklärung zu hoffen haben, und meistentheils schwerer zu entscheiden werden, wenn darüber viele Schriften gewechselt sind. Die Kirchen-Geschichte könnte Beyspiele davon geben: und die Frage selbst, die ich mir hier abzuhandeln vornehme, ist eins dieser Beyspiele.

§. 4.

Nicht alle, die auf diese Frage antworten müssen, hatten sich hinlänglich mit Mose, und zwar im Grund-Text bekannt gemacht.

Dieses scheint beynahe Ursache und Entschuldigung genug davon zu seyn, daß so viel geschickte Federn die Streitfragen über die Ehen naher Anverwandten noch nicht in das Licht gesetzt haben, daß es einem unpartheyischen Leser leicht wäre, einen zuverläßigen Ausspruch zu thun. Doch diese zum Theil großen und berühmten Männer werden noch mehr entschuldiget, wenn wir bedenken, daß in der That, die meisten unter ihnen sich in ein frembdes Feld haben wagen müssen, wenn sie von den Ehe-Gesetzen Mosis geschrieben haben. Sie haben demnach nicht in dem Theil der Gelehrsamkeit geirret, in dem sie eigentlich groß waren, und wenn sie darin fehleten, so setzt es sie eben so wenig herunter, als der Theologus deswegen zu verachten ist, weil er keinen Proceß führen kann, und der Juriste, weil er keine gute Predigt über einen schweren Text des Alten Testamentes ausarbeiten würde.

Es ist offenbar, daß derjenige, von welchem man mit Recht die Erläuterung der Ehe-Gesetze Mosis fodern kann, der morgenländischen Sprachen völlig mächtig seyn, und noch über das mit Mose durch öftere und wiederholte Durchlesung seiner ganzen Bücher sich recht bekannt gemacht haben müsse. Es kommt zum Theil auf Erklärung Hebräischer Wörter an, z. E. auf שאר בשר (Schëer Basar) davon ich mich nicht zu erinnern weiß, eine vollkommen richtige und leichte Auslegung bisher gelesen zu haben; da sie doch einen Einfluß in die Sache hat: und die, so etwas davon sagen wollen, pflegen nicht darüber, als über ein unbekanntes Wort, zu philosophiren, und aus den nur allzu wenigen Stellen, in denen es vorkommt, eine allgemeine Bedeutung durch Abstrahiren herauszubringen, als der Redensart die nöthigen philologischen Aufklärungen zu geben. Jenes ist unsicher, sonderlich wenn man eine Redensart nur an sehr wenigen Orten antrifft, aus denen man ihre völlige Bedeutung nicht wohl errathen kann. Doch dieses thut nicht so viel

viel Schaden, denn der größere Theil der Worte in Mosis Ehe-Gesetzen ist leicht und deutlich, und braucht weniger Philologie als andere Stellen seiner Bücher: wiewol doch nicht zu leugnen ist, daß auch bey so deutlichen Stellen der eine Theil immer vermuthet, es könne vielleicht im Grund-Text anders stehen, als in der Uebersetzung, und beide Theile sich wol zur Ungebühr und am unrechten Orte auf diese und jene besondere Bedeutung eines Hebräischen Wortes berufen, wie in den Streitfragen über die Ehe mit der Frauen Schwester bisweilen geschehen ist. Die andere Foderung ist noch von größerer Wichtigkeit, und zum wenigsten von stärkerem Einfluß in die vorhandene Sache. Man ist nicht im Stande, einen alten Schriftsteller, sonderlich einen alten Gesetzgeber, an schweren Orten recht zu verstehen, wenn man nur die einzelne streitige Stelle lieset, und nicht, durch öftere Lesung ganzer Bücher von ihm, sich seine Schreib- und Denkungs-Art geläufig gemacht hat. Das ist eben die Ursache, warum in unsern Tagen mancher Griechischer Schriftsteller so übel gemishandelt, und vielleicht das aus des Plato Worten herausgebracht wird, woran Plato nie gedacht hat, weil man blos einzelne Capitel, und nicht das ganze Buch lieset. Was würde man doch vor ein Zutrauen zu dem Theologo, Medico, oder Philosophen fassen, der noch dazu gut Latein, und Alterthümer verstünde, von dem man aber wüßte, daß er keine der Quellen des Römischen Rechtes jemahls ganz durchgelesen habe, wenn er sich unterfinge, über einzelne streitige und schwere Stellen dieser Bücher ein Erklärer zu werden? Vielleicht sagte er etwas gutes und neues: allein wie viel wahrscheinlicher ist es, daß er fehlen könnte?

An dieser nöthigen Bekanntschaft mit der Hebräischen Sprache, und mit Mose, hat es offenbar dem größeren Theil derer gemangelt, die gleichsam gezwungen sind, sich an Erklärung seiner Ehe-Verordnungen zu machen. Die Rechtsgelehrten sind bey diesem Mangel am völligsten zu entschuldigen: ihr Beruff trieb sie nicht an, und ihre übrige Arbeit hielt sie ab, der Morgenländischen Sprachen in ihrem ganzen Umfang mächtig zu werden, und den uralten Gesetzgeber der Hebräer eben so oft in der Grundsprache durch zu lesen, als die Römischen Gesetzbücher. Indessen hat dieses bey ihren Streitigkeiten, so sie zum Theil über gewisse Stellen Mosis mit einigen Gottesgelehrten geführt haben, ihnen selbst Schaden gethan. Sie haben z. E. Recht darin, daß das Gesetz von der Strafe des Todschlägers, 1 B. Mos. IX, uns Christen nicht verbinde, (wie ich zum wenigsten glaube, und in meinen Commentationibus ad leges divinae de poena homicidii gezeiget zu haben meyne,) allein alsdenn haben sie ihre Sache auf eine solche Art zu erweisen gesucht, daß sie verlohren zu haben scheinen, wenn sie das Gesetz, so blos die Söhne Noä anging, ehe sie eine eigene Republik und eigene Gesetze errichten würden, gar nicht für einen Befehl erkennen, sondern in eine (gewiß unerfüllete) Weissagung verwandeln wollten.

Vielen Theologen ist es fast eben so bey den Ehe-Gesetzen ergangen. Sie sollten zwar wol billig alles das Hebräische und die verwandten Sprachen, als ohne die man im Hebräischen keine Gewißheit hat, fertig verstehen: allein die unnöthigen Schwierigkeiten, in welche die wunderlichste Methode von der Welt gemeiniglich die morgenländischen Sprachen einschliesset, ist Schuld daran, daß man noch sehr zufrieden seyn muß, wenn nur alle Gottesgelehrten die Griechische Sprache, und das Neue Testament gründlich verstehen; sollten sie sich auch im Hebräischen nur durch ein Lexicon und Uebersetzung langsam forthelfen, welches nichts weniger heißt, als des Hebräischen mächtig seyn. Ich will dieses nicht von allen sagen: ich weiß, daß einige, die der morgenländischen Sprachen völlig Meister sind, sich mit den Ehe-Gesetzen Mosis auf geschehene Anfragen beschäftiget haben, ich habe auch richtige Anmerkungen, die mir zu erst neu schienen, als sie mir bey der Lesung der Bücher Mosis, oder bey dieser Ausarbeitung beyfielen, in den Bedenken eines berühmten Gottesgelehrten unserer Zeit, zu meinem nicht geringen Vergnügen vor mir gefunden, welches ich gehörigen Orts anzuzeigen nicht versäumen werde: ich führe nur das an, was den grösseren Theil doch wirklich entschuldigen muß, wenn er nicht so viel gutes gesaget und entdecket hat, als man von seiner übrigen Gelehrsamkeit hätte hoffen können. Vielleicht haben auch einigen, die Mosen kannten, wieder andere nöthige Hülfsmittel gefehlet: denn ohne Einsicht in ein und andere nöthige Lehren der Philosophie möchte man gleichfalls die Fragen von den Ehe-Gesetzen nicht zuverläßig genug entscheiden können.

Darf ich ein paar Proben davon geben, was vor Schaden der Mangel hinlänglicher Bekanntschaft mit Mose verursachet hat? Wer Mosis Gesetze öfters mit nöthiger Aufmerksamkeit durchgelesen hat, kann nicht unangemerkt gelassen haben, daß ein grosser, und vielleicht der grössere Theil seiner Gesetze vor seiner Zeit schon ein Recht gewesen ist, obwol ein Herkommen, und kein geschriebenes Recht. Er muß etwas gleiches von den Ehe-Gesetzen bemerket haben. Was aber dieses der gelindern Parthey vor einen bisher ungebrauchten Vortheil gebe, werden wir unten sehen.

Um nicht partheyisch zu scheinen, will ich ein ander Beyspiel anführen, so der strengeren Meinung vortheilhaft ist. Die, welche leugnen, daß Mosis Gesetze von Graden der Verwandtschaft zu verstehen seyn, pflegen sich wol darauf zu beziehen, daß man bey ihm, als einem göttlichen Schriftsteller, die größeste und bestimmteste Deutlichkeit zu vermuthen, und nicht zu gedenken habe, daß er gewisse einzelne Fälle, so mit unter sein Verbot gehöreten, ausdrücklich zu benennen unterlassen habe. Ich will hier nicht ausführen, daß ein göttlicher Schriftsteller alsdenn am deutlichsten sey, wenn er eben so schreibe, wie es unter Menschen am gewöhnlichsten ist: und daß, wenn man sonst in menschlichen Gesetzen nicht alle einzelne Fälle ausdrücklich nennet, sondern um die schädliche Weitläufigkeit des Gesetzbuches zu vermeiden, oft einzelne Fälle für alle ihnen ähnliche, oder für die noch schlimmern setzet, man von einem göttlichen Gesetzgeber nicht das Gegenspiel hiervon fodern, sondern bedenken müße, es sey die Kürze der Gesetze eben sowohl eine Vollkommenheit der Schreibart, als die Deutlichkeit. Ich will nur das sagen, daß eine genaue Bekanntschaft mit Mosis Büchern uns lehren würde, er habe sich in einem sehr hohen Grad der Kürze beflissen, und es sey ihm insonderheit gewöhnlich und fast eigen, in einzelnen Exempeln das zu verbieten, oder zu gebieten, was er überhaupt, und in allen ähnlichen Fällen beobachtet wissen will. So pflegt er oft in seinen Gesetzen nur den Nahmen eines einzigen reinen oder unreinen Thiers zu nennen, wo das Gesetz auf alle reine oder unreine Thiere gehet. Dergleichen ist nichts weniger als undeutlich und unbestimmt, wenn ihm nur die Gewohnheit des Volks, dem die Gesetze gegeben werden, seine bestimmte und gewisse Auslegung giebt. Es ist hier nicht der Ort, dieses mit Beyspielen zu erläutern: ich werde unten davon handeln. Die vorhin kurz berührte Anmerkung entscheidet die Frage noch nicht, sie räumt nur einen Beweis weg, dessen sich die gelindere Parthey zu bedienen pflegte.

§. 5.

Inhalt dieser Schrift.

Wenn es mir möglich ist, so will ich suchen, mich vor dem zu hüten, was andere verhindert hat, die Wahrheit entweder deutlich genug einzusehen, oder in das bequemste Licht zu setzen. Ich meyne zum wenigsten, die Frage lasse sich noch vollständiger und überzeugender, als bisher geschehen ist, beantworten: irre ich in dieser Meinung oder Hoffnung, so bitte ich mir doch von mei-

Inhalt dieser Schrift. C. 1. §. 5.

nen Lesern das Recht aus, das sie so vielen Schriftstellern widerfahren lassen, denen sie es weder zum Vorwitz, noch zur strafbaren Eigenliebe auslegen, wenn sie sich an eine Materie wagen, die schon vor ihnen von vielen und weit gelehrtern Männern abgehandelt ist.

Ich will in dieser Schrift kein Responsum geben, sondern blos allgemeine Gedanken über die Gesetze Mosis wider die nahen Ehen entwerfen.

In den Ehegesetzen Mosis kommen gewisse einzelne Redensarten vor, die eine Dunkelheit haben können, und von denen ein jeder eine Auslegung wünschet oder macht, die sich zu seinem System des Eherechts schicket. Selbst über den so oft wiederhohlten Ausdruck, die Blöße aufdecken, ist gestritten, und von einigen behauptet worden, daß er nicht auf die eheliche Verbindung gehe; woraus denn folgen würde, daß Moses gar keine Ehegesetze wider allzunahe Heyrathen gegeben habe. Diese Redensarten erfodern daher eine unpartheyische und sorgfältige Untersuchung: und der ist das zweite Capitel gewidmet.

So bald ich mit meinen Lesern darüber einstimmig zu denken hoffen kann, daß Moses wirklich Ehegesetze vorgeschrieben habe, untersuche ich im dritten Capitel die Frage, ob diese Ehegesetze blos den Israeliten gegeben sind, oder ob Moses behauptet, Gott habe sie allen Völkern in der Welt vorgeschrieben. Die Frage wird getheilt werden müssen: denn es sind ihrer wirklich zwey, 1) ob einige Eheverbote Mosis von allgemeiner Verbindlichkeit sind? 2) ob diese allgemeine Verbindlichkeit ihnen allen zuzuschreiben sey.

Zum besseren Verstande der Gesetze Mosis kann es wichtig seyn, zu wissen, welche Ehen vor seiner Zeit unter seinen Vorfahren erlaubt waren, oder nicht? Eben diese Frage hat auch noch einen Einfluß in manche andere Materien, die ich hier nicht alle nennen will, indem man in dem Buch selbst finden wird, wie oft ich auf sie zurückgehen muß. Ich untersuche daher das Herkommen vor Mosis Zeit im vierten Capitel.

Nunmehr wende ich mich zu den Ursachen, um welcher willen Gott selbst, und Moses auf Gottes Befehl, gewisse nahe Ehen verdammet, und die philosophische Sittenlehre sie tadeln müßte, wenn wir auch keine Offenbahrung kenneten. Man giebt ihrer ziemlich viele an, die mir ungegründet scheinen, und die bestreite ich im fünften Capitel: trage aber meine eigene Meinung davon im sechsten vor.

B 3   Das

Das siebente Capitel ist deswegen von vorzüglicher Wichtigkeit, weil es den eigentlichen Sinn und Wortverstand der beiden Gesetze untersucht, in welchen Moses von den nahen Heyrathen handelt. Aus diesem Capitel wird man also sehen, was der zu thun habe, der alle Ehegesetze Mosis für Stücke des allgemeinen Sittengesetzes hält: und was ihm erlaubt sey? Von einer Menge von Zusätzen, welche nicht die Juden, nicht unsere Reformatores, sondern, ich weiß nicht durch welchen Zufall, viele neuere Theologen und theologische Facultäten an Mosis Gesetze angeheftet haben, wird er losgesprochen werden. Wer meine Schrift anstatt eines Responsi gebrauchen will, wird gemeiniglich dieses Capitel aufzuschlagen haben.

Das achte Capitel redet von der Frage, ob diese Zusätze von einer Obrigkeit abgeschaffet werden sollen, oder nicht? Einige haben dis mit Heftigkeit verlanget. Ich wähle eine Mittelstraße, und sehe die Abschaffung zwar für gut, aber doch eben nicht für unentbehrlich an, wenn nur bey wichtigen Ursachen, die diese Ehen anrathen, eine Dispensation von dem nunmehr bloß menschlichen Gesetz zu erhalten ist.

Das neunte Capitel wirft die Frage auf, ob der Landesherr das Recht habe, auch da zu dispensiren, wo Moses wirklich eine Ehe verboten hat, oder wo er wenigstens glaubt, daß sie unter Mosis Verbot gehöre? und ob seine Dispensation auch mit gutem Gewissen von nahen Anverwandten gesucht und angenommen werden könne? darauf denn noch einige besondere Anmerkungen von diesem Dispensations-Recht folgen sollen, wo es am allersichersten geübet werden könne, und wo es hingegen wider den Endzweck und die Seele des Gesetzes streite, folglich schwerlich ohne Versündigung statt finden könne. Da aber manche Personen sich in eine Ehe begeben, von deren Rechtmäßigkeit sie anfangs gewiß zu seyn meynen, und doch nachher Zweifel darüber bekommen: so werde ich auf das zehnte Capitel die Frage versparen; ob es der Wille Gottes sey, eine einmahl angefangene Ehe fortzusetzen, wenn man sich auch bey deren Antretung versündiget, und eine allzu nahe Freundin wider Gottes Gebot, es sey aus Unwissenheit, oder aus Leichtsinnigkeit geheyrathet hätte. Dieses ist der kurze Leitfaden meiner Schrift, daraus man siehet, wie ein Capitel mit dem andern zusammen hänge, und daß man im Lesen nicht wohl eins von denen, welche nicht unmittelbar die Hauptfrage betreffen, überschlagen dürfe, ohne sich zugleich den Beweis und die Gründe zum folgenden zu entziehen.

§. 6.

§. 6.
Weswegen die Meinungen unserer Gottesgelehrten und der Kirchenväter nicht gesammlet werden?

Man wird es hiebey hoffentlich für keine Lücke ansehen, wenn ich die Meinungen unserer Gottesgelehrten, oder der Kirchenväter über die vorgelegten und damit verwandten Fragen, nicht sammle. Wenn ich auch die Frage blos von eben dem Gesichtspunct ansehen wollte, aus welchem sie gemeiniglich betrachtet wird, so würden ihre Meinungen zur Beruhigung des Gewissens dennoch nichts beytragen können. Sollten noch so viele berühmte und fromme Lehrer der Kirche etwas vor recht erklären, so würde es doch ein zweifelndes Gewissen im geringsten nicht beruhigen: denn sie sind Menschen, und können irren. Es kommt blos auf die vorgetragenen Gründe an. Das Gegentheil hievon, und wenn man ohne eigene Ueberzeugung von der Rechtmäßigkeit einer Handlung sie deswegen waget, weil angesehene, redliche und gelehrte Männer sie vor recht gehalten haben, ist eben der Probabilismus moralis, den unsere Sittenlehrer misbilligen. Von den Kirchenvätern, unter denen sehr wenige etwas Hebräisch verstunden, ist ohnehin bekannt, daß sie selten erträgliche, und niemahls authentische Ausleger des Alten Testaments, und der Schriften Mosis sind. Ueber das haben die meisten unserer Theologen nicht gerade die Fragen, die ich mir vorlege, beantwortet, sondern, wie ich es vorhin nannte, die Sache aus andern, oder wenigern Gesichtspuncten betrachtet: und einerley Gedanke ist so oft wiederhohlt, behauptet, widersprochen, und abermahls ohne neue Gründe behauptet, daß die Erzehlung nicht sehr angenehm seyn möchte, wenn man sie auch blos als eine Sammlung von Merkwürdigkeiten aus der historia literaria und der Geschichte dieses Streits ansehen wollte. Sie könnte noch dazu die Wahrheit durch Einmengung vieler Nebensachen mehr verstecken: denn es ist immer leichter über zwey, als über zehn Streitfragen zu urtheilen. Sollte jemand hieben denken, daß es mir an einer weitläuftigen Belesenheit in dieser Art von Schriften mangele, und ich deswegen die Nachricht von denselben andern Männern überließe, denen nicht leicht ein Responsum von dieser oder jener Seite unbekannt sey: so will ich mich gegen diesen Vorwurf nicht entschuldigen, sondern lieber eingestehen, daß man Eine wahre Ursache getroffen habe, wobey man denn desto weniger berechtiget seyn wird, zu glauben, daß ich die Absicht habe, diesen oder den zu widerlegen, der einen Satz geäußert hat, von welchem abzuweichen ich mich gezwungen sehe.

§. 7.

§. 7.

Aus den Alterthümern des Israelitischen Volks zur Zeit Mosis, und des nächsten auf ihn folgenden Menschen-Alters, haben wir keine Nachrichten, die hieher gehören.

Es könnte mancher Leser mit mehrerem Recht denken, daß die Meinungen der Juden einen nähern und gewissern Einfluß in die Beantwortung der Ehefragen hätten, und es daher billig sey, diese mit allem Fleiß zu sammlen. Ich bin auch dazu bisweilen von solchen ermuntert worden, die gern mit völliger Zuverläßigkeit über die Ehefragen haben urtheilen wollen. Sie haben zu wissen verlangt, ob nicht in den Jüdischen Alterthümern etwas angetroffen werden könnte, das hier eine völlige Entscheidung gäbe. Ich muß mich hier über mit Beobachtung eines Unterscheids der Zeit erklären, die ich deshalb in vier Abschnitte eintheilen werde.

Der erste Abschnitt begreift die Zeit vor Mose. Von dieser werde ich im vierten Capitel handeln, und sie nützlich gebrauchen können: allein ich darf das nicht mit dem Nahmen der Jüdischen Alterthümer belegen, was ich davon sagen werde, weil in der That damahls das Jüdische oder Israelitische Volk noch nicht war, sondern blos die Vorfahren und Väter desselben. Ich werde auch nicht Juden zu Gewährsmännern meiner Gedanken anführen, weil die Sachen zu alt sind, als daß man davon dem Zeugniß unserer Jüdischen Schriftsteller glauben könnte, die außer Mose keine schriftlichen Nachrichten von dieser uralten Zeit vor sich haben.

Der zweite Abschnitt würde die Zeit Mosis selbst, und etwan die Lebenszeit derer, welche ihn noch gekannt, aber überlebet haben, in sich begreiffen. Wenn man wüßte, wie sich das Volk Israel in der Zeit in Absicht auf die nahen Ehen verhalten hat, so würde es zur Entscheidung mancher Fragen von der größesten Wichtigkeit seyn: denn sind jemahls die Ehe-Gesetze Mosis beobachtet worden, so müßte es damahls geschehen seyn, und man kann nicht wohl glauben, daß die Israeliten so frühzeitig angefangen haben sollten, diese Gesetze unrecht auszulegen. Allein ich muß hier die Armuth vorschützen; es fehlt uns, wie ich fürchte, gänzlich an so alten Nachrichten, die zu dieser Abhandlung gehörten. Das einzige, so man dahin rechnen könnte, würde die Jos. XV, 17. und B. der Richter I, 13. gemeldete Verheyrathung der Tochter Calebs mit dessen Bruder dem Othniel seyn: denn zum wenigsten nach den Accenten sind die Worte also zu übersetzen: Othniel, der Sohn Kenas, der jüngere

Von der Ehe Othniels mit Calebs Tochter. C. I. §. 7.

gere Bruder Calebs: nicht aber, des jüngern Bruders: und es liesse sich die Richtigkeit der vorgegebenen Uebersetzung noch wol auf andere Art beweisen. Diese Heyrath scheint Anfangs von grosser Wichtigkeit für uns zu seyn: denn hat Caleb, dieser fromme Mann, der mit Mose zugleich lebte, seine Tochter an seinen eigenen Bruder gegeben, so muß er wol versichert gewesen seyn, daß die Ehe eines Onkels mit seines Bruders Tochter von Mose nicht misbilliget sey: ob sie gleich dem Grad nach eben so nahe ist, als die Ehe mit des Vaters Schwester, welche Moses verbietet: und er muß gewust haben, daß blos die einzelnen ausdrücklich benahmten Fälle, und nicht die Grade im Gesetz Mosis untersaget sind. Auf die Art wäre die Frage, die gemeiniglich vorkommt, so entschieden, wie es die gelindere Parthey wünschet: denn wer würde sich unterfangen, seine Erklärung der Gesetze Mosis der vorzuziehen, die man fast zu Mosis Zeit darüber gemacht hat, als man noch am besten wissen konnte, wie Moses selbst diese Gesetze in seinen richterlichen Aussprüchen verstanden hat.

Allein ich gestehe es aufrichtig, wir müssen die Freude wieder schwinden lassen, die wir über ein so unerwartetes und deutliches Licht, das wir zu sehen meinten, empfunden haben möchten: denn es ist zum wenigsten nicht gewiß, oder wol gar unwahrscheinlich, daß Caleb und Othniel Brüder im eigentlichen Verstande gewesen sind. Die Worte, Sohn, Bruder, u. s. f. haben bey den Hebräern ausser Gesetzen eine weitläuftigere Bedeutung, und werden für Nachkommen, Brudors Kinder, ja wol noch für entferntere Anverwandten gesetzet. Es wäre demnach möglich, daß die Hebräischen Worte auch den Verstand hätten: Othniel der Enkel Kenas, ein Verwandter oder Vater-Bruders-Sohn Calebs, der aber an Jahren so viel jünger war, als Caleb, daß eine Heyrath mit dessen Tochter gar wohl anging, nahm Hebron ein, und heyrathete darauf Calebs Tochter. Da auch Calebs Vater sonst gemeiniglich Jephunne genannt wird (*), so scheinen die Worte desto mehr in dem Sinne zu nehmen, und das Geschlechtsregister also einzurichten zu seyn

Kenas

(*) 4 B. Mos. XIII, 6. XIV, 6. 30. 38. XXVI, 65. 1 Chron. III, 15.

18 Zeit den Josua bis zur Babylonischen Gefangenschaft. C. I. §. 8.

```
              Kenas
     ┌──────────┴──────────┐
  Jephunne              N. N. (**)
     │                     │
   Caleb                 Othniel
     │
   Achsa
```

Auf die Weise aber wird uns diese Heyrath bey unsern Fragen ganz und gar unbrauchbar.

§. 8.

Die Zeit von Josua Tode bis zur Babylonischen Gefangenschaft, ist unentscheidend, und dabey an Nachrichten arm.

Die Zeit von dem Tode Josua an bis auf die Zerstörung Jerusalems durch die Babylonier ist für uns an Materialien eben so arm als die vorige, weil wir außer den Büchern, die in der Bibel befindlich sind, schlechterdings keine Schriften der Israeliten aus ihr übrig haben. Es hat daher überhaupt die Geschichtkunde nicht vieles aus diesen Zeiten: etwas weniges zuverläßiges hat Josephus uns noch aufgehoben, das nicht in der Bibel stehet, wenn aber im Thalmud oft besondere Umstände aus derselben erzählet werden, die viele Jahrhunderte durch bloßes Hörsagen fortgepflanzt seyn sollen, in der That aber großentheils nur Erklärungen der im Thalmud angeführten Lehrer über Schriftstellen sind, die sie so zuversichtlich gesagt haben, daß der Schüler sie nicht für Erklärungen oder Vermuthungen, sondern für Geschichte und Zeugnisse annahm, so kann man sich auf deren Glaubwürdigkeit ganz und gar nicht verlassen, und es würde vergebliche angewandte Mühe seyn, diese Fabeln des Thalmuds in der Absicht durchzusehen, daß man etwas von den nahen Heyrathen darin finden wollte. In der That aber haben wir uns über diesen Verlust,

---

(**) Diese Genealogie, und daß Othniel ein Enkel des Kenas sey, wird noch durch folgendem Umstand mehr bestätiget. Wäre Othniel ein unmittelbarer Sohn des Kenas, so würde er nicht Calebs Bruder, sondern sein Vaters-Bruder werden. Das ist aber nicht wol mit der Geschichte zu reimen, denn Caleb war um die Zeit, da die Israeliten in Palästina eingingen, nebst Josua, der älteste Mann in dem ganzen Volk; und diese beyden waren allein von denen übrig, die bey Aussendung der ersten Kundschafter, (4 B. Mos. XIV.) das zwanzigste Jahr erreichet hatten. Schwerlich kann also sein Vaters-Bruder noch am Leben gewesen seyn, als die Israeliten schon ihr Land nach einem Kriege von einigen Jahren erobert hatten.

Geschichte der Thamar. C. 1. §. 8.

Verluft, hat aber dieser Armuth der Geschichte nicht sehr zu grämen: denn es würde auch zur Entscheidung der Sache wenig thun, was in dem jetzt benannten Zeit-Abschnitt deshalb üblich gewesen ist, oder nicht; ich würde wenigstens mein Gewissen damit nicht beruhigen können. Denn in den dunkeln und unruhigen Zeiten, die zwischen Josua und Saul hergegangen sind, und die man die Zeit der Richter nennet, sind viele sehr streng gegebene Gebote Mosis, z. E. daß man nur an einem einzigen Orte opfern durfte, ganz außer Uebung gekommen, und viele unter ihnen sind hernach nie wieder recht üblich geworden. Es wird sogar noch gestritten, ob das Gesetz vom Jubeljahr in einem langen Zeitraume beobachtet sey. Wir würden daher nicht wissen, ob es recht, und dem Sinne der Gesetze Mosis gemäß sey, wenn wir gleich aus dieser Zeit noch so viele Beyspiele solcher oder solcher Ehen, darüber angefraget wird, anbringen könnten. Das Beyspiel des Absaloms erweckt mir einen noch nähern Verdacht, daß in der Zeit auch die offenbarste Blutschande von den Israeliten gar nicht so angesehen sey, wie es die Gesetze Mosis verlangten. Um seine neuen Unterthanen kräftiger davon zu überzeugen, daß er sich nie zu ihrem Schaden mit David wieder aussöhnen würde, oder vielmehr um diese Aussöhnung unmöglich zu machen, schändete er seines Vaters Kebsweiber auf die öffentlichste und ungescheuteste Art. Dis war der Rath des klügsten Mannes in Israel zu seiner Zeit, der auch die gewünschte Wirkung hatte: 2 B. Sam. XVI, 20 - 23. Wo irgend ein Abscheu der Blutschande gewesen wäre, müßte dis den neuen und noch wankenden Regenten den Unterthanen sehr schwarz gemacht haben: da aber Ahitophel dem Absalom einen solchen Rath gab, so müssen die Gesetze Mosis wider die Blutschande damahls gar sehr außer Uebung und Kraft gewesen seyn.

Indessen verdienen doch zwey Geschichte aus diesem langen Zeitraum, daß ich sie nicht ganz mit Stillschweigen übergehe. Die eine pflegt man anzuführen, und daraus zu folgern, daß die Israelitischen Könige das Recht geübet haben, von den Verboten der nahen Anverwandtschaften im Heyrathen zu dispensiren. Man sagt: Thamar antwortete ihrem Halbbruder Amnon, der sie zu unehelichem Beyschlaff verführen wollte, er solle nur mit dem Könige reden, der werde sie ihm nicht versagen, wenn er sie ordentlich zur Ehe begehrte: 2 B Sam. XIII, 13. sie müsse also doch gewußt haben, daß der König sich kein Bedenken machen würde, in einem einzelnen Fall sogar die Ehe zwischen Bruder und Schwester zu erlauben.

Da ich unten das Lossprechungs- oder Dispensations-Recht des Fürsten behaupten werde, so sollte ich vielleicht wünschen, daß dieser Schluß richtig wäre. Allein ich kann mich davon auf keine Weise überzeugen. Ein junges Frauenzimmer konnte, sonderlich bey der Erziehung, welche sie im Morgenlande haben, wol wenig zuverläßiges davon wissen, ob in diesem oder jenem Falle der König sich berechtiget halten werde, zu dispensiren: wenn also auch Thamar dieses bey viel ruhigerer Gemüthsfassung gesaget hätte, so würde doch aus ihren Worten nur ein schlechter Beweis zu führen seyn. Wenn man aber das ganze Capitel liest, und die Gefahr bedenket, die ihre Ehre bedrohete, so ist aus dem, was sie in der äussersten Angst, um sich zu retten, gesprochen hat, noch viel weniger zu machen. Wollte man alle Worte eines tugendhaften Frauenzimmers, das sich völlig in der Gewalt eines liederlichen Menschen siehet, der das äusserste zu wagen entschlossen hat, und das seine Ehre durch nichts als durch Bitten und Vorstellungen retten kann, für lauter Wahrheit annehmen, so würde man oft ihre eigene Ehre sehr dadurch verletzen. Lebte das Frauenzimmer in unserer Zeit, so würde ein so grosses Zutrauen zu der Wahrheit alles dessen, was es saget, fast bey niemand Beyfall finden: warum wollten wir denn eine so ganz andere Art zu denken annehmen, wenn es in einer von uns entfernten Zeit gelebet hat?

Ich sehe vielmehr, daß die strengere Parthey eben diese Geschichte der Thamar umwenden, und für sich gebrauchen könnte, wenn sie sagte: Da wir schlechterdings von keinem Versuche etwas lesen, den David gemacht hat, den Amnon gütlich zu bewegen, daß er durch eine Verehligung mit der Thamar ihr gleichsam die Ehre wiedergäbe, die er ihr mit Gewalt geraubet hatte, so muß es wol der König ganz und gar nicht für erlaubt geachtet haben, in einem so nahen Fall zu dispensiren. Ich finde aber doch auch diesen Schluß ungegründet: denn er setzt zum voraus, daß nichts geschehen sey, als was uns in der so kurzen Geschichte gemeldet war; da doch wol ein solcher Antrag an den Amnon so heimlich, oder so entfernt durch die fünfte und sechste Person geschehen seyn würde, daß der Geschichtschreiber (welches hier Nathan zu seyn scheinet (*),) entweder nichts davon erfahren, oder Bedenken getragen hat, diese ver-

(*) Samuel kann nicht die Bücher ganz geschrieben haben, die wir unter seinem Namen lesen, denn sein Tod wird schon 1 Sam. XXV, 1. erzählet. Es muß also diese Geschichte von andern fortgesetzt seyn, und das haben ohne Zweifel Nathan und Gad gethan, denn 1 Chron. XXIX, 29 wird eine Geschichte Davids, die Samuel, Nathan und Gad zum Verfasser hat, angeführet.

David heyrathet Sauls Kebsweiber. C. 1. §. 8.

verborgenen, und dem Leser nichts nützenden Umstände, die für die beleidigte und unglückliche Thamar beschämend waren, öffentlich bekannt zu machen. Die Geschichte der Thamar tritt also seiner Parthey bey, und nimt nicht den geringsten Antheil an dem ganzen Streit. Ist aber dabey noch einiger Zweifel übrig, ob sie beweise, daß David nicht habe dispensiren können, so wird hoffentlich derselbe unten so weit gehoben werden, daß er der Meinung, die ich behaupte, nicht mehr im Wege stehen soll.

Die andere Geschichte betrifft den David selbst. Bey den Juden pflegte ein Nachfolger im Reich das Serraille seines Vorfahren zu erben, welches, weil es auf öffentliche Unkosten eben vielleicht armen Casse angeschaffet war, dem Staat zuzugehören schien. Die Sitte, die ich anderwärts erläutern werde, und von der ich hier nur 2 Sam. XVI, 20-23. und 1 Kön. II, 13-24. zum Nachlesen anführe, scheint von benachbarten bettelhaften Völkern zu den Israeliten gekommen zu seyn, und hatte alsdenn wenn nicht der Sohn dem Vater folgete, also in Wahlreichen, nichts mit unsern Ehegesetzen streitendes an sich. Nach eben diesem Recht fielen auch die Gemahlinnen und Beyschläferinnen des Sauls dem David zu: und daß er sich derselben bedienet habe, siehet man aus 2 B. Sam. XII, 8. Denn hier sagt Gott durch den Propheten Nathan zu ihm: ich habe dir das Haus deines Herrn, und seine Weiber, in deinen Schoos gegeben: ein Ausdruck, dem die Gewalt anzuthun scheinen, die ihn davon erklären, daß die Gemahlinnen des Sauls Unterthanen des Davids, und von seiner Gnade abhängig geworden sind. Es ist auch nicht blos von einer Handlung die Rede, welche David unternommen, sondern die zugleich gebilliget zu werden scheint, indem sie dem David als eine göttliche Wohlthat angerechnet wird: und wollte man auch hier sagen, es könne nach Art der Morgenländer etwas, so die Providenz zuläßt, Gotte zugeschrieben werden (*), wenn auch gleich die Sache an und vor sich sündlich sey; und so sey hier der Ausdruck zu nehmen, weil man die Vielweiberey, und die angetretene Erbschaft eines Serraille, nicht unter die löblichen Dinge rechnen könne: so bleibt doch dis übrig, daß die Handlung Davids schwerlich wider die bürgerlichen Gesetze des Volks gewesen, und als Blutschande angesehen sey. Nun war Saul Davids Schwiegervater, indem dieser letzte die Michal, Sauls Tochter, in der Ehe hatte. Wenn eben dieser Mann Sauls Beyschläferinnen

oder

(*) Ich verweise auf meine Abhandlung gage de du Langage sur les Opinions, de l'influence des Opinions sur le Langage S. 121-123

22 David heyrathet Sauls Kebsweiber. C. 1. §. B.

oder Gemahlinnen in sein Serraille nimt, so ist die eine Verbindung, die uns befremden kann.

Die Sache wäre freilich allzuschlimm, wenn man unter den Weibern Sauls, die Gott in den Schoos Davids gegeben hatte, die leibliche Mutter der Michal begreifen wollte: denn in solchem Fall hätte er, wider das ausdrückliche Verbot Gottes 3 B. Mos XVIII, 17. Mutter und Tochter in der Ehe gehabt: eine abscheuliche Ehe, auf die Moses die Strafe der Verbrennung gesetzt hatte! 3 B. Mos. XX. 14. Wer sie sich so vorstellet, der würde freilich die Folgerung ziehen: daß Gott bey einer von den allernächsten und uns verhaßtesten Heyrathen dispensiret oder zu dispensiren erlaubt habe, blos weil eine wunderliche, kurtzens von Ausländern angenommene, Sitte der Israeliten es erfoderte. Und wenn die erweislich wäre, so würde freilich mein neuntes Capitel, von dem Dispensations-Recht des Fürsten, grosse Zusätze aus dieser Geschichte zu erwarten haben.

Allein an diese unanständige Heyrath müßte ich, wenn mich auch ihre Schändlichkeit nicht abschreckte, kaum zu denken. David hatte die Michal etliche Jahre vor Sauls Tode geheyrathet: er war, als er zur Regierung kam, ein junger Herr voll Feuer, und zugleich, wie uns die Geschichte nicht verschweiget, voll Liebe. Kann man glauben, daß er nach einigen Jahren Lust haben wird, die Mutter, die älter seyn mußte als er, neben der Tochter zu nehmen? Und wenn er es auch aus einer Staats-Ursache, um sich als Nachfolger des Sauls aufzuführen, hätte thun müssen, würde ihm dis als ein Glück angerechnet werden können? da, es vielmehr der unangenehmste Ehrendienst eines jungen und artigen Königes gegen das Ceremoniel gewesen seyn müßte.

Ich glaube daher, David habe, nicht seine Schwiegermutter, sondern blos einige weit jüngere Beyschläferinnen seines Schwiegervaters, des Sauls, in sein Serraille aufgenommen. Moses hat eine solche Ehe nirgends verboten, ob sie gleich manchem verwerflich vorkommen möchte, die blos nach Graden rechnen, oder bey den Ehegesetzen hauptsächlich auf das respectum parentelae sehen. Indessen thut sie doch weiter nichts zu Entscheidung der Hauptfrage, die im siebenten Capitel abgehandelt werden soll: denn Moses hat weder die Ehe mit des Schwiegervaters Witwe, noch die, ihr gleiche, mit des Schwiegersohns Witwe verboten, außer die, welche sonst aus Mosis Ehegesetzen gefolgert

gerungen stehen, sagen können. Die Ehe steht ihnen nicht entgegen, indem sie weder ausdrücklich untersagt, noch wegen einer gerechten Folgerung verwerflich sey.

§. 9.

Die Meinungen und Erklärungen der Juden nach der Babylonischen Gefangenschaft sind keine Entscheidungs-Gründe für uns. Schlechte Kenntniß der Hebräischen Sprache unter den Juden nach der Zeit Christi.

In dem vierten Zeitlauf will ich die vielen Jahrhunderte zusammen fassen, die von der Wiederkunft der Juden aus dem Babylonischen Elend, bis auf unsern Tag verflossen sind. Dieser Zeitlauf würde an Materialien für uns reich genug seyn: und es pflegt auch wirklich die gelindere Parthey vieles wahre und richtige daraus anzuführen, so noch aus den Schrifterklärungen der berühmtesten Rabbinen merklich bereichert werden könnte.

Ich will es auch gar nicht verredet haben, das wichtigste hievon beyzubringen: denn es wird zum wenigsten eine nicht unbillige gelehrte Neugier dadurch gesättiget. Das meiste wird der gelinderen, einiges der strengeren Parthey angenehm seyn. Allein einen Einfluß in Entscheidung der Sache können alle diese Exempel oder Urtheile der Juden nicht haben, und will man ihnen den gemeiniglich zuschreibt, und dadurch die Ehefragen noch zweifelhafter und ungewisser werden, als sie vor sich seyn möchten, so will ich kürzlich die Ursachen anführen, die mich bewegen, ihr Ansehen nicht höher zu schätzen, als ich thue.

Die erste ist ein zwischen allen Christen, die über die Ehefragen streiten, ausgemachter und so bekannter Satz, daß er nur genannt, und nicht erwiesen, oder ausgeführet werden darf. Kein Mensch ist uns von Gott zum authentischen Ausleger der Bibel verordnet; und am wenigsten die Juden. Auf die heilige Schrift allein, und nicht auf das Ansehen ihrer Ausleger, müssen wir die Sätze gründen, die unser Gewissen befriedigen sollen: und wenn unsre Sittenlehrer verbieten, etwas blos deswegen zu wagen, weil es unsere christliche Schriftserklärer für recht halten, so würde es gewiß nicht besser, sondern noch eher tadelhafter seyn, wenn wir, ohne in der Bibel selbst, bey vernünftiger Lesung derselben, hinlängliche und überzeugende Gründe zu finden, unser

Urtheil

Urtheil über die Rechtmäßigkeit einer Sache nach den Erklärungen der Juden richten wollten.

Dieses geben wir wol alle und jede zu, und ich darf mit niemanden darüber streiten. Allein man meinet öfters, da doch die Juden von Vater zu Sohn die Sitten geerbet hätten, die ihnen Moses befohlen hat; da sie ferner von Jugend auf in der Hebräischen Sprache unterrichtet, und fast erzogen würden, so sey es wahrscheinlich, daß die Erklärung der Ehegesetze Mosis, die sie billigen, die richtige sey. Weil ein grosser Theil von denen, die verpflichtet sind über die Ehegesetze nachzudenken und zu urtheilen, von der Sprachkenntniß, und den Traditionen der Juden nicht einen vollständigen Begriff haben können; so will ich mich bemühen, denselben kürzlich zu geben, und sodann ihrem Urtheil die Frage blos unterwerfen, ob die Schrifterklärungen oder Gewohnheiten der Juden, auf welche Seite sie sich auch neigen, ein Uebergewicht geben? und wiefern den Aussprüchen der christlichen Ausleger in den beiden letzten Jahrhunderten, vorzuziehen, oder gleich zu schätzen sind.

Die gründliche Kenntniß der Hebräischen Sprache wird niemand, der die Juden kennet, bey den jetzigen Juden suchen. Das Hebräische ist nichts weniger als ihre Muttersprache: sie lernen es wie wir, nur mit dem Unterschied, daß sie bey den ihnen vorgesagten Erklärungen ohne so viele Untersuchungen stehen bleiben, und bey weitem nicht die Hülfsmittel zur Sprachkunde haben, die wir besitzen. Die Chaldäischen Uebersetzungen, und die Schriften der Rabbinen, sonderlich derer, die im 12ten Jahrhundert gelebt haben, und gelehrte Männer gewesen sind, nebst der Chaldäischen Sprache, die mit der Hebräischen nahe verwandt ist, sind ihre Hülfsmittel: und die haben wir auch. Sie sind allein nicht hinlänglich den Grundtext einer ausgestorbenen Sprache, in der wir so weniges übrig haben, wie die Hebräische ist, zu verstehen. Die Erklärungen der Rabbinen oder der Chaldäischen Uebersetzungen sind einander nicht einstimmig; die Rabbinen führen bey schweren Worten und Stellen so viel verschiedene Erklärungen, öfters ohne Beurtheilungsgründe an, als unsere Schrifterklärer thun mögen; und man darf sie nur gelesen haben, so ist offenbar, daß die einzige wahre Erklärung (die ihnen leider gar zu oft mangelt) nicht durch eine Ueberlieferung von Vater zu Sohn, oder von Lehrer zu Schüler unter diesem Volk beybehalten sey. Die Chaldäische Sprache ist eben so wol ausgestorben als die Hebräische, und uns auch nicht dergestalt in ihrem ganzen Reichthum bekannt, daß wir das Hebräische aus ihr hinlänglich erklären

Die Juden sind nicht die besten Hebräer. C. 1. §. 9.

ten könnten. Wir haben daher andere Hülfsmittel dazu gesucht, und auch glücklich erhalten. Die Griechische Uebersetzung der sogenannten 70 Dolmätscher, die weit älter ist als irgend eine der Chaldäischen, und in den Büchern Mosis von einem gewiß gelehrten, sprachkundigen, und sonderlich mit den Aegyptischen Sachen, so Moses erwähnt, sehr bekannten Juden herrühret, giebt uns oft ein Licht, dessen der Jude entbehren muß, und das auch ihre berühmten Rabbinen des 12ten Jahrhunderts aus Unwissenheit der Griechischen Sprache nicht gebrauchen konnten. Wir haben noch ausser dieser die Ueberbleibsel und Stücke von drey andern Griechischen Uebersetzungen, und eine Syrische Uebersetzung, anderer nicht so brauchbarer zu geschweigen, die uns oft ein sehr nützliches Licht anzünden. Doch hiermit allein würde uns schlecht geholfen seyn: wir würden verschiedene Auslegungen über die Bibel und deren schwere Wörter haben, ohne daß wir mit Gewißheit die beste wählen könnten. Hierzu aber kommt uns die Syrische, und sonderlich die reiche und uns ziemlich vollständig bekannte noch lebende Arabische Sprache, die mit der Hebräischen so nahe oder näher verwandt ist, als Obersächsisch und Niedersächsisch unter einander, sehr zu Hülfe: und es werden wenig Hebräische Wörter seyn, die nicht im Arabischen sich fänden, und darinn eine Bedeutung hätten, welche dem Zusammenhang, darin sie im Hebräischen vorkommen, völlig gemäß ist. Es ist wahr, einige Rabbinen, sonderlich die Vorgänger derer im 12ten Jahrhundert, haben das Arabische auch verstanden, und nützlich angewandt: allein nicht zu gedenken, daß beynahe die schönsten Schriften von ihnen jetzt nicht bekannt sind, sondern noch in Bibliotheken verstecket liegen, und sie die übrigen uns bekannten Hülfsmittel, sonderlich das, was wir aus der weltlichen Gelehrsamkeit nehmen können, vermisseten, so würde doch, so viel wir aus gewissen Exempeln urtheilen mögen, die uns bisweilen die bekanntern Schriften der Rabbinen von dem mittheilen, was wir nicht in Händen haben, unter ihnen schwerlich ein einziger gewesen seyn, der das Arabische halb so glücklich angewandt hätte, als Schultens in seiner Erklärung des Buchs Hiobs und der Sprüche Salomons. Allerley Vorurtheile von der Heiligkeit der Hebräischen Sprache, und ihrer Entfernung von andern Sprachen, können einem Juden starke Hindernisse in den Weg legen, das Arabische billigmäßig zur Erläuterung des Hebräischen anzuwenden. Es braucht die Hebräische Sprache ausserdem noch allerley Hülfe von andern Theilen der Gelehrsamkeit, darunter ich nur die Naturgeschichte und Botanik nennen will, deren man desto weniger entbehren kann, weil unter dem kleinen Theil Hebräischer Wörter, den wir in

D der

der Bibel übrig haben, über 250 Nahmen von Bäumen und Pflanzen sind. Wie die Juden damit gemeiniglich aus Unwissenheit dieser Theile der Gelehrsamkeit umgehen, und oft nur sagen, es sey ein Nahme eines Baums, würde zu ekelhaft und zu weitläuftig zu erzählen seyn: wenn ich aber sagen wollte, die Juden hätten in dieser Art kein Buch, so wir dem Hierozoicon des Bocharts, und dem Hierobotanicon des Celsius an die Seite stellen könnten, so würde selbst dies Lob noch erniedrigend für Bochart und Celsius seyn.

Wollte man fragen, ob wir nicht Ursache hätten von den Juden vor der Zerstöhrung Jerusalems in Absicht auf die Kenntniß der Hebräischen Sprache ein günstigeres Urtheil zu fällen? so muß ich zwar melden, daß die Frage eigentlich nicht hieher gehöret, indem wir von ihnen wenig zu Erklärung der Ehegesetze Mosis vor uns haben werden. Indessen hat doch die Hebräische Sprache schon lange vor Christi Geburth aufgehöret ihre Muttersprache zu seyn, und die alten Uebersetzungen, die wir von ihnen haben, und als nützliche Hülfsmittel gebrauchen, widersprechen eine der andern bey schweren Hebräischen Wörtern, so daß wir ihnen nie schlechterdings glauben können, sondern über sie urtheilen müssen. Ich verleugne das nicht, was wir diesen Uebersetzungen schuldig sind. Ihre Verfasser, die den Zeiten der Schriftsteller näher lebten, konnten vieles uns unbekannte wissen: und aus den übrigen morgenländischen Sprachen manches, so uns die Zeit geraubet hat, auf das Hebräische anwenden. So viel, und so dankbar ich sie auch zu gebrauchen pflege, so meyne ich doch, daß wir in der neuern Zeit Schrifterklärer haben, die diesen alten Uebersetzern vorgehen. So viel von diesen Uebersetzungen! Unter den damahligen Schrifterklärern der Juden ist der Theil, nach dessen Auslegungen sich der grosse Hauffe des Volks zu richten pflegte, und welcher der Secte der Pharisäer zugethan war, gewiß wegen seiner Gelehrsamkeit und Sprachkunde nicht im besten Andenken. Man überlege nur, was von solchen Auslegern eines alten Buchs zu halten sey, die zum Theil die Erlernung der Griechischen Sprache für sündlich hielten, und sich dadurch den Zugang zu einer ihnen unentbehrlichen weltlichen Gelehrsamkeit selbst verschlossen, und die Mitel zu Aufklärung ihres Verstandes raubeten. Ihre wunderlichen Erklärungsgesetze, und die eben so ungestalten Erklärungen, die wir von ihnen wissen, machen uns billig ihr Ansehen, dem damals die Juden zu folgen pflegten, sehr verdächtig.

§. 10.

§. 10.

Die Tradition der Juden ist nicht glaubwürdig, sondern bestehet in den Aufsätzen der Aeltesten, die Christus verworfen hat.

Noch schlechter stehet es um die Ueberlieferung der Jüdischen Gebräuche vom Vater zu Sohn, und man kann im geringsten nicht folgern, daß etwas zu Mosis Zeiten gewöhnlich gewesen sey, weil es jetzt bey den Juden ein Herkommen ist. Vielleicht haben sich die alten Jüdischen Sitten nirgends weniger erhalten, als bey den Juden selbst, die unter der Herrschaft so vieler fremden Völker, und bey einer so langwierigen Zerstreuung immer fremde Sitten, oder neue Auslegungen und Gedanken ihrer Rabbinen, für die alten Gewohnheiten ihrer Väter in die Stelle bekommen haben. Ich habe schon oben erinnert, daß nicht einmal das Herkommen der Juden mit den Gesetzen Mosis bis an die Zeit der ersten Zerstöhrung Jerusalems durch die Babylonier übereinstimmend gewesen sey: allein in dem Babylonischen Elend ist vollends das Andenken der alten Sitten verlohren gegangen, und nachher haben sie unter den Persern, Persische, unter den Griechen Griechische, unter den Römern Römische, und endlich unter den Christen viel von unsern Sitten angenommen. Mir ist dieses so auf einmal geschehen, daß es recht merklich geworden wäre, sondern nach und nach: indessen ist doch die Veränderung so groß, daß oft die jetzigen Sitten der Juden gerade das Widerspiel von den alten Sitten sind. Ich habe einige Beyspiele davon im 4ten §. meiner Abhandlung von dem alten Seckel der Israeliten, Seite 56-58. des 2ten Theils der Commentar. der Königl. Gesellschaft der Wissenschaften, angemerket, und ein noch grösseres Beyspiel in derselben ganzen Abhandlung ausgeführet, da die Juden statt des alten Seckels Mosis aus grosser Unwissenheit ihrer väterlichen Sitten, eine Griechische Münze von ganz verschiedenem Gehalt, angenommen haben.

Noch verdächtiger aber werden uns ihre Traditionen werden, wenn wir ihren Ursprung und das Urtheil des Neuen Testamentes darüber vernehmen, und hören, daß es dieselbigen Aufsätze der Alten sind, die Christus mit solchem Eifer angefochten hat. Nachdem in dem Babylonischen Elend die Jüdischen Alterthümer und Sitten ausser Gebrauch gekommen waren, so haben viele zu dieser Arbeit nur schlecht gerüstete Rabbinen sich unterfangen, die Gesetze Mosis zu erklären, und ihre Erklärungen sind von ihren Schülern mit blindem Glauben und Gehorsam angenommen, und von Mund zu Mund fortgepflanzet worden.

worden. Was sie zu den Gesetzen Mosis als Erklärungen hinzufügten, das sollte eben so vollkommen gelten, als was Moses mit ausdrücklichen Worten befohlen hatte, sie nahmen sich die Mühe, wie sie es nennen, einen Zaun um das Gesetz zu ziehen, das ist, allerley zu verbieten, davon sie eingestunden, daß es im Gesetz nicht verboten sey, und man kam endlich gar dahin, ein Theil dieser Grillen für Ueberlieferungen auszugeben, die von Mose selbst herrühreten, und von Mund zu Mund fortgepflanzet wären. Zu diesen Zusätzen oder Aufsätzen der Aeltesten hingen die Pharisäer nicht anders, als wenn es göttliche Gebote wären, und diese sind es zum Theil, die uns nachher im Thalmud schriftlich aufbehalten, und noch durch andere etwas jüngere vermehret sind. Daß ihre Erfinder meistentheils von schlechter Gelehrsamkeit und Beurtheilungskraft gewesen seyn müssen, fällt einem bey Durchlesung dieser Sammlung bald in die Augen: sie haben nicht allein mehr Irrthum als Wahrheit, sondern viele dieser Erklärungen und Aufsätze, z. E. diejenigen, die im 5ten, 15ten und 23ten Capitel Matthäi bestritten sind, verdienen mehr den Nahmen, Widersprüche gegen das Gesetz Mosis, als daß sie Erklärungen desselben seyn sollten. Was konnte man auch von solchen Leuten besseres fodern, die bey dem grössten Mangel der weltlichen Gelehrsamkeit, und bey einem blinden Vorurtheil für das Ansehen ihrer Lehrer, welche sie den Propheten gleich schätzten, so wunderbare Auslegungsregeln annahmen, und z. E. es für eine grosse Vollkommenheit eines Auslegers hielten, jedweden Spruch auf eine verschiedene Weise zu erklären (*). Nicht einmal die Ueberlieferung dieser Verdrehungen des Gesetzes Mosis auf die Nachkommen, ist zuverläßig und glaubwürdig genug: denn sie geschahe bis auf die Zeit des Thalmuds nicht schriftlich, sondern mündlich. Es wird aber leicht ein jeder, der den Juden nicht zugestehen will, was er allen andern ableugnet, einsehen, wie sehr die Erklärung und Meinung der ältesten Rabbinen hat können und müssen geändert werden, wenn sie ihr Schüler nur mündlich seinen Schülern überliefert hat. Er konnte vieles unrecht verstanden haben, er konnte seine Gedanken mit den ihrigen vermischen und zusammenschmelzen, er konnte die Meinungen verschiedener Rabbinen in eine dritte vereinigen, er konnte das, was er gehöret hatte, sich unrecht erinnern, oder es wol gar muthwillig verfälschen: ging nun dieses gleichsam durch zehn

Go

(*) Man kann hiervon des Herrn Rei‑ | septuaginta linguarum perito nachle‑
marus Dissertat. de assessore synedrii | sen.

ist nicht glaubwürdig. C. I. §. 10.

Geschlechter von Lehrern und Schülern hindurch, so fällt wol zuletzt alle Gewißheit und Zuverläßigkeit einer solchen mündlichen Ueberlieferung weg. Was wir der Römischen Kirche entgegen zu setzen pflegen, wenn sie sich auf eine mündliche Ueberlieferung der Lehre der Apostel berufet, das gilt auch, bey einem, der nicht für alles Jüdische partheyisch ist, gegen die Jüdischen und Pharisäischen Ueberlieferungen. Ich muß hinzusetzen, daß diese mündlich überlieferten Meinungen der Alten nichtes weniger als mit einander einstimmig und einerley sind, und daß nicht nur im Thalmud häufig die verschiedensten Meinungen angeführet, und einander entgegen gestellet werden, sondern auch zur Zeit Christi ein Rabbine anders lehrete, wie der andere: hat nun gleich eine Meinung bey dem Volke den meisten Beyfall gefunden, oder sonst über die entgegenstehende gesieget, so ist gar daraus noch nicht erweislich, daß sie auch der Wahrheit am gemäßesten gewesen sey.

Ich leugne nicht, daß nicht viel wahres, viel altes, viel schöne Ueberbleibsel der Gelehrsamkeit unter den Jüdischen Ueberlieferungen befindlich sind: allein wenn man dieses unter einer solchen Geselschaft der ungelehrtesten und ungereimtesten Sätze antrift, so kann man auch das wahre nicht deswegen vor wahr halten, weil es die Juden damals gesagt haben, sondern es bleibt die Wageschale völlig im Gleichgewichte, bis man auf andere Weise und aus andern Gründen die Wahrheit des Satzes erwiesen hat.

Wie weniges Gewichte werden endlich diese Jüdischen Ueberlieferungen behalten, wenn man das Urtheil Christi über sie höret, der sie nicht nur als bloße Menschenlehren zu betrachten, sondern auch einen großen Theil derselben für Mosi widersprechend, für gottlos auszugeben, und in seinen Predigten zu widerlegen pflegt? welches so weit gehet, daß beynahe der größte Nutzen, den ein Ausleger des Neuen Testamentes aus genauer Bekanntschaft mit den Jüdischen Lehren und Ueberlieferungen, so wir im Thalmud vor uns haben, schöpfen kann, dieser ist, daß er siehet, welchen Satz jedesmal Christus und seine Apostel bestreiten, und dadurch den Sinn und Zusammenhang ihrer Rede besser einsehen kann. Eben dieselben Lehrer, die bisweilen durch ihre Zusätze zu dem Gesetz ihren Schülern unerträgliche Lasten auflegten, beschuldiget Christus in der Bergpredigt mit dem höchsten Rechte, daß ihre Sittenlehre in andern Stücken viel zu gelinde sey, wenn sie allerley grobe Sünden, darunter selbst gewisse Arten des Meineides waren, für unsündlich ausgaben, oder doch zu lauter kleinen und leicht zu vergebenden Sünden machten; er tadelt ihre Sätze in andern Stücken der Lehre vom Ehestande, wenn sie die Ehescheidung um allerley geringer Ursachen willen für erlaubt und recht hielten: und da es eine Schule gab, die das Gesetz Mosis von den Ehescheidungen strenger erklärte, so tritt er auch der nicht bey, sondern behauptet, daß Moses zwar wegen der Herzens-Härtigkeit des Volks die Ehescheidung nach dem bürgerlichen Recht erlaubt, aber nach der Sittenlehre für verboten geachtet habe (*), welches auch der Wahrheit, und der Denkungsart Mosis völlig gemäß ist.

Was wird es nun zu Entscheidung der Sache beytragen können, wenn wir noch so gewiß und umständlich wissen, wie die Juden, und sonderlich wie diejenigen Schulen oder Secte, deren Traditionen wir im Thalmud übrig haben, zur Zeit Christi die Ehegesetze Mosis verstanden, und wie das Volk, so sich nach ihnen richtete, sich in Absicht auf die bedenklichen Heyrathen verhalten hat? Wer wird uns Bürge dafür seyn, daß diese zum Theil so ungelehrten und so unrichtig denkenden Lehrer hier die Wahrheit besser getroffen haben, als in andern Stücken, darinn ihnen Christus ausdrücklich widerspricht? Wissen wir gleich nicht, ob er auch einige ihrer Lehrsätze von den verbotenen Graden bestritten habe, so dürfen wir sie deshalb noch nicht für Wahrheit halten, sondern wir müssen sie unpartheyisch, und ohne ein günstiges Vorurtheil, untersuchen: denn wie klein ist der Theil der Reden Christi, den wir übrig haben, und wie viel kann er, und muß er geredet haben, davon wir in den Evangelisten nicht einmal Auszüge lesen? Wie unsicher ist überdem der Schluß, daß ein Lehrer oder Prophet einen Satz der Sittenlehre geglaubet habe, weil er ihn nie ausdrücklich bestritten hat? Wie viel falsche und unrichtige Sätze der Juden sind uns endlich bekannt, deren Bestreitung uns unter den Reden Christi nirgends aufgehoben ist?

Ich habe mich beynahe zu weitläuftig hieben aufgehalten: allein es war um derer willen doch nothwendig, die mit den Schriften und Alterthümern der Israeliten nicht hinlänglich bekannt sind, und sich die gerühmte mündliche Ueberlieferung der Juden und ihre Sitten unter dem zweyten Tempel, entscheidender vorstellen könnten, als sie wirklich sind. Wir werden nun, mit Hintansetzung alles Vorurtheils und Vertrauens auf menschliches Ansehen, die Sache selbst untersuchen müssen, und dem, was uns eine vernünftige Betrachtung der Worte Mosis, die größtentheils in Absicht auf die Sprache leicht sind, lehren wird, desto zuverläßigern Beyfall geben können, jemehr wir der Hoffnung entsagen müssen, in irgend einem andern Schriftsteller außer ihm etwas überzeugenderes und entscheidendes anzutreffen.

Das

(*) Siehe im 19ten §. meiner Hebräischen Antiquitäten.

Blöſſe aufdecken, was Moſes darunter verſtehe? C.2. §.11. 31

Das zweite Hauptſtück,

erkläret gewiſſe Redensarten, deren Moſes ſich bedienet.

---

§. 11.

Wahrer Sinn der Redensarten, die Blöſſe aufdecken, oder ſehen.

Ich wende mich nun zu den, eine Aufklärung bedürfenden Redensarten, deren Moſes ſich im 18ten und 20ſten Capitel ſeines dritten Buchs bedienet.

    Das, was er verbietet, pflegt er gemeiniglich durch die Redensart, die Blöſſe aufdecken (גלות ערות) auszudrücken, z. E. er ſagt gleich Anfangs C. XVIII, 6. keiner unter euch ſoll ſich zu einem Theile ſeines Fleiſches nahen, die Blöſſe aufzudecken.

    Die gewöhnliche und richtige Auslegung nimt, die Blöſſe aufdecken für einen allgemeinen Ausdruck, welcher den Beyſchlaf, beides den ehelichen, und den unehelichen, unter ſich begreifet. Die Hebräer ſetzten nemlich, wenn ſie ſich dieſer Redensart bedienten, zum voraus, daß, wer die Blöſſe eines Frauenzimmers aufdecke, es dabey nicht laſſen werde, und nannten alſo die vorhergehende Handlung, das Aufdecken der Blöſſe, mit Einſchlieſſung ihrer Folge, der wirklichen fleiſchlichen Vermiſchung.

    Es iſt niemanden unbekannt, daß auch andere Völker, und ſelbſt unſere Mutterſprache, ſich eines ſolchen Euphemismus bey Handlungen, die man nicht gern mit dem eigentlichen Nahmen nennet, bedienen. Unſer gewöhnlichſter, bey einer Frauensperſon ſchlafen, iſt von eben der Art: man verſtehet, wenn man ihn höret, nicht eigentlich das Schlafen ſelbſt, ſondern die Handlung, die man vermuthen muß, wenn zwey Perſonen verſchiedenen Geſchlechts in Einem Bette beyſammen ſchlafen.

    Man bemerkt ferner, und auch dieſe Anmerkung iſt richtig, daß nur von der Mannsperſon geſagt wird, ſie habe die Blöſſe des andern Theils aufgedeckt.

Denn

Denn da bey den Hebräern auch die Verba ihr Genus haben, so setzt Moses sein Verbot stets im masculino: du Mannsperson sollst deren und deren Blösse nicht aufdecken: und die, deren Blösse aufgedeckt wird, ist b. y ihm stets eine Frauensperson. Der Sprachgebrauch stellete sich nemlich die Mannsperson als den angreifenden Theil, und die Frauenspersonen nicht so unschamhaftig vor, daß sie selbst den Anfang machen, und die Mannsperson entblössen würden.

Die Gesetze sind daher durch und durch an Mannspersonen gerichtet: es verstehet sich aber von selbst, daß, wenn der Gesetzgeber sagt: du Bruder sollst deiner Schwester Blösse nicht aufdecken! der Schwester zugleich verboten sey, ihre Blösse von dem Bruder aufdecken zu lassen.

Doch wird auch von der Frauensperson gesagt, sie decke ihre eigene (wie, der Mannsperson ihre) Blösse auf, wenn sie den Beyschlaf gestattet: 3. E. E. XX, 18. wenn ein Mann bey einer Frau in ihrer Krankheit schläfet, und ihre Blösse aufdecket, —— und auch sie die Quelle ihres Bluts entblösset hat, so sollen sie beide ausgerottet werden.

Ein anderer Ausdruck, die Blösse sehen, hat mit dem vorigen einerley Bedeutung, wird aber von beiden Geschlechtern auf gleiche Art gebraucht, 3. E. E. XX, 17. wenn jemand seine Schwester nimt, und ihre Blösse siehet, und sie hat seine Blösse gesehen.

§. 12.

Allgemeine Anmerkungen über zwey abweichende Erklärungen dieser Redensart.

Gegen diese gewöhnlichen Sätze finde ich einen doppelten Widerspruch, der eine Untersuchung nöthig macht. Der eine sowohl als der andere zielet darauf, schlechterdings zu leugnen, daß Moses hier Ehegesetze gebe. Ich weiß zwar nicht, warum dis uns so unwahrscheinlich vorkommen sollte: da doch die meisten gesitteten Völker die allzunahen Ehen verbieten, und die Tugend eines Volks schwerlich lange bestehen, oder dem Einbruch der grössesten Lasterhaftigkeit gewehret werden wird, wenn alle Heyrathen erlaubt sind, und Bruder und Schwester, Vater und Tochter sich nehmen können. Selbst unter den Vorfahren der Israeliten waren nicht alle Ehen erlaubt gewesen (*), und ihre

(*) Cap. IV.

was Moses darunter verstehe? C. 2. §. 12.

nächsten Brüder, die Ismaelitischen Araber, halten gewisse Heyrathen in die Freundschaft für unrechtmäßig (*). Kann es denn sogar unglaublich seyn, daß Moses einige Ehen verboten habe? oder vielmehr, ist es nicht unglaublich, daß er in seinem bürgerlichen Gesetz alle Ehen verstattet haben sollte? Wenn er aber das letzte nicht thun wollte, so war es doch wol nöthig, daß ein Mann, der sein Volk aus Aegypten ausführte, wo Brüder und Schwestern sich heyrathen konnten, und der es vor den Sitten der Cananiter bewahren wollte, unter denen ebenfalls Heyrathen in die nächste Freundschaft üblich waren, irgendwo sagte, welche Ehen verboten seyn sollten. Findet sich daher ein Gesetz in Mose, so nach der gewöhnlichen Meinung die Heyrathen in die nahe Freundschaft untersaget, nach andern neuern Erklärungen einzelner Gelehrten aber von ganz andern Dingen redet: so hat die erste und gewöhnliche Auslegung in der Sache selbst schon vieles vor sich.

Die Einwendung, die Fry macht, daß bey den Israeliten und ihren Vorfahren die Heyrathen in die nahe Freundschaft als etwas lobenswürdiges angesehen wären, ist von keiner Erheblichkeit, und ich würde ihr den Nahmen einer Misdeutung geben, wenn ich nicht aus andern Gründen glaubte, daß Fry fehlete, da er aufrichtig Wahrheit suchte. Ich gestehe es, man findet in Mose, daß die Patriarchen gewünscht haben, ihre Söhne möchten bey der Wahl einer Frau in der Familie bleiben (**), so wie es noch jetzt manche Eltern wünschen werden; und daß Moses in dem einzelnen und seltenen Fall, da eine Tochter ihres Vaters Acker erbete, verordnet hat, daß sie nicht ausser dem Stamme heyrathen sollte, um nicht das Erbtheil ihres eigenen Stamms zu verringern (*.). Allein zwischen nahen und nahen Heyrathen ist doch noch ein Unterscheid. Diejenigen, welche die Söhne der Patriarchen nach dem Gebot oder Wunsch ihrer Väter mit ihren nahen Freundinnen schlossen, sind freylich in die Verwandschaft, aber nicht in die 3 B. Mos. 18. und 20. verbotene, sondern unter Geschwister-Kindern: und die Heyrath innerhalb des Stammes, die Moses einer erbenden Tochter vorschreibt, ist gar nicht einmal eine Heyrath in die nahe Freundschaft. Die Töchter Zelophahds, die zu diesem Gesetz Anlaß gaben, freyeten zwar wirklich so nahe als sie konnten, aber doch nicht

(*) §. 19.   34. 35. XXVII, 46. XXVIII, 1 - 9.
(**) 1 B. Mos. XXIV, 3 - 9. XXVI, (*.) 4 B. Mos. XXXVI, 5 - 13.

E

nicht innerhalb der 3 B. Mos. 18. gemachten Gränze, sondern gleichfalls ihres Vaters Bruders Söhne: allein das Gesetz erlaubte ihnen eine jede Heyrath, wenn sie nur innerhalb des Stammes geschahe, zu dem sie gehörten. Sie hätten also dem Gesetz unbeschadet einen Freyer wählen können, den wenigstens kein Deutscher mit dem Nahmen eines Vetters belegt haben würde. Kann man nun hieraus schliessen, daß Moses auch die viel nähern Ehen günstig angesehen habe? Ein Vater wünscht etwan, daß sein Sohn eine Verwandte heyrathen möge, wenn er sehr für seine Familie eingenommen ist: er wünsche es noch mehr, wenn er in einem fremden Lande wohnt, wo er an den Sitten und der Tugend der Frauenspersonen etwas auszusetzen hat: aber kann man deshalb gleich folgern, daß dem Vater eine Heyrath seines Sohns mit seiner eigenen Tochter angenehm seyn würde?

§. 13.

Joh. Fry versteht, die Blösse aufdecken, blos von Hurerey. Diese Meinung wird bestritten.

Ich wende mich nun zu diesen Auslegungen selbst. Die eine ist von einem Engländer, Johann Fry, in einem 1756. zu London herausgekommenen Buch, dessen Titel ist, *the Cases of Marriages between near Kindred particularly considered, with respect to the doctrine of the scripture, the Law of nature, and the Laws of England. With some observations relating to the late Act to prevent clandestine Marriages*, vorgetragen, und so gut als es möglich war, ausgeführet. Wer dieser Fry sey, weiß ich weiter nicht. Sein Endzweck gehet dahin, daß alle Ehen erlaubt seyn sollen. Ob dabey ein Volk glücklich und tugendhaft bleiben kann, frage ich jetzt nicht; wie werden es unten überlegen: aber mit Mose verfährt Fry etwas gewaltsam, und so wie die zu thun pflegen, die von dem Grundtext reden, ohne daß ihnen die morgenländischen Sprachen bekannt genug sind, beruft sich auch oft statt des Beweises auf die ältere Englische Uebersetzung, und auf solche Commentarios, als Patriks seiner ist. In Absicht auf das Englische Recht kann er einem Ausländer überlegend vorkommen, und vielleicht ist dis seine starke Seite: wenigstens kann ich nicht anders sehen, als daß er hier Recht habe, falls er nemlich nicht falsch citirt, oder Gesetze, die mir nicht bekannt sind, noch bekannt seyn können, ausläßt. Er gründet sich nemlich darauf, daß das canonische Recht in England nicht gelte, diejenigen Parlamentsacten aber, so das 18te Capitel des dritten

Buchs

was Moses darunter verstehe? C. 2. §. 13.

Buchs Mose für ein göttliches Gesetz erklären, und nach denen jetzt die Englischen Juristen sprechen, durch andere Parlamentsacten widerrufen sind. Doch diese ganze Frage, in der ich deuten sollte, daß Fry recht haben möchte, gehet mich jetzt nicht an: denn wenn ich Mosis Gesetze erklären soll, so ist mir das Römische, das Deutsche, das Englische und andere neuere Rechte gleichgültig.

Fry behauptet, der Ausdruck Mosis, die Blöße aufdecken, sey gar nicht von dem ehelichen Beyschlaf zu verstehen, sondern blos von der Hurerey: es werde also nur Unzucht, und nicht die Ehe mit den nächsten Verwandten untersagt. Man will ich zwar gern zugeben, daß der Ausdruck, die Blöße aufdecken, nie im guten Verstande vorkomm: z. E. ein Hebräischer Geschichtschreiber sagt so wenig, als ein Deutscher, David deckte die Blöße der Michal auf, für, er heyrathete sie. Allein daraus folget noch nicht, daß es nie vom ehelichen Beyschlaf gebraucht werden könne, sonderlich wenn der Gesetzgeber gewisse Ehen verbietet, und deshalb auch das unangenehmere Wort von ihnen gebrauchet. Und ich lasse das noch aus, worauf ich dringen könnte, daß der Jurist und Gesetzgeber manche an und vor sich gleichgültige Ausdrücke vom Ehestande sowol, als von Hurerey gebrauchen könne, z. Er. fleischliche Vermischung, und, *copula carnalis*, die schwerlich ein Geschichtschreiber oder anderer Schriftsteller für verheyrathen setzen würde.

Daß aber Moses durch Aufdecken der Blöße, nicht bles die Hurerey, sondern auch die Ehe mit den nächsten Verwandten verstehe, schliesse ich aus folgenden Gründen:

1) Ein Gesetz, in welchem lange nach einander lauter Verwandte genannt werden, und das ihnen die Hurerey untersagt, würde das wunderliche Ansehen haben, als wenn die Hurerey an und vor sich eine ganz gute Sache wäre, die man nur mit Verwandten und in der Familie nicht vornehmen dürfte. Welcher Gesetzgeber wird sich so ausdrücken: Du sollst keinen deiner Verwandten mordlich angreifen ihn zu tödten! Du sollst deinen Vater nicht tödten: er ist dein Vater. Du sollst deine Mutter nicht tödten: sie hat dich mit Schmerzen gebohren. Du sollst deine vollbürtigen Geschwister nicht tödten. Du sollst deine Stiefgeschwister, sie seyn es von Vater- oder Mutter-Seite, nicht tödten: sie sind deine Geschwister. Du sollst deines Vaters oder deiner Mutter Bruder oder Schwester nicht tödten: u. s. f. Da nun

36 **Blöſſe aufdecken,**

aber Moſes ſolche Geſetze von dem Aufdecken der Blöſſe giebt, ſo muß dieſes nicht blos Hurerey, ſondern auch eine Handlung anzeigen, die an und vor ſich unſchuldig iſt, und nur dadurch unrechtmäßig wird, wenn man ſie mit den nächſten Verwandten vornimt.

Fry hat dieſe Schwierigkeit, die einem jeden bey dem erſten Leſen in die Augen fällt, zum voraus geſehen, und ihr auf eine doppelte Weiſe ausweichen wollen.

Erſtlich will er (*), ſeinem Syſtem zu liebe, Scheer Baſar, (Fleiſch des Fleiſches) von allen Menſchen verſtehen, die, weil ſie alle von einem gemeinſchaftlichen Stammvater herkommen, Fleiſch von Einem Fleiſch ſind: und nun meint er im ſechſten Vers des 18ten Capitels ein allgemeines Verbot der Hurerey, ſo den übrigen vorgeſetzt iſt, zu finden, deſſen Sinn ſey: keiner unter euch ſoll ſich zu einer nahen, die von eben dem Fleiſche mit ihm, nemlich von Adam herſtamme, und ſie zur Unzucht zu verleiten ſuchen. Allein daß Scheer Baſar dieſe Bedeutung nicht habe, kann man vorläufig aus 3 B. Moſ. XXI, 2. XXV, 49. 4 B. Moſ. XXVII, 11. ſehen, und ich werde im 15ten §. mehr davon handeln: und wenn auch alle Menſchen wegen ihrer gemeinſchaftlichen Abſtammung von Adam Scheer Baſar heiſſen könnten, ſo wäre es doch gewiß ein ſehr dunkeles Geſetz, und ein ſehr unausgewickelter Gedanke: du ſollſt mit deinem Fleiſche keine Unzucht treiben, für, du ſollſt kein Frauenzimmer verführen, weil ſie ſo gut wie du von Adam herkommt, und deine Schweſter iſt.

Seine andere Ausflucht iſt: Moſes verbiete bisweilen Verbrechen unter den Umſtänden, die ſie abſcheulicher oder gefährlicher machen, und dem ohngeachtet ſey die ganze Gattung dieſer Verbrechen unterſagt (**). Ich will dis nicht ſchlechterdings leugnen, obgleich die meiſten von Fry angeführten Beyſpiele nicht zur Sache gehören (*.*), und die Regel ſelbſt, in ſo fern ſie

aus

(*) S. 18.
(**) S. 47.
(*.*) Gleich ſein erſtes iſt von der Art: Fluchen, ſagt er, iſt überhaupt ſündlich, und das wird jeder eingeſtehen: allein Moſes verbietet in ſeinen Geſetzen, 2 B. Moſ. XXI, 17. 3 B. XX, 9. den Eltern zu fluchen, und das bey Lebensſtrafe; der Obrigkeit zu fluchen, 2 B. XXII, 28., und, ſolchen zu fluchen, die nicht hören können, 3 B. XIX, 14. Die allergemeinſte Kenntniß von Geſetzen auſſerhalb England hätte ihn zurechte weiſen können. Moſes giebt an allen dieſen Orten bürgerliche Geſetze. Dieſe ſollen nicht alles verbieten, was ſündlich iſt, ſondern

was

was Moses darunter verstehe? C. 2. §. 13. 37

aus den übrigen Beyspielen erfunden werden kann, besser so zu fassen wäre: Moses verbietet einige Verbrechen mit Beyfügung der Umstände, unter denen sie am meisten begangen zu werden pflegen, ohne sie deshalb zu erlauben, wenn sie unter andern Umständen begangen werden sollten. Allein so bald man die Regel so setzt, wird Sry sie nicht mehr gebrauchen können. Doch ohne mich in alle diese Streitigkeiten einzulassen, darf ich es dem Ohr und der Empfindung eines jeden Lesers anheim stellen, ob ein Gesetzgeber, der die Hurerey nicht überhaupt billigen will, sie so verbieten wird: niemand unter euch treibe Hurerey mit seinen Verwandten. Hure nicht mit deiner leiblichen Mutter. Hure nicht mit deiner Stiefmutter: sie ist deines Vaters Frau. Hure nicht mit deiner Schwester, der Tochter deines Vaters, oder deiner Mutter: sie ist deine Schwester. Hure nicht mit deiner Enkelin: die wäre so schändlich, als wenn du mit dir selbst Schande triebest. Hure nicht mit der Tochter der Frau deines Vaters: sie ist deine Schwester. Hure nicht mit der Schwester deines Vaters: sie ist deines Vaters Fleisch. Hure nicht mit der Schwester deiner Mutter: sie ist das Fleisch deiner Mutter. Hure nicht mit der Frau deines Vatersbruders. Hure nicht mit deiner Schwiegertochter. Hure nicht mit

was die gemeine Ruhe oder Glückseligkeit des Staats stöhrt. Ordentlich pflegen die bürgerlichen Gesetze mit blossen Flüchen sich nicht zu beschäftigen: denn wenn mein Feind hundertmahl wünscht, daß mich der Teufel holen soll, so thut dieser es doch nicht, und mir entsteht aus des dummen Committenten seinem Wunsch kein Unheil. Daher wird die Obrigkeit selten, wo nicht die Meinung der Menschen mit einer gewissen Art des Fluchs den Begriff einer unerträglichen Injurie oder einer Herausfoderung verknüpft hat, solche matten Flüche ihrer Aufmerksamkeit und Strafe würdigen. Hingegen den Vater oder die Obrigkeit zu verfluchen, ist eine Sache, die eher Ahndung verdient, sonderlich in einem Staat, dessen Grundmaxime die Erhaltung des väterlichen Ansehens war: und einen Tauben zu schimpfen oder zu verfluchen ist eine so niederträchtige Handlung, die doch wol, wenn sie vorgefallen war, eines Verbots werth seyn kennte. Vielleicht verführte Sry das Englische Recht, welches darinn von andern Rechten abgehet, daß es auf jeden Fluch eine Geldbusse setzt. Allein die thun nicht immer die Gesetze, sondern verachten die gewöhnlichen Flüche; wie denn auch in England dis Gesetz, die Reliquie einer ehemaligen Denkungsart, nur selten exequiret wird. Die Schulden dieser reichen Insel könnten bezahlt werden, wenn alle noch lebenden Engländer für jeden Fluch, den sie in ihrem Leben gethan haben, die Geldstrafe wirklich erlegten: ein Mittel, an das wol selbst Henriquez nicht gedacht hat.

E 3

mit deines Bruders Frau u. f. f., und ob nicht bey einer so langen Erzählung der Hurereyen, die man nicht begehen soll, der gemeine Mann in die Gefahr gesetzt werden würde, zu glauben, die übrigen in dem mühsamen Register nicht benannten Hurereyen wären gar wol erlaubt. Der Schluß: du sollst deines Nächsten Weib nicht beschlafen (v. 20.) würde so weit davon entfernt seyn, dem Misverstande vorzubeugen, daß man sich vielmehr die Regel machen würde, Ehebruch mit einer Verheyratheten darf ich nie treiben, Hurerey aber wol mit der Tochter meines Nächsten, wenn ich mich nur hüte, nicht eine nahe Verwandte zu verführen, und durch Hurerey unglücklich zu machen.

Könnte allen diesen Folgen noch so sehr vorgebeuget werden, so lautet doch ein solches Gesetz widersinnig und abgeschmackt.

2) Hierzu kommt noch der besondere Inhalt einiger einzelnen Gesetze, in denen sich ein allzusorgfältig eingeschränktes Verbot der Hurerey finden würde, falls der zweifelhafte Ausdruck, über den wir streiten, von der Hurerey allein zu verstehen wäre. Wenn Moses, C. XVIII. v. 17. seines 3ten Buchs sagte: "mit einer Mutter und ihrer Tochter zugleich sollst du nicht Hurerey „treiben: ihre Sohnes-Tochter, oder Tochter-Tochter, darfst du nicht neh-„men, mit ihr Hurerey zu treiben. Sie ist ihr Fleisch!" so wäre klar, daß die Hurerey überhaupt erlaubt seyn müßte. Man wird sie mit der Mutter treiben können, wenn man nur nicht so unverschämt und ausgelassen ist, ihre Tochter zugleich zu verführen: oder umgekehrt.

Wolte man etwan, um dieser Folge auszuweichen, sagen, es werde eine Tochter verstanden, deren Mutter unsere rechtmäßige Frau sey, so würde man dadurch alles umstoßen, was Fry bauen will: denn die Redensart, die Blöße aufdecken, gehet in diesem Vers eben so gut auf die Mutter, als auf die Tochter. Ist nun die Mutter die rechtmäßige Ehefrau, so muß Blöße aufdecken, auch den ehelichen Beyschlaf einschließen.

Wiederum, wenn das V. 18. gegebene Gesetz so zu verstehen wäre: "du „sollst keine Frauensperson neben ihrer Schwester zur Hurerey gebrauchen, „so lange die Schwester lebt, und es ihr Verdruß macht:" so wäre es die förmlichste Erlaubniß, eine jede, die nur nicht unserer Frauen Schwester ist, zur Hure zu haben, und nach dem Tode der Frau ihre Schwester zu eben dieser, wie es schiene, ganz gleichgültigen Gesellschaft zu wählen.

3) Wenn,

3) Wenn, die Blöſſe aufdecken, nie vom ehelichen Beyſchlaf gebraucht wird, ſo würde in den Worten 3 B. Moſ. XVIII, 19: du ſollſt dich nicht zu einer Frau in der Zeit ihrer Unreinigkeit nahen, ihre Blöſſe aufzudecken: nichts als die Hurerey mit einer Frauensperſon während ihrer monatlichen Reinigung unterſagt. Das iſt aber Moſis Meinung wol nicht, der im funfzehnten Capitel eben deſſelben Buchs die Frau, während ihrer Krankheit, durch allerley levitiſche Unreinigkeiten von dem Ehemann zu entfernen ſucht, und ſogar den Mann auf ſieben Tage für levitiſch-unrein erklärt, wenn er zum Unglück mit ſeiner Frau in Einem Bette gelegen hatte, als ihre Reinigungszeit ſie unvermuthet überfiel. Ich will nicht einmal wiederholen, daß ein ſolches Geſetz beynahe ſo gut ſeyn würde, als eine Erlaubniß, Hurerey zu treiben, wenn nur das Frauenzimmer nicht eben ſeine monathliche Reinigung hätte.

4) Moſes verändert bisweilen den Ausdruck. Z. E. 3 B. Moſ. XX, 14. heißt es: ein Mann, der eine Frau nebſt ihrer Mutter nimt: (יקח) und doch heißt gewiß das Verbum, nehmen (לקח אשה), an und vor ſich nicht, Hurerey treiben, ſondern iſt gemeiniglich ſo viel als, eine Frau heyrathen. Der 21ſte Vers eben des Capitels iſt von gleicher Art: wer ſeines Bruders Frau nimt, das iſt eine Unreinigkeit. Er hat die Blöſſe ſeines Bruders aufgedeckt: ſie ſollen unfruchtbar ſeyn. Hier iſt, ſeines Bruders Frau nehmen, und, ſeines Bruders Blöſſe aufdecken, einerley.

5) Die Cap. XX, 20. 21. gedrohete Strafe iſt ſehr entſcheidend: ſie ſollen unfruchtbar ſeyn, oder, ſie ſollen unfruchtbar ſterben. Wir werden §. 76. ſehen, daß dies ſo viel ſey als, ihre Kinder ſollen ihnen nicht in den Geſchlechtstafeln angerechnet werden. Dies wäre aber wol eine ſonderbare Drohung für Leute, die Ehebruch und Unzucht mit einander trieben: denn die verlangen doch ordentlich nicht, daß die aus dem unzüchtigen Beyſchlaf entſtehenden Kinder ihnen angeſchrieben, oder, wie wir es nennen, auf ſie getauft werden ſollen. Die barbariſche Erklärung, die Fry macht, nach welcher Moſes gebieten ſoll, dieſe Perſonen ſogleich zu tödten, damit aus ihrer Hurerey keine Frucht entſtehen könne, alſo die Frauensperſon, wenn ſie auch ſchwanger ſeyn ſollte, mit der Frucht zu tödten; konnte wol Moſis Meinung nicht ſeyn, falls er kein Unmenſch war, und bey dem Glimpf der Engliſchen Geſetze in Abſicht auf die Lebensſtrafen hätte man es

wol kaum für möglich halten sollen, daß ein der Rechte nicht unkundiger Engländer auf eine so abscheuliche Auslegung gerathen würde. Er will Mosen gegen den Vorwurf retten, daß er Ehen verboten habe, welche nach seiner Meinung unschuldig sind: und um dis zu thun, macht er ihn zum Wüterich, der in kaltem Blute das kaum empfangene Kind noch in Mutterleibe vernichtet.

§. 14.
Ob blos leichtsinnige Entblössungen, ohne Beyschlaf, durch den Ausdruck, die Blösse aufdecken, verboten sind.

Die andere Auslegung der Redensart, die Blösse aufdecken, die ich zu untersuchen habe, ist mir in dieser Absicht von einem Leser der ersten Ausgabe meiner Abhandlung von den Ehegesetzen, der sie in seiner eigenen Angelegenheit gebraucht, und desto sorgfältiger untersucht hat, mitgetheilet worden. Er ist ein Geistlicher, und stehet in einer der ansehnlichsten Bedienungen, die man in der Lutherischen Kirche hat: weiter aber glaube ich ihn nicht kenntlich machen zu dürfen, so lange ich nicht seine ausdrückliche Erlaubniß dazu habe.

Es kommt ihm eben so unwahrscheinlich vor, als Fry, daß Moses gewisse Ehen verboten haben sollte. Denn ob er mir gleich eingestand, daß eine Einschränkung der Ehen wegen der Ursachen, die ich unten anführen werde, im gemeinen Wesen nützlich sey, so konnte er sich doch nicht überführen, daß sie mit zu dem Naturgesetz gehöre: da nun Moses die Handlungen, die er im 18ten Capitel seines dritten Buchs verbietet, auch den Cananitern als eine Sünde und Gräuel anrechnet, so glaubt er, es könne nicht von Ehen die Rede seyn. Er will vielmehr, die Blösse aufdecken, ohne alle Figur der Rede in seiner eigentlichsten Bedeutung nehmen, so daß es nicht den Beyschlaf, sondern allerley leichtfertige oder schalkhafte Entblössungen des andern Geschlechts anzeige. Die Israeliten, sagt er, wohnten zu Mosis Zeit in Gezelten, wo nicht jede Person ihre besondere Kammer zur Schlafstelle haben konnte: hier mag etwan die böse Gewohnheit eingerissen seyn, daß die, so in einerley Gezelt wohneten, oder nahe Verwandten, die zu dem Gezelt ihrer Verwandten bey Tage und bey Nacht den Zugang hatten, ihre Schwestern und Basen zum Spaaß, oder in einer unzüchtigen Absicht aufdeckten: und diese Leichtfertigkeit verbiete Moses.

was Moses darunter verstehe? C. 2. §. 14.   41

Manches von dem, so ich dem Jry entgegengesetzt habe, streitet auch wider diese Auslegung. Mein erster Gegenbeweis scheinet zwar dismahl etwas von seiner Stärke zu verlieren, weil mein Freund, und jetziger Gegner, saget, solche unanständige Entblössungen möchten wol am meisten unter Anverwandten im Schwange gegangen seyn, und gegen Fremde habe man sich dergleichen etwas nicht unterstanden. Allein mich dünkt doch, ein die meiste Zeit des Tages müßiges Volk, das auf seiner Reise wenig zu thun hatte, ausser daß es um Sonnen Aufgang Manna sammlete, und das in Hütten beysammen wohnte, folglich unter einander sehr bekannt ward, dürfte mit dem Aufdecken der Blösse nicht bey den nächsten Verwandten stehen geblieben seyn, da noch jetzt bey nicht so genauem Umgange dergleichen Entblössungen etwas so sehr seltenes nicht sind. Moses würde daher vernünftiger gehandelt haben, überhaupt zu sagen, niemand solle eine Frauensperson aufdecken, als ein solches Register nicht zu entblössender Personen herzusetzen, das einer listigen Misdeutung fähig ist. Wozu das lange sorgfältige Register, wenn die Sache überhaupt unerlaubt ist? Und wie kommt es, daß in dem so umständlichen Register die Tanten genannt werden, ohne zu verbieten, daß man die eben so nahen Nichten aufdecke, wozu doch gemeiniglich eine Mannsperson eher einen Trieb haben möchte?

Meine zweyte Einwendung gegen Jry behält hier völlig ihre Stärke, darum wiederhole ich sie nicht. Die vierte bekommt dismahl noch einen Zusatz. Denn ausser den S. 39. angeführten Stellen, C. XX, 14. 21. sind folgende vorhanden, aus denen man klärlich siehet, daß nicht vom blossen Aufdecken, sondern von einem wirklichen Beyschlaf die Rede sey: C. XX. 11. wer bey seines Vaters Frau schläft, der hat seines Vaters Blösse ausgedecket. V. 12. wer bey seiner Schwiegertochter schläft: und davon hatte es C. XVIII, 15. geheissen, du sollst deiner Schwiegertochter Blösse nicht aufdecken. C. XX, 20. wer bey seines Vaterbruders Frau schläft, der hat seines Vaterbruders Blösse aufgedecket. Ich schenke einem noch gern die Stellen, C. XVIII. 14. 17. 18. 19. die sich vielleicht ein Schriftsteller zu Nutze machen würde, dem es um die Zahl der Beweise zu thun wäre.

Das aber darf ich, ohne gleichsam der Sache unrecht zu thun, die ich zu vertheidigen übernommen habe, nicht verschweigen, daß in dem 27sten Capitel des fünften Buchs Mose die Flüche, welche sich doch auf das vorher gegebene Gesetz Mosis beziehen, ausdrücklich des Beyschlafs, und nicht blos des Aufdeckens der mit uns verwandten Frauenspersonen Erwähnung thun; z. E. V. 20.

F   Ver-

Verflucht sey, wer bey der Frau seines Vaters schläft, denn er hat das Bette seines Vaters aufgedecket. V. 22. Verflucht sey, wer bey seiner Schwester, der Tochter seines Vaters oder seiner Mutter, schläft. V. 23. Verflucht sey, wer bey seiner Schwiegermutter schläft.

Meine fünfte Einwendung ist gegen diese Auslegung wiederum eben so wichtig, als gegen Fry seine. Wenn Gott nicht durch ein Wunderwerk die Verbrecher unfruchtbar machen will, sondern die Strafe, die gedrohet wird, darin bestehen soll, daß die Kinder ihnen nicht in den Geschlechtstafeln angerechnet werden: so würde sich eine solche Drohung gar nicht dahin schicken, wo von der bloßen Aufdeckung einer Frauensperson die Rede ist. Denn aus dieser werden keine Kinder entstehen, und man verlangt es auch nicht. Drohet der Gesetzgeber, die Kinder sollen nach dem bürgerlichen Gesetz einem nicht angerechnet werden, so ist klar, daß er von einem ehelichen Beyschlaf redet, aus dem Kinder entstehen können, und durch den man auch Kinder zu erzielen sucht.

Ausser diesen Gründen, die schon gegen die Fryische Meinung ihre Dienste gethan haben, finde ich noch eine besondere Schwierigkeit bey der Erklärung meines Freundes. Die Lebensstrafen, die 3 B. Mos. XX. 14. 17. 18. gedrohet sind, klingen wirklich grausam, wenn von weiter nichts als leichtfertigen Entblößungen die Rede ist. Ein Bruder entblößet seine Schwester aus Muthwillen, oder ein Mann seine eigene Frau während ihrer Krankheit: wird ein Gesetzgeber, der nicht bloß mit Blut Gesetze schreibt, Lebensstrafen hierauf setzen?

§. 15.

Von *Scheer Basar*. Dieses Wort bedeutet nahe Verwandschaften, doch ohne eigentlich einen gewissen Grad zu bestimmen.

Das von Mose in unsern Ehegesetzen zu verschiedenen mahlen gebrauchte Wort, *Scheer Basar,* (שאר בשר) welches gemeiniglich durch, Fleisch des Fleisches, übersetzt zu werden pflegt, in Luthers Bibel aber nicht von Wort zu Wort verteutscht, sondern durch, nächste Blutsfreundin, umschrieben ist, verdient desto mehr eine Untersuchung, weil manche Schriftsteller sich in der Streitfrage über Mosis Ehegesetze häufig auf dasselbe beziehen, und daraus ihre Sätze beweisen wollen, einige auch ihm einen von Luthers Umschreibung verschiedenen Sinn zu geben gesucht haben. Solche, die der Hebräischen Sprache unkundig sind, vermuthen wol gar, daß in dem Worte etwas liegen möchte, so den ganzen Streit eine andere Gestalt geben würde, und etwas von den Auslegern nicht bemerket, oder wol gar aus Partheylichkeit für die eine oder andere Seite verhelet sey. Diese Besorgniß mancher, die doch gern mit Gewißheit über die Ehegesetze urtheilen wollten, beweget mich, einiges etymologische anzuführen, so ich sonst an und vor sich für entbehrlich hielte. Man kann manches Wort oder Redensart aus dem Sprachgebrauch hinlänglich und mit Gewißheit verstehen, ohne die Abstammung völlig ausgespürt zu haben: allein wenn doch einige befürchten, in der Etymologie möge etwas liegen, so alle bisherigen Erklärungen umstoße, so ist es billig, sie nicht in ihrem Zweifel zu lassen, sondern auch lieber zum Ueberfluß von der Etymologie zu handeln. Sollte denn dis, was ich selbst als nur zum Ueberfluß gesagt ansehe, einigen noch zweifelhaft vorkommen, und wie selten hat man in der Etymologie den höchsten Grad der Gewißheit? so halte ich es einer ausführlichen Vertheidigung, die meinen Lesern unangenehm seyn könnte, nicht werth.

Ich wende mich zuerst zu dem wichtigsten, nehmlich der Bedeutung der Redensart, so wie sie aus dem Sprachgebrauch bestimmet werden kann. In der Hauptsache, nehmlich daß Moses dadurch eine sehr nahe Verwandschaft andeuten wolle, kommen wenigstens die alten Uebersetzer überein, die ihn gemeiniglich mehr umschreiben, als übersetzen. Nur einige anzuführen, so haben die 70 Dollmetcher, als die ältesten, πάντα οἰκεῖα σαρκὸς αὐτοῦ, alles Verwandte seines Fleisches, d. i. alles so mit ihm fleischlich verwandt ist. Es ist eine bloße Umschreibung. Das Wort οἰκεῖος bedeutet eigentlich den, der mit mir in Einem Hause, nachher auch, der mit mir in Einer Familie ist, oder meinen Verwandten, sonderlich im reinen Griechischen einen verschwiegerten (*), wiewol

---

(*) In dem Buche περὶ ὁμοίων καὶ διαφόρων λέξεων, so dem Ammonius zugeschrieben wird, und hinter dem Wörterbuch des Scapula zu stehen pfleget, findet man bald am Anfang unter ἀγχιστεῖς folgende Regel: ἀγχισταὶ und συγγενεῖς, und οἰκεῖοι sind von einander verschieden...... Οἰκεῖοι sind, die durch eine Verschwägerung in die Familie gekommen sind, (οἱ κατ᾽ ἐπιγαμίαν ἐπεισαχθέντες τῇ οἰκίᾳ). Wäre dieses zuverläßiger, und in dem allgemeinen Sprachgebrauch gegründeter, als gemeiniglich die Regeln der Griechischen Grammatiker zu seyn pflegen, so könnte man denken, die LXX. hätten Scheer Basar übersetzen wollen: eine Schwiegerschaft in die Blutsfreundschaft. Allein ich unterstehe mich nicht dis zu behaupten, da, wie man aus der folgenden Anmerkung sehen wird, der Unterscheid,

44 **Was Moses unter Scheer basar verstehe?** C. 2. §. 15.

wiewol es auch bey den besten Schriftstellern für Blutsverwandte vorkommt (**): und wollte man etwa wissen, bis auf welchen Grad es nach der Schreibart der 70 Dollmätscher gehe, so dient zur Nachricht, daß sie diesem Worte bisweilen einen eigentlichen und besondern Verstand geben, und des Vaters oder der Mutter Bruder τὸν ἀυτὸν nennen. Doch vielleicht ist dis nicht von großer Wichtigkeit: denn nicht der Uebersetzer der fünf Bücher Mose, sondern der Uebersetzer des ersten Buchs Samuels, der von jenem zu unterscheiden ist, gebraucht es viermahl so, 1 Sam. (Könige) X, 14. 15. 16. XIV, 51. Die Lateinische Vulgata ist im Umschreiben noch freyer, und drückt den Gedanken mehr lateinisch aus: *ad proximam sanguinis tui*, wenn sie einen ungenannten Griechischen Ausleger vor sich gehabt, oder zum Nachfolger bekommen hat, der in den *Hexaplis Origenis* des Montfaucon bey 3 B. Mos. XVIII, 12. angeführt wird. Onkelos, der Chaldäische Uebersetzer, nebst dem Syrer giebt es: alles nahe seines Fleisches: die in den Polyglottis abgedruckte Arabische Uebersetzung, zu seiner eigenen Verwandschaft: und die von Erpenio herausgegebene, zu dem, was seinem Leibe nahe ist (*,*).

Diese große Uebereinstimmung der Ausleger ist nicht zu verwundern: die Sache selbst nöthigte sie, einerley zu denken. Verwandte pflegen bey den Hebräern unser Fleisch genennet zu werden, z.E. 1 B. Mos. XXIX, 14. und 2 Sam. XIX, 14 Du bist mein Fleisch und mein Bein: 1 B. Mos. XXXVII, 27. unser Bruder, unser Fleisch ist er. Wenn man nun auch in *Scheer basar*, oder, um einem des Hebräischen unkundigen alles deutlicher zu machen, in der Redensart

welchen Ammonius zwischen ἀυτὸν und συγγενής macht, von guten Griechischen Schriftstellern nicht beobachtet wird, und die LXX ihn anderwärts auch nicht beobachten.

(**) Ich will nur einige Beyspiele anführen, die mir ohngefähr bey Lesung des Josephus vorgekommen sind. Alterth. II. C. 2. §. 1 ist ἀνεψιός der nächste Blutsfreund, wenn er bey Gelegenheit des Ruben der Brüder Josephs schreibt: Da die Leute das löbliche auch der nächsten Blutsfreunde (ἀνεψιῶν) beobachten. C. 3. §. 1. freuen sich die Brüder

Josephs, da sie ihn erblicken, ἀλλ᾽ οὐχ ὡς ἐπ᾿ ἀυτὸν συγγενῆ, aber nicht, als über die Ankunft eines Verwandten, sondern eines Feindes. Hier ist der Verwandte ein Bruder, also ein Blutsfreund. In eben dem Paragraphen ermahnt sie Ruben, sie sollten Josephs künftiges Glück als ihr eigenes ansehen, ὡς ἀλλοτρίων ὄντων ἀλλ᾽ ἰδίων, weil sie nicht fremde, sondern die nächsten Verwandten wären.

(*,*) Ich setze die Arabischen Worte hieher, weil Erpenii Ausgabe rar ist: الى قريب بدنه .

Was Moses unter Scheer basar verstehe? C. 2. §. 15.

art, *Scheer* des Fleisches, (das erste Wort nicht vollkommen deutlich fand, so konnte man doch kaum unterlassen, zu merken, daß von nahen Verwandten die Rede seyn müsse.

Daß hierin das sonst so selten einstimmige Publicum der alten Uebersetzer, (falls ich anders diesen Ausdruck wagen darf) richtig gedacht habe, davon überzeugen mich einige andere Stellen noch mehr, wo *Scheer basar* in ganz anderm Zusammenhange, und außer den Ehegesetzen, vorkommt. Zwey unter ihnen lehren mich zugleich einen neuen, in Absicht auf die Ehegesetze wichtigen Satz, nehmlich: daß Scheer basar an und vor sich nicht einen gewissen bestimmten Grad der Verwandschaft, nicht gerade den dritten der Blutsfreundschaft, und den vierten der Schwägerschaft anzeige; wie wol einige von denen vorgegeben haben, die Mosis Ehrverbot nicht buchstäblich nehmen, sondern ausdähnen und nach Graden berechnen wollen.

Die erste unter diesen Stellen ist, 3 B. Mos. XXI, 2: wo dem Priester untersagt wird, sich an Todten zu verunreinigen, ausgenommen, an seinem nächsten *Scheer*: seiner Mutter, seinem Vater, seinem Sohn, seiner Tochter, seinem Bruder, und seiner noch unverheyratheten Schwester. Aus dieser Stelle ist wenigstens klar, daß *Scheer* auch vor sich, und ohne den Zusatz *Basar*, Verwandte bezeichne: und daß es Eltern, Kinder und Geschwister unter sich begriffe, wiewol auch vielleicht noch entferntere Anverwandten so heißen können, denn hier redet Moses nur von dem nächsten *Scheer*.

Die zweite stehet 3 B. Mos. XXV, 49. Es wird verordnet, wenn ein Israelite zum Knecht verkauft sey, so könne ihn gegen Wiedererstattung des noch nicht abverdienten Theiles vom Kaufpreise, loskaufen, 1) einer von seinen Brüdern, oder 2) sein Vatersbruder, oder 3) seines Vatersbruders Sohn, oder 4) einer von seinem *Scheer basar*, welches sogleich durch den Zusatz, von seiner Familie, erkläret wird. Hier dünkt mich klar zu seyn, daß auch welche, die in einer entfernteren Verwandschaft mit mir stehen, als Geschwister-Kinder, noch unter *Scheer basar* gehören können. Da nun Mosis Ehegesetze die Geschwister-Kinder einander nicht verbieten, sondern selbst nach dem Geständniß derer, die sie ausdähnen und nach Graden berechnen wollen, bey den Geschwistern unserer Eltern aufhören: so ist gewiß, daß *Scheer basar* nicht der Nahme derjenigen Verwandten, die Moses in den

Heyrathsgesetzen einander untersagt hat, gewesen sey, sondern überhaupt Verwandte bedeutet habe.

Die dritte Stelle, 4 B. Mos. XXVII. 11. bestätiget eben dieses. Wenn jemand ohne Kinder stirbt, so befiehlt Moses, sein Erbtheil an seine Brüder zu geben; wenn er seine Brüder hat, an seines Vaters Brüder; wenn aber auch die nicht mehr sind, an sein nächstes Scheer aus seiner Familie. Was kann entscheidender seyn, als diese Stelle.

§. 16.
Einiges etymologische, von der eigentlichen Bedeutung des Wortes, Scheer, in der Redensart, Scheer basar.

Nunmehr werden aber einige Leser, die gern mit eigenen Augen sehen und wenigstens sich von der Furcht befreyen wollen, daß in dem Worte Scheer etwas stecke, so die ganze Streitfrage ändern könnte, die Frage aufwerfen: was heißt Scheer eigentlich, und wie geht es zu, daß Scheer des Fleisches die nahe Verwandtschaft bedeutet?

Ich muß zum voraus um Vergebung bitten, daß meine Antwort nicht so entscheidend und befriedigend seyn kann, als ich sie selbst wünschete. Man schreibe dieses auf die Rechnung des etymologischen Theils der Sprachkunde, der auch in lebenden Sprachen manche Dunkelheit und Ungewißheit zu haben pflegt. Wie oft wissen wir von einem deutschen Wort gewiß, was es heißt, ohne ausfinden zu können, wie es zugehe, daß es diese Bedeutung bekommen habe? Zwar im Hebräischen wissen wir oft von der Etymologie mehr, als von dem Sprachgebrauch: allein das ist hier wegen einer besondern Ursache anders. Scheer ist in der Bedeutung, wie es hier genommen wird, ein juristisches Wort, und die zusammengesetzte Redensart, Scheer basar, kommt in der Bibel wie anders als in Gesetzen vor: die juristischen Worte aber sind unter den Hebräischen öfters in Absicht auf die Etymologie die schwersten, so klar auch ihre Bedeutung aus dem Zusammenhange der Gesetze zu erhellen pflegt, und das kommt daher, weil die übrigen morgenländischen Sprachen sie entweder gar nicht, oder doch nicht in der juristischen Bedeutung haben. Unsere Kenntniß der ausgestorbenen Hebräischen Sprachen ist genau iglich mangelhaft, wo uns die Arabische und Syrische nicht zu Hülfe kommt.

Gegen das, was von eben dieser Materie, nehmlich von Scheer, in der ersten Ausgabe §. 40. befindlich war, hat der Herr Consistorialrath Jacobi im

vierten

Was Scheer heißt? C. 2. §. 16.

vierten Theil seiner Betrachtungen über die Absichten Gottes, S. 339: 341. freundschaftliche Erinnerungen gemacht. Sie haben mich bewogen, die ganze Stelle umzuarbeiten, und einiges deutlicher zu sagen, weil ich gewahr ward, daß an ein Paar Orten meine Meinung nicht völlig verstanden war. Ich drücke mich aber auch über einiges zweifelhafter aus, als damahls; welches ich um destomehr thun muß, weil mir seit der Zeit noch eine andere *Scheer* betreffende Vermuthung beygefallen ist, die ich denn gleichfalls dem Leser zur Beurtheilung vorlege.

Ich sehe, daß man bey Scheer auf dreyerley Erklärungen gekommen ist: 1) Da das Stammwort, שאר, ohne allen Zweifel, übrig seyn, bedeutet, so haben einige es, *das übrige deines Fleisches*, übersetzt, so daß es eben so viel wäre, als das nur mit andern Vocalen auszusprechende Hebräische Wort שאר (*Scheer*.) Diese Auslegung möchte bey dem sechsten Vers des achtzehnten Capitels weniger Schwierigkeiten finden: niemand soll sich zu dem übrigen seines Fleisches, d. i. zu seiner übrigen Familie, nahen: allein zu dem 12, 13, und 17ten Vers, wo *Scheer* allein und ohne Basar stehet, wird sie sich nicht sonderlich schicken. Die Ausdrücke: deines Vaters Schwester sollst du nicht heyrathen, denn sie ist das übrige deines Vaters; nicht deiner Mutter Schwester, denn sie ist das übrige deiner Mutter; nicht deiner Frauen Enkelin oder Tochter, denn sie sind das übrige deiner Frau: wollte ich einem Schriftsteller nicht gern aufbringen, wenn sich eine bequemere Erklärung seiner Worte zeigte.

2) Es ist unleugbar, daß *Scheer* an einigen Stellen Fleisch bedeutet, ob es einem gleich auf den ersten Anblick fremde vorkommen möchte, wie ein von dem Verbo שאר, übrig seyn, abstammendes Wort diese Bedeutung erlanget habe. So nehmen es indessen doch die meisten Neuern in unsern Ehegesetzen, und meynen, die nahe Verwandtin werde Fleisch des Fleisches, das sey, Fleisch von unserem Fleisch, genannt. Ich dächte aber, wenn Moses dies hätte sagen wollen, so würde er beidemahl einerley Wort gebraucht haben, wie er es 1 B. II, 23. thut, und wir würden nicht *Scheer Basar*, sondern *Basar Basar* bey ihm lesen. Die Antwort des Herrn Consistorialraths Jacobi, daß ein Hebräer auch zwey verschiedene Wörter brauchen könne, und z. E. Dan. II, 47. Gott *Mare Malchin*, ein Herr der Könige, heiße, benimt mir diesen Zweifel nicht: denn ich sehe nicht, warum man diesen Ausdruck Daniels durch, König der Könige, um

schrei-

schreiben solle. Thut man aber das nicht, sondern läßt jedes Wort in seiner eigenen Bedeutung, so daß Gott als ein Gebieter über das Schicksal der Könige beschrieben werde, so hat die Redensart mit unserer nichts ähnliches. Denn ich leugne gar nicht, daß die Hebräer zwey verschiedene Wörter auf die Art zusammensetzen können, welches sie vielmehr mit der größesten Freyheit thun: sondern nur das kommt mir fremde vor, daß hier Scheer ein völliges Synonymum von Basar seyn sollte: und ich glaube, Fleisch des Fleisches, würde kein Hebräer anders als, בשר בשר (*Besar Basar*) ausgedruckt haben.

3) Einige alte Uebersetzer, und zwar auch solche, die sonst nicht aus einander etwas zu nehmen pflegen, kommen doch darin überein, Scheer durch, nahe, zu übersetzen. Es scheint beynahe, als hätten diese geglaubt, Scheer heiße nicht eben das, was das folgende Basar bedeutet, es heiße auch nicht, das übrige; sondern es sey, ob wir gleich die Abstammung davon nicht wissen, vor sich so viel als, nahe verwandt.

Die Syrische und Chaldäische Sprache giebt uns bey dieser etymologischen Frage nicht mehr Aufklärung, als die Hebräische. Allein die Arabische scheint sich etwas freygebiger zu bezeigen. Ich muß aber nur vorher erinnern, daß, wo die Hebräer Sch haben, die Araber ein scharfes S setzen, welches sie aber, bisweilen nach einem gewissen orthographischen Unterscheid, und bisweilen nach eigener Willkühr, durch zwey Buchstaben, Sin (س) und Thse (ث) ausdrücken können. Und daher kommt es, daß uns die Arabische Sprache mit zwey Erklärungen überhäuft, die vielleicht am Ende einerley sind.

1) Saër (سَئِر für سَائِر) heißt im Arabischen eben so gut, als im Hebräischen *Schaar* (שאר) übrig seyn: und wird sonderlich von übrig gelassenen Speisen gebraucht. Die davon abstammenden Wörter, als, سُؤر (*sur*) und سَائِر bedeuten, 1) das von der Mahlzeit übrig gebliebene. 2) ein Stück des Essens. 3) überhaupt ein Stück einer Sache. Auf diese Art würde *Scheer Basar* ein Stück des Fleisches, oder ein Theil des Fleisches heißen: die ganze Familie würde als Ein Fleisch angesehen, von der ein jeder, so dazu gehöret, ein Stück oder Theil wäre,

und

Was Scheer heiße? C. 2. §. 16.

und des Vaters Schwester hieße, *Scheer des Vaters*, d. i. gleichsam ein Theil des Vaters (*).

2) Das andere Verbum, ثار, (*Saär*, oder nach einer andern Mundart, *Thaär*) nebst den davon abgestammten Wörtern, wird im Arabischen bey nahe eben so gebraucht, als in der Bibel der Nahme, Bluträcher, für den die Hebräer ein ganz anderes Wort, nehmlich Goel, haben. Den nächsten Anverwandten und Erben, der das Recht hat, seines Verwandten versetztes Gut einzulösen, und die Pflicht nebst dem Rechte, seinen Tod zu rächen, nennen die Hebräer, Goel (גאל): bey den Arabern heißt der Verwandte, der des Ermordeten Blut rächen muß und wirklich rächet, ثائر (*Saïr*, oder nach einem andern Dialect, *Thäir*), die Blutrache selbst ثأر (*Sa'r* oder *Tha'r*) und das Verbum, er hat seines Verwandten Blut gerochen, ثار. Hier findet sich also wirklich, was wir bisher in den morgenländischen Sprachen noch vermißeten, nehmlich ein Wort, so man im Hebräischen nicht einmahl anders als שאר schreiben kann, das von der Verwandtschaft und ihren Rechten gebraucht wird.

Dis letzte Wort erläutert freilich das Hebräische שאר (*Scheer*), so wie es von den nahen Verwandten gebraucht wird, am meisten; und Ein wirklicher Sprachgebrauch, wie dieser, ist mir immer wichtiger, als zehn etymologische Vermuthun-

---

(*) Der Herr Consistorial-Rath Jacobi hat dagegen S. 141. die Erinnerung gemacht: die Hebräer schienen ihm mit zwey Worten, Schear, und Scheer auszudrücken, was die Araber in Einem Sur zusammenfasseten.

Daß dis seyn könnte will ich nicht leugnen: in solchem Falle aber würde doch die Etymologie, die ich gegeben habe, nicht unrichtig seyn. Daß aber wirklich Scheer gar nichts bedeute als, Fleisch, ist mir nicht wahrscheinlich, theils, weil alsdenn Moses vielmehr *Besar Basar* gesagt haben würde: theils, weil ich auch außer den Ehegesetzen Stellen finde, in deren es mir vorkommt, als sey Scheer kein vollkommenes Synonymum von Basar, z. E. Sprichw. V, 11 wenn durch Hurerey) dein Fleisch und dein *Scheer* weggenommen ist. Sollte nicht hier Scheer die letzten Ueberbleibsel des Fleisches seyn? Jedoch ich will in einer eigentlich die Etymologie betreffenden Nebenfrage nicht mit der Gewißheit reden, die man in der Etymologie selten hat.

G

muthungen. Indessen können beide Erläuterungen sehr wohl mit einander bestehen, und die eine hebt die andere nicht auf, wenn man nur bedenkt, daß ثار und ثأر Ein Stammwort, und bloß in der Orthographie verschieden, seyn können. Das Geschlechtsregister der Bedeutungen, (falls ich so reden darf) würde alsdenn dieses seyn: 1) von, übrig seyn, benennet man 2) das Stück hiervon 3) das Stück der Familie, oder, die nahen Verwandten. Von diesen bekommt 4) die Blutrache, und, der Bluträcher, bey den Arabern ihren Nahmen. Ich weiß wol, daß der seel. Schultens eine andere Abstammung zu ثأر, Blutrache, hatte, die aber gleichfalls nur eine Vermuthung ist: denn er nahm für ثأر eine Grundbedeutung an, die er aus keinem Arabischen Schriftsteller, wenigstens, so viel ich mich entsinne, bewiesen hat. Ohne darüber zu streiten, ist mir es genug, der Hebräischen Bedeutung des Wortes, Scheer, ein Verwandter, aus dem Arabischen gleichsahm eine Gesellschaft in ثأر, der Bluträcher, gefunden zu haben, die den großen Vorwurf wegnimt, daß außer der Hebräischen Bibel das Wort bey den Morgenländern sonst keine Verwandtschaft andeute. Wie aber beide Völker dazu gekommen sind, Bluträcher und Verwandten so zu nennen, das bleibe, wenn man meine oben angeführten Vermuthungen nicht billiget, immerhin eben so ungewiß, als hundert andere etymologische Fragen in unserer eigenen Muttersprache.

§. 19.

Untersuchung der Meinung, die *Scheer Basar* bloß von Kindern und Enkeln verstehen will.

Ich wende mich zu ein Paar andern Meinungen von der Bedeutung der Redensart, *Scheer basar*, die von der gewöhnlichen Erklärung abweichen, und, wenn sie erwiesen werden könnten, einen wichtigen Einfluß in die Auslegung der Ehegesetze selbst haben würden. Sie werden auch wirklich beide in der Absicht erfunden, oder doch ausgeführt, denen besser zu antworten, die mehr, als Moses ausdrücklich untersagt hat, vermittelst gewisser Folgerungen verbieten, und die Grade berechnen wollen. Ob ich nun gleich in diesem Hauptsatze einstimmig bin, daß Mosis Gesetze nicht durch Folgerungen ausgedähnt oder nach Graden berechnet werden sollen, so verbietet mir doch die Unpartheylichkeit und eigene Einsicht, eine dieser beiden Erklärungen von *Scheer Basar* zu Hülfe zu nehmen.

Die

von Kindern oder Enkeln zu verstehen sey? C. 2. §. 17.

Die eine hat einen Mann zum Erfinder, dessen bloßer Nahme mich für sie partheyisch machen könnte, weil ich gewiß versichert bin, daß ich wenig Freunde von seiner Art, und die mich mit gleicher Zuneigung lieben, in der Welt habe, und man auch in unserer Zeit wenige so scharfsinnige und bloß Wahrheit suchende Männer unter Geistlichen finden wird. Es ist der Herr Consistorialrath Jacobi, der im vierten Theil seiner Betrachtungen über die weisen Absichten Gottes, S. 338-350. behauptet hat, bloß die Personen, die unmittelbar von einem abstammen, heißen sein Scheer Basar, so wie Adam, 1 B. Mos. II, 23. von der aus seiner Seite genommenen Eva sage: das ist Fleisch von meinem Fleisch. Er hält daher 3 B. Mos. XVIII 6. nicht für ein allgemeines Verbot, keine nahe Verwandte zu heyrathen, welches die darauf folgenden einzelnen Gebote unter sich begreife und durch sie erkläret werde: sondern siehet es gleichfalls als ein einzelnes Verbot der Heyrath mit unserer Tochter an; und weichet durch beides gewissen scheinbaren Gründen der Grauberechner aus.

Ich bin nicht nur zum voraus versichert, daß der Herr Consistorialrath, es mir nicht übel nimt, wenn ich anders denke als Er, sondern ich glaube auch diesmahl, ungeachtet sonst Freunde sich einander widerlegen und immer dabey verschiedener Meinung bleiben, daß Er mir nach Durchlesung dieses Paragraphen selbst beytreten wird. Denn der eine von meinen Gründen kommt mir so entscheidend vor, daß ich glaube, mein Freund werde ihn sogleich billigen. Es ist die bereits im 15ten §. angeführte Stelle, 4 B. Mos. XXVII, 11. deren Inhalt folgender ist: "Wenn jemand ohne Söhne sterbe, so soll sein Erbtheil an seine Tochter gegeben werden; hinterläßt er aber auch die nicht, so soll es an seine Brüder, und, falls die nicht sind, an seines Vaters Brüder fallen. Wenn aber auch keine Vatersbrüder sind, so soll es seinem nächsten Scheer von seiner Familie gegeben werden." Da hier von einem Manne die Rede ist, der weder Söhne noch Töchter hinterlassen hat, so ist klar, daß unter Scheer nicht seine Kinder verstanden werden können, und die Sache selbst führt einen darauf, daß Scheer auch solche Verwandte unter sich begreift, die noch nach den Vatersbrüdern folgen.

Dem Herrn Consistorialrath war, wie er S. 346. meldet, ein ähnlicher Einwurf, allein aus einer nicht so entscheidenden Stelle gemacht worden, nehmlich aus 3 B. Mos. XXV, 48. wo Scheer basar als noch entferntere Verwandten auf Brüder, Vatersbrüder, und Vatersbruderskinder folgen. Gegen diesen Einwurf beschützte er seinen Satz durch eine Erklärung, die mir wirklich zu künstlich scheint: und will, Scheer basar, seyn hier Söhne und Enkel; diese aber würden zuletzt genannt, weil der Fall nur selten sey, in welchem ein Sohn oder Enkel genug erwerbe, um seinen Vater aus der Knechtschaft loszukaufen. Ich will aber hierüber nicht streiten, und auch die Gründe nicht geltend machen, welche mit die, von meinen Lesern nachzuschlagenden Stellen, 3 B. Mos. XVIII, 13. 14. und sonderlich C. XXI, 2. darreichen: denn ich glaube die zuerst genannte aus dem vierten Buch Mosis sey so unwidersprechlich, daß sie keine Hülfe gebrauche.

Der Herr Consistorialrath Jacobi meint S. 345. (wenn ich ihn anders recht verstehe: es kann aber auch wol seyn, daß ich hier fehle (*)) die gewöhnliche Erklärung gebe den Ehegesetzen Mosis ein lächerliches Ansehen. Denn was würde man, sagt er, urtheilen, wenn jemand die Wilddieberey auf die Art verböte: niemand, als die dazu bestellten Jäger, soll irgend ein Wild erlegen. Niemand soll einen Hirsch erlegen, denn es ist ein Hirsch, und folglich ein Wildpret. Niemand soll eine Sau erlegen, denn es ist ein schwarzes Wildpret. Niemand soll einen Hasen schießen, denn es ist ein Hase. Niemand soll Rebhüner fangen oder schießen, denn es sind wilde Hüner.

Diese Parodie würde freilich einen Einwurf enthalten, wenn der Ausdruck, sie ist dein Scheerbasar bey jedem Gesetz wiederhohlt wäre, und Moses p. E. so fortführe: du sollst die Blöße deines Vaters und deiner Mutter nicht aufdecken: denn sie ist dein *Scheer Basar*. Du sollst die Blöße deiner Stiefmutter nicht aufdecken, denn sie ist dein *Scheer Basar*. Du sollst die Blöße deiner Schwester nicht aufdecken, denn sie ist dein *Scheer Basar*. Da aber dieses nicht geschiehet, wenigstens nicht weiter als dreymahl V. 12. 13. 17. wo von Personen, die uns nicht unmittelbar verwandt sind, gesagt wird, wir sollen sie nicht aufdecken, weil sie doch unsere Eltern, oder unsrer Ehegattin Scheer sind, so dünkt mich, die Parodie schikke sich nicht hieher, oder sie hätte doch so lauten müssen: niemand, der kein Jäger ist soll ein Wild erlegen oder fangen: nicht Hirsche: nicht wilde Schweine: nicht Hasen: nicht Rebhüner: und denn hätte sie, so viel
ich

(*) Es kann nehmlich seyn, daß Herr Consistorialrath Jacobi durch diese Parodie nicht von Scheer basar, sondern nur den Satz beweisen will, daß die nahe Verwandtschaft nicht den Grund der Ehe- verbote enthalte: und in solchem Fall ist das alles hieher nicht gehörig, was ich zur Beantwortung der Parodie geschrieben habe.

ich sehe, nichts lächerliches an sich, sondern bestimmte nur näher, welche frey und ohne Herren herumgehende oder fliegende Thiere diesmahl unter Wild verstanden werden, z. E. nicht die Lerchen, oder andere Vögel, nicht gewisse zum Essen ungewöhnliche und blos den Acker beschädigende Thiere, auf deren Ausrottung man wol gar Preise setzt.

§. 18.

Untersuchung der Meinung, die unter *Scheer basar* blos unmittelbare Verwandte verstehet.

Mit der vorigen Erklärung ist eine andere nahe verwandt, welche ich im 72sten §. der ersten Ausgabe dieses Buchs aus dem damahls mir nur schriftlich mitgetheilten Bedenken eines nunmehr verstorbenen Theologen anführte. Weil ich die Bedenken nicht unmittelbar von ihm, sondern von einem vornehmen Herrn hatte, dem es gestellet war, so wußte ich nicht, ob ich den Verfaßer nennen dürfte, und beschrieb ihn nur als einen sehr berühmten und scharfsinnigen Gottesgelehrten. Nun aber kann ich wol sagen, daß es der seel. Baumgarten ist, nachdem er dieses Bedenken in der zweiten Sammlung seiner theologischen Gutachten noch in eben dem Jahre, in welchem meine Schrift herauskam, hat abdrucken laßen. Man findet daselbst die Stelle, auf welche ich ziele S. 167. und in der Vorrede zu eben den Th. is ist gegen gewiße Einwürfe eines noch lebenden Gottesgelehrten, die mir gleichfalls schriftlich mitgetheilt waren, und in besagter Vorrede ganz mit abgedruckt sind, vertheidiget.

Der seel. D. Baumgarten unterschied nehmlich die beiden Redensarten, *Scheer*, und *Scheer basar* von einander. Er glaubt, *Scheer* zeige im eigentlichen und engern Verstande blos unmittelbar mit uns verwandte Personen an, nehmlich, Kinder, Eltern, Enkel, Groß-Eltern, und Ehegatten: daher heißt es 3 B. Mos. XVIII, 12. du sollst die Blöße der Schwester deines Vaters nicht aufdecken; sie ist das Scheer deines Vaters, nicht aber, sie ist dein Scheer, weil sie nehmlich mit mir nicht unmittelbar, sondern nur mittelbar, und im dritten Grad verwandt ist: und V. 13. du sollst die Blöße der Schwester deiner Mutter nicht aufdecken; denn sie ist das Scheer deiner Mutter: ferner V. 17. du sollst die Blöße deiner Frau und ihrer Tochter nicht aufdecken: ihre Enkelin von Sohne oder Tochter wegen sollst du nicht nehmen, ihre Blöße aufzudecken: sie (nehmlich deiner Frauen Tochter und Enkelin,) sind ihr, deiner Frauen) Scheer.

Hingegen wollte der seel. Baumgarten, *Scheer basar* (caro carnis) seyn eigentlich Kinder, Enkel, Eltern, Großeltern, und Ehegatten von unsern Kindern, Enkeln, Eltern, Großeltern, und Ehegatten: z. E. meine Schwester sey mein Scheer basar, weil sie meiner Eltern Tochter oder Fl. ich ist: und meines Vaters Schwester sey meines Vaters Scheer basar, könne aber gegen mich nicht so genannt werden, sondern sey, nach einem neuen und Mosi ganz unbekannten Ausdruck, den Baumgarten einige 1000 Jahre nach Mosis Tode erfindet, *caro carnis, carnis meae*: und die Witwe meines Onkels soll nach S. 36. der Vorrede mit einem noch unerhörtern Ausdruck, *caro carnis carnis carnis nostrae* heißen. Redensarten, die der seel. Mann aus seiner Hypothese bildet, von denen aber der Hebräische Sprachgebrauch nichts weiß. Die Anwendung, welche der seel. Baumgarten von allem diesen machte, diejenigen zu bestreiten, welche Mosis Gebote ausdähnen und nach Graden berechnen, gehört in dieses Capitel noch nicht. Bey allem dem gab der seel. Baumgarten zu, daß diese Redensarten auch in einer weitläuftigern Bedeutung gebraucht werden könnten, wovon er selbst 3 B. Mos. XXV. 49. (denn wenn in seinem Buch stehet 3 B. Mos. 29, 49. so ist es nur ein Druckfehler) zum Beyspiel anführet.

In der ersten Ausgabe meiner Abhandlung von den Ehegesetzen kam mir diese Anmerkung, welche ich doch nur unvollständig excerpirt hatte, gegründet vor: und ich beschäftigte mich unter andern damit, einen Einwurf zu heben, welchen der vorhin erwähnte noch lebende Gottesgelehrte wegen 3 B. Mos. XX, 19. gegen sie gemacht hatte. Weil ich noch jetzt glaube, daß diese an und vor sich dunkele Stelle, deren Lesart ungewiß ist, nicht mit Zuverlässigkeit gegen die Baumgartische Meinung gebraucht werden könne, so behalte ich das, was ich ehedem davon geschrieben, hier in der Note auf (*), jedoch mit Aus-

(*) Diesem scheint zwar die Stelle, 3 B. Mos. XX. 19. entgegen zu stehen: die Blöße der Schwester deiner Mutter, oder deines Vaters sollst du nicht aufdecken: wenn einer sein (man verstehet darunter sein eigenes Stück entblößet, so sollen sie (beyde) ihre Schuld tragen. Es ist eine Ursache vorhanden, um welcher willen ich niemand rathen wollte, sich so sehr auf diese Stelle, C. XX, 19. zu berufen, denn die Wahrheit zu gestehen, so ist eine wichtige verschiedene Lese-Art in derselben, welche eben das Wort oder die Sylbe angehet, worauf man sich zum Nachtheil jener artigen Anmerkung beziehen will. In unsern gedruckten Hebräischen Bibeln stehet שאר את הערה: in wie vielen Handschriften aber so sehr, läßt sich noch nicht sagen, da ihrer bisher so sehr wenige gebraucht, und mit dem gedruck-

bloß unmittelbare Verwandte verstehet? C. 2. §. 18.

Auslassung der Antworten, die in Baumgartens Bedenken und Vorrede stehen,

druckten Text verglichen sind. In der Samaritanischen Abschrift der Bücher Mosis lautet es hingegen, ganz ohne das Pronomen, darauf alles ankommen müßte: כי את שאר הערוה. Houbigant hat sich hierin gar nicht finden können, und meint diese Lese-Art gäbe keinen Sinn, dahingegen er eine andere Lese-Art, die ihres Urhebers würdig ist, erdichtet. Sie giebt aber einen sehr guten Verstand, den ich wegen der mehreren Biegsamkeit der lateinischen Sprache lateinisch übersetzen will: namque cum frusto nuditatis (i. e. denudato) culpam portabunt, d. i. solche sollen eben so gestraft werden, als wer ein Stück seines eigenen Leibes, nehmlich seine unmittelbare Verwandte beschläft. Diese Lese-Art würde jener Anmerkung zur größesten Bestärkung gereichen; denn nach derselben wird ein deutlicher Unterscheid gemacht, zwischen dem, der ein Scheer oder Stück seines eigenen Fleisches entblößet, und der seiner Eltern Schwester beschläft, und gesagt, beide sollen gestraft werden. Ich bin sonst nicht geneigt, neue Lese-Arten ohne wichtige Ursache den gewöhnlichen vorzuziehen, und Houbigant, ist ohne Zweifel zu weit gegangen, wenn er den Samaritanischen Text fast höher als den Hebräischen schätzet, worüber ich mich auch in der hiesigen Lateinischen Monatsschrift zur Gnüge erkläret habe; allein diese Lese-Art verdienet Aufmerksamkeit. Zwey alte Uebersetzungen geben hier mehr oder weniger von unsern gedruckten Hebräischen Bibeln ab, und kommen in einem oder andern dem Samaritanischen Text näher. Die siebenzig Dollmätscher lasen gewiß das Pronomen, auf das man sich einzig berufet, aus, und haben für ערות (er hat entblößet) im Plurali חרעו (sie haben entblößet) oder ערות (du entblößest) gelesen, denn die Worte lauten in einigen Griechischen Handschriften, τὴν γὰρ συγγένειαν ἀπεκάλυψαν, denn sie haben die Verwandtschaft entblößet, und in andern τὴν γὰρ συγγένειαν ἀπεκάλυψας, denn du hast die Verwandtschaft entblößet. Der Syrer, der hier mit der Griechischen Uebersetzung gar nicht übereinstimmet, läßt ערות (er hat entblößet) ganz weg, hat aber das Pronomen im Plurali, und so übersetzt, weil sie Verwandten sind, so ist es unrecht, als stünde im Hebräischen, כי ערים שמם עונם ישאו, weil sie ihr Fleisch (unter einander) d. i. Verwandte sind, so sollen sie ihre Schuld tragen. Bey diesen so sehr von einander abweichenden Lese-Arten entstehet ein starker Verdacht, daß ehemals das Hebräische etwas anders gelautet habe, als jetzt in den gedruckten Bibeln: vielleicht so, wie es im Samaritanischen Text stehet, oder gar mit einem Pronomine plurali: wenn jemand ein Stück ihres (der Eltern) Fleisches entblößet. Ob ich gleich keins von beiden behaupten will, (denn dazu mangeln mir noch die critischen Vorder-Sätze, oder eine solche Hebräische Bibel mit verschiedenen Lese-Arten, als Millius das N. T. herausgegeben hat, zu der ich mir jetzt gelegentlich und täglich die Materialien sammle, nachdem ich Houbigants Arbeit so schlecht und unvollkommen finde) so kann man doch die jetzige Hebräische Lese-Art, deren Zurücklegung noch dazu zweifelhaft ist, ehe nicht gebrauchen, die drey deutlichen Stellen C. XVIII. 12. 13. 17. darnach zu erklären oder vielmehr zu entkräften, ehe man nicht die gewöhnliche Lese-Art vest gesetzt hat.

56 Untersuchung der Meinung, die unter Scheer basar

hen, also besser bey ihm selbst nachgelesen werden können. Allein der Baumgartischen Erklärung selbst von *Scheer*, und *Scheer basar*, trete ich nicht mehr bey, aus das aus folgenden Ursachen:

1) Der Unterscheid zwischen *Scheer*, und *Scheer basar*, scheint mir ohne Beweis augenommen zu seyn. *Scheer* mag schlechthin Fleisch, oder es mag anders übersetzt werden: so sehe ich nicht, was mich nöthigen könnte, die Redensarten, mein Fleisch und, Fleisch von meinem Fleisch, von einander zu unterscheiden, und für die Nahmen von zweyerley Stuffen der Verwandtschaft zu halten: es müßte denn etwan der Sprachgebrauch beständig einen Unterschid beider Redensarten machen. Das thut er aber nicht: sondern 4 B. Mos. XXVII, 11. kommt *Scheer*, allein gesetzt, in einer völlig so weitläuftigen Bedeutung vor, als nach des seel. Baumgartens Meinung *Scheer basar* je haben kann: denn es zeigt daselbst eine Verwandtschaft an, welche noch entferneter ist, als die mit des Vaters Bruder.

Man übersetze Scheer wie man will, z. E. Verwandter, so wird man auch alsdenn sehen, daß keine Nothwendigkeit vorhanden sey, wider den eben bemerkten Sprachgebrauch den Unterschid zu machen, daß, Verwandter, näher sey als, Verwandter des Fleisches: man darf das letzte nur durch, leiblicher Verwandter, oder, Verwandter nach dem Fleisch, übersetzen.

Der seel. Baumgarten ist nicht der einzige, der diesen Unterscheid zwischen *Scheer* und *Scheer basar* machte: es konnte ihm aber freilich deshalb wahrscheinlicher vorkommen, als andern, weil er selbst in seiner ihm ganz eigenen Schreibart gern einerley Ausdruck beybehielt, und aus Liebe zu einer gewissen Genauigkeit, bey welcher er freilich auf Annehmlichkeit Verzicht thun mußte, nicht gern abwechselte oder Synonyma für einander setzte. Er pflegte vielmehr unter zwey Redensarten gemeiniglich einen Unterscheid vest zu setzen; und wenn er nach diesem Modell die Schreibart Mosen beurtheilte, so konnte es ihm natürlicher Weise vorkommen, als müsse *Scheer*, und *Scheer basar* etwas verschiedenes seyn. Allein er war auch in seiner Schreibart einzeln.

2) Der seel. Baumgarten konnte selbst nicht in Abrede seyn, daß *Scheer basar* 3 B. Mos. XXV, 49. eine weit entferntere Verwandtschaft anzeiget, als es seiner Meinung nach eigentlich anzeigen sollte, und Personen unter sich begreift, die noch weiter von einander entfernt sind, als, Geschwister Kinder. Und woher weiß er denn nun, daß, wenn es auch von nähern

Ver

blos unmittelbare Verwandte verstehet? C. 2. §. 18.

Verwandten gesetzt wird, es alsdenn in seiner eigentlichen Bedeutung stehet, und daß es an und vor sich nicht eben ein so unbestimmtes Wort ist, als etwan das deutsche, Freundschaft, oder, Blutsfreundschaft.

Er sagt in der Vorrede S. 50. 51. das Wort werde zuweilen im weitern, zuweilen im engern Umfange der Bedeutung genommen, und das Wort Scheer bedeute in einigen Stellen sehr entferntere und mittelbare Anverwandte, in andern nähere, ja die nächsten und unmittelbarsten Blutsfreunde. Dis ist es, womit ich völlig einstimmig bin: allein alsdenn ist es ohngefähr so ein Wort, als unser deutsches, Freundschaft, von Verwandten gebrauchet. Es fasset die allernächste Freundschaft mit unter sich, allein es bedeutet sie nicht eigentlicher, als die entferntere. Hat der seel. Mann dis sagen wollen, so habe ich nichts dagegen; allein es scheint bey Lesung des Bedenkens nicht, daß er sich hierauf eingeschränkte. Und selbst in der Vorrede redet er noch S. 51. von zwey Bedeutungen dieses Wortes, da doch beide nur eine einzige seyn würden, wenn Verwandten im zweyten und fünften oder entferntern Graden gleich gut *Scheer basar* heissen.

Er meint an eben diesem Orte der Vorrede, im 3 B. Mos. XXI. 2. 3. eine sehr merkwürdige Stelle gefunden zu haben, die den Unterscheid der beiden Bedeutungen von *Scheer* unwidersprechlich erweise: denn daselbst würden, Mutter, Vater, Sohn, Tochter, Bruder und Schwester, das nahe *Scheer* (שארו הקרוב אליו), genannt, woraus denn folge, daß es zweyerley Scheer gebe, erstlich, das nahe *Scheer*, so die unmittelbaren Anverwandten allein begreife, zweitens, das ferne *Scheer*, welches ihm beliebt, mit folgender Hebräischen Redensart, die jedoch nirgends vorkommt, sondern blos von ihm gemacht ist, auszudrücken, שארו הרחוק ממנו , oder auch שארו לא קרוב אליו .

Diese Stelle und Distinction war wirklich nicht glücklich gewählt. Der seel. Baumgarten erinnerte sich dabey nicht, daß außer dem Ort, wo er sie giebt, daß Scheer basar mittelbare und entferntere Verwandten bedeutet, noch eine von eben der Art vorhanden war, die ich

3) als meinen dritten Gegengrund anführe, und der desto entscheidender gegen ihn ist, weil sie theils das Wort Scheer allein setzt, welches nach Baumgarten eine nähere Verwandschaft anzeiget als Scheer basar, theils seine ganze im Nachdenken erfundene und auf keinen Sprachgebrauch gegründete Distinction umstößt, und Geschwister-Kinder das nahe *Scheer* nennet. Sie

H   stehet

58 Von den Nahmen Zimma, Chesed, Thebel und Nidda,

stehet 4 B. Mos. XXVII, 9. 10. 11. und ob ich gleich sie schon oben angeführet habe, so muß ich doch, weil sie hier so entscheidend ist, sie noch einmahl ganz hersetzen: wenn jemand stirbt, und hat keinen Sohn, so sollt ihr sein Erbtheil 1) auf seine Tochter übertragen. Und wenn er keine Tochter hat, so sollt ihr sein Erbtheil 2) seinen Brüdern geben. Und wenn er keine Brüder hat, so sollt ihr sein Erbtheil 3) den Brüdern seines Vaters geben. Und wenn auch von seinem Vater keine Brüder sind, so sollt ihr sein Erbtheil 4) seinem nahen (oder, wie ich es im Deutschen umschreiben müßte, seinem nächsten) Scheer von seiner Familie geben. Hier ist im Hebräischen derselbe Ausdruck, שארו הקרב אליו, sein nahes Scheer, von Geschwisterkindern und noch entfernteren Verwandten gesetzt, auf den der seel. Baumgarten seine Distinction so unwidersprechlich zu gründen glaubte.

Aus allem diesen mache ich den Schluß, theils daß zwischen Scheer basar, und Scheer allein gesetzt, kein Unterschied sey: theils, daß beide Ausdrücke, Freundschaft, die nächste sowohl als die etwas entferntere bedeuten, ohne einen Grad zu bestimmen, und ohne daß die eine Bedeutung die eigentlichere und die andere die uneigentlichere sey. Ich gestehe es, daß bey 3 B. Mos. XVIII, 12. 13. einige Schwierigkeit übrig bleibe, und daß diese beiden Verse der entgegengesetzten Baumgartischen Meinung eine Wahrscheinlichkeit geben: allein die andersseitigen Gründe kommen mir doch noch richtiger vor, und das Verbot wird auch alsdenn, wenn Scheer an und vor sich nur Freundschaft bedeutet, nicht abgeschmackt lauten: Du sollst deines Vaters Schwester nicht heyrathen: sie ist deines Vaters Freundschaft.

§. 19.

Von den Nahmen, Zimma, Chesed, Thebel und Nidda, welche Moses gewissen allzunahen Ehen giebt.

Es scheint, daß die morgenländischen Sprachen für gewisse einzelne Arten der Ehe oder der Unzucht innerhalb der nahen Freundschaft auch besondere Nahmen haben. So heißt, wenigstens wie Golius in seinem lexico aus den beiden Arabischen Wörterbüchern Gauhar und Camus anführet, (*) die verhaßte Ehe,

(*) Mit völliger Zuversicht kann ich nicht sagen, ob diese Ehe bereits bey den alten Arabern so geheißen habe; oder ob die Bedeutung nur Muhammedanisch, und aus der Stelle des Corans, Sur. IV, 26. entstanden sey, wo Mahomed schreibt:
gehet

welche Moses gewissen anzunahen Ehen giebt. C. 2. §. 19.

Ehe, (نِكَاحُ ٱلْمَقْت Nicabb elmakt) eigentlich die Ehe mit der Stiefmutter; und Moses scheint die drey Wörter, Zimma, Chesed, und Nidda, als die eigentlichen Nahmen gewisser naher Ehen zu gebrauchen. Da mancher auf die Vermuthung kommen möchte, daß in diesen Nahmen etwan eine Spur derjenigen Ursache des Verbots der nahen Ehe, welche er für die wahre hält, enthalten sey, so sehe ich es für nöthig an, von ihnen zu handeln, und die Abstammung derselben hiebey nicht zu vergessen. Wem die zu philologisch und mühsam scheint, der kann es sicher so lange überschlagen, bis ihm wegen dieser Nahmen ein die Hauptsache rührender Zweifel entstehet.

1) Den eigentlichen Nahmen der Ehe mit der Mutter seiner Frau nennet Moses זִמָּה, Zimma. Seine Worte sind: wenn jemand eine Frau und ihre Mutter nimt, das ist Zimma: man soll ihn und sie mit Feuer verbrennen, es soll kein Zimma unter euch seyn (**). Der Fall, der hier Zimma genannt wird, ist

Titius { Caja
        { Sempronia

Ich sehe aber aus Ezechiel XXII, 11. daß der Nahme nicht bloß dieser Heyrath eigen gewesen ist, sondern daß man auch den ihr ähnlichen Beyschlaf eines Mannes bey seiner Schwiegertochter, der sonst eigentlich Thebel heißet, oder diesen Fall

Titius   }
         } Caja
Sempronius}

mit eben dem Nahmen benannt hat: denn er schreibt: sie entweyhen ihre Schwiegertochter durch Zimma.

Es ist sehr unbequem, wenn die Ausleger Zimma hier durch Bubenstück übersetzen. Denn wenn es diese Bedeutung hat, so soll es eigentlich eine List andeuten, und List wird zu dieser Art von Bubenstück, das auch der dummste begehen kann, am wenigsten erfodert: und über das ist aus den Worten Mosis klar, daß Zimma hier nicht der allgemeine Nahme der Bubenstücke seyn solle, auf denen

gehet nicht mehr solche Ehen ein, als eure Vorfahren: doch nehme ich die bereits stehenden Ehen aus. Sie sind

Schande, und (مَقْت) Haß, und eine böse Sitte.
(**) 3 B. Mos. XX, 14.

60 Von den Nahmen Zimma, Chesed, Thebel und Nidda,

ja nicht insgesamt die Strafe der Verbrennung stand, sondern der besondere Nahme der Blutschande mit der Frauen Mutter, so wie im 17ten Vers ein anderer besonderer Nahme der Blutschande mit der Schwester, dem das Gesetz gleichfalls seine eigene Strafe bestimmet, vorkommt. Symmachus, oder, wie Herr Thieme (*) glaubt, Theodotion, hat daher nicht übel gehandelt, wenn er 3 B. Mos. XVIII, 17. das Wort lieber im Griechischen behält, und schreibet: ζέμμα ἐστιν.

Das Verbum Zamam heißt eigentlich bey den Arabern, knüpfen, daher es bey den Hebräern so viel ist, als das lateinische, nectere dolos, oder überlistigen. Davon nennen die Araber die Heyrath, ژِمّ Zimm, gleichsam eine Verknüpfung: und ژِمّة Zimme, wenn man unter dem Schutz des andern ist (clientela). Die Hebräer benannten also vielleicht eine gewisse Art der anzunehmen Ehe, oder auch der Blutschande, davon, daß die Frauensperson unter dem Schutz, und gleichsam unter der Vormundschaft der Mannsperson stand, wobey für die Sicherheit der Frauensperson für aller Gewalt oder Verführung am besten gesorget zu werden schien, wenn beyden Theilen schlechterdings und unter der härtesten Strafe verboten war, einander zu heyrathen. Wir möchten dies in unserer Sprache, Heyrathen in die Vormundschaft, nennen können: und nach dem Ausdruck des lateinischen Dichters wäre es fraus innexa clienti gewesen, daher es auch unter aller Blutschande am schärfsten bestraft ward, nehmlich mit der Verbrennung.

Um diesen Ausdruck, und die Ursache des Gesetzes noch mehr zu erläutern, will ich ein verwandtes Recht anführen. Bey den Arabern ist die Heyrath mit den Stieftöchtern verboten, unter dem Zusatz, die unter eurer Bedeckung, d. i. die unter eurer Bewahrung und Schutz sind (**): welcher sich bey den übrigen Verboten nicht findt. Ich überschlage eine andere etwas dunkle Stelle, in der Muhammed für die Keuschheit der Pflegtöchter zu sorgen scheint, nehmlich Sur.

(*) Die Auslegungen der drey Griechischen Uebersetzer, Aquila, Symmachus und Theodotion, sind von den Abschreibern nicht selten mit einander verwechselt, und daß auch hier ein gleiches geschehen sey, macht Herr Mag. Thieme, in seiner Dissertation de puritate Symmachi, §. VIII. S. 23 daraus wahrscheinlich, weil Symmachus Zimma durch μύσος, ein Bubenstück übersetzt. Man lese ihn selbst nach, indem es mir hier nichts verschlägt, welcher Griechische Uebersetzer das Wort beybehalten und ζέμμα geschrieben hat.

(**) Sur. IV, 27.

welche Moses gewissen anzunahen Ehen giebt. C. 2. §. 19.   61

Sur. IV, 3. Das Attische Recht verbot gleichfalls dem Vormund, seiner Mündelin Mutter zu freyen (*), doch da, und in einigen andern Rechten, so die Ehe mit der Mündelin selbst verbieten, wird eigentlich nur für die Güter der Mündelin gesorget: eine Betrachtung, die bey den morgenländischen Vormundschaften wegfiel; bey denen der Vormund das Recht hat, selbst von den Gütern des Unmündigen zu leben, und am Ende zu keiner Rechnung, sondern bloß zu einer Versicherung verbunden ist, daß er von den übrigen Gütern der Pflegebefohlnen nichts für sich behalte.

Ich habe noch drey Stellen in der Bibel gefunden, wo *Zimma* zwar nicht von Blutschande, aber doch von Unzucht, oder Duldung der Unzucht auf eine solche Art stehet, daß sich die vorhin ausgegebene Bedeutung des Wortes nicht übel zu ihnen zu schicken scheinet, nehmlich: diejenige, deren Keuschheit unter unserm Schutz stehen sollte, verführen, oder doch zugeben, daß sie von andern verführet werde. Die eine ist 3 B. Mos. XIX, 29. befindlich: du sollst deine Tochter nicht Preis geben, sie Hurerey treiben zu lassen, damit das Land nicht hure, und das Land voll von *Zimma* werde. Hier möchte doch Zimma wol seyn, wenn der Vater, den die Natur selbst zum Wächter der Keuschheit seiner Tochter bestimmet hat, sie zur Hurerey anhält, oder Gewinstes wegen ihr verstattet unzüchtig zu leben. Die andere stehet Ezech. XVI, 43. Gott stellet in dem ganzen Capitel die Abgötterey der Israeliten als einen Ehebruch, und sich selbst als den beleidigten Ehemann vor, und erklärt sich mit folgenden Worten, daß er die eheliche Untreue nicht ungestraft lassen wolle: ich will deine Wege auf deinen Kopf geben, und will nicht bey allen deinen Greueln noch *Zimma* begehen. Hier scheint Zimma diejenige niederträchtige Nachsicht eines Ehemanns zu seyn, da er seine Frau ungeahndet Hurerey treiben läßt, dasjenige, was unsere Juristen lenocinium nennen. Die dritte kommt in dem Buche Hiobs, C. XXXI, 9. 11. vor. Hiob sagt: wenn mein Herz aus Liebe zu Frauen verführet ist, und ich der Thür meines Freundes nachgestellet habe: so müsse meine Frau . . . . . (von andern geschändet werden) denn dies wäre *Zimma*. Er will die Sünde, wenn man seines Freundes Ehgemahl unter dem Schein der Freundschaft zu verführen sucht, recht schwarz vorstellen, und sagt deshalb, dies sey Zimma. Bubenstück, lautete nach einer solchen Verwünschung schon matt und allgemein: es kommt ihm als eine Gattung von Blutschande vor,

weil

(*) Petit in leges Atticas L. VI. tit. I. §. 18. S. 545.

62 Von den Nahmen Zimma, Chesed, Thebel und Nidda,

weil ich die zu entweihen suche, vor deren Keuschheit ich wachen, und sie als Freund vertheidigen sollte. Vielleicht bekommen diese Stellen durch das ein liche, was ich von der eigentlichen Bedeutung des Wortes in der Materie der Blutschande gesagt habe, und helfen zugleich diese juristische Bedeutung, so das Wort bey den Hebräern hatte, noch etwas mehr bestätigen.

2) Die Ehe oder Unzucht mit der Schwester benennet Moses mit dem Wort Chesed (חסד) natürliche Liebe. Die Stelle stehet 3 B. Mos. XX, 17: wenn jemand seine Schwester, seines Vaters oder seiner Mutter Tochter, nimt, und ihre Blöße siehet, und sie siehet seine Blöße, das ist Chesed; sie sollen vor den Augen der Kinder ihres Volks ausgerottet werden.

Dis Wort hat wegen seiner mannigfaltigen Bedeutungen, die man nicht wohl unter Einen Huth zu bringen wußte, viel zu schaffen gemacht. Im häufigsten pflegt man es, Gnade, zu übersetzen, allein diese Bedeutung schickt sich zu andern Stellen nicht, wo es die Liebe gegen solche, die uns gleich sind, ja wol gar gegen höhere, und gegen die Gottheit selbst, bezeichnet. Und eben dieses Wort, das meistentheils die Liebe gegen den Nächsten oder auch gegen Gott, desgleichen die Liebe Gottes gegen uns, andeutet, und so oft durch Frömmigkeit oder Heiligkeit gegeben wird, soll hier in den Ehegesetzen Mosis eine mit der Ausrottung zu bestrafende Blutschande seyn, und bedeutet wiederum an andern Orten allerley Bubenstücke. Die Hebräischen Sprachgelehrten lassen es gemeiniglich weniger als andere an sich kommen, daß sie in dem dunkelsten Theil der Sprachkunde, der Etymologie, etwas nicht wissen: sie haben also zum Theil gemuthmaßet, daß Chesed eigentlich das höchste in allen Dingen (summum in quaque re) bedeute; allein weder im Hebräischen, noch in einer der übrigen morgenländischen Sprachen, findet man diese Bedeutung durch den Gebrauch bestätiget.

Wenn ich auch wegen der Abstammung des Wortes nichts gewisses sagen könnte, so scheint doch dieses nicht sehr zweifelhaft zu seyn, daß es Liebe, und insonderheit diejenige natürliche Liebe, welche die Griechen ερωτη und die Lateiner pietas nennen, und für die wir Deutschen kein eigenes Wort haben, andeute. Wenigstens ist es 1) die eheliche Liebe, Jes. LIV, 10. Jerem. II. 2. Hos. II, 21. 2) Die väterliche und kindliche Liebe, wenn es von der Liebe Gottes zu uns, und von der Liebe der Menschen zu Gotte gebrauchet wird, welches überaus häufig geschiehet. 3) Die Liebe gegen das Land, in dem wir wohnen, 1 B. Mos. XXI, 23. 4) Die brüderliche Liebe, auch wol

im

welche Moses gewissen allzunahen Ehen giebt? C.2. §. 19.

im uneigentlichen Verstande die, so zwischen Königen ist, die sich als Brüder ansehen, 2 Sam. X, 2. 5) Die Liebe gegen den Nächsten, der als unser Bruder vorgestellet zu werden scheint.

Wenn man nicht blos das Hebräische, sondern die übrigen morgenländischen Sprachen kennet, so wird es an einem bequemen Stammwort zu diesen Bedeutungen so gar nicht mangeln, daß man vielmehr durch einen unangenehmen Ueberfluß ungewiß gemacht wird, indem sich zwey Ableitungen darbieten, unter welchen zu wählen schwer fällt. Meine Leser müssen sich wieder erinnern, daß, wo im Hebräischen ein scharfes S (Samech ס, oder ש Sin) stehet, die Araber ein *Schin*, (ش) oder oberschläsisches Sch setzen. Man muß also das Hebräische חסד (*Chesed*) im Arabischen unter خسد (*Chasebada*) suchen. Dieses Stammwort, welches Golius durch, *convenire*, übersetzt, ist so viel als, zusammenfließen, und wird, wie der seel. Schultens bey Hiob VI, 14 bemerkt, insonderheit von dem Zufluß der Milch in den Brüsten der Mutter gebraucht. Man nehme die allgemeinere, oder diese letzte besondere Bedeutung, so war sie bequem, die Liebe, und sonderlich die natürliche Liebe davon zu benennen. Welches Sinnbild für die letztere würde ungekünstelter und redender seyn, als die von Milch anschwellenden Brüste der Mutter, durch welche die Natur selbst dem Kinde seine Nahrung bereitet hat, und die Mutter, ja wenn die säugende auch nicht die natürliche Mutter wäre, die Amme zwinget, das Kind, dem sie Nahrung giebt, zu lieben. Wenn man aber auch nur an den Zusammenfluß des Wassers von verschiedenen Anhöhen in ein gemeinschaftliches Thal gedenket, so ist schon dis ein bequemes Bild derjenigen gesellschaftlichen Liebe, die den einen Menschen zu dem andern treibet, und ihn auf eine sanfte Art zwinget, mit ihm zusammen zu fließen. Dis wäre der Gedanke, den der unverstandene Salomon, Sprichw. XXVII, 19 so ausdrückt: *wie Wasser sich zu dem Wasser wendet, so ist das Herz der Menschen zu Menschen.* Mir ist wirklich in den Orientalischen Sprachen an der Etymologie nicht so viel gelegen, als den meisten, die sich mit der Hebräischen oder Arabischen Sprache abgeben, sondern der Sprachgebrauch ist mir immer das wichtigste, die Bedeutungen der Wörter zu bestimmen, und die Etymologie bleibt mir blos ein Stock, an dem ich gehen muß, wo es finster ist. Ich würde mich also nicht so sehr grämen, wenn auch keine von beiden Etymologien meinen Lesern gefiele: indessen kommen sie mir jetzt beide so natürlich vor, daß ich nur den Verdruß habe, zwischen ihnen nicht wählen zu können: wiewol ich der letzteren etwas geneigter bin.

Wenn

64 Von den Nahmen Zimma, Chesed, Thebel und Nidda,

Wenn nunmehr die eheliche oder unzüchtige Liebe zwischen Bruder und Schwester Chesed heißt, so hat dis Wort, für seine erste gute Bedeutung, nach und nach, durch den Gebrauch eine schlimme bekommen, und zeiget die Vermischung der geschwisterlichen und ehelichen Liebe an. Fast so ist Liebe in unserer Sprache zuerst etwas löbliches: allein in gewissen Zusammenhange wird es auch für unreine Liebe gebraucht.

Benanten die Hebräer eine gewisse Gattung von Blutschande, Chesed, so hat durch eine Metonymie hernach dieser Nahme auf andere Schandthaten ausgedähnt werden können: wiewol ich hier nichts zu bestimmen wage. Denn es wäre auch möglich, daß, wenn Chesed bey den Hebräern, und noch häufiger bey den Syrern, Schande und Bubenstücke, und das Verbum *Chassed* schmähen bedeutet, es einmahl wider die ordentliche Regel von Sin und Schin mit dem Arabischen ﺣﺴﺪ (*Chasada*) einerley wäre, welches für, Neid und Haß, gesetzt zu werden pfleget. In solchem Fall würde das Hebräische Chesed zwey ganz verschiedene Stammwörter unter sich begreifen, welche die Araber genauer unterscheiden, 1) Chaschada (ﺣﺸﺪ) zusammenfließen, davon die Liebe genannt wäre, 2) Chasada (ﺣﺴﺪ) beneiden, hassen, heimlich feind seyn, davon das Laster und die Schande ihren Nahmen hätten: und vielleicht wäre gar die Ehe der Geschwister hievon, die verhaßte Ehe, genannt, so wie Muhammed die Blutschande ﻣﻘﺖ, eine verhaßte Sache, nennet (*). Wenn man auch glauben wollte, vom Zusammenfließen des Wassers wären stehende Sümpfe, und von diesen, bey den Syrern Schmach, und bey den Hebräern Laster und Blutschande genannt, so habe ich eigentlich nichts dagegen, sondern sehe es als möglich an. Meine Leser nehmen es mir nicht so gütig, daß ich dem, so ich von der Etymologie sage, viel ungewisses ist: denn in welcher Sprache ist die Etymologie ohne solche Dunkelheit? Ich glaube vielmehr Dank von ihnen zu verdienen, daß ich von einer etymologischen Frage, und zwar einer der dunkelsten, nicht mit dem entscheidenden Ton rede, den sich die morgenländischen Philologen gern angewöhnen, und von dem ich auch wol etwas wider zu verlernen haben kann. Bey aller, aus dem Reichthum von Etymologien entstehenden Ungewißheit, haben sie doch aus dieser blos philologischen Abhandlung den Vortheil, zu sehen, in der Abstammung des Nahmens Chesed liege nicht etwas verborgen, so in den Fragen über die Ehegesetze Mosis eine wichtige Entscheidung geben könnte.

3) Der

(*) Sur. IV, 26. Siehe oben S. 58. 59.

welche Moses gewissen allzunahen Ehen giebt. C. 2. §. 19.

3) Der dritte Nahme, den das Mosaische Gesetz von einer gewissen besondern Ehe oder Unzucht gebraucht ist, *Thebel* (תבל). So nennet Moses die Heyrath mit der Schwiegertochter, C. XX. 12: wenn jemand bey seiner Schwiegertochter schläft, so sollen sie beide sterben. Sie haben *Thebel* begangen, ihr Blut sey auf ihnen. Und eben diesen Nahmen *Thebel* gebraucht auch Moses C. XVIII, 23. von der Schande mit Vieh: so daß er wol an und vor sich nicht etwas die Verwandschaft betreffendes, sondern die gröbste Unzucht bedeutet haben muß. Auch kommt nach einer Handschrift, die H E A T H E (*) anführet, ohne den Sinn ihrer Lesart zu errathen, dieses Thebel Hiob XXX, 8. vor. Denn das für, das unsre Ausgaben haben: sie sind Söhne eines Narren, (d. i. eines lasterhaften) und eines ohne Nahmen: stehet in einer Orfordischen Handschrift בני תבל גם בני בלי שם , welches ich übersetzen würde: Söhne der Blutschande, und Söhne eines ohne Nahmen: d. i. Völker, die aus Blutschande gezeuget sind, darin sie und ihre Vorfahren lebten, und aus Unzucht, so daß man oft den Nahmen des Vaters nicht einmahl nennen kann. Man muß aber wissen (**), daß dort von Troglodyten, denen die wildeste Unzucht von den Alten Schuld gegeben wird, und noch dazu vermuthlich von Cananitern die Rede ist, und dabey sich erinnern, daß Moses gleich im Anfang seiner Ehegesetze die Blutschande als eine Sitte der Cananiter beschreibe.

Bey diesem Worte ist einmahl die Abstammung gewisser, ob sie gleich aus Unkunde der Sprache gemeiniglich nicht bemerkt ist. Denn das ist freilich unrichtig, wenn fast alle neuern Ausleger, und Verfasser der Wörterbücher, dieses Wort, Vermischung, übersetzt, und wider alle Grammatik von בלל (*Balal*), vermischen, hergeleitet haben: da sich doch kein einziges deutliches und unwidersprechliches Beyspiel einer solchen Form eines Nominis angeben läßt, wie diese seyn würde (*.*). Blos Hottinger hat erkannt, daß *Thebel* von dem Verbo תבל (*Thabal*) herzuleiten sey, so bey den Arabern eine unsinnige Liebe anzeiget (*.*.), und die Sache ist so klar, daß ich ohne von Hottingers

---

(*) In seinem 1756. unter folgendem Titel, *Essay towards an English Version of the Book of Job from the original Hebrew*, über das Buch Hiobs herausgekommenen Erklärung.

(**) Man sehe meine Abhandlung de troglodytis §. 6. die in dem *Syntagma commentationum* T. I. befindlich ist.

(*.*) Wer die Hebräische Grammatik verstehet, dem wird meine Meinung unter dem Ausdruck am deutlichsten seyn: von *verbis mediis radicalis geminatae* kommen keine *nomina segolata* her, so eine *literam praeformativam* hätten.

(*.*.) Ich will zur mehreren Erläuterung der Bedeutung die Anmerkung hie-

66 Von den Nahmen Zimma, Chesed, Thebel und Nidda,

gers Meinung etwas zu wissen, sogleich eben diesen Gedanken hatte, und haben mußte, als ich das Arabische Wort bey einem Schriftsteller antraf. Diese Art der Blutschande nennet also Moses mit dem eigentlichen Nahmen, Rasterey, und setzt darauf gleichfalls den Tod.

4) Die letzte Gattung ist Nidda (נדה), welcher Nahme der Ehe mit des Bruders Witwe gegeben wird. Die Stelle stehet 3 B. Mos. XX, 21. wenn ein Mann seines Bruders Frau nimt, das ist *Nidda*: er hat seines Bruders Blöße aufgedeckt. Sie sollen unfruchtbar seyn. Die Abstammung dieser besondern Bedeutung des Wortes ist wieder sehr ungewiß, denn Nidda heißt so mancherley, wovon die unerlaubte Ehe mit des Bruders Witwe den Nahmen bekommen haben könnte, daß die Wahl schwer wird. Bey den Arabern ist ند (*Nadd*) und ند (*Nidd*) so viel als, gleich, ähnlich: es könnte daher die Ehe mit zwey Brüdern, die Aehnlichkeits-Ehe, genannt seyn. Das letztere Wort bedeutet auch sehr häufig, sonderlich im Plurali (أنداد) Nebenbuhler. Auch davon könnte eine solche Ehe den Nahmen bekommen haben, daß man befürchte, ihre Erwartung mache dem Bruder einen Nebenbuhler: und diese Uebersetzung halte ich wegen dessen, was ich im 71sten §. schreiben werde, für die wahrscheinlichste. Das Verbum *Nadad* heißt bey den Arabern sowohl als bey den Hebräern: flüchtig werden, herumschweifen: auch hievon hätte die juristische Benennung der verbotenen Ehe mit des Bruders Witwe entstehen können, und einige Ausleger, z. E. beide Arabischen, haben gar *Nidda* nicht als einen Nahmen der Ehe angesehen, sondern es von einer ihrem Manne entlaufenen Frau verstanden, so daß nicht die Ehe mit des Bruders Witwe, sondern mit seiner von ihm entlaufenen oder verstoßenen Frau gemeint sey. Endlich nennen die Hebräer und Syrer vom fliehen eine jede abscheuliche Sache *Nidda*: auch den Nahmen könnte etwan eine solche Ehe zum juristischen Nahmen bekommen haben. So

der setzen, die ein Arabischer Scholiaste bey dem ersten Vers des Lobgedichtes des Caab auf den Muhammed macht. Caab singet: die Soad ist hinweg, und mein Herz ist für Liebe מתבל. Bey dem Worte schreibt der Scholiaste: d. i. krank. Man sagt sonst von dem Unglück (תבל), es hat ihn unsinnig gemacht, für: das Unglück hat ihn aufgerieben. Auch braucht man von der Liebe (תבלהו), sie hat ihn unsinnig gemacht, für: sie hat ihn krank gemacht, und ausgezehret.

So ungewiß aber auch die Abstammung dieses Nahmens ist, so darf man sich durch die eben angeführten Arabischen Uebersetzungen an dem Satz nicht zweifelhaftig machen lassen, daß sie der besondere Nahme einer gewissen Ehe sind. Wenigstens sind wir es schon an den vorigen Beyspielen gewohnt, daß einzelne verbotene Ehen ihre eigenen juristischen Nahmen haben; und eben in einem solchen Zusammenhange, als vorhin *Zimma*, *Chesed* und *Thebel* stand, finden wir hier *Nidda*, und schliessen daraus billig, daß es ein Wort von gleicher Gattung sey. Wollte man es anders auslegen, und mit den beiden Arabern die verflossene oder flüchtig gewordene Frau des noch lebenden Bruders darunter verstehen, so würde dieses Gesetz mit dem kurz vorhin gegebenen 3 B. Mos. XVIII, 16. nicht übereinstimmen: denn daselbst wird überhaupt gesagt: du sollst die Blöße der Frau deines Bruders nicht sehen: sie ist deines Bruders Blöße; folglich war nicht blos die verflossene oder entlaufene Frau des Bruders, sondern überhaupt seine Frau, wenn sie auch durch sein Ableben von ihm getrennet und zur Witwe geworden war, verboten. Es wird uns diese Anmerkung künftig wichtig werden.

Das dritte Hauptstück,

handelt von der Frage: ob die allzunahen Ehen blos den Israeliten, oder allen Völkern, untersagt sind?

§. 20.

Bestimmung der Frage überhaupt, und Vorerinnerungen.

Ich komme nun zu der Hauptfrage: ob die Gesetze Mosis, welche die nahen Heyrathen verbieten, uns angehen, oder, ob sie blos den Israeliten gegeben sind?

Diese Frage kann eine doppelte Meinung haben. Wer sie bejahet, kann entweder behaupten wollen: alle Gesetze, die Moses wider die Heyrathen in die nahe Freundschaft gegeben hat, verbinden nicht blos die Israeliten, sondern auch die Christen: und dis ist die gewöhnliche Meinung unserer Gottesgelehrten, welcher nur einige einzelne unter ihnen widersprochen haben, z. E. der seelige Baumgarten: und wenn ich den nenne, so ist es bey dem großen Ansehen, das er in der evangelischen Kirche erlanget hat, und welches

welches seinen theologischen Bedenken länger als seinen übrigen Schriften verbleiben dürfte, so gut, als wenn ich viele genennet hätte: oder er kann auch behaupten: unter den Mosaischen Gesetzen sey einiges, das alle Menschen, welche die göttliche Offenbahrung haben, verbinde. Seine allernächsten Freunde, als, Stiefmutter, Tochter, Stieftochter, Schwiegertochter, oder Schwester, zu heyrathen, sey nicht blos nach den bürgerlichen Gesetzen einiger Völker, sondern auch nach dem Urtheil Gottes Blutschande, und ein Gräuel, allein die Verbote einer entfernteren Verwandtin, 3. E. der Vaters-Schwester, seyn blos bürgerlich, und dem Israelitischen Volk von Mose gegeben. Wer dis letztere annimt, der würde den seeligen Baumgarten vielleicht im Ausdruck und Art des Beweises, nicht aber in der Sache selbst zum Gegner haben, als welcher jene allernächsten Ehen doch für unerlaubt hielt. Seine Gegner würden blos die seyn, die alle Ehen, auch die mit Mutter, Stiefmutter, Tochter, Schwester u. s. f. für gleichgültig ansehen, und glauben, welche Personen einander beywohnen und mit einander Kinder zeugen können, denen sey es unverwehrt, einander zu heyrathen. Es sind nur wenige, die dis in Schriften behauptet haben; denn man sonderte gemeiniglich die Fragen nicht von einander ab. Wer etwas leugnen wollte, der leugnete alles: und wer etwas von den Mosaischen Ehegesetzen uns auflegte, der richtete seinen Beweis auf alle.

Ich werde beide Fragen von einander unterscheiden. Zuerst handele ich nur die ab: verbindet uns etwas in den Ehegesetzen, 3 B. Mos. XVIII. und XX. oder sind sie für Christen ganz unverbindlich? Und wenn ich auch, um kürzer zu reden, nur sage, verbinden uns Mosis Ehegesetze? so meyne ich das, was ich vorhin vollständiger ausgedruckt habe. Am Ende des Capitels werde ich auch die zweite Frage untersuchen: ob alle Gesetze Mose wider die Ehe in die nahe Freundschaft uns verbinden?

Also jetzt bey der ersten Frage zu bleiben, kommt es mir freylich vor, als habe Moses selbst seinen Gesetzen wider die allzunahen Ehen eine allgemeine Verbindlichkeit beygelegt, und sie für ein Stück des Sittengesetzes, oder um theologischer zu reden, der philosophischen Moral angesehen. Ich finde aber auch hier, daß sich manche, die einerley Folgesatz mit mir behaupten, den Weg zu demselben schwer gemacht haben.

Bald wollen sie unsre Gesetze für allgemeine willkührliche Gebote Gottes halten, und das können sie doch unmöglich seyn, weil sie nie dem ganzen menschlichen Geschlecht bekannt gemacht sind. Bald reden sie von ihnen als
einem

ob die Ehegesetze uns angehen? C. 3. §. 20.

einem Theil des Rechtes der Natur, und sehen wol den Juristen, der sie nicht zum Rechte der Natur zählen will, aus bloßer Unkunde der Bedeutung dieses Nahmens, für einen Käßer und verabscheuungswürdigen Menschen an. Sie werden alsdenn ihre Sache nicht allein nicht gewinnen können, sondern auch einem jeden, der bey dem Worte, Recht der Natur, etwas anders denkt als sie, ungereimt vorkommen müssen, weil er sie so wenig versteht, als sie ihn. Ihnen ist, Recht der Natur, eben so viel als, Naturgesetz, oder, wie die Theologen reden, Sittengesetz: ein Nahme, der die ganze natürliche Sittenlehre unter sich begreift, sofern sie durch den Willen Gottes in ein Gesetz verwandelt wird. Allein der, welcher zu ihrem großen Aergerniß leugnet, daß Blutschande wider das Recht der Natur sey, verstehet unter diesem Nahmen die Rechte, die ich von Natur gegen andere habe, und die, wenn sie verletzt werden, den Völkern eine gerechte Ursache zum Kriege geben. Er wird sich bey einem solchen Begriff freilich sehr verwundern müssen, unter dem Verzeichniß der wider das Naturrecht laufenden Dinge, Blutschande, falls sie nur nicht mit Gewalt oder arglistiger Verführung verbunden ist, sondern mit voller Einwilligung beider Theile zur Ehe wird, zu finden. Denn wie wahnwitzig würde es uns selbst vorkommen, wenn ein Volk dem andern darüber den Krieg ankündigte, weil es die Heyrathen von Brüdern und Schwestern unter sich duldete? Es ist keine Beleidigung für andere; sie haben daher auch kein Recht, es zu rächen. Man wird bey diesem Misverstande wohl thun, das Wort, Naturrecht, gar nicht zu gebrauchen, sondern lieber vom Naturgesetz zu sagen. Denn dieser Nahme ist geschickt, ohne Zweideutigkeit allen und jeden Willen des Schöpfers, den wir aus dem Lichte der Natur erkennen können, also, wie ich es vorhin nannte, die ganze philosophische Moral, in sofern sie durch Betrachtung Gottes verpflichtend und zum Gesetz wird, in sich zu begreifen.

Dis habe ich zum voraus erinnern müssen, und ehe ich meine eigene Meinung vortrage, muß ich erst einige andere bestreiten.

§. 21.

Die Ehegesetze verbinden uns deswegen noch nicht, weil sie in den Büchern Mosis stehen, sondern weil er sie für ein Theil des Sittengesetzes erkläret, so schon vor ihm gegolten habe. Versehen einiger Juristen.

Die Ehegesetze Mosis verbinden uns deswegen noch nicht, weil sie in den Büchern Mosis als Gesetze aufgezeichnet sind: sondern weil Moses das Ge-

J 3   gentheil

gentheil von ihnen auch bey andern Völkern, die vor seinem Gesetz gelebet haben, für ein Unrecht ansiehet. (Siehe §. 24, 25.). Das von Mose gegebene Gesetz ist nach dem Zeugniß Pauli aufgehoben, das ist: blos deswegen, weil in Mose etwas in der Form eines Gesetzes vorgetragen ist, verbindet es uns noch nicht, wenn es nicht entweder ein Stück des ewigen Naturgesetzes, und der Sittenlehre, oder von Christo und seinen Aposteln wiederholt ist. Weil ich meine Gedanken hievon in den Anmerkungen zu dem Briefe an die Galater, bey Cap. II, 19. deutlicher auseinander gesetzt habe, so will ich die Worte unten in der Note (*) abdrucken lassen, und noch mit ein paar Erläuterungen vermeh-

(*) „Paulus pflegt zu behaupten, wir „sind dem Gesetze abgestorben, wir sind „nicht schuldig das Gesetz zu halten. Und „dennoch lehret er, daß wir nicht stehlen, „nicht ehebrechen, oder andere Gebote „nicht übertreten sollen. Wie kommt er „mit sich selbst überein?
„Die gewöhnliche Antwort unserer „Gottesgelehrten ist: Paulus verstehe „blos das bürgerliche und Kirchen-Gesetz „der Juden. Allein warum setzt Paulus „dis nicht dazu? warum redet er so unbestimmt? Ich antworte vielmehr: Paulus verstehet das ganze Gesetz Mosis. „Allein daraus folgt nicht, daß auch das „Naturgesetz abgeschaffet sey. Wenn ich „von einem Gesetze sage, es sey abgeschafft, „so können deswegen wol gewisse Gebote „des Gesetzes um einer andern Ursache „willen gelten: allein in sofern sie Gebote des abgeschafften Gesetzes sind, gelten „und verbinden sie nicht. Das ganze Gesetz Mosis ist abgeschafft, d. i. darum, „weil etwas von Mose geboten ist, verbindet es mich nicht. Allein deswegen „hört das nicht auf das Gesetz der Natur „zu seyn, was vorhin das Gesetz der Natur gewesen ist: ich bin es verbunden zu „halten, nicht deswegen, weil es in Mose „stehet, sondern weil es das Gesetz der „Natur ist. So bald ich aber ein Gesetz „Mosis finde, das nicht ein Theil des Gesetzes der Natur ist, so bald bin ich gar „nicht verbunden es zu halten. Ich werde also an das bürgerliche und kirchliche „Gesetz gar nicht gebunden seyn.
„Man stelle sich diese Redensart nach „dem Umfang vor, den sie hat, wenn ich „z. E. sage: in Spanien sind die Römischen Gesetze abgeschafft. Es ist deswegen in Spanien nicht erlaubt zu morden, „zu stehlen u. s. w. allein diese Dinge sind „in Spanien nicht deswegen verboten, „weil sie in dem Römischen Rechte verboten sind, sondern weil das Recht der „Natur, und das Spanische Recht von „Toro sie untersaget. Auf eben die Weise sind und Christen gewisse Dinge verboten, und andere geboten, nicht weil „Moses, sondern weil das Recht der Natur, weil Christus und seine Apostel sie „verbieten oder gebieten. Bemerkt man „dieses, so wird man sehen, daß Paulus „recht wohl und eigentlich rede, wenn er „von dem Gesetz Mosis ohne weitere Einschränkung behauptet, daß es abgeschafft „sey: man wird auch nicht nöthig haben, „zweifelhaft zu seyn, ob dieses, oder jenes „Gesetz Mosis noch gelte. Nichts, was „Moses geboten hat, gilt blos deßhalb, „weil er es geboten hat: ist also das Gebot nicht ein Gebot des Rechtes der Natur, oder von Christo und den Aposteln „wiederholet, so gehet es uns nicht an.”

So

wären. Wollten wir diese Gesetze blos deswegen befolgen, weil sie Moses als Gesetze aufgeschrieben hat, so müsten wir uns mit gleichem Recht allem dem unterwerfen, was er sonst dem Israelitischen Volk gebietet: und wir würden doch, gegen den klaren Ausspruch Mosis, behaupten müssen, daß vor seinem Gesetz die allzunahen Heyrathen nicht sündlich hätten seyn können.

Wer sich in diese Ausdrücke nicht finden kann, dem will ich sie gleichsam in die ganz gewöhnliche Sprache unserer Gottesgelehrten übersetzen. Sie behaupten mit Recht, daß das bürgerliche und Kirchen-Gesetz Mosis uns gar nicht

So weit gehet dasjenige, was ich vor vier Jahren in meinen Anmerkungen zum Briefe an die Galater geschrieben habe. Man siehet ohne mein Erinnern, daß ich das Wort, Recht der Natur, in dem allerweitläuftigsten Verstande genommen habe, dafür ich jetzt lieber, um alle Zweydeutigkeit zu vermeiden, Naturgesetz, oder Sittenlehre, oder das göttliche Recht, so aus der vernünftigen Sittenlehre entstehet, schreiben würde.

Es haben meine Ausdrücke einigen wollen befremdlich vorkommen, indem sie gemeint haben, daß auf die Weise Mosis Gesetz für ganz unnütz erkläret, und geleugnet würde, daß es ein Erkentnißgrund für uns sey. Man hat mich nicht recht verstanden, sonst hätte man nicht so geurtheilet. Ich trage keine andere Lehre in diesen Worten vor, als daß unter Mosis Gesetzen uns nichts, als blos das Sittengesetz verbindet: nur habe ich dem tropum paediae, oder die Art zu lehren und sich auszudrücken, erklären wollen der sich Paulus bedienet welcher ohne Einschränkung zu sagen pflegt, das Gesetz Mosis sey abgeschafft. In der That glaube ich auch, daß dieser tropus paediae des Apostels der bequemste sey, und am nächsten bey der Sache bleibe. Ein jedweder Gesetzgeber eines Volks pflegt ordentlich in seinem Gesetzbuche sehr viele Gebote des Naturgesetzes und der Sittenlehre zu haben, denen er auch die Kraft der bürgerlichen Gesetze giebt, indem er auf die Uebertretungen derselben Strafen setzt: außer diesen aber hat er auch willkührliche Gebote. Wird nun sein Gesetz abgeschafft, so werden dadurch die ewigen Vorschriften des Naturgesetzes, oder der Sittenlehre zwar nicht mit abgeschaffet, sie verbinden aber nicht mehr, in sofern sie Stücke seines Gesetzes sind, sondern als Stücke des Naturgesetzes, oder der Sittenlehre: und alsdenn bedienet sich jedermann eben der Redensart, die Paulus vom Mosis Gesetzen braucht, und saget ohne Einschränkung, sein Gesetz sey abgeschafft.

Ich will dis noch mit einem neuern Beyspiel fasslich machen. In den Preußischen Ländern ist durch den neuen Codicem Fridericianum das Römische Recht abgeschafft: so sagt ein jeder ohne Bedenken, ja so druckt sich der Gesetzgeber ohne Einschränkung aus. Es sind zwar in dem Römischen Rechte, welchem kein Kenner seinen Werth nimt, und aus dem so ungemein vieles in das neue Preußische Recht übertragen ist, sehr viele Sätze des Naturrechts, die nie aufhören werden wahr und billig zu seyn: allein sie gelten jetzt im Preußischen nicht mehr deswegen, weil

nicht verpflichte, und daß wir bloß sein Sittengesetz zu befolgen haben. Dieses Sittengesetz sehen sie auch für verbindlich an, noch ehe es Moses aufgezeichnet hatte, weil es, wie man sich wohl ausdrücket, von Gott den Menschen in das Herz geschrieben war. Daraus aber, daß diese Gesetze in Mose stehen, folget noch nicht, daß sie ein Stück des Sittengesetzes sind, es kann auch eigentlich kein Gebot, so nicht vor Mosis Zeit schon ein Wille und Befehl Gottes war, dadurch, daß es Moses aufschreibt, in ein Sittengesetz verwandelt werden; wir müssen vielmehr ein anderes Kennzeichen haben, woran wir die in Mose enthaltenen Sittengesetze von seinen übrigen Geboten unterscheiden. Das gewöhnlichste Kennzeichen ist, wenn uns entweder ein Gebot Mosis vorhin schon als ein Stück des Naturrechts, oder doch der Sittenlehre bekannt ist; oder, wenn Christus und seine Apostel es bestätigen. Sollte aber auch wegen Schwachheit unserer Einsichten uns nicht bekannt seyn, daß etwas ein Stück des

weil sie im Römischen Rechte stehen, sondern entweder bloß wegen ihrer natürlichen Billigkeit, oder weil sie der Preußische Gesetzgeber in seinem Rechte wiederholt hat. Das Römische Recht ist zwar nicht untrüglich, wie Mosis Gesetzbuch, und es könnte vielleicht ein Römischer Gesetzgeber manches für einen Satz des Naturrechts gehalten haben, so es nicht ist: dem ohngeachtet wird das Römische Recht durch diese Abschaffung selbst im Preußischen nicht unnütz, sonst würde nicht eben der weise Gesetzgeber, der es abgeschaffet hat, befohlen haben, nach wie vor es auf den Hohen Schulen zu lehren. Ist diesem bey den Römischen Gesetzen, die doch nicht untrüglich sind, also, und werden sie durch ihre Abschaffung nicht unter die Bank gesteckt, oder unnütz: so werde ich desto weniger die Beschuldigung verdienen, die Herr Joh. Friedrich Frisch in seiner Critik des Heumannischen Neuen Testaments, gegen meine Anmerkung macht, als steckte sie das Gesetz Mosis unter die Bank.

Allein bleibt denn auf die Art das Gesetz Mosis noch für uns ein Erkenntniß-

grund, oder principium cognoscendi? Allerdings eben es das! So oft Moses entweder deutlich saget, oder doch zu verstehen giebt, er verbiete etwas darum, weil es an und vor sich Sünde sey, oder das Gegentheil dessen, was er jetzt anordne, werde auch an den Heiden gestraft: so halte ich die verbotene Sache auf sein Wort für unrecht, und glaube, daß sie wider die natürliche und vernünftige Sittenlehre streite, wenn ich gleich den Grund noch nicht einsehen sollte, warum sie sündlich ist. Ich folge darin nicht eigentlich seinem Gesetz, das Paulus für abgeschafft ausgiebt, sondern dem untrüglichen Grundsatze, den der göttliche Gesetzgeber äußert. Es bleibt daher nicht nur mit dem Römische Gesetz noch nach seiner Abschaffung nützlich, sondern auch ein principium cognoscendi, so mich nicht betrügen kann.

Ich kann dieses nicht besser als eben durch die Ehegesetze erläutern: und es ist mit ein Absicht dieser Schrift gewesen, zu meiner Rechtfertigung an einem so merklichen Beyspiel zu zeigen, wie wir die Gesetze Mosis noch im Neuen Testament

Welche Gesetze Mosis uns verbinden? Cap. 3. §. 21.   73

des Sittengesetzes sey (welches Naturrecht und Sittenlehre zusammen begreift), so würden wir es doch dafür zu halten haben, so bald Moses, ein untrüglicher Mann, es dafür erklärt. Wenn wir ihn für einen Propheten erkennen, so würden wir alsdenn seinen Einsichten mehr als unsern eigenen zu zutrauen, und dabey zu hoffen haben, es werde sich uns künftig bey fleißigem Nachdenken auch der der Vernunft bekannte Grund entdecken, aus dem man sehen könne, daß das wirklich ein Stück des Sittengesetzes sey, was Moses dafür ausgiebt. Wir werden unten sehen, daß dis der Fall sey, in dem wir uns bey seinen Ehegesetzen befinden.

Ich muß hier noch eines Irrthums gedenken, welcher einige große Juristen bey dieser Sache beschlichen und übereilet hat. Weil sie glaubten, es gehöre das Verbot der allzunahen Ehen nicht zu dem Recht der Natur, so auch in

ment zum Erkenntnißgrunde gebrauchen können, sonderlich, da man mir von jemanden versichern wollen, daß er nach Lesung meiner Anmerkung über den Brief an die Galater gemeint, ich wollte eben die Ehegesetze darin anfechten, und alle nahe Ehen für erlaubt erklären. Litte es mein Zweck, so könnte ich noch sehr viel gleiches Beyspiele anbringen: doch ich verspare dieses auf eine andere Zeit, da ich auch zeigen will, was der tropus paediae des Apostels Pauli für dem gewöhnlichen, welcher zwar eben die Sache, aber mit andern Worten, saget, zum voraus habe. Es bestehet kurz darin: bey dem gewöhnlichen tropo paediae ist mir immer folgender Zweifel eingefallen: Wenn nicht das ganze Gesetz Mosis abgeschaffet ist, so bin ich nicht genug versichert, ob sein bürgerliches Gesetz mich noch angehe oder nicht? Von den Vorbildern sagt zwar Paulus deutlich genug, daß sie jetzt abgeschafft sind, ich bin also gewiß an sein kirchliches Gesetz nicht gebunden: wenn aber unsere Gottesgelehrten hinzusetzen, daß auch sein bürgerliches Gesetz, so or-

dentlich keine Vorbilder enthält, aufgehoben sey, so finde ich keine so deutliche Aussprüche des Geistes Gottes selbst vor mir, die mein Gewissen befriedigen! Zudem werde ich allzuoft nicht wissen, ob dieses und jenes, z. E. das Verbot der Zinsen, zu seinem bürgerlichen, oder zu dem auch mich verbindenden Gesetz zu rechnen sey: ich sehe zwar wohl, daß es sich zu unserm gemeinen Wesen nicht schickt; allein mein Gewissen wollte gern eine Erklärung Gottes selbst darüber haben. Diese Zweifel sind mir völlig verschwunden, da ich merkte, daß Paulus sich hier eines andern Ausdrucks bediene, als unsere meisten Compendia, und daß er ohne Unterscheid vom Mosaischen Gesetz schreibe, es sey abgeschafft, und wie ihm abgestorben. Ich habe geglaubt, auch andern würde diese Anmerkung zu Beruhigung ihres Gewissens, und zu mehrerer Bevestigung in eben der Lehre, die wir insgesamt bekennen, wenn wir sie gleich verschiedentlich ausdrücken, nützlich seyn können: und darum habe ich sie mitgetheilt.

K

in dem engern Verstande, in welchem sie das Wort, Recht der Natur, nehmen, und da es vom Gesetz der Natur noch verschieden ist, seine Richtigkeit hat, oder auch, weil sie nicht zu finden meinten, daß selbst die philosophische Sittenlehre etwas gegen die nahen Heyrathen einwenden könne; und doch aus Ehrerbietung gegen die Worte Pauli 1 Cor. V, 1-5. wollten, daß die Ehegesetze uns auch verpflichteten: so wagten sie die Vermuthung, die Ehegesetze Mosis giengen zwar nicht alle Menschen an, wol aber alle Christen, indem diejenigen, die von den Heyden zum Christenthum übergetreten wären, in der That ein Theil des jüdischen Volks geworden wären, daher diese den Juden gegebene Gesetze sie auch verpflichteten.

Es würde dieses nicht allein weit mehr beweisen, als diese Rechtsgelehrten verlangen, und als Wahrheit ist, sondern es widerspricht auch der Lehre der Apostel, welche gar nicht wollen, daß die Heiden Juden werden sollen.

Ist es wahr, daß wir durch Annehmung des Christenthums Juden geworden sind, weil einige das Christenthum ein verbessertes Judenthum genannt haben, und daß wir deswegen auch solche Gebote Mosis halten müssen, zu den nun andere vernünftige und gesittete Völker gar keine Verpflichtung haben, wenn sie nur nicht vorbildliche Cerimonien sind, oder sich auf den besondern Zustand von Palästina beziehen: so wird alles, was in den bürgerlichen Gesetzen Mosis stehet, und nicht blos wegen der besondern Umstände des Israelitischen Landes oder Volks verordnet ist, auch uns angehen, und unsere ihm entgegen stehende bürgerliche Gesetze sündlich machen. Wir werden den Diebstahl nicht am Leben bestrafen können: wir werden das uns versetzte Pfand eines Armen, wenn er es nöthig braucht, ihm ohne Bezahlung wieder geben müssen, auch nicht in sein Haus gehen dürfen, um es auszusuchen: wir werden, wenn wir ein Vogelnest finden, nicht Mutter und Junge zugleich nehmen dürfen: wir werden unsern Acker nicht rein ab- oder nachlesen dürfen, und die stehengebliebene Garbe nicht abholen, sondern den Armen, den Wittwen, den Waisen lassen müssen: wir werden keinem Fremden verbieten dürfen, sich in unserm Garten von den Früchten satt zu essen: und was dergleichen Dinge mehr sind, die gewiß die Rechtsgelehrten nicht billigen werden. Der Jurist wird statt des Römischen Rechts, oder der Landesverordnungen, das Mosaische Recht lernen, oder doch alle diese Rechte mit einander nothwendig verbinden müssen. Und was vor Qual der Gewissen würde daraus entstehen? Denn zu Entscheidung der Frage: ob ein Gesetz uns auch verbinde oder nicht? würde immer nöthig seyn, zu wissen, ob es sich auf eine besondere Beschaffenheit des Landes,

darin

Welche Gesetze Mosis uns verbliben? Cap. 3. §. 21.

darin die Israeliten wohnten, oder des ganzen Volks bezogen habe? denn wo das nicht ist, so handeln wir sündlich, wenn wir andere Rechte annehmen. Allein wie viele sind im Stande, diese Frage zu untersuchen? Ungelehrte schlechterdings nicht: wie viel Gelehrte aber werden dazu tüchtig seyn? Man muß das Israelitische Land, und die Alterthümer des Volks nicht nur genauer kennen, als die meisten thun, sondern über das sie mit einem politischen Auge angesehen haben; man muß gleichsam ein Montesquieu seyn, und dabey weit mehr Gelehrsamkeit besitzen als Montesquieu, wenn man hiervon überall etwas wahrscheinliches sagen will: und doch wird die Wahrscheinlichkeit selten so hoch steigen, daß sie eine so zärtliche Sache, als das Gewissen ist, befriediget. Gewiß, Gott hätte für das Gewissen der Ungelehrten, und die davon abhängende Ruhe ihres Gemüthes, schlecht gesorget, wenn er eine solche Einrichtung gemacht hätte, daß man ohne die grösseste morgenländische Gelehrsamkeit nicht wissen könnte, was aus Mosis Gesetzen uns angehet oder nicht. Ja endlich würde man bey den Gesetzen Mosis, die sich auf eine besondere Einrichtung nicht des Landes, sondern des Volks beziehen, den Zweifel haben müssen: ob nicht dieselbige Einrichtung, die der weiseste Gesetzgeber dem Israelitischen Volk gegeben habe, auch bey uns einzuführen sey, die wir dem Vorgeben nach Juden geworden seyn sollen. Denn trete ich zu einem Volke, als Volke, so muß ich ja nicht bloß einzelne Gesetze, sondern die ganze Einrichtung der Republik desselben, und was davon abhänget, mir gefallen lassen. Es bestehet sich z. E. das Verbot der Zinsen mit auf die ewige Unveräußerlichkeit der Aecker in Palästina (*): sind wir aber Juden geworden, so mögen wir auch den ewigen Rückfall der Aecker an die Familie des ersten Besitzers wieder einführen, und sodann die Zinsen verbieten.

Doch die Apostel haben nie so gelehret. Paulus unterscheidet die Hebräer, so Christen geworden sind, noch immerfort von den Juden, und siehet sie nach wie vor als Leute von andern Völkern an, ob sie gleich von den übrigen Heiden, die nicht so genau unterrichtet waren, worin eigentlich das Christenthum bestünde, für Juden gehalten wurden. Er schreibt ihnen nirgends das geringste vor, so dahin könnte gedeutet werden, daß sie Juden werden sollten; denn daraus, daß sie den Gott, den Messiam, und die Bibel der Juden annahmen, folget noch eben so wenig, daß sie ein Theil dieses Volkes werden müs-

---

(*) Siehe meine Dissertation de mente et ratione legis Mosaicae usuras prohibentis, die im zweiten Theil meines syntagma commentationum vermehrt wieder abgedruckt ist.

müßten, als der, so den Muhamedanischen Glauben annimt, deswegen ein Araber, oder Persianer, und wer lutherisch wird, ein Deutscher, oder Däne, oder Schwede werden muß. Von dem ganzen Gesetz Mosis erklärt sich Paulus im siebenten Capitel des Briefes an die Römer, und im Briefe an die Galater (*), daß wir ihm abgestorben sind, indem wir von Gott, der uns den Tod Christi im eigentlichsten Verstande zurechnet, angesehen werden, als wären wir selbst für unsere Sünde gestorben, und wieder auferwecket: und dies gehe so weit, daß uns das Gesetz Mosis nicht weiter verbinde, als es Todte und wieder zu jenem Leben Erweckete verbinden würde (d. i. in so fern es unveränderliche Sätze der ewigen Sittenlehre enthält), wir seyn blos zur Nachahmung Abrahams in dem Zustande, in welchem Gott mit ihm den feyerlichen Bund gemacht und beschworen habe, verpflichtet, dieser sey aber damahls noch unbeschnitten, und ohne alles Mosaische Gesetz gewesen, daher das 430 Jahre nachher gegebene Gesetz uns Christen keine neue Bedingungen aufdringen könne (**), ja das Jerusalem, dem uns Jesaias als geistliche Kinder verheiße, sey nicht das Israelitische, sondern das alte Jerusalem (*.*), so wie es zur Zeit Abrahams ohne Mosis Gesetze eine Kirche Gottes war.

Ich leugne hiebey nicht, daß wir von den Juden die Bibel des A. T. bekommen haben, und man in so fern sagen könne, wir wären zur Jüdischen Religion übergetreten, ferner, daß die Christen im ersten Jahrhundert oft, für eine Secte der Juden gehalten sind: allein das leugne ich, daß irgend eine den Juden allein gegebene Vorschrift uns deshalb angehe, oder wir mit Verlassung unsers Volks zu dem Volk und Sitten der Juden haben übertreten sollen. Indessen ist der Fehler leicht zu entschuldigen, weil er eine Lehre der Theologie betrifft, und von solchen begangen ist, die sich auf die Theologie nicht geleget haben. Eben deswegen unterlasse ich auch ihn ausführlicher zu bestreiten.

Ich kann nicht einmahl den Gedanken derer billigen, die wollen, wir Christen sollten die Mosaischen Gesetze, da, wo es möglich ist, nachahmungsweise einführen, weil sie sehr weise und vortrefflich sind, ja wir wären hiezu verpflichtet. Ich will nicht sagen, was ich schon oben erinnert habe, daß eine größere Einsicht dazu gehöre, zu bestimmen, welche Gesetze eigentlich in den Umständen des Volkes und Landes gegründet gewesen sind, als wir jetzt nach
so

(*) Cap II, 20. Bey dem was ich aus dem Briefe an die Galater anführe, beziehe ich mich auf meine Paraphrasin und Anmerkungen über denselben.

(**) Gal. III, 15. 17.

(*.*) Gal. IV, 26.

so vielen Jahrhunderten in Mosis Gesetzbuch und Policey haben können: sondern nur, daß Moses, wie alle weise Gesetzgeber, gemeiniglich dem alten Herkommen gefolget sey, wo solches nicht tadelhaft war, und daß er unter mehr möglichen Verordnungen die zu wählen pflege, die dem Herkommen gemäß war: und zwar das billig, denn jede Veränderung des Rechtes ist mit vielen Unbequemlichkeiten verknüpft. Ist nun aber das, so ist es gar wohl möglich, daß wir in manchen Stücken bessere Gesetze haben. (z. E. wenn unsere Gesetze Ehescheidung und Vielweiberey verbieten, die er wegen der Herzenshärtigkeit als ein altes Herkommen gestatten mußte, so haben sie eine vorzügliche, und der lehre Mosis und Christi sehr gemäße Heiligkeit): und unsere klügste Nachahmung dieses Gesetzgebers wird seyn, wenn wir gleichfalls bey unsern bürgerlichen Gesetzen und alten Herkommen bleiben, wo sie nicht sündlich oder thöricht sind, und uns von ihm keine fremde Gesetze borgen, von denen wir noch nicht wissen, wie sie sich zu unserer Republik schicken. Versuche und Experimente mit Gesetzen zu machen, ist zu kostbar und gefährlich. Ueberhaupt aber wollte ich auf keinerley Weise, und auch nicht unter diesem Vorwande, der einem evangelischen Rathschlag ähnlich sieht, und hernach zur Pflicht wird, das Gesetz den Christen aufdringen, so die Apostel vor abgeschafft erkläret haben.

Der Gedanke anderer, als müßten wir deswegen die Ehegesetze halten, so doch blos den Israeliten gegeben, und gar keine Pflicht anderer Völker gewesen seyn sollen, weil von den Christen eine noch größere Heiligkeit erfordert werde, als von den Juden, beweiset gleichfalls zu viel. Man würde mit eben dem Recht aus einer größern Heiligkeit folgern können, daß bey uns auch die Ehe der Geschwisterkinder untersagt, und alle Eheverordnungen um einen Grad weiter ausgedähnet werden müßten, oder daß wir keine Zinse nehmen dürfen. Der Fehler aber stecket darin:

1) Dadurch, daß etwas in Gesetzen, die blos die Juden angehen, verboten ist, wird es an und vor sich nicht sündlich, also auch das Gegentheil davon nicht heilig, kann also auch nicht um der größern Heiligkeit willen beobachtet werden. Z. E. die Zinsen sind darum nicht sündlich, weil sie den Juden verbotten sind: und eben so wenig würden die nahen Heyrathen deswegen für eine Unmäßigkeit zu halten seyn, wenn sie nicht an und vor sich etwas hätten, so sie uns als sündlich vorstellete.

2) Unsere größere Heiligkeit folget aus den stärkeren Bewegungsgründen zum Guten, und aus der mehreren Kenntniß unserer Pflichten, nachdem

Christus uns dieß deutlich und vollständig bekannt gemacht, und seit der Zeit wirklich auch die Sittenlehre, selbst die philosophische, eine gar andere Gestalt gewonnen hat. Es gehöret also gar nicht zu der mehrern Heiligkeit, daß wir neue Pflichten bekommen sollen, sondern wir erkennen nur die Pflichten und Regeln der Sittenlehre, die die Juden zwar gleichfalls gehabt, aber nicht erkannt haben (z. E. die Untrennbarkeit der Ehe); und am wenigsten würde uns durch dieß Heiligkeit eine Pflicht aufgedrungen werden können, von der man eingestände, die Leute vor Christo haben sie nicht gehabt, und Christus habe sie auch nie vorgetragen und eingeschärft.

§. 22.

Die Ehegesetze Mosis sind auch nicht leges positivae universales.

Wir können auch das Gesetz Mosis von den verbotenen Graden nicht als ein alle Menschen angehendes willkührliches Gesetz Gottes (legem divinam positivam universalem) ansehen. Ich will mich nicht in den Streit einlassen, ob es wirklich einige göttliche Gesetze von dieser Art gebe, welcher unsere Frage weitläufiger, und eben dadurch die Entscheidung schwerer machen würde. Ich gebe die Möglichkeit eines allgemeinen willkührlichen Gesetzes Gottes zu: es würde, um mich mit andern Worten auszudrucken, möglich seyn, daß Gott entweder blos um den Gehorsam und die Unterthänigkeit aller Menschen zu prüfen, ihnen ein blos willkührliches Gebot gäbe, und etwas beföhle, dazu sie vor dem Gebot gar nicht verpflichtet waren, oder daß er etwas, dessen Schädlichkeit der kurzsichtige Verstand der Menschen, der nur eine allzu kleine Reihe von Dingen übersiehet, nie würde haben entdecken können, und welches also ein Philosophe weder im Recht der Natur, noch in der Sittenlehre, verboten haben würde, uns allen untersagte, weil er es nach seinem unendlichen Verstande, welcher alle Folgen der Dinge übersiehet, für schädlich erkennet. In dem letzten Falle würde uns das göttliche Verbot zum wenigsten willkührlich scheinen, obgleich, wenn ich es von Gottes Seite betrachte, es nicht blos willkührlich seyn würde.

Dieses gebe ich zu: allein ich leugne, daß das Verbot der nahen Grade im Heyrathen ein allgemeines willkührliches Gesetz Gottes genannt werden könne. Es mangelt ihm an einer nothwendigen Eigenschaft eines allgemeinen willkührlichen Gesetzes, indem es in einem Gesetzbuche enthalten ist, welches damahls nur einem einzigen Volke bekannt gemacht war, und dessen Sprache die
übri-

Die Ehegesetze sind nicht leges positiv. univ. Cap. 3. §. 22.

übrigen Völker nicht einmahl verstanden: dahingegen ein willkührliches Gebot Gottes, so alle Völker angehen sollte, nothwendig durch göttliche Boten, die es so weit, als nur immer möglich, bekannt machten, fast eben so, wie das Evangelium durch die Apostel, an alle Völker gebracht werden müßte. Doch Moses selbst giebt mir noch einen viel entscheidendern Beweis in dieser Sache. Moses rechnet es bey der ersten Gebung seiner Ehegesetze schon den Cananitern als eine Sünde an, daß sie nicht nach solchen Ehegesetzen gelebt haben, 3. B. Mos. XVIII, 24-29. XX, 21-24. Da nun ein blos positives Gesetz ohnmöglich jemanden früher verbinden kann, als es gegeben ist, so folget daraus, daß Moses diese Gesetze nicht für allgemeine positive Gesetze gehalten wissen wolle. Man kann diesem Beweis destoweniger aus dem Wege gehen, weil die beiden angeführten Stellen Mosis die einzigen sind, daraus man folgern kann, daß seine Ehegesetze nicht blos den Israeliten, sondern auch andern Völkern zur Richtschnur dienen sollen: wollte man sie daher anders erklären, und vorgeben, sie handelten nicht von den nahen Heyrathen, sondern von andern im 18ten Capitel verbotenen Sünden, so würde man alsdenn die Ehegesetze blos den Israeliten zu überlassen haben, und sie würden uns weder auf andere Art, noch auch als leges positivae angehen. Was aber einige von einer Tradition vorgeben, welche ein göttliches Verbot eben derselben Ehen von Adams bis auf Mosis Zeit in beständigem Andenken der Völker erhalten haben soll, ist eine ohne allen Beweis und alles Zeugniß argewommene Geschichte.

Weil man dieses nicht bemerket, oder sich doch nicht deutlich genug vorgestellet hat, so ist daraus eine der scheinbarsten Einwendungen gegen das Dispensationsrecht des Fürsten entstanden, indem man zum voraus setzte, alle und jede Eheverbote Mosis gingen alle Menschen an, und sie doch dabey als leges positivae betrachtete, von denen der Fürst nicht in ähnlichen Fällen mit denen, darinnen Gott davon dispensirte, sondern blos in eben denselben Fällen dispensiren dürfe. Ich werde unten weiter hievon handeln.

§. 23.
Vertheidigung des vorhergehenden wider gewisse seit der ersten Ausgabe gemachte Einwürfe.

Ich fürchte, es könnte ungleich gedeutet werden, wenn ich gewisse Einwürfe hiegegen ganz überginge, welche in eben dem Jahre, in welchem meine Schrift zuerst herauskam, nicht zwar unmittelbar gegen mich, sondern gegen den Herrn Abt Jerusalem gemacht sind: ob sie gleich, weil sie sich auf eine

blos

80 Die Ehegesetze sind nicht leges positiv. univ. Cap. 3. §. 23.

blos aus dem Finger gesogene, und ohne einziges altes Zeugniß gedichtete Geschichte der ersten Zeiten der Welt gründen, kaum eine Widerlegung zu verdienen scheinen. Es war nehmlich in eben dem Jahre 1755, in welchem die Abhandlung von den Ehegesetzen gedruckt ward, auch ein Bedenken des Herrn Abts Jerusalems über die Ehe mit der Schwester Tochter herausgekommen, welches mit mir in manchen Sätzen übereinstimmete, und diese Ehe für unschuldig ansahe. Dis Bedenken gab Herr Archidiaconus Gübling mit widerlegenden Anmerkungen heraus (*), die freilich in einer so sonderbaren, und theils unglimpflichen, theils niedrigen, und mit Sprichwörtern oder Witz des gemeinen Lebens überhäuften Schreibart abgefasset waren, daß es niemand dem Herrn Jerusalem verdenken wird, wenn er nicht darauf geantwortet hat. Herr Gübling hat bey diesen Eigenschaften eine so sonderbare Logik, und Art zu schließen, und ist in einem so hohen Grad unwissend, daß ich freilich viel leicht auch besser thäte, einen Widerspruch von der Art gar nicht zu beantworten, indem diese Mühe kaum etwas zur Aufklärung der Wahrheit beytragen, und doch dem Leser verdrieslich fallen kann. Indes will ich lieber, da diese Abhandlung ohnehin ausführlich ist, nichts in derselben mangeln lassen, was jemand mit einigem Recht in ihr suchen könnte: und der Leser, dessen Geduld ermüdet, kann diesen ganzen Paragraphen allenfalls überschlagen.

Herr Gübling hält das Verbot der anzunahen Heyrathen für kein Naturgesetz, sondern für eine legem positivam divinam universalem: und zur Lösung des Zweifels, daß es ihm an einer allgemeinen Bekanntmachung mangele, nimt er die Vermuthung einer sehr frühen Offenbahrung desselben lange vor Mosis Zeit zu Hülfe. Weil es ihm nun an Zeugnissen fehlt, so beweiset er diesen blos historischen Satz mit einem theologischen von der erbarmenden Liebe Gottes hergenommenen Argument: genug, sagt er S. 30. daß wir seiner Gerechtigkeit und erbarmenden Liebe zutrauen können, daß er den Völkern ein solch Gesetz geoffenbahret, dessen Uebertretung er an ihnen rächen will. Wie aber, wenn es ein Gesetz war, das sie auch ohne Offenbahrung von selbst finden konnten, und gefunden haben? Dis ist ja eben die Sache, darüber gestritten wird: und Herr Gübling setzt seinen Ausspruch davon

(*) Jerusalems Beantwortung der Frage: ob die Ehe mit der Schwester Tochter nach den göttlichen Gesetzen zulässig sey? Mit Anmerkungen erläutert von M. Joh. Friedrich Gübling, Archidiaconus zu Chemnitz. Chemnitz in der Stößelischen Buchhandlung, 1755.

Die Ehegesetze sind nicht leges positiv. univ. Cap. 3. §. 23. 81

davon zum Grunde, und erweiset daraus, was Gott gethan habe, weil er es, wenn Herr Gühling Recht hat, thun mußte.

Herr Gühling will wenigstens Spuren der Bekanntmachung dieses Positiv-Gesetzes entdeckt haben, die ihm den Mangel von Geschichte und Zeugniß ersetzen helfen sollen. Er glaubt, §. E. S. 14. die Sünde der ersten Welt, um welcher willen Gott sie mit der Sündfluth gestraft habe, seyen Ehen in die nahe Freundschaft gewesen, denn von denen erklärt er die Worte, 1. B. Mos. VI, 2. sie nahmen zu Weibern, welche sie wollten: und nun ist es ihm ein leichtes, fortzuschliessen, daß die Eltern nach der Sündfluth dis schreckliche Beyspiel ihren Kindern oft vorgestellet, und dadurch das Andencken des allgemeinen Positiv-Gesetzes unter ihnen lange Zeit hindurch erhalten haben werden. Allein man darf nur den ganzen Vers lesen, die Söhne Gottes sahen die Töchter der Menschen, daß sie schön waren, und nahmen zu Frauen, welche ihnen gefielen, so ist klar, daß die Rede gar nicht von allzu nahen, sondern eher von entfernten Heyrathen in die fremden Familien derer, die keinen Gott und Religion hatten, sey.

Söhne Gottes waren nehmlich die, so Gott verehreten, und nach Cap. IV, 26. sich nach ihm benenneten; und wenn diesen Söhne der Menschen entgegen stehen, so werden es solche seyn, die keinen Gott glauben, oder ihn doch nicht ehren. Aus den Familien nun, in denen noch der Gottesdienst erhalten war, suchten sich einige unter den Familien, die allen Gottesdienst hatten verlöschen lassen, die Töchter wegen ihrer Schönheit zu Gehülfinnen aus: und dadurch brachten sie die Verachtung der Religion mit in ihre vorhin bessere Familien, und die Ruchlosigkeit ward allgemein. Wenn einer aber auch diese Erklärung nicht annehmen wollte, so wird er sich doch nie überreden können, daß Töchter der Menschen so viel sey, als, gar zu nahe Basen der vorhin sogenannten Söhne Gottes.

Nimrods Sünde, den Herr Gühling vielleicht mit den Riesen vor der Sündfluth verwechselt, und an 1. B. Mos. VI, 4. gedacht haben mag, soll in Ueberbretung eben des allgemeinen positiven Gesetzes bestanden haben. Die Bibel sagt uns aber auch hievon kein Wort, und selbst die vielen unzuverläßigen Sagen des Orients von Nimrod haben doch die Gühlingische Anecdote nicht, sondern stellen ihn als einen Tyrannen, oder Einführer der Abgötterey, und Verfolger der Diener eines einzigen Gottes, insonderheit des Abrahams, vor.

ℓ

Die

82　Die Ehegesetze sind nicht leges positiv. univ. Cap. 3. §. 23.

Die von Herrn Gühling angeführten Stellen, 1. B. Mos. XX, 5. XXVI, 8. beweisen freilich, daß die Ehen zwischen Schwestern und Brüdern für unerlaubt angesehen sind: allein daraus folgt nicht, daß dis ein der Vernunft unbekanntes und von Gott lange vorher unmittelbar offenbahrtes Gesetz gewesen sey.

Herr Gühling scheint gewahr zu werden, daß die Nachricht von der Publication dieses positiven Gesetzes doch endlich unter den Nachkommen Noa, wenigstens in manchen Familien und Völkern, habe untergehen müssen: und wie konnte er unterlassen, dis zu bemerken? da, wie es scheint, er selbst in dem Falle ist. Denn selbst Herr Gühling muß wol von seinem Herrn Vater keine mündliche Nachricht bekommen haben, daß er von seinem Vater gehört habe, der habe von seinem Vater, und so weiter hinauf bis auf den Stammvater der Deutschen, oder der Wenden, und von dem bis auf Japheth, gehört, daß Gott gewisse von der philosophischen Moral gar nicht untersagte Ehen in die nahe Freundschaft durch ein willkührliches Gesetz untersaget habe: denn hätte Herr Gühling diese Familien-Nachricht gehabt, so würde er doch wol so gütig gewesen seyn, sie uns mitzutheilen, und dem ganzen Streite ein kurzes Ende zu machen. Hier wäre nun doch die Frage, wie ein ohne eigene Schuld uns unbekanntes, und von den nachläßigen Vorfahren verlohrnes, aus der Vernunft aber nicht zu erkennendes Gesetz Gottes jemand habe verbinden, und im Uebertretungs-Fall straffällig und der Ausrottung würdig machen können? Allein hier weiß Herr Gühling den Cananitern, und einem jeden, der wider ein solch unbekanntes Gesetz handelt, den Proceß bald zu machen. Denn er will S. 31. Gottes Gerechtigkeit beurtheile uns nach dem Stande, in dem er uns erschaffen, (dis ist die ordentliche Lehre unserer Theologen: allein Herr Gühling geht noch etliche Schritte weiter, und setzt auf sein eigen Wort hinzu) und nach seinen Gesetzen, die er ihr in Adams und Noa Hütten gegeben, ohne darauf zu sehen ob wir dieselben noch haben, oder durch unsere Schuld verlohren. Eine grausahme Gerechtigkeit, die Herr Gühling Gotte zuschreibt, und die sonst überall, wenn ein Mensch sie übte, Ungerechtigkeit heissen würde. Und das thut dieser Mann, der gegen den Herrn Abt Jerusalem aus dem Ton eines bewährten Theologen prediget und schilt, aus blossem Misverstande eines Satzes in der Dogmatik. Denn was unsere Theologen von Adam, und nicht von dem ihm gegebenen Unterricht, sondern von der ihm anerschaffenen Unschuld und Heiligkeit zu sagen pflegen,

daß

Die Ehegesetze sind nicht leges positiv. univ. Cap. 3. §. 23.

daß nehmlich Gott sie noch von uns allen fodere, das versteht Herr Gühling von Noa, und von den ihm offenbahrten seyn sollenden positiven Gesetzen, von denen kein Mensch etwas weiß, und Moses kein Wort aufgeschrieben hat. Nun darf ich mir doch wohl die Freyheit nehmen, ihm auch eine kleine Anecdote zu erzählen, die eben so guten Grund als die seinige hat. Noa hat dem Japheth ausdrücklich auf dem Todtenbette gesagt, wenn einmahl einer seiner Nachkommen die nöthigsten Anfangsgründe nicht wüßte, so solle er keine Bücher schreiben. Japheth, der noch nicht wußte, was Bücher wären, vergaß das, und pflanzte es nicht fort. Doch hat ein gewisser Engländer noch ein dunkel Andenken dieser Tradition behalten, und sie verstellet so vorgetragen, Authors before the wrike should read. Die gelehrte Welt (denn Gott will ich nicht nennen, wo ich nicht im Ernst rede) fodert das Gesetz, das in den Hütten Noa gegeben ist, von Herrn Gühling wieder, ohne darauf zu sehen, ob er es durch oder ohne seine Schuld verlohren hat.

Doch lieber im Ernst zu reden, so möchte ich wissen, wie Herr Gühling dis schreiben konnte, ohne die völlige Lehre der Papisten von der Tradition zur seinigen zu machen. Denn verband eine mündliche Ueberlieferung, von der nichts geschrieben stehet, und von der Moses ganz stille schweiget, ehedem die Völker, so gar die, welche nichts von ihr wußten, und verbindet sie solche Völker noch, gewisse Ehen zu meiden, welche nach Herrn Gühlings Einsicht das Gesetz der Natur nicht verbietet: so können noch mehr Traditionen gleicher Art vorhanden seyn, die uns eben so heilig verbinden, und wir haben hohe Ursache, alles von Traditionen, was wir zusammenraffen können, aufzusammlen und zu befolgen, wenn es gleich, eben so wie dis Gebot Noä, nur eine Jüdische Sage wäre, denn es könnte doch wahr seyn, und denn würde Gott es an jenem Tage nach Herrn Gühlings Recht von uns fodern. Meine Meynung ist gar nicht, Herrn Gühling zu verkätzern: er glaubt, wie ich glaube, ehrlich alles das, was er auf Universitäten gehöret haben mag, ohne es miteinander zu vergleichen. Er wird also ohne Zweifel die Lehre der Catholiken von der Tradition verabscheuen, wenn er sie gleich bey einer andern Gelegenheit annimmt. Mir thut es inzwischen leid, daß ich, um nicht den Schein zu haben, als verschwiege ich mit Vorsatz und aus einem Kunststück die neuesten seit Herausgabe meiner Schrift gemachten Einwürfe, meine Leser mit solchen Dingen habe unterhalten müssen.

§. 24.

84　　　　　Moralität der Eheverbote

§. 24.

Beweis, daß die Ehegesetze Mosis auch uns zur Richtschnur dienen sollten,
aus 3. B. Mos. XVIII, 24-28.

Aus dem, was ich bisher einigemahl weitläufig gesagt habe, werden meine Leser bereits abnehmen, deswegen ich glaube, daß auch wir Christen auf das in Moses Schriften befindliche Verbot der allzu nahen Heyrathen zu achten haben. Moses, ein Prophet, und daher ein untrüglicher Sittenlehrer, erkläret es für ein Stück des Sittengesetzes, oder derjenigen Sittenlehre, die vor seiner Zeit schon gültig und ein göttliches Gesetz gewesen ist, und solches nach seiner Zeit ewig bleiben wird. Er endiget sein Verbot der nahen Ehen mit den Worten (*): „ihr sollt euch an dieser keinem verunreinigen, denn an „allem diesen haben sich die Völker verunreiniget, die ich vor euch her „ausstoßen will. Und das Land ward unrein (**), und ich ahnde „seine Sünde an demselben, und das Land spie seine Einwohner aus. „Darum haltet ihr meine Satzungen und Rechte, und thut keinen von „allen diesen Gräueln, weder der Einheimische noch der Frembling (***) „unter euch (denn alle diese Gräuel haben die Leute des Landes ge„than, die vor euch waren, und das Land ward unrein): auf daß „euch nicht das Land ausspeie, wenn ihr es verunreiniget, gleichwie „es das Volk, das vor euch war, ausgespeien hat.„ Ich baue hier meinen Satz nicht vornehmlich auf den Ausdruck, Gräuel, ob ich ihn gleich mit andern Buchstaben habe drucken lassen; denn ich weiß, daß ihn Moses anderwärts bey Dingen anwendet, deren Gebrauch nicht wider das Sittengesetz, oder sündlich ist, die er aber doch unter den Israeliten für eckelhaft und garstig

───

(*) 3. B. Mos. XVIII, 24-28.

(**) Wenn man hier eine kleine Abweichung von der Uebersetzung Lutheri bemerkt, so ist zu wissen, daß ich dem Grundtext genau folge, damit in den angeführten Worten nicht mehr, und nicht weniger Beweis für meine Meinung befindlich seyn möge, als im Hebräischen Text Mosis selbst.

(***) Dieser Ausdruck muß nicht mit in den Beweis der Allgemeinheit des Verbots gemenget werden, wie zum Theil die Juden gethan haben, welche darin einen Ruhm der Gelehrsamkeit setzen, mit Vorbeylassung anderer deutlicher Beweise, solche aufzusuchen, die versteckter sind, und die, weil der Leser nicht von selbst darauf fällt, die Kunst des Erfinders verrathen. Die israelitischen Gesetze Mosis giengen fast insgesamt die Fremdlinge mit an, so unter den Israeliten wohneten, die nach seiner eigenen Erklärung auch in peinlichen Dingen schlechterdings einerley Recht mit den Israeliten haben sollten: 3. B. Mos. XXIV, 22.

sig gehalten wissen will, z. E. von einigen unreinen Speisen (*). Und in der That klinget es bey den Hebräern etwas gelinder als bey uns, und ist wol eigentlich so viel als unrein oder ekelhaft. (**) Ich würde also erst weitläufig darüber streiten müssen, ob der Ausdruck, welcher eine Sache bezeichnen kann, deren Gebrauch an und vor sich unsündlich ist, alsdenn das Unterscheidungsmerkmahl einer Sünde werde, wenn er von Handlungen gebraucht wird. Ich sollte zwar wol hoffen, daß ich dieses beweisen könnte: zum wenigsten ist in unsern Sprachen gar ein großer Unterscheid darunter, ob ich eine Speise, oder eine Handlung, unrein nenne; und die ekelhafte Handlung, nicht aber das Essen einer ekelhaften Speise, wird durch das Beywort für sündlich ausgegeben; ja ich erinnere mich nicht anders, als daß eben dieser Unterscheid auch von Mose beobachtet werde, ob ich gleich nicht alle Stellen, wo das Wort תועבה vorkommt, nachschlagen mag. Denn, wie gesagt, ich will darüber nicht streiten, sondern gründe mich darauf, daß Moses zu wiederholtenmahlen versichert, die Völker, die vor den Israeliten in Palästina wohnten, das ist, die Cananiter, welche das besondere Gesetz der Israeliten so wenig anging, als uns, ja noch weniger, indem es zu ihrer Zeit noch nicht gegeben war, folglich von ihnen nicht einmahl gelesen werden konnte, hätten durch alles dieses sich und ihr Land verunreiniget, Gott habe diese Sünde an ihnen geahndet, und ihr Land habe sie deswegen ausgespieen. Will man auch hier das Wort, sie haben sich, oder, sie haben ihr Land verunreiniget, in einer noch schwächern Bedeutung, und blos davon nehmen, daß die Cananiter dadurch den Israeliten unrein geworden sind, also nicht von einer absoluten und moralischen, sondern blos von einer respectiven und bürgerlichen Unreinigkeit, etwan so, wie 1. B. Mos. XXXXVI, 34. alle Schafhirten den Aegyptern unrein oder ein Gräuel sind, welches weiter nichts saget, als daß sich die Aegypter ihrer

L 3 Ge-

(*) 5. B. Mos. XIV, 3. Du sollst keine THORBA essen, das ist, keine der Speisen, die euren Vorfahren bisher ungewöhnlich sind, und deswegen für ekelhaft geachtet werden. Die Syrische Uebersetzung hat es dort richtig mit dem von unreinen Speisen gewöhnlichen Worte ܠܐ (NDD) übersetzt, und beide Arabische Uebersetzungen haben, ekelhaft.

(**) Daher haben auch an solchen Oertern, wo wirklich von moralischem Bösen die Rede ist, die 70 Dollmetscher תועבה wol ἀνάγοντα, unrein, übersetzt, z. E. Sprichw. III, 32. ἀκάθαρτος παρα Κυρίῳ πᾶς παράνομος, alle Uebertreter des Gesetzes sind vor dem HErrn unrein, und Cap. XX, 10. großes und kleines Gewichte, und doppelte Masse ἀκάθαρτα ἐνώπιον Κυρίου, sind vor dem HErrn unrein.

Gemeinschaft enthielten: so bleibt doch immer die Hauptstärke meines Beweises, daß Moses diese Heyrathen auch bey den Cananitern Sünde nennet, und behauptet, Gott strafe sie an ihnen, unverletzt.

§. 25.

Gewöhnliche Einwendungen gegen diesen Beweis, nebst einer doppelten Beantwortung derselben.

Dieser Beweis ist von unsern Gottesgelehrten schon so oft gebraucht und vorgetragen, daß ich es schwerlich werde zählen können; und die gelindere Parthey hat ihn bereits eben so oft zu beantworten gesucht: daher ich vermuthe, es werden sich einige wundern, und von meiner ganzen Abhandlung daraus eine üble Ahndung nehmen, daß ich den Beweis, dessen Beantwortung ihnen so bekannt und geläufig ist, wiederhole. Dis ist eben der Schade, den eine Lehre davon hat; wenn sie sehr oft in Streitschriften abgehandelt wird; die Beweise selbst werden nach und nach zu Streitfragen, und wenn erst über sie gleichfalls gestritten ist, so siehet man sie schon als untüchtig zum Beweisen an, und überlegt vielleicht nicht einmahl mit Sorgfalt, was zu Schärfung des Beweises angebracht wird.

Die Einwendung ist folgende: Man sagt, dieser ganze Zusatz, auf welchen ich die Moralität der Eheverbote gründe, gehöre nicht zu den vom sechsten bis zum achtzehnten Vers vorgetragenen Ehegesetzen, sondern zu den Versen, die unmittelbar vor ihm vorhergeben, (V. 20 - 23.) darin der Ehebruch, die Aufopferung der Kinder an den Moloch, die Schändung der Mannspersonen, und die fleischliche Vermischung mit dem Vieh verboten wird. Dis, und nicht die nahen Heyrathen, seyen die Gräuel, um derentwillen Gott die Cananiter gestraft habe. Es sey auch Mosi gar nichts ungewöhnliches, Gesetze von ganz verschiedener Art, nehmlich blos bürgerliche Rechte, und Sätze des ewigen Rechts der Natur zusammen zu setzen, und in einem Capitel vorzutragen.

Dis letzte will ich im geringsten nicht läugnen, jeder Gesetzgeber handelt so, und man würde es für eine sonderbare Ordnung eines Gesetzbuches halten, wenn es die Gesetze, die es aus dem Recht der Natur nimt, von den willkührlichen Gesetzen durch Capitel absondern wollte. Allein darauf gründe ich auch meinen Beweis nicht, daß diese Gesetze mit dem Verbot der Sodomiterey und anderer Laster verbunden angetroffen werden. Desto eher werden wir es auch

die

die Leser, welche anders denken als ich, vergönnen, die Anmerkung zu machen, daß das ganze 18. Capitel des dritten Buchs Mose nicht blos nach der neuen Eintheilung der Bibel Ein Capitel ist, sondern daß es auch nach Mose selbst Einen besondern Abschnitt ausmachet. Es hebt sich mit den gewöhnlichen Anfangsworten eines neuen und von dem vorherstehenden verschiedenen Gesetzes an, der HErr redete mit Mose und sprach: rede mit den Kindern Israel, und sprich zu ihnen. Es gehet hierauf diese Rede Gottes in Einem Zusammenhange bis an das Ende des Capitels fort, da sich denn das 19te Capitel wiederum durch dieselben Anfangsworte, und der HErr redete mit Mose, u. s. f. von dem 18ten als ein neuer Abschnitt der Gesetze unterscheidet. Nun zerfällt unser 18tes Capitel, so Mose als ein abgesondertes Stück seines Gesetzes auf einmahl den Israeliten vorgeleget hat, von selbst in drey Theile

1.) Die fünf ersten Verse enthalten einen allgemeinen Eingang, der sich zu allen folgenden Gesetzen dieses Capitels schicket, des Inhalts: weil die Israeliten ganz einen andern Gott verehreten, als die Aegypter und Cananiter, so sollten sie auch diejenigen Sitten der Aegypter und Cananiter nicht nachahmen, die sich auf ihren Aberglauben und Götzendienst gründeten. Von dieser Art sind nicht blos die Aufopferung der Kinder an den Moloch und allerley Sodomitereyen, so manche heidnische Völker, und nahmentlich die Aegypter, wol gar als einen Götzendienst öffentlich trieben: sondern auch die Blutschande. Die fabelhafte und bildliche Theologie oder Götterlehre der Aegypter erzählte von ihren Göttern Blutschande und Ehebruch, als, daß Osiris seine Schwester Nephthys, die zugleich eine Frau seines eigenen Bruders des Typhons war, beschlafen, und sich durch einen zurückgelassenen Blumenkranz verrathen habe. War es nun gleich, wie Jablonski (*) zeiget, eine sehr unschuldige Sache, die man in diese Fabel einhüllete, nehmlich, daß der Nilstrom (Osiris) einmahl ungewöhnlich weit übergetreten sey, und die dürren Sandwüsten mit überschwemmet habe, die man unter dem Nahmen Nephthys als eine Frau des Typhon, oder der über ihnen wehenden heissen und tödtenden Winde beschrieb, und daß man solches an den nachher wachsenden Blumen bemerket habe: so komme doch eine solche Fabel, ein so anstößiges Stück der Götterlehre, nicht wel anders als in den Augen des gemeinen Volks die strafbarste Blutschande und Ehebruch

(*) Pantheon Aegypti L. V, cap. III.

bruch entschuldigen, ja gleichsam heiligen. Es ist dis auch würklich der Erfolg gewesen: denn da in einer andern Fabel die Ueberschwemmung des fruchtbaren Aegyptens (Isis) vom Nilstrom (Osiris), als eine Heyrath der Isis mit ihrem Bruder Osiris beschrieben wird, so meldet uns Diodorus im ersten Buch Cap. 27 (*) ausdrücklich: man sage, daß die Aegypter nach dem Beyspiel der Isis gegen die Gewohnheit anderer Völker die Ehe mit der Schwester durch Gesetze erlaubt hätten: welche Stelle des Diodors bereits Clericus angemerket hat.

2.) Nach diesem gemeinschaftlichen Eingange folgen vom sechsten bis zum drey und zwanzigsten Vers Gesetze, welche den Israeliten gewisse Dinge verbieten, die unter den Aegyptern und Cananitern erlaubt waren, oder doch sehr im Schwange gingen, und sich auf die Götterlehre und Aberglauben dieser Völker gründeten.

3.) Hierauf setzt Moses noch einen Anhang hinzu, darin er die Israeliten ermahnet, diese Gesetze heilig zu halten, weil die Cananiter wegen des Gegentheils von Gott gestraft, und aus ihrem Lande vertrieben würden.

Nun überlasse ich es dem Leser, ob wir mit Recht diesen Anhang nur auf ein kleines Theil der Gesetze dieses Capitels einschränken können? sonderlich da er sich offenbar auf den Eingang beziehet, welcher alle diese Gesetze, und namentlich auch das wider die Blutschande, anging? Denn im Eingang waren die verschiedenen Gesetze unter den allgemeinen Satz zusammengefasset, ihr sollt den Aegyptern und Cananitern nicht nachahmen: und im Zusatz heißt es: denn um dieser Dinge willen werden die Cananiter von ihrem Lande ausgespieen.

Wen dieses noch nicht überzeuget, den bitte ich, das Wort כל, und כל אלה, alle, oder, an diesem allen, zu bedenken, das Moses zu fünf mahlen wiederholet; und mir denn zu zeigen, mit was für Recht er das, was Moses von diesem allen saget, nicht von den Ehegesetzen, die den grössesten Theil des Capitels ausmachen, sondern nur von dem Inhalt einiger wenigen unmittelbar vorhergehenden Verse verstehen wolle?

§. 26.

(*) S. 31. des ersten Theils der Wesselingischen Ausgabe; oder sonst nach der am Rande der Lateinischen Uebersetzung stehenden alten Seitenzahl S. 16.

§. 26.

Zweiter Beweis aus 3. B. Mos. XX, 22-24. gegen den die vorige Einwendung nicht gemacht werden kann.

Doch wenn einer auch darauf bestehet, daß er den Anhang des Gesetzes bloß von den nächst vorhergehenden Versen nehmen will, so ist noch eine andere völlig entscheidende Stelle in Mose vorhanden, dagegen sich diese Einwendung nicht machen läßt, und die vielleicht von denen nicht sorgfältig durchgelesen ist, die sie der vorigen Stelle entgegen setzen. Das zwanzigste Capitel ist eben so, wie das achtzehnte, ein besonderer Abschnitt der Gesetze Mosis, darin einige abergläubische Götzendienste, die Verachtung der Eltern, der Ehebruch, und die Blutschande, in umgekehrter Ordnung zum zweitenmahl verboten werden, vermuthlich, nachdem das erste Gesetz häufig übertreten war. Hier finden sich, unmittelbar nach den V. 11. bis 21. vorkommenden Ehegesetzen V. 22. 23. 24. die Worte: bewahret alle meine Satzungen, und alle meine Rechte, und thut sie, damit euch das Land nicht ausspeye, wohin ich euch führe, um darin zu wohnen, und wandelt nicht in den Satzungen des Volks, das ich vor euch austreibe: denn alles solches haben sie gethan, und mich hat ihrer geeckelt, und ich habe zu euch gesagt, ihr sollt ihr Land besitzen, und ich will es euch geben, es einzunehmen, ein Land, das von Milch und Honig fließt. Ich, Jehova, bin euer Gott, der ich euch von den Völkern absondere.

Es verdient noch bey dieser Stelle angemerkt zu werden, wie vorsichtig der göttliche Gesetzgeber die Gesetze von einander unterscheidet, die die Israeliten allein angehen, und die ein Stück der allgemeinen Sittenlehre sind. Denn da er in eben dieser Rede auch das Gesetz von reinen und unreinen Speisen wiederholen will, das nach Inhalt seiner eigenen Bücher bloß die Israeliten angehet, so setzt er dasselbe nicht vor den vorhin abgeschriebenen Zusatz, sondern erst hinter ihn, damit das Essen der unreinen Speisen nicht mit unter die Dinge gezählet werden möchte, deren Gott an den Canaanitern geeckelt hat. In der deutschen Uebersetzung ist dieses durch eine willkührliche Zusammenziehung des 24sten und 25sten Verses unmerklich geworden: im Hebräischen aber lautet der 25ste Vers: und mache einen Unterschied zwischen reinen und unreinen Thieren, u. s. f. Bey dieser in die Augen fallenden Sorgfalt Mosis dürfen wir desto weniger besorgen, daß er etwas vor den Beschluß seines Gesetzes gleichsam aus Unachtsamkeit gesetzt habe, auf welches der Beschluß nicht mit zu deuten sey.

Auch

Auch fällt bey diesem zweiten Gesetz die am Schluß des 24ten Paragraphen erwähnte Einwendung weg, daß vielleicht die Cananiter durch diese Ehen nicht an und vor sich, sondern bloß in Absicht der Israeliten, unrein geworden wären. Denn hier sagt Gott selbst, ihn habe der Cananiter geeckelt(*), und er sey ihrer überdrüßig geworden, so daß er sie nicht länger in dem Lande habe dulden wollen.

§. 27.

Zweifel hiegegen, daß das Recht der Natur, oder die Sittenlehre, nichts gegen die nahen Ehen zu erinnern habe, vorgetragen, und vorläufig beantwortet.

Die Ausdrücke Mosis sind so deutlich, daß es kaum möglich gewesen seyn würde, über ihren Sinn zu zweifeln, wenn man sich nicht den Einwurf gemacht hätte: es falle gar nicht in die Augen, weswegen und auf welche Art das Gesetz der Natur diese nahen Ehen für verwerflich erkläre, und warum sie, ehe ein positives Gesetz sie verboten hatte, an und vor sich tadelhaft seyn sollten.

Diesen Zweifel hat man bisweilen mit unbequemen Worten vorgetragen, und in eben so unbequemen Ausdrücken das Widerspiel von ihm behauptet, und ist dadurch in einen Wortstreit gerathen. Recht der Natur, kann, wenn einer Recht als ein Synonymum von Gesetz nehmen will, eben so viel seyn, als, Gesetz der Natur: und manche, die das Wort so verstanden, behaupteten mit großem Eifer, die Ehen in die allzunahe Freundschaft wären wider das Recht der Natur. Man hat noch ziemlich neue Exempel, daß ein Rechtsgelehrter (freilich einer, für dessen Orthodoxie sonst eben niemand Bürge werden wird) dennoch unschuldig verlästert, und über ihn Wehe geschrieen ist, weil er (und nach seiner Definition ganz richtig) leugnete, daß Blutschande wider das Recht der Natur laufe. Auf der andern Seite ist auch klar, daß, wenn man Recht der Natur in einer gewissen eingeschränkten Bedeutung nimt, und es von dem Gesetz der Natur, oder dem aus der Vernunft zu erkennenden Willen Gottes unterscheidet, die Ehe, selbst zwischen Eltern und Kindern, oder zwischen Brüdern und Schwestern, mit demselben weder im Guten noch im Bösen etwas zu thun habe, sondern ihm vollkommen gleichgültig sey. Unterscheidet man Recht der Natur von der Sittenlehre, so handelt es eigentlich von

(*) קאץ

den natürlichen Rechten oder Berechtigungen, und von aus ihnen entstehenden Pflichten, wozu wir andere zwingen und deshalb Gewalt gebrauchen können. Es ist alsdenn eine Rechtsgelehrsamkeit, die zeigen soll, um welcher Ursachen willen ein Volk gegen das andere einen gerechten Krieg unternehmen könne, und die man hauptsächlich bey den Streitigkeiten ganzer Nationen nöthig hat. Nun ist klar, daß die Recht der Natur die Ehen in einer gewissen Verwandtschaft unmöglich verbieten könne. Wenn einer, der von mir nicht abhanget, seine leibliche Tochter heyrathen wollte, werde ich mir wol einbilden können, daß ich recht thue, wenn ich ihn deshalb anfalle? oder daß ich irgend ein Recht habe, es ihm zu verwehren? so lange wenigstens die Tochter es auch will, und mich nicht gegen ihn zu Hülfe ruft. Oder wenn ein Volk Blutschande und Heyrathen der nächsten Verwandten nach seinen Gesetzen duldet und schützet, wie z. E. die Cananiter und die Aegyptier, wird irgend ein anderes Volk Recht haben, es dieser Gesetze wegen mit Krieg zu überziehen? Dis ist der gewöhnlichste Verstand, in welchem man das Wort, Recht der Natur, nimt, und alsdenn hat es freilich mit den Heyrathen in oder außer der Verwandschaft nichts zu thun. Es sind wiederum andere, die Recht der Natur strenge nach der alten Römischen Definition von dem Rechte nehmen, das die Natur alle Thiere gelehret hat (jus quod natura omnia animalia docuit), folglich nichts dazu rechnen, als was sich aus angebohrnen Trieben herleiten läßt. Auch alsdenn wird es weder für noch wider die nahen Heyrathen seyn: denn es ist unerweislich, daß wir einen angebohrnen Instinct oder Abscheu haben, der uns sagt, in welcher Entfernung oder Nähe wir heyrathen oder nicht heyrathen sollen. Es ist daher zu Vermeidung alles Wortstreits sicherer, daß die, so gewisse nahe Ehen nach Mosis Ausspruch schon an und vor sich und ihrer Natur nach für sündlich halten, sich des Wortes, Recht der Natur, bey dieser ganzen Streitfrage nicht bedienen, und es nicht als gleichgültig für, Gesetz der Natur, brauchen: da es doch immer andern, die Recht der Natur in einer engeren und kunstmäßigern Bedeutung nehmen, fremd vorkommen muß, zu hören, daß gewisse keinem dritten schadende Ehen wider das Recht der Natur anstoßen sollen.

Allein man muß auch auf der andern Seite nicht den Schluß machen: die Ehen in die nächste Freundschaft sind nach dem Urtheil der Vernunft untadelhaft und unsündlich, weil das im engern Verstande sogenannte Naturrecht nichts gegen sie zu erinnern hat. Denn das Recht der Natur ist doch nicht die einzige philosophische Disciplin, die sich damit beschäftiget, uns Vorschrifschriften unserer Handlungen zu geben. Die philosophische Moral nimt neben ihr auch einen Platz ein: und was diese entweder einzelnen Personen, oder ganzen Gesellschaften und Völkern gebietet, das ist, so bald die Vernunft einen Gott erkennet, der das Beste und die Glückseligkeit der Menschen will, der Wille Gottes, und wird hiedurch zu einem allgemeinen Gesetz erhoben. Der Gottesgelehrte nennet es ganz bequem, Sittengesetz: weil aber dies Wort auch seine Zweideutigkeit hat, und bisweilen auf das aus der Offenbarung erlernte Sittengesetz eingeschränkt wird, so will ich beynahe lieber den Ausdruck, Naturgesetz, gebrauchen, und mir nur dabey ausbitten, daß man Naturgesetz nicht als ein Synonymum von Recht der Natur ansehe, sondern die durch den Willen Gottes in ein Gesetz verwandelte philosophische Moral darunter verstehe.

Allein auch hier entstehet der Zweifel: was die philosophische Moral gegen die Ehen in die nahe Freundschaft einzuwenden habe? Ich kann die Frage hier noch nicht vollständig beantworten, sondern verspare sie in das sechste Capitel. Weitläufig kann ich wol sagen, daß der frühesten Verführung unter den nächsten Verwandten, und der abscheulichsten Verderbung der Sitten der Völker nicht vorgebeuget werden kann, wenn den nächsten Verwandten die Hofnung, sich einander beyrathen zu können, nicht völlig genommen wird. Doch wenn ich auch die Ursache nicht wüßte, warum die philosophische Moral solche Ehen mißbilliget, so würde ich Mosi, als einem von Gott inspirirten Schriftsteller glauben, daß auch nach der Vernunft etwas tadelhaftes in diesen Ehen sey, so sie den Völkern, die sie duldeten, schon längstens vor seinem Gesetze sündlich machte: und ich würde die Schuld auf meine Kurzsichtigkeit schieben, wenn ich das schädliche und sündliche derselben nicht gewahr werden könnte. Wer anders handelte, und Mosi nur das glauben wollte, was ihm schon anderweitig bekannt wäre, der würde mit ihm gar nicht als mit einem Propheten, und mit seinen Büchern nicht als mit einem untrüglichen Erkenntnißgrunde, oder principio cognoscendi umgehen.

§. 28.

Was eigentlich Moses für eine Sünde wider das Sittengesetz erkläre? Es können schwerlich die einzelnen Heyrathen selbst unter nahen Anverwandten gemeint seyn.

Allein was ist es eigentlich, das Moses ansiehet, als sey es bereits den Völkern vor ihm durch die Sittenlehre oder das Naturgesetz untersagt gewesen?

Was Moses eigentlich für verboten hält. Cap. 3. §. 28.   93

sen? Sollte er wol glauben, es sey nach dem ewigen Naturgesetz schlechterdings sündlich, seine Schwester oder seine nächste Verwandtin zu heyrathen? Wenn er dieses geglaubt hätte, so würden wir wol gänzlich daran verzweifeln müssen, einen Beweis aus der Vernunft zu seinem Satz zu finden. Das werden wir unten hoffentlich sehen, daß, so bald eine Republik entstehet, diese Gesellschaft verpflichtet sey, zu Vermeidung der Hureren in den Familien die nahen Heyrathen zu untersagen: daß aber auch ohne diese Absicht die nahen Heyrathen an und vor sich wider die Sittenlehre streiten, wüßte ich nicht zu erweisen. Allein wie sollte es möglich seyn, daß Moses dis behauptet hätte? Er leitet das ganze menschliche Geschlecht nur von einem einzigen ersten Paar her, wobey es nothwendig ward, daß die Söhne und Töchter Adams sich unter einander heyrathen mußten. Dis war eine Heyrath zwischen Brüdern und Schwestern. Sollte nun wol Gott, der den Befehl gab, seyd fruchtbar und mehret euch, von ihnen eine sündliche Handlung, die wider das heilige und unveränderliche Naturgesetz lief, eine lasterhafte Handlung verlanget haben?

Mich befriediget die Antwort nicht, die man zu geben pfleget: diese Ehen zwischen leiblichen Geschwistern seyn im Anfang der Welt zur Fortpflanzung und Vermehrung des menschlichen Geschlechts unentbehrlich, und eben deswegen erlaubt gewesen. Sollte uns wol die Vorsicht in solche Umstände setzen, in denen wir ihre Hauptabsichten nicht befolgen könnten, ohne eine Handlung wider das Naturgesetz, obgleich unter göttlicher Begünstigung, vorzunehmen? Sollte Gott jemahls um einer Noth willen von dem ewigen Naturgesetz in einem einzelnen Falle lossprechen? Man nehme dis an, so möchte ich wissen, ob wir nicht durch unsere Verpflichtung, uns selbst zu erhalten, uns von andern Geboten des Naturgesetzes losgesprochen ansehen dürften, so bald es unmöglich wäre, ohne Begehung einer abscheulichen Sünde, zu der man uns zwingen will, unser Leben zu retten? Wer aber auch dest Folge nicht daraus herleiten wollte, der wird doch nicht gern zugeben, daß Gott jemahls von einem Gebot des Naturgesetzes dispensiret, und etwas erlaubt, ja befohlen habe, das seiner Natur nach ein Gräuel, aber nur jetzt wegen einer Nothwendigkeit zuläßig und unsündlich ist.

Doch der Zweifel wird noch stärker, weil die Kinder Adams nicht durch ihre Verschuldung, auch nicht durch den gewöhnlichen Lauf der Dinge in der Welt, bey dem man die Hand Gottes nicht so sichtbar merket, in die Nothwendigkeit gesetzt sind, einander als leibliche Geschwister zu heyrathen, sondern durch

durch die allererste Anlage der Welt, die unmittelbar und allein das Werk der Hände Gottes war. Hätte Gott mehrere Paare von Menschen geschaffen, so wie sich zum Theil die Völker, welche durch keine Offenbahrung unterrichtet waren, die Schöpfung vorstelleten, so wäre keine Nothwendigkeit zu Ehen zwischen leiblichen Geschwistern gewesen: allein anstatt das zu thun, schaffet Gott nach Mosis Erzählung nur ein einziges Paar, und zwinget dadurch dessen Kinder zur Ehe unter einander. Konnte der Moses, der dieses erzählte, anders glauben, als daß diese Ehen, an und vor sich betrachtet, unsündlich seyn, und nur, wegen eines damit verknüpften Schadens, in der Republik eine auf das Naturgesetz gegründete Pflicht entstehe, sie zu verbieten?

Doch noch mehr! der weise Gott, welcher die Welt vollkommen gut erschaffen, hat nicht nur vor diesen Ehen leiblicher Geschwister bey dem Anfange der Welt nicht den Abscheu, der ihn hätte bewegen müssen, zum wenigsten zwey Paare von Menschen zu erschaffen: sondern er macht das Ehegemahl, das er für Adam bestimmete, fast noch näher mit ihm verwandt, als Bruder und Schwester sind, und im eigentlichsten Verstande zu Fleisch von seinem Fleisch, und Bein von seinem Bein. Wenn dieser Gott nachher es misbilliget, daß man sich zu einem Stück seines Fleisches nahe, sollte er denn wol dieses an und vor sich für einen Gräuel achten, da er es im Anfang der Welt mit weisem Bedacht recht veranstaltet hatte? und muß man nicht glauben, daß blos eine nachher unvermeidliche Folge dieser doppelten Verbindung ihm die Völker abscheulich mache, die sie frey gestatten, und dadurch ihrer Folge, der Hurerey in den Familien, Thür und Thor öffnen?

Ich will nunmehr nicht erwehnen, daß die Söhne Noa gleichfalls durch die unmittelbahre Hand der Vorsorge in die Nothwendigkeit gesetzt seyn würden, ihre Bruders-Töchter zu heyrathen, wenn einem seine Frau frühzeitig gestorben wäre; eine Ehe, die zum wenigsten der strengere, und nach Grotium rechnende Theil unserer Gottesgelehrten für verboten hält. Viel wichtiger aber ist es, daß da die Ehe mit des Bruders Witwe ordentlich verboten war, sie doch Gott in Einem Fall nicht nur erlaubt, sondern auch befohlen hat: daher sie ohnmöglich an und vor sich für schändlich und böse geachtet werden kann. Ich berühre diese Materie hier nur, denn unten will ich im 9ten Capitel ausführlicher davon handeln, und noch eine andere Folge daraus ziehen. Was ich daselbst zu schreiben gedenke, wird auch dem Beweise, den ich hier führe, noch mehrere Stärke geben.

§. 29.

Was Moses eigentlich für verboten hält. Cap. 3. §. 29.   95

§. 29.

Moses hält aber doch für sündlich, wenn unter einem Volke die Ehen zwischen den nächsten Anverwandten frey und ohne Ausnahme gestattet werden. Das Verbot ist *lex moralis hypothetica et derivativa.*

Es bleibt mir daher nichts übrig, da Moses einzelne Heyrathen von der allernächsten Art gebilliget hat, als daß ich glaube, er rathe an den Cananitern eigentlich dieses, daß unter ihnen die nahen Ehen eine Gewohnheit gewesen, und ohne Einschränkung erlaubt gelassen sind, nachdem sie ein gemeines Wesen errichtet hatten: und er halte es für eine unumgängliche Schuldigkeit, so bald die Familien zu einem Volk werden, und man Gesetze macht, dergleichen nahe Heyrathen zu untersagen, aus denen sonst, wie ich unten zeigen will, allerley Sünden und Schanden entstehen, und frühzeitig in die Familien einreissen würden.

Damit die Art und Weise, wie die nahen Heyrathen sündlich sind, noch begreiflicher werde, und niemand, dem die Sätze der Sittenlehre fremde sind, gedenken möge, daß auf die Art ihre Sündlichkeit aufhöre oder geleugnet werde, so merke ich an, daß das Verbot derselben ein Stück der Sittenlehre und des daraus entstehenden Sittengesetzes ist, welches sich gegen das übrige Sittengesetz eben so verhält, als bey dem Rechte der Natur der Theil, den man *jus naturae derivativum* oder *hypotheticum* zu nennen pfleget, dessen Gebote eben so wol heilig, und die Uebertretungen derselben straffähig sind, als die Gebote des sogenannten *juris naturae primitivi.* Nach dem allerersten Naturrecht würde uns z. E. die Rache, oder, um ein glimpflicheres Wort zu gebrauchen, die Abstrafung unsers Feindes, ja sogar die Ausrottung derjenigen, vor dem wir nicht sicher seyn können, unverwehrt seyn: und selbst die Sittenlehre und das göttliche Sittengesetz würde uns auf den Fall, wenn wie uns auser dem gemeinen Wesen in dem sogenannten *statu naturae* befänden, nicht verbieten, zu unserer Selbsterhaltung uns unsers Feindes los zu machen, oder ihn durch Strafen, die man Rache nennet, von ferneren Beleidigungen abzuschrecken, und gegen ihn die Rechte zu gebrauchen, nach denen jetzt ein Volk von dem andern sich durch Krieg Gerechtigkeit verschaffet. Allein wenn uns Naturrecht und Sittenlehre befehlen, zu unserer Erhaltung und zum gemeinen Besten Gesellschaften und Republiken zu errichten, so gebieten sie zugleich, daß die Selbstrache in diesen Gesellschaften aufhören solle, und die vernünftige Sittenlehre, nebst dem daraus entstehenden Sittengesetz Gottes, werden

den nimmermehr ein gemeines Wesen billigen, in welchem statt der Gerichtshöfe und gerechten Strafen die Selbstrache und Duelle verstattet oder geordnet wären. Ist es mir erlaubt, den Lehrern des Rechts der Natur den Namen abzuborgen, und ihn in die Sittenlehre und das hieraus entstehende Sittengesetz zu übertragen, so würde ich sagen, das Verbot der nahen Ehen, z. E. derer zwischen leiblichen Geschwistern, sey legis moralis hypotheticae seu derivativae, d. i. so bald die philosophische Sittenlehre sich ein Volk oder gemeines Wesen vorstellt, so giebt sie ihm die Vorschrift: verbiete die Ehen, bey deren Erlaubniß die Tugend des Volks nicht bestehen kann, sondern das Laster früh allgemein werden wird. Ich hoffe, daß dieser minder unbekannte Ausdruck meine Meinung für einigen Misdeutungen in Sicherheit setzen werde.

§. 30.

Dritter Beweis aus 1. Cor. V, 1-5. nebst Beantwortung der dagegen gemachten Einwendungen.

Man hat außer den vorhin angeführten Aussprüchen Mosis noch einen dritten Beweis davon, daß die allzunahen Ehen auch unter Christen nicht erlaubt seyn sollen: ich halte ihn für richtig, ob ich gleich zum voraus sehe, daß er wegen einiger nicht ungewöhnlichen Auslegungen der Worte Pauli nicht bey allen Lesern eine gleichstarke Ueberzeugung zuwege bringen werde. Ein Corinthier hatte seine Stiefmutter geheyrathet, vermuthlich unter dem Vorwand, daß sie durch seinen Uebertritt zum Christenthum aufgehöret habe, mit ihm verwandt zu seyn. Weil es zur Aufklärung des Beweises nöthig seyn kann, von der That selbst, und wie sie in einer Römischen Stadt möglich gewesen ist, einen Begriff zu haben, so will ich das unten in der Anmerkung (*) abdrucken lassen,

---

(*) „Es war in der Corinthischen Gemeine, zum großen Aergerniß der Heiden, eine der abscheulichsten Ehen vollzogen, und von der übrigen Gemeine gebilliget worden. Es hatte nehmlich einer „seines Vaters Weib, das ist, seine eigene Stiefmutter geheyrathet. Einigen „Auslegern ist dieses nicht schlimm genug; „daher dichten sie, daß der Vater noch „gelebet habe, und daß entweder der Sohn „Ehebruch getrieben, oder der Vater, in „Beweisung der christlichen Liebe, ihm die „Frau überlassen habe. Allein da Paulus dieses Umstandes mit keinem Worte „gedenket, daß der Vater noch gelebet habe, so ist es nur eine Erdichtung, und „wir müssen das Wort, Vaters Weib, „auch hier in eben dem Verstande nehmen, „wie es 4. B Mos XVIII. in den Ehegesetzen genommen wird, da es die verwittwete Stiefmutter bedeutet. Diejenigen, die glauben, der Stiefvater habe

laſſen, was ich S. 1353 - 1357. meiner Einleitung in die göttlichen Schriften des neuen Bundes von dieſer Materie geſchrieben habe, um meine Leſer der Mühe des Nachſchlagens zu überheben. Dieſe Heyrath nun misbilliget Paulus im fünften Capitel des erſten Briefes an die Corinthier mit groſſem Eifer. Er nennet ſie nicht nur Hurerey, und ſcheinet ſie, nachdem die Sache einmahl geſchehen war, nicht für eine gültige Ehe, die Beſtand haben könnte, zu erkennen: ſondern er will auch, daß der Blutſchänder aus der Gemeine ausgeſchloſſen werde, um das Aergerniß zu heben, und den Heiden zu zeigen, daß das Chriſtenthum dergleichen Ehen nicht verſtatte, als hier unter dem Vorwand des Judenthums oder Chriſtenthums vollzogen war. Paulus muß alſo dieſe Ehe auch unter Chriſten, und nach Abſchaffung des Geſetzes Moſis, für ſündlich und unerlaubt gehalten haben.

Man ſtellet dieſem Beweiſe gemeiniglich eine gedoppelte Antwort entgegen, auf die ich wieder zu antworten ſchuldig bin.

1.) Erſt„habe noch gelebet, gründen ſich zwar „auf 2 Cor. VII, 12. wo ſie durch den Be„leidigten den Stiefvater verſtehen. Allein Paulus kann ſich ſelbſt durch den „Beleidigten meinen, ſo wie er Cap. II, „5. ſaget, daß der Blutſchänder ihn und „die Corinthier betrübet habe. Und wie „kann man unter dem Beleidigten den Va„ter verſtehen, ohne deſſen guten Willen „der Sohn ſie nicht geheyrathet haben „konnte? Daß aber nicht von Ehebruch, „ſondern von einer Heyrath die Rede ſey, „iſt aus der Redensart γυναῖκα ἔχειν allzu „klar: denn obgleich ἔχειν, eine haben, „auch davon gebraucht wird, wenn man „ſie nur in Einem oder den andern un„züchtigen Beyſchlaf hat; ſo iſt doch γυ„ναῖκα ἔχειν, eine Frau haben, wol ſchwer„lich etwas anders, als, ſie wirklich zur „Ehe haben.

„Nach den ordentlichen Geſetzen der „Stadt Corinth würde dieſe Ehe vor der „heidniſchen Obrigkeit nicht erlaubet ge„weſen ſeyn. Denn obgleich bey den „Athenienſern einige ſehr nahe Heyrathen „gewöhnlich und erlaubt waren; ſo hatte „doch Griechenland, nachdem es eine Rö„miſche Provinz war, die Römiſchen Ge„ſetze annehmen müſſen. Dieſe Geſetze „verboten eine ſolche Heyrath, und ahn„deten ſie auch. Ich will nicht mit Ge„wißheit beſtimmen, was zu der Zeit des „Nero, unter dem Paulus dieſen Brief „ſchrieb, für eine Strafe nach den Römi„ſchen Geſetzen darauf geſtanden habe, „weil es mir an einem Zeugniß aus die„ſer Zeit fehlet. Zu Alexandri Severi „Zeiten aber ward es mit der ſogenann„ten Deportatione, oder Verweiſung auf „wüſte Inſeln beſtrafet, wenn einer eine „Witwe, die zu nahe mit ihm verwandt „war, beſchlief. Denn ſo ſchreibt MAR„CIANVS, welcher unter Severo gelebet „hat, L. II. inſtitut. ſi quis viduam -- „cognatam, cum qua nuptias contrahere „non poteſt, corruperit, in inſulam de„por-

3.) Erſtlich ſagt man: es folge aus den Worten Pauli weiter nichts, als, daß die Ehe mit des Vaters Witwe unerlaubt ſey, durch welche der *respectus parentelae*, oder die Ehrerbietigkeit gegen unſere Eltern, und gegen die, ſo an Eltern ſtatt ſind, auf das gröbſte verletzt werde: allein deswegen dürften eben die übrigen nahen Heyrathen, die Moſes verboten habe, nicht für ſündlich geachtet werden.

Es iſt mir in gewiſſer maſſen genug, wenn man mir zugiebt, daß einige der Ehen, die Moſes verboten hat, wirklich allen Menſchen unrecht ſind. Zum wenigſten wird derjenige, ſo dis zugiebt, nicht leugnen können, daß der Anhang des achtzehnten und zwanzigſten Capitels im dritten Buch Moſis mit auf etwas unter den Ehegeſetzen, oder auf Blutſchande gehe. Er wird auch vielleicht geneigt ſeyn, von den Heyrathen leiblicher Geſchwiſter eben ſo zu urtheilen, als Paulus von der Ehe mit der Stiefmutter. Wenn nun aber Moſes dieſe Ehen, die mein Gegner ſelbſt für verboten achtet, unter die allgemeine Aufſchrift bringet: du ſollſt dich nicht nahen zu einem Stück deines Leibes, d. i. zu deiner nächſten Anverwandtin, ſo wird er mir auch den Satz zugeben müſſen:

„*portandus est:* ſiehe Digeſt. L. XLVIII, „tit. 18. 5. Hieraus kann man den „Schluß machen, wie ſcharf die Geſetze „gegen einen geweſen ſeyn würden, der „ſeine eigene Stiefmutter beyrathete.
„Wie war es aber bey den Ausländern „möglich, zu Corinth eine ſolche Heyrath „zu vollziehen? Nicht anders als unter „dem Vorwand der Jüdiſchen Geſetze. „Die Juden geben vor, daß die Proſelyten-Taufe werde man ein Nachkomme „Abrahams, und zwar dieſes in einem ſo „eigentlichen Verſtande, daß ſogar alle „vorigen Verwandtſchaften dadurch aufhören. Hieraus machten ſie den Schluß, „daß ein Heyde ſeine Mutter, oder ſeine leibliche Schweſter beyrathen dürfe, ſo bald ſie durch die Taufe wiedergebohren ſind. Siehe den MAY-„MONIDES in *Jiſſure Biah* c. 14, den „SELDENUS de uxore Hebr. L. II. c. 18. „und *de jure nat. et gent.* L. II. c. 4.

„Nun hatten die Juden damahls noch die „Erlaubniß, nach ihren eigenen Geſetzen „zu leben, JOSEPH. L. XVI. A. I. c. 6. „§ 1. und die Chriſten wurden zu den „Juden gerechnet. Inſonderheit aber haben die Juden noch ſehr lange die Freyheit behalten, nach ihren eigenen Geſetzen zu beyrathen, die ihnen erſt Theodoſius L. 7. C. de Judaeis et Caelicolis genommen hat, da es heißt: *nemo Judaeorum morem ſuum in conjunctionibus retineat, nec juxta legem ſuam nuptias ſortiatur.* Es hatte alſo dieſe „abſcheuliche Ehe, zu groſſem Anſtoß der „Heyden, ſogar unter dem Vorwand des „Judenthums oder Chriſtenthums vollzogen werden können. Die Gemeine „hatte ſie auch gebilliget; vermuthlich „weil der Jüdiſche Lehrer, der ſich Paulo „widerſetzte, ſie durch die Jüdiſchen Lehrſätze von der Taufe und Widergeburt „vertheidiget hatte.

sey: es sind einige Ehen (nehmlich die allernächsten mit Eltern, Kindern und Geschwistern) wegen der allzu nahen Verwandschaft allen Völkern untersagt.

Was man von dem respectu parentelae, das ist, von der Ehrerbietung gegen die Eltern, und die so uns an Eltern Stelle sind, sagt, ist zwar dem Römischen Recht gemäß, allein ich kann mich nach aller angewandten Mühe nicht überzeugen, daß die Heyrath mit der Stiefmutter, ja auch mit der rechten Mutter um dieses respectus parentelae willen dem Natur= oder dem Sittengesetz mehr zuwider sey, als wenn die regierende Königin ihren Unterthanen, der Unterthan bleibet, heyrathet, oder der Sohn über seinen Vater als König in einem Wahlreich zu gebieten hat. Ich werde meine Gründe im fünften Hauptstücke anführen: sollten nun meine Leser dieser Meinung beystimmen, und es bleibt dennoch gewiß, daß die Ehe mit der Stiefmutter von Paulo für sündlich geachtet ist, so muß eine andere Ursache vorhanden seyn, die sie nach der Sittenlehre verwerflich, und nach dem Sittengesetz sündlich machet. Weiß ich nun so viel, daß es nach dem Zeugniß Pauli auch nur eine einzige Heyrath in die nächste Freundschaft giebt, die sündlich ist, und wider das Sittengesetz streitet, ohne daß der respectus parentelae sie sündlich machet; und ich lese in Mosis Büchern, daß noch mehrere Ehen wegen der nahen Verwandschaft verboten werden: so muß wol die stärkste Vermuthung bey mir entstehen, daß eben der Paulus überhaupt die allzunahen Ehen für sündlich erkläre, und daß, wenn auch gleich vielleicht der Grad, bis auf welchen das Sittengesetz sie verwirft, nicht aus Mosis Gesetz zu bestimmen wäre, doch dieser Ausspruch Mosis, du sollst deine allernächste Verwandtin nicht beyrathen, oder, wie er ihn Hebräisch ausdrucket, du sollst dich einem Stück deines Fleisches nicht nahen, ein Satz des Sittengesetzes sey, der alle Völker verbindet.

2.) Die zweite Einwendung beruhet auf einer andern Auslegung, welche man über die Worte Pauli macht, von deren Richtigkeit ich mich aber bisher nicht habe überführen können. Einige geben vor, daß der Vater des Blutschänders noch am Leben gewesen sey, in welchem Fall das gegebene Aergerniß nicht sowohl in der Blutschande, als in dem Ehebruch, oder in der Verheyrathung mit einer geschiedenen, die nach dem Urtheil Christi ein Ehebruch ist (*), zu suchen seyn würde. Was ich gegen diese Ver-

(*) Matth. XIX, 9.

Vermuthung, die in Pauli Worten nicht den geringsten Grund hat, einzuwenden habe, ist bereits in der Anmerkung unter S. 97. vorgestellet worden. Ich überlasse es dem Urtheil meiner Leser, wenn ich nur dis einzige noch hinzusetzen darf: wäre, wie einige vorgeben, der Vater des Blutschänders noch am Leben gewesen, und hätte er sich, seinem Sohn zu liebe, von seiner zweiten Frau geschieden, und sie dem Stiefsohn überlassen, so würde offenbahr die allerverworrenste Gewissensfrage entstanden seyn, die zugleich den zu Corinth sehr angesehenen Widersachern Pauli einen ungemein wahrscheinlichen Einwurf wider Pauli Entscheidung an die Hand gegeben hätte. Es ist nehmlich offenbahr, daß der Stiefsohn seine Stiefmutter nicht länger in der Ehe behalten sollte: was soll nun mit dieser geschehen? Soll sie ihrem ersten Manne wieder gegeben werden, nachdem ein anderer sie gehabt hat, der noch lebet, so scheint es nicht blos nach Mosis Ausspruch, 5. B. Mos. XXIV, 1-4. sondern auch nach der gesunden Vernunft ein doppelter Ehebruch, statt eines einfachen, zu seyn, und kommt noch dazu derselbigen schändlichen morgenländischen Gewohnheit am nächsten, die eben Moses durch sein Gesetz 5. B. Mos. XXIV, 1-4 abgeschaffet hat (*); der Vater aber wäre noch viel mehr dadurch beleidiget worden, wenn er seine entehrete Frau hätte wiedernehmen müssen, als durch die Entehrung selbst; nicht zu gedenken, in was für Gefahr die Bekanntschaft seiner Frau mit seinem Sohn seine Ehre auf alle künftige Zeit gesetzt haben würde. Soll sie weder den Vater noch den Sohn, sondern einen andern heyrathen; so haben wir abermahls, falls die Verheyrathung einer unrechtmäßig-geschiedenen ein Ehebruch ist, zwen Ehebrüche für einen. Soll sie aber Zeitlebens unverheyrathet bleiben, so ist es hart, sonderlich wenn sie mit ihres ersten Ehemanns Willen den Stiefsohn geheyrathet hat, und sie wird in die Gefahr gestürzet, von der Paulus im siebenten Capitel redet, ohne daß wir bey ihr die Gabe der Enthaltsamkeit vermuthen dürfen. ... Ich will gar nicht sagen, daß sich nicht Entscheidungsgründe sollten finden lassen: allein es ist nicht wahrscheinlich, daß wenn aus Pauli Urtheil eine so schwere und verworrene Frage entstanden wäre, Paulus sie in beiden Briefen nicht mit einem Wort aufgelöset haben sollte: und hätte er solches nicht von selbst gethan, so würden ihm doch seine heftigen Widersacher einen Einwurf gemacht, und ihn eben dadurch gezwungen haben, diese Gewissensfrage

(*) Siehe meine Hebräischen Alterthümer. S. 19. S. 30.

frage im zweiten Briefe zu beantworten. Da aber keines von beiden geschiehet, so stelle ich mir die Sache nicht so verworren vor, sondern glaube, daß der Blutschänder seine Stiefmutter nach Ableben des Vaters geheyrathet habe. Wer die beiden Briefe an die Corinthier mit Fleiß gelesen hat, und aus ihnen die Widersacher Pauli kennet, welche mit ausnehmendem Eifer auch die kleinsten Umstände und die Wahrscheinlichkeiten von der niedrigsten Gattung aufsuchten, so sie dem Apostel entgegensetzen konnten; der wird die Kraft dieses Beweisgrundes stärker empfinden, als wer ihn von Lesung dieser Briefe absondert.

§. 31.

Ob alle Eheverbote Mosis, oder nur die nächsten, uns verpflichten?

Ich komme nun zu der zweiten Frage, welche in diesem Capitel abzuhandeln war: ob alle Mosaische Verbote der nahen Ehen zum Sittengesetz gehören, und uns Christen noch verbinden? oder ob solches nur die nächsten, z. E. die mit den Kindern, den Stief- und Schwieger-Eltern, und den Schwestern, thun? die übrigen entferntern aber, als mit Schwiegerinnen und Tanten, für bürgerliche Verordnungen zu halten sind, die Moses den Jisraeliten allein vorgeschrieben hat?

Man wird nehmlich leicht gewahr werden, daß die Ehen, welche er verbietet, von selbst in zwey Classen zerfallen: und daß die philosophische Moral ein gar verschiedenes Urtheil über diese beide Classen fällen muß, wenn ich das zum Grunde setze, was ich im sechsten Capitel weiter ausführen will. Ich behaupte daselbst: weil bey dem genauen Umgang derjenigen allernächsten Verwandten, die von Kindheit an unter Einem Dach beysammen zu seyn pflegen, der größeste Theil der Frauenspersonen Gefahr liefe, in der allerfrühesten Jugend verführet zu werden, wenn irgend einige Hoffnung zur Ehe verhanden wäre, und weil eine solche frühe und dabey allgemeine Verführung des Geschlechts, dem künftig die Erziehung der Kinder obliegt, und das durch seine Reitze die Sitten zu bilden und anzugeben pflegt, das ganze Volk im höchsten Grad lasterhaft machen würde, so sey jedes Volk, dem Tugend und Laster, Glück und Unglück, nicht gleichgültig sind, verbunden, diese gefährlichen Ehen, so viel an ihm ist, unmöglich zu machen, und den jungen leichtgläubigen Kindern, deren Reitze ihrer Gefahr sind, zu ihrem eigenen Besten alle Hoffnung dazu abzuschneiden. Wenn man mir dis vorläufig zugiebt, so entsteht nun, mehr die Frage: welche Verwandtschaften sind so nahe, und geben zu so genauen

nauen Umgang ein Recht, daß man ihre Ehe verbieten muß, wenn man nicht häufig und gleichsam alltäglich unschuldige Kinder verführet sehen will?

Meine Leser werden von selbst bemerken, daß einige Verwandschaften diese Vorsicht des Gesetzgebers nothwendig erfodern, und daß dennoch bey andern eben diese Vorsorge nützlich und rathsam seyn könne, diese letztern aber nach der verschiedenen Lebensart, und sonderlich nach dem Luxu der Völker in Einrichtung ihrer Wohnungen verschieden seyn müßten. Denn die und die Anverwandten haben bey dem einen Volk mehr Umgang, als bey dem andern: und wohnen auch näher oder weniger nahe beysammen. Lauter Sätze, die ich unten weiter ausführen muß, und jetzt nur zur Erläuterung der aufgeworfenen Frage anwenden will.

1.) Die eine Classe begreift also diejenigen Ehen unter sich, bey welchen die Tugend eines Volks unmöglich lange erhalten werden kann, und die man nothwendig verbieten muß, weil bey der Allgemeinheit des sehr genauen Umganges auch die Gefahr der Verführung zu allgemein ist. Dahin gehören die Ehen zwischen Eltern und Kindern, die zwischen Geschwistern (und zwar bey den Morgenländern und in Ländern der Polygamie nur die zwischen vollbürtigen), die mit der Schwiegermutter, Schwiegertochter, Stiefmutter, und Stieftochter. Diese zu verwehren, ruft die Sittenlehre einem jeden Volk, das sich bürgerliche Gesetze entwirft, mit unzweifelhafter und gebietender Stimme zu.

2.) Die zweyte Classe begreift Verwandte, die nicht völlig so nahe sind, auch ordentlicher Weise nicht in Einem Hause beysammen zu wohnen, noch einen so genauen Umgang unter einander zu haben pflegen: die man aber nicht bey allen Völkern auf einerley Weise bestimmen kann. Denn das wird man z. E. leicht sehen, daß bey uns Halbgeschwister mehr Umgang unter sich haben, als bey einem Volk, wo die Polygamie die Familie eines einzigen Vaters gleichsam trennete, und daß es in Deutschland von sehr üblen Folgen seyn würde, wenn man nach Abrahams Beyspiel seine Halbschwester heyrathen könnte: oder daß bey uns, wo die Ammen durch den großen Unterschied der Geburt unter die Familie ihres Säuglings erniedriget, und gemeiniglich noch dazu zu Falle gekommene Personen sind, die Kinder der Amme mit den Kindern, die sie gestillet hat, keinen so vertraulichen Umgang haben werden, als sie vielleicht bey den Arabern haben mögen, wo sich die Milchgeschwister nicht heyrathen dürfen, weil sie in ihrer ersten Kindheit zu bekannt mit einander werden

könn-

Ob alle Eheverbote Mosis uns verpflichten? Cap. 3. §. 31. 103

konnten, als daß eine solche Ehe ohne Gefahr für die Tugend gewesen seyn würde. Dort ist der große Unterschied der Geburt nicht, der bey uns auch Kinder unterscheidet, und ihren Umgang entfernter macht: und dort ist vermuthlich die im Fall der Noth gesuchte Amme eine ehrliche Frau, vielleicht so tugendhaft als die Mutter des Kindes, das sie säuget, und die ihre eigene Kinder zu verstecken, oder auf die Seite zu thun, keine Ursache hat, deren eigene Kinder also mit ihren Säuglingen früh eines solchen Umganges und Vertraulichkeit gewohnt werden können, als bey uns nur unter Geschwistern üblich ist. Noch ein anderes Beyspiel zu wählen, so kann bey uns die Tugend eines Volks gar wohl bestehen, wenn gleich erlaubt ist, seiner Schwester Tochter zu heyrathen, und Moses selbst hat nicht nöthig gefunden, diese Ehe zu verbieten. Man stelle sich aber solche Sitten vor, als nach Taciti Zeugniß (*) die alten Deutschen hatten, wo die Schwester-Tochter dem Onkel so nahe anging, als seine eigene; so würde es nützlich seyn, diese Ehe zu verbieten. Ja es wäre möglich, daß man alsdenn auch rathsam fände, dieser Art von Geschwister-Kindern, die vielleicht in der Kindheit so nahe beysammen sind, als wirkliche Geschwister, die Hoffnung der Ehe zu benehmen. Solche Verschiedenheiten der Sitten und Lebensart können mehrere vorkommen. Und am Ende gehöret die ganze zweite Classe nicht zum unentbehrlichen, das verboten werden muß, sondern zur klugen Vorsicht des Gesetzgebers.

Aus Mosis Gesetzen würde man das Verbot, des Bruders Witwe, oder des Vaters und der Mutter Schwester zu freyen, zu dieser Classe rechnen: wie auch, so bald ich mir ein in der Vielweiberey lebendes Volk vorstelle, in welchem oft die Kinder jeder Mutter durch Feindschaft und Wohnung von den Kindern der andern Mutter abgesondert waren, ob sie gleich einen gemeinschaftlichen Vater hatten, das Verbot seine Stiefgeschwister zu freyen.

Es scheint, diese zweite Classe von Ehen könne zwar der Vorsichtigkeit wegen von einem bürgerlichen Gesetzgeber untersagt werden; allein die philosophische Moral gebe keinen Befehl, solches unter allen Völkern zu thun. Das eine Volk kann, vielleicht seinen Umständen sehr gemäß, einen Schritt weiter gehen,

---

(*) De moribus Germanorum cap. 20. *sororum filiis idem apud avunculum, qui apud patrem honor. Quidam sanctiorem arctioremque hunc nexum sanguinis arbitrantur, et in accipiendis obsidibus magis exigunt.*

gehen, und das andere einen Schritt zurück bleiben, ohne daß eins oder das andere den Tadel der philosophischen Moral verdienet. Moses würde zum Exempel, wenn er jetzt lebte und darum befragt werden könnte, schwerlich den ältern Römern deshalb einen Vorwurf machen, weil sie einen oder gar anderthalb Schritte weiter gingen, und die Ehe zwischen Geschwisterkindern untersagten, die nach seinem Gesetz nicht dem geringsten Zweifel unterworfen, sondern vielmehr die vorzüglich begünstigten sind. Er würde so billig seyn, zu sagen, eine Vorsichtigkeit, die er nicht nöthig geachtet habe, schade doch nichts, und könne wirklich mancher Verführung vorbauen: und er würde wol gar vermuthen, daß bey den Römern eine besondere Ursache zu dieser Vorsichtigkeit gewesen sey. — Denn wenn ein Volk in engen Gränzen beysammen ist, oder gar wie die ersten Römer in Einer Stadt beysammen wohnt, so haben Geschwisterkinder beynahe einen eben so genauen Umgang unter einander, als bey einem in ein ganzes Land zerstreueten Volke, z. E. bey uns, Brüder und Schwestern. Man nehme unser ganz entgegen gesetztes Deutschland, wo wir uns nicht nach einem Römischen Bürgerpatriotismus in eine Stadt einschränken, und wo die älteste Geschichte sich nicht anders zu erinnern weiß, als daß unsere Vorfahren Länder bewohnt haben; so wird man ein solches Gesetz oder Herkommen, als die alten Römer hatten, unnütz finden. Wir heyrathen und ziehen aus einer Stadt in die andere, und wir würden sogar eine Römische Liebe zu unserer Vaterstadt Schwachheit und schildbürgerisch nennen: bey uns scheint also nicht allein keine Ursache zu jener alten Römischen Strenge, sondern es fällt auch gemeiniglich die nahe und allgemeine Gelegenheit der Verführung zwischen einigen Personen weg, die das viel gelindere Mosaische Recht einander verbothen machte. Dis untersagte dem Neveux seine Tante zu heyrathen: allein bey uns würde die Erlaubniß dieser Ehe weniger Gefahr bringen. Wir wohnen nicht eben nach Familien, so wie die alten Hebräer, beysammen, sondern wir trennen uns vom Vornehmen an bis auf den in die Wanderschaft gehenden Handwerkspurschen weit von einander: und der Neveux wird oft seine Tante, wenn sie auch artig und jung ist, nicht so viel kennen, daß er eine vorzügliche Gelegenheit hätte, sie zu verführen, die ein Fremder nicht haben könnte. Hier scheint es nun, es habe ein jedes Volk Ursache, zu den allgemeinen und unentbehrlichen Ehegesetzen noch einige besondere, seinen eigenen Umständen und Lebensart angemessene, hinzu zu setzen: und man kann kaum zweifeln, ob Moses diese Vorsichtigkeit auch gebraucht, und gleichsam um das, was die Natur selbst zu verbieten befiehlt, noch einen Damm entfernterer Verbote

bote gezogen habe. In solchem Fall aber würden die nach den besondern Umständen der Israeliten, oder gleichsahm zum Damm und Aussenwerk für das Hauptgesetz, hinzugefügten Verordnungen der Gesetzgebenden Klugheit, bey uns weder verpflichtend noch auch immer brauchbar und zur Nachahmung anzupreisen seyn.

§. 32.
Beantwortung dieser Frage.

Die Meinungen über die bisher vorgetragene Frage sind getheilt. Die meisten Theologen sehen alle Ehegesetze Mosis für allgemein verbindlich an. Die Juden waren gelinder, deren Meinung dahin ging, daß die Ehen von der zweiten Klasse, sogar die mit der Stiefschwester, andern Völkern, oder, wie sie sich ausdrücken, den Söhnen Noa erlaubt sind, wovon ich im folgenden Capitel, §. 34. 35. n. 6. die eigenen Worte des Raschi und Abarbanel anführen werde. Einige wenige unserer Theologen sind auch auf der gelindern Seite: z. E. der seel. Baumgarten behauptet in seinen theologischen Bedenken mehrmahls, daß diese zweiten Eheverbote blos zur Jüdischen Policey gehörten: ja er meint sogar, daß sie im 15ten Capitel der Apostelgeschichte, unter den Stücken erwähnt sind, deren sich die ersten Christen aus blosser Gefälligkeit gegen die Juden eine Zeitlang enthalten sollten, und er legt das Wort πορνεία von ihnen aus. (*)

Soll ich meine eigene Meinung frey sagen, so ist es mir gleichfalls nicht wahrscheinlich, daß die zweiten Eheverbote von allgemeiner Verbindlichkeit sind: und das aus folgenden Gründen.

1.) Die philosophische Moral entdeckt keine nothwendige und zwingende Ursache, warum alle Völker diese Ehen verbieten müßten; sie giebt kein Merkmahl an, aus dem die vor Mosis Gesetz lebenden Cananiter hätten abnehmen können, daß diese Ehen sündlich sind; und ohne ein solches deutliches Merkmahl können ja doch diese Völker nicht straffällig seyn, wenn sie etwas gestatteten, dessen Sündlichkeit aus der Vernunft nicht abzunehmen war. Wollte man sagen, sie hätten aus Vorsichtigkeit auch diese ent-

---

(*) Dieser letzten Meinung trete ich nicht bey, ob ich sie gleich anführe. Was ich von der schweren Stelle, Apostelgesch. XV. halte, habe ich im Anhange zu meiner Paraphrasi des Briefes an die Galater gemeldet, und ich finde noch keine Ursache, von meiner damahligen Erklärung abzugehen.

entferntern Ehen verbieten sollen; so würde man mit eben so viel Recht hinzusetzen können, daß sie die Vorsichtigkeit noch einen Schritt weiter zu treiben, und die Ehen der Geschwisterkinder zu verbieten, schuldig gewesen sind: waren sie aber dis nicht, so ist auch ihre Verpflichtung zu jener Vorsichtigkeit unerweislich.

Da nun aber die allgemeine Gültigkeit der Mosaischen Eheverordnungen blos auf das gegründet ist, was Moses von den Cananitern gesagt hat, und zum voraus setzt, daß diese Ehrordnungen schon an und vor sich Gebote der Vernunft, oder philosophischen Moral sind: so scheint es kaum möglich zu seyn, zu erweisen, daß die Eheverbote der zweiten Klasse eine allgemeine Verbindlichkeit haben.

2.) Man kann doch wol kaum anders denken, als, daß Moses die kluge Vorsicht, von der ich im vorigen Paragraphen redete, bey seinen Ehegesetzen werde gebraucht, und einiges, so etwan nach den Umständen der Israeliten rathsam, obgleich nicht nothwendig war, angeordnet haben. Ist aber das, so können nicht alle seine Ehegesetze allgemein seyn. Macht man sie aber alle allgemein, so muß man ihm die kluge Vorsichtigkeit, mit welcher ein Gesetzgeber noch gleichsam einige Aussenwerke bürgerlicher Gesetze um die nothwendigen und ewigen Naturgesetze ziehet, wenigstens hier ganz absprechen.

3.) Hierzu kommt noch, daß wir im künftigen sehen werden, wie einige Ehegesetze sich wirklich auf gewisse besondere Umstände der Morgenländer, z. E. auf das Recht, diese und jene Basen ohne Schleyer zu sehen, oder auf die Leviraths-Ehen, gründen. Wird man dis bey Gesetzen erwarten können, die alle Menschen, und selbst Völker, welche vor ihrer Bekanntmachung gelebt haben, verbinden sollen?

4.) Ich werde im folgenden Capitel zeigen, daß manche von den Ehen der zweiten Klasse, ja selbst die mit der Stiefschwester, vor Mosis Gesetz unter den Patriarchen und Israeliten erlaubt waren. Es scheint unmöglich zu seyn, daß die harten Ausdrücke Mosis, aus denen wir die allgemeine Verbindlichkeit seiner Ehegesetze schliessen, mit auf diese Ehen gehen. Sie waren in der Familie Abrahams gewöhnlich gewesen, ehe er den geringsten Umgang mit Aegyptern und Cananitern gehabt hatte; und er brachte aus seinem Vaterlande eine Frau mit, die seine Halbschwester war. Wie können sie also Unterscheidungsweise Sitten der Aegyptier und Cananiter heissen? Sitten der Heiden, oder aller übrigen Völker möchte

Ob die Eheverbote Mosis uns verpflichten? Cap. 3. §. 32.

möchte man sie nennen können; allein so redet Moses nicht, sondern er sagt, Sitten der Aegyptier und Cananiter (*), und beschreibt sie noch dazu also, als hätte der abgöttliche Aberglaube dieser Völker sie erst unter ihnen zur Sitte gemacht. Muß demnach nicht der Ausdruck, Sitten der Aegyptier und Cananiter, blos auf die allernächsten Ehen gehen, durch welche eines von denen Völkern, oder wol beide, sich von den Vorfahren der Israeliten unterschieden haben? z. E. auf die Ehe mit der leiblichen Schwester, mit Mutter und Tochter zugleich, eines Sohnes mit seiner Stiefmutter, ja endlich mit der rechten Mutter, und andere von eben der Art? wobey ich doch gestehen muß, daß meinem Bedünken nach die zuletzt genannte Ehe blos bey den Cananitern und nicht bey den Aegyptiern im Schwange gegangen seyn könne: denn daß sie bey diesen ehemals vor abscheulich gehalten sey, erhellet aus dem üblen Ruf, in welchem das Flußpferd bey ihnen stand, das sie dem Typhon, oder der bösen Gottheit, heilig hielten, weil es seinen Vater tödte, und alsdenn seine Mutter beschlafe (**).

5.) Noch fremder scheint es mir zu seyn, daß Moses von einer Ehe, die unter den Israeliten nicht etwan heimlich, nicht bisweilen, nicht blos häufig, sondern öffentlich, und als wenn sie völlig rechtmäßig wäre, vollzogen war, der sich also das ganze Volk als Volk theilhaftig gemacht hatte, und zwar von seinen frömmsten Vorfahren, und von Abraham an, behaupten sollte, daß zur Strafe derselben die Cananiter aus ihrem Lande vertrieben würden. Was wäre es für ein richterlicher Ausspruch Gottes, ein Volk zu vertreiben, und das andere an dessen Stelle in sein Land einzusetzen, weil das erste Volk eben die Sünden gethan hat, die bey dem letzten gleichfalls im Schwange giengen? Ich weiß gar wohl, daß die Israeliten von den übrigen im 18ten Capitel benannten Sünden, nehmlich Ehebruch, Abgötterey, Knabenschande, und Sodomiterey mit dem Vieh, eben so wenig vollkommen rein gewesen sind, als andere Völker, sonderlich in der Zeit, da die Abgötterey sich so sehr ausgebreitet hatte, und in dem Himmelsstrich, der noch jetzt die unnatürlichen Laster ausbrütet: allein diese Sünden wurden heimlich begangen, und von dem Volk nicht gebilliget; sie waren Sünden einzelner, und, ich fürchte, vieler Israeliten, aber doch nicht des Volks. Diese brauchten nicht an

(*) I. B. Mos. XVIII, 2. 3.
(**) Jablonski Pantheon Aegypti: p. 68. L. V. c. 2. §. 11.

dem Volk Israel gestraft zu werden; und Gott konnte auf das allergerechteste ein anderes Volk, so sie öffentlich beging, billigte, und theils Gottesdienste daraus machte, durch die Israeliten zur Strafe dieser Sünden aus seinem Lande treiben. Allein wie, um ein Beyspiel zu nennen, wegen der Ehe mit des Vaters Schwester, die vielleicht unter den Israeliten öffentlich im Schwange ging und gebilliget ward (*), oder doch beyweiten nicht so nahe war, als die Ehe Abrahams mit der Halbschwester, die er für recht hielt, Gott den Cananitern hätte ihr Land nehmen, und es den Israeliten geben können; das sehe ich noch nicht ein, bin aber völlig bereit, mich von einem jeden belehren zu lassen, der mir diesen Zweifel gründlich hebt. Nur muß ich bitten, den Zweifel ja nicht mit einem andern zu verwechseln, der hundertmahl beantwortet ist, nehmlich, daß die Ehe rechtmäßig seyn müsse, weil ein so frommer Mann, als Abraham, sie vollzogen hat. Ich schliesse aus Abrahams und seiner Nachkommen Beyspiel noch nicht, daß die Sache recht sey, sondern nur, daß Moses nicht von ihr reden könne, wenn er sagt, daß die Cananiter deshalb mit der schwersten Landstrafe heimgesucht, und von ihren Wohnungen ausgespleen sind.

Man kann die Folgerung noch weiter treiben. Der Beweis davon, daß die allzunahen Heyrathen allen Völkern untersagt sind, gründet sich darauf, daß Moses sie den Cananitern zur Sünde macht, und die Austreibung aus Palästina für ihre Strafe ausgiebt. Es muß daher die Vermuthung entstehen, als habe Moses zweyerley Arten von Ehen verbieten wollen: einige, die schon vor seinem geschriebenen Gesetz Sünde gewesen, und von der Sittenlehre untersaget werden; und andere, so er blos durch sein geschriebenes Gesetz aus eben den Absichten untersage, aus denen das Sittengesetz jene verbot: so wie jeder Gesetzgeber das Recht hat, zu mehrerer Sicherheit diese und jene Grade der Heyrathen zu untersagen, die vorhin erlaubt waren.

6.) Moses macht noch einigen andern Unterschied zwischen beiden Klassen der verbotenen Ehen. Wenn er Strafen bestimmet, so setzt er auf die Ehen von der ersten Klasse, oder auf die wahre und eigentliche Blutschande, Lebensstrafe (3. B. Mos. XX, 11. 12. 14. 17.). Die von der zweiten Klasse duldet er hingegen, wenn sie einmahl vollzogen sind, ohne sie zu trennen, und ist mit einer bürgerlichen Strafe zufrieden

(*) Siehe §. 36.

Ob die Eheverbote Mosis uns verpflichten? Cap. 3. §. 32.

ben (3. B. Mos. XX, 19. 20. 21.). Von den Verboten der ersten Klasse spricht er sein Volk in keinem Falle los: bey diesen aber finden wir Dispensationen des Gesetzgebers, und zwar um einer nicht so sehr wichtigen Ursache willen. Ein bloßer Gedanke der Israeliten von der Ehre, der es als schmählich ansahe, in den Geschlechtstafeln wegen Mangels der Nachkommen ausgelöschet zu werden, ein sogenanntes Point d'honneur des Volks, war Mosi genug, die Ehe mit des Bruders Witwe nicht nur zu erlauben, sondern auch bey Vermeidung einer bürgerlichen Strafe zu befehlen, wenn der Bruder ohne Erben gestorben war.

Was diesem entgegen gesetzt werden kann, ist das Wort, an allem diesen haben sich die Völker verunreiniget, welches Moses einige mahl wiederholet. Gehet dieses nicht blos auf alle Gattungen der im 18ten Capitel verbotenen Dinge, sondern auf alle einzelne Verbote (interdicta individua) jeder Gattung, so sind meine bisherige Beweise entkräftet. Allein sie kommen mir so stark vor, alle solle nicht auf alle einzelne verbotene Dinge, sondern auf die Arten der untersagten Dinge, nehmlich Opfer der Kinder, Schande mit Vieh, Knaben-Schande, Ehebruch und Blutschande, gehen.

Damit meine Meinung niemanden als ärgerlich und anstößig vorkommen möge, so will ich nur zum voraus sagen, daß wenn auch den Söhnen Noa, wie die Juden sich ausdrücken, oder den Völkern, die das Mosaische Gesetz nicht hatten, die Halbschwestern zur Ehe erlaubt gewesen wären, solches doch auf unsre Republiken nimmer gedeutet werden könnte: wovon man unten die Ursache gleichfalls finden wird.

Ob ich gleich um der bisherigen Gründe willen die Gebote der zweiten Klasse nicht für allgemein verbindlich halte, so will ich doch, theils weil ich nicht alle meine Leser davon überzeugen möchte, theils weil die Sache zweifelhaft ist, und ein gewissenhafter Verehrer der Gebote Gottes gern das sicherste wird wählen wollen, in den folgenden Capiteln meiner Schrift so reden, als wenn alle Eheverbote Mosis uns verpflichteten, und ihren wahren Sinn untersuchen, sonderlich aber zu seiner Zeit die Frage, ob Moses blos verbietet, was er ausdrücklich nennet, oder, ob sein Gesetz durch Folgerungen zu erweitern sey? ausmachen. Diese beiden Paragraphen, der 31. und 32ste, haben in das folgende keinen Einfluß: und habe ich in denselben geirret, so wird das, was ich im künftigen schreibe, meinen Lesern dadurch nicht unbrauchbar. Wollen

sie,

sie, so können sie diese zwey Paragraphen überschlagen, und mit Voraussetzung dessen, daß alle Ehegesetze Mosis uns verpflichten, aus dem siebenten Capitel sehen, was Moses wirklich geboten, und was unsere Schriftausleger in guter Meynung, aber doch aus Irrthum, zu seinen Geboten hinzugesetzt haben.

Das vierte Hauptstück,
von dem Herkommen vor der Zeit Mosis in Absicht auf die nahen Heyrathen.

§. 33.
Vor Mosis Zeit war schon ein Herkommen, so die allzu nahen Ehen verdammete.

Daß schon vor der Zeit Mosis unter seinen Vorfahren die Heyrathen in die allernächste Freundschaft nicht üblich, sondern durch ein Herkommen untersagt gewesen sind, ist gewiß. Moses beschreibt die Gewohnheit, seine nahen Verwandten zu heyrathen, als eine besondere Sünde der Aegyptier und Cananiter, um deren willen auch das letztere von beiden Völkern aus seinem Lande getrieben werde, 3. B. Mos. XVIII, 3. 25. folglich muß bey einigen andern Völkern, oder doch zum wenigsten bey den Israeliten, diese böse Gewohnheit nicht öffentlich im Schwange gegangen und gebilliget seyn. Er erzählet uns, wenn Abraham und Isaac es unglaublich machen wollten, daß Sara oder Rebecca ihre Frau sey, so hätten sie dieselben für ihre Schwestern ausgegeben (*), und als Abimelech der Philister König den Abraham deshalb zur Rede gestellet, so habe er geantwortet: sie ist auch wahrhaftig meine Schwester, eine Tochter meines Vaters, **aber nur nicht die Tochter meiner Mutter**, und sie ist meine Frau geworden (**). Es ist offenbahr, daß er durch den Zusatz, aber nur nicht die Tochter meiner Mutter, seine Verwandtschaft mit ihr verringern will, um es dem Könige begreiflicher zu machen, wie er sie habe heyrathen können, und daß diese Worte besagen,

---

(*) 1. B. Mos. XII, 12. 13. 14. XX, 2. (**) 1. B. Mos. XX, 12. XXVI, 7.

sagen, er würde sie nicht geheyrathet haben, wenn sie die Tochter seiner Mutter, oder seine leibliche Schwester gewesen wäre. Es gab also zur Zeit Abrahams zum wenigsten in seiner Familie und in seinem Volk verbotene Grade: ja man könnte fast auf die Gedanken kommen, wenn man die vorhin angeführten Erzählungen 1.B. Mos. XII, XX, und XXVI, lieset, daß damahls noch in Aegypten und Canaan die Heyrath mit leiblichen Schwestern etwas ungewöhnliches oder unerhörtes gewesen seyn müsse (*). So viel ist gewiß, daß zu Abrahams Zeit die Cananiter noch beyweiten nicht so verderbt waren, als da Moses lebte. Gott bezeuget dieses 1.B. Mos. XV, 16. selbst. Wie wir denn auch aus dem Ausdruck der in Sodom erzogenen Töchter Lots, es ist niemand, der uns nach der Weise des ganzen Landes beywohne, 1.B. Mos. XIX, 31. 32 sehen, daß der Beyschlaf bey ihrem Vater, den sie vor hatten, damahls noch wider die Weise des ganzen Landes war, wovon ich unten im 95sten §. ausführlicher zu reden Gelegenheit haben werde. Ich vermuthe dabey, daß Moses die ganze Erzählung von der Schandthat der Töchter Lots, C. XIX, 30 38. und von dem Vorgeben Abrahams, als sey Sara seine Schwester, C. XX, 1-17. mit einer Absicht auf seine Ehegesetze eingerücket habe, um sein Volk zu unterrichten, daß die schändlichen Ehen, die zu ihrer Zeit unter den Aegyptiern und Cananitern im Schwange gingen, kein altes und gleichsam ewiges Völkerrecht gewesen sind, sondern daß in Canaan, ja selbst zu Sodom, hiemahls dergleichen Heyrathen was fremdes und unglaubliches waren. Wenigstens pflegt er sonst in Auswahl der Geschichte, die er erzählt, sehr oft eine Absicht auf seine Gesetze zu haben: und die Verbindung dieser beiden Erzählungen ist auch wol nicht in der Zeitordnung, sondern in der Aehnlichkeit der Materie zu suchen. Denn die Sara kann schwerlich nach der Zerstörung Sodoms, das ist in ihrem 89sten Jahr, und da sie mit dem Isaac schwanger ging, so schön gewesen seyn, daß sie jedermanns Begierde reitzte,

und

(*) Die Juden äussern zum Theil einen ähnlichen Gedanken bey einer andern Stelle, den ich aber, weil er von ihnen sehr schlecht erwiesen ist, nicht zu Bekräftigung meines Satzes, sondern bloß als ein Beyspiel ihrer Bedeutungsart anführe. Wenn sich nehmlich die Ehegesetze mit diesen Worten anfangen: nach der Weise Aegyptenlandes, darin ihr gewohnt habt, sollt ihr nicht thun: und nach der Weise des Landes Canaan, dahin ich euch bringe, sollt ihr nicht thun, so behauptet das Buch Siphra, es folge aus diesen Worten, daß eben das Geschlecht der Aegyptier und Cananiter, unter dem die damahligen Israeliten gewohnt haben, und zu dem sie eingehen sollen, das allerfündigste gewesen seyn müsse. Siehe die Dessauische Ausgabe S. 193. A oben. Der Beweis ist schlecht, und an historischen Nachrichten aus einer so alten Zeit mangelt es den Juden gänzlich.

und noch dazu von dem Könige der Philister für eine unverheyrathete gehalten ward: sondern die Sache scheint früher geschehen zu seyn, und nur bey einer andern Gelegenheit erzählt zu werden. Wer aber ein solcher Frembling unter den Geschichtschreibern ist, daß er dergleichen hysterosin für einen Fehler ansiehet, mit dem kann ich mich hier nicht aufhalten, sondern ersuche ihn allenfalls meine Meinung von der hysterosi aus dem 11ten Fasciculo der Relationum de libris novis S. 189. 190. zu ersehen. Wenn man überdem bey Völkern, die mit den Hebräern weder Verwandtschaft noch Umgang hatten, und die Gesetze Mosis schwerlich können geplündert haben, verbotene Grade findet, so kann man nicht wol unterlassen, den Grund dieser Uebereinstimmung in einer Quelle, die älter ist als Moses, zu suchen, und zu glauben, daß das schon vor Mose ein Herkommen gewesen sey, so er in ein geschriebenes Recht verwandelte. Es schickt sich dieser Gedanke zu der übrigen Art der Gesetze Mosis, der ungemein oft ein ehemahliges Gewohnheitsrecht bestätiget, oder aus dem verschiedenen Herkommen eins aussuchet, so daß man fast sagen könnte, der grössere Theil der bürgerlichen Gesetze Mosis sey schon vor ihm üblich gewesen.

§. 34.

Nach dem Herkommen ward zwischen vollbürtigen Geschwistern und Halbgeschwistern ein gar großer Unterschied gemacht.

Es ist etwas merkwürdiges bey diesem Herkommen, und giebt zu einigen Folgerungen Anlaß, daß nach demselben ein gar großer Unterscheid zwischen einer vollbürtigen Schwester und Stiefschwester gemacht wird. Denn Abraham, welcher sich nicht scheuete, die Tochter seines Vaters zu heyrathen, bezeuget 1. B. Mos. XX, 12. deutlich genug, daß er sie nicht genommen haben würde, wenn sie zugleich die Tochter seiner Mutter gewesen wäre. Will man aber auch, Schwester, hier für Base nehmen, wie es einigen beliebt, so bleibt doch so viel gewiß, daß Abraham eben dieselbe Base nicht geheyrathet haben würde, wenn nicht die Großmutter verschieden gewesen wäre, die er doch nahm, da sie ihm blos von der großväterlichen Seite verwandt war. Der Grund dieses Herkommens ist begreiflich, wenn man die Lebensart der Hebräer ansiehet. Die Frauen der begüterten herumziehenden Hirten wohneten in ihrem besondern Gezelt (*), und in den Häusern hatten gleichfalls die Frauen ihre abgesonderte Wohnung (**): wenn nun ein Mann mehr als eine Frau hatte,

(*) 1. B. Mos. XVIII, 10. XXIV, 65. XXXII, 33. meines Vaters zweite Dissertation de oeconomia patriarchali §. 16. wo sich
(**) 1. B. Mos. XXIV, 28. Siehe auch noch mehr von dieser Materie findet.

Herkommen vor Mose. Cap. 4. §. 34.

hatte, so waren in der Kindheit die Kinder jedweder Frauen bey ihr im Gezelt, oder in ihrer abgesonderten Wohnung. Hier wurden die Söhne erzogen, bis sie zur Arbeit, und etwan das Vieh zu hüten gebraucht werden konnten, wiewol sie auch zum Theil noch länger daselbst geblieben zu seyn scheinen (*): und dieses war der Aufenthalt der Töchter bis auf ihre Verheyrathung, zu dem doch noch die Söhne derselbigen Mutter stets einen freyeren Zutrit behielten. Wenn daher im Hohenliede ein Frauenzimmer beschrieben wird, das seinem Liebhaber mehrere Freyheiten, und einen geheimern Umgang gestatten will, so bringet ihn die Frauensperson in ihrer Mutter Haus, und in ihrer Mutter abgesonderte Wohnung (**). Bey den Umständen mußte nun nothwendig der Umgang zwischen leiblichen Geschwistern viel genauer seyn, als zwischen Söhnen der einen, und Töchtern der andern Frau, wenn sie gleich Kinder Eines Vaters waren: und wir werden nicht nöthig haben, mit einigen Juden (*.*) die Ursache der nähern Verwandtschaft von Mutterseite anzugeben: daß bey den übrigen Nachkommen Noah man nur die Mutter, nicht aber den Vater mit Zuversicht habe nennen können. Ich ziehe hieraus sogleich die Folge, daß das Herkommen vor Mosis Zeit den mehreren und genaueren Umgang zum Maaßstabe der nahen oder entfernteren Verwandtschaft machte.

§. 35.

Das Herkommen war nicht so strenge als Mosis Gesetz, sondern erlaubte die Heyrath mit der Halbschwester. Die Stellen 1. B. Mos. XI, 29. XX, 12. werden erkläret.

Ich will noch nicht bestimmen, ob das, was wir im vorigen §. von dem Herkommen vor Mosis Zeit gehabt haben, auch auf Mosis Gesetze zu deuten, oder für einen Unterscheid des Herkommens und des geschriebenen Gesetzes zu halten sey? Diese Frage mag bis auf den 108ten Abschnitt ausgesetzt bleiben. Das aber ist ohne Zweifel ein Unterscheid des alten Herkommens vom geschriebenen

---

(*) 1. B. Mos. XXIV, 28. 29.
(**) Hohelied III, 4. unter dem Worte חדר wollte ich nicht gern die Kammer der Mutter verstehen, sondern lieber diejenige Retirade der Frauensperson, die bey den Griechen gynaeconitis hieß: wie denn auch dasselbe Wort bey den Hebräern eigentlich von den abgeson-

derten Wohnungen der Frauenspersonen in den Gezelten gebraucht, und daher eine tugendhafte Jungfer, die sich nicht aus dieser Freystatt waget, Machdum genannt wird.

(*.*) Raschi bey der angeführten Stelle Mosis.

benen Recht Mosis, daß jenes die Halbschwester erlaubte, und bloß die vollbürtige Schwester verbot, da hingegen Moses einen Schritt weiter ging, und 3. B. Mos. XVIII, 10. 11. auch die Halbschwester, sie mochte des Vaters oder der Mutter Tochter seyn, untersagte. Es kommt abermahls auf die wichtige Stelle an, in welcher Abraham, der davon Rechenschaft geben will, wie er die Sara, seine Schwester, habe heyrathen können, spricht: sie ist eine Tochter meines Vaters, aber nicht die Tochter meiner Mutter (*). Ich habe schon oben erinnert, und es ist einem jeden bekannt, der etwas Hebräisch verstehet, daß die Verwandschaftsnahmen, Vater, Mutter, Sohn, Tochter, Schwester, Bruder bey ihnen weitläufiger genommen werden, als bey uns, und sehr oft so viel sind, als, Großvater, Großmutter, Vorfahren, Enkel, Enkelin, Nachkommen, Anverwandte. Es wird also die Rede Abrahams einen dreyfachen Sinn haben können: nach dem einen, der die Worte in der engsten Bedeutung nimt, wird Sara die Schwester Abrahams von Vaterseite, aber nicht seine leibliche Schwester gewesen seyn. Nach der zweyten würde sie seines Bruders Tochter, oder seines Vaters Enkelin, allein wiederum von einer andern Mutter seyn: nach der dritten würden sie

beyde

(*) Ich setze bey demjenigen, was ich von dieser Stelle schreibe, zum voraus, daß Abraham die Wahrheit rede, und nicht, um aus einer Lüge heraus zu kommen, eine andere Lüge ersinne, wie einige Juden erdichtet haben. Ich will einem ihrer geschicktesten und scharfsinnigsten Ausleger hier ansühren, um auch bey denen, welche die Juden nicht kennen, das zu bekräftigen, was ich im ersten Hauptstück von ihren Schrifterklärungen geurtheilet habe. Abenesra schreibt bey dieser Stelle: einige sagen, Gott werde unter dem Vater Abrahams verstanden (d. i. Abraham gebe sie durch eine neue Zweydeutigkeit für eine Tochter seines Vaters aus, wolle aber damit nur sagen, sie sey eine Tochter Gottes, oder von Gott geschaffen, und deswegen seine Schwester): allein meiner Meinung nach sucht Abraham nur aus Angst des Abimelechs durch Worte los zu werden (er begehet eine Nothlüge): und bey dem Vers, darin Jacob spricht, ich bin Esau, dein Erstgebohrner, will ich mehr ähnliche Beyspiele anführen. Man lese die ganze Erzählung, so wird man bald sehen, daß Abraham nunmehr sicher genug war, und es keiner neuen Nothlüge bedurfte: es würde aber auch eine sehr verdorbene Gemüthsart anzeigen, wenn er, da er eben auf einer Unwahrheit ertappet war, versichern wollte, nunmehr rede er die Wahrheit, das vorige sey bloß eine Zweydeutigkeit gewesen; und alsdenn von neuen anfinge, nur desto umständlicher zu lügen. Jedoch wenn ich auch diese Jüdischen Grillen eingestehen wollte, so müßte doch die Ehe, die Abraham vollziehen zu haben vorgiebt, unter seinem Volke so gewöhnlich gewesen seyn, daß Abimelech es ihm leichter glauben konnte: denn wo das nicht gewesen wäre, so hätte er nur schlechthin darauf bestehen dürfen, er habe seine Schwester geheyrathet.

vom Gesetz Mosis. Cap. 4. §. 35.

beyde Brüderskinder seyn, doch so, daß ihre Eltern nur Geschwister gewesen wären.

Die letzte von diesen drey möglichen Erklärungen, nach welcher das alte Herkommen einen halben Grad mehr verboten haben würde, als Moses, fällt schlechterdings weg: denn wir wissen aus der Geschichte der Patriarchen, daß sie es nicht nur für erlaubt, sondern für sehr lebenswürdig gehalten, und ihre Söhne dazu als zu einem recht guten Werke ermahnet haben, nahe Verwandtinnen, ja wol Mutterbrudersröchter zu heyrathen (*). Sollten bey den Gesinnungen, und bey dem Triebe in die nahe Freundschaft zu heyrathen, ihre verbotenen Grade wol weiter gegangen seyn, als Moses seine? und sollten sie wol die Ehe mit des Vatersbrudertochter verboten geachtet haben, so bald die Väter leibliche Brüder waren? Es ist sogar ein Beyspiel einer von den Eltern befohlnen und verlangten Heyrath zwischen Geschwisterkindern vorhanden, da die Mutter und der Vater des Ehepaars leibliche Geschwister waren. Denn Laban scheint nach allen Umständen, die wir im 24sten Capitel des 1. B. Mos. lesen, der leibliche Bruder der Rebecca gewesen zu seyn (**), und von dessen Töchtern soll sich doch Jacob, fast bey Verlust des väterlichen Segens, eine Frau aussuchen.

Der zweyten Erklärung, daß Sara die Tochter des Stiefbruders Abrahams gewesen sey (*,*), treten die Juden (*,*,*) gemeiniglich bey, und geben in dieser

(*) 1. B. Mos. XXIV. XXVIII. 2. 9.
(**) So bald Rebecca nicht in ihres Vaters, sondern in ihrer Mutter Hause die Nachricht gebracht hatte, was drüben dem Brunnen begegnet sey, so läuft Laban dem Knecht Abrahams entgegen: 1. B. Mos. XXIV. 28. 29. Er ist nicht nur bey Bewirthung des Knechts ungemein geschäftig, sondern er giebt auch zu der Heyrath den Consens, und wird darin seinem Vater Bethuel noch vorgesetzt, B. 50. welches in den Familien, darin die Blutsverwandten herrschete, das Vorrecht der leiblichen Brüder gewesen zu seyn scheinet, weil man von ihnen am zuverläßigsten hoffen konnte, daß sie bloß das beste der Schwester bedenken würden, zu deren

Schaden der Vater leicht durch eine seiner übrigen Frauen hätte eingenommen werden können. Man lese dabey 1. B. Mos. XXXIV. 13. nach.

(*,*) Der älteste Schriftsteller, der dis sagt, und den ich zu hoch schätze, ihn mit den Rabbinen zusammen zu setzen, ist Josephus. Er schreibt Alterth. B. I. Cap. XII §. 1. Abraham sagte: — sie sey seines Bruders Tochter. (ἀδελφιδῆ ἐτύγχανεν οὖσα).

(*,*,*) Raschi schreibt bey dieser Stelle: solltest du aber sagen: ist sie denn nicht die Tochter seines Bruders gewesen; siehe so sind Enkel eben so viel als Söhne, und so war sie ja des Terachs Tochter. Auf gleiche Art sagt auch

dieser Absicht när, die Jisca, welche 1. B. Mos. XI. 29. als eine Tochter Harans beschrieben wird, sey die Sara (*). Denn würde die Verwandtschaft Abrahams mit seiner Frau also zu sehen seyn:

```
              Terach
        ┌───────┴───────┐
      Haran             │
        │               │
   Sara oder ⌣      Abraham
     Jisca
```

Der eine Gedanke der Juden ist zwar höchst unwahrscheinlich, daß nehmlich Sara auch Jisca geheissen habe. Denn nicht zu gedenken, daß er ohne allen Beweis angenommen wird, so ist es nicht wahrscheinlich, daß Moses in Einem Vers einerley Person mit verschiedenen Nahmen benennen werde, ohne mit einem Worte anzuzeigen, daß beide Nahmen einer und eben derselben Person eigen sind. Man überlese die Worte: Der Nahme der Frau des Abra-

auch Abraham zu Lot: wir sind Brüder. Abarbanel druckt sich schon zweifelhafter aus: denn nachdem er gesagt, den Söhnen des Noa seyen auch ihre Halbschwestern erlaubt gewesen, setzt er hinzu: sollte aber auch Sara nicht seine Schwester, sondern seines Bruders Tochter seyn, so hat er dennoch nicht gelogen. Denn es war ihre Weise, des Bruders Sohn auch Bruder zu nennen, so wie Abraham den Lot seinen Bruder nennet, der doch seines Bruders Sohn war: auf die Art nannte er auch die Sara seine Schwester, weil sie seines Bruders Tochter war. Doch dem sey wie ihm wolle, so hatte er die Absicht, den Abimelech durch Worte zu besänftigen; wie der Rabbi Abenesra schon angemerket hat. Ich will noch die Worte eines Kirchenvaters hinzusetzen, der, weil er ein gebohrner Syrer war, zum wenigsten eben so anführenswürdig ist, als irgend ein Jude: wiewol es hier nicht auf Meinungen und Ansehen, sondern auf Gründe an-

kommt. Ich meine den Ephrem Ephräm: dieser schreibt S. 74. 75. des ersten Theils seiner zu Rom gedruckten Syrischen Werke: sie war aber seine Schwester von Vaters-Seite, weil sie die Tochter seines Bruders war. Hingegen war sie es nicht von Mutter-Seite, weil des Abrahams Schwester nicht an Haran, den Sohn Terachs, verheyrathet war, der vielmehr eine andere Auswärtige zur Frau genommen hatte. Diese Erklärung ist noch etwas schlechter als der Juden ihre: denn nach Ephräms Meinung soll die Mutter Abrahams so viel seyn, als seine Schwester, folglich der Vater so viel als sein Bruder; welches beides eine unerhörte Art zu reden ist: dahingegen nach der Auslegung der Juden, Haran, der vermeinte Vater der Sara, Abrahams Halbbruder gewesen ist.

(*) Raschi bey 1. B. Mos. XI. 29. Jisca: das ist, Sara, weil sie mit dem heiligen Geist bedecket (d. i. eine Prophetinn) war, und weil alle ihre Schönheit ansahen; oder in der Be-

Abrahams war Sara: und der Nahme der Frau des Nachors war Milca, eine Tochter Harans, des Vaters der Milca und der Jisca: und sage mir denn, ob man bey irgend einem vernünftigen Schriftsteller Sara und Jisca für einerley Personen würde halten können? Doch wenn auch dieses ein offenbahrer Fehler ist, so bliebe es dem ohngeachtet noch möglich, daß Sara eine Brudertochter Abrahams gewesen wäre, ob sie gleich nicht Jisca war; und eine Brudertochter konnte ohne allen Zweifel im Hebräischen seine Schwester heissen.

Was diese Erklärung am meisten wahrscheinlich macht, ist, daß wir in der Familie Abrahams noch eine Heyrath von eben der Art finden; denn sein Bruder, Nachor, hat, laut der angeführten Worte, seines Bruders, Harans, Tochter, die Milca, geheyrathet. Es würde daher gar nicht befremdlich seyn können, wenn eben der Haran seine andere Tochter gleichfalls an seinen Bruder, den Abraham, verheyrathet, und die Geschlechtstafel dieser Familie also gestanden hätte:

Terach

118 **Unterſcheid des Herkommens**

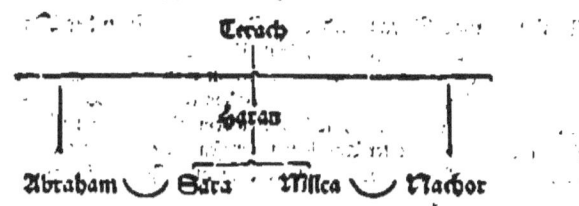

Wäre dieſes nun richtig, ſo würde es freilich einen ſehr großen Einfluß in Er‑ klärung der Eheſetze haben, obgleich von einer ganz andern Art, als man ge‑ meiniglich denkt. Denn da die geſtadete Parthey alle die Ehen erlaubt hält, die Moſes nicht ausdrücklich unter den verbotenen nahmhaft gemacht hat, in‑ ſonderheit aber die Ehe mit des Bruders Tochter, als deren Moſes im 18ten und 20ſten Capitel ſeines dritten Buchs nie gedenket: ſo pflegt ſie ſich gemei‑ niglich auf das Beyſpiel Abrahams zu beziehen, der ſeines Bruders Tochter geheyrathet habe. In der That aber würde nichts ſtärker wider ſie ſtreiten, als eben dieſe Heyrath, wenn ſie erwieſen werden könnte. Denn wenn Abra‑ hams Worte ſo viel ſagen ſollten, als: Sara iſt zwar meines Bruders Tochter; ich habe mir aber kein Bedenken gemacht, ſie zu beyrathen, weil er nicht mein leiblicher, ſondern nur mein Halbbruder war: ſo würde offenbar folgen, daß er ſie nicht hätte beyrathen können, falls ſie ſeines leiblichen Bruders Tochter geweſen wäre: und wenn man das von Moſe ſelbſt aufgezeichnete Herkommen anwenden ſoll, ſein geſchriebenes Geſetz in zweifel‑ haften und unentſchiedenen Fällen zu erklären, ſo würde nichts deutlicher ſeyn, als daß in ſeinen Geſetzen nicht Perſonen, ſondern Grade verboten ſeyn müſ‑ ſen. Iſt der Beweis nicht klar? Moſes verbietet in den Eheſetzen nirgends, des Bruders Tochter zu beyrathen: und doch ſetzt er in ſeiner Geſchichte zum voraus, daß dieſe Heyrath unerlaubt ſey, wenn der Bruder anders ein leiblicher Bruder iſt. Folglich iſt zu glauben, daß dieſe Ehe auch nach ſeinem Geſetz nicht erlaubt, und durch den Vers verboten ſey, der die eben ſo nahe Ehe mit des Vaters Schwe‑ ſter unterſaget.

Es kann dieſes ein ausnehmendes Beyſpiel abgeben, wie man bisweilen aus Eifer einen Satz zu vertheidigen gerade das behauptet, was wider ihn ſtreitet: denn man ſiehet ſich bey dem Eifer gleichſam nicht genugſam, oder man iſt nicht ruhig und unpartheyiſch, ich möchte faſt ſagen, nicht unentſchloſ‑ ſen

vom Gesetz Mosis. Cap. 4. §. 35.

fen genug, als daß man recht von vornen untersuchen sollte, ob das, was unsere Vorgänger für den Satz gesagt haben, historisch wahr sey, und in was für einer Verhältniß es gegen den Satz stehe.

Doch die gelindere Parthey darf sich diesesmahl gar nicht gefangen geben. Es ist im geringsten nicht wahrscheinlich, daß Abraham von seines Bruders Tochter rede, sondern wir werden am Ende glauben müssen, daß er selbiges Vaters wirkliche Tochter geheyrathet habe: daß also das Herkommen, dem er folgte, weit gelinder gewesen ist, als das geschriebene Gesetz Mosis.

Die Gründe, welche mich bewegen also zu denken, sind folgende:

1.) Als Abraham bey seiner ersten Ankunft in das Land der Phillister vorgab, Sara sey seine Schwester (אחתי), so wollte er ohne Zweifel, die Phillister sollten dis vieldeutige Wort von einer Schwester verstehen, und das thaten sie auch, und glaubten daher, sie könne nicht seine Frau seyn. Nunmehr da das Gegentheil hievon entdeckt war, sucht er sich aus dem Verdacht zu setzen, als habe er eine Unwahrheit geredet, und sagt zu dem Ende, es sey das, was er vorhin vorgegeben habe, in gewissem Verstande wahr, streitet aber nicht damit, daß er der Gemahl der Sara sey: das ist, er entdeckt die Zweydeutigkeit des von ihm gebrauchten Worts. Hätte nun diese Zweydeutigkeit darin bestanden, daß אחתי hier nicht sollte, Schwester, sondern Verwandtin, oder, Bruders Tochter heissen: so ist ja offenbahr, daß er hätte sagen müssen; sie ist auch wirklich meine אחתי (Schwest.), aber nicht die Tochter meiner Eltern, sondern meines Halbbruders Tochter. Ich will es zum Ueberfluß Hebräisch ausdrucken, wie er hätte sagen müssen; und es seiner Rede so ähnlich machen, als möglich ist, damit, wer Hebräisch verstehet, sogleich den Unterscheid sehe: גם אמנם אחתי בת אחי אבי היא אך לא בן אמי; allein so sagt er nicht, sondern: sie ist auch wirklich meine Schwester, die Tochter meines Vaters, aber nur nicht die Tochter meiner Mutter. Ist nun nicht offenbahr, daß die Zweydeutigkeit des Worts, welche Abraham zu seiner eigenen Entschuldigung, und um nicht ein Lügner zu heissen, entdecken will, nicht darin zu suchen sey, daß auch die Bruders Tochter Schwestern heissen können, sondern darin, daß dieser Nahme den leiblichen Schwestern und den Halbschwestern gemein war?

2.) Die

2.) Dieser Beweis wird noch stärker, wenn wir bedenken, daß das Wort Tochter, welches freilich bisweilen auch eine Enkelin bedeuten kann, hier im eigentlichen Verstande genommen werden müsse, weil Abraham die vorige Zweydeutigkeit erklären, und einen Grad der Verwandtschaft bestimmen will. Wenn zweydeutige oder vieldeutige Wörter in einer gewissen Art von Sachen eine eigentliche und bestimmte Bedeutung haben, so muß ich sie in der Bedeutung nehmen, so oft von der Art Sachen die Rede ist: da nun בת (Tochter) ohne allen Zweifel nach seiner eigentlichen Bedeutung bey den Hebräern eine unmittelbare Tochter ist, so ist es hier, da die Verwandtschaft bestimmet, und eine Zweydeutigkeit gehoben werden soll, in derselben zu nehmen.

Ich will es mit einem Beyspiel erläutern. Bruder, Schwester, Sohn, Tochter hat bey uns erstlich seine eigentliche Bedeutung: man nennet aber auch der Frauen Bruder und Schwester, desgleichen Schwiegersöhne und Schwiegertöchter also. Ich weiß, Sempronius und Caja sind mit einander verwandt, verlange aber Nachricht, wie nahe die Verwandtschaft sey: wird mir ein vernünftiger Mann antworten, *Sempronius ist Cajae Bruder*, und ihres Vaters Sohn, aber nicht ihrer Mutter Sohns, und darunter verstehen: *Sempronius habe Cajae Halbschwester geheyrathet*, sey also ihres Vaters, nicht aber ihrer Mutter Schwiegersohn?

Man bilde sich doch ja nicht ein, daß die Hebräer Auslegungsregeln haben, die den allgemeinen Gesetzen der Rede, welche Logik und Gewohnheit bestätigen, widersprechen. So ungereimt die gedichtete Antwort in unsern Sprachen ist, eben so ungereimt würde auch in dem Zusammenhange Abrahams Antwort seyn, wenn er unter Tochter, wegen der möglichen Zweydeutigkeit des Wortes, eine Enkelin verstünde.

3.) Das Hebräische אחות begreift zwar, wenn es so viel ist, als Anverwandtes, die Bruders-Töchter mit unter sich, an und vor sich aber ist es den Bruders-Töchtern nicht mehr eigen, als denen die mit uns erste, zweyte, oder dritte Geschwisterkinder sind. Es heißt entweder Schwester, oder Anverwandtin. Da nun niemand sich darüber wundern könnte, daß Abraham eine Verwandtin zur Ehe hatte, so würde er, wenn Sara gar nicht im eigentlichen Verstande seine Schwester gewesen wäre, viel leichter aus der Sache gekommen seyn, wenn er kurz gesagt hätte: ich habe nicht gelogen, sie ist meine Verwandtin, aber nicht meiner Eltern

vom Gesetz Mosis. Cap. 4. §. 35.

Eltern Tochter; und er würde gar nicht nöthig gehabt haben, dem Könige lange zu erzählen, von welcher Seite die Verwandschaft herrührete.

4.) Abraham war nach 1. B. Mos. XI, 26. 27. der älteste von seinen Brüdern. Sara war bekannter Massen nur zehn Jahr jünger als er; folglich kann sie unmöglich seines Bruders Tochter gewesen seyn. Denn sonst müßte einer seiner jüngeren Brüder in dem zehnten Jahr Abrahams schon eine Tochter gehabt haben; das ist, da dieser Bruder wenigstens um ein Jahr jünger war, als Abraham, so müßte er im neunten Jahre Vater geworden seyn, und also neun Monath vorher, als ein Knabe von acht Jahren und etlichen Wochen geheyrathet und ein Kind gezeuget haben. Diese Thorheiten wird doch wol niemand zu den seinigen machen wollen! Die Juden, die sich vielleicht durch diesen Zweifel beunruhiget fanden, wenn sie Sara in Jisca verwandeln wollten, haben aus Angst Abraham zum jüngsten unter den drey Söhnen Terachs gemacht: allein man lese nur Mosis eigene Worte, Terach hatte siebenzig Jahr gelebt, und zeugete Abram, Nachor und Haran: und gleich darauf abermahls, diß ist das Geschlechtsregister Terachs: Terach zeugete Abram, Nachor und Haran: und urtheile, ob nicht Abraham der älteste Sohn seyn müsse.

5.) Wenn ich die Worte Abrahams so verstehe, wie sie eigentlich lauten, von einer Halbschwester, so war nach seinen Worten gerade das in seiner Familie der letzte erlaubte Grad, was auch bey andern alten Völkern, sonderlich bey einem, das mit den Hebräern sehr vieles gemein hat, gleichfalls der letzte erlaubte Grad gewesen ist. Ich will davon im 37sten Paragraphen reden, und hier nur anmerken, daß die Uebereinstimmung dieser Gewohnheiten oder Rechte die Erklärung nicht wenig bestätiget, welche Sara zur Halbschwester Abrahams macht: und diese Meinung scheint mir endlich, alle Gründe zusammen genommen, gewiß zu seyn. Der Widerspruch der Juden macht mich darin nicht zweifelhaft. Ich habe schon mehrmahls erinnert, daß sie aus den uralten Zeiten Abrahams keine andere Nachrichten hatten, als wir, nehmlich Mosen. Den erklärten sie, und wir können ihn mit gleichem Recht erklären: wer ihn aber am besten ausleget, das kann nicht durch ihr Ansehen, sondern es muß durch Gründe entschieden werden. Warum sie ihn aber hier anders erklären, als ich gethan habe, das fällt leicht in die Augen. Es geschahe aus Partheylichkeit für die Ehre ihres Volks, und für den talmu-

schen

ihren Ruhm eines heiligen Stammes: denn sie wollten nicht, daß ihr
Stammvater in einer Ehe gelebt haben sollte, die ihnen allzu anstößig
vorkam. Jedoch wenn es nöthig wäre, Jüdische Ausleger vor sich zu
haben, so kann ich

6.) hinzufügen, daß es auch nicht an Juden gemangelt hat, die das Wort,
Schwester und Tochter, hier im eigentlichsten Verstande nehmen, und
die Sara für Abrahams eigentliche Schwester halten. Der verständige
und gelehrte Jude Abarbanel, der im 15ten Jahrhundert lebte, schreibt
bey dieser Stelle: er hat aber auch der Wahrheit gemäß gesaget,
daß sie seine Schwester wäre, die Tochter seines Vaters, aber
nicht die Tochter seiner Mutter, und deshalb hätte er sie geheyrathet. Denn unter den Söhnen Noa war nur die leibliche
Schwester verboten.

§. 36.

Es ist zweifelhaft, ob Moses aus einer Ehe mit des Vaters Schwester, dergleichen sein geschriebenes Gesetz untersaget, gezeuget sey.

Zu dem Herkommen vor der Zeit Moses rechnet man gemeiniglich noch
eine merkwürdige und nachher verbotene Ehe, die ihn selbst am nächsten angehet, und aus der er gezeuget ist. Denn da Amram, der Vater Mosis, ein
Sohn Kehath, des Sohns Levi war, und die Jochebed, eine Tochter Levi,
heyrathete, so scheint es offenbahr zu seyn, daß er seines Vaters Schwester geheyrathet habe, welches Moses nachher ausdrücklich verbietet, 3. B. Mos.
XVIII, 12. XX, 19. Das Geschlechtsregister würde also stehen:

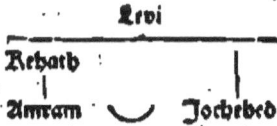

Nun habe ich zwar keinen Zweifel daran, daß nach dem damahligen Herkommen diese Ehe unter den Israeliten erlaubt gewesen seyn möchte, nachdem
wir vorhin gesehen haben, daß in der Familie Abrahams die viel nähere Ehe
mit der Halbschwester erlaubt geschätzet ward, und ich nicht begreifen kann,
wie seit Abrahams Zeit die Sitten seiner Nachkommen unter den Cananitern
und

mit seiner Tante. Cap. 4. §. 36.

und Aegyptiern sollten strenger geworden seyn, als er sie ihnen gelassen hatte. Ich würde auch eine solche Heyrath nicht für eine Wirkung des bösen Exempels der Aegyptier ansehen, da Abraham, ehe er die Aegyptier kannte, eine viel nähere Heyrath vollzogen hat: sondern ich würde sie blos für ein Herkommen vor Mosis geschriebenem Gesetze halten.

Ich muß aber bey dem allen bekennen, daß es etwas zweifelhaft bleibe, ob dieses eine Ehe mit des Vaters Schwester, oder zwischen Geschwisterkindern gewesen ist, welches letzte sie seyn würde, wenn man die Worte, בת לוי, eine Tochter Levi, 2. B. Mos. II, 1. von einer Enkelin Levi auslegte:

```
              Levi
      ┌─────────┴─────────┐
    Kebath              N. N.
      │                   │
    Amram ⌣ Jochebed
```

Ich erkenne, daß dieser Erklärung wichtige Zweifel entgegen stehen, nehmlich:

1.) Moses, der doch seiner Mutter Vater wol gewußt haben muß, nennet niemahls einen andern Vater als Levi. Sollte nun dieser der Großvater der Jochebed seyn, so ist unbegreiflich, warum er den unmittelbaren Vater stets auslasse; welches die Hebräer in ihren Geschlechtregistern alsdenn zu thun pflegen, wenn der unmittelbare Vater unbekannt ist.

2.) Moses nennet sie im 4ten Buch, XXVI, 59. eine Tochter Levi, mit dem Zusatz, welche ihm gebohren ist, oder nach den Hebräischen Vocalen, welche ihm gebohren hat [nehmlich ihre Mutter (*),] in Aegyptenland.

(*) Wenn man andere Genealogien, sonderlich aus dem Anfang der Bücher der Chronik, damit vergleichet, so sollte man fast denken, daß hier der Nahme ihrer Mutter ehemahls gestanden habe, und nur von den Abschreibern ausgelassen sey: ja auch ohne dieses bringt einen die Sache selbst auf eine solche Vermuthung. Denn wer wird schreiben: sie hat ihm gebohren, ohne die Person zu nennen, die gebohren hat? Vielleicht hat Moses hier den Nahmen der Mutter der Jochebed genannt, weil sie auch nur die Halbschwester Kebaths gewesen ist, und der Umstand die Ehe noch mehr entschuldigte, weil die Tante, die er heyrathete, blos seine Halbtante

land. Dieser Zusatz scheint ganz unnöthig zu seyn, wenn sie eine Enkelin des Levi gewesen wäre: denn so verstünde sich von selbst, daß sie nicht hätten können außer Aegypten gebohren werden, als in welches Levi mit den Seinigen in seinem 50sten Jahr, d. i. 135 Jahre vor Mosis Geburt, gezogen war.

3.) Moses nennet sie im zweyten Buche Cap. VI. 20. ausdrücklich דודה (Doda), die Vaters-Schwester des Amrams.

Allein es scheint diesen Zweifeln ein sehr starker Grund entgegen zu stehen, um dessen willen Jochebed nicht für die Tochter, sondern für die Enkelin des Levi zu halten ist. Die Israeliten haben in Aegypten 215 Jahre gewohnt, und Moses ist 80 Jahr vor ihrem Auszuge aus Aegypten, d. i. im 135sten Jahre ihrer Wohnung in Aegypten gebohren. Levi war 50 Jahr alt, als er nach Aegypten zog: es fällt demnach das Geburtsjahr Mosis in das 185ste Jahr nach der Geburt Levi. Sollte nun die Mutter des Moses eine Tochter Levi gewesen seyn, und man wollte nicht vorgeben, daß sie nach dem funfzigsten Jahre Kinder gebohren habe, so müßte Levi sie in seinem 135sten Jahre gezeuget haben, so wider den Lauf der Natur ist, und auch wider das Beyspiel Abrahams streitet, dem es unbegreiflich war, daß er im hundertsten Jahre einen Sohn zeugen sollte. Denn wenn andere aus 1.B. Mos. XXV, 1. 2. vorgeben wollen, daß Abraham nach seinem 137sten Jahre sechs Söhne gezeuget habe, so bemerken sie nicht, daß Moses noch vor dem Tode Abrahams (V. 7. 8.) seine natürlichen Kinder erzählen will, obgleich solche weit früher gebohren waren: und schliessen ohngefähr eben so, als wenn man vorgeben wollte, Ludwig der 14te habe alle seine natürliche Kinder nach dem Badraschen Frieden gezeuget, weil sie von den Geschichtschreibern erst nach demselben, und kurz vor seinem Tode, erwähnt werden.

Welche von beiden Meinungen sollen wir nun wählen? Ich finde bey beiden grosse Schwürigkeiten, und doch bey keiner solche, die sich gar nicht beantworten liessen: daher ich die Wahl meinen Lesern überlassen, und nur das hieher setzen will, was mir zur Beantwortung der Schwürigkeiten beyfällt.

Wegen

tante war. Vielleicht ist gar der Nahme der Großmutter Mosis in den Buchstaben הרה enthalten, die man nur anders aussprechen müßte, als die von den neuern Juden beygesetzten Puncte und vorgeben: etwan so: der Nahme der Frau des Amrams war Jochebed, eine Tochter Levi, welche Atea dem Levi in Aegypten gebohren hatte.

mit seiner Tante. Cap. 4. §. 36. 125

Wegen der Jahre des Levi könnte erwiedert werden: da bisweilen jetzt einige sehr seltene Beyspiele vorkommen sollen, daß Mannspersonen von hundert Jahren Kinder zeugen; so sey es, bey dem damahls viel höhern Alter der Menschen nicht ganz ohnmöglich gewesen, daß Levi im 135sten Jahre noch eine Tochter gezeuget habe: und wenn Abraham bey sich dieses für ohnmöglich halte, so könne die Haupursache davon bey seiner 90jährigen Frau zu suchen seyn; allenfalls aber folge doch nur daraus, daß Levi im 135sten Jahre noch rüstiger und bey besserer Gesundheit gewesen sey, als Abraham zwischen 90 und 98: endlich rechne Gott 1. B. Mos. XV, 16. vergl. mit V. 13. auf 400 Jahre vier Geschlechter, setze also zwischen Abrahams und Moses Zeit als etwas ganz gewöhnliches zum voraus, daß die Eltern noch im hundertsten Jahre Kinder gezeuget haben: wo aber dieses gewöhnlich sey, habe man auch den Fall nicht für ohnmöglich zu achten, wenn einer im 135sten Jahre Kinder zeuge: das Beyspiel Ephraims, der noch Kinder gezeuget habe, als seine Nachkommen im siebenten Gliede schon erwachsen und erschlagen waren, 1. Chron. VII, 20. 23. gehöre in eben die Zeit, in der Levi lebte, und sey zum wenigsten ein eben so großes, wo nicht ein noch größeres Beyspiel der späten Fruchtbarkeit des damahligen Weltalters. Vielleicht könnte man auch sagen, die Weiber seyn bey dem langen Leben der Menschen länger fruchtbar geblieben: hätte nun Jochebed den Moses in ihrem 60sten Jahre gebohren, so brauche man den Levi nur 125 Jahr alt zu machen, als er sie zeugete.

Hingegen läßt sich auf die drey gegenseitigen Gründe, so die gewöhnliche Meinung bestätigen sollen, antworten:

1.) Jochebed könne aus einem andern Stamm, und nur von Mutterseite eine Enkelin des Levi gewesen seyn: und in solchem Fall würde sie in einer Genealogie ordentlich eine Tochter Levi zu nennen seyn, wenn dem Geschichtschreiber daran gelegen war, ihre Abstammung von Levi zu bemerken. Denn ordentlich schreiben die Hebräer nicht: Jochebed, die Tochter der Casa, der Tochter Levis sondern lassen die Nahmen der Töchter in den Geschlechtregistern gern aus.

2.) Im 4. B. Mos. XXVI, 59. findet sich eine verschiedene Leseart, die zwar bisher von niemand, auch nicht von Houbigant oder Kennicot, bemerkt ist. Denn die siebenzig Dollmätscher übersetzen die Stelle, als hätten sie für אשר gelesen, אשר ἔτεκε τούτους. Da denn der Sinn der Worte ist: der Nahme der Frau des Amrams war Jochebed,

eine

eine Tochter (Enkelin) Levi, welche diese (drey Kinder, Aharon, Moses und Mirjam) dem Levi in Aegypten gebohren hat. Sie hätte sie nehmlich dem Levi gebohren, in so fern sein Stamm durch dieß Urenkel vermehret ward.

Ich muß aber auch hinwiederum sagen, daß die 70 Dollmetscher aus Partheylichkeit für ihres Volkes und Mosis Ehre die Leseart nach ihrer critischen Vermuthung haben ändern können, wie sie dergleichen sich auch an andern Orten unterfangen haben (*): daher diese Antwort nicht von großem Gewichte ist. Ihre Uebersetzung vom 2. B. Mof. VI, 20. zeiget wenigstens, daß sie ungern eine junahe Heyrath der Eltern Mosis zugeben wollen, wenn sie daselbst Doda (des Vaters Schwester) durch des Vaters Bruders Schwester übersetzen. Wollte man endlich in den Worten 4. B. Mof. XXVI, 59. eine andere Leseart annehmen, als die jetzt im Hebräischen Text stehet, so würde nach meiner Anmerkung S. 123. 124. eher wahrscheinlich seyn, daß der Nahme der Mutter der Jochebed ausgelassen sey; welches aber der Meinung noch günstiger seyn würde, welche die Jochebed zu Amrams Tante macht.

3.) Doda könne vielleicht 2. B. Mof. VI, 20. weitläufiger genommen werden, so wie sonst die Nahmen Vater, Mutter, Tochter, so daß es nicht des Vaters Schwester, sondern des Vaters Schwester Tochter bedeute: auf welche Art es auch die Griechische und Lateinische Uebersetzung giebt. Nur ist Schade, daß wir kein Beyspiel dieser weitläufigern Bedeutung haben und anführen können, darauf doch in einer philologischen Frage die Hauptsache ankommt. Es will zwar Houbigant S. 190. des ersten Theils seiner Bibel vorgeben, daß im Syrischen Dod auch von Geschwister-Kindern gebräuchlich sey. Ich habe aber, daß ich mich zu erinnern wüßte, nie dergleichen im Syrischen gefunden; und Houbigant ist der Mann nicht, dem ich es auf sein Wort glauben möchte. Vielleicht hat ihn gar die Stelle Col. IV, 10. betrogen, wenn er sie flüchtig nachgeschlagen, oder nur im Wörterbuche vorgefunden, und das vorherhende Wort Bar nicht bemerkt hat: denn daselbst heißt ein Geschwister-
Kind

(*) Siehe Christ. Müllers Saturam observationum philolog. c. IX. p. 150-155. Commentarios Soc. Reg. Scient. Gottingensis T. III. p. 156. Ein anderes größeres Beyspiel davon ist in den Göttingischen Anzeigen von Gelehrten Sachen S. 355. des Jahrs 1753. angemerket.

mit feiner Tante. Cap. 4. §. 36.

Kind ד בַּר (*Bar Dod*) ein Sohn des Dod, da denn Dod doch so viel ist und bleibt, als Vaters Bruder. (*)

Hier mögen nun meine Leser urtheilen, und mich der Mühe, in einer Sache, wo man leicht irren kann, für sie zu denken, überheben.

Die Ehe selbst kann wol bey den Israeliten zur Zeit Mosis und seiner Voreltern nicht unerlaubt gewesen seyn, da man eine viel nähere geduldet hat: sonderlich wenn Jochebed nicht die vollbürtige, sondern nur die Halbschwester des Kehaths gewesen ist: welches auch ohne Absicht auf die S. 123. 124. vermuthete Lesart gewiß fast seyn würde. Denn die Frau, die Levi in seinen jüngern Jahren geheyrathet hat, kann wol in seinem 135sten Jahre nicht mehr im Stande gewesen seyn, Kinder zu gebähren. Ob sie in diesem Falle von Mose nachher verboten sey, gehört nicht hieher, sondern in den 108ten Paragraphum.

§. 37.

Dieses Herkommen vor der Zeit Mosis kommt mit den Gesetzen der Perser und Athenienser überein: muß also eine ältere und gemeinschaftliche Quelle haben.

Das Herkommen vor der Zeit Mosis, nach welchem die verbotenen Ehen bey den leiblichen Geschwistern aufhörten, und die Halbschwestern zur Ehe erlaubt waren, stimmet mit den Sitten einiger andern alten Völker überein, und verräth dadurch eine noch ältere gemeinschaftliche Quelle, welche auch die Juden zu erkennen scheinen, wenn sie zum Theil die Ehe, in der Abraham lebte, den

---

(*) Mit mehrerem Rechte hätte sich Houbigant auf Jerem. XXXII, 12. berufen können, wo derjenige דֹּד heisset, der kurz vorhin ב ן דֹּדִי (der Sohn des Dod) hieß: und diese Stelle ist mir auch wirklich in der Kraftischen theologischen Bibliothek (Jahr 1755. S. 398) von einem Recensenten, dessen Einsichten ich doch schätze, ohne zu wissen, wer es ist, und wer sich unter den Buchstaben P. K. verborgen hat, entgegen gesetzt. Allein sie ist zu Umstoßung der gewöhnlichen Bedeutung des Wortes Dod deßhalb zu untauglich, weil sie selbst eine verschiedene Lesart hat, indem die Siebenzig Dollmet-

scher und der Syrer im 12ten Vers so gut als in den vorigen דֹּד ב ן lesen, so Houbigant nicht blos als eine Variante anführet, sondern auch der gewöhnlichen Lesart vorziehet.

Der mir unbekannte P. K. in der Kraftischen theologischen Bibliothek hat mir noch die Stelle Esther II, 7. entgegen gesetzt. Allein in der Rede ist keine norma probandi: denn wenn Esther gleich eine Tochter des Vaters-Bruders des Mardochai, also mit ihm Geschwister-Kind war, so konnte sie doch jünger als er, und seine Bräutlein seyn.

Halbschwester dem Abraham,

den Söhnen Noa, die nichts als die Gebote Noa, und noch kein Gesetz Mosis zu beobachten hatten, für erlaubt halten: obgleich dieser letzte Satz Untersuchung verdient, wie denn überhaupt das Zeugniß der Juden nie von mir als ein Beweis der Wahrheit der S he angeführet wird.

Daß die Perser nebst den Assyriern die Heyrath mit der Schwester, (ich setze dazu, mit der Halbschwester), gebilliget haben, hat bereits Clericus bey 1. B. Mos. XX, 12. 3. B. Mos. XVIII, 9. aus der bekannten Stelle des Lucians bemerkt, und ich wiederhole es nicht, weil sein Buch, wo nicht in aller Händen, doch auf allen größern Büchersälen anzutreffen ist. Hingegen hat er einen Irrthum begangen, wenn er meint, Herodotus bezeuge, daß die Ehe mit der Schwester vor Cambysis Zeit unter den Persern nicht Sitte gewesen sey. Herodotus redet von der Ehe mit der leiblichen Schwester, darin Cambyses der Vorgänger gewesen ist, und eben daraus sehen wir, daß vor seiner Zeit dasselbige Recht unter den Persern war, welches wir im Hause Abrahams finden, nach welchem man die Halbschwester, nicht aber die leibliche Schwester, heyrathen durfte. Ich will die Worte hersetzen, die Clericus vermuthlich nur flüchtig gelesen hat (*): das zweyte Beyspiel seiner Grausamkeit bewies Cambyses an seiner Schwester, die ihm nach Aegypten gefolget war, welcher er auch beywohnete, ob sie gleich von beiden Eltern seine Schwester war. Mit der Heyrath hatte es sich also verhalten, (denn vorhin pflegten die Perser den Schwestern nicht beyzuwohnen). Hierauf erzählt er weiter, daß Cambyses wegen seiner vorhabenden Heyrath bey den Auslegern der Gesetze angefragt habe, ob ein ausdrückliches Gesetz da sey, das diese Ehe billige? darauf sie mit Nein! geantwortet, doch mit dem Zusatz, dem Könige sey kein Gesetz gegeben. Herodotus redet zwar nicht überall deutlich und bestimmt; wer aber den Anfang nicht überschlägt, der siehet ohne mein Erinnern, daß von der leiblichen Schwester die Rede sey: allein das versäumt man bey solchen Stellen zu oft, die mancher nur aus den Neuern kennet, und sie so annimt, wie sie von ihnen angeführet sind, ohne sie weiter nachzuschlagen. Eine Quelle vieler Irrthümer! Es ist im übrigen leicht zu begreifen, woher diese Uebereinstimmung der Sitten Abrahams und der Perser komme, nehmlich von der Assyriern, welcher Mahme noch dazu bey den Alten die Syrer oft unter sich zu begreifen pfleget.

Sonderbarer ist es, daß auch die Athenienfischen Sitten mit diesem Herkommen der Familie Abrahams übereinstimmen. Denn da die Aegyptier alle
Schwe-

(*) Herodotus L. III. c. 31.

Schwestern ohne Unterscheid, auch wol Zwillingsschwestern, die Lacedämonier hingegen bloß die leiblichen Schwestern im Gegensatz gegen die, so von einem Vater sind, heyratheten, so waren den Athenienfern ihre Schwestern von müterlicher Seite erlaubt, und die leiblichen Schwestern verboten. (*). Ich will dis nicht mit Zeugnissen bestätigen, nachdem Samuel Petit in seinem Commentario ad leges Atticas L. VI. tit. I. §. (**), es so deutlich erwiesen, daß niemanden mehr die Zweifel irren werden, die Lambinus in seinen Anmerkungen zu dem Leben Cimons im Cornelius Nepos dagegen gemacht hat. Die Uebereinstimmung des beiderseitigen Herkommens und Gesetze wird desowegen desto merkwürdiger, weil sonst die Israelitischen und Athenienßschen Sitten in Ehesachen oft näher übereinkommen, als daß man es von einem blossen Zufall herleiten könnte, dahin ich unter andern rechnen darf, daß beide Völker es für rühmlich hielten, ausser ihrem Volk, und für lobenswürdig, in die nahe Freundschaft zu heyrathen (*.*): daß bey den Hebräern die Töchter, die ein Erbe hatten, den nächsten Verwandten, der erlaubt war, zu heyrathen pflegten, aus ihrem Stamme aber gar nicht heraus heyrathen durften (*.*.), so wie bey den Athenienßern die ἐπίκληροι, oder Erbinnen, nicht aus der Verwandtschaft heraus heyrathen konnten (*.*.*): und daß die Brüder bey der Verheyrathung der Schwestern viel zu sagen hatten (†), nur mit dem Unterscheid, daß bey den Hebräern die Einwilligung des leiblichen, und bey den Athenienfern des Bruders von väterlicher Seite erfodert werden konnte.

Woher diese Uebereinstimmung der Sitten zwey so verschiedener Völker rühret, ist wenigstens eine gelehrte, und vielleicht eine zu unserm Endzweck nützliche Frage. Da ich sie aller Untersuchung werth schätzte; und glaubte, daß meinem werthesten Herrn Collegen, dem Herrn Professor Gesner, den seine ausserordentliche Gelehrsamkeit und Bekanntschaft mit den Griechischen Schriftstellern, im alten Griechenlande gleichsam einheimisch macht, bey Vorlegung einer solchen Frage eine Antwort beyfallen möchte, die ich vergeblich su-

---

(*) Philo de legibus specialibus S. 601. 602. des Wechelischen Abdrucks vom Jahr 1613.

(**) S. 440. 441. oder S. 537. 538. des dritten Theils der Jurisprudentiae Romanae et Atticae.

(*.*) Sam. Petit in leges Atticas (so ich aus der Ausgabe in der Jurispruden-tia Romana et Attica anführe) S. 536. 537. 538. L. VI. Tit. I. §. 5. 6. 7. 9.

(*.*.) 4. B. Mos. XXXVI.

(*.*.*) Petit am angeführten Orte S. 539-542. §. 9-12.

(†) Petit S. 514. §. 4.
meine Hebr. Alterthümer S. 28.

130 Halbschwester dem Abraham, Persern ꝛc. erlaubt. Cap. 4. §. 37.

chen würde, so habe ich mit seine Meinung ausgebeten. Ich will sie, und die meinige dazu, desto lieber mittheilen, weil unsere Gedanken, die in etwas verschieden sind, doch in einem Hauptsatze übereinkommen und sich einander bekräftigen. Die Vermuthung dieses gelehrten Mannes ging dahin: die Phönicier, die aus Palästina von Josua vertrieben sind, hätten gehöret, daß sie von Gott unter andern wegen der Blutschande gestrafet würden; da sie sich nun zum Theil nach Griechenland gewandt, so hätten sie ihren Nachkommen, und den dort vorgefundenen Barbaren die Ehen mit den allernächsten Verwandten untersaget (*). Dieses ist sehr wohl möglich: denn die Hebräische Sprache, darin die Bücher Mosis geschrieben sind, war die Phönicische, oder die Sprache der Cananiter.

Mein Gedanke war: Griechenland, ja fast die ganze mittägige Küste von Europa, ist zuerst durch die Phönicier und deren Colonien gesittet gemacht worden: wie denn Griechenland auch ihnen die Buchstaben zu danken gehabt hat. Wir, wenn einige dieser ersten Wohlthäter Griechenlandes aus Phönicien dahin gekommen seyn sollten, ehe noch die Sitten der Cananiter so verderbt geworden sind, und als sie noch eben das Herkommen, so in der Familie Abrahams galt, gleichfalls befolgten, d. i. zwischen der Zeit Abrahams und Mose. Daß eine Zeit gewesen sey, da die Phönicier oder Cananiter nicht alle Blutschande billigten, habe ich im 33. §. wahrscheinlich zu machen gesucht. Doch die eine sowohl als die andere Vermuthung würde wegfallen, und die Uebereinstimmung des Athenienßischen Gesetzes mit dem alten Herkommen zu Abrahams Zeit ein blosses Werk des Zufalls seyn, wenn die Ursache, die Montesquieu vom Athenienßischen Gesetz angiebt (**), die richtige seyn sollte. Allein Montesquieu scheint sich zu irren. Ich sage in der Note, weswegen ich ihm nicht beytreten kann.

§. 38.

(*) Ich will seine eigenen Worte bey-fügen, die vermuthlich meinen Lesern angenehm seyn werden. Am 19 December 1754. schreibt er: rationem consensus circa leges Mosaicas et Atticas putabam a primis inde linguae et institutorum Graecorum auctoribus repetendam. Quid? si ipsi coloni Phoenices, cum audirent, se ab Israelitarum Deo exterminari propter tales conjunctiones, hoc suis posteris injunxere. Und den folgenden Tag: Percurri denuo quae sunt de incestu apud Grotium Seldenumque veterum placita, et confirmor sententiae, quam heri jam indicavi: Graeci primi, barbari, ut describuntur a Thucydide, moniti a Phoenicibus videntur recepisse Mosaica.

(**) Esprit des loix, liv. 5. chap. 5. pag. 70. 71. Il y avoit à Athénes une loi,

Ehen mit d. Tante waren dennoch nicht sehr gewöhnl. C. 4. §. 38. 131

§. 38.

Es mag vielleicht noch ein anderes strengeres Herkommen vor der Zeit Mosis die übrigen Ehen zwar nicht verboten, aber doch für unschicklich gehalten haben. Spur dieses Herkommens.

Ausser dem Herkommen, das ich vorhin erwähnet habe, möchte vielleicht noch ein anderes strengeres gewesen seyn, so mit dem geschriebenen Gesetze Mosis genauer übereinstimmete, und einige Ehen bis in den dritten Grad der Blutsfreundschaft, und den vierten Grad der Schwägerschaft untersagte. Es kann seyn, daß dieses gedoppelte Herkommen einander nicht widersprochen, sondern gar freundschaftlich mit einander übereingestimmet hat. Vielleicht sahe man einige Ehen schlechterdings für verboten an, dahingegen man die andern nur für etwas unzierlich hielt: vielleicht hielt man jene Heyrathen für Gräuel, andere aber mehr für unhöfliche Beleidigungen einer schuldigen Ehrerbietung, nicht sowohl gegen die Person, die man heyrathete (denn da heißt es: was einer selbst verlanget, dadurch wird er nicht beleidiget) als gegen seine eigene Eltern, denen man sie in das Haus brachte: vielleicht sahen diese eine Heyrath von der zweyten Gattung nicht gern, ob sie gleich sie nicht für sündlich hielten: vielleicht war das, was das Herkommen für geziemend oder unschicklich hielt, gleichsam eine Vormauer um das eigentliche Recht des Herkommens. Was jedwede von diesen Vermuthungen, oder auch alle mit einander (denn sie können gar wohl zusammen bestehen) für Wahrscheinlichkeit oder Unwahrscheinlichkeit haben, das wird sich nach und nach entdecken. Jetzt sind Vermuthungen hinlänglich: denn auch die beweisen wenigstens die Möglichkeit, daß ein gedoppeltes Herkommen, ein strengeres, und ein gelinderes bey einem und eben demselben Volk (*) bestehen konnte.

Es lol, dont je ne sache pas, que personne ait connu l'esprit. Il étoit permis, d'épouser sa sœur consanguine, et non pas sa sœur uterine. Cet usage tiroit son origine des republiques, dont l'Esprit étoit, de ne pas mettre sur la même tête deux portions de fonds et de terre, et par consequent deux hérédités. Allein Montesquieu hat sich überellt. Die Töchter der Zelophehad hatten

ordentlich kein Erbe, es konnte also dadurch, wenn ich meine Schwester von Vatersseite heyrathete, nie eine doppelte Erbportion auf mich kommen. War ich ihr Bruder, so hatte sie gewiß kein Erbe, als an welches nur die einzigen Töchter Anspruch machen konnten, und daher Erbinnen hießen.

(*) So verbieten bey uns die göttlichen Gesetze zwar nur die Blutsfreundschaft im drit-

R 2

Es ist mir sehr wahrscheinlich, daß etwas der Heyrath mit der Eltern vollbürtigen Schwester im Wege gestanden, und sie in einen nicht recht guten Ruf gebracht. Moses aber, der sonst so oft seine Gesetze aus alten Gewohnheiten nimt, diese Meinung oder dis Herkommen durch sein geschriebenes Gesetz in ein Recht verwandelt habe. Von der Zeit Abrahams bis auf Mosen finden wir nur so wenig Heyrathen in einem näheren Grad, als der war, den Moses erlaubt hat, da uns doch ziemlich viele Heyrathen erzählet werden, daß wir es schwerlich für ein blosses Ohngefähr halten können, sondern vermuthen müssen, es habe etwas die Nachkommen des Abrahams davon zurück gehalten. Bey uns und in unsern Ländern würde zwar eine solche Anmerkung nichts beweisen: denn man ist überhaupt nicht gewohnt, seine Braut unter den nahen Freunden zu suchen, sondern, wenn nicht nach Geld, oder andern Absichten geheyrathet wird, so wählet man die, welche einem unter der großen Anzahl von Frauensleuten, mit denen man ungehindert Umgang haben kann, am besten gefällt. Allein bey den Nachkommen Abrahams war

1.) der Umgang mit ganz fremden Frauenzimmer zwar nicht so verwehret, als bey den neueren Morgenländern, aber doch nicht so frey und leicht zu erhalten, als bey uns: daher man nach Proportion mehr Verwandte, und weniger fremde Frauensperfonen kennen lernte, als bey uns gewöhnlich ist.

2.) Ein grosser Theil der Ehen ward, wie noch jetzt im Morgenlande (*), mehr zwischen den Eltern, als den Brautleuten selbst, geschlossen, davon unter andern das 24ste Capitel des ersten Buchs Mosis, und Cap. XXI, 21. ein Beyspiel geben kann. Dabey war es nicht zu verwundern, wenn die Zuneigung der Eltern, die nicht Liebe von der Art war, als sonst Bräutigam und Braut zusammen zu fügen pflegt, am meisten auf ihre nächsten Vettern und Basen fiel.

3.) Es ist überdem offenbahr, daß es für lobenswerth gehalten ward, und sonderlich den Eltern angenehm war, wenn der Sohn so nahe als möglich in die Familie heyrathete. Um den Raum zu schonen, ersuche ich meine Leser, die Stellen 1. B. Mos. XXIV, 4. 48. XXVI, 34. 35. XXVII,

dritten Grad: allein ein gewisses Herkommen, und die meisten Leute, sehen es doch schon für etwas ausserordentliches an, wenn Geschwisterkinder sich einander beyrathen, und es wird ein Gespräch daraus, nicht anders als wenn die Ehe etwas bedenkliches hätte.

(*) CHARDIN, Voyage en Perse Liv. 1. p. 168. 169. SHAW, in der Französischen Uebersetzung, T. I. p. 393.

waren dennoch nicht sehr gewöhnlich. Cap. 4. §. 38.

XXVII, 46. XXVIII, 1. 2. 8. 9. XXIX, 19. mit Aufmerksamkeit durchzulesen.

Da so viel Umstände zusammen kommen, welche den Bräutigam gleichsam zwungen, seine Braut aus der nahen Verwandtschaft zu nehmen, so dächte ich, wir würden mehr Ehen im dritten Grade, ja wol gar mehr Ehen mit den Halbschwestern vor uns finden, wenn nichts im Wege gestanden hätte. So viel, dünkt mich, läst sich auch leicht errathen, daß die Eltern, welche ihren Kindern befahlen, oder es doch sehr gern sahen, daß sie ihrer (der Eltern) Brüder oder Schwester Töchter heyratheten, nicht sonderlich damit zufrieden gewesen seyn würden, wenn der Sohn des Vaters oder der Mutter eigene Schwester hätte heyrathen, und sie alsdenn den Eltern in das Haus bringen wollen, wodurch die Eltern um ihrer Schwester willen zu ihrem Sohn herunter gesetzt, und wenigstens zu einer gewissen Gleichheit in der Aufführung gezwungen seyn würden, welche sie ihrer Schwiegertochter nicht schuldig zu seyn glaubten. Doch von dieser Sache unten (*) ein mehreres, wenn ich auf den respectum parentelae zu reden komme.

§. 39.

Die Gesetze der Ismaelitischen Araber stimmen nicht mit dem Herkommen von Mosis Zeit überein, sondern gehen noch etwas weiter als Mosis Gesetze.

Die Aufrichtigkeit und Liebe zur Wahrheit, die ich auch nicht einmahl dem blossen Schein nach verletzen wollte, beweget mich, bey dieser Gelegenheit etwas anzuführen, das unten von der strengeren Parthey wider mich gebraucht werden kann, und doch wol, so viel ich aus den Responsis derselben abnehme, den meisten nicht bekannt gewesen, von den übrigen aber nicht als ihnen brauchbar bemerkt ist. Man sollte von den Ismaelitischen Arabern, die sich schon lange vor Mosis Gesetz, und so bald sie aus dem Hause Abrahams ausgegangen sind, von den Israeliten getrennet haben, vermuthen, daß sie in ihrem Herkommen, so uns Muhammed aufbehalten hat, mit dem gelinderen Herkommen, nach welchem Abraham seine Halbschwester heyrathete, übereinstimmen würden: sie thun das aber nicht, sondern kommen vielmehr mit dem geschriebenen Gesetze Mosis üb rein, und zwar noch darin so, wie es die strengere Parthey ausleget. Ich könnte sagen, sie sind noch etwas strenger, da sie

einige

(*) §. 52.

einige Verwandtschaften, so blos von den Ammen herrühren, für Hinderungen der Ehen ansehen.

Es kann dabey die Frage entstehen, ob dieses ihr Herkommen eine Verwandtschaft mit den Gesetzen Mosis habe, oder nicht? Aus dem Hause Abrahams kann es kein Ueberbleibsel seyn, folglich nicht zu dem Herkommen gerechnet werden, welches älter ist als Moses: denn wie wir oben gesehen haben, so erlaubete das die Heyrath mit den Stiefschwestern, dahingegen die Ismaeliter, wie sie zur Zeit Abrahams waren, nicht nur einige Blutsfreundschaften in entfernterem Grade, sondern sogar die Milchschwestern untersagten. In Abrahams Familie war ohne Zweifel die Heyrath mit des Bruders Tochter erlaubt, wie wir S. 117. 118. an dem Beyspiel des Nachors gesehen haben, ja wir haben vielleicht ein Exempel der Ehe mit des Vaters Schwester im 36sten §. gehabt: beide Ehen aber untersagt das Arabische Recht, ohne Absicht darauf, ob es vollbürtige oder Stiefgeschwister sind.

Indessen möchte es einem doch auch ziemlich unwahrscheinlich vorkommen, daß die Gesetze Mosis von den Ismaeliten, die nachher meistentheils Feinde des Volks Israel waren, zur Richtschnur angenommen seyn sollten. Auch darf man nicht denken, daß der Jude, dessen Hülfe sich Muhammed bey seinem Coran bedienet haben soll, diese Stücke des Gesetzes Mosis in denselben übergetragen habe: denn der war, wie man aus den Fabeln gar wohl sehen kann, die Muhammed ihm schuldig ist, ein Rabbanite, der die Tradition der Juden annahm; die Ehegesetze Muhammeds aber stimmen nicht mit der Erklärung der Rabbaniten überein, die aus Mosis Eheverboten keine Folgen ziehen, sondern sind strenger. Ueber das so hat Muhammed von diesem Juden zwar Historien und Fabeln geborget, nicht aber Gesetze, die er meistentheils aus einem ältern Herkommen der Araber zu nehmen pflegt: und wenn er ja zu Anfang aus Schmeicheley gegen die reichen Juden einige ihrer Gebräuche, z. E. die Hinwendung des Gesichts nach Jerusalem im Gebet, befohlen hat, so ist doch dergleichen bald wieder aufgehoben, als er sahe, daß er sie nicht gewinnen könnte. Am wenigsten aber war er bey Schreibung des vierten Capitels, darin die Ehegesetze vorkommen, geneigt, etwas von den ihm damahls gar verhaßten Juden anzunehmen.

Ich kann freylich bey den Umständen nicht für gewiß sagen, woher es kommt, daß die Arabischen Gesetze näher mit Mosis geschriebenen Gesetzen, als dem alten Herkommen Abrahams übereinstimmen: eine Vermuthung aber bleibt mir doch übrig, die ziemlich wahrscheinlich ist. Unter der Zeit der Kö-

nige

Eherechte der Ismaeliten. Cap. 4. §. 39.   135

nige haben sich Israelitische Colonien in Arabien niedergelassen (*), deren einige nicht einmahl mit in das Assyrische oder Babylonische Elend geführt sind (**), und nach der Wiederkunft der Juden aus der Babylonischen Gefangenschaft hat sich die Jüdische Religion unter den gebohrnen Arabern selbst sehr ausgebreitet, und bis auf die Thronen der Könige geschwungen. Die einheimische Geschichte der Araber lehrt uns, daß die Könige von Jemen, d. i. vom glücklichen Arabien, seit dem 128sten Jahr vor Christi Geburt, und viele Menschenalter nachher, von Religion Juden gewesen sind: und erst im Jahr Christi 502. ward daselbst die Jüdische Religion durch die Waffen der Aethiopier vom Thron gestürzt. Sie bestieg ihn aber bald wieder, daher die Christen zu Magran im Jahr 521. eine heftige Verfolgung von einem Jüdischen Könige, der sich des Reichs bemächtiget hatte, ausstehen mußten. Im wüsten Arabien hat die Jüdische Religion gleichfalls ein sehr günstiges Glück gehabt: der 2 Cor. XI. 32. erwähnte Aretas, König vom Peträischen Arabien, dessen General Paulum gefangen nehmen lassen wollte, scheint mehreren Anzeigen nach sich zur Jüdischen Religion bekannt zu haben. Als auch Muhammed im siebenten Jahrhundert seine neue Religion stiftete, fand er die Juden in Arabien überaus mächtig. Bey den Umständen wäre es freilich nicht unmöglich, daß Mosis Ehegesetze in einigen Arabischen Ländern eingeführt, und an andern Orten doch bekannt geworden und nachgeahmet seyn möchten, und zwar so, daß man sie durch allerley Folgen und Zusätze, z. E. von der Ehe mit der Amme, und der Milchschwester, vermehrte: Muhammed aber, der bisweilen die strengeren Gebräuche annimt, weil er eine philosophische Religion einführen wollte, mag auch hier um eines Scheins der Tugend und Ehrbarkeit willen seine Gesetze nach dem eingerichtet haben, was die strengsten Sittenlehrer in Arabien wollten. Denn wären also die Araber mit Mosis Ehegesetzen, die sie von den Juden lernten, so umgegangen, wie die Karaiten unter den Juden, und zum Theil die Christen, und hätten sie durch Folgerungen erweitert.

Ich will nun die Worte hersetzen, in denen Muhammed sich von den verbotenen Graden der Ehe erkläret. Sie stehen im 26. und 27sten Vers (*.*) des vierten Capitels. Heyrathet keine Frau, die eure Väter schon geheyrathet

(*) 1. Chron. IV, 42. 43. V.   (*.*) Nach Hinkelmanns Ausgabe:
(**) 1. Chron. IV, 43.   hingegen bey Marracio im 20sten und 21sten.

rathen haben, ausgenommen wo die Sache bereits geschehen ist: (*) Euch sind verboten die Mütter und die Töchter, und die Schwestern, und des Vaters Schwestern, nebst der Mutter Schwestern, der Brüder Töchter, und der Schwester Töchter, und die Ammen, die euch gesäuget haben, und eure Milchschwestern, und die Mütter eurer Weiber, und eure Stieftöchter, die unter eurer Bewahrung sind (nehmlich die von den Weibern sind, zu denen ihr würklich eingegangen seyd: denn wenn ihr zu ihren Müttern nicht eingegangen seyd, d. i. die Ehe mit ihnen nicht durch den Beyschlaf vollzogen habt, so ist es nicht sündlich), und die Weiber eurer leiblichen Söhne. Auch sollt ihr nicht zwey Schwestern zugleich beyrathen. Was aber bereits geschehen ist, das wird Gott vergeben und barmherzig seyn. Ist dis nicht in der Hauptsache einerley mit dem geschriebenen Rechte Mosis? ausgenommen, daß Muhammed und seine Araber auch die Ammen als Mütter betrachten, so bey dem großen Respect, in welchem die Ammen bey einigen alten Völkern gestanden haben, als man noch dies ehrlichen Frauenspersonen die Kinder zu stillen übergab, nicht sehr zu verwundern ist, sonderlich da der Milchsohn die Amme Zeitlebens bey sich zu haben, und als seine Mutter zu ernähren pflegte.

Man kann nunmehr auch urtheilen, ob die Arabischen Gebräuche dergestalt mit den Gesetzen Mosis verwandt sind, daß sie zur Erklärung derselben gebraucht werden können: welches denen sehr günstig seyn würde, die wollen, daß Moses Grade verboten habe, weil die Arabischen Gesetze die Verwandtschaften gleichfalls verbieten, deren Unrechtmäßigkeit man durch Folgerungen aus Mosis Worten schliessen will. Ich glaube aber nicht, daß man die Arabischen Gesetze mit Recht so anwenden könne: theils weil sie nicht aus einem Herkommen des ganzen Volks, sondern nur einiger Araber genommen sind, und daher Muhammed selbst eingestehet, daß es zu seiner Zeit vollzogene Ehen wider dis Gesetz gegeben habe (**); theils weil so viel offenbahr ist, daß sie

Folges

(*) Aus diesem Zusatz wird klar, daß das, was Muhammed befiehlt, zu seiner Zeit kein allgemeines Herkommen der Araber war, sondern daß einige auch sogar ihre Stiefmutter vorhin zu heyrathen pflegten. Dis stimmet mit meiner vorhin geäusserten Vermuthung überein, daß er nehmlich aus mehr als Einem jure consuetudinario das strengere gewählet hat.

(**) Aus den beiden Arabischen Periclis Gauhar und Camus, unter dem Worte ..., ist ersichtlich, daß die heidnischen Araber sogar Stiefmütter geheyrathet haben.

Eherechte der Ismaeliten. Cap. 4. §. 39.   137

Folgerungen machen, an die Moses nicht gedacht hat. Das Beyspiel der verbotenen Milchschwestern ist offenbahr von der Art. Hätte dieses Moses nicht für erlaubt gehalten, so hätte er noch viel mehr Ursache gehabt, sie nahmentlich zu verbieten, als die Stiefschwestern, weil man sie weit weniger unter dem Nahmen Schwestern verstehen wird. Wenn mir also ein Vertheidiger der Berechnung nach Graden durch Hülfe der Arabischen Gesetze die Folgerung aus Mosis Gesetzen wahrscheinlich machen wollte, daß man seines Bruders Tochter u. s. f. nicht heyrathen dürfe: so würde ich ihm zur Antwort geben, daß nach seiner Art zu beweisen aus Mose auch folgen würde, man dürfe seine Amme oder deren Schwester nicht heyrathen, welches er doch hoffentlich nicht für verboten halten werde.

* * * * *

So weit gehet das, was ich von dieser Materie in der ersten Ausgabe geschrieben hatte. In den seitdem verflossenen Jahren hat mich eine vorhin nicht bemerkte, und von den Auslegern ganz anders verstandene Stelle des Corans, gar auf die Vermuthung gebracht, daß das strengere Herkommen einiger Araber, aus dem Muhammed so viel nimt als ihm beliebt, noch einen völligen Schritt weiter als Moses gegangen seyn, und, so wie die alten Römer, auch die Ehen der Geschwisterkinder getadelt haben möchte. Wäre dieses, so würde das Herkommen der Araber in gar keiner nähern Verwandtschaft mit Mosis Gesetzen stehen, es würde nicht für ein Ueberbleibsel der in Arabien gepflanzt gewesenen Judischen Religion, nicht für eine Auslegung, so jemand über Mosis Gesetze gemacht hätte, angesehen werden können; sondern es wäre von Mosis Gesetzen so entfernt, als irgend das alte Römische Recht war, indem es gerade die Ehe, die Moses als Geschichtschreiber und Gesetzgeber am meisten begünstiget und gleichsam anpreißt, verwerflich hielt. Die Stelle, von der ich rede, findet sich in eben dem 33sten Capitel des Corans, in welchem sich der Gott Muhammeds gegen seinen Propheten, dessen Neigung er ziemlich zu kennen schien, in Ehesachen so überaus gefällig erzeiget, und ihm allerley erlaubt, was vorhin für verboten geachtet war. In eben diesem Ton heißt es denn auch V. 49. 50. Du Prophete! wir erlauben dir deine Weiber, die du für die Morgengabe gekauft hast, nebst den Sklavinnen, und denen, die dir Gott schenket (d. i. den im Kriege erbeuteten Mädchens), und die Töchter des Vaterbruders, der Vaterschwester, des Mutterbruders, und der Mutterschwester, die mit dir von Mekka geflohen sind,

S   und

und andere gläubige Frauenspersonen, die sich dem Propheten ergeben, und er zu beyrathen Neigung hat, als welche dir noch vor andern Gläubigen erlaubt sind. Wir wissen es ganz wohl, was wir von
denen ihren Frauen und Sclavinnen verordnet haben. Die dient dazu, daß du dir kein Gewissen machest. Gott ist ein Vergeber und
barmherzig. Es ist unläugbar, daß hier dem Propheten etwas besonderes einge-
räumt werden soll. Andere Gläubigen durften vier Frauen nehmen, ihm sind alle
die er hat, neun an der Zahl, und künftig wol noch einige dazu erlaubt: denn der
3ste Vers, der dieser Vermehrung widerspricht, soll, wie die Muhammedaner sagen, vom Satan eingegeben seyn. Wenn nun hier auch gerade der Geschwisterkinder gedacht wird, so mußte doch wol um die Zeit noch keine allgemeine Erlaubniß
geworfen seyn, sie zu freyen, und der Gott, den Muhammed prediget, müßte
ihrentwegen damahls wol noch etwas anders für die gemeinen Gläubigen verordnet haben, an welches aber der Prophete, dessen leibliche Umstände der Gesetzgeber kannte, und dessen Begierden alle heilig und göttlich waren, nicht gebunden seyn sollte. Entweder muß also das 33ste Capitel s. über publicirt
seyn, als das vierte, dessen Auszüge ich oben S. 135. 136. angeführt habe, und
das kann gar wol seyn, weil die Capitel des Corans nicht in chronologischer
Ordnung stehen: oder im vierten Capitel muß ehedem auch ein Verbot der Ehen
zwischen Geschwisterkindern gestanden haben, so der Prophet hier blos den
Gläubigen aufbürden, und von sich ablehnen will, das aber hernach aus dem
gar nicht mit critischer Genauigkeit den Nachkommen überlieferten Coran weggelassen seyn kann. Kurz, die Ehen zwischen Geschwisterkindern hatten einmahl unter den Arabern einer besondern Erlaubniß nöthig, und wurden von ihnen für tadelhaft gehalten: und das ist genug Beweis, daß ihr Herkommen
keine Auslegung des Mosaischen Gesetzes sey.

§. 40.

**Bey den Arabern sind auch Verwandtschaften verboten gewesen, die aus
Adoptionen entstehen: nicht aber bey den Hebräern.**

Weil ich eben von den Arabischen Ehegesetzen gehandelt habe, so will ich
beyläufig eine mehr hieher, als in das Hebräische Recht, gehörige Frage beantworten, die mir bisweilen vorgeleget ist. Man hat nehmlich wissen wollen,
ob in Mose blos Verwandschaften von den rechten und natürlichen Eltern, oder
auch solche, die durch Adoptionen entstehen, verboten sind, wie das letztere in
dem Römischen Rechte geschiehet.

Verwandtsch. durch Adoption bey den Arabern. Cap. 4. §. 40.

Ob ich gleich mit Wahrheit sagen kann, daß Moses die Verwandtschaften aus Adoptionen zu keiner Hinderniß der Ehe macht, so gehet doch die ganze Frage nicht so eigentlich seine Gesetze an; indem nach seinem Gesetz, ja auch nach den Sitten der Hebräer, die Adoption gar nicht statt hatte, und ungewöhnlich war. Denn selbst in dem einzigen Beyspiel einer Adoption, so man anzuführen pflegt, da Jacob die beiden Söhne Josephs für seine unmittelbahre Söhne erkläret, und will, daß sie in der Erbschaft also geachtet werden sollen (*), haben wir nicht sowol eine Annehmung an Kindes statt, als vielmehr eine Uebertragung der Rechte der Erstgeburt auf den Joseph, welche in dem gedoppelten Erbtheil bestanden (**), und so wird auch diese sonderbahre Handlung 1. Chron. V, 1. 2. ausgeleget.

Wollte man aber sagen, in den Leviratsehen sey eine Art von Adoption vorgegangen, da dem ohne Kinder verstorbenen Israeliten einer zum Sohn angeschrieben ward, den sein nächster Verwandter (so eben nicht stets sein Bruder seyn mußte) mit seiner Wittwe gezeuget hatte: so hat sich zwar Moses über diesen sehr gewöhnlichen Fall nicht erkläret, vermuthlich, weil ihn das Herkommen genug entschied. Es war aber auch dieses deshalb keine rechte Adoption, weil der schon tott war, dem ein fremder Sohn gleichsam geschenket ward, und damit fiel zugleich die ganze Ursache des Eheverbots hier weg; denn da der Sohn in dem Hause seines natürlichen Vaters erzogen ward, so konnte er mit den nächsten weiblichen Anverwandten seines bürgerlichen Vaters keinen freyern Umgang haben, als sonst fremden erlaubt ward.

Das Herkommen der Araber gehet diese Frage näher an. Denn bey diesen ward schon vor Muhammeds Zeit die Adoption in Ehesachen als eine wahre Verwandtschaft betrachtet: so daß der Engel Gabriel erst zum Vortheil Muhammeds die Streitfrage anders entscheiden müssen, und dieser doch, wie er von dem Engel beschuldiget wird, Anfangs es nicht wagen wollte, der Entscheidung zu folgen. Die Geschichte, auf die ich ziele, ist folgende: Muhammed hatte sich in die Seina, eine Ehefrau seines adoptirten Sohns, des Seid, verliebet, und dieser, welcher die Absicht seines Vaters von der Seina selbst erfuhr, war entweder so klug, oder so dankbar und höflich, daß er sich seinem Vater zu liebe von ihr schied. Gott hatte auch, wie uns Muhammed versichert, dem Propheten befohlen, sich dieses zu Nutze zu machen; allein aus einer (wie es der vorgegebene Gabriel vorstellet) sehr tadelhaften Menschenfurcht widerstand der Prophet seiner von Gott gewirkten Liebe: woraus man schon

G 2 abneh-

(*) 1. B. Mos. XLVIII, 22.   (**) 5. B. Mos. XXI, 17.

abnehmen kann, wie eine solche Ehe nach den Sitten der Araber angesehen gewesen sey. Es fand sich damahls noch ein sonderbahres Recht unter den Arabern, so mit diesem viele Aehnlichkeit hatte, daß nehmlich, wenn einer zu seiner Frau gesaget hatte, sey mir wie der Rücken meiner Mutter, dieses einzige Wort ihn am kräftigsten von der Frau schied, indem er sie mit ihm und seiner ganzen Familie eben so verwandt machte, als wenn sie seine leibliche Mutter gewesen wäre, dahr denn aller folgende Beyschlaf mit ihr zur Blutschande ward. So lange dis Herkommensrecht blieb, so lange war auch Seina des Propheten wirkliche Schwiegertochter, und konnte ihn nicht heyrathen. Um dem Propheten aus dieser Noth zu helfen, mußte Gabriel das 33ste Capitel des Corans vom Himmel herabbringen, darin ihm seine Menschenfurcht verwiesen, zugleich aber das bisherige Herkommen der Araber abgeschaffet ward. Ich will die vornehmsten Worte dieses Capitels hieher setzen, V. 4. 5. 6: Gott hat den Menschen nicht ein gedoppeltes Herz gegeben (so daß er seines natürlichen Vaters, und dessen, der ihn an Kindes statt angenommen hat, wirklicher Sohn seyn könnte), und hat eure Weiber, von denen ihr euch dadurch scheidet, daß ihr sie für den Rücken eurer Mutter erkläret, nicht darum zu euren Müttern gemacht, auch nicht die an Kindes statt angenommenen (eigentlich, die nach euch genannten) zu euren wirklichen Söhnen. Dergleichen ist blos ein Wort in eurem Munde; aber Gott spricht die Wahrheit, und führet auf den rechten Weg. Nennet sie nach ihren Vätern, das ist billiger nach Gottes Urtheil, und wenn ihr ihre Väter nicht kennet (als bey Fündlingen, oder Gefangenen, wie der Seid war), so sind sie eure Brüder in der Religion, und eure Nächsten: . . . . der Prophete ist den Gläubigen näher als sie selbst, und seine Gemahlinnen (für deren Keuschheit der Prophete im nachfolgenden Theil des Capitels sehr eifersüchtig besorgt ist) sind ihre Mütter.(*) V. 36. 38: Es kömmt den Gläubigen von beyderley Geschlecht nicht zu, noch zu wählen, wenn Gott und sein Bote etwas schon beschlossen hat (welches Selna thun wollte, die sich Anfangs weigerte, die Heyrath zu vollziehen, und darin von ihrem Bruder unterstützt ward): wer Gotte und seinem Boten ungehorsahm ist, der ist in einem offenbahren Irthum. Du sprachst zu dem, welchem Gott gnädig ist, und dem du gnä-

(*) Er will nehmlich, wer die entweyhe, der begehe Blutschande; nur will er den Schluß nie so umgekehrt wissen, daß des Propheten Liebe dadurch eingeschränkt würde. Die Logik ist Muhammeds Sache nirgends.

bey den Arabern. Cap. 4. §. 40.   141

gnädig bist (dem Seid), behalte sie als deine Frau, und fürchte Gott, und verheelest bey dir die Liebe, die Gott offenbahren wollte, und fürchtest dich vor Menschen, da du dich billiger hättest vor Gott fürchten sollen. Da Seid sich ihretwegen entschlossen hatte, haben wir sie dir verbunden, damit die Gläubigen keinen Gewissenszweifel über die Weiber ihrer angenommenen Söhne haben mögen, wenn sie sich ihrentwegen entschlossen haben: und der Wille Gottes muß geschehen. Dem Propheten ist das keine Sünde, was Gott ihm befohlen hat: . . . V. 40: Muhammed ist nicht der Vater irgend eines Mannes unter euch, sondern der Bote Gottes.

§. 41.
Die Römischen Ehegesetze sind mit den Mosaischen nicht verwandt; und ihre Aehnlichkeit ist neu und zufällig.

Ich habe noch eine Erinnerung wegen der Römischen Rechte nöthig, durch welche manchem Misverstand und unrichtigen Folgen zum voraus vorgebauet werden muß. Es kann das Ansehen haben, als wenn zwischen dem Römischen Rechte und den Ehegesetzen Mosis eine besondere Verwandschaft obwaltete, und beide einerley uraltes uns unbekanntes Herkommen der Völker zur gemeinschaftlichen Quelle hätten. Denn wenn man in Mose die Personen für Exempel der Grade halten wollte, so würden die Ehegesetze Mosis gerade erlauben und verbieten, was die Römer erlaubten und verboten, und zum wenigsten fangen nach beyden Gesetzen die Verwandschaften, welche gar keine Hinderniß der Ehen machen, mit Geschwister-Kindern an. Die Uebereinstimmung scheint desto merkwürdiger zu seyn, weil zum Theil die Griechen, deren Gesetze die Römer in ihre 12 Tafeln aufgenommen haben, so gar gelinde in Absicht auf die nahen Heyrathen waren, und Halbgeschwistern die Ehe eben so erlaubten, als es das Herkommen in der Familie Abrahams that: da hingegen wir in den Römischen Gesetzen eben die ernsthafte Strenge zu finden glauben möchten, die in den Gesetzen Mosis herrschet. Sollten aber beide Gesetze wirklich mit einander verwandt, und gleichsam Töchter eines und eben desselbigen uralten Herkommens seyn (ein Satz, den diejenigen gern annehmen werden, die auch sonst eine besondere Gleichheit der Mosaischen und Römischen Rechte bemerken wollen), so würde hieraus eine gar wichtige, und der streitgeren Parthey ungemein günstige Folge fliessen, nehmlich daß man in zweifelhaften Fällen das Römische Recht zu einem Erklärungsmittel der Mosaischen

Ehegesetze gebrauchen könne, und daß, da bey den Römern Grade verboten waren, auch von Mose vermuthlich sey, daß er Grade habe verbieten wollen. Es würde in solchem Fall die von der gelindern Parthey getreuen müssen, daß sie bisweilen geschrieben haben: die Berechnung nach Graden sey eine blos Römische Sache, so man auf Mosen nicht anwenden dürfe: wenn ihre Gegner ihnen antworten könnten: beide Ehegesetze sind im Grunde verwandt, und schriftliche Vereinigungen eines und eben deßselbigen uralten Herkommens, die wir so zu erklären haben, daß sie beide einerley sagen.

Allein alles dieses fällt weg, und ich kann ohne Bedenken sagen, daß auch diejenige Gleichheit der Römischen Gesetze mit den Eheverboten Mosis, die einem Anfangs so sehr in die Augen fällt, nur neu, und eine zufällige Aehnlichkeit, ohne alle Verwandtschaft beider Rechte ist: indem in den ältern Zeiten das Römische Eherecht gar anders ausgesehen hat, als in den Institutionen und Pandecten. Das ältere Römische Recht oder Herkommen ist ungemein viel strenger gewesen, und hat ganz gewiß Geschwisterkindern, vielleicht aber noch entfernteren Blutsfreunden, nehmlich allen denen, die sich unter einander küssen durften, die Ehe untersaget, bis daß endlich durch einen bloßen Zufall die Ehen der Geschwisterkinder erlaubt, und also das vorhin sehr unthunliche Eherecht der Römer dem Mosaischen zum wenigsten dem Schein nach ähnlicher geworden ist. Ich bin diese aus wichtig werdende Nachricht Plutarcho schuldig, welcher mir aus einem Zweifel geholfen hat, um dessen Auflösung ich bisweilen andere vergeblich gebeten habe, nehmlich woher bey so gelinden Sitten der Griechen ein so strenges Eherecht der Römer gekommen sey. Er schreibt in seinen ῥωμαικοῖς, oder Fragen von Römischen Sachen, in der sechsten Frage, wenn er von den Ursachen des Kusses handelt, den die Römer ihren Blutsfreundinnen geben durften: vielleicht ist auch deswegen die Liebe der Verwandten bis auf den Kuß gegangen, und dieses als das einzige Zeichen und Band der Blutsfreundschaft übrig geblieben, weil es unerlaubt war, seine Blutsfreundinnen zu heyrathen. Denn ehemahls heyratheten sie überhaupt die Blutsfreundinnen eben so wenig, als jetzt die Tanten oder Schwestern, und erst späte ist die Ehe zwischen Geschwisterkindern durch folgenden Zufall erlaubt worden. Ein unbegüterter, sonst aber feiner und bey dem Volk ungemein beliebter Mann kam in den Verdacht, daß er eine Person, die mit ihm Geschwisterkind, und dabey einzige Erbin des Vermögens ihres Vaters war,

nicht mit dem Mosaischen verwandt. Cap. 4. §. 41.

war, in der Ehe hätte, und durch sie in guten Mitteln lebte. Als er nun darüber verklagt ward, unterließ das Volk die Untersuchung der Sache, sprach ihn frey, und machte das Gesetz, daß die Ehen zwischen Geschwisterkindern und allen noch weitläuftigern Blutsfreunden erlaubt, die zwischen näheren aber verboten bleiben sollten *). Es war also nach den ältern Römischen Sitten dieselbige Ehe, die bey Mose fast ein Gebot war, so oft die Tochter den Vater erbte, untersaget; folglich sind die Gesetze Mosis ursprünglich von den Römischen, oder, wenn man so will, Trojanischen Gewohnheiten auf das allerweiteste entfernt, und können nicht nach ihnen gedeutet werden.

Das

(*) Der seel. Gedner hat mir gegen das, was ich hier von den Ehen unter Geschwisterkindern geschrieben habe, einen Einwurf, der vielleicht auch andern beyfallen könnte, mitgetheilt, und zum Theil selbst beantwortet. Er pflegte sich, wenn er neue Bücher las, einige Anmerkungen darüber zu machen: die über meine erste Ausgabe dieser Abhandlung aufgezeichneten gab er mir, nachdem er darüber mit mir geredet hatte, und ich bewahre sie noch mit vergnügten Andenken auf. Unter diesen war nun folgende hieher gehörige: *Plutarcho vix fidem habeo. Vide historiam Curiatiorum, vel Tulliorum Servil. Sed responderi forcasse p. 165. incommodis observatis legem sollam.* (S. 164. die er citiret, ist in der neuen Ausgabe eine spätere, die ich hier noch nicht anzeigen kann, weil der Druck nicht so weit ist. Sie wird im 61sten §. enthalten seyn.)

Er zweifelte also an der Wahrheit von Plutarchs Erzählung, weil man unter den Römischen Königen Beyspiele findet, daß Geschwister-Kinder einander geheyrathet haben; z. E. Servius Tullius hatte die Tochter des Tarquinius Priscus in der Ehe, und gab doch seine Töchter wieder an die beiden Enkel des Tarquinius

Priscus, unter denen ich jetzt nur den einen, der nach ihm König geworden ist, den Lucius Tarquinius, nennen will (Livius B. 1. Cap. 42. und 46.). Es scheint also, die Ehen der Geschwister-Kinder müssen nicht wider die Sitten der alten Römer gewesen seyn.

Die Lösung des Zweifels hat der seel. Gedner selbst mit zwey Worten angemerket, die dahin gehet: es könne zur Zeit der Könige diese Ehe gewöhnlich gewesen, aber nachher, da man schädliche Folgen von ihr, nehmlich die Verführungen unter Geschwister-Kindern bemerkt habe, verboten seyn. Ich nehme diese Beantwortung mit Beyfall und Dank an, und setze ihr noch folgendes zu:

1.) Da das Römische Volk zuerst aus zusammengelaufenen Räubern bestand, so ist es kein Wunder, wenn ihre Sittenlehre in den ersten Menschenaltern und unter den Königen, minder strenge gewesen ist, als zu eben der Zeit bey manchen benachbarten Italiänischen Völkern, und nachher in der mittlern Zeit der Republik bey den Römern selbst. Denn was die Römischen Geschichtschreiber von der so großen Tugend der allerersten

Das fünfte Hauptstück,
von den unrichtig oder unzulänglich angegebenen Ursachen der Eheverbote Mosis.

§. 42.

Einige Regeln, die wir bey Untersuchung der Ursache, warum Moses gewisse Ehen verboten hat, beobachten wollen.

Wir werden nunmehr im Stande seyn, die Ursache zu finden, um welcher willen Moses die Heyrathen verboten hat, die er auch bey den Cananitern für Sünden und Gräuel erkläret.

Sie ersten Römer erzählen, überlasse ich dem zu glauben, der es glauben will, und bitte mir nur die Erlaubniß aus zu zweifeln, da ohnehin die älteste Geschichte der Römer ihre besten Urkunden verlohren hatte.

2.) Es ist gewiß, daß die meisten Römischen Geschichtschreiber, und insonderheit Livius, glaubte haben müssen, die Sitten in Absicht auf die nahen Ehen seyn unter den Königen entweder nicht so strenge gewesen als nachher, oder nicht allgemein beobachtet worden. Denn eben den Lucius Tarquinius, der Servii Tullii Tochter geheyrathet hat, machen andere, und zwar die meisten, zu Tarquinii Prisci Sohn. Livius schreibt, B. I. C. 46: *Hic L. Tarquinius, Prisci Tarquinii regis filius nepsone fuerit, parum liquit: pluribus tamen auctoribus filium ediderim.* In dem Fall aber hätte er die Tochter seiner Schwester geheyrathet, die doch gewiß bey den Römern bis auf des Kaysers Claudii Zeit für unerlaubt gehalten ist. Folglich muß man aus dieser allerältesten Geschichte des Anfangs von Rom keinen Schluß auf ihre Sitten und Urtheile über die nahen Ehen während der Republik machen.

Plutarchus ist aber doch auch nicht der einzige Geschichtschreiber, auf den ich den Satz gründen kann, daß eine Zeit gewesen sey, in welcher Rom die Ehe der Geschwister-Kinder nicht kannte. Ich will ihm einen noch glaubwürdigern Zeugen beyfügen. TACITUS erzählt B. XII. der Annalen C. 6. die Rede, welche im Senat für die Heyrath Claudii mit seiner Niece gehalten ist: in dieser steht unter andern: *at enim, nova nobis in fratrum filias conjugia! Sed aliis gentibus solemnia, nec ulla lege prohibita. Et sobrinarum diu ignorata tempore addito percrebuisse.* d. i. nach der Müllerischen Uebersetzung: Es möchte jemand einwenden: die Heyrathen mit des Bruders Tochter wären bey uns etwas ungewöhnliches. Aber bey andern Völkern sind sie üblich, und bey uns auch durch kein Gesetz verboten. Von den Ehen unter Geschwister-Kindern hat man auch lange nichts gewußt, welche mit der Zeit häufig geworden sind.

der Ursachen der Eheverbote. Cap. 5. §. 42.

Sie muß nicht sehr schwer zu finden seyn, und wir werden nicht Ursache haben, zu fürchten, daß das Licht der menschlichen Vernunft zu schwach dazu sey, wenn wir es nur ohne Vorurtheile gebrauchen: denn Moses bezeuget, daß die Völker, die vor seinem Gesetz lebten, wegen Uebertretung dieser Gesetze der Sittenlehre von Gott gestraft, und mit schweren Landplagen, ja der gänzlichen Vertilgung heimgesucht sind: folglich waren diese Völker im Stande, auch ohne eine göttliche Offenbahrung zu erkennen, welche Verwandtschaft eine Heyrath unerlaubt machte: und wie hätten sie dis erkennen können, ohne zugleich die Ursache der Sündlichkeit, oder den Beweis einzusehen? Sollten wir daher nach unpartheyischer und fleißiger Untersuchung bey einer Ursache dieser Gesetze stehen bleiben müssen, aus welcher wiederum diese und jene praktische Folgerungen flössen; und es wollte sie uns jemand unter dem Vorwand ableugnen, daß wir unserer schwachen Vernunft nicht trauen dürften: so haben wir einen solchen Zweifler nicht zu hören. Er widerspricht Mosi, der dieses ganze Theil der Sittenlehre für etwas ansiehet, das auch vor seinem geschriebenen Gesetze die sich selbst gelassene Vernunft der heidnischen Völker leichtlich erfinden konnte.

Dis heißt in andern Worten: wir dürfen mit dem Gesetz von den verbotenen Ehen eben so umgehen, als mit dem siebenten Gebot, vom Diebstahl, oder dem fünften, vom Todschlage, und, wenn wir erst den Endzweck des Gesetzgebers wissen, den wir allerdings finden können, die vernünftige Sittenlehre zu einem Erkenntnißgrunde annehmen. Anders mit den Ehegesetzen umzugehen, und sie gleichsam für Geheimnisse zu halten, über deren Ursache man nicht klügeln dürfe (*), würde eben so ungereimt seyn, als wenn sich einer

---

(*) Will man nachlesen, was Hr. Gübling in den Anmerkungen zum Jerusalemschen Bedenken hierwider geschrieben hat, so wird man es bey ihm S. 1‒5. 59. 76. finden. Er beziehet sich darauf: ein Soldat müsse stets bey der Ordre bleiben, und sie nicht nach der Absicht auslegen. Wenn ihm befohlen sey, auf der Wache, Wer da? zu rufen, so müsse er es auch thun, wenn sein eigener General, den er gar wohl kenne, auf ihn zukomme: sonst stehe der Raisonneur in Gefahr, mit empfindlichen Topicis von Schlägen zurechte gewiesen zu werden. Herr Gübling wird uns aber doch wol schwerlich überreden, daß göttliche Gesetze gerade so auszulegen sind, wie die den Soldaten gegebenen Befehle, und nicht vielmehr, wie ordentlich die Gesetze, bey welchen der Ausleger auf die Absicht siehet. Viele gemeine Soldaten sind dumm, und können nicht raisonniren, darum sollen sie auch nicht raisonniren:

ner wegen des siebenten Gebots ein Bedenken machen wollte, dem Betrunkenen ein schädliches Instrument, so dessen Eigenthum ist, heimlich zu entwenden, und da man ihm aus der Absicht des Verbots des Diebstahls zeigte, daß dies gar wohl erlaubt sey, antworten wollte, wir könnten die Ursache und Absicht der Gebote nicht so gewiß wissen, daß sich practische Folgen darauf gründen liessen (*).

Moses verbietet die anzunahen Heyrathen den Israeliten deswegen, weil sie sündlich sind, und es auch schon vor seinem Gesetz dergestalt gewesen sind, daß Gott wegen dieser im Schwange gehenden Blutschanden das ganze Volk der Cananiter strafen konnte. Folglich ist die Hauptursache, wegen welcher Moses die Blutschande verbietet, und diejenige, welche sie nach der philosophischen Sittenlehre zur Sünde macht, einerley. Sollte sich daher unserer Vermuthung eine Ursache zeigen, wegen welcher Moses die nahen Heyrathen verboten haben möchte, welche sie nicht zugleich nach der philosophischen Sittenlehre zur Sünde macht, z. E. eine die blos vom Wohlstande, oder von einer besondern Einrichtung, so dem Israelitischen Volke eigen war, hergenommen ist; so ist es nicht die Hauptursache, sondern wir müssen weiter suchen.

Es ist aber gar wol möglich, daß ausser dieser Hauptursache noch andere Nebenursachen des Gesetzes haben seyn können, indem sehr oft eine Sünde wider die vernünftige Sittenlehre noch ausser dem Uebel, so sie eigentlich zur Sünde macht, mit anderem zufälligen Uebel unter diesem und jenem Volke verbunden seyn kann. Allein dergleichen Nebenursachen werden nicht das ganze menschliche Geschlecht angehen, oder verbinden, sondern das hat blos auf die Hauptursache zu sehen.

Es scheint auch, daß Moses alle die Heyrathen, die er den Cananitern als strafbare Gräuel anrechnet, nur um Einer einzigen Hauptursache willen verboten habe: zum wenigsten fasset er sie unter dem Einen Hauptgesetz zusammen, welches wir im Deutschen am bequemsten ausdrucken möchten, du sollst deine allernächste Verwandtin, die ein Theil deines Leibes ist, nicht bey-

alten: und die Ursach der ihnen gegebenen Befehle muß der, so sie giebt, oft vor ihnen selbst geheim halten; darum sollen sie sich auch nicht bemühen sie auszuforschen. Allein solche Heimlichkeiten hat das Sittengesetz nicht.

(*) Siehe auch den 93sten §. wo denen geantwortet wird, welche aus dem Zusatz, ich bin der HErr, auf die Unergründlichkeit der Ursachen der Ehverbote schliessen wollen.

der Ursachen der Eheverbote. Cap. 5. §. 42.

heyrathen. Ob er aber bey den übrigen Verboten, die gleichsam eine Mauer um diese abgeben, und von denen wir nicht gewiß sagen können, daß die Abweichung von denselben schon den Cananitern Sünde gewesen sey, andere Absichten gehabt habe, das will ich zum voraus nicht bestimmen.

Dieses sind einige von den Sätzen, nach denen ich mich bemühen will, die wahre Ursache der Ehegesetze Mosis zu finden. Da aber deren gar manche angegeben werden, so will ich erst diejenigen, welche ich nicht für die Hauptursachen, oder gar nicht für Ursachen halten kann, vor meine Leser zur Untersuchung bringen.

§. 43.

Die Ursache des Verbots, oder der Schändlichkeit der nahen Heyrathen, ist nicht in einem *horrore naturali* zu suchen, als welcher nicht erweislich ist.

Die scheinen mit der leichtesten Mühe abzukommen, die sich auf einen natürlichen Schauder (horrorem naturalem) für den allzunahen Heyrathen berufen. Wäre ihr Vorgeben richtig, so würde das Verbot der nahen Ehen ein Stück derjenigen Naturrechts seyn, so aus den natürlichen Trieben hergeleitet wird, und schon bey den alten Römischen Rechtslehrern den Nahmen des Naturrechts trug (*).

Allein hoffentlich wird auch erlaubt seyn zu fragen, ob wir denn wirklich einen solchen natürlichen Trieb oder Abscheu haben? und es ist nicht genug, ihn blos vorzugeben: die Untersuchung ist auch leicht, denn soll etwas ein natür-

---

(*) In der That würde zwar doch noch die Frage übrig bleiben: warum die Natur uns einen natürlichen Abscheu eingepräget habe; und was doch eigentlich das Schädliche gewisser Heyrathen war, dafür sie uns durch diesen dunkeln Trieb warnen wollte? So verfahren wir bey andern natürlichen Trieben, die doch immer unter der Aufsicht der Vernunft stehen sollen. Der natürliche Abscheu oder Zuneigung kann uns unsere Pflicht entdecken; allein er ist nicht die erste Ursache davon, daß sie eine Pflicht ist. Der Trieb zum Beyschlaf verbindet uns noch nicht zu dieser Pflicht, sondern ist und nur deßhalb gegeben, damit wir eine Pflicht gegen Gott und das menschliche Geschlecht desto eher befolgen mögen, den Erdboden zu bevölkern. Der Abscheu für gewissen Speisen, unter welchen auch solche sind, die Arzneyen werden können, macht noch keine Verpflichtung, sie zu meiden; sondern hält uns nur ab, das zur ordentlichen Nahrung zu machen, was in solchem Ueberfluß schädlich werden würde: dahingegen doch in manchen einzelnen Fällen sind in kleinerem Maaß wider diesen Trieb gehandelt, und das Ekelhafte eingenom-

türlicher Trieb seyn, so muß ihn jedermann bey sich selbst deutlich wahrnehmen, ja er muß sich nicht blos bey diesem und jenem finden, sondern dem menschlichen Geschlechte allgemein seyn: wo dis nicht ist, da wird man ihn nicht für einen natü-lichen Trieb, sondern für eine Folge der Erziehung halten müssen. Da jetzweder meiner Leser auf diese Art selbst Richter seyn kann, ob auch ohne Erziehung er einen Abscheu für der Ehe mit seines Vaters Schwester, oder mit seiner eigenen Schwester haben würde: so würde fast nicht nöthig seyn, mehr hievon zu schreiben, sondern ich könnte den so leicht zu entscheidenden Streit dem Urtheil eines jeden anheimstellen. Wer denn etwan den Trieb zu fühlen meinte, welchen er gern fühlen will, dem würden wir übrigen mit allerley Fragen beschwerlich fallen, die er nicht gern vor dem Angesicht der gelehrten Welt auflösen würde. Wir dürften z. E. glauben, daß er am besten im Stande sey, ohne einige weitere Beweisgründe den Streit zu entscheiten, ob Moses einzelne Ehen, oder ganze Grade verboten hat, denn er wird uns ja sagen können, ob er von der Ehe mit des Bruders Tochter durch eben den Trieb abgehalten wird, der ihm die Ehe mit des Vaters Schwester zuwider macht.

Doch weil mancher die Abneigung oder Neigung, so ihm die Sitten seines Volks und die Erziehung so früh eingepräget haben, daß er sich der Zeit nicht mehr zu entsinnen weiß, mit den natürlichen Trieben vermenget: so muß ich erinnern, daß die Wilden, so wenig sie auch ihre Vernunft gereiniget haben möchten, doch die natürlichen Triebe mit uns gemein haben, und sollte sie ein Volk stärker empfinden, als das andere, so würden diese Triebe bey weniger Aufklärung der Vernunft am heftigsten seyn. Nun aber finden wir nicht allein ganze gesittete Völker des Alterthums, zum Exempel die Aegyptier und Perser, so in die allernächste Freundschaft geheyrathet haben, sondern wenn man sagen wollte, diese Völker hätten durch einen Misbrauch der Vernunft ihren natürlichen Trieb überflügelt und geschwächet, so giebt es auch noch ganze Völker von Wilden, die keine verbotenen Grade haben. Es ist gar wol möglich, daß eine lasterhafte Leidenschaft einen natürlichen Trieb besieget: es kann te

genommen werden muß. Kein blosser Trieb oder Abscheu zeiget eine Pflicht ohne Ausnahme an, daher der Sittenlehrer stets fragen muß: warum gab uns die Natur den Trieb, oder Abscheu? wenn er die Pflicht, zu welcher er leiten soll, nebst ihren Ausnahmen, bestimmen will.

Dis wäre zu sagen, wenn sich der na-

türliche Abscheu für den nahen Ehen wirklich fände. Es würden ihn doch die Söhne und Töchter des ersten Menschen nicht haben befolgen sollen! und man würde noch weiter fragen müssen: warum gab die Natur diesen Abscheu? Doch die Erfahrung bestätiget diesen vorgegebenen Abscheu nicht.

te sich vielleicht auch einmahl ein solches einzelnes Ungeheuer von Menschen finden, so Einen natürlichen Trieb gar nicht empfände, so wie man Ungeheuer
hat, denen ein Glied des Leibes mangelt: allein bey ganzen Völkern kann er
nicht vermisset werden. So unglaublich demnach das Vorgeben scheinen müßte, wenn uns jemand viel von ganzen Völkern erzählen wollte, bey denen die
Mütter gar keine Liebe zu den Kindern, und niemand eine natürliche Liebe zum
Leben, oder einen Schauder für dem Tode haben sollte: oder so wenig uns jemand überreden wird, daß es wahr sey, was die Herrenhuter von sich gerühmt
haben, daß sie den natürlichen Trieb oder Lust bey dem Beyschlaf nicht empfinden: eben so unglaublich wird es auch werden, daß wir einen natürlichen
Abscheu wider die nahen Heyrathen haben, so bald wir hören, daß es ganze
Völker gegeben hat, und giebt, die bey diesen nahen Heyrathen nichts bedenkliches finden.

§. 44.

**Am wenigsten hat Moses seine Absicht auf dergleichen natürlichen
Abscheu haben können.**

Sehen wir insonderheit auf Mosen, dessen Denkungsart uns aus seinen
übrigen Schriften bekannt ist, so kann er sich wol am allerwenigsten einen natürlichen Abscheu gegen die nahen Heyrathen vorgestellet, und dem zu Folge sein
Gesetz gegeben haben. Der Moses, welcher uns erzählet, daß Gott die beiden ersten Eheleute, die er ohne alle vorhergehende Verwandtschaft hätte schaffen können, mit Fleiß so nahe verwandt erschaffen hat, als nur immer möglich
war (*); der zugleich meldet, der erste Ausdruck, durch welchen Adam seine
natürliche Zuneigung zu der Eva habe ausbrechen lassen, sey dieser gewesen,
das ist Fleisch von meinem Fleisch, und Bein von meinem Bein: sollte
der wol geglaubt haben, daß Gott dem Menschen einen natürlichen Abscheu
für einer Ehe mit der, die ein Theil unsers Fleisches ist (wie er die nächsten
Verwandten in den Ehegesetzen nennet), anerschaffen habe? Sollte er, wenn
er sein Gesetz auf einen solchen natürlichen Abscheu gründen wollte, nicht Bedenken getragen haben, denjenigen Gedanken zu Benennung der verbotenen
Ehen anzuwenden, damit Adam seine natürliche Zuneigung zu der Eva zu erkennen giebt? Sind überdem bey jemanden die natürlichen vom Schöpfer ein-
gepflanzten Triebe noch in ihrer völligen Kraft und Lebhaftigkeit gewesen, so
waren sie es bey dem ersten Menschen, als sie noch nicht durch den Sündenfall,

(*) Siehe den 28. §.

150 Der natürliche Abscheu

auch nicht durch Ueberlegung oder Gewohnheit im geringsten geändert oder geschwächet waren, und wenn der eben eine desto grössere Zuneigung zur Eva hatte, weil sie Fleisch von seinem Fleisch, und von ihm genommen war (*), so muß nie eine natürliche Abneigung von der vorgegebenen Art dem Menschen anerschaffen seyn.

Sollte ferner der Moses, der in seiner Geschichte es stets als etwas erwünschtes, und den frommen Eltern angenehmes beschreibt, wenn die Kinder so nahe, als möglich war, in einander heyratheten; der Moses, der die Ehen zwischen Geschwisterkindern vorzüglich zu billigen scheint, der unter einem Volk lebte, in welchem die Heyrathen mit ganz fremden etwas verhaßt waren, wol geglaubt haben, daß uns wider die Ehe mit des Vaters Schwester ein natürlicher Schauder angebohren sey, der aber sogleich aufhöre, ja sich fast in das Gegentheil verwandele, so bald man für des Vaters Schwester, des Vaters Schwester Tochter setze?

§. 45.

Was das sey, so einige für eine natürliche Abneigung von den nahen Heyrathen ansehen?

Falls aber doch ein und anderer, wider die allgemeine Stimme ganzer Völker, bey sich einen natürlichen Abscheu für den nahen Heyrathen zu fühlen meinte: so wird ihm vielleicht ein Dienst geschehen, wenn ihm entdeckt wird, was es sey, das er für einen natürlichen Trieb ansiehet. Ich finde dreyerley bey den Menschen, das einige für den angegebenen natürlichen Abscheu ansehen könnten, ob es gleich nichts weniger ist: ein jeder, der sich dessen bewußt zu seyn vorgiebt, überlege, ob sein natürlicher Trieb eins, oder das andere, oder alles zusammen sey, was ich anführen werde.

1.) Ein Theil der uns verbottenen Frauenspersonen ist entweder gemeiniglich, oder wol nothwendig, weit älter, als die Mannsperson. Meistentheils hat des Vaters und der Mutter Schwester vor ihrem Schwester- oder Bru-

(*) Nichts kann stärker den wunderlichen Gedanken des Juden Philo widerlegen, als diese Geschichte, wenn er in seinem Buch von den besondern Gesetzen (S. 303. des ersten Theils der Mangeyschen Ausgabe), die Ehe zwischen Zwillingsgeschwistern deshalb für schändlich ausgiebt, weil die Natur sie in Mutterleibe abgesondert habe, daher es eine widersprechende Verbindung (ἀπορία ἀνάρμοστος) sey, sie durch die Ehe wieder zu verbinden. Nicht die Natur, sondern Gott selbst, hatte die Eva im eigentlichsten Verstande von Adam abgesondert; und eben der Gott verband sie mit ihm durch die Ehe.

Brudersohn so viel an Jahren zum voraus, daß es fast ein Wunder wäre, wenn er sich in sie verlieben sollte: falls sich nun selten eine eheliche Zuneigung zu des Vaters oder Mutter Schwester findet, so ist solches nicht einem besondern natürlichen Abscheu für der nahen Verwandschaft zuzuschreiben, sondern der Ungleichheit an Jahren. Es ist eben so wenig zu bewundern, als, daß ein ganz fremder, der 30 Jahre alt ist, sich eine Braut von 18, und nicht eine von 50 Jahren aussucht. Noch weniger wird es mich wundern, daß der Sohn ehe eine fremde von seinen Jahren, als seine Mutter lieb gewinnet, und ohne einigen horrorem naturalem der Blutschande anzunehmen, würde ich mich doch sehr wundern, wenn er gegen seine Mutter eben die Art der Liebe empfände, als gegen ein Frauenzimmer, das 10 Jahr jünger ist wie er.

Eben dieses läßt sich auch meistentheils auf die Fälle umkehren, wo die Frauensperson die Mannsperson als ihren Vater ansehen könnte, ob es gleich alsdenn eine unweit schwächere Wirkung hervorbringet, sonderlich wenn die Mannsperson ein frisches und grünendes Alter hat. Wenn des Vaters Bruder 80, und die Brudertochter 18 Jahre alt ist, und die letztere mehr Ehrfurcht als Zuneigung gegen den erstern hat; so kann man das nicht einen natürlichen Abscheu für der Verwandtschaft nennen, sondern es würde sich auch finden, wenn beide Personen gar nicht mit einander verwandt wären; hingegen wird es zwischen den Verwandten wegfallen, wenn beider Jahre nicht so weit von einander entfernt sind.

2.) Die Liebe erfodert eine gewisse Vertraulichkeit, und der Mangel desselben stehet ihr am meisten entgegen. Wenn nun der Sohn, der bey seiner Mutter durch die Erziehung stets zur Ehrfurcht gewöhnt ist, und dessen Ausschweifungen oder Freude sie von Jugend an gemeiniglich durch Erinnerungen und Verweise unterbrochen hat, gegen sie so leicht keine unzüchtigen Gedanken empfindet; so gebrauchet es keinen besondern natürlichen Trieb, dieses zu erklären, sondern der Grund liegt in der Erziehung. Wenn ihm gleichfalls gegen andere, die ihm an Mutterstelle gewesen sind, so viel Ehrfurcht eingepräget ist, daß er an eine Ehe mit ihnen weniger gedenken wird, so ist es wiederum ein Trieb, der von der Erziehung herrühret. Die meisten werden eben das auch gegen sehr vornehme Personen empfinden, wenn sie gleich nicht mit ihnen verwandt sind.

3.) Ich

3.) Ich will auch gern eingestehen, daß der Fälle nur wenige sind, da Geschwister, bey denen die vorigen Ursachen wegfallen, eine verliebte Zuneigung gegen einander fassen. Allein nicht zu gedenken, daß ihnen dergleichen früh als eine sehr große Sünde vorgestellet, und diese gefährliche Neigung eben durch die Ehegesetze vermieden wird, und vermieden werden soll: so entdecket ihnen der tägliche Umgang so viele Fehler an einander, und sie werden einander dabey so gewohnt, daß die eigentlich sogenannte Liebe nicht leicht entstehen kann. Der Mangel derselben ist nicht einem natürlichen Abscheu, sondern eher einer Gleichgültigkeit zuzuschreiben; und aus dieser Gleichgültigkeit, so sich zwischen Personen beiderley Geschlechts nach einer langen und vertrauten Bekanntschaft findet, ist noch eben so wenig zu schlüssen, daß sie sich nicht heyrathen dürfen; als man es für einen angebohrnen Trieb und Stimme der Natur halten darf, wenn Ehemänner gegen ihre rechtmäßigen Frauen kaltsinnig, und gegen alles neue, so ihre Wollust erwecket, sehr empfindlich sind. Fiele alles dieses weg, so würden Geschwister gegen einander eben die Triebe empfinden können, so sie gegen fremde Personen des andern Geschlechts fühlen: und ich habe noch niemanden gehört, der die Geschichte in des Hrn. Prof. Gellerts Schwedischen Gräfin für unwahrscheinlich gehalten hat, wenn Bruder und Schwester, die es nicht wissen, daß sie Bruder und Schwester sind, eine sehr zärtlich verliebte Zuneigung gegen einander fühlen.

Ich glaube daher, daß das blos eine Folge des allzu verschiedenen Alters, der Erziehung, oder des langen und täglichen Umganges sey, was einige aus Uebereilung einen natürlichen Abscheu für den nahen Heyrathen genannt haben.

§. 46.

Der Zweck ist auch nicht gewesen, das menschliche Geschlechte zu zwingen, daß es durch Heyrathen mit Fremden Eine Familie werde.

Auf den vorgegebenen natürlichen Abscheu mag die von einigen vermuthete Ursache dieser Gesetze folgen: Gott habe durch das Verbot der nahen Heyrathen das menschliche Geschlecht zwingen wollen, in neue Freundschaften zu heyrathen, und dadurch gleichsam Eine große Familie zu werden, da es sonst nur Ehepaare, die vorhin verwandt waren, gesehen haben würde.

Wäre dieses die wahre Ursache der Ehegesetze, so würden sie uns und alle solche Völker, bey denen der Umgang auch mit fremden Frauenzimmer erlaubt ist, gewiß nicht angehn, weil sie bey uns höchst unnöthig wären. Denn wo einer, der heyrathen will, mit so vielen unverheyratheten Frauenspersonen ungehindert Umgang haben kann, wird es sich bey der weit grösseren Menge von fremden nur selten zutragen, daß die, so ihm am besten gefällt, eben in seiner Familie ist: nicht zu gedenken, daß die allzu lange Bekanntschaft ihn gegen seine Verwandten gleichgültiger machen, und ihm ihre Fehler entdecken wird. Ob wir gleich kein Verbot haben, daß sich nicht die Blutsfreunde vom 4ten Grad ungehindert heyrathen dürften, so pflegen doch nur die wenigsten und seltensten Ehen bey uns von dieser Art zu seyn.

Doch dis kann nimmermehr der Endzweck Mosis gewesen seyn. Denn wenn blos durch die Ehegesetze hätte vermieden werden sollen, daß nicht jede Familie so sehr genau zusammenhinge, und sich gleichsam zu einer kleinen Republik machen möchte, der alles gleich ausländisch wäre, was nicht von Einem Ur-Elter-Vater abstammte, so würde man sie für einen guten politischen Handgriff, nicht aber für ewige Sätze des Sittenrechts halten können. Ihre Uebertretung vor Mosis Zeit und bey den Cananitern, würde nie den Nahmen eines Gräuels, und nie die Austreibung der Cananiter aus ihrem Lande verdienet haben. Auch stehen die sonst bekannten Absichten Mosis und seiner Gesetze dieser vorgegebenen Absicht gerade entgegen. Er verbot die Ehen der Israeliten mit einigen fremden Völkern gänzlich: er gebot in einigen Fällen, in seinen eigenen Stamm zu heyrathen: nach dem Ausspruch seiner Geschichte sind die Heyrathen die lobenswürdigsten, die zwischen Geschwisterkindern vollzogen werden: sein Volk war in Stämme, und jeder Stamm in grössere und kleinere Familien eingetheilt, deren jedwede ihr Oberhaupt hatte, und eine kleine Republik war, fast so wie Tacitus die alten Deutschen beschreibt: sollte dieser Gesetzgeber wol gesucht haben, seine Unterthanen zu zwingen, daß sie ausser der Verwandtschaft, ja ausser ihrem Volke heyrathen, und dadurch das ganze menschliche Geschlecht zu Einer Familie zu machen suchen möchten?

§. 47.

Büffons und Huxthesons Vermuthung, daß die von nahen Verwandten gezeugten Kinder physicalisch abarten.

Ich muß hier einen sonderbahren Gedanken einrücken, den zwey vorzügliche Schriftsteller, ein Kenner der Natur, und ein Sittenlehrer, kurzens geäussert

äussert haben, ohne daß ich weiß, ob ihn der eine von dem andern genommen hat: und der, so sonderbar es auch Anfangs meinen Lesern klingen möchte, darauf hinausläuft: daß wie die Pferde besser und schöner fallen, wenn man Racen von zwey verschiedenen, und am liebsten von gantz entlegenen Himmelsstrichen vermischet, und nach und nach schlechter werden, wenn Beschreler und Stute nahe verwandt sind, die Menschen auch vielleicht abarten möchten, wenn sie von allzu nahe verwandten Personen ihr Geschlecht herleiten. Der Naturkündiger, Büffon, schreibt in seiner allgemeinen Historie der Natur (*), nachdem er dis von den Pferden bemerkt hatte: in die Menschen haben der Himmelsstrich und die Nahrung zwar keinen so großen Einfluß, als in die Thiere. - - - Indessen ist zu glauben, daß die Menschen vor diesem durch eine Erfahrung, deren Andenken endlich aus dem Gedächtniß verloschen ist, das Uebel erkannt haben, welches aus der Vereinigung der Menschen, die aus Einem Geblüte entsprungen sind, entstanden ist: weil es auch bey den am wenigsten gesitteten Nationen dem Bruder selten erlaubt gewesen, seine Schwester zu heyrathen. Diese Gewohnheit, welche uns ein göttliches Gesetz ist, und welche man bey den andern Völkern unter die politischen Absichten gerechnet, ist vielleicht auf die Beobachtung gegründet worden. Die Politik ist nicht so allgemein und uneingeschränkt (**), wofern die Physik keinen Antheil daran hat. Allein wenn die Menschen einmahl durch die Erfahrung erkannt haben, daß sie allemahl ausgeartet, so werden sie die Verheyrathung in fremde Familien als ein Gesetz der Natur beobachtet haben, und alle miteinander eins geworden seyn, die Verheyrathung unter ihren Kindern nicht zu dulden. Und es läßt sich in der That aus der Aehnlichkeit vermuthen, daß die Menschen in den meisten Himmelsstrichen nach einer gewissen Anzahl von Fortpflanzungen, wie die Thiere, ausarten würden.

Der andere Schriftsteller ist Hutcheson, der in seinem System of moral Philosophy B. III. Cap. 1. §. 10. sich so ausdruckt, wenn er von dem Verbot der nahen Ehen redet: es mögen noch andere uns unbekannte, oder doch nicht hinlänglich bemerkte Ursachen in der Natur seyn. Vielleicht ist eine Vermischung mehrerer Familien eben so nöthig, eine Abartung des

---

(*) Im 2ten Theil des zweiten Bandes, S. 104 der Hallerischen Ausgabe.

(**) Der Naturkündiger vergißt die Ge- schlechter, die uns sagt, daß diese Gesetze nicht so allgemein gewesen sind.

des menschlichen Geschlechts zu verhüten, als einige glauben, daß bey den Thieren auswärtige Art mit der einheimischen gemischt werden müsse, wenn diese sich nicht verunedlen sollen.

Der Gedanke ist dreist und sinnreich, und einer Untersuchung würdig. Wenn er wahrscheinlich befunden würde, so würden ihn die am besten gebrauchen können, welche die Sündlichkeit naher Ehen auf einen natürlichen Abscheu, oder auf ein allgemeines positives Gesetz Gottes, so uns vor Schaden, den wir nicht kannten, gewarnet hätte, gründen wollen.

Damit meine Leser ihn völliger verstehen, und bey Beurtheilung desselben Regeln der Pferdezucht, die ganz von einander verschieden sind, und die doch Büffon und Hutcheson mit einander vermengen, gehörig absondern mögen, sinde ich mich genöthiget, einiges von der Pferdezucht, so gut ich es von den besten Kennern gehört habe, zu erzählen.

Man sucht bey der Pferdezucht die besten Pferde aus, um eine edle Race zu bekommen: denn wenn man jedes mittelmäßige oder schlechte Pferde zur Zucht nähme, so würde die Race sich verunedlen. Und da versteht sich von selbst, daß man nicht die nächsten Pferde immer zusammenlassen soll, denn diese werden nicht immer die besten und edelsten seyn, sondern man muß Stute und Hengst unter mehreren aussuchen. Allein dies kann gar nicht zu unserer Sache gehören: denn da jeder Mensch ein natürliches Recht zum Ehestande hat, so wird man das den mittelmäßig- oder schlecht gebohrnen nicht nehmen, und blos die stärksten und gesündesten unter den Menschen zur Fortpflanzung des Geschlechts aussuchen wollen. Indessen ist dis, da man schlechte und gemeine Pferde zusammenläßt, eigentlich der einzige Fall, in welchem sich die Race verunedelt, und gute Pferde aus Einen Himmelsstrich verunedlen sie nicht, sondern machen sie nur nicht edler als sie war. Zum zweiten läßt man, um die Race von Pferden zu veredlen, Pferde aus ganz verschiedenen Himmelsgegenden zusammen, in der Absicht, daß sie neue Tugenden zusammenbringen sollen: z. E. das jetzige deutsche Pferd ist groß und stark, so wie man es zu schwerer Arbeit, und vornehmlich bey der Cavallerie zum Einbrechen nöthig hat: allein es hat nicht die Feinigkeit, oder Leichtigkeit der südlichen Pferde, die hingegen kleiner, und zur Cavallerie nicht so brauchbar sind. Will man es nun veredlen, so nimt man, wenn es eigentlich um Schönheit und Pracht zu thun ist, Spanische, oder wenn man ihm die größeste Geschwindigkeit geben will, Arabische Beschäler: und die Englischen Wettläufer pflegen von Englischer und Arabischer Race gezogen zu werden, da denn durch die Verbindung der

Englischen Größe, und des daher entstehenden weiten Schrittes mit der Arabischen Leichtigkeit und Feuer, die Geschwindigkeit noch zunimt. Auch hievon kann man keine Anwendung auf unsere Ehegesetze machen: denn man verlangt ja nicht zu beweisen, daß fremde Völker sich vermischen, und unsere Schönen sich einen Mohren, oder die Mannspersonen Circaßierinnen aussuchen sollen. Ganz ungemischte Völker, z. E. die alten Deutschen, sind wegen ihrer vorzüglichen Leibesgröße, Stärke und Tapferkeit von andern gemischteren gerühmet worden, und haben seit der Vermischung mit andern Völkern ihre Leibesgröße verlohren.

Zum dritten habe ich von dem hiesigen Universitäts-Stallmeister, Herrn Ayrer, folgende in großen Stutereyen gemachte Erfahrung, die er selbst gesehen, zuverläßig gehöret: man hat die Pferde, die von einerley Hengst und Stute gefallen, und selbst edel und schön waren, zusammengelassen, allein daraus ist eine, zwar nicht unedlere, aber kleinere Race, und von feinern Knochen entstanden. Hat man die wieder zusammengelassen, so ward die dritte Race noch kleiner, und feiner an Knochen, fast wie die kleinen Orlandischen und Nordschottischen Pferde, behielt aber sonst die guten Eigenschaften und Schönheiten der Vorfahren, ohne sich zu verunedlen. Sie ward blos zu zierlich und klein zum Gebrauch.

Sollte nun hieraus irgend ein Schluß auf die Menschen gemacht werden, so würde er nicht auf andere Abartungen des menschlichen Geschlechts, nicht auf Misgeburten, oder Gebrechliche, sondern darauf gehen, daß die Kinder kleiner werden, und an ihrer Natur verlieren möchten, die von allzunahen Verwandten erzeuget sind.

Daß die Erfahrung hiemit nicht übereinstimmet, und es blos ein Schluß vom Pferde auf den Menschen ist (den ich in der Logik dem a baculo ad pluviam kaum vorziehen kann), sind selbst Büffon und Hutcheson eingeständig. Entfernte Geschlechter, von denen wir weder mündliche noch schriftliche Nachrichten haben, sollen bedenkliche Erfahrungen gehabt, und deshalb diese Ehen ihren Kindern verboten haben. Ganze Völker, welche die allernächsten Ehen duldeten, Perser, Aegyptier, Phönicier, Lacedämonier, Athenienser, haben doch die Geschichte mit keiner hieher gehörigen Erfahrung bereichert: ja die Persianer stunden sogar in dem Wahn, daß die Ehe des Sohns mit der Mutter Kinder von ganz vorzüglichen Gaben, und bey denen die Race veredelt würde (ὐγενοτέρους), erwarten liesse, daher die Vornehmsten diese Ehe liebten,

naher Ehen bestritten. Cap. 5. §. 47.

ten, um Söhne zu erzeugen, die zur Regierung tüchtig wären (*). Wenn bisweilen durch einen Unglücksfall, der auch bey den entferntesten Heyrathen vorkommen kann, Eltern, die in die nahe Verwandtschaft geheyrathet haben, kränkliche oder gebrechliche Kinder haben, so wird man das hoffentlich für keine zu diesem Satz gehörige Erfahrung ansehen. Denn nicht zu gedenken, daß, wenn dis eine natürliche Folge ihrer nahen Verbindung wäre, alsdenn Aegypten, Phönicien, Griechenland und Persien, mit gleichen Gebrechlichen hätten müssen überschwemmet seyn, wovon wir, sonderlich in Absicht auf Griechenland, das Gegentheil aus der Geschichte wissen: so zeuget ja die Erfahrung bey Pferden nicht von Gebrechlichkeiten, nicht von Abartungen jeder Art, sondern blos von Verminderung der Leibesgröße.

Um die Frage so wenig als möglich auf blosses Raisonnement, und so viel, als irgend geschehen kann, auf wirkliche Erfahrungen ankommen zu lassen, wünschte ich freilich, daß man aus der jetzigen Zeit von solchen Völkern, die nahe Ehen erlauben, Nachricht hätte, ob solche Ehen einen Einfluß in die Art der Kinder hätten. Und eben, da ich diesen Wunsch thue, bemühe ich mich durch eine Nachfrage in America ihn zu erfüllen. Ich weiß nicht, ob ich die Antwort so früh erhalten werde, daß ich sie in einer Anmerkung beyfügen kann. Indeß ist doch so viel auch ohne Nachfrage schon wol aus der neuesten Geschichte gewiß, daß die Nordamericaner, bey denen die Heyrath der Geschwister erlaubt ist, weder der Leibesstärke und Größe nach, noch auch wegen ihrer Gemüthskräfte, abgeartete Menschen zu seyn scheinen.

Die Bibel giebt uns wenigstens gar keinen Anlaß, bey den nahen Ehen, und selbst bey der Blutschande, eine Abartung des Geschlechts, oder eine Verminderung der Leibesgröße, zu befürchten. Nach ihr hat Gott das menschliche Geschlecht dergestalt von Einem gemeinschaftlichen Stammvater entspringen lassen, daß es zuerst durch lauter Ehen zwischen Brüdern und Schwestern fortgepflanzt werden mußte: und nach der Sündfluth war wenigstens das erste Geschlecht der Söhne zu lauter Ehen mit ihren Cousinen gezwungen. Wird Gott den doppelten Anfang des menschlichen Geschlechts recht mit Bedacht so veranstaltet haben, daß es sich gleich bey der Quelle verunedlen mußte? Moses liebt die Ehe zwischen Geschwisterkindern. Falls nahe Verwandte abartende Kinder zeugen, so verdiente diese Ehe, wenn sie auch nicht mehr nöthig hatte verboten zu werden, doch keine Gunst. Isaac war aus der Ehe mit der Halbschwester erzeugt, und aus der Geschichte der Bibel wird niemand denken, daß

(*) PHILO de legibus specialibus, T. II. der Mangeyischen Ausgabe, S. 301.

Respectus parentelae

er abgeartet war: und bey der wirklichen Blutschande des Lot und Juda entsteht nicht der geringste Verdacht bey dem Leser, daß die daraus entstandenen Söhne, Moab, Ammon, Serach und Perez, schwächere Menschen als andere gewesen sind. Die Riesen seiner und der etwas höhern Zeiten, das ist, die Leute von ungewöhnlicher Größe, findet Moses unter den Cananitern: und dis sind gerade die Völker, die er der Blutschande und allzunahen Heyrathen wegen anklaget. Diese einzige Erfahrung scheint hinlänglich zu seyn, den ganzen Nebel zu zerstreuen.

Ueberhaupt aber ist der Schluß vom Pferde auf den Menschen, ich will nicht sagen, nicht logicalisch, denn das giebt Büffon und Hutcheson ohne Zweifel zu, sondern auch selbst zur Conjectur zu entfernt und gewaget. Denn der Mensch, als Thier betrachtet, gehört gar nicht mit dem Pferde in Eine Classe. Wäre doch nur bey den Affen eine solche Erfahrung gemacht, so würde man wenigstens fragen können, ob sie bey den Menschen eintreffe?.

§. 48.

Sehr viele suchen den Grund der Ehegesetze in dem *respectu parentelae*.

Nunmehr komme ich auf die wahrscheinlichste Ursache dieser Gesetze, welche auch die größeste Anzahl von Vertheidigern findet, der ich aber doch nicht schlechterdings beypflichten kann. Ich meyne die Ehrerbietung, die man seinen Eltern, oder denen, so uns an Eltern Stelle sind, schuldig ist, und die man gemeiniglich respectum parentelae nennet. Diese Ehrerbietung soll dadurch verletzt werden, wenn ein Sohn seine Mutter, oder ein Vetter seines Vaters Schwester heyrathet: denn da er nach der Verwandtschaft vor ihr harte Ehrerbietung haben sollen, so muß sie sie nunmehr vor ihm haben, und ihm als ihrem Manne nach dem göttlichen Befehl unterworfen seyn.

Ich will nicht leugnen, daß dieses in dem Römischen Gesetze die Ursache des Verbots gewesen, oder wenigstens allbereits von uralten Rechtslehrern dafür angegeben ist, wenn gleich der alte Abscheu der Römer für der nahen Verwandtschaft, der auch Geschwisterkindern die Ehe verbot, eine andere Quelle hatte: und da Mosis Gesetze darin mit den Römischen viel Aehnlichkeit haben, daß sie sehr für die Rechte der Eltern sorgen, so würde ich desto geneigter seyn, bey Mose auf eben die Ursache des Verbots zu denken, wenn nur nicht allzu wichtige Gründe entgegen stünden. Da aber dieses ist, da ferner die Römischen Sitten mit Mosis Eheverboten keine Verwandtschaft und gemeinschaftliche Quelle haben, und selbst bey ihnen dieses mehr eine Ursache gewesen ist,

welche

wird unterſucht. Cap. 5. §. 48. 49.

welche die Juriſten aus ihrer Stoiſchen Philoſophie zu einem uralten Herkommen erfunden haben, als die wahre Urſache des alten Herkommens ſelbſt: ſo werde ich genöthiget, den reſpectum parentelae nicht für die Urſache der verbotenen Ehen zu halten.

An der unpartheyiſchen Unterſuchung dieſer vorgegebenen Urſache iſt uns deſto mehr gelegen, weil die Frage, ob in den Ehegeſetzen Moſis die Grade zu zählen ſind, mit davon abhänget. Denn wenn Moſes die Ehen wegen des reſpectus parentelae verboten hat, ſo werde ich von der verbotenen Ehe mit des Vaters Schweſter nicht auf die Ehe mit des Bruders Tochter ſchlieſſen dürfen, weil dieſe letztere ihrer Geburt wegen nicht in einer ſolchen Verhältniß mit der Mannsperſon ſtehet, welche ihre Unterwerfung unter die Mannsperſon un ziemlich macht.

Ich werde erſt meine Zweifel gegen den reſpectum parentelae anführen, nachher aber zeigen, es ſey doch ſehr wahrſcheinlich, daß auf dieſe Urſache bey dem Verbot gewiſſer Heyrathen geſehen ſey, die vorhin in der Familie Abrahams für erlaubt geachtet wurden, ohne ſehr gewöhnlich zu ſeyn. Es kommt mir vor, daß durch dieſes letztere die gelinde Parthey faſt alles wieder gewinnet, was ſie durch das erſte zu verliehren ſchien. Nur wird ſie es alsdenn gleichſam frey von gewiſſen wichtigen Einwendungen und Anſprüchen beſitzen: und vielleicht iſt auch der Hebräiſche reſpectus parentelae, auf den Moſes geſehen haben kann, von etwas anderer Art als der Römiſche.

§. 49.

Dieſe Urſache der Ehegeſetze wird verworfen, 1.) weil der bloſſe *reſpectus parentelae* die Heyrathen noch nicht ſündlich machen würde, indem ſich der Theil ſeines Rechts begiebt, der ſonſt an Vater- oder Mutter-Stelle wäre.

Es iſt offenbahr, daß Moſes die nahen Heyrathen, wenigſtens diejenigen, um welcher willen die Cananiter von Gott geſtraft und ausgetrieben werden, nicht blos für eine Beleidigung des Wohlſtandes, ſondern auch unabhängig von ſeinem Geſetz für Sünden hält, und ſie deswegen verbietet. Wie es aber um des reſpectus parentelae willen ſündlich ſeyn könne, eine Frauensperſon zu heyrathen, die vorhin der Verwandtſchaft wegen Ehrerbietung von uns verdiente, kann ich nicht faſſen. Sie hebt ja ſelbſt meine vorige Pflicht durch den Vertrag auf, durch welchen ſie in den Eheſtand tritt, und es geſchiehet ihr nicht unrecht, weil ſie es ſelbſt will, daß die vorige Pflicht aufhöre; wiewol es

auch

auch nicht schlechterdings unmöglich wäre, daß, dem Eheſtande unbeſchadet, in allen Dingen, die nicht eigentlich den Eheſtand und die Erziehung der Kinder betreffen, die vorige Ehrfurcht und Unterwürfigkeit bliebe. Ich meyne zum wenigſten nicht, daß unſere Sittenlehrer es für eine Uebertretung des göttlichen Gebots, ſo die Frau dem Manne unterwürfig macht, anſehen, wenn eine regierende Königin einen Gemahl aus ihren Unterthanen nimt, der dennoch Unterthan bleibet, oder einen Fremden, der kein regierender Herr iſt, und in ihrem Lande auch wol durch Annehmung der vornehmſten Staatsbedienungen ein Unterthan wird: und als Unterthan iſt er ihr doch in manchen Stücken noch mehr unterwürfig, als ein erwachſener Sohn ſeinem Vater. Ich kann mich hier nicht darauf einlaſſen, den göttlichen Ausſpruch, dein Wille ſoll deinem Manne unterworfen ſeyn, und er ſoll dein Herr ſeyn, näher zu erläutern, und zu zeigen, wie wenig er dieſer Heyrath der Königin mit ihren Unterthanen widerſpreche: ich verſpare es in eine Abhandlung über die Sittenlehre der Vernunft und der heil. Schrift von der Ehe.

Andere drucken eben den Zweifel ſo aus: es entſtehe durch eine ſolche Ehe ein Widerſpruch der Pflichten, indem die Pflichten der Verwandtſchaft von der Mannsperſon Unterwerfung, die Pflichten des Eheſtandes aber Herrſchaft von ihr foderten. Allein wem iſt unbekannt, daß im menſchlichen Leben beſtändig Widerſprüche der Pflichten eintreten? Die Sittenlehrer erkennen ſie gar wohl, und ſchreiben uns Regeln vor, daran wir die Pflicht erkennen müſſen, die jedesmahl das Uebergewichte haben ſoll: ſie befehlen aber gar nicht, den Stand zu vermeiden, in dem Widerſprüche der Pflichten, denen wir doch nie ganz entgehen werden, entſtehen müſſen. Man würde ſonſt nicht Soldat werden dürfen, denn wie oft entſtehet ein Widerſpruch der Pflicht der Barmherzigkeit, oder gar des Gebots, Du ſollſt nicht tödten, mit der Pflicht der Vertheidigung des Vaterlandes auch durch die allerhärteſten Mittel? nicht Richter, bey dem Strafgerechtigkeit und Barmherzigkeit gleichfalls in einem Streit ſind, der ſich zuletzt freundſchaftlich endiget.

Wer wird es dem Sohne zur Sünde machen, ein obrigkeitliches Amt anzunehmen, dadurch ſein Vater unter ihm ſtehet? Joſeph führte ſelbſt ein ſolches in Aegypten, dadurch der reſpectus parentelae ungemein geändert ward(*): allein niemand ſagt, Joſeph war ein gottloſer Mann, und handelte wider das Geſetz der Natur, daß er ſeinen Vater nach Aegypten einlud, wo dieſer ihm unterthänig werden muſſte: man lobt vielmehr hierin ſeine Liebe zu ſeinem Vater,

(*) 1.B. Moſ. XXXVIII, 9. 10.

ter, und es ist genug, daß er seinem Vater so viel Ehrerbietung erwies, als seinem Stande unbeschadet geschehen konnte. In Wahrheiten kann dis noch weiter gehen, der Sohn kann König werden, und über seinen Vater die fürchterlichen Rechte bekommen, die Brutus gegen seine Söhne übete; allein ist es deshalb Sünde, daß ein Sohn, der noch Eltern hat, König wird? Hat nicht Gott selbst den Saul zum Könige salben lassen, da sein Vater Kis noch lebte? und wie sehr wahrscheinlich ist es, daß die Eltern Davids es noch erlebt haben, daß ihr Sohn den Jüdischen Thron bestieg? Wenn man hier nichts sündliches findet, warum denkt man nicht auch bey den Ehen auf gleiche Weise, bey welchen noch dazu die Einstimmung des Theils, welcher dem andern unterworfen wird, vorhergehet, und alles Beleidigende wegnimmt?

Man sagt: die Verhältniß zwischen Mutter und Sohn sey natürlich, und könne deswegen durch keinen Vertrag aufgehoben oder abgeändert werden, die Mutter habe kein Recht, sich ihrer Rechte zu begeben. Allein ich wiederhohle nur mein voriges Beyspiel, und frage, ob der Vater kein Recht hat, ein Unterthan seines Sohnes zu werden? ob Jacob kein Recht hatte, in das Land zu kommen, in welchem niemand ohne Josephs Willen seine Hand oder Fuß regen sollte (*)? ob Kis und Isai Sünde thaten, wenn sie ihren Sohn für König erkannten, und ob sie kein Recht hatten, sich ihrer Macht über ihn zu begeben? Doch ich meyne, es werden täglich die natürlichen Verhältnisse der Menschen durch Verträge geändert. Sind nicht von Natur alle Menschen gleich? Sind sie nicht alle in ihrer Freyheit? und können sie nicht durch Verträge dieser Gleichheit und Freyheit entsagen? können sie nicht Unterthanen, ja sogar leibeigene Knechte werden, wenn es ihr guter Wille ist, und sie sonst Vortheile dabey finden? Ich dächte aber doch, die Freyheit wäre noch ein größeres Gut, und natürlicheres Recht, als die Herrschaft über einen Sohn: und ich für mein Theil würde weit lieber mich des Rechts, meinem Sohn befehlen zu dürfen, begeben, als die Freyheit verlieren, und ein Sclave werden. Noch ein anderes Beyspiel: die natürliche Obrigkeit würde in jedweder Familie der Vater seyn, und so natürlich der respectus parentelae ist, eben so natürlich ist diese obrigkeitliche Gewalt des Vaters über den Sohn, die sich im natürlichen Zustande der Menschen äußern, und ein Stück der väterlichen Gewalt seyn würde. Allein diesen Theil ihrer

Gewalt

(*) 1. B. Mos. XXXII, 44.

Gewalt haben die Eltern in Republiken der Obrigkeit übertragen, und sich selbst dessen begeben. Dis ist noch viel bedenklicher, weil ein dritter, nehmlich ihre Kinder, dadurch in schlimmere Umstände gerathen kann, wenn die Gewalt in die Hände eines Nero fallen sollte. Können sie das ohne Sünde thun, so würde es auch noch keine Versündigung gegen das vierte Gebot seyn, wenn die Mutter ihren Sohn heyrathete. Ich bitte, mir diese Worte nicht zu verdrehen; ich behaupte nicht, daß diese Ehe ohne Sünde vollzogen werden könne, sondern nur, daß die Ursache ihrer Sündlichkeit nicht aus dem vierten Gebot herzuleiten sey.

§. 50.

a.) Weil er noch mehr bey einigen einzelnen Fällen wegfällt, sonderlich bey der Stiefmutter, unter welchem Nahmen auch die mit begriffen wird, die wir des Vaters Concubine nennen würden.

Wenn wir die übrigen Fälle, ausser der Heyrath mit der leiblichen Mutter, betrachten, so finden sich noch grössere Schwürigkeiten, ihre unleugbare Sündlichkeit aus dem vierten Gebot herzuleiten. Mit der Stiefmutter stehen wir nicht in der natürlichen Verhältniß, als mit der rechten Mutter: es würde also das hier nicht einmahl angewandt werden können, was man von der Unveränderlichkeit einer natürlichen Verhältniß sagte. Bey den Hebräern, denen doch Moses diese Gesetze zunächst gegeben hat, machte die Vielweiberey, welche selten ohne Streit der Mütter von verschiedenen Kindern, und noch seltener ohne Haß derselben unter einander, abgehen konnte, daß auch, bey Lebzeiten des Vaters, der respectus parentelae und die Ehrerbietung gegen die Stiefmutter um ein grosses so weit nicht ging, als bey uns. Die Hebräer nennen sie ordentlich nicht einmahl Mutter, sondern nur, des Vaters Frau: und selbst in den Ehegesetzen trägt sie beidemahl diesen Nahmen, mit dem Zusatz, es ist deines Vaters Blöße, nicht aber, wie es bey der rechten Mutter hieß, sie ist deine Mutter, darum sollst du ihre Blöße nicht aufdecken; so ungewöhnlich war es, des Vaters Frau, Mutter zu nennen. Man nehme dazu, daß die Stiefmutter eine leibeigene Sclavin seyn konnte, die in dem Hause des Vaters weit weniger geachtet war, als der Sohn der Freyen; man denke nur, um sich dieses faßlicher zu machen, an Isaac, und an dessen Stiefmutter, die Hagar, welche Abraham endlich aus seinem Hause trieb: so wird man aufhören, das Verbot der Ehe mit der Stiefmutter, so wie es Moses gegeben hat, aus der kindlichen Ehrfurcht gegen die Stiefmutter herzuleiten. Will

man

wird untersucht. Cap. 5. §. 50.

man noch einen Schritt weiter gehen, so frage man, was für einen Nahmen wir der Person geben würden, die Moses mit unter dem Nahmen, Frau deines Vaters, begreift, wenn der Vater in der Vielweiberey lebt? Der glimpflichere würde Concubine seyn, den härteren, den ihr vermuthlich in unsern Ländern die rechtmäßige und erste Frau geben würde, will ich nicht einmahl nennen. Bey den Hebräern war zwar durch die bürgerlichen Gesetze eine zweyte, dritte und vierte Frau erlaubt: allein nach den Geboten der Natur, und der unveränderlichen Sittenlehre, bleibt sie das, wofür sie das Christenthum ausgiebt (*). Könnte nun wol das ewige und sich stets gleiche Sittengesetz, welches nur Eine Frau erlaubt, und die übrigen vor Ehebrecherinnen halten muß, dem Sohn der rechtmäßigen Frau eine kindliche, und durch keinen Vertrag jemahls abzuändernde Ehrfurcht gegen eine Frauensperson befehlen, weil sie mit seinem Vater in einem beständigen Ehebruch gelebet hatte? Und doch giebt Moses die Ehe mit der Stiefmutter für eine Sünde, nicht wider sein bürgerliches Gesetz, sondern wider das Sittengesetz, aus, das alle Völker verbindet! Könnte er das thun, wenn blos die Ehrerbietung gegen die Stiefmutter dadurch verletzet würde? Wenn dieser Zweifel bisher, so viel ich weiß, niemanden beygefallen ist, so kommt es daher, daß man stets an eine solche Stiefmutter gedacht hat, als die ist, von welcher das Römische oder Deutsche Recht redet, nicht aber an diejenige, die Moses mit unter diesem Nahmen begreift. Er wird aber noch stärker und deutlicher, wenn man dazu nimt, daß Amos II, 7. auch der Beyschlaf des Sohns bey der Hure seines Vaters, die er doch wol gewiß nicht nach dem vierten Gebot für Mutter zu ehren hat, als eine Blutschande angesehen wird.

Ich war zuerst willens, die Frage aufzuwerfen, ob wol die kindliche Ehrfurcht, und der respectus parentelae, gegen eine Stiefmutter größer sey? oder gegen einen Vormund, der wirklich Vatersstelle, und gegen eine Amme, die Mutterstelle vertritt, und welche letztere bey den Hebräern, wie bey den Alten überhaupt, sehr geehret war, weil man sie noch unter den keuschen Frauenspersonen aufsuchte? und ob wol zu behaupten stehe, daß die Ehe mit des Vormunds

---

(*) Ich setze hier zum voraus, daß die Vielweiberey nach dem Naturgesetz verboten, und von Christo für einen Ehebruch erklärt sey, welches Peermontval in seiner Monogamie so deutlich gezeiget hat, daß ich mich zuversichtlich auf seine Arbeit beziehen kann. Wer nicht die Zeit hat, sein Buch selbst durchzulesen, den verweise ich auf den Auszug desselben im sechsten Fasciculo der Relationum de libris novis.

E 2

muntes Wittwe, oder mit der Amme, nach dem ewigen Sittenrecht durch einen respectum parentelae gehindert werde? Allein nachdem ich erinnert habe, was für Personen mit unter den Hebräischen Stiefmüttern begriffen werden, scheint mir dieser Zusatz überflüßig, und beynahe eine Entehrung der Vormünder, und der bey den Alten so sehr hochgeschätzten Ammen zu seyn. Denn wenn jemahls jemand für Mutter angesehen und geehret ward, so ist diese Ehre den Ammen wiederfahren.

Vielleicht verspare ich diese Vergleichung besser auf die nächste verbotene Heyrath mit des Vaters oder der Mutter Schwester. Wenn wir diese als Freundinnen unserer Eltern ansehen, so verdienen sie deswegen aus Dankbarkeit gegen unsere Eltern von uns Ehrerbietung, welche noch größer werden muß, wenn sie gar an unserer Erziehung gearbeitet haben. Allein diese Verhältniß, die wir gegen sie haben, ist doch nicht natürlich, sondern zufällig. Wie? wenn sie mit unsern Eltern in steter Feindschaft gelebet hätten? fällt alsdenn nicht die eine Ursache der Ehrerbietung weg? wie, wenn sie ungemein viel jünger wären, als wir? Man setze doch den Fall, der nichts weniger als unmöglich ist: Titius ist 30 Jahr alt; sein mütterlicher Großvater stirbt, und hinterläßt eine Tochter von 10 Jahren, die also Titii Mutter Schwester ist: da Titii beide Eltern schon vorhin gestorben sind, so setzt der Großvater den Titius zum Vormund über seine noch unerzogene Mutter-Schwester: wird jemand sagen, Titius sey diesem Kinde so viel Ehrfurcht schuldig, daß er nicht mit gutem Gewissen Vormund werden, und bey ihm Vaterstelle vertreten könne? Wird man das allergeringste unschickliche darin finden, wenn er die Vormundschaft übernimt? Ich denke, bey diesem Beyspiel ist klar, daß der respectus parentelae, den wir gegen Vaters und Mutter-Schwester haben, von gewissen Nebenumständen des Alters abhänget, die gemeiniglich alsdenn sich anders befinden, wenn jemand seines Vaters oder seiner Mutter Schwester heyrathen will. Ob ein respectus parentelae von einer andern Art diese Ehen den Eltern habe unangenehm machen können, und Moses sie deswegen untersagt haben möchte, das wollen wir im 5asten §. sehen.

Die übrigen Ehen, bey denen Europäische Sittenlehrer in dem respectu parentelae Schwürigkeit finden, wenn nehmlich die Frau des Mannes Tochter ist, oder doch Tochterstelle gegen ihn hat, und durch die Ehe mit ihm in eine völlige Gleichheit zu treten scheinet, können bey der großen Unterwerfung der morgenländischen Weiber gegen ihre Männer nicht durch die kindliche Ehrerbiebietung gehindert worden seyn, die sie der Mannsperson schuldig waren. Die Frau war und blieb bey den Hebräern oft eine leibeigene: sollte nun wol in einer solchen Republik die Tochter darum den Vater nicht haben heyrathen dürfen, weil dis den Vater zu sehr zu ihr herunter gesetzt hätte? Bey uns macht der Ehestand eine Gleichheit unter beiden Personen, nicht aber bey denen, welchen Moses sein Gesetz gab.

§. 51.

Der *respectus parentelae* läßt sich gar nicht gegen die Ehen unter Geschwistern deuten. Moses aber giebt von allen verbotenen Ehen nur Eine Ursache an, nehmlich die nahe Verwandschaft.

Bey andern Heyrathen, die doch Moses ohne Zweifel als Sünden wider das Sittengesetz verbietet, weil sie schon in der Familie Abrahams für unerlaubt gehalten wurden, ich meyne, bey der Ehe mit der leiblichen Schwester, ist gar nicht einmahl der Schein vorhanden, als würde dadurch ein *respectus parentelae* gekränkt. Bey diesen würden wir doch eine andere Ursache zu suchen haben, die blos aus der nahen Verwandschaft herzuleiten ist: und wenn wir sie finden (wie sie sich denn allerdings finden wird), so ist am wahrscheinlichsten, daß eben diese Ursache auch bey den übrigen nahen Verwandschaften vorgewaltet habe. Denn Moses verfährt nicht so, wie der Kayser Justinianus im Titel de nuptiis, welcher die verbotenen Ehen in zwey Gattungen eintheilet: *inter eas personas, quae parentum liberorumve locum inter se obtinent, contrahi nuptiae non possunt: - - - Inter eas quoque personas, quae ex transverso gradu cognationis junguntur, est quaedam similis observatio, sed non tanta:* sondern er fasset alle verbotene Ehen, zum wenigsten alle die, welche er schon bey den Cananitern für Gräuel ansiehet, unter einen allgemeinen Satz zusammen: niemand unter euch soll sich zu der nahen, die ein Stück seines Fleisches ist, und sucht also den Grund aller dieser Verbote in der allzu nahen Verwandschaft. Und in den besondern Nahmen verbotener Ehen, die ich im 19ten §. erklärt habe, ist eben so wenig eine Spur des *respectus parentelae* anzutreffen.

§. 52.

166　Ein besonderer respectus parentelae. Cap. 5. §. 52.

§. 52.

Ein gewisser besonderer *respectus parentelae* hat vermuthlich die Ehe mit der Eltern Schwester den Eltern verhaßt gemacht: ist aber von etwas anderer Art, als was wir gemeiniglich bey dem *respectu parentelae* gedenken.

Dem ohngeachtet aber, und obgleich Moses bey den nächsten Graden der Ehen gar nicht auf einen respectum parentelae gesehen hat, könnte es doch wol seyn, daß bey den Hebräern den Ehen mit des Vaters und der Mutter Schwester, oder Schwiegerin, etwas im Wege gestanden haben möchte, so wir respectum parentelae nennen könnten, ob es gleich von etwas anderer Art ist, als was von den Erklärern des Römischen Rechts mit diesem Nahmen beleget wird, und uns bey Nennung desselben zuerst beyfällt.

Der Sohn, welcher heyrathen wollte, sonderte sich deshalb nicht von dem Hause seines Vaters ab, sondern er blieb gemeiniglich darin, wie wir an dem Beyspiel Isaacs (*), Edoms (**), und der Söhne Jacobs wahrnehmen können: und dieses war noch nothwendiger nach der Zeit Mosis, da jeder Israelite von seinem eigenthümlichen Acker leben sollte, der aber dem Sohn nicht eher zufiel, als nach des Vaters Tode, daher der Sohn dem Vater seine Frau in das Haus bringen mußte. Bey dieser so gar nahen Verbindung konnte es den noch lebenden Eltern kaum anders als unangenehm und empfindlich seyn, wenn der Sohn ihre Schwester heyrathete, und eine Person, die wegen der Geburt ihnen gleich war, und die sie auch von deren Kindheit an als Schwester mit sich gleich gesetzt hatten, durch die Ehe ihrem Sohn so tief unterwürfig gemacht ward. So oft sie dieser die Höflichkeit erzeigten, die sie wegen der Verwandtschaft und der langen Gewohnheit nicht wohl unterlassen konnten, so war es nicht anders, als machten sie auch ihren Sohn sich gleich, oder setzten ihn fast über sich. Hier ward also nicht die Ehrerbietung gegen des Vaters Schwester verletzt, welche sich nicht hätte beklagen dürfen, weil sie ihren Willen darein gegeben hatte, sondern die noch lebenden Eltern wurden gekränket, und ihnen von dem Sohn zu sehr als seines gleichen begegnet. Man denke nur, wie unangenehm es uns seyn würde, wenn ein Bedienter von uns nicht eine Vaters-Schwester, sondern überhaupt eine arme Anverwandte von uns heyrathen, und uns in das Haus bringen wollte; so wird man sich von dem Verdruß der Eltern über eine solche Heyrath eine lebhaftere Vorstellung machen können.

(*) 1. B. Mos. XXV, 5. 6.　(**) 1. B. Mos. XXVI, 34. 35. XXVII, 15.

Ein besonderer respectus-parentalis. Cap. 5. §. 52.

Bey diesen Umständen wundere ich mich nicht darüber, daß schon vor Mosis Zeit, als man diese Heyrath noch nicht für eigentlich verboten hielt, dennoch die Eltern bey der großen Begierde, ihre Söhne mit einer nahen Base verheyrathet zu sehen, ihnen nicht ihre eigenen Schwestern, sondern ihrer Schwester Töchter vorzuschlagen pflegten; und daß wenige Söhne den Eltern den Verdruß gemacht haben, deren Schwestern zu freyen; wie ich solches oben im 38sten Abschnitt gezeiget habe. Die Bräute wurden damahls mehr von den Eltern, als von dem Bräutigam selbst gewählt: ist es Wunder, daß diese sich nicht leicht einen solchen Verdruß in ihrem Hause machen wollen?

Hat diese Ursache vor Mosis Zeit unter seinem Volke die Heyrath mit der Eltern Schwester oder Schwägerin verhaßt machen können, so ist nicht ganz unwahrscheinlich, daß sie auch in sein Gesetz einen Einfluß gehabt, und dasselbe zum Theil mit veranlasset haben mag. Indessen ist es doch nicht die einzige Ursache gewesen, sondern wir werden im folgenden Hauptstück sehen, daß eben die Ursache, welche die übrigen näheren Heyrathen dem Sittengesetz zuwider und sündlich machte, auch bey dieser, obgleich in geringerem Grad, nach den Sitten der Hebräer vorgewaltet habe. Nähme man den Verdruß der Eltern über eine solche Heyrath zum einzigen Grunde des Verbots an, so würde es nicht so allgemein zu geben gewesen seyn, als es Moses giebt, sondern es wäre genug gewesen, wenn er dergleichen Heyrathen den Söhnen, die in ihrer Eltern Hause blieben, bey Lebzeiten der Eltern untersagt hätte.

§. 53.

Eine besondere Vermuthung des von Ludewig, als habe das Gesetz die allzu große Macht der Familien hindern sollen.

Ich weiß nicht für gewiß zu sagen, ob der seel. Canzler von Ludewig in seiner rechtlichen Ermahnung an die Gerichte: über dem Königl. Edict von Aufhebung der Menschensatzung, verbotener Verehelichung der Anverwandten, desto sträcklicher zu halten, die er im 1. bis 3ten Stück der Hallischen Anzeigen auf das Jahr 1743. gegeben hat, und die in seinen besonders gedruckten gelehrten Anzeigen das 99. 100. 101te Stück des dritten Theils ausmacht, in der That die Meinung hat äussern wollen, als habe Moses bloß eine politische Absicht bey diesen Gesetzen gehabt, die bey dem Israelitischen Volk sehr heilsam gewesen, bey uns aber überflüßig seyn würde. Es ist in der ganzen Abhandlung ungemein viel gutes enthalten, und bisweilen einige wichtige Beweisgründe wider die Ausdehnung der Gesetze Moses auf Fälle, so er selbst nicht bestimmet hat, in ein großes Licht gesetzt: allein es ist auch den Lesern der ludewigischen Schriften wohl bekannt, wie er bisweilen im Eifer für einen Satz, den er vertheidigen will, zu weit gehet, auch so vielen Reichthum und Mannigfaltigkeit der Gedanken äussert, daß bisweilen an einem Orte er anders zu denken scheint, als an dem andern. Ja vielleicht hat er hier mit Willen den einen Gedanken nur versteckt äussern wollen. Er protestirt im 11ten §. sehr dagegen, er wolle die Mosaischen verbotenen Personen nicht zur Jüdischen Policey machen, und dis ist im Register ausgedruckt. Ehegesetze sind keine Policeygesetze. Allein er scheint es nur für gefährlich auszugeben, daß man sich durch Behauptung dieses Satzes, den er vielleicht für Wahrheit gehalten hat, die halbe Welt auf den Hals lüde: denn er schreibt gleich darauf: Es ist wahr, Lutherus und Brentius haben dieses frey und schriftlich, vornehmlich auch deswegen dafür gehalten, daß vor denselben die heiligen Erzväter von diesem Eheverbot der nahen Verwandtschaft nichts gewußt, vielmehr für eine Tugend gehalten haben (*), in den Heyrathen sich an nahe Anverwandten zu halten. Allein zu diesem Durchbruch (so rühmlich benennet er hier das, was ein Fehltritt dieser großen Männer heißen müßte, wenn er nicht einerley Meinung mit ihnen gewesen wäre) wollte ich niemand rathen: denn die halbe Welt von allen Religionen ist nunmehro damit eingenommen, daß die verbotene allzu nahe Heyrathen auch einen Vernunft- und Religionsgrund hätten, welchen allgemeinen Glauben zu stören nicht räthlich seyn dürfte. Auf die Weise gewann er in der That für seine Meinung mehr, als wenn er sie geradezu vertheidiget hätte: denn in den Gemüthern der Leser blieb stets der Verdacht übrig, es könne das, was er als Lutheri und Brentii Meinung vorstellete, gegründet seyn, und er hatte gar nicht nöthig, die nicht unbekannten wichtigen Gegengründe zu beantworten, oder nur seinen Lesern in das Gemüth zu bringen, welche ich im dritten Hauptstück vorzustellen gesucht habe: Indessen ist dis doch nicht die Art zu disputiren, dabey Wahrheit gefunden werden wird. Im 20sten §. gehet er noch weiter, und setzt bey Erzählung der Meinung anderer ordentlich zum voraus, daß diese Verbote mit zu dem Theil des Gesetzes Mosis gehöret haben, über welche auf dem Concilio zu Jerusalem gestritten ward, und die Paulus für abgeschafft erkläret.

(*) Unter welchen Einschränkungen beides wahr, und was darin falsch sey, wird man aus dem dritten Hauptstück, sonderlich dem 34. 35. 36sten §. sich erinnern.

die Macht der Familien. Cap. X §. 53.

kläret hat, mit dem sonderlichen Zusatz: Hätten Lutherus und Brentius das Ansehen wie Paulus gehabt, so würde die evangelische Kirche dieses Joch abgeleget haben: gerade als wenn es möglich und erlaubt wäre, Luthero und Brentio, die sich für keine Propheten ausgaben, das Ansehen und den unbedungenen Beyfall zu geben, den wir Paulo schuldig sind.

Seine Meinung wird etwas deutlicher, wenn man den 9ten §. liefet: nachdem es auch in unsern Anzeigen 1741. num. 50. wohl dabey bleiben wird, daß die Ursache des ehelichen Verbotes, nahe Anverwandten zu heyrathen, vornehmlich darauf gegangen, daß die einmahl mächtigen Stämme und Geschlechter, das nöthige Gleichgewicht des gemeinen Wesens nicht überwiegen, und Gewalt üben könnten, wie Plutarchus in Problemate 108, und mit diesem Augustinus de civitate Dei lib. XV. cap. 16. gar vernünftig dafür halten: so möchte man wol sagen, daß man solches der weltlichen Policey lassen, und keine Gewissensache daraus machen sollen. Und §. 10: Wäre sodann ein Staat, wie jetzo, da der beständige Landesschutz in Haltung angeworbener Soldaten aufkommen, eingerichtet gewesen; so wäre auch die Furcht für dem Aufstand mächtiger Familien und Störung des Gleichgewichtes weggefallen, mithin auch die Hauptursachen verschwunden, um deren willen man die Heyrathen unter allzu nahen Anverwandten verboten. Liest man hingegen den 30sten und 31sten §. so wird dort diese Ursache blos für Römisch ausgegeben, und im Gegensatz behauptet, es sey der Grund nicht kund, der Mosen zu diesen Eheordnungen bewogen habe. Schlägt man gar die von ihm angeführte 50ste Anzeige nach, so findet man zwar daselbst im 16ten §. eine Nachricht von dem, was Plutarchus, Augustinus und Chrysostomus gelehrt haben sollen, deren Meinung dort ein wenig anders vorgestellet wird: allein im 23sten §. wird sehr deutlich gezeigt, daß dieses die Absicht Mosis nicht gewesen seyn könne, und der Eingang dazu mit den Worten gemacht: indem alles, was so viele Gelehrte deßfalls für Ursachen und Gelegenheiten vorgebracht, auf eitelm, einfältigen, tummen, thörichtem und rasendem Wahn beruhet. Dann (§. XVI.) was der heilige Augustinus vorgebracht, u. s. f.

Es ist bey den Umständen nicht wohl möglich zu errathen, was dieser wahrhaftig sehr gelehrte, aber nicht immer systematisch genug denkende Mann, eigentlich für wahr gehalten hat, da er einmahl sagt, es werde bey der Ursache wohl bleiben, und an dem Orte, auf den er sich beziehet, sie einem tummen, thörichten und rasenden Wahn zuschreibt. Um die alten Schriftsteller, die er dabey anführet, und die ohnehin zum Beweis der Sache nichts beytragen, will ich mich desto weniger bekümmern, weil er zum Theil ganz etwas anderes sagen läßt, als sie sagen wollen, und ich meine Schrift ohne Noth, und ohne Vortheil der Wahrheit weitläufig machen würde, wenn ich ihre Worte hieher setzte und erklärte, wiewol sie zum Theil so deutlich reden, daß sie keiner Erklärung bedörfen.

§. 54.
Widerlegung dieser Vermuthung.

Die beste Widerlegung hat freilich der seel. von Ludewig schon in dem ersten Stück des dritten Theils der Anzeigen selbst angebracht. Moses billiget und räth die Heyrathen zwischen Geschwisterkindern an: er verbietet sogar allen den Töchtern, die ein Erbtheil hatten, ausser ihrem Stamm zu heyrathen, damit die Güter nicht an fremde kommen möchten, ob es gleich zuviel gesagt ist, wenn er meint, die Israeliten hätten gar nicht ausser ihrem Stamm heyrathen dürfen. Der Gesetzgeber und der Richter einer Republik, der so verfähret, muß wol nicht besorgt seyn, daß die nahen Heyrathen eine Familie zu mächtig machen würden. (*). Und wie konnten sie auch dieses thun? Gesetzt die Töchter hatten ein Erbe, welches sie doch bey den Hebräern nur in dem seltenen Fall hatten, wenn sie einzige Kinder waren, so brachten sie wieder in die Familie was darin gewesen war, und die Familie ward nicht reicher als sie war: sonderlich bey den Israeliten, da man weder Geld auf Zinse ausleihen, noch liegende Gründe auf ewig kaufen konnte. Es würde sich im Gegentheil zeigen, daß wenn Familien allzu mächtig, und dem Staat gefährlich werden, solches gemeiniglich durch Heyrathen mit andern mächtigen Familien geschehe, dadurch

---

(*) Bey den Israeliten waren der erste Einrichtung Mosis nach alle einzelnen Köpfe gleich reich, indem einer in der Austheilung des gelobten Landes so viel Acker bekam, als der andere. Der Fall, der einen Bürger reicher machen konnte als den andern, war, wenn seine Familie ausstarb, wodurch ihm der andere Acker zusterben mußte: kam noch dazu, daß ein naher Verwandter keine Söhne hatte, sondern blos eine Tochter, die den Vater erbte, so konnte er noch reicher werden, wenn er diese heyrathete: und auf die Art konnte sich der Reichthum eines ganzen Geschlechts in einer einzigen Person vereinigen. Hätte nun Moses bey dem Ehegesetze den Zweck gehabt, die anwachsende Macht oder Reichthum der Familien zu stören, so hätte er einer solchen Tochter verbieten müssen, ihrem nahen Verwandten zu heyrathen: allein er thut gerade das Gegentheil, und gebietet es ihr.

die Macht der Familien. Cap. 5. §. 54.   171

dadurch entweder die Güter zwey reicher Familien zusammen kommen, oder doch ihr Interesse verknüpft wird, so daß sie beide Eine Person zum Schaden des Staats unterstützen. Will man die Macht der Familien nicht in ihrem Reichthum, sondern in der dazu gehörigen Anzahl von Männern setzen: so ist noch offenbahrer, daß eine Familie nicht durch Heyrathen unter sich, sondern mit fremden mächtig werden würde, als wodurch zwey zahlreiche Familien gleichsam eine einzige werden können. Ueber das aber redet Moses von den nahen Heyrathen, als einer auch bey den Cananitern sündlichen Sache, und kann sie daher nicht aus blosser politischer Klugheit untersagt haben.

Wenn aber die Schriftsteller, so der seel. Ludewig anführet, eigentlich weiter nichts sagen wollen, als: es nütze das Verbot, eine Familie mit der andern zu verbinden, und uns mehrere Verwandte und Freundschaften zu verschaffen, als wir sonst haben würden (*), welches in gewisser maßen das Gegentheil von dem ist, was er aus ihnen anführet: so sagen sie nichts anders, als wovon ich im 45sten §. schon geredet, und gezeiget habe, daß es zum wenigsten nicht die Absicht der Verordnungen Mosis gewesen sey, gesetzt auch, es hätten die Römer darauf ihr Absehen gehabt.

Will dafür jemand setzen; so wie der seel. Canzler von Ludewig im 16. §. des angeführten 50sten Stücks gethan hat, durch die Heyrathen in seine eigene Familie würden mit der Zeit so viel Rotten entstehen, als Geschlechter: so will ich freylich nicht leugnen, daß eine Familie, die blos unter sich heyrathet, gegen andere Familien leicht gehäßig und feindschaftlich werden könnte.

Allein

(*) Die Worte des Plutarchi, die sich in seinem ――― oder quaestionibus Romanis, und zwar nicht in der 108ten, sondern 108ten Frage finden, können wegen ihrer Kürze hier eine Stelle bekommen: warum, schreibt er, heyrathen sie die nächsten Verwandten nicht? Vielleicht weil sie die Freundschaften durch das Heyrathen vermehren, und mehrere Verwandte erlangen wollen, welches geschiehet, wenn sie ihre Töchter an Fremde geben, oder Fremder ihre Töchter nehmen. Auf eben die Weise denkt auch Augustinus, dessen Ausführung aber für meine Anmerkung zu weitläufig ist, an dem angeführten Orte. Der Gedanke gehört also gar nicht ihnen, sondern blos dem seel. Ludewig, den ich oben so glimpflich und bescheiden bestritten habe, als ich diesem sehr gelehrten Manne schuldig bin, den ich bey seinem Leben als einen Gönner und auch als einen Lehrer verehret habe. Ich darf desto weniger befürchten, daß ein von mir gebrauchter Ausdruck zu stark sey, da er selbst diese Meinung an einem Orte so besitz anfasset, daß es fast nicht zu entschuldigen seyn würde, wenn man nicht sagen müste, es habe niemand gegen sich selbst eine beleidigende Absicht.

Y 2

Allein unser Gesetz hindert es gar nicht, in die Familie zu heyrathen, sondern verbietet blos die nächsten Grade, läßt aber dabey Geschwisterkinder, und alle etwas entferntere Verwandte übrig, die der heyrathen kann, der sich an seine eigene Familie halten will. Es wird auch der eben von mir erwähnte Schade nur selten aus den Heyrathen in die eigene Familie entstehen: denn wenn auch die Eltern es wünschen, daß die Söhne sich aus der eigenen Familie Bräute wählen möchten, so werden es doch nicht alle Söhne thun, sondern die Liebe wird oft auf fremde fallen.

§. 55.

Einige vorgegebene Ursachen haben so wenig Wahrscheinlichkeit, daß sie keine besondere Untersuchung verdienen.

Ich denke, daß ich nun unter den vorgegebenen Ursachen, die ich nicht billigen kann, so viele, als einer Untersuchung nicht unwürdig waren, geredet habe. Denn mit Anführung solcher, die gar keine Wahrscheinlichkeit haben, mag ich meine Schrift nicht anschwellen, welches blos dienen würde, den Leser zu bemühen, und die Wahrheit durch die allzu große Menge von Nebensachen unkenntlich zu machen.

Diejenigen, die zur Ursache des Verbots angeben, daß die nahen Anverwandten schon der Natur nach Ein Fleisch sind, und deshalb nicht durch die Ehe Ein Fleisch werden können, begehen mehr als Einen allzu merklichen Fehler im Schließen. Erstlich nehmen sie das Wort, Ein Fleisch, in einem verschiedenen Verstande, denn das eine mahl bedeutet es solche, die von Einem Leibe entsprungen sind; und das andere mahl, die sich im Beyschlaf auf das genaueste und zu Einem Leibe vereinigen. Wollten sie nun ihren Satz deutlicher also ausdrucken: die, welche von Einem Leibe entsprungen, und in ihren Eltern noch Ein Leib gewesen sind, die dürfen durch die Ehe nicht aufs neue Ein Leib werden: so ist der Satz zwar wahr; allein er enthält nicht den Grund der Ehegesetze, sondern das Ehegesetz selbst, und man würde durch einen fehlerhaften Circul zum Grunde und Ursache des Verbots das Verbot selbst angeben. Ferner zeigt sich an und vor sich nichts sündliches darin, daß die, so der Geburt nach Ein Fleisch sind, auch durch einen Vertrag Ein Fleisch werden: sie sollen es zwar nicht durch die Ehe werden, allein die Ursache davon kann nicht in dem allgemeinen Satz liegen: was du in einem Verstande schon bist, das sollst du nicht in einem andern Verstande erst werden. Will man sagen, sie haben nicht nöthig Ein Fleisch zu werden, denn sie sind schon Ein Fleisch, so ist ja unter nicht nöthig haben, und

sind

endlich seyn, ein sehr großer Unterschied, und diese Ursache würde noch eben so wenig die Unzuläßigkeit der Ehen erweisen können, als es unerlaubt ist, sich durch einen Vertrag mit seinem Vater oder Verwandten in eine neue Verbindung einzulassen, und sich zu den natürlichen Pflichten gegen sie näher und bestimmter anheischig zu machen, ja auch wol einige neue und ähnliche Pflichten zu übernehmen. Der Sohn ist von Natur seinem Vater als Vater Gehorsam schuldig: allein was hindert es, daß er ihm noch auf andere Weise, z. E. als seiner bürgerlichen Obrigkeit, von neuen Gehorsam schuldig werde? Doch, wie schon vorhin gesagt, so sind sie in dem Verstande noch durch die Geburt nicht Ein Fleisch, in welchem sie es durch die Ehe werden würden, und der ganze Schein eines Grundes, den man von den Eheverboten hiemit angeben will, beruhet auf der Zweideutigkeit eines Wortes, und wird niemand überführen, der nicht blos bey dem Schall des Wortes stehen bleibt, sondern sich von dem, was damit gesagt werden soll, einen deutlichen Begriff zu machen sucht. Endlich so würde diese Ursache der Eheverbote die Ehe des Adams und der Eva, so Gott selbst veranstaltet hat, weit mehr treffen, als irgend die Ehe einiger nahen Verwandten. Denn Eva war in einem viel eigentlicheren Verstande Adams Fleisch, und aus seinem Leibe gebildet. Allein so weit ist Moses davon entfernt, zu denken, es dürfe deswegen ein nahes Paar nicht durch die Ehe Ein Fleisch werden, weil es schon durch die Geburt Eins sey, daß er vielmehr eben zu den Worten Adams, das ist Fleisch von meinem Fleisch, und Bein von meinem Bein, die Anmerkung macht: **darum soll ein Mann Vater und Mutter verlassen, und seinem Weibe anhangen, und sie sollen ein Fleisch seyn.** Wie gar anders denkt doch hier Moses, als seine Ausleger? Er giebt das zum Grunde der Unauflöslichkeit der Ehe an, was sie zum Grunde angeben, warum die Ehen mit Blutsfreundinnen ein Gräuel sind. Er hat freilich nachher verboten, daß sich die nicht heyrathen sollten, die schon durch die Geburt Ein Fleisch sind: allein nicht der Widerspruch zwischen Ein Fleisch seyn, und, in einem andern Verstande Ein Fleisch werden, nicht dis Wortspiel, sondern gar andere Ursachen müssen ihn hierzu bewogen haben.

Dem rhetorischen Argument, so in dem bekannten Ausruf, *nonne ipso nomine terremur?* vorgetragen ist, würde man statt der Antwort hundert widerlegende Parodien entgegen setzen können. Christus war der Maria Sohn und Herr: die Nahmen aber werden niemand erschrecken, noch ihm dieses verehrenswürdige Geheimniß als einen Gräuel vorstellen. Es ist nicht sündlich, in mehr als Einer Verhältniß gegen einander zu stehen, und deshalb auch sehr verschiedene Nahmen zu tragen. Jacob war in Aegypten des Josephs Vater, und Client, und Unterthan, und blieb ein Hebräer: Joseph war sein Sohn, und Herr, und größter Wohlthäter, und, indem er sein Leben erhielt, gleichsam sein neuer Vater, und bey dem allen ein Aegyptier seiner Bedienung nach, der nicht mit ihm an Einem Tische essen durfte: wen erschrecken aber die Nahmen? und wer wird deshalb Josephs Liebe gegen seinen Vater zur Sünde und zum Bubenstück machen? Jene, die mit ihrer Milch ihrem gefangenen Vater das Leben erhielt, war seine Tochter, und seine Amme: allein die Nahmen erschrecken uns nicht, sondern erwecken bey uns Hochachtung, Verwunderung und Vergnügen über ein so unerwartetes Beyspiel der kindlichen Liebe. Plutarchs Vermuthung von den Römern, daß sie gefürchtet hätten, die gewöhnlichen Ehezänkereyen möchten die nächsten Verwandten zu Feinden machen, wenn sie sich beyratheten, setzet die Zänkereyen unter Eheleuten allzu sehr als etwas nothwendiges zum voraus, da doch ordentlich die Ehe die Liebe vermehren sollte; und vergißt, was für Ursachen der tödlichsten Feindschaft es zwischen Geschwistern bey Erbschaften giebt, denen eine Heyrath am kräftigsten vorbeugen würde.

Mehr Beyspiele von dieser Art will ich nicht anführen, denn sie würden zum Theil allzu schwach, und fast unerträglich seyn. Wer aber ein Vergnügen daran findet, Proben von der Schwäche des menschlichen Verstandes zu sehen, und über Thorheiten zu lachen, der wird in dem etliche mahl angeführten 50sten und 51sten Stück des dritten Theils der Ludewigischen Anzeigen viele unwahrscheinliche, und zum Theil lächerliche Vermuthungen mit großer Gelehrsamkeit gesammlet, und einige davon, bey denen es nöthig war, widerleget finden.

Das sechste Hauptstück,
von der wahren Ursache des Verbots der nahen Heyrathen in dem Gesetze Mosis, und im Sittengesetz.

§. 56.

Die wahre Ursache der Ehegesetze Mosis ist bisher gar nicht unbekannt gewesen, ob man sie gleich meistentheils nur als eine Nebenursache angeführet hat.

Die wahre Ursache der Ehegesetze Mosis, die mir nach Wegräumung der fälschlich angegebenen übrig bleibt, ist andern gar nicht unbekannt gewesen, und es müßte wirklich ein ungünstiges Vorurtheil gegen sie veranlassen, wenn sie nicht längstens entdecket wäre: weil Moses die Sündlichkeit der allzu nahen Ehen für so deutlich und so leicht zu entdecken hält, daß auch schon vor seinem Gesetz die Völker, die sie nicht untersagten, seinem Urtheil nach gefühlbiget haben. Sie ist von so vielen Schriftstellern, denen sie ohnmöglich hat verborgen bleiben können, bemerket worden, daß ich meine Schrift ganz wider ihren Endzweck mit sehr häufigen Anführungen würde füllen müssen, wenn ich die nennen sollte, die ihrer mit Billigung gedenken. Ich will blos, weil ich vorhin des seel. Canzlers von Ludewig so habe erwähnen müssen, daß ich ihm nicht beytreten könnte, melden, daß er diese Ursache im 51sten Stück des dritten Theils seiner Anzeigen nicht ohne Billigung angeführet, und ihr die Worte des berühmten Juden Maymonides beygefüget hat, die ihm vermuthlich von einem in den Jüdischen Schriften bewanderten zu diesem Endzweck mitgetheilet waren.

Es hat aber entweder diese Ursache das Unglück gehabt, unter mehrere versteckt, und deswegen nur für eine Nebenursache gehalten zu werden, oder nicht so häufig in den Schriften derer, die Responsa über Ehesachen gaben, zu stehen, als in den freylich mehr unpartheyischen, und deshalb weit höher zu schätzenden Schrifterklärern, sollten es auch die bekanntesten seyn, z. E. Clericus (*), und des vornehmsten Schriftstellers, der von dem Geiste der Gesetze

(*) Bey 3. B. Mos. XVIII, 7. Praeterea si licita haberentur ejusmodi connubia, innumeris libidinibus fenestra aperiretur, quibus fieret, ut singulae domus lupanaria evaderent.

philosophisch gehandelt hat, Montesquieu(*). Vielleicht hat ihr auch das geschadet, daß denen Rechtslehrern aus den Römischen Gesetzen sogleich eine andere Ursache, nehmlich der oben untersuchte respectus parentelae beygefallen ist, und diese richtigere Ursache gleichsam verdränget hat. Wenn sie daher nicht so oft angeführet wird, so ist sie deswegen nicht ſiht unbekannt, oder schwer zu entdecken anzusehen, sondern es hat dieses andere zufällige Ursachen gehabt.

Das einzige darf ich aber doch wol insonderheit erwähnen, ehe ich meine Meinung vortrage, daß ich die Spuren davon bereits bey dem Juden Philo antreffe, und sie also früh genug bekannt gewesen ist. Er schreibt in seinem Buche von den besondern Gesetzen (**): unser heiliger Moses verabscheuete dieses (was die Aegyptier in Absicht auf die Heyrathen der Schwestern erlaubten); als einer untadelhaften Einrichtung der Republik zuwider laufend, und als Anreizungen zu den allerschändlichsten Vergehungen: daher verbot er schlechterdings der Schwester beyzuwohnen, ohne Unterscheid, ob sie von beiden Eltern, oder nur von der einen Seite der Schwester war.

§. 57.

Die nahen Ehen sind verboten, weil sonst der Hurerey und frühern Verführungen in den Familien nicht hätte vorgebeuget werden können.

Es ist nehmlich meiner Meinung nach die vornehmste Ursache, um welcher willen Moses die nahen Ehen verboten hat, und die einzige, welche eine uneingeschränkte Erlaubniß, jedermann zu heyrathen, einem jeden gesitteten Volke unanständig und sündlich macht, darin zu suchen, daß es nicht möglich ist, bey dem genauen Umgange, den Eltern, Kinder und Geschwister unter einander haben, und da sie gemeiniglich von der ersten Kindheit an in Einem Hause beysammen wohnen, der in die Familien eintreffenden Hurerey zu wehren, und der allerfrühesten Verführung vorzubeugen, wenn so nahe verwandten Personen die geringste Hoffnung übrig bleibt, eine vorgegangene Schande durch eine nachfolgende Heyrath zu bedecken.

Die ersten Verführungen einer tugendhaften, oder doch einer nicht liederlichen Frauensperson, geschehen gemeiniglich unter der gemachten Hoffnung, sie zu heyrathen, es sey, daß die Mannsperson solches wirklich verspricht, und die

Frau

(*) Esprit des loix. livr. XXVI. Art. XII.   (**) S. 303. des zweyten Theils der Mangeyischen Ausgabe: sonst S. 782.

Frauensperson gegen dergleichen Versprechungen, die bald zurück genommen werden, zu leichtgläubig ist, oder, daß auch ohne ein solches Versprechen die unschuldige Verführete sich ihren Verführer, den sie liebet, so treu und ehrlich, und zugleich so verliebt vorstellet, daß er nie von ihr lassen könne, oder wolle. Wäre diese Hoffnung nicht, so würde nicht leicht die Tugend eines Frauenzimmers zuerst besieget werden, als welches die unangenehmen und schimpflichen Folgen der verbotenen Liebe fast allein zu tragen haben wird: wo aber die Ehe nicht ganz unmöglich ist, da hoffet der Affect einer unerfahrnen und redlichen Person alles, und waget darauf, was sie sonst nie wagen dürste.

Nun stelle man sich ein Volk vor, in dem der Vater seine Tochter, der Sohn seine Mutter oder Vaters-Witwe, der Bruder seine Schwester ehelichen kann, und von solchen Ehen auch hinlängliche Beyspiele vorhanden, und dem andern Geschlechte von Kindesbeinen an bekannt sind; in welchem man also auch vor dem unehelichen Beyschlaf mit einer solchen Person keinen weitern Abscheu hat, als vor einer gemeinen Hurerey: was wird davon die Folge seyn? Werden nicht Brüder und Schwestern, die von der ersten Kindheit an so genau bekannt sind, daß sie sich einander zu entdecken unterstehen, was sie vor andern geheim halten, die so vielen Umgang mit einander haben, welcher ihnen Gelegenheit giebt, allein und ohne Aufsicht beysammen zu seyn, ja sich wol vielleicht bey Entblößungen, so die bösen Lüste rege machen können, zu sehen, eins das andere verführen, sobald sie die ersten Triebe gegen das andere Geschlecht empfinden, und fast ehe sie es wissen, was die Sache auf sich habe? Die genaueste Aufsicht der Eltern würde dis nicht hindern können, und die Natur hat ihnen ohnehin die unentbehrliche Schwachheit geben müssen, daß sie von ihren Kindern stets das beste hoffen. Die nicht ganz erwachsenen Jahre, in denen auch in unsern Ländern die Frauenspersonen vor dem freyen Umgang mit Fremden anderes Geschlechts etwas sorgfältiger in Acht genommen werden, sind für sie die gefährlichsten: und doch ist keine Möglichkeit, auch in den Jahren auf ihren Umgang mit den Brüdern ein so sorgfältiges Auge zu richten, sonderlich wo die Eltern nicht bemittelt sind. Wäre nun diesen so leicht zu verführenden Kindern bey ihrer so grossen Gefahr noch die geringste Hoffnung übrig, daß ihr Bruder sie heyrathen, und dadurch die Schande zudecken könne: wie wenige würden denn unverführt bleiben? Nach der Verführung aber würde es wol nicht anders gehen, als es jetzt gemeiniglich gehet: die meisten Verführer würden das nicht erfüllen, was sie entweder heilig versprochen, oder die Verführte auch ohne ihr Wort von ihrer vermeinten treuen Liebe gehoffet hatte.

Die Folgen hievon würden erschrecklich seyn. Ich will die Feindschaft, die tödtliche und unversöhnliche Feindschaft, nicht einmahl erwähnen, welche durch Bruch des Versprechens unter Personen entstehen müßte, denen die Natur die zärtlichste Liebe befiehlt: sondern ich bleibe blos dabey stehen, daß fast alle Frauenspersonen in ihrer frühen Jugend dürften entehret werden. Was für eine Menge von Schanden und Lastern? wie reich an neuen Folgen, wenn sie so früh, und in einem Alter, da Vernunft und Reue der Sinnlichkeit noch so wenig gewachsen sind, einmahl diese Sünde versucht hätten, die sie stets zu wiederholten Vergehungen reizen würde? Denn sollte es nicht gefährlicher auf das künftige seyn, wenn ein Kind von 14 bis 16 Jahren, als wenn eine Frauensperson von 20 Jahren, sich hat verführen lassen? Käme der Gram über die Untreue und Verlassung, käme eine gewisse Art der Verzweifelung dazu, so würde das Land für Jungfrauen nicht blos verführte und geschwächte, sondern öffentlich Preis gegebene und veruchte Frauenspersonen, eine Pest der anwachsenden und der künftigen Welt, zeugen. Welche aber auch nicht so weit getrieben würden, die würden doch Verführte seyn: und bey den wenigen, die nicht in ein grobes Verbrechen fielen, würde wenigstens die Schamhaftigkeit, die der Tugend des Frauenzimmers so anständig und beförderlich ist, durch den freien Umgang mit Personen, die sie hätten heyrathen können, und zwischen denen dergleichen Gedanken oft haben aufsteigen müssen, sehr geschwächet werden (*).

Man kann fast eben dieses auch von den Ehen zwischen Eltern und Kindern wiederholen, nur mit dem Unterscheid, daß bey der Mutter wegfällt, was ich von dem jungen Alter der Frauenspersonen gesaget habe, so aus Mangel der Ueberlegung und Erfahrung am leichtesten zu verführen ist: bey dem Vater hingegen die Folgen noch schrecklicher seyn würden, wenn er seine Tochter heyrathen dürfte. Bey der zärtlichen und oft blinden Liebe, welche Eltern zu ihren Kindern haben, möchte der unreine Affect eines Vaters gegen seine Tochter, sonderlich wenn sie schön von Gestalt wäre, desto leichter rege gemacht, und die

---

(*) Das letzte scheint auch Philo sagen zu wollen, wenn er zu den im vorigen §. angeführten Worten hinzusetzet: warum sollte man die Schönheit der Schamhaftigkeit entehren? warum sollte man die Jungfrauen, die billig erröthen müssen, zu einer unanständigen Dreistigkeit gewöhnen?

die verbotene Glut desto heftiger werden, wenn er sich nicht das gewisseste und unvermeidlichste Unglück und Schande seiner geliebten Tochter bey ihrer Entehrung vorstellete. Die Asiatische Geschichte lehret uns Beyspiele solcher sündlichen Liebe, die auch wol Könige bewogen hat, unter Völkern, wo die Heyrath mit der Tochter verboten ist, durch alle Geseze zu brechen: und die Blutschande mit der Tochter ist nicht etwas in unserm Vaterlande so gar unerhörtes, daß man die Möglichkeit eines solchen Affects bey einem Vater in Zweifel ziehen dürfte. Den Umgang, der zur Verführung nöthig ist, kann sich ein Vater noch mehr verschaffen, als ein Bruder: er kann alles dazu veranstalten: sein Befehl, ja endlich ein halber Zwang würden der Tugend einer Tochter noch gefährlicher werden, wenn sie nicht zum voraus wüßte, daß sie ohne Hülfe verlohren ist, falls sie in sein Begehren williget, und deswegen bereit wäre, ihm den äussersten Widerstand entgegen zu sezen. Ist bey einem Vater, der seine Tochter verführet hat, weniger zu besorgen, daß er sie verlassen, und dadurch unglücklich machen wird: so würde hier die Heyrath noch ihre besondern schrecklichen Folgen haben. Wo die Vielweiberey erlaubt ist, würde er sie zu ihrer Mutter nehmen: welches dieser der tödtlichste Verdruß seyn, und zwischen Mutter und Tochter die unversöhnlichste Feindschaft stiften müßte. Die Hälfte von dieser Ursache war, wie wir unten sehen werden, hinlänglich, die sonst vergönnete Ehe mit zwen Schwestern zu verbieten, wenn man mit beiden zugleich in der Polygamie leben wollte. Wo aber nur Eine Frau gestattet wird, da würde die Entehrung der Tochter, sobald sie Folgen hätte, die Hand des Vaters oder der Tochter mit Gift gegen seine rechtmäßige Frau und ihre Mutter bewaffnen; denn was wird die väterliche und die unreine Liebe nicht wagen, um das grösseste Unglück der Tochter abzuwenden? und wo sie ohne Folgen ist, so wird der Vater sich bemühen, einen Schwiegersohn zu betrügen, dessen Ehre für seinem Schwiegervater auch aufs künftige niemahls sicher seyn kann.

Die rechte Mutter würde freilich ihrem leiblichen Sohn nur selten so gefallen können, daß sie ihn verliebt machete, und er aus Neigung Schandthaten beginge, die er durch die Ehe mit ihr wieder gut zu machen hoffete. Allein hier könnte die Verführung umgekehrt seyn, und eine Mutter von ausserordentlicher Wollust ihren eigenen Sohn in den ersten Jahren seiner Mannbarkeit, ja wol noch vor derselben, und da er die Größe seines Verbrechens noch nicht recht kennet, zu einer Unzucht verführen, durch die sein eigener Vater aufs undankbarste und abscheulichste beleidiget, er selbst aber früh entkräftet würde (*): und mehrere Mütter, die Witwen sind, dürften ihre noch nicht ganz dem kindlichen Gehorsam entwachsenen Söhne zu Ehen bewegen, die wegen des Unterschieds des Alters den Söhnen bald zur Last werden müssen, und der Vermehrung des menschlichen Geschlechtes nicht vortheilhaft seyn können. Ich gestehe es, daß beide Fälle nicht so häufig vorkommen würden, als die Verführungen zwischen Bruder und Schwester, Vater und Tochter: destomehr würde hingegen die schädlichste Art der Verführung, und auf die vermuthlich oft Gift und Vatermord folgen würde, zwischen dem Stiefsohn und der Stiefmutter zu besorgen seyn, wenn ihre Ehe nicht durch Gesetze schlechterdings unmöglich gemacht wäre.

§. 18.

Weitere Folgen. Wo die weibliche Tugend verlohren ist, wird das ganze Volk im höchsten Grad lasterhaft, und eilt dem Untergange zu.

Ich habe noch nicht alle Folgen erschöpft, die aus der Erlaubniß der allzu nahen Ehen entstehen würden. Man hat bisher nur von allgemeiner Unkeuschheit der Frauenspersonen, und etwas von Giftmischerey in den Familien gehört: allein hier bleibt das Unglück noch nicht stehen.

Hat einmahl der größere Theil des weiblichen Geschlechts seine Tugend, worunter ich diesmahl Schamhaftigkeit, Keuschheit und ehrliche Liebe verstehe, so eingebüßt, daß die Sache kein Geheimniß mehr ist, und sind diese Eigenschaften eine Seltenheit, das Laster aber so allgemein geworden, daß eine Frauensperson nicht mehr Ursache hat, sich vor der andern zu schämen, und die Mannspersonen aus Mangel tugendhafter Schönen genöthiget sind, unter lasterhaften und verführten zu wählen, falls sie anders heyrathen wollen: so gehet das Laster mit geschwindem Schritte unter beiden Geschlechtern noch weiter, und das ganze Volk wird endlich so davon angesteckt, daß es nicht mehr bestehen kann. Es muß entweder unter seinen eigenen Lastern erliegen, oder die Beute auswärtiger, noch nicht so lasterhaft gewordener, Völker werden.

Das

(*) Ich halte es für meine Pflicht, dankbar zu erkennen, daß ich diesen Zusatz von den Müttern und Söhnen, der in der ersten Ausgabe mangelte, folgender Erinnerung des seel. Gesners schuldig bin: an tibi exciderat Semiramis, Phaedra, Agrippina, Magorum matres? historiae verae, ungaces, gentium tamen mulierum pingantes infinitas. Hac irahuient libidine, ut illa matrix apud Hieronymum swaro alumnorum, et exhauriens suos filios.

in Familien hindern. Cap. 6. §. 58.

Das andere Geschlecht giebt durch seine Reitze dem unsrigen in den Sitten den Ton, und so lange es noch äusserlich tugendhaft ist, bleibt die Tugend auch bey den Mannspersonen in Ehren. Das Widerspiel erfolgt, wenn die Geschlechte erst gewagt hat, offenbar lasterhaft zu seyn. Denn wird Tugend und Religion lächerlich, und um zu gefallen bestrebt sich der Jüngling lasterhafter zu scheinen, als er ist. Er wendet seine Mühe nicht vergeblich an, sondern bald ist er wirklich lasterhafter, als er Anfangs scheinen wollte. Eben dieses Geschlecht besorget die erste Erziehung der Kinder: und hier hat wiederum das einmahl ausgebrochene Laster desselben eine eben so grosse Gewalt auf die Verderbung der künftigen Welt, als bey uns (gottlob noch jetzt!) die wenigstens aus Sitte und Modestie entstehende Tugend der Mutter eine gute Wirkung auf die Erziehung der Söhne zu haben pfleget, wenn gleich die Väter lasterhafte sind.

Es gehet bald noch weiter. Ehefrauen, die früh Schaamhaftigkeit und Keuschheit vergessen haben, und das Laster öffentlich und als Mode treiben, machen den Ehestand sehr unreitzend. Nunmehr entsteht eine fast allgemeine Flucht der Mannspersonen vor diesem Stande, ohne den das menschliche Geschlecht nicht erhalten werden kann. Die Mannspersonen, die blos unter solchen zu wählen haben, wählen lieber einzelne Nächte von ihnen, oder öffentliche liederliche Häuser, oder gar noch etwas schlimmeres, unnatürliche Vergnügungen. Man fängt an, Gesetze zu geben, welche zur Ehe einladen oder nöthigen sollen, weil nach ein Paar Menschenaltern die Abnahme des Volks zu klar in die Augen fällt: und alle diese Gesetze sind zu schwach. Denn wer mit einer mäßigen Strafe abkommen kann, wird sie lieber übernehmen, als sich ein alle bürgerliche Strafe so sehr überwiegendes Uebel, von dem er alle Vergnügungen auch ausser der Ehe und ohne Last haben könnte, zur kostbaren Hausgesellschaft wählen.

Die Ehescheidungen, ein neues Uebel, können bey solchen Umständen nicht lange ausbleiben. Um etwas schlimmeres zu vermeiden, muß das Gesetz sie nunmehr dem Manne gestatten, so oft er sie gut findet: ist das geschehen, so sind sie auch der Frau unter andern Nahmen verstattet. Denn wenn nach einem allgemeinen Untergang der weiblichen Tugend, und da es keine Schande mehr ist, geschieden zu seyn, die Frau Lust zu einem andern Manne hat, so wird sie es ihrem jetzigen schon so nahe zu legen wissen, daß er froh ist, sie los zu werden, und sie gern von sich scheidet.

Ist dieser Schritt des Lasters noch dazu gekommen, so ist blos der letzte übrig, aber auch unvermeidlich. Die Ehen, die noch sind, werden bey dem häufigen Uebergang aus der einen in die andere, ein Mittel zur Verrätherey der grösesten Geheimnisse, welche der Mann seiner Frau anvertrauet hatte; es wird Gift gemischet, und der Ehegatte kürzer vergeben, dem die Frau die Ehescheidung langsamer abgepresset haben würde: alles Zutrauen in dem eigenen Hause, und alle eheliche Freundschaft verschwindet: alles ist gegen alles voller Verdacht, und bey jedem Schritte muß der eine Ehegatte sich fürchten, daß der andere Theil ihn künftig nach geschehener Trennung verrathen und anwenden werde, ihm zu schaden: selbst in der Stunde des Todes hat man niemand, dem man sich anvertrauen kann, und muß sich vor den umstehenden Weinenden, sowohl vor der lasterhaften Frau, als auch vor den von einer eben so lasterhaften erzogenen Kindern fürchten. Wem muß das Leben nicht betrübt werden, wenn er das Unglück hat, es unter einem solchen Volk zu führen? und doch ist man selbst des Lasters so mit gewohnt worden, daß man kaum zu einem andern Volk fliehen, und sich in dessen tugendhaftere Sitten schicken wird. Ewig kann zum Glück ein solcher Zustand eines Volkes nicht währen: denn Laster und Untreue werden den Thron eben so gut beunruhigen, als das Privathaus, und bey immer neuen Meutereyen gehet endlich einmahl der ganze Staat unter: oder bey beständiger Abnahme der Ehen, und folglich auch des Volks, ersehen benachbarte tugendhaftere Räuber ihre Zeit, einzubrechen, und das lasterhafte Volk unter sich zu bringen, so wie ehedem die Deutschen das Römische Reich.

Daß alles dieses keine blosse Schreckgespenster der Einbildung sind, bezeuget die Geschichte, sonderlich die Römische, und ich habe beynahe nichts anders thun dürfen, als den Tacitus ausschreiben. In Absicht auf Blutschande waren zwar die Römer so strenge, daß ich sie deshalb nicht nennen darf: allein die weibliche Tugend ging bey ihnen auf andere Art verlohren, und von diesem Verlust wurden, allgemeiner Verfall der Sitten, wandelnde Ehen, Giftmischereyen, Verrätherey en und Anklagen gegen den gewesenen Ehegatten, Mißtrauen gegen jedermann, und beynahe gegen die stumme Wand, Seltenheit der Ehen, der die Gesetze vergeblich entgegen gingen, die Entvölkerung Italiens, und der Umsturz des Staats, die Folge: und dis letzte weit langsamer, als es sich bey einem andern Staat zutragen dürfte, weil theils die Provinzen tugendhafter waren, als die Hauptstadt, theils in dieser die Verführung der Frauenspersonen nicht von Brüdern und Vätern, also nicht so sehr in der er-

in Familien hindern. Cap. 6. §. 58. 59.

sten Jugend, geschahe, noch so allgemein war, indem man für dem Nahmen der Blutschande noch stets einen Scheu hatte, und bey allen andern Ausschweifungen diese als ein Ungeheuer ansahe.

Rom fühlte also nicht die Folgen der verstatteten nahen Ehen, denn die verstattete es nicht, sondern nur von der auf andere Art verlohrnen Tugend des andern Geschlechts; und diese fühlte es nur zur Hälfte von dem, was jetzt ein Land bey gleicher Allgemeinheit des Lasters erfahren müßte. Denn damahls war noch aus America die fürchterliche Krankheit nicht nach Europa gebracht, die durch den Beyschlaf fortgepflanzt wird. Wäre die damahls gewesen, so hätte es ein Wunder seyn müssen, wenn in Rom der keuscheste Ehemann hätte vermeiden können, von ihr angesteckt zu werden, und bey oft wiederholter Ansteckung die betrübten Folgen davon seinen kränklichen Nachkommen zu hinterlassen.

§. 59.

Ein Volk, das irgend die Tugend achtet, ist daher schuldig, die Ehen zwischen Eltern, Kindern und Geschwistern zu verbieten.

Falls das bisher gesagte richtig ist, so wird man mir freilich gern eingestehen, daß ein Gesetzgeber klug handele, wenn er so fürchterlichen Folgen durch ein unwandelbares Verbot der Ehen zwischen Eltern und Kindern, Stiefeltern und Stiefkindern, Brüdern und Schwestern, wie auch derer mit der Schwiegertochter oder Schwiegermutter, vorbeuget. Es wird auch nichts dagegen einzuwenden seyn, daß nicht Moses sowohl, als andere Gesetzgeber und Völker, aus dieser Absicht die nahen Ehen verboten haben. Allein man wird mir vielleicht einwenden, daß dis alles noch nicht genug sey, zu erweisen, ein Volk, so dergleichen Gesetze nicht gebe, versündige sich, und werde in den Augen Gottes strafbar: und das sey es doch, so ich billig erweisen müsse, da Moses diese Heyrathen längst vor seinem Gesetz den Aegyptiern und Cananitern zur Sünde mache, und da ich selbst oben behauptet habe, daß das Verbot der gar zu nahen Ehen zum allgemeinen Sittengesetz gehöre. Man wird sagen, aus dem 56. und 57sten Paragraphen folge zwar eine Vorschrift der Gesetzgebenden Klugheit, nicht aber der philosophischen Moral und des allgemeinen Gesetzes der Natur.

Ich hoffe, man wird mir eingestehen, daß die philosophische Moral, und das aus ihr entstehende Naturgesetz, nicht blos einzelnen Personen, sondern auch Gesellschaften, die sich zusammen thun, und ganzen Völkern, Vorschriften

ten gebe. Unter diesen Vorschriften nun wird man doch auch wol folgende nicht leugnen: ein Volk soll dasjenige untersagen, wodurch das Laster bey dem ganzen Volk allgemein, und es selbst endlich durch seine Laster unglücklich werden, und zu Grunde gehen müßte. Wenigstens weiß ich mir keinen andern allgemeinen Grundsatz der Moral vorzustellen, als diesen, suche die allgemeinste und ausgedehnteste Glückseligkeit zu befördern, den die Wolfische Philosophie etwas unvollständiger, suche deine Vollkommenheit zu befördern, ausdrückt. Ist es nun nicht etwan problematisch, und blos eine von der rafinirten Staatsklugheit zu bestimmende Sache, sondern klar und in die Augen fallend, daß ein Volk bey gewissen Handlungen weder glücklich noch tugendhaft bleiben könne: so gebietet ja die philosophische Sittenlehre dem Volk, diese Sache nicht zu gestatten (*).

„Wenn

(*) Ich hatte in der ersten Ausgabe einige Beyspiele gleicher Verpflichtungen der Völker im 49sten Paragraphen ausgeführet. Weil ich aber finde, daß diese vielleicht gar entbehrliche Erläuterung den Faden der Rede zu sehr unterbricht, so lasse ich den eben genannten §. hier als Note abdrucken.

„Es wird die Verpflichtung eines gesitteten Volks, die nahen Ehen nicht zu dulden, noch faßlicher werden, und jedermann wird sich besser entschliessen können, unter welches Nahmen er sie bringen, und ob er sie ein Stück der natürlichen Sittenlehre, oder des göttlichen Sittengesetzes, oder des hypothetischen Naturgesetzes nennen wolle; wenn ich sie mit ein paar andern Verpflichtungen von eben der Art vergleiche.

„Die Ursache, sowol die Hurerey und Ehebruch zur Sünde macht, und den Beyschlaf blos auf den Ehestand einschränket, ist ohne Zweifel in den schrecklichen Folgen der Hurerey und des Ehebruchs zu suchen. Wenn diese Laster völlig im Schwange gingen, so würde der Vater nicht mit Gewißheit seine Kinder kennen, folglich auch zu Erziehung derselben nichts beytragen, und keine väterliche Liebe dagegen haben: die Versorgung und Erziehung würde blos auf die Mutter fallen, und da diese, sonderlich bey Krankheiten, auch wol in der ersten Krankheit, so auf die Geburt eines Kindes folget, schwerlich im Stande seyn würde, einem oder mehreren Kindern die nöthige Wartung und Nahrung, ja nur die unentbehrliche Milch zu geben, so würden unzählige Kinder aus Mangel umkommen, oder weggeworfen werden: wovon die Verringerung des menschlichen Geschlechts, welches zuletzt gar bis auf wenige Paare kommen, oder völlig aussterben müßte, die schreckliche Folge seyn würde. Es würde aber dieses durch den Beyschlaf mehrerer Mannspersonen bey eben derselben Frauensperson, sowol die schändliche Krankheit, so seit 250 Jahren die Belohnung der unreinen Liebe ist, ganz allgemein werden: als auch andere ansteckende Krankheiten, sie mögen von der Art der Fiber, oder der Krätze und des Aussatzes seyn, durch den uneingeschränkten Beyschlaf, zum großen Unglück und Verminderung der Menschen, ausgetheilet werden.

„Bey

Wenn auch einem Volk so wenig an seiner Tugend gelegen ist, daß es bey der Gesetzgebung eine Sache erlaubt, wodurch das Laster allgemein werden, und endlich zu einer so fürchterlichen Größe, als vorhin beschrieben ist, steigen muß, so handelt es schon lasterhaft, und verdient Tadel von der Sittenlehre, von Gott aber Strafe. Es ist wahr, ein Volk ist nicht schuldig, die ganze Sittenlehre in seine bürgerlichen Gesetze zu fassen, ja es ist dis nicht einmahl nützlich, weil die von menschlichen Gesetzen gedroheten Strafen doch niemand tugendhaft machen, auch durch solche Gesetze nur den Anklägern Thür und Thor geöffnet werden würde: allein ein anderes ist es, so bald eine Sache, die nicht heimlich seyn kann, wie z. E. Ehen mit den nächsten Blutsverwandten sind, das Volk so allgemein und in so hohem Grad lasterhaft machen würde. Welches Volk die nicht verbietet, dem muß Tugend und Laster sehr gleichgültig.

„Bey den Umständen ist nicht allein „jedwedem einzelnen Hurerey und Ehe„bruch sträflich: sondern es kann wol nicht „daran gezweifelt werden, daß es einem „ganzen Volke nicht noch viel sträflicher „seyn sollte, ohne Ehestand zu leben, und „sich fortzupflanzen, weil die Folgen einer „allgemeinen Hurerey weit schrecklicher „sind, als wenn blos ein und anderer in „dieser Sünde lebet, da unterdessen die „meisten sich in einem Ehestande befinden, „der nicht blos die Zeugung, sondern auch „die Erziehung der Kinder zum Zweck „hat. Man wird wol nicht leugnen, daß, „wenn sich ein so ungesittetes Volk noch „auf dem Erdboden befände, welches ganz „ohne Ehestand lebte, und die Hurerey „völlig erlaubte (woran ich doch gar sehr „zweifele, weil ein solches Volk längstens „ausgestorben seyn müßte), daß solches „nicht blos den einzelnen Hurern, sondern „auch dem ganzen Volke eine große Sün„de sey: und daß, wenn dieses Volk zu „einer nähern Erkänntniß Gottes käme, „sollte es auch nicht durch das Evange„lium, sondern blos durch die Vernunft „und Philosophie geschehen, alsdenn nicht „allein die einzelnen Glieder desselben nicht „mehr in der Hurerey fortleben müßten, „sondern auch dem ganzen Volke die stärk„ste Verpflichtung obläge, den Ehestand „einzuführen, und durch Gesetze zu bestä„tigen, weil es ohne denselben nicht glück„lich seyn kann, nicht aber jedem zu über„lassen, ob er die alten Gewohnheiten „noch fortsetzen wolle oder nicht. Auf die „Art besserten sich wirklich die Athenien„ser, die vorhin keine Ehe, sondern nur „den wilden Beyschlaf kannten, als Ce„crops sie erleuchtete, und der Erfinder „des Ehestandes unter ihnen ward.

„Eben von der Art ist nun auch unser „Gesetz: obgleich die Verpflichtung dazu „nicht völlig so stark ist, als zu Einfüh„rung des Ehestandes, weil es nur eine „mittelbare Verpflichtung ist, oder weil „das Verbot der nahen Heyrathen blos „ein Mittel seyn soll, der einreissenden „und allgemein werdenden Hurerey zu „wehren, und den Grund zu keuschen Ehen „zu legen. Es wird daher ein Volk, so „Tochter, Mutter, Schwester, heyrathet, „zwar nicht vor eben so gottlos und vie„hisch zu halten seyn, als ein Volk, so gar „von

tig, es muß wirklich, wie Moses die Cananiter vorstellet, ein abscheuliches Volk seyn.

Hierzu kommt noch, daß ein Volk, so dergleichen Ehen in seinen Gesetzen gestattet, nicht bloß unterläßt, sie zu verbieten, sondern auch wirklich sie guarantirt und schützt. Denn Ehen haben eben vor dem Concubinat das zum voraus, daß sie mit gewissen von den Gesetzen vorgeschriebenen Feyerlichkeiten geschlossen werden, und sich nunmehr der Guarantie der Gesetze zu erfreuen haben. Die Gesetze halten über dem geschlossenen Ehebündniß: sie nöthigen den einen Theil, der sich dessen vielleicht künftig gereuen ließe, es zu erfüllen; sie ahnden die Uebertretungen desselben; sie schützen das Ehepaar vor einem jeden, der ihr Bündniß wieder trennen, und den einen Theil bewegen wollte, sich mit ihm zu verbinden, vor dem Mächtigen, der dem Ehemann seine schöne Frau neh-

„von keiner Ehe weiß, und bey dem niemand ächte Kinder, deren Vater mit „Gewißheit bekannt ist, gesehen hat, wie „Cicero sich den Zustand der ersten Menschen in seinem ersten Buche de inventione, Cap 2 vorstellet: allein wir „müßten es doch für eine ungesittete und „abscheuliche Gewohnheit, und für eine „grobe Abweichung von demjenigen halten, was wir auch aus dem Licht der „Vernunft von dem Willen unsers höchsten Oberherren wissen.

„Ich will noch ein Beyspiel geben, so „dem Diebstahl und Raube hergenommen „ist. Es wird niemand zweifeln, daß die „Republik, in der Diebstahl und Raub „erlaubt wären, nach der philosophischen „Moral ein gar abscheuliches Ansehen haben würde. Die Sündlichkeit von „Diebstahl und Raub beruhet aber ursprünglich auf dem Rechte des Eigenthums, welches der Besitzer an der Sache hat: denn dasjenige was der andere nicht mit Recht besitzet, oder woran „ich eben so viel Recht habe als er, ihm „mit List und Gewalt zu nehmen, würde „wol nicht wider das Naturrecht seyn. „Wenn man also wissen will, woher es

„komme, daß Diebstahl und Raub Sünde sind, so muß ich auf den Ursprung des „Eigenthums zurück geben. In dem bloß „natürlichen Zustande würden wir alle „an allem auf dem Erdboden gleiche Rechte haben, fast wie die Kinder sich alles „zueignen, was sie sehen, und es würde „noch gar kein Eigenthum seyn, wenn wir „jetzt insgesamt durch eine unmittelbare „Schöpfung auf den gemeinschaftlichen „Erdboden gesetzt würden. Wir hätten „alsdenn unter einander die Rechte derer, „die an einer unbewohnten Insel stranden. Das meiste Eigenthum ist ursprünglich durch eine Besitznehmung entstanden, und wenn wir es gleich jetzt „durch Kauf oder auf andere Weise haben, so bekam es doch der erste Eigenthümer durch die Besitznehmung, und er „konnte uns nicht mehr Recht überlassen, „als er selbst hatte. So gar von den „Früchten der Aecker, woran wir gearbeitet haben, ist gleichsam der Ueberfluß „über den Tagelohn eigentlich durch unsere, oder durch unserer Vorweser Besitznehmung von dem Acker, unser: wenigstens würden wir uns sehr beschweren, wenn der Knecht oder der Tagelöhner

nehmen, vor dem Vater, der seine Tochter wieder zurücknehmen, und die Ehe zernichten wollte, vor dem, der wegen früherer Versprechen ein Recht an die wirklich getrauete Ehefrau zu haben zu spät vorgiebt. Kann nun wol die Stimme der Sittenlehrer einem Volke erlauben, in seinen Gesetzen solchen Ehen den Schutz und die Guarantie zu versprechen, welche, wenn sie gewöhnlich werden, das ganze Volk im höchsten Grad lasterhaft machen müssen?

§. 60.

Einwürfe hiegegen beantwortet: und zwar 1) auf die Art würde alles, was die politische Klugheit dem Gesetzgeber anräth, eine Pflicht desselben.

Ich muß die Einwürfe nicht übergehen, welche gegen die von mir angenommene Ursache der Eheverbote gemacht sind, oder gemacht werden dürften. Der

„ner die Erndte unseres Ackers unter dem „Vorwand hinnehmen wollte, daß er an „ihr gearbeitet habe. Wir sehen den Tagelohn als genug dafür an, und wollen, „daß übrige gehöre unser; weil der Acker „selbst unser sey. Wir werden also auch, „wenn wir den Acker mit eigenen Händen „baueten, eben so gedenken, und die Erndte dergestalt eintheilen müssen, daß ein „Theil uns als Tagelohn und für die Bestellung, das übrige aber blos wegen „des Eigenthums des Ackers gehöre, an „welchen bey dem ersten Ursprung der „Menschen noch jeder eben so viel Recht „hatte, als wir. Das meiste Eigenthum „ist über das ungezählte mahle durch „Erbschaft aus einer Hand in die andere „gegangen, und wir besitzen es als Erben, „oder als Abkäufer der Erben. Beide Titel des Rechts an eine Sache, nehmlich „die Besitznehmung, und die Erbschaft, „sind nicht in der Natur der Sache gegründet, sondern beruhen auf einer Art „von stillschweigenden Verträgen würden „aber wegfallen, wenn wir den Menschen „blos in seinem natürlichen Zustande ohne solche Verträge, die eine Gesellschaft

„errichten, betrachteten. Was ist es vor „eine Folge: Titius hat eine Sache, oder „ein Stück Landes, daran alle Menschen „gleichen Antheil hatten, zuerst in Besitz „genommen, darum ist es sein allein, und „alle andere haben ihr Recht daran verlohren? Sollten sie auch darben und „verhungern müssen, so das doch die Nahrung, die vorhin ihre mit war, aufgehört ihre zu seyn, nachdem er sie sich „angemaßet hat? Selbst über das, was „einer durch seinen Fleiß und Mühe hervorgebracht hat, ist er nicht länger nach „dem strengsten Rechte Herr, als er lebet: er hat weder ein natürliches Recht, „nach seinem Tode darüber zu befehlen, „noch ist es eine nothwendige Folge, daß „es denen verbleiben müsse, die ihm am „liebsten waren, sondern es wird nach „seinem Tode wieder ein Eigenthum des „ganzen menschlichen Geschlechts. Verträge der Menschen sind es, die dem ersten Besitznehmer ein völliges Recht über „die hingenommene Sache geben, und die „ihm entweder das Recht zugestehen, noch „gleichsam nach seinem Tode zu leben, um „es dem durch ein Testament zu schenken, dem

Der erste, den ich zwar bereits oben beyläufig beantwortet habe, möchte folgender seyn: ich verwechselte die Regeln der Gesetzgebenden Klugheit, die ein Stück der Politik sey, mit der Moral, und setzte einen Grundsatz, nach welchem ein Volk schuldig sey, alle heilsahme Gesetze von aller Art einzuführen, welches doch offenbar zu weit gegangen, und ein Eingriff der Moral in die Politik seyn würde.

In der That trift dieser Einwurf nur einen kleinen, und noch dazu den schwächsten Theil des im 58sten Paragraphen gesagten: nehmlich den, welcher von dem politischen Schaden redet, den die Völker von einer allgemeinen Erlaubniß aller Ehen am Ende haben würden. Was ich von der Gleichgültigkeit eines Volks, das sie gestattet, gegen Tugend und Laster, und zwar gegen die größeste und allgemeinste Ueberschwemmung von dem letztern, gesagt habe, den

„dem er es am liebsten gönnet, oder welche doch das, was der ganzen Gesellschaft wieder heimgefallen war, nach seinem Tode denen allein geben, die ihm die nächsten gewesen sind, und von denen man vermuthen muß, daß er am liebsten für sie habe arbeiten wollen. Von diesen Verträgen hängt es also zum wenigsten in den meisten Fällen ab, ob man das Diebstahl oder Raub nennen könne, was sonst eine unsträfliche Besitznehmung dessen seyn würde, so sich ein deren unrechtmäßiger Weise allein zugeeignet hatte.
„Ob aber das menschliche Geschlecht verbunden sey, dergleichen Verträge zu errichten, das kann nicht lange zweifelhaft bleiben, so bald ich die Folgen davon überdenke, wenn durch die Besitznehmung, sonderlich nach einer langen Dauer derselben, und da sie Anfangs Mühe und Cultur erfordert hat, nicht „ein völliges Eigenthum erworben werden, und die Güter nach dem Tode derselben dem ganzen menschlichen Geschlecht wieder anheim fallen sollten, daß ein jedweder Mensch eben soviel Recht daran hätte, als der andere. Es würde

„nicht nur daraus ein ewiger Krieg aber gegen alle entstehen, der sich entweder „in dergleichen Verträge endigen, oder die „Menschen aufreiben müßte: sondern niemand würde sich Mühe geben, Lebensmittel auf lange Zeit zu erwerben und zu sparen, und der erste Mißwachs, das „erste schlechte Jahr, ja vielleicht jeder „Winter, würde die größeste Hungersnoth nach sich ziehen. Es würde mit „den Früchten des Feldes gehen, wie mit „dem Wild an den Orten, wo jeder Bürger in einer volkreichen Gegend die Jagdgerechtigkeit übt, wo nie so viel Wild „übrig bleibt, daß man seinen Hunger davon stillen könnte. Jeder würde suchen „zu zehren, so geschwind er könnte: denn „nur das, was er gegessen hat, kann ihm „nicht wieder genommen werden. Hieraus entstehet die Verpflichtung einer jedweden zusammenwohnenden Menge Leute, sich zu ihrer eigenen Erhaltung wenigstens so fern in eine Gesellschaft zusammen zu thun, daß sie ein so willkührliches Eigenthum durch einen Vertrag „rechtmäßig machen, und es schätzen. „Und was man für den Schutz und das „Recht dieses Eigenthums, so aus Besitz-

in Familien hindern. Cap. 6. §. 60.

Ohngleichen von der Garantie, welche es diesen schädlichen Ehen giebt, und die etwas mehr ist, als bloße Erlaubniß, bleibt bey diesem Einwurf in seiner völligen Kraft.

Ich möchte auch vielleicht so dreist seyn, meinem Gegner einzugestehen, daß, wenn ein Gesetzgeber rechtmäßige Gewalt zu Gebung jedes nützlichen Gesetzes hat, und dabey mit völliger Ueberzeugung weiß, daß ein gewisses Gesetz nicht nur überhaupt, sondern auch nach den besondern Umständen seines Volks das beste und nützlichste sey, und hiebey nicht, wie es gewöhnlich der Fall ist, ein Zweifel obwaltet, bey welchem die Veränderung des hergebrachten Rechts ein allzugefährliches Experiment wird, ein solcher Gesetzgeber auch nach der philosophischen Sittenlehre und den Pflichten der Liebe zum Vaterlande gehalten seyn würde, das beste Gesetz zu geben. Allein der Fall findet sich selten, sondern

„nehmung und Erbschaften entstehet, fangen kann. Läuft doch zuletzt darauf hinaus, daß in Ermangelung desselben das „menschliche Geschlecht sich in ewigem „Streit aufreiben, und in Hunger und „Kummer umkommen müßte. Dabey „wird niemand leugnen, daß es einem „ganzen Volke, so ein gemeines Wesen errichtet hat, zur Sünde anzurechnen, und „Gott höchst mißfällig sey, wenn es kein „Eigenthum sicher setzen, sondern Dieb„stahl und Raub als erlaubte Dinge ge„statten wollte: und die ungesitteten Völ„ker, welche nicht einmahl völlig so weit „gehen, dergleichen Chardin einige an den „Küsten des schwarzen Meers kennen lern„te, kommen uns billig abscheulich vor. „Wir sehen mit Recht alle Völker vor ver„pflichtet an, wegen des Eigenthums ei„ne Einrichtung zu machen, und es durch „Gesetze gegen Diebstahl und Raub zu be„schützen, weil sonst für das menschliche „Geschlecht die schädlichsten Folgen ent„stehen würden. Allein aus gleichem „Grunde sind auch alle Völker verpflich„tet, die Beyschlaf zwischen Eltern und „Kindern, und zwischen Geschwistern zu „verbieten, um der frühen Verführung

„und dem Allgemeinwerden der Hurerey „vorzubeugen, welche in das größeste Un„glück, und eine langsame aber vergehren„de Krankheit des menschlichen Geschlechts „ausschlagen müßten.
„Es wird nunmehr auf einen jedweden „selbst ankommen, wie er die Gebote, die „von dieser Art sind, nennen will. Daß „die Sittenlehre ganzen Völkern vor„schreibt, dergleichen Verordnungen zu „machen, und daß sie daher zum Sitten„gesetz gehören, wird wol keinen Zweifel „leiden. Diejenigen, die das Wort, Na„turrecht, nicht in dem engen Verstande „nehmen, werden die Ehegesetze zu dem „von ihnen sogenannten jure naturae hy„pothetico, oder, wenn ihnen eine ande„re Redensart beliebt, zum Narurgesetz, „oder, wenn sie theologisch reden wollen, „zum Sittengesetz rechnen können: ich be„diene mich aber des Jus rechts, Naturrecht, „nicht bedienet, um allen Wortstreit zu „vermeiden, der über den so verschieden„lich gebrauchten Nahmen zu entstehen „pfleget, da es immer einigen fremde vor„kommt, wenn man etwas dazu rechnet, „so außer der Republik und im natürlichen „Zustande der Menschen nicht statt findet.

Aa 3

sonderlich wenn ein ganzes Volk die Gesetzgebende Gewalt übet, und sie nicht einem einzigen Klügeren aufträgt: denn nur bey wenigen Gesetzen ist ihr Einfluß in das gemeine Beste so sichtbar, und so von allen Einwürfen frey, daß alle davon überzeugt werden könnten: und nicht nach der uns unbekannten Wahrheit, sondern nach unserer besten Einsicht, befiehlt uns die Moral zu wählen.

Ich mache indes noch folgende einzelne Anmerkungen:

1.) Es ist ein großer Unterschied, ob ein für heilsam ausgegebenes Gesetz blos unter die Projecte gehöre, über deren Nutzen noch gestritten werden kann: oder ob dessen Nothwendigkeit zu Vermeidung eines großen Verderbens und Unglücks der Menschen, so erweislich sey, als sie bey den Ehegesetzen ist. In jenem Falle ist nicht nur alle Neuerung abzurathen, bis man ein großes Uebergewicht der Gründe für sie hat: sondern es ist auch, da dis Uebergewicht der Gründe nicht so merklich oder so leicht zu berechnen ist, daß es jedwedem in die Augen fallen sollte, keine Schuldigkeit des Volks, bey dem Anfange der Republik eine solche Verordnung zu machen, sondern sie ist als eine blos politische Sache der Gesetzgebenden Gewalt, das ist, denenjenigen zu überlassen, welchen das Volk die Gewalt Gesetze zu machen, unter der Verpflichtung, auf das beste und sorgfältigste zu wählen, übertragen hat. Sind diese in ihren Einsichten verschieden, und sehen nicht alle das Gesetz für nützlich an, oder sind sie gar von dem Volke eingeschränkt, so ist auch ihre Schuldigkeit nicht, ein Gesetz von dieser zweifelhaften Art zu machen.

2.) Es ist abermahls ein großer Unterschied zwischen den beiden Fällen, wenn ein Gesetz nur bey den jetzigen Umständen eines Volks nützlich, ja beynahe nöthig ist; und wenn sich kein Volk gedenken läßt, so dessen füglich ermangeln könne. In jenem Falle findet nicht gleich eine Verpflichtung statt, das gute Gesetz zu wählen: denn die Umstände des Volks können sich ändern, und dadurch kann das Gesetz sehr schädlich werden. Die Einführung der Vielweiberey in einen Staat, der durch den Krieg drey Viertheile der Mannspersonen verlohren hat; und die Anordnung oder Abschaffung der Leibeigenschaft, könnten einem, der Lust hat nachzudenken, Beyspiele zur Erläuterung geben.

3.) Der wichtigste Unterschied kommt darauf an, ob die schädlichen Folgen einer Sache mit derselben so unvermeidlich verbunden sind, daß sie nicht
davon

davon abgesondert werden können, und ob sie so wichtig und schrecklich sind, daß das menschliche Geschlecht nothwendig bey seinen Gesetzen auf sie achten muß, und ihr Verbot kein anderes größeres Unglück nach sich ziehen wird: oder ob sie nicht von der Beschaffenheit sind. Wenn das letzte ist, so ist nicht eine jedwede Republik verbunden, Gesetze gegen alles schädliche, ja auch gegen alles sündliche zu geben: und Moses hat selbst in seiner Republik zwey große Uebel, Vielweiberey und Ehescheidung, wegen der Herzenshärtigkeit der Israeliten gedulded, um größer Unglück zu vermeiden. Ich gestehe es, daß bisweilen die Gränzen zwischen dem, was nothwendig verboten werden muß, und was zu verbieten und mit Strafen zu belegen in der Willkühr des gemeinen Wesens stehet, etwas zweifelhaft scheinen können, so lange man nur speculativisch davon redet. Wären aber auch die Gränzen ungewiß, so werden doch stets einige schädliche Dinge so weit disseits oder jenseits der Gränzen liegen, daß man nicht wird zweifeln können, ob das Volk verbunden sey oder nicht, sie durch Gesetze zu untersagen. So wenig jemand glauben wird, daß jeder Gesetzgeber schuldig sey, auf den Müßiggang eine bürgerliche Strafe zu setzen, dessen Erlaubniß ihr doch nie allgemein einführen, und die Republik alle seine schädliche Folgen empfinden lassen wird: so wenig wird auch jemand, der eine philosophische Moral kennet, und glaubt, daß der Schöpfer uns befiehlt, ihr zu folgen, es für recht halten, wenn ein Volk keine Ehe einführen, und weder Leben noch Eigenthum unter sich schützen wollte.

§. 61.

2.) Es sey den Völkern zu schwer gewesen, die Nothwendigkeit dieser Gesetze zu entdecken.

Allein, wird man fragen, wie ist es von den Völkern zu erwarten oder zu fodern gewesen, daß sie die schädlichen Folgen der Erlaubniß naher Ehen einsehen sollten, da so manche Philosophen, und sonderlich die Römischen Juristen, die doch wirklich über das Civilrecht mit vielem Fleiß nachgedacht und philosophirt haben, diese Ursache des Verbots der nahen Heyrathen nicht haben entdecken können, und daher stets an eine andere dachten. Ein Volk ist, wie ich im vorigen Paragraphen eingestanden habe, nicht schuldig, nach Wahrheiten, die ihm unbekannt sind, sondern nach seiner besten Einsicht zu verfahren.

ren, wenn es sich Gesetze giebt. Wie konnte denn nun Moses es andern Völkern zur Sünde machen, daß sie den Folgen der nahen Ehen, die sie nicht wußten, durch keine Gesetze vorbeugten?

Ich gebe hier gern zu, daß ein zum Gesetzgeber gewählter Philosophe oder Jurist aus der Zeit, die keine so nahen Heyrathen gesehen hatte, Mühe gehabt haben könnte, die Nothwendigkeit dieser Ehegesetze durch bloße Vernunftschlüsse a priori zu entdecken, und daß er ohne moralische Schuld, aus bloßer Kurzsichtigkeit des Verstandes, hätte fehlen können. So ging es den Römischen Juristen, die freilich viele hundert Jahre zu spät, und ohne irgend die Geschichte solcher uralten Einwohner Italiens zu kennen, die lange vor der Zeit Roms alle Ehen erlaubt haben mögen, über das Römische Recht nachdachten. Sie brachten es in ein sehr ausgearbeitetes System, und man muß ihnen in dem Stück Verdienste zuschreiben, die kein ander Volk um das Recht hat. Allein die wahren Ursachen der alten Gesetze oder Herkommensrechts konnten ihnen leicht entgehen, weil sie nichts von den Zeiten wußten, in denen das Gegentheil üblich gewesen war. Diese wollten sie gemeiniglich aus der Stoischen Philosophie errathen (fast wie vor einiger Zeit einige neuere Juristen alles aus der Wolfischen zu schöpfen wußten), und da kam denn bald der respectus parentelae, bald das unbedeutende Wort, Natur, bald ein dunkler und unbegreiflicher Fluch der Götter, und ein den Staat betreffendes Unglück, zum Vorschein, und nahm die Stelle der Ursache des Verbots ein. Allein so uns bekannt kommen die Folgen dieser Ehen in der Zeit nicht seyn, als sie noch aus der Kindheit des menschlichen Geschlechts übrig waren (denn einmahl müssen sie freilich gewesen seyn, wenn die Menschen von einem einzigen Paar entsprungen sind), oder da zusammengelauffene Leute, die bisher noch keine Gesetze, folglich auch in der Wahl des Ehegatten nichts verbotenes gehabt hatten, sich mit einander zu einem Volk verbanden, und sich selbsten Gesetze vorschrieben. Diese Vorfahren der Völker brauchten nicht durch Vernunftsschlüsse a priori auf die Nothwendigkeit des Verbots der allzunahen Ehen zu kommen, durch welche wol die allerwenigsten moralischen Wahrheiten entdeckt seyn mögen, ob sie gleich dadurch bestärket und erwiesen werden müssen: sondern eben der Lehrmeister, dem das menschliche Geschlecht die Erfindung der meisten andern Wahrheiten, Klugheitsregeln und Sittenlehren zu danken hat, wird sie auch dieses gelehrt haben, ich meyne die Noth, und die Erfahrung der üblen Folgen solcher Heyrathen. Haben Eltern, haben Völker, in einem noch ungesitteten Alter der Menschen, eine lange Reihe von Jahren hindurch gefunden, daß in

ihren

in Familien hindern. Cap. 6. §. 61. 62.

ihren Familien die Hurerey zum größesten Verderben der Ihrigen einreiße, wo einige Hoffnung der Heyrath übrig bliebe, so haben sie endlich auf den Vorschlag kommen müssen, diese Heyrathen ganz zu untersagen.

Es ist dabey merkwürdig, daß die Americanischen Völker, welche Heyrathen der Geschwister noch jetzt verstatten, zugleich die Hurerey der Unverehelichten frey erlauben. So bald sie diese verabscheueten, würde vermuthlich eben die Noth auch sie zwingen, die Heyrath der Geschwister zu verbieten. Diese Anmerkung liesse sich weiter ausführen; allein hier ist der Ort dazu nicht.

§. 62.

3.) Das entgegengesetzte Beyspiel einiger Nordamericanischen Völker.

Was ich eben von einigen Nordamericanischen Völkern gesagt habe, könnte man umkehren, und wider mich gebrauchen. Denn obgleich bey ihnen die Heyrath der Geschwister, und sogar die Hurerey unter ledigen Personen erlaubt ist, so daß die erste Anwerbung um ein Americanisches Mädchen gemeiniglich durch eine Probe des Beyschlafs geschiehet; so bleiben doch ihre Ehen ziemlich keusch, und diese Völker sind von dem Grad des Lasters, den ich im 58sten §. beschrieb, weit entfernt, so daß sie als Völker und im politischen Verstande tugendhaft genannt werden müssen.

Ich kenne freilich die Nordamericaner nicht so, daß ich mich im Stande fände, auf diesen Einwurf völlig zu antworten, der in der That auch nur einen Theil der von mir angegebenen Ursach der Eheverbote trifft, nehmlich den im 58sten §. enthaltenen, und dabey das in seiner völligen Kraft läßt und beynahe bestätiget, was ich im 57sten von der Hurerey, die bey Erlaubniß der Ehen mit Schwestern nicht vermieden werden kann, geschrieben habe. Und dis allein wäre denn schon Ursache genug für ein die Tugend liebendes Volk, den Geschwistern die Ehen zu untersagen. Indeß fallen doch wirklich einige Ursachen in die Augen, warum selbst aus der allgemeinen Erlaubniß der Hurerey unter Unverehlichten, bey den Nordamericanern in einigen Menschenaltern noch keine so allgemeine Unsicherheit des Ehestandes, und keine so fürchterliche Verderbung der Sitten erfolget, als bey den meisten andern Völkern erfolgen müßte.

1.) Die Nordamericaner leben in einem überaus weiten Lande sehr vereinzelt und zerstreuet, und sind dabey durch die heftigen Feindschaften kleiner Völker, bey denen Haß und Unmenschlichkeit Patriotismus ist, so getrennet, daß die Unzucht schwerlich zu einem hohen Grade steigen kann.

Man ist nicht so nahe und oft beysammen, daß man alle Reizungen und Gelegenheit hätte, die Ehen zu entheiligen: und Nationalhaß muß der Liebe, wenn sie ja Funken fängt, oft in den Weg kommen. Große Städte sind ordentlich der Acker, auf dem das Laster des Ehebruchs gleichsam am besten gedeyhet und um sich wuchert: nicht aber Wüsteneyen und Wälder, die fast nicht mehr Familien als Quadratmeilen (doch hier wollte ich wol von Englischen verstanden seyn) in sich fassen.

2.) Es kommen bey den Nordamericanern viele Dinge zusammen, welche bey ihnen den Trieb zur Unkeuschheit sehr mindern müssen: die kalte Gegend, in der sie wohnen (denn es ist bekannt, daß unter einerley Grad der Breite es in America wegen der vielen Wälder viel kälter ist, als in Europa), ihre rauhe Lebensart, ihre beständigen Strapazen, ihre kriegerische Grausamkeit. Und

3.) als ich im Jahr 1766. das Glück genoß, Herrn Franklin bey mir zu sehen, und ihn wegen der Sitten der Nordamericaner in Absicht auf die Unkeuschheit befragte, sonderlich, ob nicht diese von Gesicht so gar nicht schöne, sondern sehr gelbe Nation, gegen die Schönheit der Engländerinnen heftige Triebe empfände, und sich dadurch bewogen ließe, sie gewaltsam zu entehren? sagte er mir: Liebe sey nicht die herrschende oder starke Leidenschaft der Americaner, sondern Rachgier, Lust zu Mord und Trunkenheit.

Unter einem Volk von so unempfindlicher kalter Natur, die aber freylich nicht immer dieselbe bleiben wird, kann das völlig erlaubte Laster der Hureren unter Unverehlichten sich lange in einer gewissen Mittelmäßigkeit erhalten, bis endlich durch Ausrottung der Wälder, und daher entstehende mehrere Wärme, durch weichlichere Lebensart, durch Cultur und Ueberfluß, das Volk die Natur seiner Vorfahren auszieht, und gegen die Liebe reizbarer wird. Alsdenn wird es entweder gegen Hureren und Ehen der Geschwister Gesetze machen müssen, oder die Tugend des Volks wird verlohren gehen, und das Laster erst in die Ehen einbrechen, denn aber auch das Volk zu Grunde richten.

Wenn ich an diese Nordamericaner denke, und überlege, wie gleich ihnen vor einigen tausend Jahren manche Länder und Völker in Asien und Europa gewesen sind, wie sparsam bewohnt, wie überwachsen mit Wäldern, wie rauh und kalt: so stelle ich mir vor, daß manches Volk eine Zeitlang Ehen der Geschwister (die freylich einmahl unter den Kindern Adams haben seyn müssen) in seiner Wildheit beybehalten konnte. Allein sobald es sich cultivirte, zeigten sich die Folgen dieser Ehen: die Hurerey riß in die Familien ein, und welches Volk oder Familie für seine Tugend sorgfältig war, lernte aus der Erfahrung, daß es sie verbieten müßte.

§. 63.

4.) Hutchesons Einwurf, von dem unschädlichen nahen Umgang solcher Personen hergenommen, denen unverboten ist, einander zu heyrathen.

Hutcheson wendet in seinem *System of Moral philosophie* (*) ein, daß Personen, denen kein Gesetz verbietet, einander zu heyrathen, doch oft von ihrer Kindheit an in eben so großer Vertraulichkeit leben, als Brüder und Schwestern, ohne daß daraus die geringste üble Folge entstünde: daher es auch nicht nöthig sey, Brüdern und Schwestern zu Verhütung der Verführung die Ehen zu untersagen. Hierauf antworte ich:

1.) Was Hutcheson von einer eben so großen Vertraulichkeit dieser Personen sagt, möchte doch wol etwas hyperbolisch ausgedruckt seyn. Ich gebe das zu, daß einige Geschwister nicht vertraulicher mit einander seyn mögen, als einige Geschwisterkinder, oder auch sonst mit einander erzogene Kinder seyn mögen. Allein eine so große Vertraulichkeit, als zwischen Brüdern und Schwestern seyn kann, und gedultet wird, dürfte sich nicht leicht zwischen andern jungen Personen beiderley Geschlechts finden, falls nicht die Eltern in der Erziehung sehr unvorsichtig gewesen sind.

2.) Und überdas kommt es bey unsrer Frage nicht bloß auf die Größe der Bekanntschaft, sondern noch auf einige andere Umstände an, die sich selten anders als bey Geschwistern zusammen finden werden: z. E. daß Geschwister ordentlich von Kindheit an in Einem Hause beysammen gewesen, und von den Eltern völlig gleich gehalten sind, daß sie sonderlich in armer Eltern Häusern, und bey minder sorgfältiger Erziehung, vielleicht Gelegenheit gehabt haben, einander bey dem Ankleiden, und gewisser maßen entblößt zu sehen, wenn sie nicht gar, wie in ganz armen Häusern bisweilen geschiehet, in den Kinderjahren, wol noch im 10ten oder 12ten, in Einem Bette beysammen geschlafen haben: daß sie ohne Verdacht sich

(*) Book III. Chapt. I. §. 10. S. 171. der Englischen Ausgabe.

von den Gesellschaften entfernen, lange allein beysammen seyn, und sich wol gar mit einander verschliessen können: endlich daß die älterliche Liebe gegen beide blind ist, und zu ungeneigt, etwas böses zu besorgen.

3.) Wenn aber auch dieser seltene Fall eintreten sollte, so sind die Eltern tadelhaft, die einen so genauen Umgang ihrer Töchter mit anwachsenden Personen des andern Geschlechtes fortdauren lassen, und nicht noch vor dem Ende der Kinderjahre abbrechen. An Verführung der Töchter wird es alsdenn selten fehlen, obgleich vielleicht einige tugendhaft bleiben. Hutcheson würde es doch wol selbst nicht rathen, einem jungen Menschen von 18 Jahren zu seiner Tochter von 16 Jahren eben den Zutritt zu gestatten, den Geschwister zu einhander haben: und wenn ein Vormund die thäte, der seinen Mündel im Hause hätte, so würde man gar argwohnen, er habe diesem Netze stellen wollen, wogegen wol keine andere Entschuldigung, als die von der alleräussersten Einfalt hergenommene gültig seyn könnte. Hier gebietet also die Sittenlehre den Völkern nicht, der Verführung durch Eheverbote vorzubeugen, sondern sie sagt den Eltern, gebt auf eure Töchter Achtung, und bewahret sie vor allzu grosser Familiarität mit jungen Mannspersonen.

4.) Ueberhaupt aber braucht der Gesetzgeber sich auf so seltene Fälle nicht einzulassen, und er kann es nicht einmahl thun, wenn nicht sein Gesetzbuch in Folianten schwellen, und eine der Chicane ausgesetzte Casuistik werden soll. Gesetze richten sich nach dem allgemeinen oder gewöhnlichen: sehen sie eine beynahe allgemeine Gefahr, so beugen sie ihr billig vor; wenn aber in andern seltenen Fällen bisweilen eine Gefahr entstehen kann, so dürfen sie sich auf die nicht einlassen, sondern jeder mag sich selbst vor Gefahr hüten, und hier die Eltern ihre Töchter vorsichtig erziehen.

Wenn irgends Personen beiderley Geschlechts, denen die Ehe erlaubt ist, sehr häufig von Kindheit auf viel Umgang unter einander haben, so sind es Geschwisterkinder: und hier sieht man wirklich, daß einige Völker rathsam gefunden haben, auch denen die Ehe unmöglich zu machen, welches ich S. 103. bey gewissen Grundsätzen der Völker, z. E. denen die zu Taciti Zeit die Deutschen hatten, für ein Stück der gesetzgebenden Klugheit gelten lasse. Indessen ist doch gewiß, daß, solche nur unter einzelnen Völkern gewöhnliche Sitten, und ungewöhnliche Fälle unserer Zeit ausgenommen, Geschwisterkinder ordentlich

lich nicht so vertraut mit einander, noch so von Kindheit an bis in die mannbaren Jahre in Einem Hause beysammen sind, als Brüder und Schwestern. Wenn auch Todesfälle, oder andere Ursachen, sie in Ein Haus zusammenbringen, so müßte das doch wol ein einfältiger Vater seyn, der seines Bruders Sohne eben die Vertraulichkeit gegen seine Tochter verstatten wollte, die zwischen Schwester und Bruder erlaubt ist: und wenn er es thut, so braucht das Gesetz nicht für jeden einfältigen und unvorsichtigen Vater zu sorgen, sonst hätte es zu viel zu thun.

§. 64.

Hammonds Einwürfe, daß 5.) auf die Art Hurerey sündlicher wäre, als Blutschande, und 6.) nur die Unzucht, nicht aber die Ehe der nahen Verwandten, zu verbieten gewesen seyn würde.

Es ist noch ein gedoppelter Einwurf übrig, welchen Hammond gegen Maimonides, von dem ich schon oben gesagt habe, daß er mir in der Meinung, die ich vertheidige, vorgegangen ist, gemacht hat (*).

Erstlich, sagt er, würde auf die Art Blutschande die geringere, und Hurerey die größere Sünde seyn, weil das Verbot der Blutschande ein Mittel seyn soll, der Hurerey zu steuren. Es scheint, das Gegentheil nimt er aus der gemeinen Meinung der Völker, und aus der Strenge der Gesetze, selbst der Mosaischen, die gegen einige Gattungen der Blutschande Lebensstrafen verordnen, für gewiß an. Ich finde folgendes zu erinnern:

1.) Wenn man unter Blutschande Heyrathen verstehen will, die unter verbotenen Personen, z. E. Brütern und Schwestern, vollzogen werden, so will ich die Folge, die Hammond macht, so fern zugeben, als man blos nach der Natur der Sache, und ohne auf die Größe des Vorsatzes zu sehen, damit das Gesetz übertreten wird, urtheilet. Denn an und vor sich kann ja wol die Ehe zwischen Brütern und Schwestern, die Gott selbst unter den Kindern Adams veranstaltet hat, nicht etwas lasterhafteres seyn, als Hurerey oder Ehebruch. Allein durch andere Umstän-

de

(*) a letter of resolution to six queris, im 22sten Abschnitt der zweiten Frage: oder, in den Werken Hammonds nach der Londonschen Ausgabe vom Jahr 1684. Tom. I. S. 584.

de kann sie ohngeachtet ein größer Verbrechen, und sonderlich vor der Obrigkeit noch viel strafbarer werden. Denn

2.) wenn es einmahl nöthig wird, daß Völker diese Ehen verbieten, um der Hurerey zu steuren, und ein einziges Beyspiel der Duldung der Ehe zwischen Geschwistern vielleicht tausend Hurereyen unter Hoffnung eines gleichen Deckmantels veranlassen möchte: so wird nunmehr jenes Verbrechen durch seine Folgen größer, und der Gesetzgeber wird nöthig haben, auf eine so sehr schädliche Ehe schärfere Strafen zu setzen, als auf blosse Hurerey, die, wenn er sie auch ungestraft läßt, doch schon für den einen Theil ihre Strafe mit sich zu bringen pflegt. Hiezu kommt noch, daß eine solche Ehe eine vorsätzliche und wohlbedächtliche, ja so gar eine recht öffentliche Uebertretung der Gesetze ist, bey welcher die Verachtung der Gesetze zu strafen ist, wenn man anders den Gesetzen ihr Ansehen erhalten will.

3.) Ist aber von Hurerey oder Ehebruch die Rede, so mit Verwandten, z. E. mit Schwestern getrieben wird, so ist ja klar, daß eine Gattung von Hurerey strafbarer seyn kann, als die andere. Sonderlich aber muß man bemerken, daß der Gesetzgeber sich in der Größe der Strafe nicht blos nach der Größe des Verbrechens, sondern auch wol nach der mehreren Gefahr, daß das Verbrechen heimlich und oft begangen werden möchte, zu richten hat, wenn er dem Verbrechen steuren will. Denn die gedrohete Strafe soll den Reizungen zum Verbrechen das Gegengewicht halten: je mehr also Gelegenheit und Reizung zum Verbrechen da ist, und je seltener man hoffen kann, es zu entdecken und zu strafen, desto strenger muß er es da strafen, wo es entdecket wird, oder er muß es ganz gehen lassen.

4) Will man die Größe der Sünde, nicht so wie sie von der Obrigkeit gestraft werden muß, sondern vor dem Richterstuhl der Moral und Gottes selbst abmessen, so kommt es hier nicht blos auf die Handlung selbst, sondern noch mehr auf den Vorsatz und Frechheit an, damit sie unternommen wird. Je mehr Bewegungsgründe zum Gegentheil in den Wind geschlagen sind, je mehr Zeit man vorher hat, sich zu bedenken, und je stärker der Vorsatz ist, die Sünde immer fortzusetzen, desto schwerer wird sie.

Bey den Umständen ist klar, daß wenn den Geschwistern so gar die Ehe untersagt, und sowol durch das Verbot, als durch die Erziehung ein

Schauder vor der Vermischung unter einander eingeprägt ist, die Geschwister schon in einem hohen Grad verrucht, und in Gottes Augen grössere Verbrecher seyn müssen, welche allen diesen Schauder überwinden, und sich nicht einmahl die starke Abschreckung, welche ihnen die Unmöglichkeit der Ehe giebt, von der Unzucht abhalten lassen. Entweder ist die Schwester schon aller Liebe zur Ehre, und der verführende Bruder aller wahren Liebe gegen seine Schwester abgestorben, wenn sie ohne mögliche Hoffnung der Ehe mit einander Schande treiben: oder sie sind beynahe schon in ihrem Herzen Kindermörder, und entschlossen, die Zeugen ihrer Schande in Mutterleibe oder bey der Geburt zu vertilgen. Daß dis eine höhere Stufe der Bosheit sey, als blosse Hurerey, fällt einem jeden in die Augen.

Wollten aber Bruder und Schwester einander gar wider das ihnen bekannte Gesetz Gottes heyrathen, so wird diese nicht etwan plötzliche Uebertretung, sondern Verachtung des Gebotes Gottes dadurch vor Gott viel strafbarer, weil sie mit voller Ueberlegung, und mit dem frevelhaften Vorsatz, sie bis an das Ende des Lebens fortzusetzen, folglich auch im Lauf der Sünden zu sterben, unternommen wird. Zu einer Ehe gehört doch mehr Bedenkzeit, als zur Hurerey: und bey dieser letzten hat man nicht leicht die Unverschämtheit, sich einander heilig und wohlbedächtig die Fortsetzung der Unzucht bis an das Ende des Lebens zu versprechen.

Hammonds zweiter Einwurf ist: es würde in solchem Falle nur die Unzucht, nicht aber die Ehe unter nahen Verwandten bey schwerer Strafe zu verbieten gewesen seyn: und wenn man z. E. auf die Unzucht zwischen Geschwistern Lebensstrafe setzte, so würde die eben so sehr abschrecken, als wenn man diese Strafe zugleich mit auf ihre Ehe setzte. Man darf nur den 57sten §. lesen, um zu sehen, wie wenig dieser Einwurf gegen mich gelte. Ueberhaupt gehen uns die Strafen der Blutschande, die Moses im 20sten Capitel des dritten Buchs drohet, nicht an: ja in dem ersten Gesetz, 3. B. Mos. XVIII. hat er nicht einmahl Strafen, sondern blos Eheverbote. Allein wie grausam und dabey wie unnütz würde es seyn, auf die Unzucht solcher Personen, die von Kindheit an so nahen Umgang mit einander haben, Lebensstrafen zu setzen, und dabey ihre Ehe zu erlauben? Bey jungen und unbedächtigen Leuten wird die Furcht vor der Lebensstrafe alsdenn wenig wirken, wenn sie die Unzucht heimlich genug zu begehen Gelegenheit haben,

und

und dabey wissen, daß sie im Fall einer Schwängerung sogleich durch die Ehe straflos gemacht werden könne: auch werden Eltern, wenn unter ihren Kindern Unzucht vorgegangen, und das Verbrechen capital ist, alles anwenden, die Sache zu verheelen, wozu es ihnen, auch noch auffer der schleunigen Verehelichung beider Theile, an andern Mitteln nicht fehlen wird. Und wird einmahl beynahe durch ein Unglück eine solche Unzucht entdecket, so wird es Mitleiden verdienen, wenn solche, die sich einander nach den Gesetzen heyrathen können, und denen also die Hoffnung gelassen war, unter welcher die unkeusche Liebe anfängt, für einen vielleicht noch in halbkindischen Jahren begangenen Fehltritt, am Leben gestraft werden sollen. Ist es nicht klüger und gütiger, durch Benehmung aller Hoffnung zur Ehe und früh eingeprägten Schauder dem Verbrechen zuvorzukommen, als so freygebig mit Strafen gegen junge unbedächtige Personen zu seyn? Wiewol ich in der That kaum den Fall sehe, wenn diese Lebensstrafen vollzogen werden sollten: denn man wird sich einander lieber bey der ersten Spur der Schwängerung beyrathen, als sterben wollen, oder man müßte einander wirklich sehr gram seyn. Solche Gesetze, wie Hammond sie sich hier vorstellet, nach denen die Ehe der Geschwister erlaubt, aber ihre Unzucht capital ist, würden auf gut Deutsch nichts anders sagen, als: wenn ein Bruder mit seiner Schwester Unzucht treibe, und sie wird davon schwanger, so ist er bey Lebensstrafe verpflichtet, sie zu heyrathen. Eine solche Einrichtung würde denn doch wol erst allen Präliminarien der Unzucht, und dadurch der wirklichen Hurerey unter Geschwistern, die Thür eben so öffnen, als wenn gar keine Strafe auf Blutschande gesetzt wäre.

§. 65.

Nunmehr streiten die Ehen Adams und seiner Kinder nicht mit der Lehre von Sündlichkeit der nahen Ehen.

Nicht jedwede nahe Ehe ist an und vor sich sündlich, sondern die Verstattung derselben in der Republik.

Man wird nunmehr auch völliger verstehen, wie es der Heiligkeit Gottes gar nicht ungemäß gewesen sey, die erste Schöpfung des menschlichen Geschlechts so einzurichten, daß wir insgesamt aus Ehen herkommen sollten, die doch nachher verboten werden mußten (*). Gott erlaubte damahls nicht eine an und

vor

(*) Ich bitte hiebey dasjenige wieder durchzulesen, oder zu überdenken, was ich im 28sten §. geschrieben habe.

bestätigen diese Ursache. Cap. 6. §. 65.

vor sich sündliche Handlung durch eine Losprechung vom Gesetz, er nöthigte die Menschen nicht zu dem, was seiner Natur nach ein Laster ist: sondern an und vor sich war die Heyrath der Kinder Adams unter einander eine erlaubte Sache, und es war der Weisheit Gottes gemäß, das menschliche Geschlecht so sehr von Einem Stamme erwachsen zu lassen, daß Eva dem Adam noch näher verwandt seyn müßte, als einem Vater seine Tochter. In dem Anfange der Welt waren diese Ehen ohne alle schädliche Folge. Adam hatte mit der Eva vorher keinen Umgang auch nur eine Stunde lang, ehe sie ihm zur Ehegenoßin gegeben ward, und Hurerey zwischen ihnen würde unmöglich gewesen seyn, weil aller ihr Beyschlaf rechtmäßig war. Unter den Kindern Adams hat auch ohne Zweifel der erste Beyschlaf einen dauerhaften Ehestand gemacht: denn als man noch wenige Frauenspersonen auf Erden hatte, war keine Gefahr, daß Kain, oder Habel ihre Schwester nach dem Beyschlaf wieder verlassen würden. Ueberdem sind nicht die einzelnen Heyrathen zwischen Schwestern und Brüdern ein Gräuel, sondern das ist eigentlich die Sünde, darüber Gott nach Mosis Zeugniß an ganzen Völkern Strafe übet, wenn ein Volk dieselben ungehindert gestattet: denn nicht jede einzelne Heyrath hat die bösen Folgen, welche ihre allgemeine Erlaubniß nach sich ziehet.

Wir haben in dem hypothetischen Naturgesetz, oder unter den Vorschriften, welche die Sittenlehre ganzen Völkern ertheilt, noch mehreres, wo nicht die einzelne Handlung, sondern die freye Erlaubniß der Handlung sündlich und böse ist: und ein Beyspiel davon wird den Unterscheid, den ich eben gemacht habe, denen erläutern helfen, welchen er fremde vorkommt. Wenn ein anderer mir mein Eigenthum, so oft er kann, mit List und Gewalt wegnimt, und es ist kein Gericht, wo ich gegen ihn klagen kann, entweder weil er keinen Obern hat, oder weil die Gesetze das Eigenthum nicht schützen, so ist mir wol nicht unrecht, mich wiederum an seinem Eigenthum zu erholen, und es ihm auch wegzunehmen. Unser Verhalten gegen die Seeräuber, gegen Völker mit denen wir Krieg führen, oder die uns die Gerechtigkeit abschlagen, und alle Repressalien gründen sich hierauf. Allein wie werden wir das Verfahren eines Volks nennen, welches das Eigenthum nicht schützet, sondern an dessen Stelle Diebstahl und Raub erlaubet, und jedem vergönnet, dem Nachbar so viel zu nehmen, als er kann? Wer es Gott misfällig nennet, der braucht gewiß noch den gelindesten Nahmen, andere wollen von Unmenschen und ungesitteten Barbaren zu reden anfangen: und unter denen, die ein hypothetisches Naturgesetz zugeben, wird wol keiner seyn, der nicht glaube, daß dies Volk

Cc   dawider

dawider handle. Ein ander Beyspiel erläutert vielleicht meinen Gedanken noch mehr, weil es aus einer nicht zu entfernten Gegend und Zeit erborget ist. Wenn wir ohne Obrigkeit lebten, so ist kein Zweifel, daß wir uns nicht gegen ein einmahl angethanes Unrecht aufs künftige durch gewaltsame Mittel in Sicherheit setzen, Anmassungen unsers Eigenthums mit dem D-gen abwehren, ja den Feind, vor dem wir nicht sicher seyn können, oder der die unserigen entleibet hat, wiederum ausrotten dürften. Das letzte ist sogar dem Befehl Gottes gemäß, daß das Blut des Mörders wiederum durch Menschen vergossen werden solle: denn als Gott diesen Befehl gab, war noch keine Obrigkeit, sondern der nächste Verwandte oder Freund war der Vollstrecker desselben (*). Würde aber wol der Gottesgelehrte, oder der vernünftige Sittenlehrer es billigen können, wenn ein Volk wäre, welches nach errichteter Republik dis noch gestattete? bey dem das Duell statt der Gerichtshöfe wäre, und der Streit über ein Stück Landes durch kein Recht, sondern durch den Degen entschieden werden müßte? bey dem nicht die Obrigkeit mich sicher setzte, und den Mord strafete, sondern ohne ihren Spruch der Beleidigte, oder der Verwandte eines Ermordeten, durch seine Waffen sich Recht und Sicherheit verschaffete? In der Zeit unserer Vorfahren ist ein Theil dieses barbarischen Rechts im Schwange gegangen, und wer die Zeit kennet, da noch Streitigkeiten durch gerichtliche Duelle geschlichtet wurden, dem wird das Bild, so ich entworfen habe, desto lebhafter seyn, und auch desto abscheulicher vorkommen. Hiemit fällt der Einwurf weg, den man mir machen möchte, als verringerte ich die Sündlichkeit der Blutschande durch das, was ich in diesem §. gelehret habe. Ist sie mit Diebstahl und Duell gleich zu setzen, so wird sie wol verboten genug seyn, und derjenige, der einmahl nicht mehr im statu naturali lebt, wie Adam, sondern ein Theil eines Volks ist, wird ohne Sünde seine Mutter, Tochter oder Schwester nicht heyrathen dürfen.

§. 66.
Doppelter Folgesatz aus dem vorhergehenden.

Aus dem Inhalt des vorigen Paragraphen fliessen zwey Folgesätze, von denen der eine beynahe nur casuistisch und wegen Seltenheit des Falles überflüßig scheinen könnte, der andere aber von mehrerem Gebrauch und Wichtigkeit für das Gewissen ist.

Wenn

(*) Siehe meine Dissertation ad leges divinas de poena homicidii §. 17. 18. 19. Sie ist im ersten Theil des Syntagma commentationum befindlich.

Sünde ist. Cap. 6. §. 66.

Wenn Bruder und Schwester, oder andere nahe Anverwandte, durch einen Unglücksfall, z. E. durch einen Schiffbruch, in eben den Zustand geriethen, in dem sich die Kinder unseres ersten Stammvaters befanden, so würde ihre Heyrath nicht sündlich seyn, und den Nahmen, Blutschande, nicht verdienen. Dis ist der Satz, den ich zwar für richtig, aber doch beynahe für ein unnützes Stück der Casuistik halte. Denn wie unwahrscheinlich ist es, daß der Fall vorkommt? Und wenn auch wirklich ein Schiffbruch bloß Bruder und Schwester auf eine wüste Insel zusammen brächte, so habe ich doch vergeblich für sie meine Meinung geschrieben, denn sie werden mein Buch nicht haben, sondern sich, ohne es zu lesen, zu dem entschliessen müssen, wozu die Nothwendigkeit sie treibet, und vermuthlich denken sie selbst an Adams Kinder.

Allein der zweite Satz kann wenigstens für Geistliche, und solche, bey denen andere in Gewissensangst Rath suchen, brauchbarer seyn. Wenn Personen mit einander Unzucht getrieben haben, ohne zu wissen, daß sie die nächsten Verwandten, z. E. Bruder und Schwester sind, so bleibt zwar dieses immer Sünde, allein sie ist nicht schwerer als andere Hurerey und Ehebruch, und am wenigsten für eine solche Sünde zu halten, die Gott wegen ihrer gehäuften Abscheulichkeit nicht vergeben könnte; die daraus entstandene Frucht ist auch kein Ungeheuer. Ich bemerke diesen Folgesatz, weil es möglich ist, daß Personen, die eine so unglückliche Sünde begangen haben, und nachher unverhofft die schreckliche Entdeckung davon machen, in eine Verzweifelung und Gattung von Wahnwitz darüber gerathen, bey der sie wol gar die unschuldige Frucht ihrer Vergehung, die ihnen ein Ungeheuer zu seyn scheint, zu vernichten suchen. Der Nahme, Blutschande, dem von der Erziehung und Gesetzen her so viel fürchterliche Ideen anhängen, bringt sie von Sinnen: und sie müssen billig unterrichtet werden, daß, ob sie sich gleich durch Unzucht sehr schwer an Gott versündiget haben, ihre Versündigung doch mit der von Mose und von dem fast allgemeinen Gesetz gesitteter Völker verbotenem Blutschande nicht gleich zu achten ist. Das Leben des dritten Spira (*), von dem ich nicht gewiß weiß, ob es eine wahre Geschichte, oder eine Art von theologischem Roman ist (wiewol mir

(*) Dieses Buch ist zuerst Englisch herausgekommen. Ich kenne es bloß aus der deutschen Uebersetzung, die Christ. Zacharias Schulze im Jahr 1728. zu Berlin unter dem Titel, der triumphirende Christ und dritte Spira, herausgegeben hat.

mir das erste wahrscheinlicher vorkommt), enthält eine rührende und fürchterliche Geschichte eines, der auf der Masquerade unwissend mit seiner Schwester Unzucht begangen, und nach unglücklicher Entdeckung der Sache sein eigenes Kind mit Gift vergeben hat, und in Verzweifelung gestorben ist. Die Erzählung mag wahr, oder gedichtet seyn, so enthält sie doch nichts anders, als was sich wirklich zutragen kann. Es scheint freilich, der, welcher der dritte Spira genannt wird, habe durch eine Kopfwunde einen Schaden am Verstande gelitten, der seine Melancholie vermehrte: allein auch für solche Personen soll die Sittenlehre diejenigen Hülfsmittel haben, die ihren Zustand mildern können. Ein ganz anderer Fall ist es, wo wissentliche Blutschande begangen wird. Von der Größe dieser Sünde habe ich §. 64. S. 198. 199. geredet. Was zu thun sey, wenn Bruder und Schwester einander unwissend geheyrathet hätten, wird unten §. 132. vorkommen.

§. 67.

Moses hat eben diese Ursache gehabt, die nahen Ehen zu verbieten.

Da Moses sich erkläret, daß er die allzu nahen Ehen deswegen verbiete, weil sie sündlich, und auch schon vor seiner Zeit unrecht gewesen sind, so wird wol nicht nöthig seyn, besonders zu zeigen, daß Moses, der die Ursache seines Verbots nicht ausdrücklich angiebt, auf die schändlichen Folgen der nahen Ehen gesehen habe: sondern wenn ich nur richtig gezeigt habe, daß sie um dieser Folgen willen sündlich sind, so ist auch gewiß, daß ich die wahre Ursache, die Mosen zu Gebung der Ehegesetze bewog, getroffen habe. Ich berufe mich auf das, was im 42sten Abschnitt angemerkt ist.

Es stimmen über das die im 2ten Capitel erläuterten Nahmen der Blutschanden, Chesed und Zimmah; das allgemeine Verbot, unter welches Moses alle übrigen Eheverbote bringet, du sollst dich nicht zu deiner nächsten Verwandtin, die ein Stück deines Fleisches ist, nahen; und endlich das, was ich §. 28. und 65. von den Ehen Adams und seiner Kinder geschrieben habe, einzig mit der von mir angegebenen Ursache überein, und wollen sich mit den übrigen Vermuthungen nicht reimen lassen. Am stärksten aber wird meine Meinung dadurch bekräftiget, daß die Ehe mit der Halbschwester oder Tochter seiner Mutter um die Zeit verboten geachtet ward, als man sich noch kein Bedenken machte, die Tochter seines Vaters zu heyrathen; wo kein anderer Grund zu erdenken ist, als dieser, daß die Kinder Einer Mutter in Einem Hause bey beysammen waren, folglich einen genauern Umgang mit einander hatten, als die Kinder Eines Vaters. Es muß demnach das Herkommen, so vor Mosis Zeit die nahen Ehen untersagte, den nahen und vertrauten Umgang der Verwandten zur Absicht gehabt haben. Ich bitte auch hier, den 34sten und 35sten Abschnitt wieder nachzulesen: dabey man nunmehr sehen wird, daß manche Materien, die ich weitläufig abhandeln müssen, nicht aus einem Mangel der Achtung für die Zeit meiner Leser, sondern deswegen, weil sie zur Beurtheilung der Hauptsache nöthig waren, in dieser Schrift einen Platz gefunden haben.

§. 68.

Da Moses auch einige Ehen verboten hat, die nicht so nahe sind, als die mit der Mutter, Tochter, oder Schwester; so fragt sich: wie weit die Ehen der Verwandten wegen der übeln Folge zu verbieten sind? und was Mosen bewogen habe, der Eltern Schwestern und des Vaters Schwiegerin zur Ehe zu verbieten?

Allein so, wie ich die Ursache der Eheverbote vorgetragen habe, scheint sie noch nicht hinlänglich zu seyn, daß man alle und jete verbotenen Ehen daraus mit Gewißheit herleiten könne. Ich habe stets von Ehen zwischen Eltern, Kindern, Stief- oder Schwiegereltern, und Stief- oder Schwiegerkindern und Geschwistern geredet: Moses aber redet noch von mehreren unerlaubten Ehen. Er verbietet, einige noch entferntere Verwandtinnen zu heyrathen, bey welchen diese Ursache zwar nicht ganz wegfällt, aber doch auch nicht mehr so sehr dringend ist: z. E. des Bruders Witwe, des Vaters oder der Mutter Bruders Frau. Ist nun etwas in der vernünftigen Sittenlehre, und dem aus ihr entstehenden allgemeinen Naturgesetz, welches mir auch diese Personen um gleicher Ursachen willen verbietet? und wenn dem so ist, wie weiß ich, wo das Verbot aufhöret? Geschwisterkinder, deren Heyrath Moses nicht nur erlaubte, sondern auch gerne sahe, haben ohne Zweifel mehr Umgang, und mehr Gelegenheit einander zu verführen, als ganz fremde: ist ihre Heyrath deshalb auch nach dem Beyspiel der alten Römer zu vermeiden? und wenn das ist, warum hat sie Moses nicht verboten? Was hatte er vor eine Ursache, in seinen Eheverboten bis auf die Schwestern oder Schwiegerin unserer Eltern zu gehen, weiter aber nicht? Was bestimmte hier die Gränze, bey welcher die nahen Verwandschaften aufhören, und die entfernten anfangen?

Diese Fragen sind nicht als Wirkungen einer allzukühnen Neugier kurz und gut abzuweisen: denn Moses will ja selbst, daß die Völker schon vor seinem Gesetz die verbotenen Grade haben wissen können; wir müssen also untersuchen, wie es ihnen möglich gewesen ist, hier zu einer Gewißheit zu gelangen. Was sie schlechterdings nicht wissen konnten, war ihnen auch nicht Sünde: und nur das, was ihnen Sünde war, ist uns in den Ehegesetzen Mosis untersagt.

Ich will erst eine allgemeinere Antwort geben; nachher aber zeigen, was vermuthlich Moses für eine Ursache gehabt haben mag, unter seinem Volke mit Verbietung der Ehen gerade so weit zu gehen, als er ging, und nicht weiter.

Ich gestehe zuförderst ein, daß die Ursache, welche die nächsten Ehen, die ich noch fernerhin, der Kürze wegen, nur die Ehen zwischen Eltern und Kindern und zwischen Geschwistern nennen will, verhindert und sündlich macht, bey den Ehen mit den Schwestern oder Schwiegerin der Eltern, und mit des Bruders Witwe auf eine weit schwächere Weise eintrete. Ich wollte mich daher auch nicht unterstehen zu behaupten, daß wir bey diesen eben so, wie bey jenen ersten Ehen, eine allgemeine Verpflichtung aller Völker, sie zu untersagen, uns selbst gelassen, und aus Vernunftschlüssen würden heraus bringen können, oder daß eine unvermeidliche Noth die Völker zu deren Untersagung gezwungen haben würde. Allein es kann auch wol nicht geleugnet werden, daß wenn gleich nur die Ehen zwischen Eltern, Kindern und Geschwistern, und die diesen völlig gleich sind, allen gesitteten Völkern nothwendig untersagt seyn müssen, es doch noch außer ihnen bey diesem und jenem Volk nach seiner besondern Beschaffenheit Ehen geben könne, die ihm aus gleicher Ursache zu untersagen sind, die aber deshalb auf andere Völker nicht gedeutet werden dürfen, oder daß der Gesetzgeber in der Vorsichtigkeit zu Verhütung eines großen Uebels bisweilen einen Schritt weiter gehen könne, sonderlich wenn solches keine Neuerung von ihm, sondern schon vor seiner Zeit hergebracht ist. Ich weiß, was für ein Misbrauch hiemit in der Römischen Kirche getrieben ist: allein an und vor sich kann man dem rechtmäßigen Gesetzgeber eine solche Macht nicht absprechen: und ich wollte mich nicht gerne der Ausdrücke theilhaftig machen, die sich bisweilen der seel. Herr von Ludewig dagegen ohne Einschränkung entfahren läßt, wenn Obrigkeiten und Landesordnungen mehrere Ehen verbieten, als Gott verboten hat. Es entstehet doch gemeiniglich kein großes Unglück, oder Zwang daraus, wenn eine Ehe mehr untersagt wird: denn die Liebe oder Wahl

Wahl der meisten Mannspersonen fällt doch ohnehin nicht auf ihre Tanten oder nahe Schwiegerinnen.

Ich will einige mögliche Fälle angeben, die ich zwar gar nicht als nothwendig aufdringe, aber die es doch erläutern, wie es bisweilen nützlich werden könne, eine Ehe zu verbieten, die nicht schlechterdings und allen Völkern untersagt ist.

Bey den Morgenländern waren, wie ich schon erinnert habe, die Ammen als Mütter geachtet, und wurden auch Zeitlebens von dem, den sie gesäuget hatten, versorget. Hier war beynahe eben so viel Ursache, daß der gewesene Säugling sie nie ehelichen durfte, als bey seiner leiblichen Mutter. Es ward der Säugling, wenn seine Mutter gestorben war, in dem Hause seiner Amme mit ihren Kindern erzogen, und hatte mit ihnen eben den genauen Umgang, als wenn es seine leiblichen Geschwister wären: daher war das Gesetz nicht unvernünftig, welches auch den Milchgeschwistern die Ehe untersagte, dergleichen wie oben bey den Arabern gehabt haben. Ich kann nicht sagen, daß es nothwendig war; denn es gieng auf einen nur selten vorkommenden besondern Fall, um den sich der Gesetzgeber nicht nothwendig bekümmern darf: noch weniger, daß es alle Völker angehet, denn bey den Ammen in unsern Ländern, die ihre Säuglinge nicht groß ziehen, und deren Kinder wegen des großen Unterschiedes des Standes keinen vertrauten Umgang mit dem Säugling haben, fällt die ganze Ursache weg, die das Herkommen oder Gesetz im Morgenlande vernünftig macht.

Ist der angenommene Sohn in dem Hause seines Pflegevaters groß gezogen, und hat eben die Vertraulichkeit darin genossen, als ein wahrer Sohn, so könnte auf den Fall der Gesetzgeber gleichfalls einige Verwandtschaften von der Adoption her untersagen: und wir können die Römischen Gesetze deswegen nicht tadeln, weil sie solches thaten, noch weniger aber das oben berührte nicht völlig so strenge Herkommen der Morgenländer. Es ist aber wiederum bey uns ein seltener Fall, auf den der Gesetzgeber zu denken nicht schuldig ist.

Risse in einem Lande die böse Gewohnheit ein, daß Vormünder ihre Pflegbefohlnen verführten, so könnte ein Gesetz von gleicher Art diese sicher stellen. Doch auch dieses ist nicht leicht nöthig; denn selten hat ein Vormund alle diese Gelegenheit zur Verführung einer Mündelin, die ein Vater haben würde: und doch werden an manchen Orten die Gerichte schon schärfer mit ihm verfahren, als mit dem, der eine Fremde verführet.

Ueberhaupt aber, wo auch keine solche besonderen Ursachen vorkommen, ist es doch besser zu vorsichtig in Erhaltung der Keuschheit der Familien zu seyn, als zu unvorsichtig. Ich bitte meine Leser, das noch einmahl zu überdenken, was ich im 32sten §. von dieser Materie geschrieben habe.

§. 69.
Was Mosen bewogen hat, auch die Ehen mit den Schwestern der Eltern zu verbieten.

Doch ich will mich mit solchen blos möglichen Gesetzen nicht aufhalten. Die Frage ist wichtiger: was Mosen bewogen haben möge, da er ein Herkommen vor sich hatte, das die Ehe mit der Schwester der Eltern erlaubte, und da er vielleicht selbst aus einer solchen Ehe entsprungen war, diese Ehe, die nicht nothwendig die oben berührten Folgen nach sich ziehet, mit zu den verbotenen zu zählen? und warum er, da er dieses that, gerade hier stehen geblieben ist, und nicht mit den ernsthaften Römern noch einen Schritt weiter gethan, und auch die Ehen der Geschwisterkinder verboten hat? Was hat hier den Gesetzgeber bestimmen können? Von dieser Frage wird großentheils der Inhalt des folgenden Capitels abhangen müssen.

Ich hoffe, daß ich die wahre Ursache anzeigen kann. Bey den Römern machte ehemahls der Kuß, den man den Blutsfreundinnen geben durfte, die Gränze zwischen den nahen und entfernteren Verwandtschaften, wie wir oben §. 41. von Plutarcho gelernt haben: und eine Gewohnheit der Völker von der Art wird die Gränze auch bey den Hebräern bestimmen müssen, wenn sie nicht so zweifelhaft und willkührlich seyn soll, als bey uns. Was bey den Römern der Kuß war, scheint hier der freie Zutritt zu einem unverhülleten Frauenzimmer zu seyn. Bey den Morgenländern gehen die Grade der Verwandtschaft, welche einen nähern Umgang mit dem Frauenzimmer erlauben, und sie noch jetzt berechtigen, sich einer Mannsperson unverhüllet zu zeigen, gerade soweit, als Moses die Ehen verboten hat: und hören da auf, wo nach seinem Gesetz die Ehen erlaubt sind. Ich will die merkwürdige Stelle aus dem Coran hieher setzen, die uns von diesem Gebrauch Nachricht giebt, deren Nutzen zu Erläuterung der Ehegesetze ich vielleicht übersehen und unbemerkt gelassen haben würde, wenn ich nicht durch eine glückliche Verbindung der Arbeiten eben in den Tagen, in denen ich diese Schrift entwarf, und über die Ursache des Verbots der Ehen mit den Schwestern und der einen Schwiegerin der Eltern nachdachte,

und fernen Verwandtschaften. Cap. 6. §. 69.

dachte, in einem Arabischen Collegio das 24ste Capitel des Corans zu erklären gehabt hätte. In diesem spricht Muhammed, dessen Gesetze gemeiniglich blosse Wiederholungen, und treue Denkmähler eines weit ältern Herkommens der Jsmaelitischen Araber sind, im 31sten Vers: Befiehl den gläubigen Frauenspersonen, - - - daß sie ihren Schmuck (die kostbaren Unterkleider unter dem Schleyer), das ausgenommen, was von selbst in die Augen fället, nicht sehen lassen, sondern über den Busen ihrer Kleider ihren Schleyer schlagen, ihren Schmuck aber niemanden sehen lassen, als nur ihren Ehemännern, ihren Vätern, den Vätern ihrer Ehemänner, ihren Brüdern, den Söhnen ihrer Brüder, den Söhnen ihrer Schwestern, ihren Frauensleuten, ihren Sclaven, und den Bettlern, und den Kindern, welche noch keine Frauensperson erkannt haben. Eine ähnliche Stelle findet sich nach, Sur. XXXIII, v. 55. wo der angebliche Gabriel, nachdem er verboten hatte, die Weiber des Propheten zu sehen, wenn sie ohne Schleyer wären, fortfährt: es ist ihnen keine Sünde gegen Vater, und Söhne, und Brüder, und Brudersöhne, und Schwestersöhne, und ihre Cammerfrauen, und Sclaven.

Muhammed geht nach den eifersüchtigen Sitten seines Volks so weit, daß er allen andern Mannspersonen verbietet, in ein Haus hinein zu gehen, ohne vorhin sich durch Ausrufung des gewöhnlichen Grußes vor der Thür gemeldet; und darauf Antwort und Erlaubniß zum Eintritt in das Haus erhalten zu haben, damit sie ja nicht ein unverhülletes Frauenzimmer sehen möchten. Es ist hier nicht der Ort (*), von dieser Verhüllung, die aus den Reisebeschrei-

(*) Da dieses alles schon in der ersten Ausgabe meines Buchs befindlich gewesen, so verwundere ich mich sehr über den Einwurf, den Herr Göbling mir S. 91. seiner mehrmahls angeführten Anmerkungen zu des Herrn Jöt Jerusalems Bedenken mit folgenden Worten macht: wie war die Decke zur Verhüllung beschaffen? War sie diaphanos, und durchsichtig? so würde sie mehr zur Kitzelkeit als Erbarkeit gedienet haben! (Wenn ich ihn unterbrechen darf, sie war unburchsichtig. Er fährt fort:) Und der Gott, der in seinem Gesetz darauf geachtet hätte, müßte wenigstens deutscher Herkunft aus solchen Häusern, die alle ihre Ehre des Verstandes und Wohlstandes auf den Franzößischen Geschmack ankommen lassen, gewesen seyn. (Ob es anständig ist, daß ein Prediger so mit Gottes Nahmen spaßet, wenn er seiner Unwissenheit nach sich über einen andern, als er, denkenden aufhalten will, überlasse ich Herrn Göblings

beschreibungen, und aus der Bibel bekannt ist, und von der Beschaffenheit des Schleyers zur Erläuterung der Worte Muhammeds ein mehreres zu sagen, sondern ich muß deswegen meine Leser auf meines Vaters ritualia codicis sacri ex Alcorano illustrata §. 5. 6. verweisen, wo eben diese Stelle des Corans angeführet und erkläret wird. Ich will nur soviel daraus anmerken, daß die Verwandten bis auf des Bruders oder der Schwester Sohn, zu den Frauenspersonen, nehmlich diese letzten zu ihrer Väter oder Mutter Schwestern, den freyen Zutritt gehabt haben, der die Gränze zwischen den nahen und entfernteren Verwandtschaften auf eine sehr deutliche Art machte, und der so mehr eine gefährliche Gelegenheit zur Verführung geben konnte, je weniger sich sonst Personen von brüderlichen Geschlecht zu sehen bekamen, und je stärker daher der Eindruck seyn muste, den ihr freier Anblick bey ihnen machte. Gerade dis sind die letzten Blutsfreunde, deren Ehe Moses verbietet. Wer siehet nun nicht, was ihm gleichsam die Gränze zwischen Verwandten, die sich einander heyrathen dürfen, und die es nicht dürfen, angewiesen habe.

Es fällt freilich diese Ursache bey uns Deutschen weg. Wir haben, wenn wir über Brüder und Schwestern hinauskommen, keine so merkliche Gränze, welche die nahen und entfernteren Verwandten scheidet, als Moses in der Verhüllung oder Entblößung, und Rom in dem Recht des Kusses vor sich sahe. Es ist bey uns den Mannspersonen unverwehrt, auch die fremdesten Frauenspersonen ohne Schleyer zu sehen, und ohne einige Verwandtschaft ist der freie Zutritt

lings einer Erwegung.) Sind aber die Dicken undurchsichtig gewesen, was haben denn solche lebendigen Särge verrichten können? — Sind denn die armen Nitzen mit ihren Onkels auch verhüllt ins Heu, und zu andern häuslichen Verrichtungen gegangen? Ich hätte Lust, mich noch ein niederes belehren zu lassen, wenn ich nicht fürchtete man möchte das als einen Scherz von mir annehmen, was ich doch im Ernst als ein besonderer Liebhaber der Alterthümer zu wissen verlangte. Wie unverschämt sind diese Foderungen von einem Mann, der ein Collegium hören sollte, wenn er bis nicht weiß, und doch davon schreiben müßte?

kann er verlangen, daß ich in einem Tractat von den Ehegesetzen ihm das erklären soll, was er hätte auf Universitäten lernen müssen, und wovon er das von mir angeführte Buch nicht nachschlagen will. Ich werde doch wol hier nicht erzählen sollen, was ich etwan im Collegio bey dem 28sten §. meiner Antiquitäten sage, sonst müßte mein Buch, wenn ich alle Nebensachen eben so für gleich unwissende Liebhaber der Alterthümer erklären wollen, zum Folianten machen. Die morgenländischen Frauenzimmer legen im Hause den Schleyer ab; damit ist Ein Zweifel gehoben: sie können aber durch eine Oeffnung, die der aus zwey Theilen zusammengesetzte Schleyer den Augen frey lässet,

und fernen Verwandtschaften. Cap. 6. §. 69.

Zutritt und Umgang zwischen beiden Geschlechtern gestattet. Wollte man bey uns einer Mannsperson alle die zur Ehe verbieten, gegen welche sie sich dieser Freyheiten bedienen darf, so dürfte man gar nicht heyrathen. Allein es hat auch bey uns dieser freiere Umgang desto weniger gefährliches, weil man ihn mit allem Frauenzimmer haben kann, und er eben deswegen keinen so starken Eindruck mehr macht, als bey den Morgenländern. Hingegen war ein solches Gesetz bey einem Volk von morgenländischen Sitten nicht nur sehr heilsam, sondern beynahe unentbehrlich. Die allzu genaue Einsperrung der Frauenzimmer hat dort in ihre Gemüthsart und Tugend keinen vortheilhaften Einfluß: und einige Reisebeschreiber, z. E. Chardin, melden uns, daß die Morgenländer nicht einmahl einen Begriff davon haben, wie der freye Umgang bey uns ohne die letzten Folgen der Leichtsinnigkeit bleiben könne, so gar ist dort das Gemüth des andern Geschlechts durch die Sclaveren, und den Mangel der Gewohnheit, Versuchungen zu widerstehen, seines Adels und Stärke beraubet. Wenn diese armen eingesperreten Geschöpfe Umgang mit einigen Mannspersonen haben, die ihre Leidenschaften desto mehr rege machen müssen, je seltener sie ihnen sind, so muß es sehr leicht seyn, sie zu verführen; und bey der wenigen Gelegenheit, welche die Mannspersonen in den Gegenden haben, mit Frauensleuten umzugehen, wird es ihnen auch nicht leicht an dem Willen mangeln, sich die Schwäche des andern Theils zu Nutze zu machen. Wäre nun unter einem solchen Volke bey denen wenigen, die das Recht zum genauer

lässet, sehen, aber nicht gesehen werden. Die Haushaltung ist übrigens der morgenländischen Frauen ihre Sache unter Welchen nicht leicht: und die ganz kleinen gehen ohne Schleyer, ja in den Hütten der armen Hirten wol mehr entblößt, als unsere. In das Heu aber gehen sie nicht mit den Onkels: und überhaupt hat man in Arabien, wo die Heerden das ganze Jahr unter freyem Himmel sind, mit Heumachen nicht so viel zu thun, als Hr. Göbling. Doch was soll ich hier Sitten erklären, die der, so nichts von der Sache weiß, entweder andern glauben, oder Bücher, die davon handeln, lesen, oder noch einmahl auf die Universität kommen muß:

denn einen andern Rath weiß ich doch, wenn er nicht das cicirte nachlesen will, nicht zu geben. Will er aber nachlesen, so kann er noch auffer der angeführten Dissertation meines seel. Vaters, Schröder von der Tracht der Hebräischen Frauenzimmer gebrauchen: und wenn er das nicht ohne Kupferstich verstehen kann, so wird er in morgenländischen Reisebeschreibungen, z. E. in Chardins selbst, oder in Kämpfers amoenitatibus exoticis morgenländische Frauenzimmer mit Schleyern abgebildet finden. Er muß aber, wo er etwas nicht weiß, nicht gleich witzig seyn, und darüber lachen wollen, daß es in Asien anders ist, als in Chemnitz.

genaueren Umgange mit einander haben, noch einige Möglichkeit übrig, die Schande der Frauensperson durch eine Heyrath zuzudecken: so dürfte der meiste Umgang der Anverwandten sich in eine Verführung geendiget haben, und jede kurze Zeit, die sie allein beysammen zubrachten, dazu hinlänglich gewesen seyn.

In der Familie der Patriarchen war blos das verheyrathete Frauenzimmer zu genau eingeschränkt, und gezwungen, im Schleyer zu erscheinen (*), dahingegen den Jungfern mehr Freyheit gestattet wurde, nicht blos mit den nächsten Verwandten, sondern auch mit andern umzugehen, und sich unverhüllet sehen zu lassen (**): und in dieser uralten Zeit, die unsern Sitten ähnlicher ist, finden wir auch nicht, daß diese Ehen für verboten geachtet wurden, die nachher den Israeliten von Mose billig untersaget werden mußten.

Ich habe bereits oben im 52sten §. noch eine andere Ursache angemerket, welche die Ehen mit der Eltern Schwestern oder Schwiegerin hat verhaßt machen und Mosen bewegen können, sie zu untersagen: nehmlich den Verdruß, den die Eltern darüber empfanden, wenn ihr Sohn ihnen ihre Schwester in das Haus brachte, und vor ihren Augen über sie herrschete. Allein diese Ursache gehet blos auf die Ehen mit diesen Personen bey Lebzeiten der Eltern des Bräutigams: und sie würde auch die Ehen an und vor sich nicht sündlich machen, oder ein Gesetz des Volks gegen solche Ehen erfodern, sondern es würde allenfalls genug, ja noch besser seyn, wenn den Kindern verboten würde, wider den Willen ihrer Eltern zu heyrathen.

§. 70.

Einige Einwürfe gegen den vorhergehenden Paragraphen beantwortet.

Weil auf den Inhalt des vorigen Paragraphen bey Bestreitung der Folgerungen, die man aus Mosis Gesetzen ziehen, und dadurch seine Eheverbote vermehren will, so viel ankommt, und ich unten hauptsächlich hierauf den Satz gründen werde, daß einige Personen, die uns gleich nahe verwandt zu seyn scheinen, doch nach den Sitten und Denkungsart der Israeliten einander nicht gleich nahe waren: so muß ich die Zweifel nicht unangezeiget lassen, welche mir seit der ersten Ausgabe meines Buchs gemacht sind.

Der

(*) 1.B. Mos. XX, 16. (**) 1.B. Mos. XXIV, 15-25. XXIX, 9.11.12.

Paragraphen beantwortet. Cap. 6. §. 70.

Der einzige, der wichtig seyn würde, wenn er nicht einen Gedächtnißfehler zum Grunde hätte, ist mir von dem seel. Gesner mitgetheilt. Kann nicht, sagte er, die Sache umgekehrt werden, und die Erlaubniß, gerade die, und die Personen ohne Schleyer zu sehen, daher rühren, weil man sie nicht beyrathen konnte. Ich setze seine Worte, die er sich bey Lesung des 74sten §. der ersten Ausgabe aufgezeichnet hatte, unter den Text (*).

Der seel. Gesner hatte, als er sich diesen Zweifel aufzeichnete, vergessen, was ich im 39sten §. von dem Arabischen Eherecht geschrieben habe; und stellte sich vor, daß Muhammed eben die Personen zu beyrathen verboten habe, die er ohne Schleyer zu sehen erlaubte: und alsdenn war es freilich zweifelhaft, ob nicht die Erlaubniß aus dem Verbot herkommen könne. Allein die Sache verhält sich anders: die Personen, die man bey den Arabern ohne Schleyer sehen darf, kommen mit denen überein, welche Moses, wenn man ihn nach dem Buchstaben und ohne Folgerungen erklärt, zu beyrathen verboten hat, dahingegen die Araber und Muhammed strenger sind, und mehr Heyrathen untersagen. Z. E. Nach den Arabischen Gesetzen darf ich weder Tante noch Niece beyrathen: hingegen ist mir nach eben diesen Gesetzen nur die Tante ohne Schleyer zu sehen erlaubt, und blos die ist es, die Moses in seinen Ehegesetzen als verboten nennet. Nunmehr kann also die Arabische Erlaubniß, gewisse Frauenzimmer ohne Schleyer zu sehen, nicht aus dem Arabischen Eherecht hergeleitet werden, sonst müßte sie weiter gehen, als sie wirklich gehet; sondern sie scheinet, da sie so genau mit Mosis §. setzen übereinkommt, eine alte Sitte des Orients gewesen zu seyn, der Moses in seinen Eheverboten folget.

Dieser Einwurf hatte nöthig, beantwortet zu werden: denn es können mehrere eben den Gedächtnißfehler begehen, und er beschuldig mich selbst zu Anfang, als der seel. Gesner über seinen Zweifel mit mir redete. Nun folgen drey aus den Gühlingschen Anmerkungen zu des Herrn Abt Jerusalems Bedenken, unter denen die zwey ersten ihre Beantwortung schon bey sich haben, wenn man nur weiß, wo Arabien liegt, und von wem es bevölkert ist, und nicht

(*) Vide an non hoc potius convertendum sit. Forte velata est neptis patruo vel avunculo, quia potest illi nubere: non velata est sua viro amita vel matertera, quia non potest illi nubere.

Signum naturæ posterius est re signata. Interdictis personis lex est pro velo: aliæ habent hanc velut hederam suspensam.

nicht unterläßt, den vorhergehenden Paragraphen bis ans Ende durchzulesen, ehe man ihn widerlegt.

1.) Herr Gühling stellet sich, wenn ich mich auf die Sitten der Araber berufe, um Gesetze der Israeliten zu erläutern, die Sache eben so abgeschmackt vor, als wenn ich zu dem Gesetzbuch der Maratten (dis Gesetzbuch kenne ich freilich nicht) oder den Sitten der Sabudaner meine Zuflucht nähme (*).
Wer nur weiß, daß die Araber, von denen hier die Rede ist, von Ismael und andern Söhnen Abrahams abstammen, und daß bey ihnen bis auf diesen Tag die Sitten Abrahams, die man in der Bibel gemahlt findet, und die unter den Juden völlig verschwunden sind, noch so kenntlich übrig sind, daß Reisende bey ihnen sich vorkommen in den von Mose beschriebenen Hütten Abrahams zu seyn: wer ferner weiß, wo die Maratten wohnen, und wie so gar nicht sie mit den Israeliten verwandt oder ihnen ähnlich sind: der wird nicht verlangen, daß ich diesen unwissenden Scherz widerlege.

2.) Rebekka und Rahel wären gleichwol auf öffentlicher Straße unverhüllet gegangen.
Dieser Einwurf zeigt deutlich, daß Herr Gühling den vorhergehenden Paragraphen nicht durchgelesen hat, sonst würde er in dessen letzten Absatz ohne Einen (S. 212.) die Antwort gefunden haben. Soll übrigens dieser Einwurf so viel sagen, daß er überhaupt alles, was ich von dem Verschleyern der Arabischen und Hebräischen Frauenzimmer als bekannt zum voraus setze, für unwahr, oder für ganz neu hält; so kann ich hier kein Collegium über die Antiquitäten lesen, sonderlich da von einer so bekannten Sache die Rede ist, daß vielleicht Herr Gühling sich erinnern dürfte, gehört zu haben, wie man den Hebräischen Nahmen einer Jungfrau, *Alma*, vom Verhüllen herleitet, wiewol ich diese Etymologie nicht billige. Wenn ich mir aber auch zum Verdruß anderer Leser die Mühe gäbe,

---

(*) S. 80. 81. Nachdem er vorher sein gutes Zutrauen geäussert, daß Herr Abt Jerusalem, dem er sonst eben nicht viel Ehre zu lassen pflegt, doch das nicht billigen würde, was andere aus dem Coran nehmen, so fährt er fort: wie würden es unsere Herrn Gegner ansehen, wenn wir zu Behauptung unserer Sätze, unsere Zuflucht zu einem Gesetzbuch der Maratten, oder zu den Sitten der Sabudaner, die vielleicht die ältesten Sitten zum reinsten behalten haben können, nehmen wollten?

gäbe, ihn zu belehren, wie zu Abrahams Zeit blos die verheyratheten Frauen schuldig waren, einen Schleyer zu tragen, wie nach und nach, sonderlich in Städten, die Jungfern eben diese Tracht angenommen haben, so daß sie wenigstens am feyerlichen Tage der Hochzeit verhüllet erscheinen mußten, bis der Bräutigam ihr Mann war, wie das Tragen des Schleyers bald darauf bey ihnen allgemein und nothwendig geworden, wie allein im dritten Capitel Jesaiä unter dem Schmuck der Töchter Zions vier Moden von Schleyern vorkommen; wie man von dem Arabischen Schleyer lange vor Muhammeds Zeit Nachrichten in Arabischen und fremden Schriftstellern hat: was würde denn doch dis alles helfen, da Herr Gühling nicht liefet, was ich geschrieben habe, und denn solche Fragen thut, dergleichen oben S. 210. angeführt sind?

3.) Wenn gleich die wenigen Reichen und Großen dis Cerimoniel in Acht genommen hätten, so sey doch nicht glaublich, daß auch die Armen mit dem Schleyer in das Heumachen gegangen wären.

Dis ist der einzige Einwurf, der eine Antwort verdient, nur das Heumachen, so man in Arabien nicht sehr kennet, auf die Seite gesetzt. Reiche sowohl als mittelmäßige bedienen sich des Schleyers: die ganz Armen tragen ihn nicht, und zwar das aus Armuth. Sonderlich ist er bey ihnen, wenn sie in den Wüsten herum ziehen, weniger gebräuchlich, weil sie da niemand Fremdes zu sehen erwarten: daher auch bisweilen die kleins sich herangewachsenen Mädchen der herumziehenden Hirten aus Armuth und Einsamkeit entblößter gehen, als bey uns die Ehrbarkeit erlaubt. Wie stehet aber dis dem vorigen §. entgegen? Denn wenn gleich die keinen Schleyer tragen, die ihn nicht anschaffen können, so siehet man doch aus den Sitten derer, die Schleyer tragen, wo die Gränze der nahen und entfernteren Verwandtschaft bey diesen Völkern war, und daß z. E. die Tante für näher geachtet ward, als die Niece, und daß Geschwisterkinder schon unter die nicht ganz nahen Verwandten gehören, weil sie sich nicht ohne Schleyer sehen lassen durften.

§. 71.

§. 71.
Was Moses für Ursachen gehabt haben mag, die Ehe mit des Bruders Witwe zu verbieten?

In eine weit grössere Dunkelheit scheint die Ursache eingehüllet zu seyn, die Mosen bewogen haben kann, die Ehe mit des Bruders Witwe zu verbieten (*), die er doch selbst in dem Fall, da der Bruder ohne Kinder gestorben war, bürgerlich gebietet? sonderlich da nach seinem Rechte die ihr völlig ähnliche Ehe mit der verstorbenen Frauen Schwester erlaubt ist? Was ich im 69sten §. geschrieben habe, hilft uns gar nichts, diese Frage aufzulösen, sondern macht sie vielmehr noch schwerer: denn des Bruders Frau ist nicht mit unter denen, die man nach den Sitten der Araber unverhüllet sehen darf. Und wenn man nach Europäischen Sitten urtheilen will, so scheint die Gefahr der Verführung nicht sehr groß oder allgemein zu seyn, da ordentlich der Bruder mit seinem verheyratheten Bruder und dessen Frau nicht in Einem Hause beysammen ist.

Die Vermuthungen, welche ich in der ersten Ausgabe hierüber wagte, habe ich schon damahls für blosse Vermuthungen, die mir kein Genügen leisteten, erklärt. Ich würde sie jetzt unter einer gleichen Protestation wieder abdrucken lassen, wenn ich nicht seit dem die wahre Ursache dieses so sonderbaren Eheverbots sicherer entdeckt zu haben glaubte. Sie liegt in der Beschaffenheit und dem ersten Ursprunge der Leviratseben, von denen ich in einer am 23sten Febr. 1763. der Societät der Wissenschaften vorgelesenen Abhandlung meine Meinung gesagt habe. Diese Abhandlung wird in der nächstens bey Hr. Försters herauskommenden Sammlung einiger von 1763 bis 1768 in der Societät von mir verlesenen Arbeiten einen Platz finden, daher ich mit Uebergehung der weitern Beweise und Erläuterungen hier folgende Sätze aus ihr nehme.

„Als Moses seine Gesetze gab, so fand er ein weit älteres Herkommen „vor sich, welches den Bruder schlechterdings nöthigte, ohne Widerrede ihres „ohne Kinder verstorbenen Bruders Witwe zu beyrathen, und das wir zu „Jacobs Zeit in der 1. B. Mos. XXXVIII. erzählten Geschichte in seiner größ „testen Strenge antreffen, und zugleich wahrnehmen, daß es bey den Cananäi „tern sowohl, als in der Familie Jacobs, gegolten habe. Der erste Ursprung „dieses sonderbaren Rechts scheint in der Vielweiberey zu suchen zu seyn.
„Durch

(*) 3. B. Mos. XVIII. 16.

„Durch diese können die Weiber so selten, und in ländern, wo man sie zu kau-
„fen pflegt, so theuer werden, daß aus einer nicht begüterten Familie nur Eine
„Mannsperson heyrathen kann: stirbt nun diese, so ist die Wittwe ein Theil der
„Erbschaft, darauf die hinterlassenen Brüder Anspruch machen können. Und
„eben so erbten nach einem sonderbaren Rechte bey den Hebräern die Könige
„das Serraille ihrer Vorweser (2. Sam. III, 7. 8. XII, 8. XVI, 21 23.
„1. Kön. II, 21-24.), welches wol zuerst die Sitte einiger benachbarten ar-
„men Staaten gewesen seyn mag, die nicht jedem neuen Könige ein neues Ser-
„raille zusammen kaufen konnten.   Dieser Ursprung der Levirats-Ehen fällt
„bey einem, mit den Juden gar nicht verwandten, Volke, den Mongolen,
„noch deutlicher in die Augen, wo die aus der Polygamie benachbarter reicher
„Völker, denen die Mongolischen Töchter verkauft werden, entstandene Un-
„gleichheit der beiden Geschlechter gegen einander, eine in der That schändliche
„Levirats-Ehe eingeführt hat: denn mehrere Brüder kaufen eine gemeinschaft-
„liche Frau, und der erste Sohn wird für den ältesten, der zweite für den zwei-
„ten Bruder u. s. f. gerechnet.   Wenn man dis ein weniger züchtiger macht,
„und so war es in Paläftina, so gehört zwar die Frau nur dem Bruder, der sie
„gekauft hat, so lange er lebt, die übrigen aber erben sie nach seinem Tode.
„Auf solche Art war das Levirat ursprünglich nur ein Recht des hinterlassenen
„Bruders, und zwar ohne Absicht auf die Fruchtbarkeit oder Unfruchtbarkeit
„der vorhergehenden Ehe: und dis Recht war ein Paarhundert Jahr vor Mo-
„sis Zeit so strenge, daß Thamar wegen Hurerey verbrannt werden sollte; ihre
„Unzucht ward also nicht als Hurerey, auf welche nicht einmahl Moses, und
„vielweniger die Cananiter, eine Strafe gesetzt hatten, wo nicht andere aggra-
„virende Umstände dazu kamen, sondern als Ehebruch betrachtet, weil die Wit-
„we dem hinterlassenen Bruder ihres ersten Mannes gehörte, und schon als
„seine Frau angesehen ward.   Nach und nach aber entstand auch aus diesem
„Rechte eine Schuldigkeit: denn die Wittwe, die keinen Fremden heyrathen
„durfte, konnte es als Pflicht fodern, daß des Mannes Bruder ihre natürli-
„chen Triebe befriedigte: und endlich kam bey einem Volke, wie das Hebräi-
„sche war, dessen Bürger ihren ganzen Nachruhm und Unsterblichkeit des Nah-
„mens in den Kindern setzten, hinzu, daß es für eine Pflicht der brüderlichen
„Liebe gehalten ward, seines Bruders Geschlecht mit dessen Wittwe fortzusetzen,
„wenn er ohne Kinder gestorben war, und den ersten aus solcher Erbschaftsehe
„erzeugten Sohn auf dessen Nahmen schreiben zu lassen.   Es scheint nicht,
„daß Moses dis Recht für das beste gehalten habe, indem er es wirklich durch

„seine

218 Warum des Bruders Witwe verboten? Cap. 6. §. 71.

„feine Gesetze sehr mildert: und wir können uns darüber nicht verwundern.
„Uns Europäern würde es wenigstens hart vorkommen, wenn wir eine Witwe,
„die wir nicht selbst gewählt hätten, durchaus heyrathen müßten. Es besserte
„dabey die Sitten der Frauenzimmer eben nicht. Da es sie vor den Augen der
„Welt berechtigte, in ihrem Witwenstande den Beyschlaf, auch wol durch al-
„lerley List, zu suchen, welchen ihnen der Bruder, oder der nächste Verwandte
„nach ihm, schuldig war; so litt dabey diejenige spröde Schamhaftigkeit, welche
„das andere Geschlecht so wohl kleidet. Was die Thamar 1. B. Mos.
„XXXVIII. that, und doch v. 26. nach der damahligen Gewohnheit des Volks
„vom Juda für unschuldig gehalten ward, ist abscheulich: und das Verfahren
„der sonst lobenswürdigen und tugendhaften Ruth, B. Ruth III, 7-9. doch
„eben so wenig erbaulich, als der Delicatesse eines artigen Frauenzimmers ge-
„mäß. Die schlimmsten Folgen von der Anwartschaft der jüngern Brüder
„konnten gar Vergiftungen seyn. Indessen scheint es, Moses konnte ein Recht,
„das ihm nicht sehr gefiel, doch nicht gänzlich abschaffen. Er mußte es, wie
„Christus bey einer andern Gelegenheit sagt, wegen der Herzenshärtigkeit des
„Volks dulden; sonderlich da die Gesetze meistens unkräftig sind, die einer ein-
„gewurzelten und allgemeinen Meinung des Volks von der Ehe allzu gerade
„entgegen gehen. Auch konnte das Leviratsrecht nicht wohl abgeschaffet wer-
„den, ohne die Einbildung des Volks anzutasten, welche den ganzen Nach-
„ruhm in den Stammtafeln und der Menge der Kinder suchte, und der Ver-
„mehrung der Menschen durch frühe Ehen vortheilhaft war. Er behielt es
„also sehr geändert und geschwächet bey, und erlaubte dem überlebenden Bru-
„der, daß er sich von der Ehe lossagen konnte (*), welches zur Zeit der Vor-
„fahren nach 1. B. Mos. XXXVIII. gar nicht anging. Er setzte zwar eine
„Strafe darauf, die drohend genug aussiehet, aber durch allerley Umstände in
„ein solches Nichts verwandelt wird, daß man glauben sollte, der Gesetzgeber
„habe eben nicht sehr zu dem zwingen wollen, was das Herkommen als ein
„Recht foderte. Sie bestand darin, daß die verschmähete Witwe ihrem
„Schwager im Gerichte ausschelten (denn von einem Ausspeyen in sein Ge-
„sicht ist das Wort schwerlich zu verstehen), und ein jeder Mitbürger ihn un-
„gestraft einen Barfüßer, das ist, einen Bankerouttrer, nennen durfte.
„Allein das gerichtliche Ausschelten kann nicht sehr wehe thun, wenn es ein
„Zeichen ist, daß die ausscheltende Frauensperson einen gern zum Mann ge-
„habt

(*) 5. B. Mos. XXV, 5-10.

Warum des Bruders Wittwe verboten? Cap. 6. §. 71. 72. 219

„habt hätte: und den Nahmen eines Barfüßers würde mancher so ungern
„nicht tragen, wenn er das Zeichen wäre, daß man Körbe ausgetheilt und
„nicht eingenommen hätte.„

Wenn ich in dem vorhin gesagten nicht geirret habe, so mußte bey den
Israeliten des Bruders Frau freilich viel näher seyn, als der Frauen Schwester, und es wird begreiflich, wie Moses die eine zur Ehe erlauben, und die
andere als näher verwandt verbieten kann. Man wird auch die große Gefahr
der Verführung zwischen solchen Personen leicht einsehen, die auf den Fall,
daß der jetzige Ehemann starb, die Anwartschaft auf einander hatten, und sich
also zum voraus bey einiger Zuneigung schon als künftige Eheleute ansahen,
wenn es auch blos in verliebten Träumen der Phantasie geschahe. Es war
daher wol rathsam, daß ein Gesetzgeber, der für die Keuschheit der Familien
sorgen will, eines theils die ganze Anwartschaftsrecht so viel möglich aufhob,
denn aber auch, weil Herkommen und Sitten des Volks dauren, wenn gleich
das Gericht nicht mehr für sie spricht, diese gefährliche Ehe lieber ganz unmöglich machte, und beiden Theilen die verführerische Hoffnung benahm. Diß
that Moses, so weit es anging; indem er das Leviratsrecht blos in dem Fall
gültig bleiben ließ, da der erste Mann ohne Kinder starb, in allen andern Fällen aber die Ehe mit des Bruders Wittwe ganz untersagte. Wenn man den
Nahmen *Nidda*, welchen Moses dieser Ehe giebt, von den Arabischen *Nidd*,
im Plurali *Andad*, Nebenbuhler, herleitet (siehe §. 19.). so scheint der
Nahme selbst etwas von dieser Ursache des Verbots anzuzeigen. Der Gesetzgeber befürchtet, der jüngere Bruder möchte des ältern Nebenbuhler werden,
oder er benennet gar diese Ehe mit dem verhaßten Nahmen der Polyandrie, die
dem Ursprung nach so nahe mit ihr verwandt ist, daß wirklich bey den Mongolen
die Recht der überlebenden Brüder in eine völlige Polyandrie ausgeartet ist.

§. 73.
Folgesätze hieraus.

Freilich ist diese Ursache des Eheverbots dem Israelitischen Volk so eigen,
und in seinen besondern Sitten und Meinungen gegründet, daß hieraus von
neuen wahrscheinlich wird, was ich im 32sten §. behauptet habe, daß die Eheverbote Mosis von der zwoten Classe, die über Geschwister hinausgehen, nicht
alle Völker, sondern blos die Israeliten verbinden. Denn diese Ursache fällt
bey uns ganz weg, und könnte etwan nur höchstens bey den Mongolen eintreten. Eben so wird man auch nach dem 69sten §. von der Ehe mit der Tante,

Ee 2   und

Inhalt des 7ten Capitels. §. 73.

und mit der Wittwe des Onkels urtheilen müssen; denn blos bey den Orientalern war uns die Tante, und die Frau des Onkels näher, als die Niece und die Frau des Neveux; so daß man die eine ohne Schleyer sprechen konnte, die andere aber nicht. Allein weil ich doch die meisten von diesem Folgesaße nicht überführen möchte, und den Gesetzgebern nicht abrathen kann, bey einer Furcht, götliche Gebote zu übertreten, lieber das sicherste zu wählen: so will ich im folgenden Capitel schlechterdings zum voraussetzen, daß alle Eheverbote Mosis ein Stück des allgemeinen Sittengesetzes sind. Auf die Art werden meine Gedanken allen und jeden, die auch hier bey dem Zweifelhaften von mir abgehen, brauchbar seyn können.

Das siebente Hauptstück,

welches die Erklärung des Zweifelhaften in den zwey Eheverordnungen Mosis, 3. B. Mos. 18, und 20, enthält.

§. 73.
Inhalt dieses Capitels.

Ich wende mich also zu der Erklärung der beiden Stellen Mosis selbst, in denen seine Eheverbote enthalten sind, und untersuche, was er eigentlich den Israeliten verboten hat, und was in dem Fall, wenn alle seine Eheverbote allgemeine Sittengesetze des menschlichen Geschlechts sind, wir Christen aus Gehorsam gegen Gott vermeiden müssen, und was uns erlaubt sey. Daß diese beiden Gesetze im achtzehnten und zwanzigsten Capitel des dritten Buchs Mosis befindlich sind, brauche ich wol kaum zu wiederholen. Was in diesen Capiteln keiner Erklärung bedarf, werde ich überschlagen: ich werde auch nicht einmahl von der Ehe zwischen zusammengebrachten Kindern handeln, über deren Rechtmäßigkeit jetzt eben nicht mehr gestritten wird. Das dunkele, oder wenigstens unter den Gottesgelehrten unserer Kirche noch nicht so einmüthig entschiedene, kommt eigentlich auf die vier Fragen an:

1.) Hat Moses die Ehe mit der verstorbenen Frauen Schwester erlaubt, oder verboten? Diese Frage, die aus der Mitte beider Capitel

tel genommen ist, handele ich zuerst ab, weil sie am leichtesten zu entscheiden ist, und zugleich den Weg bahnt, die folgende mit Gewißheit zu beantworten.

2.) Sind blos diejenigen Ehen für verboten zu achten, die Moses ausdrücklich nennet? oder will er, daß man aus diesen Verboten Schlüsse machen, und sich auch der Ehen enthalten soll, die nach Graden berechnet eben so nahe sind?

3.) Sind blos die vollbürtigen Schwestern und Brüder, oder auch Halbschwestern und Halbbrüder gemeint, wenn er des Vaters und der Mutter Schwester, und die Witwe des Vaterbruders oder Mutterbruders untersaget?

4.) Sind sonst noch gewisse Folgerungen, die man aus Mosis Gesetzen macht, seinem Sinne gemäß, und, als göttliche Gebote zu verehren?

Ehe ich aber diese Hauptfragen abhandele, will ich doch noch einiges, so sonst zu Erklärung beider Capitel gehöret, und bisher nicht da gewesen ist, voran schicken. Von dem Eingang des 18ten Capitels ist schon im 25sten §. S. 87. das nöthige gesagt, so ich hier nicht wiederhole.

§. 74.
Unterscheid der beiden Gesetze, 3. B. Mos. 18. und 20.

Moses hat wider die allzunahen Ehen zwey bald auf einander folgende Gesetze gegeben, zwischen denen nur das 19te Capitel in der Mitte stehet. Vielleicht sind beide in dem Dato ihrer Bekanntmachung keinen Monath von einander verschieden. Es entstehet hieben die Frage, was diese Wiederholung zu bedeuten habe? und warum er es nicht bey dem ersten Gesetze habe bewenden lassen?

Ueberhaupt muß man wol vermuthen, daß, wenn ein Gesetz zweymahl gegeben ist, es das erste mahl nicht geholfen habe, sondern durch die Menge von Uebertretungen in den Augen des Volks abgeschaffet sey. Wir sehen oft, daß ein Gesetz gegeben wird, aber niemand richtet sich darnach: und denn heißt es, das Gesetz ist nicht in Uebung gekommen. Will nun der Gesetzgeber es doch gehalten wissen, so muß er es erneuren.

Dieser Endzweck der Wiederholung fällt bey 3. B. Mos. 18. und 20. noch deutlicher in die Augen. In dem ersten verbietet Moses Unzucht und Ehe zwischen den nächsten Verwandten, ohne eine vom weltlichen Gerichte zu vollziehende Strafe darauf zu setzen. Er erklärt sie blos für unrein und abscheulich in Gottes Augen; stellet sie als Sitten der Aegyptier und Cananiter vor, die mit ihren abgöttischen Fabeln in Verbindung stehen, und sich vor das Volk Gottes nicht schicken: er setzet hinzu, daß Gott die Cananiter wegen dieser lasterhaften Ehen strafe, und aus ihrem Lande ausstoße; und läßt die Israeliten fürchten, daß Gott sie eben so strafen werde, wenn sie dem Beyspiel der Cananiter folgeten.

Vielleicht wäre dis bey uns ziemlich hinreichend gewesen, wenigstens die Ehen in die nahe Freundschaft zu hindern, weil bey uns eine Ehe ohne gewisse von Obrigkeit oder Kirche abhängende Feyerlichkeiten, als Aufgebot und Trauung, nicht vollzogen werden kann. Allein diese Feyerlichkeiten waren zu Mose Zeiten nicht: an das Aufgebot wird ohnehin niemand denken, und der Priester hatte auch nichts bey der Ehe anderer zu thun. Wir wissen zwar die Gebräuche, die den Anfang einer Ehe vom Concubinat unterschieden, aus diesen so weit entfernten Zeiten nicht genau: es scheint aber doch, daß das meiste auf die Einwilligung der Eltern und leiblichen Brüder der Braut, bisweilen auch auf einen eigentlichen Kauf, und denn auf eine öffentliche mit Gastereyen gefeyerte Hochzeit und die solenne Hinführung des Brautpaars zu der Schlafkammer in Begleitung der Hochzeitsgäste, angekommen sey. Auf die Weise konnte nach dem Gesetz 3. B. Mos. XVIII. nicht nur geheime Unzucht, der ohnehin ein bloßes Verbot nie völlig steuren wird, unter nahen Verwandten vorgehen, sondern auch solche Ehen, als Moses verboten hatte, vollzogen, und geschwisterige Hochzeiten gefeyret werden. Dis machte nun, daß Moses nöthig fand, nicht nur das Gesetz noch einmahl zu wiederhohlen, sondern es auch mit Strafen zu begleiten, die von der Obrigkeit vollzogen werden sollten.

§. 71.

Die 3. B. Mos. 20. gedroheten Strafen werden erklärt, und zwar
1.) die Lebensstrafen.

Es ist freylich gewiß, daß diese Strafen uns im Neuen Testament eben so wenig, als andere bürgerliche Gesetze Mose verbinden: und einige unter ihnen würden bey uns nicht einmahl abschrecken, z. E. wenn gedrohet wird, daß die aus dem Beyschlaf erzeugten Kinder nicht als Kinder des natürlichen Vaters, sondern des verstorbenen Mannes der Frau angesehen werden sollen. Indessen kann es doch meinen Lesern vielleicht lieb seyn, die von Mose verordneten Strafen genauer kennen zu lernen: und bey einigen ist dis nöthig, weil

aus

aus ihnen solche Folgerungen, die uns noch in der Moral wichtig sind, hergeleitet werden können.

Auf Uebertretungen der Eheverbote von der ersten Classe (*), d. i. auf die, welche eine sehr nahe Verwandschaft betreffen, setzet Moses Lebensstrafe, und zwar nahmentlich auf die Blutschande mit

1.) der Stiefmutter, 3. B. Mos. XX, 11.
2.) der Schwiegertochter, V. 12.
3.) der Schwiegermutter, und
4.) der Stieftochter, V. 14.
5.) der Schwester, wenn es gleich nur die Halbschwester ist, oder, wie Moses saget, seines Vaters Tochter, oder seiner Mutter Tochter, V. 17.

Man wird bey angestellter Vergleichung mit dem 18ten Capitel gewahr werden, daß hier die beiden allernächsten Ehen, die dort V. 7. und 10. untersagt sind, die mit der leiblichen Mutter, und mit der Enkelin, von Mose ausgelassen sind. Da ihm diese abscheulichsten Arten der Blutschande gewiß nicht haben erträglicher vorkommen können, als die fünf Gattungen, auf die er Lebensstrafen setzt: so wird man von selbst hieraus schliessen, daß in der Zwischenzeit keine Uebertretungen der beiden Ehegesetze, 3. B. Mos. XVIII, 7. 10 vorgegangen sind. Man wird auch leicht zugeben, daß wenn in der Folge dergleichen Blutschande mit der leiblichen Mutter, der leiblichen Tochter, und der Enkelin, hätte vorgehen sollen, sie nach einer billigen Folge, und dem Geiste des Gesetzes Mosis, gleichfalls mit der Todesstrafe hätten beleget werden müssen, weil das Verbrechen noch schwerer gewesen seyn würde: allein es scheint, Moses halte sie für so abscheulich, daß er nicht nöthig findet, sie ausdrücklich mit Strafen zu belegen, weil die Vermuthung war, sie würden unter den Jsraeliten nicht vorkommen; so wie Solon aus gleicher Ursache auf den Vatermord keine Strafe setzte.

Die fünf Ehen, denen Moses den Tod drohet, verdienen einen gemeinschaftlichen Blick. Es scheint, sie müssen ihm alle fünf gleich unerträglich in einem gesitteten Volke vorgekommen seyn, indem er gleich strenge Mittel gegen sie anwendet. Auch die Blutschande mit der Halbschwester finden wir unter ihrer Zahl, ohngeachtet Abraham in der Ehe mit seiner Halbschwester gelebet hatte (§. 35.). Ob also gleich diese Ehe nicht zu den Unterscheidungssitten

der

(*) Siehe §. 31. wo ich diese Redensart erklärt habe.

der Aegyptier und Cananiter gerechnet werden konnte, so muß doch wol Moses glauben, daß Zucht und Ehrbarkeit nicht bestehen werden, wenn sie unter einem in Städten und Dörfern beysammen wohnenden Volke geduldet würde.

Wenn man auch den Fürsten bey einigen göttlichen Eheverboten ein Dispensationsrecht zugestehen will, wovon ich im neunten Capitel handele, man will aber dis Recht nicht in das Unendliche ausdähnen, z. E. nicht dahin, daß jemand unter landesherrlicher Erlaubniß die Ehe, die Paulus 1. Cor. V, 1-5. so sehr verabscheuet, vollziehen könne: so möchten wol die von Mose auf einige Arten der Blutschande gesetzten Strafen die Gränze ziemlich wahrscheinlich bezeichnen, über welche der christliche Fürst im Dispensiren nicht gehen soll. Doch davon unten im 126sten Paragraphen.

Moses bedient sich nicht einerley Ausdrucks bey Drohung dieser Lebensstrafen: es scheint aber doch nicht, daß hierin eine Verschiedenheit der Strafe liegen solle, wie denn überhaupt das peinliche Recht Mosis an Gattungen der Lebensstrafen arm war, und keine andere kannte, als Schwerdt und Steinigung. Ich kann zwar diese Materie hier nicht ausführen, ich verweise aber deshalb auf meines seel. Vaters Dissertation, *de suppliciis capitalibus Hebraeorum*, die ich, so wie seine übrigen Dissertationen, mit seinen häufig beygeschriebenen Anmerkungen, und meinen eigenen Zusätzen wieder auflegen zu lassen vorhabe, wenn Zeit und Umstände es zugeben.

Von der Blutschande mit der Stiefmutter und Schwiegertochter heist es V. 11. 12. schlechthin, sie sollen sterben (דמיהם בם) ihr Blut sey auf ihnen. Die Juden glauben zwar gemeiniglich, wo dieser Ausdruck stehe, sey von dem Erhenken, als der gelindesten Todesstrafe, die Rede: allein mein seel. Vater hat im 12ten §. der angeführten Dissertation die Unrichtigkeit dieser Regel gezeiget, und überhaupt war das Erhenken bey den alten Israeliten keine Strafe, damit jemand vom Leben zum Tode gebracht ward, sondern eine Strafe nach dem Tode, die zu mehrerer Schande an den Gesteinigten vollzogen zu werden pflegte. Hier scheint also die Gattung der Todesstrafe nicht bestimmt zu seyn: sie wird sich aber gleich aus dem nachfolgenden ergeben.

Es ist nehmlich mit den vorhin genannten Ehen die völlig gleich, wenn man seiner Frauen Mutter, oder Tochter, das ist, seine Schwiegermutter oder

oder Stieftochter heyrathet. Und hier drückt Moses die Strafe so aus: wer eine Frau, und ihre Mutter nimt, das ist Zimma (*), man soll ihn und sie (**) mit Feuer verbrennen. Dis ist aber nicht von dem, was wir die Strafe des Feuers nennen, zu verstehn, und die Auslegung, welche die Juden darüber machen, die das Verbrennen vom Eingiessen geschmolzenes Bleyes in den Mund erklären, ist eben so entfernt von den Mosaischen Sitten. Mosis Gesetze kennen gar kein Verbrennen bey lebendigem Leibe, sondern auch dis ist eine Strafe nach dem Tode, die zur Schande an dem entseelten Leichnam vollzogen ward, und gemeiniglich auf die Steinigung folgete. Es wird also vermuthlich Moses auf diese Ehe die Steinigung nebst der auf sie folgenden Verbrennung des todten Körpers setzen: und die vorhin auf völlig gleiche Blutschanden gesetzte unbenannte Todesstrafe wird wol keine andere, sondern eben dieselbe seyn.

Bey der Blutschande mit der Schwester bedient sich Moses des Ausdrucks, sie sollen vor den Augen der Kinder ihres Volks ausgerottet werden. Diese Redensart ist wiederum keiner besondern Todesstrafe eigen: es kann also gar wol seyn, daß auch diese Unzucht oder Ehe mit der Steinigung bestraft ist, wiewol ich hier nichts behaupten will.

§. 76.
2.) Die geringern Strafen.

Die Strafen, welche Moses auf die Ehen von der zweiten Classe setzt, sind gelinder. Wenn man seines Vatersbruders Witwe nimt, so ist die Strafe, sie sollen ihre Sünde tragen, unfruchtbar sollen sie sterben: V. 20. und

---

(*) Siehe §. 10.

(**) Ich darf wol nicht verschweigen, daß Sie im Hebräischen der Pluralis ist, woraus vielleicht jemand schliessen möchte, daß hier nicht von einer succesiven Heyrath, sondern von der Polygamie mit Mutter und Tochter zugleich die Rede sey. Allein man wird diesen Gedanken wieder fahren lassen, sobald man erwägt, daß auch bey einer solchen Polygamie der unschuldige Theil nicht zu strafen wäre. Wenn z. E. jemand, der die Tochter hat, die Mutter dazu nimt, so geschiehet das vermuthlich nicht mit gutem Willen der Tochter, und denn wäre es die grösseste Ungerechtigkeit, wenn sie dafür verbrannt werden sollte, daß ihr Mann und ihre Mutter sie so sehr beleidiget haben. Sie ist also wol so zu verstehen, die eine sowol als die andere sie eine solche unnatürliche Verbindung eingehet: die Mutter, wenn sie den Mann oder Witwer ihrer Tochter, und die Tochter, wenn sie den Mann oder Witwer ihrer Mutter nimt.

Die 3. B. Mos. 20. gedroheten Strafen

und bey der Ehe mit des Bruders Witwe, sie sollen unfruchtbar seyn. V. 21. Ich kann mir nicht vorstellen, daß sich Gott zu einem beständigen Wunder anheischig mache, welches die Fruchtbarkeit einer solchen Ehe hindern solle. Dis wäre wider diejenige Sparsamkeit der Wunder, welche die Offenbahrung eben so wol lehret, als die Philosophie, und wider die ganze Art Gottes, Wunder zu thun. Denn diese geschehen Einmahl, und wenn er es nöthig findet, nicht aber beständig bey jedem gleichen Fall. Dis letzte thun natürliche Begebenheiten, und man würde Wunder nicht von ihnen unterscheiden können, wenn sie eben die gewisse Reihe hielten. Es würde sogar Much zur Hurerey mit des Bruders Witwe gemacht haben, wenn beide Theile gewiß hätten versichert seyn können, daß die Folgen davon durch ein getreues Wunder vernichtet werden würden.

An eine Todesstrafe zu denken, die die Fruchtbarkeit hemmen, und das ungebohrne Kind in Mutterleibe tödten sollte, wäre so viel, als, den göttlichen Gesetzgeber in einen Barbaren verwandeln, und man muß bey nahe selbst ein Unmensch seyn, um ihm diesen Gedanken zu leihen, sonderlich da es in dem einen Gesetze, ohne den Tod nur zu nennen, schlechthin heißt, sie sollen unfruchtbar seyn. Wie war es möglich, daß noch kürzlich Johann Fry(*) eine solche Erklärung wiederholte? sonderlich da man in England so viel von der Güte der Gesetze redet? Andere gewaltsame Erklärungen verdienen hier keinen Platz.

Mir hat unter allen Auslegungen die am besten gefallen, die ein Griechischer Scholiaste über diese Worte giebt: οὐ λογισθήσεται τὸ σπέρμα αὐτοῦ ὡς τέκνα, ihr Saame soll ihnen nicht als Kinder angerechnet werden. Augustinus(**) und Abenesra(*.*) haben eben dieselbe Erklärung; die neuern, so ihr beystimmen, zu nennen, würde unnütz seyn, sonst würde etwan Havermann

(*) The shall be put to death, and not suffered to have a Child by such an unlawful and detestable Act. Siehe ihn S. 21 seines Buchs, the Cases of Marriages between near Kindred.

(**) Quaest. 66. ad Levit. n. 1. hoc intelligendum lege Dei constitutum, ut quicunque ex eis nati fuerint, non reputentur filii, l. e. nullo parentibus jure succedant.

(*.*) Die Sadducäer sagen: unfruchtbar (Aririm) sey so viel als nakket, (Arumim) und, sie sollen sterben, so viel als, sie sollen getödtet werden. Allein es ist unrichtig, und die Worte sind so zu nehmen, wie sie der Chaldäer übersetzt. Ich habe sie schon längstens aus der Stelle erkläret, schreibet dieser Mann an als einen Unfruchtbaren, weil er nehmlich einem gleich ist, der seine Lebensbahn unfruchtbar beschließt.

wenn am ersten verbliesen, daß man ihn (*) anführte. Sie ist dem Sprachgebrauch der Hebräer gemäß; nach welchem auch solche, die wirklich Kinder haben, dennoch unfruchtbar heissen können, wenn die Kinder ihre Erben nicht sind, und nicht auf ihren Nahmen geschrieben werden. Die Stelle Jeremiä, Cap. XXII, 30. ist hievon merkwürdig: denn er sagt Gott von einem Könige, der Kinder hinterließ, die aber sein Erbtheil nicht bekamen: schreibet diesen Mann an, als einen Unfruchtbaren, - - denn von seinem Saamen soll keiner glücklich seyn, keiner soll auf dem Thron Davids sitzen. Die Strafe dessen, der seines Bruders oder Vaterbruders Wittwe heyrathete, bestand also darin, daß die sämtlichen Kinder, welche er aus dieser Ehe zeugete, nicht als seine Kinder angesehen, sondern in den Geschlechtstafeln seinem Bruder zugeschrieben wurden. Sein Nahme blieb in den Geschlechtstafeln aus, und sein Erbtheil fiel an seines Bruders leibliche und bürgerliche Kinder.

Von der Ehe mit des Vaters und der Mutter Schwester heißt es V. 19. schlechthin, sie sollen ihre Schuld tragen: wobey mir freilich ungewiß ist, ob hiedurch der bürgerlichen Obrigkeit erlaubt wird, eine willkührliche Strafe zu verhängen, oder ob Moses dem Uebertreter drohen will, Gott werde ihn zu finden wissen, und durch die Wege der gewöhnlichen Providenz an ihm Strafe üben. Die Ehe mit zwey Schwestern zugleich, die im 18ten Capitel V. 18. verboten ist, finde ich im zwanzigsten Capitel gar nicht erwähnt: vielleicht weil es hier blos eines Verbots und keiner Strafe bedurfte. Denn wenn die Ehe einmahl verboten war, so konnte die Frau ihren Mann durch Hülfe der Obrigkeit hindern, mit ihrer Schwester Hochzeit zu halten.

§. 77.

Der verstorbenen Frauen Schwester zu heyrathen, war nach 3. B. Mos. XVIII, 18. erlaubt.

Die erste Hauptfrage, welche über den Sinn der Ehegesetze Mosis aufgeworfen wird, ist: ob nach denselben die Ehe mit der verstorbenen Frauen Schwester erlaubt sey? Die Antwort ist sehr leicht zu geben: ja! sie ist erlaubt: und man muß sich wundern, wie über eine so klare Sache hat gestritten werden können. Zur wahren Ehre des Hannöverischen Eherechts will ich
nicht

(*) Gamologia, L. II. tit. V. Reg. 2. p. 395.

nicht verschweigen (*), daß diese Ehe hier nicht als von Gott verboten angesehen, sondern unter die bürgerlichen Verbote gerechnet wird, von denen die Regierung im Nahmen des Königs auf Bitte zu dispensiren pflegt. In manchen andern Ländern aber hält die Dispensation schwer, oder ist unmöglich, weil man wider Mosis Dank und Willen ihm ein Verbot der Ehe mit der verstorbenen Frauen Schwester aufdringet, so nur durch viel Geld, oder durch große Gönner außerordentlich aufgehoben werden kann.

Die diese Ehe verbieten, thun es blos wegen einer Folgerung aus einem andern Gesetz Mosis, in welchem er verbietet, des Bruders Witwe zu heyrathen. Weil des Bruders Witwe, sagen sie, mir eben so nahe verwandt ist, als der verstorbenen Frauen Schwester, so muß die eine Ehe Gotte so mißfällig als die andre seyn, und Moses muß beide untersagen wollen. Es gehöret daher die Untersuchung der Rechtmäßigkeit dieser Heyrath in der That mit zum folgenden Theil des Capitels, in welchem die Frage abgehandelt wird, ob Mosis Eheverbote buchstäblich zu nehmen, oder durch Folgerungen auf andere in eben dem Grad verwandte Personen auszudehnen sind. Allein es geschieht hier mit gutem Verbedacht, daß ich sie nicht bis dahin verspare: denn die Frage von der Frauen Schwester ist nicht nur viel leichter, und mit mehrerer Gewißheit auszumachen, als die folgende; sondern es soll mir auch das, was ich von der Frauen Schwester sage, unten bey der Frage von Berechnung oder Nichtberechnung der Grade zu einem der wichtigsten Entscheidungsgründe dienen. Ich muß es also als einen Vordersatz betrachten, und früher gewiß zu machen suchen, als den Schluß den ich darauf bauen will.

Ich berufe mich zum Beweis meiner Meinung, daß die Ehe mit der verstorbenen Frauen Schwester nach Mosis Gesetz erlaubt sey, nicht

et

(*) Weil ich bey einzelnen Fällen gesehen habe, daß auch hiesigen Landeseinwohnern, die ihrer Frauen Schwester haben heyrathen wollen, zweifelhaft gewesen ist, ob sie Dispensation erlangen können? und wo sie solche zu suchen hätten? und daß auch bisweilen die Superintendenten nicht im Stande gewesen sind, sie zu belehren: so füge ich folgende, das hiesige gewöhnliche Herkommen betreffende, zuverläßige Nachricht bey: es wird auf geschehenes Ansuchen simpliciter dispensiret, und der Frauen Schwester zu heyrathen erlaubt. Diese Dispensation muß nicht bey dem Consistorio, sondern bey Königlicher Landesregierung gesucht werden; die alsdenn nomine regis die Dispensation ertheilt, und darüber mit der Unterschrift, ad mandatum regis, das nöthige an das Consistorium ausfertigen läßt. Vom Consistorio wird darauf an den Superintendenten des Orts, wo die Personen wohnhaft sind, das nöthige verfüget.

war nach 3. B. Mos. XVIII, 18. erlaubt. Cap. 7. §. 77.

etwan blos auf das Stillschweigen Mosis, und daß er kein Wort von einem solchen Eheverbot hat, sondern auch auf seine ausdrücklichen Worte, welche diese Ehe nach dem Tode der ersten Frau zu erlauben scheinen. Denn wenn er 3. B. Mos. XVIII, 18. schreibt: du sollst nicht eine Frau zu ihrer Schwester nehmen, daß sie ihre Nebenbuhlerin sey, und du ihre Blöße neben ihr aufdeckest, bey ihrem Leben: so fällt ja jedem Leser in die Augen, daß Moses blos die Polygamie mit zwen Schwestern verbiete, und nach dem Tode der ersten Frau die Ehe mit ihrer Schwester für ganz erlaubt ansehe. Die Worte, zu ihrer Schwester, - - - ihre Nebenbuhlerin, - - - neben ihr, und, bey ihrem Leben, sagen dis so deutlich, daß es vergeblich seyn würde, weitläuftig über das mit meinen lesern zu reden, was sie selbst auf den ersten Blick sehen. Ich habe auch gefunden, daß ungelehrten lesern und leserinnen der Bibel, wenn sie den Text nach Luthers Uebersetzung in diesen Worten vor sich hatten, „du sollt auch deines Weibes Schwester nicht „nehmen neben ihr, ihre Scham zu entblößen, ihr zuwider, weil sie „noch lebt,„ nicht anders verstanden, und sich gewundert haben, wie es möglich sey, daß Männer, vor deren Gelehrsamkeit und Verstand sie sonst Hochachtung hatten, darüber stritten. Ich bin wol von solchen, die die Sache sonst gar nicht interessirte, gefragt worden, ob denn etwan im Grundtexte was zweifelhafteres stünde? Das ist nun freilich nicht, sondern der Grundtext, von dem ich vorhin meine eigene Uebersetzung gegeben habe, ist noch entscheidender. Allein es ist die Krankheit der Gelehrten, bisweilen durch allzu viel Anstrengung und Mühe blinder zu seyn als andere, so wie wir, wenn wir auf einen Fleck sehen, die Scharfsichtigkeit der Augen verlieren und nichts mehr erkennen können: und dazu kommen noch früh auf Universitäten eingerägte Vorurtheile, die so vest haften, daß auch der klügste Mann sich bisweilen fürchtet, Gott zu beleidigen, und schon halb profan zu seyn, wenn er das für erlaubt hielte, was seine Lehrer in der Theologie, die er als gewissenhafte Männer kannte, die aber doch nicht untrüglich waren, ihm in der Jugend als verboten vorgestellet haben. Das Facultäten-Herkommen, von dem man nicht leicht abgehet, tritt denn auch mit ein, und man sieht es oft für eine heilige Ueberlieferung des Willens Gottes an, der doch bey uns Christen nicht durch Tradition von Mund zu Mund sollte fortgepflanzt, sondern blos aus dem geschriebenen Worte Gottes von einem jeden selbst geschöpfet werden. Es ist in des geschehen, daß man über die deutlichen Worte Mosis gewaltsame Erklärungen gemacht hat: und deswegen finde ich mich gezwungen, umständlicher

von

von ihnen zu reden, und hernach die Ursache anzuzeigen, warum Moses, der sonst erlaubte, mehr als Eine Frau zu nehmen, gerade diese einzige Art der Polygamie verboten hat.

§. 78.

Erklärung der Worte 3.B. Mos. XVIII, 18: und mehrere Schärfung des daraus genommenen Beweises.

Wenn Moses verbietet, nicht eine Frau zu ihrer Schwester zu nehmen, so ist die Rede von einer eigentlichen Schwester, und das Wort Schwester soll nicht eine jedwede andere Frau bezeichnen, wie einige vorgegeben haben, die hier ein Verbot der Vielweiberey überhaupt suchten. Denn obgleich אחות, Schwester, bey den Hebräern sonst eine solche weitläufige Bedeutung hat, und die Redensart אשה אל אחותה (eine Frau zu ihrer Schwester) öfters so viel ist, als, eine zur andern, und so gar von leblosen Dingen, die nach der Grammatik weiblichen Geschlechts sind, gebraucht wird: so kann es doch hier nicht anders als in der eigentlichen Bedeutung genommen werden. Denn

1.) Es stehet unter lauter Nahmen der Verwandschaft, und zwar die nicht im weitläufigen Verstande gebraucht werden, sondern eine gewisse Verwandschaft auf das genaueste bestimmen sollen: unter den Ehegesetzen, welche verbieten, daß man keine zu nahe Freundin heyrathen solle. In diesem Zusammenhange muß es gleichfalls diejenige Blutsfreundin bedeuten, die, zum Unterscheid von andern, Schwester genannt wird, oder die eigentliche Schwester der Frau.

Dieser Beweis ist hinlänglich, ich will aber suchen, ihn auch solchen faßlich zu machen, die von schwachen Gemüthskräften sind, und die man erst erinnern muß, wie sie in andern ähnlichen Fällen richtig zu denken pflegen. So gut eine jede Frau im weitläufigen Verstande אחות heissen kann, eben so gut pflegt auch mein Nächster, er sey wer er wolle, mein Bruder zu heissen: was würde man aber sagen, wenn ich den 16ten Vers, du sollst die Blöße der Frau deines Bruders nicht aufdecken, es ist deines Bruders Blöße, also erklären wollte: du sollst nie eine Wittwe heyrathen, die ehemahls deines Nebenmenschen Frau gewesen ist, denn sie gehört noch nach dem Tode deinem Nebenmenschen zu? Wenn Paulus sagt, es sey ihm erlaubt, eine Schweſtet zu heyrathen, ſo verſtehet er freylich eine jedwede Frauensperſon, die in der wahren Kirche iſt: wie abgeſchmackt würde es aber ſeyn, wenn ich in den Eheſetzen das Wort Schweſter alſo nehmen, und z. E. wenn des Vaters Schweſter verboten wird, dis ſo erklären wollte: es ſey nicht erlaubt, eine Frau zu heyrathen, die mit meinem Vater gleiches Glaubensbekänntniß hat? Iſt aber dieſe Art zu erklären im 11ten Vers abgeſchmackt, warum will man ſie denn im 13ten gebrauchen?

2.) Es iſt gewiß, daß die Vielweiberey unter den Iſraeliten nach dem bürgerlichen Geſetz nicht verboten war. Hier iſt nicht der Ort, eine ſo weitläufige Frage aus den Alterthümern auszumachen: davon vielleicht niemand mit gröſſerem Fleiß das Gegentheil meiner Meinung behauptet hat, als Herr von Premonteval in dem dritten Theile ſeiner Monogamie. Ich werde aber auch nicht nöthig haben, ſolches zu thun, ſondern ich darf meine Leſer deſto zuverſichtlicher auf das verweiſen, was ich bey Recenſion dieſes ſo merkwürdigen Buchs in den Relationibus de libris novis (*) geſchrieben habe, weil ich weiß, daß meine Recenſion auch da, wo ſie dem Herrn von Premonteval widerſpricht, die Billigung dieſes ſcharfſinnigen, und die Wahrheit über alle Syſtemata und über ſeine eigene Meinungen liebenden Gelehrten erlanget hat. Er ſelbſt hat Beyſpiele der Polygamie unter den Iſraeliten geſammlet (**): und ich habe ſeit dem geſun-

---

(*) Faſcic. VI. p. 531-542.

(**) Die Beyſpiele, ſo Herr von Premonteval anführet, ſind 1.) Gideon, B. d. Richter VIII, 30. 2.) Manaſſe dem 1 Chron. VII, 14. ein Kebsweib zugeſchrieben wird. Herr von Premonteval leugnet zwar bey ihm und andern daß daraus eine Vielweiberey folge, indem er meint, er könne das Kebsweib nach dem Tode ſeiner rechten Frau gebey, ethet haben; allein es beruhet alles dieſes auf einer gewöhnlichen unrichtigen Erklärung der Stelle, 1. B. Moſ. XXV, 1. die zu unterſuchen hier meines Orts nicht iſt. Herr von Premonteval, der ſich auf die Ausleger verlaſſen hat, kann nicht dafür, daß ſie ihn verführet haben. 3. Chetzron, der Vater Calebs, 1. Chron. II, 9. 21.

Herr von Premonteval bemerkt billig, daß hier von einer zweiten Ehe nach Ableben der erſten Frau die Rede ſey: daher dieſes Bey ſpiel wegfällt. 4.) Caleb, der Sohn Hetzrons, 1. Chron. II, 18. Noch dieſen will er ablengnen. Die Worte heiſſen: Caleb, der Sohn Hetzrons, zeugete Kinder mit der Azuba ſeiner Frau und mit der Jerioth und dieſe ſind ihre (iui Singulari: filii ejus, nicht earum) Söhne. Es iſt eben der Fall, als 1. B. Moſ. XVI, 2. und XXX, 3. 4. 9. da die Magd der Frau auf ihren Schoß Kinder gebahr die für Söhne der Frau gehalten wurden: daher werden die Söhne der Magd Jerioth der Frau unterſchieden, und ihre Söhne im Singulari genannt. Auſſer dieſen beiden hat er noch

Entscheidungsgründe wider die Berechnung

gefunden, daß ihr Verzeichniß sich noch ziemlich aus der Bibel, die doch solcher Dinge blos beyläufig gedenkt, bereichern lasse. Ich darf diesen Zusätzen einen kleinen Platz in der Anmerkung gönnen (*). Es wird also verboten, seiner Frauen Schwester bey ihren Leben zu heyrathen; und dem Jacob nachzuahmen, welcher mit zwey Schwestern zugleich in der Polygamie gelebt hat. Moses setzt dazu: ihre Blöße neben ihr aufzudecken: und wem dieses alles nicht genug ist, ihn zu überzeugen, daß blos von der Ehe mit der noch lebenden Frauen Schwester die Rede sey, der hat noch den dritten Zusatz, ihre Nebenbuhlerin zu seyn, zu erwägen. Es haben zwar diesen einige übersetzen wollen, sie zu ängstigen, und daraus die Folge gezogen, daß die Ehe mit der Frauen Schwester auch bey ihrem Leben erlaubt gewesen sey, wenn nur die erste Frau sie nicht ungern gesehen habe. Ich will nicht untersuchen, wie oft dieser Fall vorgekommen seyn möchte: oder ob nicht ein solches Gesetz so gut gewesen seyn würde als keines, indem die Zäukereyen zwischen den beiden Schwestern, die Einen Mann hatten, doch nachgekommen seyn würden, wenn sie

ein Kebsweib, Epha, gehabt, 1. Chron. II, 46. Ich rechne gar die Frau nicht mit, die er nach der Azuba Tode geheyrathet, nehmlich Ephrat, und die ganz anders geschrieben wird, als Epha: V. 19. 5.) Der zweite Caleb, 1. Chron. II, 48. den er nicht für den berühmten Calebhalten, ich auch eben nicht dafür ausgeben will, ob ihm gleich die Achsa, so des berühmten Caleb Tochter war, gleichfalls V. 49 zur Tochter gegeben wird. 6.) Jerahmeel, 1. Chron. II, 25. 26. Hier hat er Recht, wenn er sagt, es könne eine zweite Frau verstanden werden, so er nach Ableben der ersten geheyrathet habe. 7.) Aschchur, 1. Chron. IV, 5. Hier macht er mit Recht eben die Anmerkung. 8.) Schacharaim, Cap. VIII, 8. Hier will er eben die Anmerkung wiederholen: es gehet aber nicht bequem an. Die Worte lauten: Schacharaim zeugete im Moabitischen Gefilde, nachdem er sie, nehmlich seine Weiber Chuschim und Baara von sich geschieden hatte, mit Chodesch, seiner Frau, folgende Söhne. Wir sehen hier, daß er vor seinem Abzug in das Moabitische Gefilde zwey Weiber gehabt, und sich von ihnen, vermuthlich seiner neuen Geliebten zu gefallen, bald nach dieser Veränderung der Wohnung geschieden hat. 9.) Das größeste Beyspiel der Vielweiberey kommt 1 Chron. VII, 4. vor, wo nicht blos die im dritten Vers genannten fünf Väter aus dem Stamm Gad, sondern ihre Nachkommen, die einen Stamm von 36000 wehrhaften Männern aufmachen, in der Vielweiberey leben. Wir sehen daraus, daß einige Stämme die Polygamie zur Gewohnheit gemacht haben, andere aber nicht, welches Herr von Premontval nicht bemerket, und sonderlich diß letzte Beyspiel sich nicht in seiner völligen Stärke vorgestellet zu haben scheint.

(*) Es sind mir noch folgende Beyspiele vorgekommen: 10.) Jair, B. b. Richter X, 2. Er hatte 30 Söhne: da er aber doch wol nicht blos Söhne, sondern auch nach

Der verst. Frauen Schw. zu heyr. war n. 3. B. M. 18. art. C. 7. §. 78. 233

sie auch gleich bey der Hochzeit so friedlich gewesen wären, als Lea seyn mußte, da Jacob die Rahel ihr zufügte: sondern will nur erinnern, daß im Arabischen dieses Wort Tserur (צרר) schlechthin von der Vielweiberey, b:n der eine die Nebenbuhlerin der andern wird, gebräuchlich sey. Es ist nicht meine Anmerkung, sondern andere haben vor mir schon erinnert, daß ضرّ (Atsarra) heißt, er hat eine Frau zu der vorigen geheyrathet, oder eigentlich, er hat eifersüchtig gemacht: ضرّ (Tsirr) die Vielweiberey; ضرّة (Tsarra) die Eifersucht u. s. f. und daß auch die andere Frau eines in der Polygamie lebenden Mannes 1. Sam. 1, 6. im Hebräischen צרה (Tsarra) heiße. Auch bey Jesaia bedeutet dieses Verbum צרר Cap. XI, 13. eben so viel, als in dem aus dem Gliede des Verses קנא eifersüchtig seyn, beneiden. Mosis Meinung wird also diese seyn: du sollst deiner Frauen Schwester ihr nicht in der Ehe zufügen, so lange sie lebet, und deine erste Frau nicht dadurch, daß du ihre Blöße neben ihr aufdeckest, eifersüchtig gegen ihre Schwester machen.

Die nach Proportion Töchter gehabt haben mag, die Hebräischen Weiber aber ihre Kinder ordentlich selbst, und zwar 2 bis 3 Jahre stilleten, so ist dieses ohne Vielweiberey nicht möglich zu achten. 11.) Ibzan, (eben daselbst C. XII, 9.) der dreißig Söhne und dreißig Töchter hatte. 12.) Abdon, ein Vater von vierzig Söhnen, daselbst V. 14. 13.) Elkana, 1. Sam. I. 14.) Saul, 2. Sam. II, 17. XII. 8. Dieses sind genug Beyspiele, wenn man bedenkt, daß die Bibel der Heyrathen bloß beyläufig Erwähnung thut, und daß sie aus der Zeit zwischen Jacob und David, aus der wir so sehr wenige Nachrichten übrig haben, gesammlet sind: denn mit David, dessen Vielweiberey bekannt genug ist, höre ich auf, sonst würde ich nicht etwan David, Salomon, Rehabeam, Zedekiam u. s. w. nennen, sondern vornehmlich den König Joas, dem der Hohepriester selbst zwey Gemahlinnen gab (2. Chron. XXIII, 3.), daraus man also siehet, daß der von Mose verordnete authentische Ausleger des Gesetzes die Stelle 5 B. Mos. XVII, 17. nicht von der Polygamie überhaupt, sondern von einer eigentlichen Menge der Weiber, und dem Ueberfluß eines Asiatischen Serrailles, verstand.

N. S. Etwas noch wichtigers, als alles vorhin angeführte, und daraus man siehet, wie sehr gewöhnlich die Polygamie zur Zeit Mosis unter den Israeliten gewesen ist, wird man im 9ten §. meiner Abhandlung *de crasibus Hebraeorum* finden. Sie steht in meinen bey Hr. Förstern herausgekommenen *Commentationibus Societati Scientiarum per annos 1758-1762. oblatis*.

G g

Der verstorbenen Frauen Schwester zu heyrathen,

Die Ursache des Verbots dieser einzigen Art der Polygamie war ohne Zweifel, weil sie Personen, welche die grösseste Liebe gegen einander haben sollten, nothwendiger Weise eifersüchtig auf einander und zu den grössesten Feindinnen macht. Denn es ist unbegreiflich, wie zwey Frauen Eines Mannes sich unter einander lieben sollten. Will er ja zwey eifersüchtige Feindinnen machen, und muß es ihm das bürgerliche Gesetz wegen seiner Herzens-Härtigkeit gestatten, so thue er es an Fremden, und nicht an Schwestern. Die Geschichte des Hauses Jacobs, der in eine solche Art der Vielweiberey wider seinen Willen gestürzt war, kann die Ursachen dieses Gesetzes am lebhaftesten vorstellen.

Ist es aber nunmehr nicht klar, daß ordentlich, und ausser dem Falle der Polygamie, die Ehe mit der Frauen Schwester erlaubt gewesen sey? Wäre sie das nicht gewesen, so würde ja Moses nicht nöthig gehabt haben, sie hier bey Lebzeiten der ersten Frau zu verbieten. Wer würde doch, da es überhaupt verboten ist, seine Mutter zu heyrathen, ein solches Gesetz geben? Du sollst zu deiner ersten Frau, so lange sie lebet, nicht noch deine Mutter zur Frau nehmen, so daß du ihre Blöße neben jener aufdeckest, und sie dadurch zur Eifersucht gegen ihre Schwiegermutter reizest: oder wären den wol die Vertheidiger der strengeren Meinung, ja überhaupt die Gottesgelehrten, welche glauben, daß irgend etwas in den Ehegesetzen Moses uns angehe, mit dem Landesherrn zufrieden seyn, der in einem Gesetzbuch unter dem Titel von verbotenen Ehen, der Schwiegermutter und der Stieftochter auf keine andere Art, als nur so gedächte: wer wegen hinlänglicher Ursachen von seiner Frau geschieden wird, der darf, so lange sie noch am Leben ist, weder ihre Mutter noch Tochter heyrathen, um nicht Personen, die sich der Natur nach lieben sollen, eifersüchtig auf einander zu machen. Der dreyfache Zusatz lehret allzu deutlich, daß nach dem Ableben der ersten Frau die Ehe mit ihrer Schwester erlaubt gewesen sey, sonderlich, wenn wir bedenken, daß dieses Verbot unter den übrigen Verboten der nahen Verwandtschaft stehet, daher Moses gedoppelte Ursache gehabt hätte, den dreyfachen Zusatz wegzulassen, der sich bey allen andern Geboten nicht findet, falls er auch die Ehe mit der verstorbenen Frauen Schwester für unrecht hielte.

§. 79.

war nach 3. B. Mos. XVIII, 18. erlaubt. Cap. 7. §. 78. 235

§. 79.

Beantwortung des Einwurfs, der vom Verbot der Ehe mit des Bruders Witwe hergenommen wird. Beide Ehen sind zwar dem Grade nach gleich nahe; aber sonst sehr ungleich.

Wenn nun noch einige fortfahren, zu behaupten, die Ehe mit der verstorbenen Frauen Schwester sey zwar 3. B. Mos. XVIII, 18. nicht verboten, aber sie sey deshalb für sündlich zu achten, weil sie eben so nahe sey, als die mit des Bruders Witwe, und also die Berechnung nach Graden, die eben aus dieser Stelle bestritten wird, zum voraus sehen, so dünkt mich, es sey ein recht artiges Beyspiel, damit man in der Logik erläutern könnte, was petitio principii heißt. Sie müssen bedenken, daß in der angeführten Stelle Moses mehr thut, als diese Ehe nicht verbieten: er erklärt sie für erlaubt nach dem Tode, wenn er sagt, sie solle bey Lebzeiten verboten seyn.

Es ist aber auch wirklich auf diesen Einwurf noch mehr zu antworten, und nicht bloß Mosis Buchstab widerleget die Folge, sondern der Zweifel selbst läßt sich lösen. Wenn man ihn machet, so stehet man auf den bloßen Grad der Verwandtschaft, nach welchem freilich der Frauen Schwester uns eben so nahe ist, als wir des Bruders Witwe sind. Allein man vergißt, daß sonst zwischen beiden Ehen ein großer Unterscheid eintrit, der es unmöglich macht, von einer auf die andere richtig zu schliessen, und daß dieser Unterscheid nach den Hebräischen Sitten noch größer wird, als er nach unsern ist.

Für einen Witwer, der Kinder hat, wird man wol kaum eine natürlichere Ehe ausdenken können, als die mit seiner ersten Frauen Schwester: denn es ist wahrscheinlich, daß sie die Kinder der ersten Ehe am meisten lieben, und sie am wenigsten die Stiefmutter empfinden lassen wird. Daher pflegen so oft sterbende Frauen ihren Männern noch auf dem Todtenbette ihre Schwester zur künftigen Heyrath vorzuschlagen, obgleich von diesen Vorschlägen kaum der dritte Theil erfüllet wird, weil der Witwer für sich, und nicht bloß für die Kinder wählen will. Doch nicht nur die Liebe zu den Kindern erreget bey der sterbenden Frau so häufig diesen Wunsch, sondern auch oft, wenn sie in einer glücklichen Ehe gelebt hat, die Liebe zu der Schwester, der sie ihren Mann am liebsten gönnet, oder zu dem Manne, den sie gut versorgt zu sehen wünscht, und aus schwesterlicher Liebe ihm keine bessere Ehegattin auszusuchen weiß, als ihre Schwester.

Alles dieses fällt bey der Ehe mit des Bruders Witwe weg. Da die Erziehung am meisten von der Mutter abhänget, so ist um der Kinder willen wenig daran gelegen, ob die Witwe ihres Mannes Bruder, oder einen Fremden heyrathet. Höchstens kommt der Unterhalt der Kinder, wenn sie arm sind, und billig in keinem andern Falle, auf die Güte des neuen Ehemanns an. Allein das ist eine Sache, die die Witwe mit ihrem neuen Freyer selbst auszumachen hat, da keiner dazu verbunden ist: und wenn die Kinder gar nichts haben, und kein neuer Ehemann will die Mutter mit ihnen annehmen, so wird doch ihr Unterhalt auf ihres Vaters Bruder fallen, er mag Stiefvater werden oder nicht. Hier hilft also die Ehe des Bruders den Kindern nichts. Und am Ende mögen die Ursachen seyn, welche es wollen, so ist doch der Erfahrung gemäß, daß hundert sterbende Frauen dem Manne ihre Schwester vorschlagen oder wünschen, ehe ein einziger sterbender Mann auf den Wunsch kommt, daß seine Frau seinen Bruder heyrathen möchte, daher auch die Consistoria mit Bitten um Dispensation in diesem letzten Ehefall eben nicht belästiget werden.

Nach den besondern Umständen der Hebräer werden beide Heyrathen noch mehr verschieden, wenn das richtig ist, was ich im 71sten §. von dem Ursprung des Leviratsrechts geschrieben habe. Entstand dieses daher, daß vor Mosis Gesetz die um Geld gekaufte Frau als ein Stück der Erbschaft angesehen ward, und dem Bruder zufiel, so ist klar, daß auch bey Lebzeiten ihres ersten Mannes die Verführung derselben keinem Menschen leichter fiel, als dem auf sie expectivirten und vielleicht ehelosen Bruder. Denn Personen beiderley Geschlechts, die eine Anwartschaft auf einander zu haben glauben, sind schon weniger blöde gegen einander: empfinden sie eine Neigung, so reden sie schon deutlicher durch Blicke von dem, was sie künftig hoffen, und diese Sprache der Augen verwandelt sich bald in Handlungen. Nie wird leichter Unzucht begangen, und Tugend besieget, als unter dem Vorwand der Anticipation, den man seinem Gewissen und dem andern Theil macht. Die Klugheit erfoderte also wol, nicht nur die Anwartschaft aufzuheben, sondern auch, da sie doch durch Kraft des Herkommens geblieben seyn würde, wenn gleich das geschriebene Recht nicht davon sprach, die Ehe unmöglich zu machen, auf die man expectivirt zu seyn glaubte. Nichts von allem diesen trift bey der Frauen Schwester ein: sie glaubt keine Anwartschaft auf ihrer Schwester Mann zu haben, und er nicht auf sie. Und wenn etwas bey uns ein ziemlich naher Umgang zwischen ihr und ihrem Schwager erlaubt seyn konnte (wiewol auch da gemeiniglich ihre eigene

Schwe-

war nach 3. B. Mos. XVIII, 18. erlaubt. Cap. 7. §. 79. 80.

Schwester mit zu sagen hat, und die Aufseherin ihrer Keuschheit ist), so muß man sich aus dem 69sten §. erinnern, daß dis wenigstens bey den nächsten Brüdern der Israeliten anders ist, und man seine Schwiegerin nicht ohne Schleyer zu besuchen die Freyheit hat.

§. 80.

Philo erklärt das Gesetz 3. B. Mos. XVIII, 18. bereits eben so.

Ich habe mich gleich im Anfang hinlänglich darüber erklärt, wie wenig ich aus der Uebereinstimmung der Rabbinen mache, und wie so gar ich nicht geneigt bin, ihr Ansehen für einen Erklärungsgrund zu halten. Ich schenke also hier gern meinen Lesern die Mühe, eine Menge Rabbinischer Stellen erst hebräisch und denn deutsch zu lesen, da ohnehin bekannt ist, daß die Erklärung, die ich vorhin behauptet habe, auch die gewöhnliche der Rabbinen ist. Der einzige Jude, den ich werth schätze, ihn bey dieser Gelegenheit zu nennen, ist der alleralteste Erklärer unseres Gesetzes, den wir noch übrig haben. Er lebte freilich viele Menschenalter vor allen Rabbinen, deren Schriften wir lesen können, und in der Zeit Christi, obgleich nicht in Palästina, sondern in Aegypten. Indessen kann es uns doch angenehm seyn, von ihm zu lernen, wie dis Gesetz zu Christi und der Apostel Zeiten gemeiniglich von den Juden verstanden ward. Man wird schon merken, daß ich von Philo rede: seine Worte, die eine Auslegung unseres Gesetzes enthalten, stehen in seinem Buch von den besondern Gesetzen, S. 303. und 304. des zweiten Theils der Mangenischen Ausgabe: Ferner erlaubt er (Moses) nicht, daß eben derselbe Mann zwey Schwestern heyrathen dürfe, es sey zu gleicher Zeit, oder eine nach der andern (*) nachdem er sich von der ersten geschieden hat. Denn so lange diese lebt, und entweder noch bey dem Manne, oder von ihm geschieden ist, und im letzten Falle entweder ledig bleibet, oder einen andern heyrathet, hielt er es für schändlich, daß die eigene Schwester die Stelle dieser Unglücklichen einnehmen sollte: sie sollte die Rechte der Verwandtschaft nicht verletzen, nicht ihr Glück auf

(*) Diese Worte, eine nach der andern, wird niemand, der das folgende liest, von dem Fall verstehen können, da die erste Frau gestorben ist, sondern sie reden davon, wenn sich der Mann von ihr geschieden hat. Keine Erinnerung ist für einen nachdenkenden Leser überflüßig; allein eine Schrift über Ehegesetze muß auch einige Leser und Widersacher erwarten, die die Worte aus dem Zusammenhange reissen.

auf den Umsturz der durch die Geburt so nahe vereinigten bauen, u. s. f. Denn hieraus entstehet fürchterliche Eifersucht und unversöhnlicher Streit. Philo verstand also dis Gesetz von einer Ehe mit der Frauen Schwester bey der ersten Frauen leben, und setzte zwey Fälle, in welchen diese Ehe verboten war, 1.) wenn ein Mann beide Schwestern zugleich in der Ehe hatte, also mit ihnen in der Polygamie lebte; 2.) wenn er sich von der ersten Frau geschieden hatte, und nun ihre Schwester heyrathen wollte, welchen letztern Fall freilich der Buchstab des Gesetzes mit unter sich begreift, ob er gleich nur selten vorkommen möchte, daher ich seiner oben nicht ausdrücklich gedacht habe. Er hielt folglich die Ehe mit der Frauen Schwester nach dem Tode der ersten Frau für erlaubt.

§. 81.
Die Frage wird vorgeleget: ob blos einzelne Ehen, oder Grade verboten sind? Der Verfasser hat seine ehemahligen Gedanken hievon bey Verfertigung dieser Schrift geändert.

Die zweite Frage, die von einem viel weitern Umfang ist, und über die am meisten gestritten wird, oder Bedenken gefodert sind, ist diese: ob Moses blos denjenigen Anverwandten, die er ausdrücklich nennet, die Ehe untersagen wolle, und alle andere sich ohne Uebertretung seiner Gesetze heyrathen können? oder ob er noch andere Ehen, die eben so nahe sind, für verboten gehalten haben will, ungeachtet er sie nicht nennet, d. i. wie man sich kürzer ausdrückt, ob er Grade verbietet?

Damit man die ganze Frage besser übersehen könne, so will ich die einzelnen Exempel hersetzen. Moses verbietet ausdrücklich die Ehe

1.) mit des Vaters Schwester: 3.B. Mos. XVIII, 12. XX, 19.
2.) mit der Mutter Schwester: 3.B. XVIII, 13. XX, 19.
3.) mit der Witwe des Vaterbruders: 3.B. XVIII, 14. XX, 20.
4.) mit des Bruders Witwe: 3.B. XVIII, 16. XX, 21.

Nun sind, wenn man nach Graden rechnet, folgende Ehen eben so nahe, als die vorhin genannten:

1.) die mit des Bruders Tochter:
2.) mit der Schwester Tochter:

3.) mit

oder Grade verboten sind? Cap. 7. §. 81.

3.) mit der Witwe des Mutterbruders:
4.) mit des Brudersohns Witwe:
5.) mit des Schwestersohns Witwe:
6.) mit der verstorbenen Frauen Schwester.

Allein diese sechs Ehen untersagt Moses nirgends. Sind sie uns uns erlaubt? oder müssen wir uns ihrer wegen des gleichen Grades der Verwandtschaft enthalten? Von der einen unter ihnen, nehmlich der mit der Frauen Schwester, habe ich zwar eben vorhin gehandelt, und gezeigt, daß sie Moses ausdrücklich erlaube: ich muß sie aber doch hier von neuen unter dem Verzeichniß der Ehen anführen, welche die Rechner der Grade untersagen.

Ich werde bey Beantwortung dieser Frage eine Gelegenheit bekommen, zum wenigsten meine Leser davon zu überführen, daß ich die Wahrheit mehr liebe, als meine einmahl geäusserte Meinungen, und daß ich mich bemühet habe, die Sache, von der ich handeln wollte, so wie ich es gleich zu Anfang von einem jeden, der Wahrheit finden will, erforderte, mit einem aufrichtigen Zweifel zu untersuchen, und sie von so viel verschiedenen Seiten, als mir irgend möglich war, zu betrachten. Ich bin sonst stets der Meinung gewesen, in der ich auf Universitäten erzogen war, daß Moses nicht einzelne Verwandtschaften, sondern Grade verboten habe. Diese Meinung habe ich nicht blos ehedem in meinen Lehrstunden über das 18te und 20ste Capitel des dritten Buchs Mose alle zwey Jahr vorgetragen, wenn ich in meinen Curioriis über das alte Testament an diese Stelle kam: sondern ich habe sie auch in einer Schrift von den Hebräischen Alterthümern S. 34. geäussert. Ich könnte dieses zwar verschweigen, da die Schrift, ob sie gleich bereits im Jahr 1753. bis auf den fünften Bogen gedruckt ist, noch nicht ausgegeben, sondern blos als ein Handbuch in den Händen meiner Zuhörer ist. Allein ich mache mir gar keine Schande daraus, zu gestehen, daß ich bey genauerer Untersuchung bessere Einsichten bekommen habe, als ich vorhin hatte: und wenn mir gleich das unangenehm ist, daß ich ehedem geirret habe, so bin ich doch nur allzusehr versichert, daß ich noch bis jetzt in vielen Dingen irre, ohne es selbst zu merken, und wer sich nicht vor untrüglich hält, muß eben diesen Argwohn gegen sich hegen; warum sollte ich es also meinen Lesern verhelen, daß es mir bekannt werden sey, in diesem oder jenem geirret zu haben? Wer aus dergleichen ein Geheimniß macht, der scheint an einer seltsamen Einbildung von sich selbst krank zu liegen.

Ich

Ich kann noch mehr sagen. Als ich am Ende des Jahrs 1754. die Hand an Ausarbeitung dieser Schrift legte, war ich noch der Meinung, daß Moses Grade der Verwandtschaften verboten habe, und ich behielt sie bey den ersten drey Capiteln, so daß ich hernach bey dem Abbruck, um die Abhandlung besser mit sich selbst übereinstimmend zu machen, manche Ausdrücke und Stücke der besagten ersten Capitel ändern mußte, die sich auf meine damahlige Meynung bezogen. Allein währender Fortsetzung meiner Arbeit ward mir der Zweifel immer wichtiger, und endlich überwiegend, den ich im 99sten Abschnitt vortragen will: und da ich ihn nachher mit ziemlicher Deutlichkeit in einer Schrift wiederum antraf, die ich vor vielen Jahren bereits gelesen habe, nemlich in den Hallischen Anzeigen des seel. Canzlers von Ludewig, so wunderte ich mich, daß er nicht schon längstens einen mehreren Eindruck bey mir gemacht hatte. Vielleicht aber hat es ihm damahls geschadet, daß er unter allzu viele nicht hinlänglich gegründete Sätze verstecket war, und der seel. Canzler überhaupt eifriger und heftiger für seine Meinung von den Ehegesetzen geschrieben hatte, als daß eine recht unpartheyische Wahrheitsliebe dem Leser hätte in die Augen leuchten, und ihn bewegen können, einen jedweden vorgebrachten Beweis auch recht unpartheyisch, und mit kühlem Gemüthe zu prüfen.

Bey dem allen blieb mir doch noch stets der Beweis für die Berechnung der Grade, der im 92sten Abschnitt enthalten ist, von großer Wichtigkeit. Allein er verschwand völlig, als ich gewahr ward, daß nach den Sitten der Morgenländer die Verwandschaft mit der Bruders-Tochter nicht eben so nahe geachtet ward, als mit der Vaters-Schwester, und die im 69sten §. angeführte Stelle des Corans zeigete mir bey den Hauptehen, über die gestritten ward, die Ursache, warum Moses die eine untersagen, und doch dabey die andere unverwehrt lassen konnte. Nunmehr war es mir nicht möglich, länger daran zu zweifeln, daß Moses weiter keine Ehen untersagt habe, als die er ausdrücklich nennet.

Vielleicht werde ich meinen Lesern bey der Ordnung am faßlichsten, wenn ich ihnen erst blos meine Gedanken vorstellig mache, und zwar so, wie sie mit einander gestritten haben, bis ich zur völligen Gewißheit gelanget bin: nachher aber auch anderer Gedanken, die ihnen entgegen gesetzt sind, prüfe. Ich will daher erstlich die gewöhnlichen Gründe gegen die Rechnung nach Graden vorstellig machen, und anmerken, weswegen sie mich nicht völlig überzeugen konnten: zum andern die Gründe ausführen, welche ich ehedem für die Be-

ober Grade verboten sind? Cap. 7. §. 81. 82.

rechnung der Grade zu haben glaubte, dabey ich aber auch die Antwort, durch welche ich sie mir jetzt entkräfte, hinzufügen werde: sodann will ich zum dritten die beiden entscheidenden Beweise anführen, um welcher willen ich nunmehr glaube, daß Moses weiter keine Ehen, als die ausdrücklich nahmhaft gemachten, verboten hat: zuletzt sollen allerley Zweifel, die nicht bey mir entstanden sind, sondern die ich von andern gehört habe, und auf die man Antwort verlangte, bescheiden untersucht werden.

§. 82.

Gewöhnliche Beweise gegen die Ausdähnung der Gesetze Mosis nach Berechnung der Grade. 1.) Wir haben kein Recht ein göttliches Gesetz auszudähnen. Einwendungen gegen diesen Beweis.

Die gelindere Parthey (denn so will ich die der Kürze wegen nennen, die keine andern Ehen für verboten halten, als die Moses ausdrücklich genannt hat) pflegt zuvörderst vorzuschützen: daß ein Verbot, so anderer Freyheit einschränkt, nie weiter auszudähnen sey, als die Worte lauten, und daß solches desto weniger bey einem göttlichen Verbot zu wagen sey, weil die höchste Obrigkeit unter Menschen dergleichen nicht einmahl an der Unterobrigkeit dulden, sondern für einen Eingriff in die Rechte des Gesetzgebers ansehen würde. Einige setzen noch drey besondere Betrachtungen hinzu, warum dieses bey göttlichen Gesetzen, oder sonderlich bey den Gesetzen Mosis nicht angehe: sie sagen, bey ihnen müssen wir den größesten Grad der Deutlichkeit, folglich auch diese erwarten, daß alle verbotene Fälle nahmentlich aufgezeichnet seyn werden, denn sie kommen von dem allervollkommensten Gesetzgeber her, der alle mögliche Fälle, so er verbieten wollte, auf einmahl übersahe, und aus Vergeßlichkeit nichts weglassen konnte, das man aus Betrachtung der Ursachen des Gesetzes hinzufügen müßte; und sie wurden (wie wenigstens der seel. Herr Cantzler von Ludewig meint) einem tummen und einfältigen Volke vorgeschrieben, bey dem die größeste Deutlichkeit nöthig war. Auch wissen wir die Ursache dieser Gesetze nicht mit Gewißheit, daher wir sie nicht zur Auslegung derselben anwenden können, sonderlich da es willkührliche Gesetze Gottes sind.

Ich gestehe es aufrichtig, daß dieser Beweis sonst nichts bey mir verfangen wollte, und in gewisser massen billige ich es noch jetzt, daß ich mich durch ihn nicht habe überzeugen lassen, ob ich gleich unten anmerken werde, in welchem Fall er eine Kraft zu beweisen behält, dabey ich auch nicht abläugnen will,

H h   daß

daß ich etwas, so andere zu Stärkung dieses Beweises anführen, und ich in den folgenden §. verspare, nicht genug erwogen hatte.

Da ich nach §. 22. die Ehegesetze, oder wenigstens das, was uns davon angehet, nicht für willkührliche Gesetze, sondern für Stücke des Sittenrechts halten mußte, und überzeugt war, daß die Ursache derselben mit Gewißheit ausfindig zu machen seyn müsse (§. 42.): so konnten die beiden letzten Betrachtungen bey mir nichts verfangen. Das Vorgeben aber von der großen Dummheit und Barbarey der Israeliten konnte bey mir gar keinen Eindruck machen, denn ich wußte zu sehr das Gegentheil von diesem Volke, so damahls eben aus Aegypten, dem Sitz der Gelehrsamkeit, ausgieng, unter dem allerley Künste blüheten, und von dem wir aus eben der Zeit in den Büchern Mosis ein Denkmahl übrig haben, welchem alle spätern Hebräischen Bücher an Schönheit der Schreibart in den so verschiedenen Gattungen derselben, und an mannigfaltiger eingestreueter Gelehrsamkeit in einer großen Entfernung nachgehen.

Ich konnte es auch nicht für die größeste Tugend eines Gesetzbuches halten, daß es alle mögliche Fälle so genau nahmhaft machte. Denn sollte es würklich nicht blos in Einem, sondern in allen Gesetzen so handeln, und zwar so, daß es gar nichts unbenannt liesse, welches aus der Absicht der Gesetze zu bestimmen wäre, so würde es in einen Fehler verfallen, der fast noch größer ist, nehmlich in die Weitläufigkeit. Dieser entrücket das Gesetzbuch schlechterdings den Augen des Volks, und bringt es blos in die Hände der Rechtslehrer, welches unter den Israeliten die Priester waren: ja auch der Richter pflegt in einem weitläufigen Gesetzbuche nicht immer bewandert genug zu seyn, sondern entweder einen Auszug zu lesen, in welchem doch viele einzelne Fälle weggelassen seyn müssen, oder er kennet fast blos das Herkommen. Beides ist weit schlimmer, als wenn die Gesetze einige Dunkelheit haben, die sich durch Anwendung eines gebührenden Fleisses heben läßt. Wenn ich nun von dem allervollkommensten Gott das vollkommenste Gesetzbuch zu erwarten hätte, so müßte ich nicht blos auf eine Deutlichkeit dringen, die in Bestimmung aller einzelnen Fälle bestehen sollte, sondern eben so sehr auf die Kürze. Diese beiden Vollkommenheiten mußten sich gleichsam mit einander darum vertragen, wie viel auf jede geachtet werden sollte: und da war es offenbar, daß Moses sich der Kürze ungemein beflissen hatte.

auszudähnen sind? Cap. 7. §. 82.

Es kam mir auch vor, als fehlten einige darin, daß sie von Gott eine andere Schreibart verlangten, als von Menschen, da er doch nicht nur einem jeden derjenigen Männer, die sein Geist getrieben hat, seine eigene Schreibart, an welcher er kenntlich wird, gelassen hat, sondern auch, wenn Gott mit den Menschen in ihrer Sprache reden will, dieses die größeste Vollkommenheit ist, daß er so redet, wie Menschen ordentlich zu reden pflegen, und seine Boten nicht zu einer davon verschiedenen Schreibart nöthiget. Ich fand, daß oft von Schriftauslegern aus Uebereilung geleugnet wird, daß Gott so geredet habe, wie wir Menschen zu thun pflegen, und daß man seine Worte nach eben den Regeln auslegen könne, nach denen man menschliche Reden ausleget. Ich wünschte daher, daß aus diesem ganzen Beweise das wegbleiben möchte, was man besonders von **göttlichen Gesetzen** sagte; denn wenn auch die, so es vorbrachten, weiter nichts behaupteten, als dieses, man solle Mosi keinen wahren Fehler des Ausdrucks und keine schädliche Dunkelheit Schuld geben, so könnte es doch in der Führung des Streits leicht weiter ausgedähnet werden, und ihn verwirren helfen.

Bey menschlichen Gesetzen nun fand ich, daß sie auf eine gedoppelte Art ausgeleget wurden. Einige Völker gehen blos nach dem Buchstaben des Gesetzes, und nicht nach der Absicht des Gesetzgebers, z. E. die Engländer. Die große Liebe zur Freyheit, und die Furcht, ihre Obern möchten willkührliche Auslegungen der Gesetze machen, bringet sie dazu. Die Sache ist mit vielen Unbequemlichkeiten verknüpft, allein sie helfen einigen derselben dadurch ab, daß sie neue Gesetze machen. Indessen bleibt doch diese, daß ihr Recht sehr weitläufig wird, und dadurch fast blos in die Hände der Advocaten gerathen muß. Bey andern Völkern siehet man die Absicht des Gesetzgebers zu Rathe: und wenn auch in seinem Gesetze nur die Bigamie nahmentlich verboten wäre, so würde man doch den mit eben der Strafe belegen, der mehr als zwey Weiber nähme. Ich finde, daß dergleichen Auslegungen von Unterobrigkeiten täglich gemacht, und nicht für Eingriffe in die Gewalt des Gesetzgebers angesehen werden, wie doch bisweilen vorgegeben werden will. Es blieb also noch die Frage unentschieden, auf welche von beyden Arten die Ehegesetze Mosis zu erklären wären, und da kam es mir vor, die übrige Kürze seiner Gesetze stritte für die letzte Erklärungsart.

Ich fand insonderheit, daß Moses öfters in seinen Gesetzen nur Ein reines oder unreines Thier nennet, und was er von demselben befiehlt, auf alle

244 Ob göttliche Verbote

übrige ausgedähnet haben will (*). Anderswo setzet er einzelne Beyspiele dessen, was man thun oder unterlassen soll, will aber, daß man dem Beyspiel in allen andern ähnlichen Fällen folgen soll. Es sahe z. E. ein altes Herkommen der Hebräer es für eine Härte an, wenn Menschen oder Vieh von uns gebraucht wurden, Korn zu dröschen, Wein oder Oel zu keltern, und dergleichen mehr, ohne davon zu genießen; daher Hiob von einem Ungerechten die Beschreibung macht: Hunnrige trugen seine Garben. Zwischen ihren Mauren (in einem dunkeln Sclavenhause) kelterte man Oel, sie traten die Kelter, und durstetten (**). Dieses gütige Herkommen, welches nicht blos dem Menschen oder Vieh Lohn oder Unterhalt zu geben befahl, sondern auch wollte, daß sie von eben der vorhandenen Frucht oder Wein etwas genießen, und ihre Begierde stillen durften, damit sie nicht durch den Anblick derselben gemartert würden, bestätiget Moses auf das nachdrücklichste, ob gleich nur in einem einzigen Beyspiel, wenn er verbietet, dem Ochsen, der da drischet, das Maul zu verbinden (*.*), und Paulus sagt uns selbst, die Gesetz sorge nicht blos für die Ochsen, sondern auch für die Menschen.

Kam nun noch dazu, daß Moses ausdrücklich seine Ehegesetze unter das allgemeine Verbot zu bringen schien, du sollst dich nicht zu der naben, die ein Stück deines Fleisches ist, d. i. zu deiner nahen Anverwandtin, so schien es mir allzu deutlich zu seyn, daß einzelne Beyspiele der Verwandtschaften genennet, und alle andere ähnliche Fälle darunter verstanden würden. Es antworteten zwar die Vertheidiger der gelinden Meinung: die ausdrücklich genannten Fälle wären denen, so man daraus folgern wollte, nicht völlig ähnlich, denn es sey bey ihnen ein verletzter respectus parentelae, der bey den andern wegfalle: wenn Titius seines Vaters Schwester heyrathe (welches Moses verbietet), so mache er sich eine Person unterwürfig, die er als Mutter verehren sollte; das geschehe aber nicht, wenn er seines Bruders Tochter freye. Allein diese Antwort befriedigte mich nicht, weil Moses nicht den respectum parentelae, sondern die nahe Verwandtschaft nennet, und noch mehr, weil ich aus den im fünften und sechsten Capitel angeführten Gründen überzeuget war, daß Moses nicht sowol um des respectus parentelae willen einige Ehen verboten habe, als um der Hurerey in den ganzen Familien zu wehren. Da ich nun, wiewol fälschlich (wie sich unten zeigen wird) meinte, der Umgang mit des Bruders

(*) 1. B. Mos. XXI, 33. XXII, 3. XXIII, 4. 5. 12. XXXIV, 20. XXII, 4.
(**) Cap XXIV, 10. 11.
(*.*) 5. B. Mos. XXV, 4.

auszudähnen sind. Cap. 7. §. 82. 83.   245

ders Tochter, als einer gleich nahen Verwandtin, so eben so vertraut gewesen, als mit des Vaters Schwester, und niemand, der über die Ehegesetze geschrieben hatte, mir diesen Irrthum benahm, ja nicht einmahl die Frage berührte, so konnte ich nicht anders, als bey der strengeren Auslegung bleiben, und glauben, Moses, der des Vaters Schwester verbiete, erlaube auch des Bruders Tochter nicht.

§. 83.

Was für diesen Beweis noch weiter gesagt werden kann: und wie er alsdenn zu beurtheilen ist.

Ich finde zweierley Betrachtungen vor mir, die von den Wertheidigern der gelindern Meinung angestellet sind, welche dem Beweise eine mehrere Kraft geben; die ich aber um die Zeit, als ich ihn für ganz ungültig hielt, nicht bemerket oder erwogen habe.

Sie sagen: wenn Moses gewollt hat, daß seine Ehegesetze nach einer Berechnung der Grade ausgeleget würden, so sind einige sehr unnütze Wiederholungen darin anzutreffen. Was braucht er, z. E. die Ehe mit der Mutter Schwester zu verbieten, nachdem die mit des Vaters Schwester untersaget war? 3. B. Mos. XVIII, 12. 13. XX, 19.

Diese Anmerkung hat ihr Gewicht das man ihr durch keine Gegeneinwendung ganz nehmen kann. Man möchte zwar vielleicht antworten: daß bisweilen bey einem Volk die Verwandtschaften von Mutterwite näher geachtet würden, als die von Vaterseite, oder umgekehrt, und daß die Hebräer auf jene Art gedacht zu haben schienen (§. 34. und 37.); daher denn Moses zu Verhütung alles Zweifels beide Tanten, des Vaters Schwester, und die Mutter Schwester, genannt habe. Allein eben hierdurch wird man zugleich eingestehen, daß unter Verwandten in völlig gleichem Grad die Israeliter sich die eine als näher, und die andere als entfernter vorstellen konnten, und Moses von seinen Lesern nicht zum voraus sieht, daß sie seine Verbote nach Graden auslegen, und von des Vaters Schwester gleich auf der Mutter Schwester schliessen werden. Ganz entscheidend ist die Betrachtung freilich nicht, weil ein Gesetzgeber auch wol einmahl etwas überflüßig schreiben, und ein andermahl kürzer seyn kann: indes bleibt sie doch wichtig, sonderlich da Moses in beiden Gesetzen des Vaters Schwester und die Mutter Schwester nennet.

Sie

Sie sagen ferner: Moses hat seine Ehegesetze zu zweien mahlen gegeben; wir finden aber in der Wiederholung, 3. B. Mos. XX. abermahls eben dieselben Fälle benannt, die schon im 18ten Capitel da gewesen waren, da doch, wenn dieses Beyspiele von andern ähnlichen Verwandtschaften seyn sollten, es bequemer gewesen wäre, sie abzuwechseln, und z. E. das eine mahl zu setzen, du sollst deines Vaters Schwester nicht heyrathen, das zweite mahl aber in der Wiederholung des Bruders Tochter dafür zu nennen.

Es kommt mir dieses jetzund gar merkwürdig vor, und ich kann kaum glauben, daß Moses von ohngefähr nur diese Beyspiele der Verwandtschaft im dritten Grad genannt haben sollte, wenn er auch die übrigen ungenannten mit hätte verbieten wollen. Doch wird die Betrachtung dadurch etwas geschwächet, daß man in der Wiederholung eines vorhin übertretenen Gesetzes Ursache haben kann, so nahe bey den Worten zu bleiben, als möglich ist, um nicht das Ansehen zu haben, als gäbe man ein neues Gesetz: und daß Moses auch sonst bey Wiederholung solcher Gesetze, in welchen Ein Beyspiel für alle seiner Art gesetzt wird, bisweilen das erste Beyspiel behält: z. E. 2. B. Mos. XXIII, 18. XXXIV, 26. 3. B. XIV, 21. wenn anders die Erklärung richtig ist, die ich im 4ten Theil der Commentariorum der Societät der Wissenschaften diesem Gesetz gegeben habe (*). Doch muß ich auch gestehen, daß an anderen Orten Moses wirklich die Beyspiele in den wiederholten Gesetzen ändert, z. E. 2. B. Mos. XXIII, 4. vergl. mit 5. B. M. XXII, 1. und 2. B. M. XXXIII, 5. vergl. mit 5. B. M. XXII, 4.

Zu diesem könnte ich noch eine dritte Betrachtung hinzufügen, die mir seit der Zeit beygefallen ist. Es ist offenbar, daß nach dem Herkommen vor Mosis Zeit die Ehe mit der Niece erlaubt gehalten ist, (§. 35. sonderlich S. 117. 118.) und daß ihr nichts im Wege gestanden habe, auch die Eltern, die die Heyrathen der Kinder machten, nicht die Ursache der Widrigkeit gegen diese Ehe gehabt haben können, die ihnen die Ehe ihrer Söhne mit der Tante unangenehm machte (§. 38.). Hätte nun Moses auch die unter den Vorfahren der Israeliten übliche (**) Ehe mit der Niece verbieten wollen, so ist höchst wahrscheinlich, daß er sie ausdrücklich genannt haben würde. Zum wenigsten war kein Herkommen vorhanden, durch welches sein Verbot der Tante auch auf

---

(*) In der Abhandlung de legibus a Mose eo fine latis, vt Israelitis Aegypti cupidis Palaestinam caram faceret. §. X.
(**) 1. B. Mos. XI, 29.

auf die Niece gedeutet werden konnte: und wo man ein ganz neues Verbot macht, da ist noch mehr umständliche Deutlichkeit nöthig, als wo das Her kommen schon das Gesetz erklären hilft.

Wenn ich dieses alles zusammen nehme, so würde es noch zweifelhaft bleiben, wie die Ehegesetze Mosis zu verstehen sind: denn es bleibt möglich, daß er nur die ausdrücklich genannten Basen und Schwiegerinnen verbietet; es könnte auch seyn, daß er sie als Beyspiele eines ganzen Grades der Verwandtschaft anführte. Das letztere wird zwar schon unwahrscheinlich, und es wird dem, der es behaupten will, die Schuldigkeit obliegen, seinen Satz zu beweisen: sonderlich da Moses sonst von den Heyrathen mit den nahen Verwandten als von einer löblichen Sache redet, und daher zu vermuthen ist, daß die Heyrath mit dieser oder jener Verwandtin nicht von ihm verboten sey, bis daß das Gegentheil erwiesen wird. Doch alles dieses befriediget ein ängstliches Gewissen nicht genug, so lange die strengeren Sittenlehrer sagen können: wir übernehmen den Beweis; er liegt darin, daß Moses die Gesetze unter den Titul bringt, du sollst deine nahe Anverwandte nicht heyrathen. u. s. f. Diese werden nicht eher völlig widerleget werden, als bis man zeiget, daß nach der Denkungsart der Morgenländer die Niece nicht so nahe verwandt geachtet werde, als die Tante: und daß Moses eine Ursache gehabt haben könne, die Ehe mit dieser zu verbieten, und mit jener zu erlauben. Beides hoffe ich unten zu thun. Jetzt aber schreite ich zu den übrigen Beweisen der gelinderen Sittenlehrer wider die Berechnung der Grade fort, die mir keine Ueberzeugung zuwege gebracht haben.

§. 84.

2.) Die Berechnung der Verwandtschaft nach Graden ist blos Römisch, und kann nicht angewandt werden, Mosis Gesetze auszulegen. Beurtheilung dieses Beweises.

Sie berufen sich sehr darauf, die Berechnung nach Graden sey aus den Römischen Gesetzen entlehnet. Nun könne aber wol nichts ungereimter seyn, als die uralten Gesetze Mosis nach diesem unweit neuern Recht eines ganz fremden Volkes zu erklären, und ihm die Denkungsart der Römischen Juristen aufzudringen.

Dieser Beweis ist nichts weniger als entscheidend, und beynahe könnte er zum Verräther an der Sache werden, die er vertheidigen soll. Der Nahme, me, Grad der Verwandtschaft, und die Gewohnheit, sie mit 2, 3, 4. nach den Personen zu zählen, mag erborgt seyn, woher er will; so ist doch die Sache natürlich, daß wol einem jeden, der nie ein Römisches Gesetz gelesen hat, von selbst der Gedanke einfallen kann, seines Bruders Tochter sey eben so nahe mit ihm verwandt, als seines Vaters Schwester, und wenn ihm die Heyrath mit dieser wegen der nahen Verwandtschaft verboten sey, so finde sich bey jener eben die Ursache, und er werde sie eben so wenig ehelichen dürfen.

Ich sagte: dieser Beweis könne beynahe zu einem Verräther werden. Denn er bringt uns natürlicher Weise auf die Frage, was doch das Arabische Herkommen, so mit dem Hebräischen Recht die nächste Verwandtschaft hatte, verordne? und da wird man sich aus dem 39sten §. erinnern, daß solches eben sowol die Ehe mit Bruders- und Schwester-Töchtern, als mit des Vaters und der Mutter Schwestern untersagte. Es wird dieses einer der Zweifel wider die gelindere Erklärung der Gesetze Mosis seyn, den ich unten sorgfältig zu beantworten haben werde (*), und an den von beiden Seiten nicht gedacht, sondern nur von einem ganz entfernten Recht, nehmlich dem Römischen, geredet ist.

§. 85.

3.) Die Juden haben größestentheils keine Grade gezählt. Urtheil über diesen Beweis überhaupt.

Zum dritten beruft sich die gelindere Partey auf das Beyspiel der Juden, welche wir für die besten Ausleger der Gesetze Mosis zu halten haben sollen, und die größestentheils glauben, daß Moses die Ehen, welche nicht ausdrücklich von ihm genannt sind, auch nicht durch eine Folgerung verbiete. Dieses scheint vielen das allerwichtigste zu seyn, so zu Entscheidung der Sache bey gebracht werden könne: in der That aber ist nichts, welches weniger dazu beyträgt, sowol wegen der schlechten Beschaffenheit und Unzuverläßigkeit der Jüdischen Schrifterklärungen und Ueberlieferungen, davon ich im ersten Hauptstück geredet habe, als auch, weil die Secten der Juden unter einander selbst in dieser Sache nicht einig sind, daher man aus dem, was die meisten behaupten, noch nicht so zuverläßig auf ein uraltes Herkommen schließen kann. Doch werden wir Ein Beyspiel finden, so ich allerdings für merkwürdig halte.

(*) §. 90.

Die Tradition der Juden zählt die Grade nicht. C.7. §. 85. 86.

Ich muß aber auch, um niemanden in den ungerechten Verdacht zu bringen, als habe er sich eines schwachen und unzulänglichen Beweises bedienet, ebnen Unterscheid zwischen denen machen, die sich auf die Beistimmung der Juden bezogen haben. Einige bringen dieses als etwas wichtiges und entscheidendes vor: das thun aber nicht alle, sondern andere reden nur gleichsam gezwungen davon, weil sie entweder von denen, die hier etwas entscheidendes hoffeten, befragt sind, wie doch die Juden diese Gesetze verstünden, oder weil ihnen die von der strengeren Parthey wol gar den Einwurf gemacht hatten; sie könnten kein einziges biblisches Exempel beybringen, daß eine solche und solche Heyrath nach der Zeit der Gesetze Mosis unter dem Volke Gottes vollzogen sey. Diese Foderung war wunderlich und ungerecht, da die Bibel gar nicht eine Geschichte von Heyrathen hat liefern wollen, sondern nur beyläufig derselben zu gedenken pflegt, und so gar in Geschlechtregistern der Heyrathen nur selten, noch seltner aber der Abkunft der Frauen Erwähnung geschieht. Sie würde aber doch einen Verdacht zurücke lassen, als wenn dergleichen Ehen unerlaubt wären, weil man kein Biblisches oder Jüdisches Beyspiel dafür anführen könnte, wenn sie ganz mit Stillschweigen übergangen würde: um nun diesen nicht wider sich zu erwecken, haben sie billig gezeiget, daß zur Zeit Christi in der Familie des Herodes dergleichen Ehen üblich gewesen sind, und daß alle Rabbaniten fast alle Ehen für erlaubt nach Mosis Gesetze halten, die er nicht nahmentlich verboten hat.

§. 86.

Ein kurzer Auszug dessen, was man von dem Herkommen oder Meinungen der Juden weiß. Merkliches Beyspiel der Ehe mit des Bruders Tochter 230 Jahr vor Christi Geburt.

Meine Leser werden besser urtheilen können, wenn ich ihnen, mit Vermeidung aller Weitläufigkeit, das in einem Auszuge vorlege, was man von den Juden und ihrem Herkommen sagen kann. Was von der Familie des Herodes darin vorkommt, hat man, wie leicht zu erachten, aus Josepho genommen: von den Meinungen und Erklärungen der Rabbaniten und Karaiten aber hat Selden in den ersten Capiteln des ersten Buchs seiner Uxor Hebraica am ausführlichsten gehandelt. Aus ihm haben die übrigen geschöpft, und zwar mit Recht, denn er ist in dieser Materie der Hauptschriftsteller: es ist aber nicht stets auf eine unpartheyische Weise geschehen, sondern mancher hat weggelassen,

gelaſſen, was nicht zu ſeiner Meinung dienete, daher es nicht unnütz ſeyn wird, wenn ich abermahls das wichtige aus ihm in einem deutlichen Auszug bringe.

In der Familie Herodis finden wir folgende hieher gehörige Heyrathen, welche ich nicht nöthig gehabt habe zu ſammlen, weil ſolches vor mir von andern geſchehen iſt. Herodes der Große hatte ſo wol ſeines Bruders als ſeiner Mutter Tochter in der Ehe (*); ſein Sohn, Herodes Philippus, hatte die Herodias, ſeines Bruders Ariſtobuli Tochter (welche ihm nachher ſein anderer Bruder abſpänſtig machte) geheyrathet (**), und Philippus, der Vierfürſt von Trachonitis, die Tochter ſeines Bruders, des vorhin genannten Herodes Philippus, Nahmens Salome (*.*).

Man führt noch ein anderes älteres Beyſpiel aus Joſepho an, da Joſeph, der Sohn Tobid, ſeines Bruders Solymius Tochter geheyrathet hat (*.*.): welches in dem ganzen Zuſammenhange der Geſchichte noch ſtärker beweiſet, daß man ſchon damahls, und alſo ohngefähr 230 Jahre vor Chriſti Geburt, nicht das geringſte Bedenken bey der Ehe mit des Bruders Tochter gehabt habe: daher ich dieſes für das allerwichtigſte halte, ſo man aus den Jüdiſchen Alterthümern aufbringen kann. Die Sache verhielt ſich folgender maſſen: Joſeph verliebte ſich in eine ſchöne und wohlgeſchmückte heidniſche Tänzerin, die er geſehen hatte, als er bey dem Könige von Aegypten, Ptolemäus Evergetes, ſpeiſete, ſo ſehr, daß er der Liebe nicht widerſtehen konnte. Weil aber die Heyrath mit einer Heidin dem Geſetz Moſis zuwider war, ſo klagte er ſeine Pein ſeinem Bruder Solymius, und bat ihn, er möchte auf ein Mittel denken, daß er der Tänzerin auf eine geheimere Weiſe theilhaftig werden möchte. Dieſer verſprach es: ſchmückte aber ſeine eigene Tochter auf das beſte aus, und brachte ſie des Abends in ſeines Bruders Bette, der im Trunk ſie für die Tänzerin anſahe, und ſeine Begierde an ihr ſättigte. Nachdem dieſes mehrere Abende geſchehen war, ſo ward Joſeph beſorgt, daß es ihm, wenn es Folgen hätte, die Ungnade des Königes und wol gar den Tod zuziehen könnte, und entdeckte dieſe Furche gleichfalls ſeinem Bruder. Dieſer antwortete ihm: er ſolle nicht beſorgt ſeyn; denn er könne der Perſon, die er bey ſich gehabt habe, ſicher genieſſen, ja ſie beyrathen; denn er habe ihn ſo lieb gehabt, daß er ſeine eigene Tochter ſeinem Willen Preis gegeben habe, um nicht zuzugeben, daß

er

(*) Joſephus Ant. L. XVII. c. I. §. 3.   (*.*) L. XVIII. c. V. §. 4.
(**) L. XVIII. c. V. §. 1.   (*.*.) L. XII. c. IV. §. 6.

230 Jahre vor Christo. C. 7. §. 86.

er in Schande geriethe. Darauf heyrathete Joseph diese seine Bruders Tochter, nachdem er ihm für eine so große brüderliche Liebe verbindlich gedanket hatte. Es ist hier offenbar, daß der Bruder nichts bedenkliches, nichts wider das Gesetz Mosis in einer solchen Ehe finden mußte, denn er gebrauchte sie zum Mittel, seinen Bruder von der Uebertretung des Gesetzes durch die Ehe mit einer Heidin abzuhalten.

Dis so wol als die vorhergehenden Beyspiele können uns zugleich brauchbar seyn, Josephi eigene Auslegung der Ehegesetze Mosis zu bestimmen, wenn er sie im dritten Buch der Alterthümer, Cap. XII. §. 1. in folgenden, ich gestehe es, nicht allein kurzen, sondern auch unvollständigen Auszug bringt: die Vermischung mit den Müttern verdammete das Gesetz, als das größeste Uebel. Der Ehegenoßin des Vaters beyzuwohnen, wie auch den Tanten, den Schwestern, und den Schwiegertöchtern, hassete es als eine Schandbar. Josephus, der in der Geschichte seiner eigenen Zeit so viel vornehme Ehen mit den Niecen als üblich, ja eine etwas ältere gar als ein gutes Werk erzählet, kann doch wol bey Machung dieses Auszuges nicht geglaubt haben, daß sie von Mose verboten wären. Sein bloßes Stillschweigen von ihnen wird durch die Vergleichung seiner übrigen Geschichte ein Zeugniß: denn hätte er geglaubt, daß sie nach dem Sinne der Gesetze Mosis, und wegen einer Folgerung untersagt wären, so hätte er sie hier ausdrücklich als verboten nennen müssen, weil sie in seiner Geschichte der neuesten Zeit so oft vorkommen. Man wird beynahe versucht, aus seinem Stillschweigen noch mehr zu folgern, als daß er sie vor erlaubt gehalten habe: nehmlich daß zu seiner Zeit entweder niemand unter den Juden, oder doch keine beträchtliche Parthey, an der Rechtmäßigkeit der Ehe mit der Niece gezweifelt habe. Man erwäge noch hiebey den bekannten Character Josephi, der sich um den Beyfall Römischer Leser so sehr bewarb, daß er ihm bisweilen wol einen Theil der Wahrheit aufopferte, der dabey doch ein patriotischer Jude war, und sein Volk in dem besten Lichte vorzustellen suchte: und erinnere sich, wie die Römer unter Vespasiano von der Ehe mit der Niece dachten. Sie ward unter Claudio aus knechtischer Schmeicheley erlaubt, aber das Publicum, und noch der weit später lebende Tacitus, hielten sie für Blutschande. Wäre die Denkungsart der Juden zu Josephi Zeit eben so strenge gewesen, und hätte er selbst in den Gesetzen Mosis ein Verbot der Niece zu finden vermeint, so würde er schwerlich unterlassen haben, diesen einem Römer so heilig scheinenden Ernst der Gesetze Mosis zu bemerken. Vielleicht erwartet man, daß ich hier auch etwas von

Philo

Philo sage, allein sein sonst weitläufiges Raisonnement über Mosis Ehegesetze, welches man in seinem Buch *de specialibus legibus* S. 301. bis 305. des ersten Theils der Mangeyischen Ausgabe findet, läßt zu viele verbotene Ehen ganz aus, als daß man bestimmen könnte, ob er die Heyrath mit der Niece und der Witwe des Nevens für erlaubt gehalten hat, oder nicht?

Man könnte nunmehr nach einem so alten Beyspiel, und da wir Josephs Meinung wissen, ziemlich gleichgültig dabey seyn, was die Juden nach der Zeit Christi von den Ehegesetzen Mosis vor Gedanken geheget haben. Sie theilen sich bekannter masse, in zwey grosse Secten, nehmlich die Rabbaniten, welche die Aufsätze der Aeltesten, so im Thalmud gesammlet sind, annehmen und verehren, und hierin den Pharisäern, die jeder aus dem N. T. kennet, und ihren Schriftgelehrten am nächsten kommen: und die Karaiten, die sich bloss an die Bibel halten, dabey aber nicht nur den Buchstaben, sondern auch das, was sich ihrer Meinung nach durch eine richtige Folge daraus herleiten läßt, als göttliche Befehle befolgen. Diese sind zwar nicht Sadducäer, aber sie kommen doch in Verwerfung der Traditionen mit der alten Secte der Sadducäer überein.

Die ersten, nehmlich die Rabbaniten, sind diesesmahl die gelindesten: doch das findet sich auch bisweilen sonst ausser unserm Falle. Sie glauben, Moses habe weiter keine Ehen verboten, als die er ausdrücklich nennet: doch machen sie davon drey Ausnahmen, denn sie halten die Ehen eines Vaters mit seiner Tochter, desgleichen die mit der Mutter des Schwiegervaters oder der Schwiegermutter, auch nach Mosis Gesetz für untersagt, obgleich nichts von ihnen geschrieben stehet. Ausser diesem machen sie noch, wie sie es nennen, eine Umzäunung um das Gesetz, das ist, sie verbieten viele Ehen, von denen sie gestehen, daß Moses sie nicht verboten habe, von denen man sich aber bloß aus Gehorsam gegen die Aufsätze der Aeltesten enthalten soll, welche sie dem Gesetz zur Vormauer verordnet haben, damit dieses desto weniger übertreten werden möge. Einige von diesen Aufsätzen sind von der Art, daß freilich weder Moses noch irgend ein vernünftiger Gesetzgeber sie verbieten wird, weil sie sich von selbst verbieten: z. E. daß niemand seines Vaters Großmutter, oder seine Urenkelin freyen solle: andere gehören unter die Ehefälle, über welche unsere Gottes- und Rechtsgelehrten streitig sind; als des Mutter-Bruders Witwe, die Moses nicht nahmentlich untersaget hat, sondern nur die Witwe des Vater-Bruders. Hingegen sind bey ihnen die Fälle, über die am meisten gestritten wird, nehmlich die Ehe mit der verstorbenen Frauen Schwester,

ster, und mit der Schwester oder Bruders Tochter, weder nach göttlichem Gesetz, noch nach den Aufsätzen der Aeltesten untersaget. Daß dieses eben kein vernünftiges, und wohl an einander hängendes System sey, wird ohne mein Erinnern in die Augen fallen: sie hätten daher die Lobsprüche nicht verdient, welche ihnen bisweilen einige Christen von der gelindern Seite nicht ohne Verdacht einiger Partheylichkeit gegeben haben.

Die Karaiten hingegen, welche die von Christo mit so großem Nachdruck bestrittenen Aufsätze der Aeltesten gleichfalls verwerfen, treten dieses mahl zu dem Haufen der strengeren Sittenlehrer, und wollen, daß man aus Mosis Ehegesetzen fernere Schlüsse machen solle. Nur theilen sie sich wieder in zwey Haufen, die darüber uneins sind, ob man auch auf die Folgen, die man aus Mosis Worten gezogen hat, wieder neue Folgen bauen könne, oder nicht. Ein Streit, der zu verworren wird, als daß ich meine Leser, denen ich weiter nichts als einen recht kurzen Auszug gedrohet habe, damit bemühen wollte: sonderlich da ich schon oben erinnert habe, wo man sich weiter Raths erholen könne.

Wer von denen Juden, die unter uns wohnen, weiß, daß sie Rabbaniten sind, und den Thalmud annehmen, der wird nicht erst von mir dürfen benachrichtiget werden, daß sie die meisten Ehen, über die gestritten wird, nach dem Gesetz Mosis für erlaubt achten. Ihr Ansehen aber ist gar von keiner Wichtigkeit, und sie verdienen nicht einmahl genannt zu werden, wenn man vorhin die Lehre des Thalmuds angeführet hat.

§. 87.

Urtheil über den Theil dieses Beweises, der von der Beystimmung der Rabbaniten hergenommen wird.

Ich habe schon vorhin gesagt, warum der Beweis, der von der Beystimmung der Rabbaniten hergenommen wird, bey mir keinen großen Eindruck gemacht hat. Ueberhaupt sind die Traditionen derselben so unzuverläßig, und rühren ursprünglich größtentheils von so unwissenden, aber gläubigen, und doch wol leichtsinnigen Sittenlehrern her, daß ihr Ansehen von keinem Gewichte seyn kann. Wir wissen, daß sie in andern Stücken Erklärungen über das Gesetz Mosis gemacht haben, die wol gar den Meineid erlaubeten: was können wir zu den Sittenlehrern für ein Zutrauen fassen.

Ueber das scheinen sie auch mit einer Hand zu nehmen, was sie mit der andern geben. Ich will die gar zu sorgfältigen Eheverbote nicht mit hieher rechnen, welche die Großschwiegermutter, die Großmutter des Vaters, und die Urenkelin, theils wegen einer Folgerung aus Mosis Gesetzen, theils wegen der Aufsätze der Aeltesten untersagen. Denn hier möchte vielleicht nur der pedantisch-casuistische Fleiß der Rabbinen zu tadeln seyn, da sie Gesetze von dem geben, daran ein Gesetzgeber wegen Unmöglichkeit oder Seltenheit des Falles nicht zu denken nöthig hat. Denn wer wird Versuchung haben, die Großmutter seiner ersten Frau, oder gar seines Vaters zu heyrathen? und wie selten wird der Fall seyn, daß einer noch zum Ehestande tüchtig ist, wenn er eine mannbare Urenkelin hat? Ich zweifele freilich selbst nicht, daß diese Ehen nach dem Geist der Gesetze Mosis zu misbilligen seyn würden: allein ein Gesetzgeber braucht sie nicht zu nennen, weil er keine Vermuthung hat, daß sie vorkommen werden. Hingegen schwächen die Rabbaniten dadurch ihre Auslegung sehr, daß sie die Ehe mit des Mutterbruders Wittwe, deren Moses gar nicht gedacht hat, wegen der Tradition untersagen. Kann hieben nicht der Verdacht entstehen, daß ältere Lehrer, deren Tradition sie in diesem einen Ehefall beybehalten, Mosis Gesetze nach Graden erklärt haben? Und denn würde das Ansehen der Rabbaniten gerade wider die gelindere Parthey seyn, die es für sich anführet. Hat man einmahl mit Recht angefangen, Folgen aus Mosis Worten zu ziehen, und nicht einzelne Fälle, sondern Grade für verboten zu achten, so wird man ganz durchgehen müssen, so weit einen die Folgen leiten, man müßte denn eine besondere Ursache der Ausnahme angeben können.

Hingegen hat die strengere Parthey unter den Christen eben so wenig Ursache, sich über die Beistimmung der Karaiten zu freuen. Was sie sagen ist eine Meinung, die aber nichts beweiset, sondern geprüfet werden muß. Wer sich auf Meinungen der Juden beziehet, der thut es, weil er in den Gedanken stehet, daß sie ihm eine uralte Tradition aufbehalten haben: da nun aber die Karaiten ihre Meinung nicht auf eine Tradition, sondern blos auf Schlüsse aus Mosis Worten zu bauen vorgeben, so fällt auch der Schein weg, als wären ihre Gedanken und Meinungen zu Auslegungsmitteln der Bibel zu gebrauchen. Wir müssen die Schlüsse prüfen, die sie aus Mose machen, und ihnen nicht mehr glauben, als was sie beweisen.

§. 88.

Urtheil über die nahen Ehen in Herodis Familie. Cap. 7. §. 88.

§. 88.

Urtheil über den zweiten Theil des Beweises, der von den Beyspielen der Herodischen Familie hergenommen ist. Untersuchung, ob Johannes der Täufer die Frage von der Ehe mit des Bruders Tochter entschieden habe?

Die Beyspiele der Herodischen Familie scheinen zwar von etwas mehrerer Wichtigkeit zu seyn, weil sie älter sind als die Urkunden, die wir von Rabbaniten und Karaiten aufweisen können. Allein das Betragen dieser Familie ist sonst so unerbaulich, daß es den Einfluß schwächet, den ihr Exempel auch nur in die Frage haben kann, was zu ihrer Zeit vor Recht gehalten sey. Jedoch es bekommt dadurch wieder einiges neue Gewichte, daß Josephus die von ihm angeführten Heyrathen mit keinem Worte tadelt, und in seinem Auszuge der Ehegesetze Mosis die Ehe, die in der Familie Herodis so gewöhnlich war, nicht als verboten nennet: die größte Stärke aber erhält es von dem weit ältern Beyspiel des Josephs, des Sohns Tobiä.

Ich erinnere mich in den Schriften eines sehr gelehrten und scharfsinnigen Mannes eine Anmerkung gelesen zu haben, welche das eine Beyspiel aus Herodis Familie, nehmlich die Heyrath Herodis Philippi mit der Herodias, der Tochter seines Bruders Aristobuli, auf einmahl zu einem entscheidenden und unwidersprechlichen Beweise für die Rechtmäßigkeit dieser Heyrath zu erheben schien. Er schließt so: als Herodes, der Vierfürst von Galiläa, seinem Bruder Herodes Philippus die Herodias genommen und geheyrathet hatte, sprach Johannes der Täufer zu ihm: es ist nicht recht, daß du **deines Bruders Weib** habest. Matth. XIV, 4. Marc. VI, 18. Luc. III, 19. Er macht ihm nicht nur den Vorwurf nicht, daß sie zugleich seines Bruders Aristobuli Tochter sey, sondern er erkennet sie auch für die rechtmäßige Gemahlin ihres andern Vater-Bruders, des Herodes Philippus: folglich muß diese Heyrath erlaubt gewesen seyn.

Der Gedanke wird vielen Beyfall finden: er hat mich aber nicht befriediget. Denn wenn auch gleich die Herodias dem Philippus wirklich zu nahe verwandt, wenn sie auch (um eine nahmentlich verbotene Verwandtschaft zu nennen) seine Vaters-Schwester gewesen wäre, so müßte sie doch noch einmahl vollzogener Heyrath für seine Frau angesehen werden, und dürfte nicht von ihm geschieden werden dürfen, wie ich unten §. 129. 130. aus dem Beyspiel der Sara,
und

und aus den Gesetzen Mosis selbst zeigen will. Ich kann dieses desto eher hier zum voraus setzen, weil ich gefunden habe, daß eben dieser gelehrte Mann an einem andern Orte aus den Gesetzen Mosis 3. B. Mos. XX, 20. 21. billig geschlossen hat, wenn auch unter den Israeliten die unerlaubte Ehe mit des eigenen, oder des Vaters Bruders Wittwe einmahl vollzogen gewesen sey, Moses sie nicht getrennet, sondern für gültig geachtet habe. Daß aber in dem kurzen Auszuge aus Johannis Strafrede nicht gesagt wird: es ist nicht recht, daß du deines Bruders Weib habest, so noch darzu die Tochter eines andern Bruders ist, ist nicht entscheidend. Wer die Ehe mit des Bruders Tochter für unerlaubt hält, wird antworten können: das größere Verbrechen verdunkele hier das kleinere; zudem möge Johannes noch wol viel mehr gesagt haben, als in einem so kurzen Auszuge vorkomme.

§. 89.

Urtheil über das Beyspiel Josephs, des Sohns Tobiä. Es ist von Wichtigkeit, obgleich noch nicht entscheidend.

Wenn mir etwas von Jüdischen Exempeln wichtig und überzeugend scheint, so ist es das, was wir S. 250. von der Heyrath Josephs, des Sohns Tobiä gesagt haben. Es ist unleugbar, daß damahls diese Ehe für erlaubt gehalten seyn muß: sie kann auch nicht einmahl durch eine Tradition oder Aufsatz der Aeltesten gleichsam einen schwarzen Fleck bekommen haben, sondern sie ward für vollkommen lobenswürdig geachtet. Alle Traditionen der Rabbaniten, alle älteste Lehrsätze der uns bekannten Karaiten, sind dagegen sehr jung: wenn man aus dem ältesten Herkommen der Juden die Gesetze Mosis erklären will, so gelten sie zusammen genommen nicht so viel als dies einzige Beyspiel, und müssen ihm nachstehen, wenn sie ihm irgend worin gerade zu, oder mittelbar widersprechen. Die Ehe ist nicht länger als 200 Jahr nach Malachiä und Nehemiä Zeit vollzogen, und nicht völlig so lange (etwan 170 oder 150 Jahre) nach Endigung der Bücher der Chronik, die 1. Chron. III, 19-24. das siebente Geschlecht von Serobabel aufgezeichnet haben, und daher nicht wol früher, als 380 bis 400 Jahre vor Christi Geburt geendiget seyn können.

Es ist also zum wenigsten das älteste Herkommen der Juden, von dem wir einige Nachricht haben, den gelindern Sittenlehrern günstig: und die andere Parthey ist schuldig, wichtige Gründe anzubringen, warum sie von dieser ältesten Auslegungsart abgehen, welche man noch vor der großen Verderbung der

der Sittenlehre unter den Juden, wider die Christus eifert, befolget hat. Indessen ist doch der Beweis nicht entscheidend, und würde mich im Zweifel gelassen haben, weil, wie ich im 8ten und folgenden Paragraphen bemerket habe, das uralte Herkommen und Sitten der Juden, so allein entscheidend seyn könnte, in der Babylonischen Gefangenschaft verlohren gegangen ist; ja schon vor derselben manche Gesetze Mosis so häufig übertreten wurden, daß sie ausser Gebrauch gekommen sind. Es beruhiget mich auch nicht, wenn man mich darauf verweisen wollte, daß nach der Babylonischen Gefangenschaft mehrere Propheten gelebet haben, die solche Ehen nie würden gedultet, sondern sie frühzeitig genug durch ihre Strafpredigten ausser Gewohnheit gebracht haben, wenn sie mit dem Gesetz Mosis gestritten hätten. Denn

1.) in anderthalb hundert bis zwey hundert Jahren nach der Zeit dieser Propheten können genug neue Misbräuche unter den Juden eingeschlichen seyn, und man kann etwas deswegen noch nicht billigen, oder für eine von den Propheten gebilligte Sache halten, weil es hundert und funfzig Jahr nach ihrem Tode ohne einige Widerrede üblich gewesen ist.

2.) Selbst in der Zeit vor der Babylonischen Gefangenschaft sind Gesetze Mosis ausser Gebrauch gekommen, da doch solches die rechte Zeit der Propheten war: ja Dinge, wider die sie geeifert haben, z. E. die unterlassene Beobachtung des Sabbathjahres, haben sie nicht heben können.

3.) Ein Prophete ist blos in demjenigen untrüglich, was ihm Gott zu predigen und zu schreiben aufträgt: ausser dem aber kann er so wol irren, als andere Menschen. Es ist daher möglich, daß ein Prophet zu einer Zeit lebet, wo diese und jene sündliche Sache für erlaubt gehalten wird, ohne sie zu bestrafen. Er kann sie selbst für erlaubt halten, so wie Abraham, der doch auch ein Prophet war, die Vielweiberey, oder die schädliche Lüge, dadurch er die Sara dem Pharao überlassen wollte. Alles was daraus folget, wenn er sie nicht bestraft, ist, daß Gott, der so viele Unwissenheitssünden duldet, ihm keine besondere Strafpredigt gegen eine solche Sünde eingegeben hat.

§. 90.

Dieses Beyspiel kann indessen einer gegenseitigen Vermuthung, die sich auf das Herkommen unter den Arabern gründet, das Gegengewicht halten.

Der wichtigste Gebrauch, den ich von dem Beyspiel Josephs, des Sohns Tobias, machen kann, ist, daß ich es gegen ein anderes günstiges Vorurtheil aus den Sitten der morgenländischen Völker abwäge, welches die strengere Parthey vor sich gebrauchen könnte, und daß beide alsdenn die Waagschalen, so zu reden, in einem Gleichgewicht erhalten, bis ihnen andere wichtigere Gründe einen deutlichen Ausschlag geben.

Meine Leser werden sich vielleicht aus dem 39sten §. erinnern, daß das Herkommen der Araber, welches Muhammed bekräftiget hat, auch die Bruders: und Schwestertöchter untersagte. Da nun die Araber die nächsten Brüder der Israeliten sind, und ihre alten Sitten unveränderter beybehalten haben, als die unter fremder Botmäßigkeit lebenden, oder gar in andere Länder zerstreueten Juden; ferner da die Jüdische Religion 130 Jahre vor Christi Geburt so tief in Arabien eingedrungen ist: so könnte man mit einigem Schein uns das Herkommen der Araber als eine uralte Erklärung der Mosaischen Ehegesetze anpreisen, und aus ihm folgern, die Gesetze Mosis seyn so auszulegen, daß ein Verbot der Bruders: und Schwestertöchter heraus komme, das ist, nach Graben.

Es ist dis zwar keine Folgerung von sehr beträchtlicher Stärke: und ich habe schon im 39sten §. einiges dagegen erinnert. Höchstens würde man es man zugeben müssen, diejenigen Jüdischen Lehrer, welche die Jüdische Religion in Arabien ausgebreitet haben, wären in ihrer Moral in Absicht auf die Ehe den jetzigen Karaiten ähnlich gewesen. Bleibt ihr indessen noch einige Wahrscheinlichkeit übrig, so wird diese, wo nicht überwogen, doch durch ein gleiches Gewicht aufgehoben, wenn ich dem Herkommen der Araber, die blos Brüder der Israeliten waren, ein Jüdisches Herkommen, so um 850 Jahre älter ist als der Coran, entgegen setze. Ich kann noch hinzu setzen, daß wenn man von der Stelle des Corans, Sur. XXXIII, 49. nicht die gewöhnliche Erklärung der Mhhammedaner, sondern die, so einem zuerst bey Lesung der Worte einfallen muß, annehmen wollte, das Herkommen der Araber Anfangs so weit gegangen ist, auch Geschwisterkindern die Ehe zu verbieten: denn diese nach-

der allen Gläubigen verstattete Ehe wird dort dem Propheten noch als ein Vorrecht vor andern erlaubet. In solchem Falle aber würde das Arabische Eheherkommen ehe für verwandt mit den Römischen Gesetzen gehalten, gar aber nicht gebraucht werden können, die viel gelindern Gesetze Mosis darnach zu erklären.

§. 91.

4.) Bey der Ehe mit des Bruders und der Schwester Tochter wird der *respectus parentelae* nicht verletzt. Urtheil über diesen Beweis.

Das wichtigste, darauf sich die gelindere Parthey berufet, schiene wol zu seyn, daß bey den von Mose nicht berührten Verwandtschaften die Ursache wegfalle, die ihn zu Gebung seiner Ehegesetze bewogen hat, nehmlich der verletzte *respectus parentelae*. Wenn ich meines Vaters Schwester, der ich um meines Vaters willen Ehrerbietung schuldig bin, mir als Frau unterwürfig mache, so erzeige ich ihr künftig nicht mehr die Ehrerbietung, die die Verhältniß der Geburt erforderte: wenn ich hingegen meiner Schwester Tochter heyrathe, die mich als Vater ehren sollte, so verletze ich keine Pflicht der Verwandtschaft, sondern handele ihr eben gemäß.

Warum mich dieser Beweis gar nicht hat rühren können, und auch noch nicht rühret, wird aus dem erinnerlich seyn, was ich im 48. 49. und 50sten §. geschrieben habe, darin ich behauptete, der *respectus parentelae* sey nicht die Hauptursache der Ehegesetze Mosis: und wenn er ja die Ehen mit der Eltern Schwester vor der Zeit Mosis ungewöhnlich gemacht habe, so sey er doch nur auf die Ehen gegangen, die bey Lebzeiten der Eltern mit deren Schwester vollzogen wurden, dahingegen Moses diese Ehe überall verbietet. Er thut aber auch denen nicht einmahl ein Genügen, welche den Grund der Ehegesetze im *respectu parentelae* suchen. Denn Moses verbietet die Ehe mit des Vaters Bruders Witwe ausdrücklich (*), nennet aber die Witwe des Bruders der Mutter nicht: folglich können die, welche die Eheverbote nicht über den Buchstaben der Gesetze Mosis ausdehnen wollen, diese Ehe nicht anders als für erlaubt halten. Allein der *respectus parentelae* gegen meiner Mutter Bruders Witwe ist doch eben der, als gegen meines Vaters Bruders Witwe. Da sich nun diese vorgegebene Ursache, warum Moses einige Basen verboten, andere

(*) 3. B. Mos. XVIII, 14.

dere aber, die eben so nahe sind, nicht verboten haben soll, nur auf einige Fälle schickt, nicht aber auf alle, so werden wir sie schwerlich annehmen können.

So weit werde ich indessen diese Anmerkung im künftigen brauchen können, daß sie mir ein so genanntes argumentum κατ' ἄνθρωπον gegen die an die Hand giebt, die den respectum parentelae annehmen, oder besser zu reden, daß sie mir dient, einem Einwurf zu begegnen, den mir solche, die mit dem Inhalt des sechsten Capitels noch nicht friedlich sind, gegen das machen können, was ich im 101sten § schreiben werde. Ich will sie zu diesem Gebrauch gleichsam bey Seite legen, und verwahrlich aufbehalten: meine Leser belieben ein gleiches mit mir zu thun.

§. 91.

Beweise für die Berechnung der Grade. 1.) Moses verbietet die Ehen wegen der nahen Verwandtschaft, folglich werden ihm auch die nicht nahmhaft gemachten Ehen, bey denen die Verwandtschaft eben so nahe ist, verhaßt seyn.

Wer sich die Mühe nimt, das noch einmahl unpartheyisch zu überdenken, was von den bisher angeführten gewöhnlichen vier Beweisen für die gelindere Meinung wirklich Stich hält, der wird mit mir darin einstimmig seyn, daß es zu einem nicht unbeträchtlichen Grad der Wahrscheinlichkeit steige. Allein die Wahrscheinlichkeit, die eine moralische Gewißheit ausmacht (und weniger wollten wir doch wol in Gewissenssachen nicht gern haben), wird er schwerlich dabey finden, und es mir daher nicht verdenken, daß ich mich, ehe ich zur Einsicht von stärkeren Beweisen gelangete, diesen Beweisen nicht habe gefangen geben können, so bald er hört, was für wichtige Gründe mir gegen die gelindere Meinung, und für die Berechnung der Grade, im Gemüthe waren. Ich habe sie am Ende des Jahrs 1753. in meinen Hebräischen Antiquitäten S. 34. kurz entworfen, und will sie hier weiter ausführen, jedoch so, daß ich die Antwort, welche ich mir jetzund darauf gebe, so gleich hinzu thue.

Der erste und bekannteste, der fast in jedem Responso für oder wider eine solche Heyrath vorgetragen wird, hoffentlich aber dadurch nichts an seiner Kraft zu beweisen verlieret, daß man ihn so oft gebraucht, und beynahe verbraucht, und eben so oft zu widerlegen gesuchet hat, ist folgender:

Moses verbietet nicht nur, daß man die und die Personen nicht heyrathen solle, sondern er setzt auch die Ursache des Verbots hinzu, nehmlich weil sie

der Grabe unterfucht. Cap. 7. §. 92.

unfer Fleisch, das ist, unsere nächsten Verwandten sind. Wo sich nun eben die Ursache findet, da muß ich glauben, daß Mose die Ehe eben so verhaßt gewesen sey, als die, welche er nennet: und wenn er mir saget, du sollst deines Vaters Schwiegerin nicht heyrathen, denn sie ist zu nahe mit dir verwandt, so setzt er sie mir zu einem Exempel, daraus ich abnehmen soll, daß ich auch andere eben so nahe Verwandte, z. E. meiner Mutter Schwiegerin, nicht heyrathen dürfe. Hätte er die Ursache nicht hinzugethan, warum er diese und jene Ehe verböte, so wäre ich vielleicht berechtiget, mich um sie nicht zu bekümmern: da er mir aber die Ursache nennet, und schreibet, es sey die nahe Verwandtschaft, so bin ich schuldig weiter zu schliessen, und der Gesetzgeber, der sein Gesetz vernünftigen Leuten gab, hat als gewiß zum voraus gesetzet, daß es ein jeder thun würde.

Dieser Einwurf, dessen hinlängliche oder wenigstens mich beruhigende Beantwortung ich bisher in den Responsis vergeblich gesucht habe, wird bisweilen mehrerer Deutlichkeit wegen auf diese Art vorgestellet. Wenn Moses sagt: du sollst die und die (z. E. deines Vaters Schwester) nicht heyrathen, denn sie ist dir zu nahe verwandt, so läßt sich diese Rede in einen Vernunftschluß auflösen, welcher also lautet:

Welche mit dir sehr nahe verwandt ist, die darfst du nicht heyrathen:

Nun aber ist deines Vaters Schwester sehr nahe mit dir verwandt:

Folglich darfst du sie nicht heyrathen.

Mit eben demselben Rechte aber, mit welchem in der Minore des Vaters Schwester genannt ist, kann ich auch die eben so nahe verwandte Brudertochter hinein rücken: es folge daher aus der von Mose zum vorausgesetzten Propositione majore, oder allgemeinerem Satz, eben so unumstößlich als das klare Wort des Gesetzes Mosis, auch dieses:

Nun aber ist deines Bruders Tochter sehr nahe mit dir verwandt:

Folglich darfst du sie nicht heyrathen.

Wer wird es leugnen, daß meines Bruders Tochter eben so nahe mit mir verwandt ist, als meines Vaters Schwester? Sehr nahe verwandt muß seyn

Mose

Mose eine bestimmte Bedeutung haben: welche die sey, das sehe ich aus dem von Mose selbst darunter gesetzten Exempel, aus demselben werde ich aber überzeuget, daß auch die eben so nahe verwandte Brudertochter mit unter die bestimmte Bedeutung gehöre, welche Moses dem Wort, sehr nahe verwandt, giebt.

Diese Vorstellungsart wird nichts dabey verlieren, sondern vielmehr gewinnen, wenn ich die Redensart Mosis selbst, so wie ich sie §. 15. erkläret habe, beybehalte. Wenn Moses sagt:

Deines Vaters Schwester ist ein Stück deines Fleisches (*):
Folglich sollst du sie nicht heyrathen;

so liegt offenbar die Major propositio zum Grunde:

Welche ein Stück deines Fleisches ist, die sollst du nicht heyrathen.

Und ich kann, ja ich muß mit eben dem Recht diesen Schluß aus der majore propositione machen:

Nun ist deines Bruders Tochter ein Stück deines Fleisches:
Folglich darfst du sie nicht heyrathen.

Bey mir mußte dieser Beweis noch von einer größeren Kraft seyn, ehe ich den unentdeckten Fehler desselben einsahe, als bey vielen andern, die ihn führen. Denn da ich die Ursache des Verbots der Heyrath in die nächste Freundschaft darin suchte, daß der frühen Verführung der Weg verleget werden sollte, so konnte ich es mir selbst ohnmöglich verbergen, daß die Ursache bey gleich nahen Verwandtschaften gleich stark zu seyn scheine. So viele Gelegenheiten die Mannsperson hat, ihres Vaters Schwester zu verführen, so viele, und ehe noch mehrere, hat sie auch, ihres Bruders Tochter zu verführen: und das Alter dieser letztern wird weit öfter den Verführer reitzen, und die unerfahrne Frauensperson der Gefahr Preis geben. Ist nun jene Ehe verboten, um der Verführung vorzubeugen, so ist diese noch viel mehr zu verbieten: und der weise, der göttliche Gesetzgeber, Moses, wird gewollt haben, daß man hier nicht blos vom gleichen Falle auf einen andern gleichen Fall, sondern gar vom geringern auf das größere schliessen solle.

(*) 3. B. Mos. XX, 19.

Ich hoffe, ich habe den Einwurf in seiner ganzen Stärke vorgestellet, und wol noch ein und das andere für ihn gesagt, was sonst die Vertheidiger der strengeren Meynung unbemerkt gelassen haben: desto eher werden sie mir es verzeihen, wenn ich nach dieser Probe der Unpartheylichkeit von ihnen zu der gelindern Seite übergehe. Glauben sie am Ende, und nach Anhörung meiner Gründe, daß ich fehle, so wissen sie nunmehr, daß es blos ein Fehler des Verstandes und nicht des Willens ist, und daß nicht Schmeicheley, nicht die Begierde, denen zu Gefallen zu schreiben, die solche Ehen vorhaben, sondern blos meine Einsicht von ihnen angeklagt werden müsse. Vielleicht aber bin ich so glücklich, von einigen unter ihnen gar nicht angeklagt zu werden, sondern sie mit mir der glimpflichern Parthey zuzuführen.

§. 93.
Unzulängliche Beantwortung dieses Beweises.

An diese Parthey, zu der ich jetzt trete, wage ich auch so gleich die Bitte, daß sie bey so wichtigen und scheinbaren Gründen es keinem der strengeren Sittenlehrer verübeln, und es ihm weder zur Schwäche des Verstandes, noch zum Eigensinn auslegen wollen, wenn er nach Lesung allerley Bedenken für und wider die Sache bey der Berechnung der Grade geblieben ist. Sie wollen selbst die Antworten überdenken, die man auf diesen Einwurf zu geben pflegte, und dann urtheilen, ob diese allein im Stande waren, ein Gewissen, das die Sünde für das höchste Uebel schätzt, zu befriedigen.

Einige wurden von dem Einwurf so weit getrieben, daß sie wider alle Wahrscheinlichkeit vorgaben, wir hätten uns gar nicht um die Ursache zu bekümmern, warum Moses einige Ehen verboten habe: denn er sehe selbst keine Ursache dazu, als nur diese: ich bin der HErr. Wem mußte dis nicht die gelindere Meinung verdächtig machen: da Moses ausdrücklich die nahe Verwandtschaft nennet, und also, wo diese Ursache gleich stark vorhanden ist, auch das Gesetz gelten muß? Wie konnte es mich bey den Gedanken überzeugen, die ich §. 42. geäussert habe, daß nehmlich die Ursache, warum die Verwandtschaft einem Ehebündniß entgegen stehet, sich leichte und mit Gewißheit müsse ausfindig machen lassen: sonderlich da sich von den Worten, Ich bin Jehova euer Gott, die im Deutschen gar unrichtig lauten, ich bin der HErr, euer Gott, eine ganz andere im 25sten §. angezeigte Deutung ergiebt, in welcher sie den Eheverboten vorgesetzt sind. Doch diese Einwendung rührt von

Männern her, die die Worte Mosis nicht in der Grundsprache lesen konnten: denn sonst würden sie gesehen haben, daß im Grundtext nichts weniger als der harte und gebieterische Eingang eines Gesetzes, um dessen Ursachen der Unterthan sich nicht bekümmern soll, ich bin der HErr, anzutreffen sey, indem das Wort, Jehova, ganz und gar nicht HErr heisset, obgleich die Griechischen Dollmetscher, denen andere hierin nachgefolget sind, es so übersetzt haben, weil die Juden aus Ehrfurcht gegen den Nahmen Jehova ihn nicht aussprechen, sondern dafür Adonai, oder HErr, sagen.

Andere haben vermuthet, es möge etwas, so den Beweis der strengern Partyen entkräfte, in denen Worten Scheer Basar liegen: doch das fällt weg, nachdem ich oben (*) die Abstammung und eigentliche Bedeutung dieser Redensart gezeiget habe. Der seel. Baumgarten meinte auch einen Ausweg auf dieser Seite gefunden zu haben, indem er, wie ich §. 18. mit mehrerem gesagt, Scheer allein gesetzt, auf Eltern, Kinder, Großeltern, Enkel und Ehegatten, hingegen Scheer Basar auf Schwestern, Töchter und Mutter unserer Frau, und die Frau unsers Vaters oder Sohns, einschränke. Diese Nahmen begriffen also, seiner Meinung nach, alle die §. 81. genannten Ehen, aus denen man Folgerungen zu ziehen pflegt, nicht mit unter sich, wo vielmehr, nach Baumgartens eigener Redensart, die verbotene Frauensperson nicht mehr caro carnis, sondern

caro, carnis, carnis nostrae, oder
caro, carnis, carnis, carnis nostrae

seyn sollte. Hieraus folgerte er denn weiter, daß diese Eheverbote nicht eine Folge von der propositione majore, du sollst das Fleisch deines Fleisches (Scheer Basar) nicht heyrathen, ausmachten, sondern ohne unter eine allgemeine Regel zu gehören, jedes blos für sich stünden. Allein diese allzu künstliche Auslegung des Ausdrucks Scheer Basar scheint mir ohne Grund und wider den Gebrauch der Hebräischen Sprache angenommen zu seyn, wovon ich im 18ten §. die Ursache angeführt habe. Die darauf gegründete Lösung des Zweifels kann also wenigstens mich nicht befriedigen.

(*) §. 15-18.

§. 94.

§. 94.

Wichtigste Beantwortung. Die Niece ward nicht für eine so nahe Anverwandte gehalten, als die Tante: diese und nicht jene, darf ihren Vetter ohne Schleyer sprechen.

Wer den Inhalt des 69sten §. noch nicht vergessen hat, der wird schon längstens ungedultig darüber seyn, daß ich ihn mit der wahren Lösung des Zweifels so lange aufhalte. Es kommt alles darauf an, ob bey dem Volke, unter welchem Moses lebte, und dem er seine Ehegesetze gab, die nicht genannten Personen (z. E. Brudertochter und Schwestertochter) für eben so nahe Verwandte geachtet wurden, und wegen ihrer Verwandtschaft der Mannsperson einen eben so nahen und vertraulichen Umgang (auf dem die ganze Ursache des Verbots beruhet) verstatteten, als die ausdrücklich genannten, z. E. des Vaters oder der Mutter Schwester. Man kann dieses in dem angeführten Exempel auf das zuverläßigste mit Nein beantworten: denn aus der §. 69. angeführten Stelle des Corans ist klar, daß bey den Ismaelitischen Arabern, den ächten Brüdern der Israeliten, der Vetter zwar zu seiner Tante, nicht aber zu seiner Niece, den freyen Zugang und das Recht gehabt habe, sie ohne Schleyer zu sehen. Es fiel daher die Ursache des Gesetzes bey der Ehe weg, die Moses nicht nahmentlich verbietet, und deren Verbot man nur aus der andern folgern will: beide Fälle sind sich nicht, wie man vorzugeben pflegt, gleich, es kann daher auch von dem einen nicht auf den andern geschlossen werden (*).

Zu Hebung des gegenseitigen Beweises ist dis völlig genug. Wenn ich allen Schmuck, und die verschiedenen Vorstellungsarten, die ihn faßlich und lebhaft machen sollen, davon nehme, so sagt er so viel: Moses hat zwar die Ehe mit der Niece nicht ausdrücklich verboten, allein weil sie eben so nahe ist, als die Tante, so sind auch dieselben Ursachen vorhanden, sie zu verbieten. Wir halten sie also gleichfalls für verboten, so lange, bis ihr uns eine Möglichkeit zeiget, wie ein vernünftiger Gesetzgeber die eine habe verbieten, und die andere erlauben können, d. i. bis ihr uns einen Unterscheid zwischen der Tante und Niece zeiget, der in die Ehegesetze einen Einfluß haben kann. Es muß aber nicht der *respectus parentelae* seyn, denn den nehmen wir nicht an. Diesem

---

(*) Die Einwendungen die Hr. Güh-ling hiegegen gemacht hat, nebst meiner Antwort darauf, hat man im 70sten §. zu suchen.

sem Verlangen ist nun ein Gnüge geschehen, und so bald sich nur ein möglicher Unterscheid und Ursache zeigete, warum Moses die Ehe nicht habe verbieten wollen, die er nicht nennet, so sind jene schuldig, bey seinen Worten zu bleiben: gehen sie weiter, und verbieten noch mehr, so thun sie es nicht nur ohne Beweis, sondern haben auch nunmehr alles das wider sich, was aus den oben unpartheyisch beleuchteten Gründen der gelinderen Parthey noch als gültig übrig blieb, sonderlich das Herkommen der Juden 230 Jahre vor Christo, und den Inhalt des 83sten Abschnitts. Dis ist doch alles viel zu wichtig, als daß es dem bloßen Gutdünken der strengeren Parthey könnte nachgesetzt werden, wenn sie sich schlechthin darauf berufen will, die Niece sey mit dem Vetter so nahe verwandt, als die Tante, ob es gleich gar wohl möglich seyn könne, daß die beiden in der Absicht, die das Gesetz zum Grunde hat, in einer sehr verschiedenen Verhältniß gegen ihn gestanden haben.

Würde wol selbst die strengere Parthey es mir zu gute halten, wenn ich noch strenger als sie seyn, und die Ehe zwischen Geschwisterkindern durch folgenden Schluß aus Mosis Worten verbieten wollte? Die Tochter ist mit dem Vater eben so nahe verwandt als seine Frau, sie ist eben so sehr, ja noch eigentlicher und natürlicher, ein Stück seines Fleisches (dis werden sie hoffentlich zugeben); nun aber ist deines Vaters Bruders Frau zu nahe mit dir verwandt, als daß du sie heyrathen dürffest (dis sagt Moses, C. XVIII, 14.): folglich darffst du auch deines Vaters Bruders Tochter nicht heyrathen. Wie bald würden sie mich belehren, daß die Schwiegerschaften einen Grad weiter verboten sind, als die Blutsfreundschaften? Wie aber, wenn ich sagte: ich bleibe bey meiner Folge, beide Frauenspersonen sind dir gleich nahe verwandt, weiter sehe ich auf nichts. Wenn gleich sonst die Umstände verschieden sind, so bleibe ich dabey, die Tochter gehet den Vater so nahe an, als die Frau den Mann. Wenn Moses die Geschwisterkinder nicht genannt hat, so folgt doch ihr Verbot aus jenem Verbot. Ich bin gewiß, daß sie diese Art zu denken nicht billigen würden. Ist es aber nicht eben dieselbige Art, als wenn man sagen wollte: Ich bekümmere mich nicht darum, ob Moses die Niece genannt hat, nicht ob bey ihr ganz andere Umstände vorgewaltet haben, als bey der Tante: ich bleibe blos dabey, daß eine so nahe mit mir verwandt ist, als die andere.

Eben

Zweiter Beweis für die Berechnung der Grade. Cap. 7. §. 95.

Eben ein so merklicher Unterscheid findet sich auch zwischen den Ehen mit der Wirwe des Bruders und Vaterbruders, und denjenigen vier Ehen, auf welche man aus jenen schliessen will. Allein dis, und noch mehreres, was ich hier sagen könnte, verspare in die Paragraphen 101. 102. 103. in welchen ich diesen Unterscheid als einen Beweis für meine und die gelindere Erklärung anführen werde, den ich jetzt nur zur Entkräftung eines Einwurfs gebrauche. Das was hier schon geschrieben ist, will ich alsdenn nicht wiederholen: man wird aber dort die hier ausgelassenen Ehen mit verglichen, und noch ein und andere Einwendung gehoben finden.

§. 95.

2.) Wenn man keine Folgerungen aus Mosis Worten ziehet, so hat er die Ehe mit der Tochter nicht verboten. Das ist aber unglaublich!

Ich will wünschen, daß ich den zweiten Beweis für die Berechnung der Grade eben so vollständig möge beantworten können, als den ersten. Er ist weniger gebraucht und gewöhnlich, aber in der That wol von so grosser, und fast noch von grösserer Wichtigkeit und Scheiu der Wahrheit.

Wenn man aus Mosis Worten keine Schlüsse auf andere ungenannte Ehen machen will, so würde folgen, daß er eine höchst abscheuliche Ehe gar nicht verboten habe: eine Ehe, die ich im 57sten §. für eine der allerschlimmsten ausgegeben habe: die fast gar kein gesittetes Volk duldet, und die gewiß auch durch das vor Mose in der Familie Abrahams herrschende Herkommen verdammet ward: da nun dieses nicht glaublich ist, so muß man die andere Auslegungsart annehmen, und nicht einzelne Fälle, sondern ganze Grade für verboten halten.

Die abscheuliche Ehe, von der ich rede, ist die Ehe eines Vaters mit seiner eigenen Tochter. Ich wiederhole das nicht, was ich im 57sten §. von den erschrecklichen Folgen der Erlaubniß einer solchen Ehe geschrieben habe: nur das muß ich sagen, daß sie vor der Zeit Mosis und nach dem alten Herkommen nicht gleichgültig gewesen ist, sondern durch die Geschichte Mosis verdammet wird. Als die Töchter Lots mit ihrem Vater Blutschande trieben (*), so geschahe es von ihrer Seite nicht anders, als nachdem sie sich den äussersten, und ihnen unerträglichen Fall vorstelleten, daß niemand sie beyrathen würde, weil alle ihre Bekannte und Liebhaber im Feuer Sodoms untergangen wären. Sie drucken

(*) 1. B. Mof. XIX, 31-35.

drucken sich noch dazu also aus: es ist niemand, der *nach der Gewohnheit des ganzen Landes zu uns eingehe, oder uns beschlafe*; sie gestehen also, daß der Beyschlaf, den sie vorhaben, wider die Gewohnheit des ganzen Landes, folglich auch so gar wider die Sitten der Cananiter sey. Sie haben keine Hoffnung, ihren Vater zu dem Beyschlaf zu bewegen, wenn er wüste, mit wem er zu thun hätte, daher sie ihn beide mahl vorher trunken machen: und Moses meldet, als zur Entschuldigung des Lots, zweymahl ausdrücklich, er habe nicht gewust, daß es nehmlich seine eigene Töchter wären, so wol da sie sich zu ihm geleget hätten, als da sie aufgestanden wären.

So wenig bey diesen Umständen zweifelhaft seyn kann, was Moses von einer so abscheulichen Ehe gedacht hat: so gewiß ist es doch auch, daß er nirgends nahmentlich verboten hat, seine eigene Tochter zu beschlafen. Man hat zwar ein solches Verbot im siebenten Vers des achtzehnten Capitels in den Worten finden wollen: *du sollst deines Vaters und deiner Mutter Blöße nicht aufdecken; es ist deine Mutter, du sollst ihre Blöße nicht aufdecken.* Allein da Moses alle Eheverbote ohne einzige Ausnahme nicht an die Frauens: sondern an die Mannsperson richtet, und auch hier das Verbum männlichen Geschlechts ist, und übersetzt werden muß, *du Mannsperson sollst nicht aufdecken*: so ist klar, daß dieses Verbot, du Mannsperson sollst deines Vaters Blöße nicht aufdecken, nicht auf die Ehe einer Tochter mit ihrem Vater, oder auf eine solche Schandthat, als die Töchter Lots getrieben haben, gehen kann, sondern daß hier eben so, wie im folgenden achten Verse, die Blöße der Mutter den Nahmen Blöße des Vaters bekomme, weil sie nehmlich mit dem Vater Ein Fleisch ist. Der Vers würde daher deutlicher zu übersetzen seyn: Du sollst deines Vaters, d. i. deiner Mutter Blöße nicht aufdecken. Moses will die Blutschande mit der Mutter dadurch desto abscheulicher abmahlen, wenn er sie als eine Blutschande mit dem Vater selbst vorstellet.

§. 96.

Beantwortung dieses zweiten Einwurfs.

Dieser so scheinbare Beweis hat bey mir alle Kraft verlohren, nachdem ich folgende Betrachtungen über ihn angestellet habe:

1.) Er

1.) Gewisse Verbrechen sind so abscheulich, daß der Gesetzgeber sie gar nicht erwartet, und deswegen keine Gesetze wider sie giebt, und keine Strafen darauf verordnet, sondern wenn ja dergleichen Verbrechen jemahls vorgehen sollte, es einem eigentlich so genannten Privilegio, oder der Willkühr der Obrigkeit überläßt, und vorbehält, wie sie es strafen wolle. Wem fallen nicht die Gesetze Solons ein, die den Vatermord gar nicht erwähnen, und keine Strafe darauf gesetzt hatten, weil ein solches abscheuliches Bubenstück nicht als möglich angesehen (*), und (wie die Lateiner reden würden) mehr für ein Abentheuer und Wunderzeichen, als für ein Verbrechen, das öfters vorkommen könnte, gehalten ward. Ich bin mit den neueren Gesetzen nicht so bekannt, daß ich genug gleiche Beispiele ohne Mühe sollte sammlen können: allein so viel weiß ich doch, daß man sich nicht sehr darüber verwundern würde, wenn ein Gesetzbuch Verordnungen wider die Kindermörderinnen enthielte, ohne an einen Kindermörder zu gedenken; insonderheit an den Mörder seines aus rechtem Ehebette erzeugten Kindes, das er aus Geiz, oder wunderlichem Haß nicht ernähren, oder aus schwarzer Eifersucht und Verdacht nicht für sein Kind erkennen will. Die That ist zu schrecklich, als daß man sie denen zutrauen sollte, denen man Gesetze vorschreibt. Ich weiß nicht, ob es viel Gesetze giebt, die des Falles gedenken, wenn ein Vater in der Zucht so weit gehen sollte, daß ihm sein Kind unter den Händen stürbe? Waare, die mit der Pest angesteckt, oder Vieh, so mit der Viehseuche behaftet ist, zum Verkauf in ein Land zu bringen, und ihm also aus Unvorsichtigkeit die Pest oder Hornviehseuche mitzutheilen, untersagen die Gesetze: aber wie viel Gesetzbücher sollten wol von der unmenschlichen Bosheit reden, wenn jemand, blos mit dem Endzweck, die Pest oder die Viehseuche in ein Land zu bringen, heimlich allerley angestecktes Gut in dasselbe kommen liesse? Für den meisten Gesetzbüchern, und für den so deutlichen Strafen, ist diese nur halb mögliche Bosheit sicher. Welche Universitätsgesetze reden von Diebstahl, von nächtlichem Einbruch, von allen

---

(*) Cicero pro S. Roscio Amerino c. 25. *Prudentissima civitas Atheniensium, quae ea rerum potita est, fuisse traditur. Ea porro crudelis sapientissimum Solonem fuisse, cum qui legem, quibus hodie quoque utuntur, scripserit. Is cum interrogaretur, cur nullum supplicium constituisset in eum, qui parentem necasset, respondit, se id neminem facturum putasse. Sapienter fecisse dicitur, cum de eo nihil sanxerit, quod antea commissum non erat, ne non tam prohibere, quam admonere videretur.*

Beantwortung des zweiten Beweises

allerley andern Dingen, die in die peinliche Halsgerichtsordnung gehören? Bemühen sie sich auch wol, dergleichen zu verbieten, oder zu bestimmen, ob es mit der sonst gewöhnlichen Strafe, oder mit einer andern beleget werden solle? Und siehet nicht vielmehr jeder Gesetzgeber, welcher Gesetze für Leute von so guter Erziehung und Stande entwirft, diese gröberen und niederträchtigen Verbrechen für halb unmöglich an?

Man wende dis auf Mosis Gesetz an. Es kann seyn, daß Moses gar nicht Willens war, eine Sache zu verbieten, von der er nicht vermuthete, daß sie unter den Israeliten vorgehen würde. Es kann seyn, daß er sie weder durch klare Worte, noch durch eine Folgerung verbieten wollte, eben so wenig als er die nur ein einziges mahl erhörte Sünde (*) des Onans in seinen Gesetzen nennet, und mit Strafen beleget, oder solcher unnatürlichen Wollüste, als in dem Suetonio bisweilen vorkommen, und der nicht ganz unerhörten Schande, die Frauensleute mit Frauensleuten bisweilen treiben sollen (**), gedenket. Er hatte zwar in der Geschichte ein einziges Beispiel eines Vaters vor sich, den seine in Sodom erzogene Töchter beschliefen: allein er gab keine Gesetze in Sodom, sondern unter einem besser gezogenen und keuscheren Volke, und selbst das Beispiel des Verbrechens setzte einen Fall zum voraus, der schwerlich wiederkommen konnte, denn die Töchter Lots kamen nur deswegen zu dieser äussersten und den Cananitern ungewöhnlichen Schandthat, weil sie meinten, es wäre ihnen wenigstens die ganze Welt ausgestorben, und sie wären wieder

---

(*) 1. B. XXXVIII, 9. Ich weiß wol, daß es eine nur allzu bekannte Sünde giebt, die von Onan den Nahmen bekommen hat, und die Moses gleichfalls nicht in seinen Gesetzen verbietet, weil die Obrigkeit nicht darauf Achtung geben kann. Allein die am angeführten Ort erzählte Sünde ist doch noch merklich davon verschieden. Onan konnte seine Lust an einer Frauensperson büßen, und that es auch: aber dabey wandte er Mühe und Kunst an, zu verhüten, daß der Beyschlaf nicht vollständig wurde, und verschüttete am Ende desselben aus einem thörichten Neid, seinem Bruder keinen Nahmen zu erhalten, den Saamen auf die Erde. Eine gar andere Bosheit, als was man gemeiniglich Onania nennet: und die auch von der Schändung des eigenen Leibes gänzlich verschieden war.

(**) Den Griechen und Lateinern war die Sache nicht unbekannt. Chardin gedenkt dieses Lasters, als eines in Persien nicht ungewöhnlichen Sünde. Die Frauenspersonen in den heissen Gegenden sind dazu geschickter, als die weiter von der Mittagslinie abwärts wohnen.

für die Berechnung der Grade. Cap. 7. §. 96.

wieder in eben dem Fall, in welchem sich Adam befand. Diese Sünde gehörte nicht mit zu den Sitten der Aegyptier und Cananiter, wie Moses die Blutschande nennet, sondern sie war einzeln in ihrer Art. Auf eben die Art haben wir auch im 75sten §. bemerkt, daß Moses in dem Capitel, welches die Strafen enthält, die beiden abscheulichsten Ehen, die er im achtzehnten Capitel verboten hatte, die mit der leiblichen Mutter und der Enkelin, mit keiner nahmentlichen Strafe beleget: vermuthlich, weil kein Beyspiel einer solchen Schandthat vorhanden war, und er auch so leicht keins erwartete. Eine Auslassung scheint die andere zu erläutern.

2.) Wir können dieses desto zuverläßiger für die wahre Ursache ansehen, die Mosen abgehalten hat, in seinen Gesetzen irgend auf den abscheulichen Fall zu denken, wenn ein Vater seine Tochter beschlafen oder heyrathen würde, weil er selbst deutlich zu erkennen giebt, daß er die unbestrittene Abscheulichkeit einer solchen Ehe zum voraus setzet. Denn wenn er dem Sohn verbietet, seine Stiefmutter zu heyrathen, so setzt er als die Ursache hinzu, es ist die Blöße deines Vaters (*), ja so gar bey dem Verbot der Ehe mit der leiblichen Mutter, stellet er diese Ehe, um sie abscheulicher zu machen, als eine Ehe mit dem Vater vor (**): er muß also wol gewußt haben, daß die Ehe mit dem Vater unter den Israeliten über alle maßen abscheulich, und noch für weit schändlicher als die Ehe mit der leiblichen Mutter gehalten werde, so daß es nicht nöthig sey, sie zu verbieten, sondern vielmehr die Israeliten auch für der Ehe mit der Stiefmutter und rechten Mutter einen Abscheu bekommen würden, so bald sie wüßten, daß sie der Ehe mit dem Vater gleich zu achten sey. Nichts von allem diesen wird sich hingegen bey den andern Verwandtschaften sagen lassen, die Moses nicht verbietet. Niemand wird doch so weit gehen, zu behaupten, Moses habe aus eben der Ursache auch unterlassen, die Ehe mit der Bruderstochter, oder mit der Schwiegerin der Mutter zu verbieten, weil er nicht geglaubt habe, daß jemand an eine solche Ehe gedenken werde.

3.) In der That brauchte Moses nicht, diese Ehe in einem Gesetz zu verbieten, das den Eingang hatte: nach den Sitten Aegyptenlandes, darin ihr gewohnt habt, und Canaans, wohin ihr gehet, sollt ihr

(*) 3. B. Mos. XVIII, 8.   (**) B. 7.

ihr nicht thun. Denn die Ehe mit der Tochter war damahls weder die Sitte des einen noch des andern Landes. Selbst zu Sodom war nach 1. B. Mos. XIX, 31. 32. der Beyschlaf des Vaters bey der Tochter wider die Sitte des ganzen Landes, wie §. 95. bemerket ist. Will nun Moses Gräuel verbieten, die bey den Cananitern üblich sind, so hatte er keine Ursache, diese Ehe zu verbieten, die nach seiner eigenen Geschichte selbst bey den ärgsten unter den Cananitern unsittlich war.

4.) Obgleich Moses nirgends schreibt, du sollst deiner Tochter Blöße nicht aufdecken, so hat er doch diese Ehe unter einem andern Nahmen so buchstäblich verboten, daß es gar keine Folgerungen gebraucht, sie für sündlich, und was noch mehr ist, für eine Schandthat, die des Feuers werth ist, zu erkennen. Ist nicht Titii Tochter zugleich seiner Frauen Tochter? oder, wenn er sie ja aus Hurrerey gezeuget hat, ist sie nicht die Tochter einer Frauensperson, mit der er zu thun gehabt hat? Nun lese man die Worte Mosis: Die Blöße einer Frauensperson und ihrer Tochter sollst du nicht aufdecken. Ihre Enkelin von Sohnes oder Tochter Seite sollst du nicht nehmen, ihre Blöße aufzudecken: sie sind ihr (der Mutter) Fleisch, das ist (Zimma) eine Ehe wider die Clientel: 3. B. Mos. XVIII, 17. und: wer eine Frau nebst ihrer Mutter nimt, das ist eine Ehe wider die Clientel: man soll ihn und sie beide mit Feuer verbrennen. Es soll keine Ehe wider die Clientel unter euch seyn: und urtheile alsdenn, ob das Verbot dieser Ehe erst durch Folgerungen aus Mosis Worten heraus zu bringen sey. Ich übernehme es, den Fall zu verantworten, wenn einer seine eigene Tochter heyrathet, falls es nur nicht die Tochter seiner Frau, oder einer andern Frauensperson, mit der er Unzucht getrieben hat, seyn wird.

§. 97.
Beantwortung eben dieses Beweises, wenn man ihn von andern Fällen hernehmen wollte.

Man wird mir vielleicht noch einige andere Ehen nennen, an deren Unrechtmäßigkeit nicht zu zweifeln seyn soll, und die doch Moses nicht nahmentlich verboten hat. Die rechte Großmutter, die Stief Großmutter, die Urenkelin, die Schwieger-Aeltermutter, können zu Beyspielen dienen, die auch von den Rabbaniten nach den Aufsätzen der Aeltesten, zur Vermeure für das Gesetz, verboten sind. Mehrere mag ich nicht nennen, denn es sind meistentheils Fälle, die zu den thörichten und unnützen Fragen gehören. Ohne mich in dieselben, und einen wenig nutzenden Streit über solche Heyrathen einzulassen, die nicht in unser, sondern in Methusald Weltalter gehören, darf ich nur kurz antworten, daß einige dieser Ehefälle gar nicht vorkommen werden, z. E. die mit der Frauen Aeltermutter: daß zu andren, z. E. zu der Ehe mit der Großmutter, so wenig Neigung vorhanden ist, daß es keines Gesetzes gegen sie bedarf, und die übrigen, als die mit der Stief-Großmutter, oder der Ureukelin, unter die selten vorkommenden Fälle gehören, mit denen der Gesetzgeber sich zu beschäftigen nicht nöthig hat, sondern sie sicher der Entscheidung der Obrigkeit zu der Zeit, in welcher sie sich Einmahl zutragen, überlassen kann. Man muß den Casuisten, der gern ein weitläufig Buch schreiben will, und den weisen Gesetzgeber, der sich der Kürze befleißiget, damit sein Buch von so vielen Bürgern, als möglich, gelesen und behalten werde; man muß den Rabbaniten, dessen ganze Weisheit in vielen Geboten bestehet, und Mosen, dessen Pandecten in 40 Jahren noch nicht sehr angeschwollen sind, sondern ein gar mäßiges Gesetzbuch ausmachen, von einander unterscheiden. Will man das nicht thun, so beschäftige man sich meinetwegen mit der Frage, ob Ephraim, als seine Söhne im siebenten Gliede todt geschlagen wurden, und er noch männliche Kräfte besaß, berechtiget gewesen wäre, die hinterlassene Frau seines ohne Kinder verstorbenen Ur-Ur-Ur-Urenkels zu nehmen, und ihm durch eine levir ratsehe Saamen zu erwecken? und mache die Probe, was für ein Gesetzbuch heraus kommen würde, wenn es Fälle, die alle hundert oder tausend Jahre Einmahl vorkommen, entscheiden sollte.

Mit diesen Einwürfen, die ich in der ersten Ausgabe angeführt, und mich zugleich betrübt habe, etwas so schlechtes prüfen zu müssen, ist Herrn Bühlings Vorrath von ähnlichen Einwendungen noch nicht erschöpft worden. Er wiederholt sie alle in der mehrmahls angeführten Schrift, ohne zu wissen, oder sich merken zu lassen, daß ich etwas darauf geantwortet habe: so daß ich wirklich anfange zu zweifeln, ob er meine Schrift, die er hin und wieder bestreiten will, selbst gelesen hat, oder sie nur aus einem Journal kennet. Doch daran ist mir nicht viel gelegen. Er setzt aber noch folgende zwey Ehen hinzu, die Moses nicht genannt habe, ob sie gleich, wie er sagt, nach dem eigenen Geständniß der Gegner unter die verbotenen gehörten:

1.) mit

1.) mit der Hure des Vaters oder des Sohns (*) ꝛc. Er nimt nehmlich ohne Beweis an, daß diese mit unter Moses Eheverboten begriffen sey: und übernimt ben nahe die Mühe seiner eigenen Widerlegung, wenn er hinzu setzt, sie könnten doch den Nahmen der Eheweiber nicht führen.

Es scheine, aus dieser Instanz könne nichts geschlossen werden, bis erst aus göttlichen Gesetzen, die nirgends geschrieben stehen, erwiesen ist, daß die Ehe mit einer solchen Person Blutschande sey. Die Frage wird unten im 111. und 112ten §. vorkommen.

2.) mit der vollbürtigen Schwester. Allein wie war es möglich, daß Herr Gühling diese nicht für buchstäblich verboten hielt, wenn er 3. B. Mos. XVIII, 9. las? Es kann ja keine vollbürtige Schwester gedacht werden, die nicht die Tochter unsers Vaters ist: auch keine, die nicht die Tochter unserer Mutter ist. Er hatte noch dabey vergessen, daß 3. B. Mos. XVIII. 11. nach einer gar gewöhnlichen Erklärung von der vollbürtigen Schwester redet: indem es sonst eine überflüßige Wiederholung der einen Hälfte des 9ten Verses seyn würde.

§. 98.

3.) Der dritte Beweis aus Ezech. XXII, 11. wird vorgetragen und entkräftet.

Einen andern Scheingrund für die Berechnung der Grade würde ich gar nicht anführen, sondern blos für mich behalten, wenn ich ihn nicht S 34. meiner Hebräischen Antiquitäten zur Bestätigung meiner damahligen Meinung mit hätte einfließen lassen. Man wird sich aus dem 19ten §. erinnern, daß gewisse Arten der Blutschande ihren besondern Nahmen bey Mose haben, und die Ehe mit der Schwiegermutter Zimma heisse: da ich nun sahe, daß ein ganz anderer, und nur nach Berechnung der Grade gleicher Fall, nehmlich die Entweihung der Schwiegertochter bey Ezechiel (**) eben diesen Nahmen trägt, so meinte ich, daß dadurch die Berechnung der Grade bestätiget würde.

Ich

(*) Man wird es hoffentlich nicht einer Untreue im Citiren, sondern der Achtung für meine Leser zuschreiben, wenn ich hier die vollständigen Ausdrücke dieses Predigers nicht abdrucken lassen mag.

(**) Cap. XXII, 11.

Ich habe mich in diesem Schlusse geirret. Zwey Ehen, die Moses beyde verboten hat, und die beyde darin überein kommen, daß sie mit der geschlossen werden, die unter unserm Schutze ist, können gar wol unter Eine Gattung (speciem) zusammen gefasset, und mit einem gemeinschaftlichen Nahmen benannt werden, wenn gleich die Grade nicht zu berechnen sind. Ueber dieses bedient sich Ezechiel eines uneigentlichen Ausdrucks, denn mit dem eigentlichen und im Gerichte gewöhnlichen Nahmen hieß der Beyschlaf bey der Schwiegertochter *Thebel*, oder eine Wuth der Liebe.

§. 99.

Entscheidende Beweise, daß Moses keine Ehen verbieten wollen, als die er ausdrücklich nennet, 1.) er setzt zum voraus, daß der verstorbenen Frauen Schwester erlaubt sey, ob er gleich des Bruders Witwe für verboten erklärt.

Ich habe hiermit die Gründe für die Berechnung der Grade, so viel mir möglich war, in aller ihrer Stärke angeführt, und ihnen das entgegen gesetzt, wodurch ihnen zum wenigsten nach meiner Einsicht alle Kraft zu beweisen genommen wird. Dies wäre zwar genug: denn so weit waren wir oben schon gekommen, daß die Last des Beweises der strengeren Parthey oblag, und wenn der nicht überzeugend geführt würde, die ganze Berechnung der Grade zu Boden fallen mußte. Allein ich will noch weiter gehen, und die beyden Gründe anführen, die mich bewogen haben, meine ehemahlige Meinung zu verlassen, und keine Folgen aus den Eheverboten Mosis herzuleiten.

Derjenige Grund, der mich zuerst nöthigte, solche Folgerungen für verdächtig zu halten, und nach einer genauern Prüfung sie zu verwerfen, ist schon von dem seel. Canzler von Ludewig in den Hallischen Anzeigen gebraucht worden. Dieses erklärt nehmlich von einer gewissen Ehe, die nach der Berechnung der Grade sehr verboten seyn müßte, deutlich genug, daß sie erlaubt sey: da wir nun in dem einen Beyspiel sehen, daß er nur die ausdrücklich genannten Verwandtschaften, und nicht andere, die eben so nahe, oder noch näher sind, für Hindernissen der Ehe hält, so müssen wir eben dieses auch von seinen übrigen Ehegesetzen glauben.

Ich rede von der Ehe mit der verstorbenen Frauen Schwester, von der ich im 77. bis 79sten §. gezeigt zu haben glaube, daß Moses sie für rechtmäß fig aufsehe. Diese ist, nach Graden berechnet, eben so nahe, als die Ehe mit des Bruders Witwe, die Moses, einen einzigen Fall ausgenommen, verboten hat (*): sie ist noch näher, als die Ehe mit des Vaters Bruders Witwe, die er gleichfalls verbietet (**): es würde also wider sie nicht blos ein Schluß auf gleiche Verwandtschaft, sondern so gar einer a minore ad majus gelten.

Dem ohnerachtet schätzte Moses diese Ehe für erlaubt, und gab davon einen hinlänglichen Beweis, wenn er die Ehe mit der Frauen Schwester bey Leben der ersten Frau verbot: denn dieser Zusatz zeiget, daß sie nach dem Tode der ersten Frau erlaubt seyn müsse.

Da wir diese authentische Erklärung vor uns haben, und aus ihr sehen, daß Moses von gleich nahen Verwandtschaften die eine verboten, und doch die andere als erlaubt zum voraus gesetzt hat: so müssen wir auch die übrigen Verbote, z. E. der Vater- und Mutterschwester, und der Witwe des Vaterbruders eben so erklären, und, ohne Folgerungen daraus zu machen, bey dem Buchstaben der Worte Mosis bleiben. Diejenigen, welche nach Graden rechnen, werden vielleicht die Kraft dieses Beweises noch stärker einsehen, wenn sie sich erinnern, daß nach ihren Sätzen diese völlig erlaubte Ehe eine der allernächsten, und der Heyrath mit der eigenen Schwester gleich zu achten ist: indem sie bey den Schlüssen, so sie aus den Ehegesetzen machen, den Grundsatz annehmen, daß Mann und Weib als ein Leib zu betrachten sey. Gelten nun diese Schlüsse nicht einmahl bey diesen allernächsten Verwandtschaften, wie wenig werden sie denn bey den entfernteren gelten?

§. 100.

Zweifel gegen diesen Beweis vorgetragen und beantwortet: Beyläufig wird erwiesen, daß die Ehe mit des Bruders Witwe wirklich von Moses verboten sey.

Um diesen Beweis noch mehr zu sichern, will ich die Einwendungen, die man gegen ihn machen möchte, anführen, und meine Antwort hinzusetzen.

Man könnte vielleicht sagen, wenn Moses gleich in diesem einzelnen Grad erlaubt habe, eine eben so nahe Verwandtin zu heyrathen, als die ist, die er verbietet, so könne doch dieses vielleicht nur eine Ausnahme von der Regel seyn,
Die

(*) 3. B. Mos. XVIII, 16.   (**) V. 14.

die wie in den übrigen Fällen, wo er keine so ausdrückliche Ausnahme mache, zu beobachten hätten. Allein ohne zu fragen, worauf sich diese vorgegebene Regel gründe, bitte ich blos, zu bemerken, daß Moses nicht etwan schreibt, wie derjenige thun würde, der eine Ausnahme machen wollte, du darfst deiner verstorbenen Frauen Schwester beyrathen: sondern daß er ohne solche ausdrückliche Erlaubniß zum voraus setzt, sie sey nicht verboten, welches er nicht hätte thun können, wenn er gewollt hätte, daß sein Volk irgend von denen nahmhaft gemachten Verwandten auf andere eben so nahe Verwandte Schlüsse machen sollte.

Andere dürften vielleicht, um diesen Beweis aus dem Wege zu gehen, lieber in einem andern Stücke von der Strenge, die sie sonst als Gewissenhaftigkeit angesehen haben wollen, etwas zu viel nachlassen, und leugnen, daß 3. B. Mos. XVIII, 16. XX, 21. die Ehe mit des Bruders Wittwe verboten sey. Sie könnten nehmlich mit einigen bey Augustino (*) den Ausdruck, des Bruders Frau (אשת אחיו), von der Frau des noch lebenden Bruders, der er einen Scheidebrief gegeben hat, verstehen, welche Erklärung ich in dem schriftlichen Bedenken eines vornehmen Herrn, wiewol in ganz anderer Absicht, mit vieler Scharfsinnigkeit und Einsicht vertheidiget gelesen habe. Die Ursachen dieses Verbots waren seiner Meinung nach: 1.) damit nicht zwischen Brüdern, deren einer des andern geschiedene Frau genommen hätte, Feindschaft entstehen möchte, die wol gar unter Fremden entstehet, wenn sie die abgeschafften Bedienten in ihre Dienste nehmen, unter Brüdern aber, und das bey Abschaffung einer Ehefrau, weit heftiger seyn würde: 2) damit nicht ein Bruder, um des andern Frau zu bekommen, ja wol gar ihn erblos zu machen, allerley Mißhelligkeiten zwischen ihm und seiner Frau veranlassen möchte. Alsdenn würden freilich beide Gesetze, 3. B. Mos. XVIII, 16. und 8. einander vollkommen gleich seyn: das eine verböte der Frauen Schwester bey der Frauen Leben,

---

(*) Quaestio 61. in Leviticum. Augustinus macht sich Zweifel über den Widerspruch dieses Gesetzes mit dem Gebot der Leviratsehe. Er führt einige Auslegungen desselben an, unter welchen auch diese Erklärung einen Platz findet: *an etiam illud esse prohibitum, ne liceret ducere fratris uxorem, etiam quas a vivo fratre per repudium recessisset.* Aus dem was ich im 19ten §. S. 67. von der Arabischen Uebersetzung des Rahmeus *Nidda* angemerkt habe, wird man sehen, daß die beiden Arabischen Uebersetzer eine ähnliche Erklärung angenommen, und 3. B. Mos. XX, 21. von der entlaufenen Frau des nochlebenden Bruders verstanden haben.

leben, und das andere des Bruders Frau bey ihres Mannes Leben zu nehmen, erlaubte aber beide nach dem Tode.

Meine Antwort auf diesen Einwurf ist gedoppelt. Einmahl leugne ich, daß mein Beweis wider die Berechnung der Grade entkräftet wäre, wenn man bey 3. B. Mos. XVIII, 16. XX, 21. mit Verlassung der gewöhnlichen Erklärung die von Augustino vorgeschlagene annähme. Mein Schluß würde alle seine Stärke behalten, oder wol gar noch daran gewinnen, allein er müßte von einer andern Seite vorgestellet werden. Er würde alsdenn so lauten müssen: Moses hat Cap. XVIII, 14. die Witwe des Vaterbruders verboten, die doch ohne Zweifel weitläufiger mit uns verwandt und um einen Grad entfernter ist, als des Bruders Witwe: wäre nun des Vaterbruders Witwe verboten, und des Bruders Witwe würde nicht etwan ausdrücklich erlaubt, sondern so gar stillschweigend, und aus bloßem Mangel eines Verbots, vom Gesetzgeber als erlaubt zum voraus gesetzt: so wäre ja klar, daß Moses weder selbst nach Graden gerechnet habe, noch seinen Auslegern erlaube, nach Graden zu rechnen, und die daraus entstehenden Folgerungen für seinen Willen auszugeben.

Allein zweitens ist es mir unmöglich, mich zu überreden, daß die Stellen 3. B. Mos. XVIII, 16. XX, 21. blos von des noch lebenden Bruders Frau handeln. Meine Gründe sind diese:

1.) Man räumt doch ein, daß in allen übrigen Gesetzen wider die nahen Heyrathen Frau (אשה) für Witwe gesetzt werde, oder besser zu sagen, die Witwe mit in sich begreife, und zwar so, daß der Gesetzgeber gemeiniglich mehr an die Witwe, als an die Frau des noch lebenden Mannes denkt, weil diese letzte nicht leicht ein anderer heyrathen kann. Was hat man doch nun für Recht, es in dieser einzigen Stelle anders zu nehmen? Will man sagen: damit nicht Moses bey der einen Art der Verwantschaft zu verbieten scheine, was er bey der andern eben so nahen erlaubt, so ist die die förmlichste petitio principii: man setzt die Berechnung der Grade, über welche gestritten wird, zum Grunde, da man sie beweisen will; und eben diesen angenommenen Lieblingssatz muß man doch den Augenblick wieder verlassen, wenn Moses die Witwe des Vaterbruders verboten, und des Bruders Witwe erlaubt haben soll. Man widerspricht sich also bey dieser petitione principii noch dazu selbst. Will man sich auf die Analogie desjenigen Gesetzes berufen, das wegen der Frauen Schwester

gegen

der Grade. Cap. 7. §. 100.

gegeben ist, so setzt man abermahls die Berechnung der Grade, über welche gestritten wird, zum Grunde: und man bemerkt dabey den unleugbaren Unterscheid nicht, der bey den Hebräern zwischen unsrer Schwiegerin von der Frauen und von Brudersseite war. Denn wer seiner Frauen Schwester bey ihrem Leben heyrathete, der hatte wol ordentlich beide Schwestern zugleich in der Ehe, so wie Jacob, und der Fall muß überaus selten gewesen seyn, da der Mann der ersten Schwester einen Scheidebrief gab, um die zwote zu heyrathen, die er neben ihr hätte haben können: diese Polygamie mit zwey Schwestern verbietet das Gesetz 3. B. Mos. XVIII, 18. Allein wenn einer seines Bruders Frau bey dessen Lebzeiten nahm, so konnten unmöglich beide Brüder mit ihr in einer gemeinschaftlichen Ehe, oder Polyandrie leben. Von dem einen Ehegesetz also auf das andere zu schliessen, und die Worte, bey Lebzeiten, aus dem letzten Eheverbot in dem ersten zu verstehen, ist desto fremder, weil selbst alsdenn beide Gesetze auf etwas sehr verschiedenes gehen, und das eine sagen würde,

du sollst nicht mit zwey Schwestern in der Polygamie leben,

das andre aber,

du sollst deines Bruders geschiedene Frau nicht nehmen.

Sagte Moses beides, so wäre es gut: allein wenn er es nicht sagt, so sind beide Gesetze zu verschieden, als daß man blos um ihrer Analogie willen das Wort, bey Lebzeiten, aus dem einen in das andere hineinrücken könnte. Wenn man des Bruders Frau nach dessen Tode heyrathete, so war doch wenigstens ordentlich der Zweck, dem ohne Kinder verstorbenen Bruder Saamen zu erwecken; welches bey der Heyrath mit der verstorbenen Frauen Schwester ganz wegfällt. Wer kann nun zwey so verschiedene Ehegebote, und zwar die hauptsächlich in Absicht auf Leben oder Tod des einen ersten Ehegatten verschieden sind, eins aus dem andern zu ergänzen, und weil das eine die Heyrath bey Lebzeiten verbietet, in dem andere die Heyrath nach dem Tode des Mannes zu erlauben wagen?

2.) Hätte Moses unter, Frau des Bruders, die Witwe nicht mit verstehen wollen, so wäre nichts natürlicher gewesen, als, die Einschränkung, die man nach der Schreibart der übrigen Ehegesetze unmöglich in dem Worte, Frau, suchen oder errathen konnte, anzuzeigen, und das Eine Wort (בחייו),

(בחייו), in seinem Leben, hinzuzusetzen. So verfährt er im 18ten Vers, wenn er die Ehe mit der Frauen Schwester blos bey ihren Lebzeiten verbieten will, wiewol er da mit diesem einen Zusatz nicht zufrieden ist, sondern noch durch drey andere vorbeuget, daß niemand der Frauen Schwester auch nach dem Ableben der Frau für unerlaubt ansehen könne. Wie ist er denn im 16ten Vers so elliptisch, und überläßt dem Leser, die Hauptsache erst zum Gesetz hinzu zu denken, die man aus dem Gesetz hätte lernen sollen?

3.) Und wie ist es wahrscheinlich, daß Moses des Bruders Witwe erlaubt halten, und die weit entferntere Witwe des Vaterbruders untersagen sollte? So darf ich doch wol nicht blos den Berechner der Grade, sondern einen jeden andern fragen. Denn wenn nicht etwan eine gleiche, sondern eine nähere Heyrath verboten, und die entferntere erlaubt ist, so müßte man doch, das Räthsel aufzulösen, wol einigen Unterschied beider Heyrathen, der in das Gesetz einen Einfluß haben könnte, anzuzeigen im Stande seyn. Allein

4.) so weit gefehlt, daß sich ein solcher Unterschied zeigen sollte, daß vielmehr beide Ehen in dem zwanzigsten Capitel als vorzüglich gleich angesehen werden. Denn Moses beleget sie mit einerley bürgerlichen Strafe, und zwar mit einer solchen, die nur auf diesen beiden Ehen stehet, sie sollen unfruchtbar seyn, d. i. ihre Kinder sollen ihnen nicht in den Geschlechtstafeln angeschrieben werden (*). Man merkt aus der Strafe, daß beide verbotene Ehen mit den erlaubten oder gebotenen Leviratsehen, die dem ohne Kinder verstorbenen Ehemann Saamen erwecken sollten, in einer nähern Verbindung, es sey als Gegensatz, oder als Regel und Exception, stunden.

Ich habe hier beyläufig die Gelegenheit gehabt, die Frage von der Ehe mit des Bruders Witwe, die in der ersten Ausgabe überschlagen war, abzuhandeln; und ich habe sie gern gebraucht, weil doch Leser auch von dieser Materie etwas in meiner Schrift suchen möchten. Da ich sonst gemeiniglich auf der gelindern Seite zu seyn pflege, so findet man mich dismahl auf der strengern. Ob übrigens der Landesherr diese Strenge in einzelnen Fällen durch Dispensationen

(*) Siehe §. 76.

stionen mildern könne, gehört nicht hieher, sondern in das folgende Capitel. Wenn man nach §. 32. die Verbote der zweiten Classe von Ehen nicht für allgemein, sondern nur den Israeliten gegeben, ansiehet, so ist freilich nicht allein dieses, sondern noch ein mehreres zuläßig, nehmlich die Ehe mit des Bruders Wittwe allen Unterthanen ohne Unterscheid zu erlauben. Dis scheint im Preußischen, vermöge des vom Berlinischen Ober-Consistorio dem Könige von Preußen eingereichten Verzeichnisses der Ehen, welche in heiliger Schrift, theils *expressis verbis*, theils *ex paritate rationum* klar verboten, und deswegen *indispensabel* sind (*), geschehen zu seyn, indem der König die Marginal-Resolution beygefüget hat: seines Bruders Wittwe kann man heyrathen.

§. 101.

2.) Bey den von Mose nicht genannten Ehen sind nicht eben die Ursachen des Verbots vorhanden, als bey denen, die er genannt hat: folglich kann von diesen auf jene nicht geschlossen werden:

Der zweite Beweis, der mich endlich völlig überzeuget hat, so bald ich ihn bey der oben gemeldeten Gelegenheit fand, ist daher genommen, daß zwischen den Ehen, die Moses ausdrüklich verbietet, und den andern eben so nahen, sich offenbar eine große Verschiedenheit der Umstände zeigen läßt, welche in die Ursache des Gesetzes einen Einfluß haben. So wichtig daher der im 92sten §. geführte Beweis für die strengere Meinung gewesen seyn würde, wenn man mit Wahrheit hätte sagen können: wo gleiche Ursachen des Verbots vorhanden sind, da gilt auch das Verbot, u. s. f. so sehr hielt ich mich verpflichtet, von der strengeren Meinung abzugehen, so bald sich dieser Schluß meinem Gemüth vorstellete: wo nicht gleiche Ursachen des Verbots vorhanden sind, darauf ist auch das Verbot nicht auszudähnen; nun aber sind bey den von Mose nicht genannten Ehen (z. E. mit der Niece) nicht eben die Ursachen vorhanden, als bey den von ihm ausdrüklich verbotenen (z. E. mit der Taute): folglich ist auch das Verbot dieser letztern nicht auf die auszudähnen, welche er nicht genannt hat. Ich müßte mehr Liebe zu meiner alten Meinung, als zur Wahrheit gehabt haben, wenn dieser Schluß bey mir wenigern Eindruck gemacht hätte, als ehemahls der andere machte, so lange ich bey den Ehen in gleichem Grad gar kei-

(*) Juristisches Oraful, Th. 6. S. 387. 388.

wie in die Ursache des Gesetzes einfließenden Unterschieds gewahr geworden war.

§. 102.

und zwar a) sind dieselbigen Umstände und Ursachen des Verbots nicht bey der Bruders- oder Schwester-Tochter vorhanden. Ein Einwurf wird gehoben.

In Absicht auf die Ehe mit der Bruders- oder Schwester-Tochter habe ich nicht nöthig, den Beweis von neuen zu führen, daß bey ihr gar andere Umstände obwalten, als bey der Ehe mit des Vaters oder der Mutter Schwester: nachdem ich im 94sten §. bereits den Unterscheid gezeiget habe, welcher darin bestand, daß ein Vetter den freyen Zugang zu seiner Tante hatte, und sie unbedeckt sehen konnte, welches beides ihm aber bey seiner Niece nicht frey stand. Mir ist es genug, daß die Sitten der Morgenländer sind, die beweisen, daß die Tante nach der Achtung der Völker, unter denen Moses seine Gesetze gab, eine nähere Verwandte sey, als die Niece: und ich will nicht die Zeit anwenden, den Ursprung dieses Herkommens, und also gleichsam die Ursache der Ursache zu erforschen. Ich könnte wol wahrscheinlich errathen, daß der Vetter zu der Tante deswegen einen freyeren Zugang gehabt hat, weil sie zum wenigsten gemeiniglich älter ist, wie er, und daher weder so viel Verführung zu besorgen stehet, noch glaublich ist, daß beide Personen sich ehelich lieben werden. Doch das würde mich von dem Ende, auf welches ich bereits begierig werde, zu weit entfernen.

Wollte vielleicht ein Vertheidiger der strengen Parthey mit nunmehr diesjenige Ursache der Eheverbote, die ich im sechsten Capitel vest zu setzen gesucht habe, ableugnen, nachdem er siehet, was ich daraus für Folgen ziehe: so stehet es ihm frey, ich bitte ihn aber nur, mir sodann zu sagen, was er für eine Ursache des Gesetzes annimt? Ich wüßte nicht, welche er nennen wollte, ausser dem respectu parentelae. Allein der ist ja auch bey der Ehe mit der Niece gar anders, als wenn wir die Tante heyrathen: und wer eine Pflicht vorschreibet, die Tante wegen unserer natürlichen Verhältniß gegen sie als Mutter anzusehen, der wird doch wol nicht vorgeben wollen, daß auch unserer Brüder oder Schwestern Töchter gegen uns Mutterstelle vertreten, und uns deswegen nicht durch das Band der Ehe unterwürfig gemacht werden dürften.

Nachdem

Nachdem ich dieses schon geschrieben habe, werde ich eines Einwurfs gewahr, der vorgiebt, daß auch durch die Ehe mit der Niece der respectus parentelae verletzt werde. Mir wird der Zweifel entgegen gesetzt, und vor Abdruck meiner Schrift zur Beantwortung vorgeleget: Die Ehrerbietung, welche eine Bruders- oder Schwester-Tochter ihrem Onkel, den sie an Vatersstelle halten müsse, zu erzeigen schuldig ist, sey von der Ehrerbietigkeit einer Frau gegen ihren Mann ganz verschieden, und hebe die nothwendige Vertraulichkeit der Eheleute auf, streite auch mit der so genauen Gleichheit und Verbindung, dadurch sie vor Gott als Ein Fleisch angesehen würden: und dieser Einwurf wird mit dem Zeugniß eines nicht vor langer Zeit verstorbenen, und eines noch lebenden (*) berühmten Gottesgelehrten bestätiget, wiewol der letztere seine ehemahlige Meinung eben so wol, und schon seit geraumerer Zeit, als ich, geändert hat, und es mir also gewiß nicht verübeln wird, wenn ich diese seine ehemahligen Gedanken bestreite, um mit seinen jetzigen Einsichten genauer überein zu stimmen.

Ich habe zwar im 50sten §. ganz am Ende schon bey einer andern Gelegenheit das einfließen lassen, was zur Beantwortung dienen kann: ich will es aber doch noch einmahl zu mehrerer Befriedigung des Gewissens aus einander setzen, und einigen Misverstand zu heben suchen, ob ich gleich den ganzen Einwurf durch das für hinlänglich beantwortet ansehe, was ich im fünften Capitel vom respectu parentelae geschrieben habe, und so lange meine daselbst angebrachten Gründe, daß Moses keine Ehe um des respectus parentelae willen verboten habe, nicht widerlegt sind, ihn gänzlich übergehen könnte.

1.) Die Gleichheit der Eheleute ist nichts nothwendiges, sondern hänget von den Gewohnheiten der Völker ab: am wenigsten aber kann sie als ein Grund der Gesetze Mosis angesehen, und zu deren Erklärung gebrauche

---

(*) Dieser letztere war der nunmehr auch verstorbene Dr. Baumgarten. Wenn ich sage, er habe seine Meinung geändert, so ist diß ein Irrthum von mir: denn er selbst, der beste Ausleger seiner eigenen Worte, hat in der Vorrede zur zweiten Sammlung seiner theologischen Bedenken, S. 76-93. bezeuget, daß das nie seine Meinung gewesen sey, wofür man seine theologische Moral ansähete, und daß er unrecht verstanden sey. Der verstorbene Theologus ist der seel. Canz. Man wird den ganzen Einwurf, der mir zu beantworten vorgeleget war, in eben der Baumgartischen Vorrede, S. 14. kürzer gefaßt antreffen.

braucht werden, weil bey dem Israelitischen Volk die Frau in einer tieffen Unterwürfigkeit lebte, ja eine leibeigene Magd bleiben konnte. 2. B. Mos. XXI, 7-11. wird die von ihrem Herrn zum Beyschlaf gebrauchte Magd erst alsdenn losgekauft oder frey gelassen, wenn ihr die ehelichen Pflichten nebst dem nöthigen Unterhalt entzogen werden: so lange blieb sie also Magd und leibeigen, auch bey der Ehe. Hagar hat dadurch, daß sie mit Bewilligung der Sara in Abrahams Ehebette gekommen war, gar nicht, weder nach Abrahams, noch nach Gottes Urtheil, ihren Dienststand geändert, wie man aus 1. B. Mos. XVI, 6. 9. siehet. Ist nun die leibeigene Magd, die noch dazu Magd bleiben soll, nicht zu geringe zur ehelichen Gesellschaft, so wird Moses die vorgegebene Ungleichheit zwischen dem Onkel und seines Bruders oder Schwester Tochter wol für keine Hinderniß der Ehe angesehen haben. Ich lasse das unberührt, daß die meisten Frauen im Orient gekauft wurden, solche gekaufte Frauen aber nicht nur dem Kaufrecht, sondern auch dem Gebrauch nach, den geheyratheten Mädgens so sehr weit nicht vorgingen.

2.) **Vertraulichkeit** soll wol nicht so viel in dieser Einwendung sagen, als daß Eheleute ihre Geheimnisse sich einander entdecken, welches so wenig eine wesentliche Pflicht des Ehestandes ist, daß es vielmehr bey sehr vielen Ehen ein Unverstand und Mangel der Behutsamkeit seyn würde: sondern ich verstehe es von einem vertraulichen Umgange, ohne Zeichen einer tiefen Unterwerfung. Allein so fällt der Widerspruch der Pflichten abermahls bey dem Volke Mosis schlechterdings weg. In welchem lande gehet doch wol die Unterwerfung einer Niece gegen ihren Onkel, wer er auch sey, so weit, daß sie ihn fußfällig ehren müßte? So weit konnte aber die Unterwerfung der Frau bey einer Ehe mit Königen unter den Hebräern gehen. Ich weiß wohl, daß der 45ste Psalm vom Messias handelt; die Redensarten aber sind doch von den Gebräuchen der Israeliten entlehnet, welche einer Braut aus Königlichem Stamme (V. 14.), deren Pracht und Hoheit im ganzen Psalm dichterisch beschrieben wird, mitten unter so glänzenden Bildern zurufen: er ist dein Herr, und du mußt ihm fußfällig seyn, oder (wie es Luther übersetzt), ihn anbeten (V. 12.). Man vergleiche hiemit 1. B. d. Kön. I, 31 wo die Königin Bathseba wirklich dem David diese tiefste Unterthänigkeit beweiset.

3.) Bey

9.) Bey dem Ausdruck, **Ein Fleisch**, sind Nahmen und Sache besonders zu betrachten. Der Nahme allein beweiset nichts, denn auch die nächsten Verwandten werden einer des andern Fleisch in den Ehegesetzen genannt, und so würde kein Widerspruch der Pflichten darin liegen können, daß sie im Ehestande auch Ein Fleisch sind. Sehen wir aber auf die Sache selbst, welche Moses mit dem Ausdruck, sie sollen Ein Fleisch (oder, Ein Leib) seyn (*), bezeichnet, so ist es entweder eine Beschreibung des Beyschlafs, in dem wirklich beide Personen auf das genaueste vereiniget sind, und nur ein Leib zu seyn scheinen, oder zeiget die daraus folgende genaue Verbindung des gemeinschaftlichen Nutzens und Schadens, als der die gemeinschaftlichen Kinder trift, nebst der ewigen Unzertrennlichkeit der Ehe an. Ich wollte alles dieses zusammen unter dem Ausspruch, sie sollen Ein Leib seyn, begreifen: ich finde aber nichts darunter, so mit der Ehrerbietigkeit einer Niece gegen ihren Onkel streitet. Soll es der Beyschlaf selbst seyn, so muß solches erst erwiesen, und nicht zum voraus gesetzt werden. Wir streiten eben darüber, ob die Ehe mit der Bruders- oder Schwester-Tochter erlaubt sey? führt nun die strengere Parthey den Beweis: sie kann nicht erlaubt seyn, denn sie widerspricht der Ehrerbietung, die eine Bruders-Tochter gegen ihren Onkel haben soll, denn die Ehe erfodert den Beyschlaf, allein der Beyschlaf eines Onkels und seiner Niece ist unerlaubt: so ist dieses die alleroffenbarste petitio principii: denn der Satz, der erwiesen werden sollte, wird nur mit andern Worten zum Grunde gesetzt, und denn aus sich selbst erwiesen. Die genaue Verbindung des beiderseitigen Vortheils und Schadens durch einen gemeinschaftlichen Sohn, der beider Partheyen Erbe ist, kann noch weniger etwas in sich enthalten, so den Pflichten einer Niece gegen ihren Onkel zuwider ist: so wenig als dieses, wenn sie beide sonst Einen gemeinschaftlichen Erben ihrer Güter einsetzen. Und wie die Unzertreulichkeit der Ehe ihren Pflichten entgegen seyn könne, weiß ich so wenig zu begreifen, daß ich nicht einmahl im Stande bin, eine Widerlegung hinzu zu fügen. Doch ich glaube nicht, daß jemand dieses behaupten wolle: sondern ich vermuthe,

---

(*) 1 B. Mof II, 24. Fleisch ist bey den Hebräern und Syrern oft so viel, als Leib, und nicht eben ein besonderer Nahme dessen, was wir Fleisch nennen, und von Knochen oder Haut unterscheiden.

ehe, der im Deutschen ungewöhnliche Ausdruck, Ein Fleisch, sey an dem Einwurf schuld: denn man pflegt sich leicht bey einem unserer Sprache ungewöhnlichen Ausdruck eine undeutliche Vorstellung zu machen, die uns verführen kann, wenn wir Schlüsse darauf bauen.

4) Sollte wol unter den Israeliten eine Person gegen ihren Vetter eine solche Unterwürfigkeit nach dem respectu parentelae gehabt haben, daß sie ihm nicht einmahl durch die Ehe von neuen unterwürfig werden dürfte, die nach den morgenländischen Sitten sich ihm nicht ohne Schleier sehen lassen, noch ihm die Erlaubniß verstatten darf, sie frey zu besuchen? das wäre eine sehr spröde kindliche Unterwürfigkeit.

5) Der Unterscheid zwischen einem Könige und Unterthanen ist doch größer, als der zwischen dem Vaters-Bruder, und der Schwester-Tochter: wer hat aber jemahls die Ehe eines Königes mit seiner Unterthanin für Sünde ausgegeben? Unter den Israeliten war es nicht ungewöhnlich, daß er eine leibeigene heyrathete.

6) Ueberhaupt vermisse ich noch einen überzeugenden Beweis des Satzes, daß wir jemanden außer unsern Eltern bloß wegen der Verwandtschaft, einen kindlichen Gehorsam schuldig sind, und daß dieser respectus parentelae unauflöslich, und durch keinen Vertrag zu ändern sey. Wer ihn zu meiner Ueberzeugung zu führen übernehmen wollte, den bitte ich, das, was ich im 5ten §. von dem respectu parentelae gegen der Eltern Schwester geschrieben habe, mit zu Rathe zu ziehen: insonderheit aber, sich zu erklären, ob er es vor unrecht hält, eine Vormundschaft über seiner Mutter Schwester zu übernehmen, und sie in der Furcht und Ermahnung zum HErrn an Vaters-Stelle zu erziehen? Doch ich brauche denen, die anders denken, nicht so viel abzuleugnen, noch ihnen den ganzen natürlichen respectum parentelae gegen die, so nicht Eltern sind, streitig zu machen: die fünf ersten Betrachtungen scheinen mir schon hinlänglich zur Widerlegung ihres Einwurfs, wenn ich ihnen auch alles eingestünde, was sie vom respectu parentelae lehren. Die Nicte, die Ehefrau ward, unterwarf sich dadurch bey den Israeliten ihrem Vetter weit mehr, als sie ihm irgend wegen eines respectus parentelae unterworfen seyn konnte: ja

7) sie

Von Wittwe des Mutterbr., Brudersohns u. Schwesterſ. C.7. §.103. 287

7) ſie thut es auch bey uns. Wer wird je einer erwachſenen Niece als in Gottes Nahmen und auf lebenslang gebieten, was der Prediger in der Trau-Formul der Braut vorlieſet: Dein Wille ſoll deines Onkels Willen unterworfen ſeyn, und er ſoll dein Herr ſeyn?

§. 103.

b) Eben ſo wenig ſind dieſelben Umſtände und Urſachen des Verbots, die ſich bey des Bruders und Vaterbruders Witwe fanden, bey der verſtorbenen Frauen Schweſter, und den Witwen des Mutterbruders, und des Neveus anzutreffen.

Den großen Unterſcheid zwiſchen der Ehe mit des Bruders Witwe, und der verſtorb.nen Frauen Schweſter, habe ich bereits im 71ſten und 99ſten §. gezeiget. Dieſe letzte Ehe iſt die natürlichſte eines Witwers, und diejenige, die von ſterbenden Müttern, aus Liebe gegen ihre Kinder, am häufigſten gewünſcht und erbeten wird. Die Ehe mit des Bruders Witwe hat nicht nur gemeiniglich dieſe Anpreiſung nicht (*), ſondern ihre Erlaubniß, und die Hofnung auf ſie, konnte auch nach den Sitten, die Moſes bey ſeiner Geſetzgebung vor ſich fand, am leichteſten zur Unzucht in Familien Anlaß geben, weil nach einem ältern Herkommen die übrigen Brüder ihres Bruders Frau als ein Theil der Erbſchaft anſahen. Bey ſolchen Umſtänden waren beide Ehen zwar dem Grad nach gleich nahe, aber ſie waren es nicht in Abſicht auf die Sitten des Volks und die daraus entſtehende Gefahr der Verführung. Denn das iſt doch wol klar, daß diejenige Schwiegerin uns näher iſt, und daß wir leichter auf ſie einen verführeriſchen Gedanken werfen, und ihn auch ihr zu verſtehen geben können, die wir ſchon auf den Fall, da ihr Mann ſtirbt, als unſere Frau anſehen, und die dies ſelbſt auch von ſich auf eben dem Fall denket; als die

Schwie-

(*) Bey uns heyrathet bisweilen jemand die Witwe ſeines Bruders, um ihren Kindern Unterhalt zu verſchaffen, ſonderlich wenn er und ſein Bruder vorhin gemeinſchaftliche Haushaltung und Gewerbe gehabt haben: wovon man in itzen Stück der zweiten Sammlung theologiſcher Gutachten des ſel. Baumgartens ein zur Erläuterung meiner Meinung dienliches Beyſpiel finden wird. Allein auf den Fall hatte Moſes, bey der Einrichtung des Staats und Volks ſo er machte, nicht leicht zu denken Urſache: denn jeder Iſraelite hatte ſeinen väterlichen Acker, von dem er leben ſollte, daher Handlung und Gewerbe nicht die gewöhnliche Lebensart der Iſraeliten ſeyn konnte; und dieſen Acker hinterließ er ordentlich ſeinen Kindern. Daher die Witwe für ihre Kinder nicht leicht eine Heyrath zu thun, oder den Unterhalt für ſie bey ihres Mannes Bruder zu ſuchen hatte.

Von Witwe des Mutterbruders,

Schwiegerin, auf welche wir gar keine Anwartschaft haben. Man erinnere sich noch, was ich §. 71. von dem Nahmen *Nidda* geschrieben habe, den Moses der Ehe mit des Bruders Witwe giebt.

Eben so kommt mir auch die Ehe mit des Vaterbruders Witwe in Verhältniß gegen die drey, dem Grad nach gleich nahen, mit den Witwen des Mutterbruders, des Brudersohns, und des Schwestersohns, vor. Moses selbst giebt mir zu dieser Vergleichung den ersten Wink, da er auf die beiden Ehen mit des Bruders und des Vaterbruders Witwe, einerley Strafe, und zwar auf sie allein, setzet. Die Strafe steht noch dazu mit dem sonderbahren Leviratsrecht der Israeliten im Zusammenhang, indem die Kinder, welche aus beiden Ehen erzeuget werden, ihrem natürlichen Vater abgesprochen, und die Väter bürgerlich und in den genealogischen Registern für kinderlos erklärt werden (§. 76.). Nichts ist also natürlicher, als die verbotene Ehe mit des Vatersbruders Witwe in ihrer Verhältniß gegen das Israelitische Leviratsrecht zu betrachten.

Nach diesem Recht mußte, wenn ein Ehemann ohne Kinder starb, und eine Witwe hinterließ, sein Bruder die Witwe zur Frau nehmen. So lautet das Gesetz 5. B. Mos. XXV, 5 - 10. in welchem freilich nur der Bruder genannt wird. Wenn aber entweder kein Bruder vorhanden war, oder der Bruder sich weigerte seine Schwiegerin zu nehmen, so fiel diese Erbschaft oder Pflicht dem nächsten Verwandten nach ihm zu; und wenn auch diese nicht waren, oder nicht wollten, so kam sie auf den nächsten nach ihnen. Man siehet dis klar aus dem Buch Ruth. Ruth glaubt, Boas sey der nächste Verwandte ihres verstorbenen Mannes, und erinnerte ihn deshalb an der schuldigen Ehe: C. III, 1 - 9. Er ist dazu geneigt, und Ruth scheint eine Person gewesen zu seyn, der ren Anträge von dieser Art angenehm seyn mußten: allein er erinnert, daß noch ein näherer Verwandter ihres Mannes lebe, und er selbst nur der nächste nach dem nächsten Blutsfreunde oder Goel sey, V. 10-13. Er gehet den andern Tag in das Thor der Stadt, wo die wichtigern Contracte geschlossen zu werden pflegten, befragt den nächsten Verwandten mit den gewöhnlichen Feyerlichkeiten, ob er die Ruth heyrathen wolle, und da dieser nicht will, und sie ihm abtritt, so heyrathet er sie selbst. Cap. IV. Der nächste Verwandte nach dem Bruder, kann wol kein anderer als des Bruders Sohn seyn: und wenn der Bruder des verstorbenen Ehemanns auch verstorben ist, kann die Witwe von niemanden die Pflichten des Levirats eher wünschen, als von dem Sohn dieses Bruders. Es folgt also aus dem vorhergehenden, daß selbst nach dem Mosaischen Leviratsrecht, die kinderlose Wittwe sich an ihn als künftigen Ehemann zu wenden hatte, wenn die Brüder ihres Mannes um die Zeit schon todt, oder verheyrathet waren, da sie Wittwe ward. Vor Mosis Zeit, und nach einem ältern Herkommen, hielt sie sich gar an den Schwiegervater selbst (1. B. Mos. 38.).

Ist nun das Leviratsrecht, wie ich §. 71. behauptet habe, ein Ueberbleibsel von einem noch weiter gehenden ältern Recht, nach welchem auch ausser dem Fall der Unfruchtbarkeit der Ehe, und unter Privatleuten, die Wittwen eben so gut zur Verlassenschaft gehörten, und dem nächsten Erben zufielen, als in spätern Zeiten das Serraille der Könige: so hatte des Bruders Sohn eine ziemlich nahe Anwartschaft auf seines Onkels Frau, deren gefährliche Folgen ich hier nicht noch einmahl beschreiben will, da man sie aus dem vorhin gesagten abnehmen kann. Denn wenn sein Vater todt, oder zu alt, oder doch nicht Willens war zu seiner jetzigen Frau eine andere zu nehmen, so fiel dieser Theil der Erbschaft des Onkels natürlicher Weise an den Brudersohn. Dis war wol Ursache genug für einen, um die Tugend seines Volks, und die Verhütung der Familien-Unzucht, bekümmerten Gesetzgeber, nicht nur diese Exspectanz, blos den Fall der Unfruchtbarkeit ausgenommen, aufzuheben, sondern auch dem alten Herkommen und dessen Folgen noch kräftiger entgegen zu gehen, und die Ehe schlechterdings zu verbieten.

Und nun wird man ohne viel Mühe sehen können, warum Moses unterlassen hat, die Ehe mit der Wittwe des Mutterbruders zu verbieten: denn die gehörte gar nicht in dis sonderbahre Leviratsrecht. Der Schwestersohn war aus einer andern Familie, als sein Mutterbruder, er war also in gar keinem Fall derjenige Goel oder Verwandte, der ihm Saamen erwecken sollte: und nach dem ältern von Mose abgeschaften Herkommen fiel die Wittwe, als ein Theil der Erbschaft, an des Mannes Bruder, und wenn der nicht war, an den Brudersohn; an den Schwestersohn ihres Mannes aber konnte sie nie fallen, denn das hätte zum vorausgesetzt, daß sie vorher an ihres Mannes Schwester gefallen seyn müßte. Man stelle sich nur dis Schema vor

Jacob

Lia   Ruben   Dina
                                       |
                               Sempronius

Von Witwe des Mutterbruders,

so wird man sehen, wie ungereimt es seyn würde, wenn bey Rubens Tod Sempronius dessen Witwe, die Titia, erben sollte. Denn er müßte sie von seiner Mutter Dina erben, diese aber wird doch wol nicht Rubens Witwe heyrathen sollen, eine Frauensperson die andere! Eben so verhält es sich auch mit der Witwe des Schwestersohns, die gleichfalls von einer andern Familie ist, als ihrer Mutter Bruder.

Dieser beiden nicht verbotenen Ehen Unterscheid von der verbotenen, fällt deutlich genug in die Augen. Blos bey der einzigen, die Moses nicht verboten hat, mit der Witwe des Brudersohns, möchte vielleicht die Verschiedenheit manchen auf den ersten Blick entgehen, weil dieser von Einer Familie mit seines Vatersbruder ist. Allein der Unterscheid wird sich bald zeigen, und klar werden, daß der Vater-Bruder nicht leicht derjenige Goel seyn konnte, welcher dem ohne Kinder verstorbenen Ehemann Saamen erwecken sollte, oder seine Witwe erbete, wenn man erwäget:

1) daß diese Pflicht ordentlich von einem jungen Mann, und nicht von einem alten gefodert werden mußte, folglich nach der gewöhnlichen Verhältniß des Alters von dem Bruder oder Brudersohn, nicht leicht aber von dem Vaterbruder erwartet werden konnte.

2) Daß überhaupt die Väterbrüder uns nicht zu erben pflegen, sondern die Erbschaft zu den Brüderssöhnen niedersteigt: insonderheit aber

3) Der Vatersbruder der Natur der Sache nach die Witwe seines Neveus nicht wol als eine Erbschaft bekommen konnte. Denn dis würde zum voraussetzen, daß die Witwe erst an den Vater gefallen wäre, und da dieser nicht mehr vorhanden ist, einen Grad weiter an des Vaters Bruder käme. Allein eine solche abscheuliche Erbschaft, nach welcher der Vater die Witwe seines Sohns bekäme, kann man sich schwerlich als das gewöhnliche Leviratsrecht vorstellen, obgleich Thamar 1 B. Mos. 38. aus Rache und Verzweifelung eine solche Foderung ersann, und sich heimlich bezahlt machte. Es fiel vielmehr die Witwe an des Mannes Bruder, und hieraus folget doch wol unwidersprechlich, daß sie, wenn er selbst schon gestorben war, als auf seinen Sohn vererbet angesehen werden mußte.

Wem es zu schwer wird, dis ohne ein Schema zu begreifen, der erlaube mir die Fiktion, daß Onan, der Sohn des Juda, vor seinem

Bruder

Bruderſohns und Schweſterſohns. Cap. 7. §. 103.

Bruder Ger verſtorben ſey, und einen Sohn, den ich Cajus nennen will, hinterlaſſen habe. Wenn nun die Verwandſchaft ſo ausſiehet,

```
              Jacob
    Ruben           Judas
           Onan         Ger   Thamar, Gers Witwe.
           Cajus
```

und man weiß, daß es Onans Pflicht oder Recht geweſen wäre, die Witwe ſeines Bruders Ger zu heyrathen, falls er deſſen Tod erlebt hätte, ſo iſt doch wol klar, daß ſie nach Onans Tode an Cajum, und nicht an Ruben falle.

Alſo war wiederum der Vaterbruder nicht der ordentliche Expectant auf die Frau ſeines Nevens, und folglich nicht mit unter der Urſache begriffen, die den Iſraëlitiſchen Geſetzgeber bewog, dem Bruders Sohn die Ehe mit des Vaterbruders Witwe zu unterſagen.

Da auf die Weiſe zwiſchen allen dem Grade nach gleich nahen Ehen, die Moſes nicht genannt, und denen, die er genannt und verboten hat, ſich ein wichtiger Unterſchied findet, welcher die rationem legis angehet: ſo kann kein Zweifel daran übrig bleiben, daß er mit gutem Bedacht nur dieſe Fälle genannt, und jene nicht verboten habe. Man ſoll die Perſonen, die er genannt hat, nicht als Exempel ganzer Grade anſehen, die er aus mehreren gleichen Fällen nach einem bloßen Ungefähr gewählt, und, ſo zu reden, aus dem Lotteriekaſten gezogen habe, die wir aber durch Schlüſſe weiter ausdähnen müßten. Dieſe Ausdähnungen würden keine Schlüſſe vom ähnlichen auf das ähnliche, ſondern auf ganz unähnliche Fälle ſeyn; ohngefähr eben ſo unrichtig, als wenn einer daraus, daß Moſes befiehlt, des ohne Kinder verſtorbenen Bruders Witwe zu heyrathen, nicht blos eine Erlaubniß, ſondern einen Befehl für die Iſraeliten, hätte folgern wollen, auch des mit Nachlaſſung einer zahlreichen Familie verſtorbenen Bruders Witwe zu heyrathen.

§. 104.

Ein gegen dieſe Lehre gemachter Einwurf, als nehme ſie eine Erklärung des göttlichen Verbots an, die der Gewohnheit Chriſti, und ſeiner Lehrart in der Bergpredigt zuwider ſey; wird vorgetragen.

Ich ſehe, daß ich die Einwürfe ſchon beyläufig beantwortet habe, welche mir während der Ausarbeitung dieſer Schrift von andern gemacht ſind, und die ich Anfangs willens war hieher zu versparen, weil es nicht meine eigenen Zweifel gewesen sind. Nur Einen finde ich noch übrig, den ich oben verspro= chener maßen, beantworten muß, ehe ich diesen Theil des sechsten Capitels schlief= sen darf. Vielleicht ist es der, welcher bey den meisten Gottesgelehrten, die eine verneinende Antwort auf die Ehe=Anfragen geben, zum Grunde lieget, ob sie gleich ihn sich nicht so distinct vorgestellet haben, noch sich der Ursache so deutlich bewußt sind, um welcher willen sie eine Abneigung von der gelinderen Erklärung der Ehegesetze Mosis fühlen, und befürchten, daß sie sich bey derselben an Gott versündigen würden.

Mir ward eingewandt (*): es sey die Einschränkung der Ehegesetze Mosis auf die von ihm ausdrücklich genannten Verwandtschaften, gleichsam das gerade Widerspiel von der Art das Gesetz auszulegen, die wir in der Bergpredigt finden: dahingegen die Auslegungsregeln, welche die Eheverbote Mosis auf alle Verwandtschaften in eben dem Grad erstrecken, keine andere seyn, als deren sich unser grosser Er= löser bey den göttlichen Verboten mehrmahls, und insonderheit in der Bergpredigt bedienet habe, dabey man die Verbote nicht aus Sühne, sondern sie in ihrer vollen Bedeutung und ganzem Umfange nehme.

Ich denke, daß dieser Zweifel bey mehreren zum Grunde liege. Sie glauben, Christus habe in der Bergpredigt das zweite, fünfte und sechste Ge= bot zu erklären sich vorgenommen, und verfahre dabey dergestalt, daß er nicht nur die Begierde, das Gebot zu übertreten, für eine Uebertretung desselben halte, (wogegen ich nichts einzuwenden habe, da zum wenigsten das neunte und zehnte Gebot mit ausdrücklichen Worten die böse Begierde verbietet, und der, so den Vorsatz zu einer bösen That hat, und dem nur die Gelegenheit mangelt, sich ihrer so viel an ihm ist, schuldig gemacht hat) sondern, daß er auch gewisse Handlungen, die in dem Verbote gar nicht benannt sind, die aber

nur

2. (*) Den Aufsatz, aus dem dieser Ein= wurf genommen war, findet man in der Vorrede zu der zweiten Sammlung der theologischen Gutachten des seel. Baum= gartens abgedruckt, indem er eigentlich gegen ein Responsum des seel. Baumgar= tens gerichtet war. Er ward mit zur Beantwortung vorgelegt, welche ich desto lieber übernahm, weil sie mir Gelegenheit gab, ein so wichtiges Grundgesetz der christ= lichen Moral, als die Bergpredigt ist, zu erläutern. Was der seel. Baumgarten darauf geantwortet hat, wird man in der eben genannten Vorrede zu suchen haben.

mit der verbotenen Handlung eine gewiſſe Aehnlichkeit haben, durch dieſelben vor unterſagt erkläre: z. E. daß unſer Heyland behaupte, es ſey im fünften Gebot nicht blos der Todtſchlag, oder die Nachſtellung wider eines andern Leben, ſondern auch aller Schaden, den ich dem andern an ſeiner Ehre zufüge, ja ſo gar der Haß des Nächſten, und durch das ſechſte Gebot nicht blos die Luſt zu meines Nächſten Weibe, ſondern auch die Hurerey zwiſchen unverehlichten uns unterſaget: und daß Chriſtus das, was er wider den Haß des Nächſten, wider die Verunglimpfung deſſelben durch Worte, und wider gewiſſe betrügliche Eidesformuln redet, aus dem fünften und zweiten Gebote herleite.

Auf dieſe Weiſe pflegen ſie die zehn Gebote insgeſamt zu erklären, welche ſie für einen kurzen, aber vollſtändigen Inbegrif der ganzen Sittenlehre anſehen: und bey dieſer einmahl angenommenen Erklärungsart können ſie freilich genöthiget ſeyn, auch den Ehegeſetzen Moſis einen ſolchen Umfang zu geben, den die verſchieden denkenden nicht wohl anders als mit dem Nahmen der Ausdähnung belegen können.

Ich geſtehe es frey, daß ich hierin von ihnen abgehe (*). Ich glaube weder, daß wir Recht haben, die im Geſetz verbotenen Handlungen auf andre Handlungen auszudähnen, die nur eine gewiſſe Aehnlichkeit damit haben, und mit ihnen unter einerley genus gebracht werden können; noch auch, daß dieſejenigen, von denen ich jetzt abgehe, ſelbſt dieſe ihre Auslegungsart überall zu befolgen gemeinet ſind: am wenigſten aber, daß Jeſus Chriſtus, der vollkommenſte Ausleger der Schrift, ſelbſt das Muſter zu dieſer ſo willkührlichen Auslegungsart gegeben habe. Der Beweis dieſer drey Sätze wird die Widerlegung des gemachten Zweifels enthalten. Damit wir aber nicht in einen Wortſtreit verfallen, und andere, ſo meine Schrift mit einem gehäßigen Gemüthe leſen, mir nicht allerley Sätze, an die ich nie gedacht habe, aufdringen können, ſo erkläre ich mich zum voraus,

1) daß

(*) Weil Sätze, die von einer gewöhnlichen Meinung abgehen, in mancher Augen etwas anſtößiges haben, welches ſie verlieren, wenn man einen berühmten Theologen aus der neuern Zeit nennet, der mit ihnen übereinſtimmt ſo nehme ich mir die Freyheit, das im Jahr 1756 herausgekommene Programma des Herrn Conſiſtorialraths Ribov, *moralis de decalogo* anzuführen. Man wird daſelbſt S. 12. finden, daß der Herr Conſiſtorialrath ſich von dem, was man geiſtliche Auslegung der zehn Gebote nennet, und ich hier ein Jahr vorher beſtritten hatte, gleichfalls nicht habe überführen können.

1) daß ich gar nicht leugne, daß die vorhin genannten Dinge, z. E. Hurerey, Verunglimpfung des Nächsten, Haß gegen denselben, u. s. f. Sünde sind: sondern nur, daß dieses ein Folgesatz des fünften und sechsten Gebotes sey.

2) Daß ich eben so wenig die böse Lust vor ein Mittelding halte. Vor dem Gott, der die Gedanken siehet, macht uns der Vorsatz, sein Gesetz zu übertreten, eben so schuldig und abscheulich als die That: ja der Mensch, der nur wüßte, daß wir seinem Leben oder der Ehre seiner Frau nachstelleten, würde uns schon als Mörder und Ehebrecher hassen; denn es fehlt nicht an uns, sondern blos an der Gelegenheit, gegen ihn Mörder und Ehebrecher zu seyn. Ich kann daher das Verbot der herrschenden bösen Lust schon aus dem göttlichen Verbot der That herleiten. Hingegen ist die wider unsern Willen aufsteigende Lust, in den Worten, laß dich nicht gelüsten, untersaget, und ihre Sündlichkeit braucht nicht aus dem fünften oder sechsten Gebot gefolgert zu werden.

3) Daß ich auch die richtigen Schlüsse nicht leugne, die nach den ordentlichen Gesetzen der Vernunftlehre aus den göttlichen Geboten gezogen werden können. Ich gebe z. E. herzlich gerne zu, daß dadurch die Vielweiberey selbst verboten, und für eine Art des Ehebruchs erkläret werde, wenn Christus den für einen Ehebrecher ausgiebt, der sich von seiner Frauen scheidet, und eine andere freyet. Nur verlange ich, daß keine andere Arten von Folgen gemacht werden sollen, als die auch aus den Gesetzen eines andern weisen Gesetzgebers gezogen werden könnten, und die Logik billiget, nicht aber das genus einer Sache für unerlaubt gehalten werde, wenn die species verboten ist.

4) Daß auch aus der Ursache der göttlichen Verbote oder Gebote Folgen gezogen werden können, wenn sie uns aus der Vernunft oder Schrift bekannt sind: nur daß abermahls die Folgen richtig seyn müssen.

Daß aber aus der Ursache der Eheverbote nicht folge, daß auch die übrigen von Mose nicht genannten Ehen sündlich sind, hoffe ich oben gezeiget zu haben: daher es mir nicht nachtheilig ist, dieses zuzugeben.

§. 105.

§. 105.

Beantwortung hievon: 1) Die Unrichtigkeit der Auslegung, welche aus dem Verbot einer species auch das Verbot des ganzen generis, oder aller ähnlichen Handlungen macht, wird aus hermenevtischen Gründen gezeiget.

Es bleibt also bloß die Frage übrig, ob wir aus den göttlichen Verboten einer Sünde, Schlüsse auf das ganze Geschlecht der Handlungen machen können, davon dieses nur eine Untergattung ist, z. E. vom Verbot des Ehebruchs auf alle Arten der Unkeuschheit: ja gesetzt, wir wüßten auch schon anderweitig, daß das ganze Geschlecht oder genus Sünde sey, so wie wir es von allen Arten der Unkeuschheit wissen, ob wir alsdenn behaupten können, daß sie durch ein Verbot, so nur Eine speciem derselben, und wol gar die schädlichste und gröbste nennet, insgesamt untersaget sind: d. i. daß die Worte, du sollst nicht ehebrechen, zugleich so viel heissen; du Unverehlichter sollst nicht huren, deinen eigenen Leib nicht beflecken, nicht unnatürliche Sünden treiben, nicht unzüchtig denken oder reden, nicht eine nahe Blutsfreundin zur Ehe begehren! und du Verehlichter sollst im Beyschlaf Maaße halten, nicht zum Schaden deiner Gesundheit deiner Ehefrau beywohnen, dich ihrer enthalten, wenn sie säuget, und was ich hier noch sonst vor vernünftige Pflichten der Eheleute aufführen könnte.

Leget man wol je eines Menschen Gesetze so aus? und mit welchem Rechte will man es denn bey Gottes Gesetzen thun? Wenn Gott mit Menschen redet, so thut er es in der Sprache der Menschen, und um von ihnen verstanden zu werden: daher müssen auch seine Worte nach eben den Regeln ausgeleget werden, welche die Vernunftlehre zur Auslegung menschlicher Reden vorschreibt. So wenig ein vernünftiger Philologe bey einem Griechischen Worte im N. T. sagen wird: ich bekümmere mich nicht darum, was das Wort bey den Griechen, oder auch bey den Griechisch-redenden Juden, z. E. bey den 70 Dollmetschern bedeutet habe, sondern glaube, daß es Gott in einer ganz andern nie vorhin gewöhnlichen Bedeutung, die aus menschlichen Schriften nicht erlernet werden kann, gebraucht habe; so wenig darf einer ganz neue, und unter Menschen ganz ungewöhnliche Auslegungsregeln dem Worte Gottes aufdringen. Wollte er es aber thun, wie ungewiß, wie willkührlich würde sodann

die

die Auslegung werden: indem man Auslegungsregeln erdichten kann, so bald man nicht verbunden ist, sie aus der Logik, oder aus dem Gebrauch zu bewähren.

Man sage mir doch ja nicht, was die Coccejaner sonst zu Vertheidigung des mehrfachen Sinnes vorgebracht haben, den sie jedem einzelnen Spruch der Weissagungen geben wollten, daß der allwissende Gott bey Verbietung der einen gröbern Gattung der Sünden, als (bey dem Exempel zu bleiben) des Ehebruchs, sich alle übrige Gattungen gleichfalls vorgestellet, und sie in seinem unendlichen Verstande auf einmahl überdacht habe. Denn Worte sagen ja nur das, was sie ihrer natürlichen Bedeutung nach sagen können, und nicht alles, was zu der Zeit im Gemüth des Redenden gewesen ist: und wir Menschen haben ja auch oft unter dem Reden noch andere Gedanken, die uns auch wol eben bey den Worten, die wir gebrauchen, einfallen, und die wir dennoch durch die Worte nicht mit auszudrücken oder auszudrücken verlangen. Wollte man aber einen solchen Grundsatz der Hermeneutik annehmen, so würde man in jedem der 10 Gebote auch das ganze Evangelium und die ganze Naturlehre suchen müssen, denn beides war dem Verstande des allwissenden Gottes bey Gebung des Gebots gegenwärtig. Doch ich hoffe, dis sey zum Ueberfluß und ohne Noth geschrieben: denn die Coccejanische Art der Auslegung kommt mir so ungegründet vor, daß ich keinen meiner Leser durch den Verdacht verunglimpfen wollte, als nehme er ihre Grundsätze und Unterscheidungslehren an.

Die Deutlichkeit ist unter allen Vollkommenheiten der Schreibart die hauptsächlichste und unentbehrlichste, und von allen protestantischen Schriftstellern bin ich gewiß, daß sie der heiligen Schrift diese Eigenschaft in einem sehr hohen Grad zuschreiben, und ihre anscheinende Undeutlichkeit blos aus unserer Unwissenheit der Sprache, Geschichte oder Alterthümer herleiten. Ich bitte demnach alle Leser, bey denen ich diesen Lehrsatz unserer Kirche zum voraussetzen kann, mit Hintansetzung aller vorgefaßten Meinungen, sich die Frage zur unpartheyischen Beantwortung vorzulegen, ob das Buch deutlich ist, dessen Sinn erst durch solche Erklärungen gefunden werden muß? oder welches nach den unter Menschen gewöhnlichen Erklärungsgesetzen nicht vollständig erkläret werden kann? Entstehet nicht die Deutlichkeit daraus, wenn einer so schreibet oder redet, wie es unter andern Personen gewöhnlich ist, und kann man wol diejenige Undeutlichkeit, so erfolgen würde, wenn die Bibel ganz nach andern, und unter Menschen ungewöhnlichen Auslegungsgesetzen zu erklären wäre, un-

setzer

ferer Unwissenheit der Sprache oder der Alterthümer zur Last legen? Müßte sie nicht auf die Bibel selbst zurück fallen?

Doch wir können nicht blos beweisen, daß eine göttliche Offenbahrung nicht müsse in einer andern Schreibart abgefasset seyn, als die unter Menschen gewöhnlich ist: sondern wenn wir auch die Bibel, und selbst die zehn Gebote ansehen, so finden wir zugleich a posteriore, daß sie nicht nach diesen bey menschlichen Gesetzen unbekannten Auslegungsregeln erklärt seyn wollen. Wenn man diese Regeln annimt, so würde schon durch das zweite Gebot, so den falschen Eid verbietet, auch jedwede Unwahrheit untersaget seyn, sonderlich wie es im Hebräischen lautet: du sollst den Nahmen des Herrn deines Gottes nicht aussprechen bey einer Unwahrheit. Wenn man den Satz annimt, den ich doch unten leugnen werde, daß Christus in der Bergpredigt Folgerungen aus dem zweiten, fünften, und sechsten Gebot herleitet: so ist dieses noch klärer. Denn nachdem er eine schändliche Verdrehung des zweiten Gebots bestrafet hat, so setzt er hinzu: eure Rede sey, Ja! von dem was Ja ist und Nein! von dem was Nein ist (*). Sind nun aber in dem zweiten Gebot schon alle Unwahrheiten verboten, wozu braucht es in dem so kurzen Auszuge unserer Pflichten noch des achten Gebots? der Gesetzgeber, welcher dieses dazu setzte, mußte wol nicht jedwedes falsche Zeugniß schon im zweiten Gebot verboten haben, sondern blos den falschen Eid.

Es würden auch in der That aus der Erklärungsart der Verbote, da man, wenn eine Gattung von Sünden genannt wird, alle ähnliche Sünden, die mit ihr unter Ein Genus gehören, zugleich verstehet, so wunderbare Folgen fliessen, daß wir sie mit der Weisheit des allervollkommensten Gesetzgebers nicht reimen können. Wenn im fünften Gebot unter tödten auch schmähliche Nachreden, ja so gar der blosse Haß gegen den Nächsten verstanden wird, wenn Christus dieses Matth. V, 22. behauptet, und nicht vielmehr daselbst Sätze der Sittenlehre vorträgt, die nicht aus dem fünften Gebot folgen: so wird das Wort tödten auch in den politischen Gesetzen, in welchen die Strafe vorgeschrieben wird, damit die Obrigkeit den Todtschläger belegen soll, eben so zu nehmen seyn. Diese haben so wohl als das fünfte Gebot Gott zum Urheber, und sind uns durch die Feder Mosis aufbehalten: man kann aber einen

Schrift-

(*) Matth. V, 37.

Schriftsteller nicht besser, als aus sich selbst erklären, und was Moses einmahl unter tödten verstehet, das wird auch wol das anderemahl gemeinet seyn. Wer wird aber dem weisen Gott ein solches Gesetz aufdichten wollen, vermöge dessen, auf schmähliche Nachreden, ja auf den blossen Haß des Nächsten eine von der weltlichen Obrigkeit zu vollstreckende Todesstrafe gesetzt sey (*)? Ich habe dis Exempel gern gewählt: denn wenn irgend etwas richtiges an der Erklärung der Bergpredigt unsers Heylandes ist, welche bey dieser Einwendung zum Grunde lieget, so wäre nichts deutlicher, als daß er die Obrigkeit aufmuntere, die jetzt genannten Sünden so wol als den Mord mit dem Schwerdte zu bestrafen, wenn er sagt: wer mit seinem Bruder zürnet, der ist dem Gerichte schuldig (**): wer zu ihm saget, Raka, der ist dem Rath schuldig. Was diese Worte wirklich sagen wollen, ist bereits aus den besten Auslegern zu ersehen gewesen, und soll unten zu mehrerer Hebung des Zweifels gezeiget werden. Ich hoffe aber doch nicht, daß jemand wirklich glauben wird, daß auch nur der Israelitischen Obrigkeit befohlen sey, wider solche Uebertretungen das Schwerdt zu gebrauchen: oder eben die Strafe auf die Hurerey, ja auf die böse Lust zu setzen, die dem Ehebruch bestimmet ist. Wenn nun aber an dem einen Orte die Worte, tödten, ehebrechen u. s. f. nichts weiter in sich fassen, als was sie bey uns bedeuten, was hat man doch vor Recht, ihnen in einer andern Stelle Mosis einen unter Menschen so ungewöhnlichen und unerhörten Sinn zu geben?

Wir finden überdas eine Stelle, in welcher unser Heyland einen Satz äussert, der dieser Erklärung der zehn Gebote so schnurstracks entgegen stehet, daß einige ihr ergebene Ausleger die äusserste Gewalt gebraucht haben, den Worten Christi einen andern Sinn zu geben. Ich meyne Marci X, 21. wo

Jesus

(*) Man kann mir nicht einwenden, daß in einigen dieser politischen Gebote ein anders Wort stehe, als das im fünften Gebote gebrauchte רצח. Denn 1) einmahl ist hier nicht die Frage, ob רצח (Ratsach) eine besonders weitläuftige Bedeutung habe, sondern ob überhaupt der eigentlich so genannte Todtschlag in göttlichen Gesetzen auch die übrigen Beleidigungen, ja den Haß des Nächsten mit unter sich begreife? 2) Ja Ratsach ist zu einer so weitläuftigen Bedeutung noch ungeschickter, als die anderwerts von Mose gebrauchten Ausdrücke, indem es eigentlich, wie wir aus der Arabischen Sprache wissen, heißt, mit Steinen schlagen oder werfen, nachher aber durch den gemeinen Gebrauch der Sprache und eine metonymiam speciei pro genere von allem Todtschlage gebraucht wird.

(**) Gericht ist hier dasjenige Gericht, so Lebensstrafen zuerkannte, und Rath der hohe Rath zu Jerusalem, wie von andern genug bemerket und erwiesen ist.

Jesus einem reichen Jüngling, der sich rühmete, alle die Gebote gehalten zu haben, die ihm vorhin V. 19. von Jesu genannt waren, antwortet: Eins mangelt dir. Es ist offenbahr, daß Jesus ihm hier die Haltung der Gebote, du sollst nicht ehebrechen, du sollst nicht tödten, du sollst nicht stehlen, du sollst deinen Vater und deine Mutter ehren, eingestehet, und ihm dagegen die Haltung eines einzigen Gebots ableugnet, nehmlich dessen, welches ich deutlicher umschreiben möchte, du sollst den Armen die Almosen nicht entziehen (μη αποστραφηης V. 19.). Wie hätte aber Jesus ihm so viel eingestehen können, wenn er den übrigen angeführten Geboten den unendlichen Sinn gegeben hätte, welchen man geistlichen Verstand nennet? War denn nie bey diesem Jüngling etwas vorgegangen, das dem 4ten, 5ten, 6ten, 7ten Gebote, nach einer solchen Ausdähnung genommen, zuwider lief? Wolfsburg hat diese Schwierigkeit bemerkt, und daher den Worten eine so gezwungene Uebersetzung gegeben, die jedermann kenntlich macht, wie unfreundschaftlich die Worte Christi mit der Art zu erklären übereinstimmen, welche man bey den 10 Geboten anwendet: denn er will, Eins sey so viel als alles. Dis war nöthig, um die einmahl hergebrachte Hermeneutik der 10 Gebote zu erhalten, und doch Christum selbst nicht heterodox zu machen.

§. 106.

a) Nicht einmahl diejenigen, welche diese Auslegungsregeln vertheidigen, befolgen sie an andern Orten.

Dis bringet mich unvermerkt auf den zweiten Punct. Ich kann nicht glauben, daß diejenigen, welche bisweilen dergleichen Auslegungsregeln vertheidigen, sie an andern Orten selbst gebrauchen wollen. Würden sie mir wol beyfallen, wenn ich die zweite Ehe deswegen für sündlich hielte, weil die Vielweiberey von Christo für einen Ehebruch erklärt ist? Und doch ist es eine Art der Vielweiberey! man nennet sie polygamiam successivam! sie ist, in Absicht auf die Erziehung der Kinder erster Ehe, (eine Sache so den Hauptzweck der Ehe ausmacht) nicht ohne Gefahr schädlicher Folgen! Sie kann so gar buchstäblich in Pauli Ausdruck, Eines Weibes Mann, für verboten angesehen werden!

Wir wollen bey Ehegesetzen bleiben. Wer wird leugnen, daß der Beyschlaf bey schwächlicher Gesundheit bisweilen schädlich seyn könne. Ich glaube aber nicht, daß jemand ihn unter das Verbot z. B. Mos. XVIII, 19. bringen, und glauben werde, daß er daselbst von Mose untersagt sey.

Die Sittenlehrer streiten darüber, ob blos die Schadenlügen, oder auch die so genannten falsiloquia, und vermeinten nützlichen Unwahrheiten sündlich sind. Welcher Meinung ich beytrete, und daß ich alle Unwahrheiten für sündlich halte, kann vielleicht aus meiner Abhandlung, von der Verpflichtung der Menschen die Wahrheit zu reden, bekant seyn. Allein wer würde mir es gelten lassen, wenn ich diese zweifelhafte Frage durch die Worte des achten Gebots, du sollst nicht falsch Zeugniß reden wider deinen Nächsten, entschieden zu haben meinte? Würde mir nicht jederman sagen, hier sey offenbahr von lügen wider meinen Nächsten, folglich von Schadenlügen die Rede? Und doch kommt das falsche Zeugniß darin mit dem Falsiloquio überein, daß beydes falsch ist! Wie? wenn ich die Sache aus dem zweiten Gebot entscheiden wollte? Es würde dieses allerdings noch mehr Schein der Wahrheit und einer richtigen Folge haben, wenn ich sagte: wobey ich den Nahmen des Herrn meines Gottes nicht aussprechen darf, das soll gar nicht gesagt werden! Ich glaube aber doch nicht, daß jemand so unbedächtig seyn wird, sich mit diesem Beweise zu befriedigen: er würde sich zu seiner Beschämung allerley sonderbahrer Instanzen gewärtig seyn müssen.

Ich mag nicht mehr Beyspiele anführen, denn ich fürchte, sie könnten wider meinen Willen etwas lächerliches an sich haben: ja ich glaube in der That, daß nunmehr schon die, welche ich von meiner Meinung zu überzeugen suche, glauben, ich hätte ihre Meinung nicht gefasset, und daß sie vorgeben werden, sie wollten weiter nichts behaupten, als was ich am Ende des 104ten §. zugegeben habe, nicht aber die Art von Schlüssen machen, die ich hier bestreite. Ist dieses ihre Meinung, so wird dieser ganze Streit nichts mit den Ehefragen zu thun haben. Doch weil ich einmahl angefangen habe, den Zweifel zu beantworten, so will ich noch das dritte Stück hinzu thun, und melden, was die Meinung Christi in dem Theil seiner Bergpredigt sey, welchen man vor die Erklärung einiger unter den zehn Geboten ausgiebt.

§. 107.

§. 107.

In der Bergpredigt wird das 2te, 3te und 6te Gebot, weder erklärt, noch überall angeführt: sondern was man dafür ausgiebt, sind Sätze der Pharisäer, die in ähnlichen Worten abgefasset sind, und die Christus verdammet.

Die Pharisäer machten, wie bekannt, den wunderlichen Schluß: wenn etwas nicht buchstäblich in einem Gebote, auf dessen Uebertretung der Tod stand, untersaget sey, so müsse es entweder erlaubt, oder doch keine Todsünde seyn, die uns von der Freundschaft Gottes ausschliesse. Anstatt daß die wahre Sittenlehre Schwachheitsfünden und vorsätzliche Sünden von einander unterscheidet, und alle die Uebertretungen irgend eines göttlichen Gebots, die mit Wissen und Willen begangen werden, es geschehe mit der That oder auch in Gedanken und Wünschen des Herzens, für Todsünden hält: so theilten sie die Sünden in Sünden wider ein großes und wider ein kleines Gebot ein, und von den letzten lehrten sie ohngefähr so, wie wir von den Schwachheitssünden. Große Gebote aber waren nach vieler Meinung nur die, auf deren Uebertretung Moses eine Lebensstrafe gesetzt hatte; die übrigen waren kleine Gebote. Wer von dieser Materie etwas nachlesen will, den verweise ich auf des seeligen Christian Schöttgens Horas Hebraicas, über Matth. XXII, 36. Es verstehet sich aber von selbst, daß man seine ganze Abhandlung bey dem Vers durchlesen müsse, wenn man sich von der Lehre einiger Pharisäer, die Christus bestritte, einen richtigen Begriff machen will: Gottesgelehrten aber wird dieses schon vorhin bekannt seyn, und ich führe ihn blos um meiner andern Leser willen an.

Weil nun im fünften Gebot blos der Todtschlag genannt wird, und andermdrts auf ihn, nicht aber auf die Verlästerung oder Haß des Nächsten die Lebensstrafe gesetzt war: weil blos der Ehebruch im sechsten Gebot nahmentlich, und sonst unter Lebensstrafe, verboten war, nicht aber die gehegten bösen Lüste, nicht die ihm in der That gleichkommende Beyschlaf mit einer geschiedenen: so folgerten die Pharisäer hieraus, daß der Haß des Nächsten, gegen ihn ausgestoßene Schimpfreden, die Hegung und Nährung böser Lüste (davon gar unerbauliche Beispiele selbst von einigen Rabbinen beygebracht werden (*)) uns

nicht

(*) Man kann sie in Wetsteins Anmerkungen unter seinem N. T. bey Matth. V, 28. S. 302. oben, finden.

nicht von der Gnade Gottes ausschließen. Im zweyten Gebot war verboten, nicht bey dem Nahmen des HErrn falsch zu schwören: hieraus machte man den schändlichen Schluß; es sey erlaubt durch allerley betriegliche Formuln, die einem Eide ähnlich sähen, und es doch nicht wären, die Unwahrheit zu bestätigen. Auf die Weis: versicherte und schwur der Pharisäer: bey dem Himmel! beym Tempel! bey Jerusalem! bey meinem Haupte! Wer es hörte, der meinte es sey ein Eid, und der fromme Mann wolle nur aus Ehrfurcht gegen Gott, nach den Grundsätzen anderer Juden (*), den Nahmen Gottes nicht nennen: verstehe aber unter dem Himmel Gott selbst; und begreife unter dem Tempel und Jerusalem den heiligen Einwohner des Tempels und der Stadt; oder rufe Gott zum Rächer über sein Haupt an. Der Pharisäische Casuiste aber lachete heimlich, und dachte bey sich selbst: alles dieses ist kein Eid; ich habe den Nahmen Gottes nicht genannt. Wir beten ja nicht den Himmel, nicht den Tempel, nicht Jerusalem, nicht unser Haupt an! Ich bin daher nicht meineidig gewesen (**).

Diesen gottlosen Sätzen widerspricht Christus. Er versichert: wer einen Eid bey dem Himmel u. s. f. thue, dessen Worte müßten nach allen gesunden Auslegungsregeln so verstanden werden, als schwöre er bey Gott, und setze nur durch eine Metonymie die Wohnungen Gottes vor den Gott, der darin wohnet: und es sey ein verbindender Eid, obgleich der Nahme Jehova nicht dabey genannt werde: allein weil es doch eine wunderliche und dabey betriegliche Eidesformul sey, so solle man sich derselben schlechterdings enthalten, und überall nicht bey dem Himmel, bey dem Tempel, bey Jerusalem, oder bey seinem Haupte, sondern bey dem Nahmen Gottes schwören: der Vorsatz, einen Ehebruch zu begehen, (der eigentlich eine Sünde wider eins der beiden letzten Gebote ist) sey in der Sittenlehre, und vor Gott so schlimm angesehen als die That selbst: der Haß, und die Verläßterung des Nächsten sey so wohl eine von der Freundschaft Gottes ausschliessende Sünde, als der Mord. Dis letzt genannte drückt er mit einer figürlichen Redensart aus, die der etwas ähnlich ist,

wenn

(*) Philo de legibus specialibus, bald bey dem Anfang seiner Erklärung des dritten Gebots: in der Mangeyschen Ausgabe Tom. II. S. 271. 272. Den Ursprung dieser übertriebenen Frömmigkeit kann man aus des Jablonski Pantheon Aegypti L. V. c. I. §. 5. p. 8-10. lernen. Er war Aegyptisch.

(**) Siehe meine Prolegomena zu Bensons Paraphrasis des Briefes Jacobi, S. 37-39. und Wettstein bey Matth. V, S. 306.

wenn Samuel spricht: Ungehorsam ist eine Zauberey-Sünde (*). Da nehmlich die Pharisäer die Sünden, die uns der Gnade Gottes verlustig machen, oder die Bosheitssünden darnach abmassen, ob die Todesstrafe darauf gesetzt war oder nicht, so spricht er: wer mit seinem Bruder unbillig zürnet, der ist werth vor das Gericht gebracht zu werden, so die Lebensstrafen erkennet: wer ihn schilt, du liederlicher und unsinniger Mensch! der ist werth vom hohen Rath zu Jerusalem verdammt zu werden, (d. i. diese beiden Arten von Beleidigungen sind vor Gott eben so wohl Todsünden, als die, über welche das Blutgerichte oder gar der hohe Rath urtheilet): wer aber ihm seinen Antheil an Gott absprechen, und ihn vor einen Atheisten ausgeben will, welcher in die Hölle gehöre (**), der hat einen noch weit schrecklichern und sündlichern Vorsatz zu beleidigen, als der, so ihn am Leibe tödtet. Soll ich stuffenweise fortfahren, so kann er nie genug von einem menschlichen Gerichte gestraft werden, sondern gehört selbst nach dem Rechte der Wiedervergeltung in das höllische Feuer, in welches er, wenn es ihm möglich wäre, durch sein falsches Zeugniß seinen Bruder bringen würde.

Es erhellet hieraus zweyerley. Erstlich daß Christus in der Bergpredigt nicht Folgen aus den drey vorhin genannten Geboten mache, sondern vielmehr Aussprüche einer gesunden Sittenlehre, zu denen er keinen Beweis beyzufügen nöthig hatte, als blos sein hinlängliches Wort, ich aber sage euch, den gottlosen Meinungen der Pharisäer entgegen setze, die sie auf eine unrichtige Erklärung der Worte Mosis gründeten. Daß er nicht aus den Geboten beweisen wolle, lehrt ja der Augenschein, indem er seine Worte dem entgegen setzet, was zu, oder vielmehr von den Alten gesagt war, und dabey seine Zuhörer blos auf sein Ansehen verweiset, und spricht: ich aber sage euch. Darin bestand es eben, was am Ende gerühmet wird: das Volk sey über ihm erstaunet, denn er habe gelehrt als einer der Gewalt habe, und nicht wie die Schriftgelehrten und Pharisäer

(*) 1. Sam. XV, 23.
(**) Der sel. Heumann hat diese Erklärung des Wortes, du Narre, gar richtig in seiner Erklärung Matthäi gezeigt, und ist, wie es scheint, darauf gekommen ohne sie bey andern gefunden zu haben. Sie ist aber doch schon vorher bekannt gewesen, und ich weiß mich nicht zu erinnern, jemals eine andere als diese vorgetragen zu haben. Unter den Engländern hat sie Guyse in seiner Paraphrasi (1739) mit selben Worten vorgetragen, die ich hier einigermassen gebrauche und zu den meinigen gemacht habe, welches ich blos deswegen anzeige, um nicht an Guysen ein gelehrter Räuber zu werden.

rifäer (*); d. i. er habe gelehret, als einer der Vollmacht vom Himmel habe, und dessen blossen Worten man glauben müsse, und daben sen seine Lehre das gerade Widerspiel der Lehre der Schriftgelehrten und Pharisäer gewesen.

Zum andern führt Christus nicht einmahl das 2te, 5te und 6te Gebot, oder irgend ein anderes Gebot, als aus Mosis Mund: an, sondern lauter gottlose Sätze der Schriftgelehrten und Pharisäer, so sie mit Mosis Worten ausdruckten. Niemand wird zweifeln, daß man die Worte der Bibel misbrauchen kann, die schändlichsten und irrigsten Lehren darin vorzutragen, wenn man sie in einen andern Zusammenhang setzt: und wir haben noch in unsern Tagen ein Beispiel eines solchen Kunststücks an einem Herrnhutischen Catechismo gesehn. Das thaten nun die Pharisäer: sie machten in ihren Entscheidungen Mosis Worte zu ihren Worten, welches niemanden fremd seyn wird, der die geringste Bekanntschaft mit dem Thalmud hat, sollte es auch nur mit übersetzten Stellen desselben seyn, indem die darin angeführten Rabbinen unzählige mahl die Antwort auf vorgelegte Fragen mit Worten der Bibel, die aber ihre ganze Erklärung und ein daraus zu ziehendes Argument in sich fassen, ertheilen. Fragte man einen solchen Pharisäer: ob es eine Todsünde sey, seinen Nächsten ohne Ursache zu hassen, oder zu verkürzern? so antwortete er kurz: du sollst nicht tödten, wer aber tödtet, der verdient vom Gerichte der drey und zwanzig Männer sein Todesurtheil zu bekommen. Das war aber in seinem Munde so viel, als: Hüte dich nur, daß du niemanden tödtest! wer das thut, der hat eine grosse Sünde begangen, weil das Schwerdt darauf stehet. Das aber, wonach du fragest, wird der gütige Gott uns armen schwachen Menschen vergeben. Fragte ich ihn, ob ich schuldig sey, etwas zu halten, so ich versprochen und bey dem Tempel beschworen hatte, so antwortete der ernsthafte Bösewicht: du sollst bey dem Nahmen des Herrn deines Gottes nicht falsch schwören, sondern ihm deinen Eid halten. Das hieß: hüte dich nur, keinen Eid zu brechen, dabey der Nahme Gottes genannt ist. Dieser Eid aber, wegen dessen du fragest, ist kein Eid. Entdeckte ich ihm eine Gewissensangst über vorsetzlich gehegte böse Lüste, so tröstete er mit den Worten: du sollst nicht Ehebrechen: und meinte damit: blos der Ehebruch ist so verboten, daß eine Todesstrafe darauf stehet. Die böse Lust aber hat dir Gott als eine Schwachheitssünde vergeben.

Das

(*) Matth. VII, 28. 29.

vorgetragen und beantwortet. Cap. 7. §. 107.

Daß diesem also sey, und die Worte, ἠκούσατε ὅτι ἐῤῥέθη τοῖς ἀρχαίοις, nicht heissen sollen, ihr habt gehöret, daß Moses zu den Alten gesagt hat, sondern, ihr habt gehöret, daß von den alten Rabbinen gesagt ist, wird aus folgenden Gründen klar:

1) Gegen Mosis Gebote könnte und würde Christus keinen solchen Gegensatz gemacht haben, als er hier zu wiederhohlten mahlen macht: ihr habt gehört, daß gesagt ist, – – – ich aber sage euch. Ist dieses eine Erklärung des Gesetzes, wenn man also redet? ist es nicht vielmehr ein Widerspruch gegen das, was ehemahls gesagt ist? Und wie würde man doch den, und zwar mit Recht verkätzern, der auf gut Papistisch sagen wollte: ihr habt gehört, daß von Mose die Blutsfreundschaften bis in den dritten Grad verboten sind: ich aber sage euch, wer eine im siebenten Grad freyet, der begehet Blutschande?

2) Zum Theil sind die angeführten Worte, weder Worte der 10 Gebote, noch irgend in den Büchern Mosis anzutreffen. Lautet denn das fünfte Gebot: du sollst nicht tödten, wer aber tödtet, der ist dem Gerichte schuldig? Wir wissen ja aus dem Catechismo, daß die letzten Worte nicht dabey stehen: ja im ganzen Mose sind sie nicht anzutreffen. Stehet irgendwo in Mose: wer sich von seiner Frau scheidet, der gebe ihr einen Scheidebrief (*)? nichts weniger, sondern das stehet darin: wer sich von ihr geschieden, und ihr einen Scheidebrief gegeben hat, der darf sie nicht wieder nehmen, wenn sie von einem andern verunreiniget, und von dem auch geschieden ist (**). Beide Sätze sagen gar nicht einerley: jener erlaubt die Ehescheidung, der letzte aber siehet die neue Heyrath einer geschiedenen, so wie auch Christus thut, für eine Unreinigkeit an, setzt also zum voraus, daß die Ehescheidung vor Gott die Pflichten des Ehestandes nicht aufhebe, ob sie gleich vom bürgerlichen Gesetz gedultet ward. Das zweite Gebot lautet in meiner Bibel: du sollst den Nahmen Jehova deines Gottes nicht zur (Bekräftigung einer) Lüge aussprechen! nicht aber, wie Matth. V, 33. stehet: du sollst keinen Meineid thun, sondern dem Herrn deinen Eid bezahlen (oder halten).

3) Eine

(*) Matth. V, 31. (**) 5. B. Mos. XXIV, 1-4.

3) Eins der vorgegebenen Gebote stehet nicht allein nicht in Mose, sondern ist auch ohne alle Erklärung hinzu zu thun, schon dem Buchstaben der Worte nach so gottlos, daß es niemand in Mose, sondern blos im Munde der Pharisäer suchen wird; ich meyne das: du sollst deinen Nächsten lieben, und deinen Feind hassen. Matth. V, 43.

Es bleibt also dabey, daß Christus im fünften Capitel Matthäi zwar eine untrügliche Sittenlehre vortrage, nicht aber die zehn Gebote erkläre, noch uns lehre, wie sie zu erklären sind. Die Art der Erklärung, die man ihm aufgedrungen hat, würde nichts anders seyn, als was die Juden nennen, eine Umzäunung um das Gesetz machen, und davon war gewiß Christus weit entfernet. Was er von der Sittenlehre vorträgt, würde sich zwar auch aus Mose erweisen lassen, doch nicht immer aus den 10 Geboten, sondern zum Theil aus andern Stellen: allein der Sohn Gottes hatte es nicht nöthig, diesen Beweis zu führen, denn sein untrügliches Wort, und die Wunderwerke, die seine lehre begleiteten, waren Beweis genug.

§. 108.
Ob auch die Halbschwestern von Mose gemeint sind, wenn er des Vaters und der Mutter Schwester, und die Halbbrüder, wenn er des Vaters Bruders Witwe verbietet.

Die dritte Frage wird kürzer beantwortet werden können. Moses nennet etliche mahl die Schwester oder den Bruder unserer Eltern: er verbietet seinem Volke, des Vaters Schwester, der Mutter Schwester, und des Vaters Bruders Witwe: was vor Brüder und Schwestern verstehet er hier? blos diejenigen, die von beiden Eltern her Geschwister sind? oder auch Halbgeschwister?

Wer die Worte in der bey uns Deutschen gewöhnlichen Bedeutung nimt, und daraus die Gesetze Mosis erkläret, der wird wol nicht bey sich anstehen, alle Halbgeschwister mit unter dem Nahmen zu verstehen. Allein Moses schrieb sein Gesetzbuch unter Israeliten, und übergab es denselben zum Gebrauch. Bey diesen hatte das Wort, Schwester, wenn es nicht jede Anverwandte bedeuten sollte, eine etwas andere Meinung als bey uns. Es konnte zwar im gemeinen Leben gar wohl die Halbschwester bezeichnen: allein es hatte auch eine engere Bedeutung, vermöge welcher es allein auf eine vollbürtige

Schwester

Von Halbbürtigen Basen. Cap. 7. §. 108.

Schwester ging. So wird z. E. die Thamar, die Amnons Halbschwester und Absaloms rechte Schwester war, zwar oft genug im Verlauf der Geschichte Amnons Schwester genannt, 2. Sam. XIII, v. 6. 7. 8. 10. 11. 12. 20. allein an dem Ort, wo Amnon dem Jonadab zuerst seine Liebe gegen sie entdecket, heißt es: ich liebe die Thamar, die Schwester Absaloms meines Bruders: V. 4. So würde unter uns niemand reden, und es setzt dis eine doppelte Bedeutung des Worts, nehmlich eine engere und weitere zum voraus, da es in der engeren blos von vollbürtigen Schwestern gebraucht seyn muß. Eben so glaubte niemand, daß Sara Abrahams Frau wäre, als sie sich für seine Schwester ausgab, obgleich damahls die Ehe mit der Halbschwester erlaubt gehalten ward: denn jedermann verstand das Wort von einer Tochter seines Vaters und seiner Mutter.

Wie sollen wir nun das Wort nehmen, wenn es in den Ehegesetzen ohne einen weitern Zusatz vorkommt? Ich will alles das vorbey lassen, was ich davon sagen könnte, daß in Gesetzen die Worte im eigentlichsten Verstande zu nehmen, und daß Verbote nicht auszudähnen sind, oder was dergleichen mehr ist: und blos anmerken, wie bestimmt und sorgfältig sich Moses alsdenn erklärt, wenn er wirklich die Halbgeschwister mit verstanden wissen will. Man lese im 18ten Capitel den 9ten und 11ten Vers: die Blöße deiner Schwester, der Tochter deines Vaters oder der Tochter deiner Mutter, sie mag in oder ausser dem Hause gebohren seyn, aller dieser ihre Blöße darfst du nicht aufdecken! ... die Blöße der Tochter deines Vaters, die deinem Vater gebohren ist, (sie ist deine Schwester) darfst du nicht aufdecken. Würde Moses so geschrieben haben, wenn das Wort Schwester ihm hinlänglich geschienen hätte, auch in einem Gesetz die Halbschwester mit unter sich zu begreifen? Würde der Gesetzgeber, der bey dem Verbot der eigenen Schwester so umständlich war, sich nicht eben so vollständig ausgedruckt haben, wenn er des Vaters und der Mutter Halbschwester so gar als ihre vollbürtige Schwester hätte untersagen wollen: sonderlich falls er selbst aus einer Ehe mit des Vaters Halbschwester gezeuget war (§. 36.), und also sein Leser in der Vermuthung stehen mußte, er verdamme diese Ehe seiner eigenen Eltern nicht. Da er aber dem ohngeachtet bey dieser entferntern Verwandschaft nicht, so wie vorhin bey der nähern, die Stiefschwester nahmentlich verbietet, ob es gleich weit nöthiger gewesen seyn würde, wenn er eine solche Verwandtschaft vor eine Hinderniß der Ehe angesehen hätte: so weiß ich mich nicht zu überzeugen, daß er auch des Vaters und der Mutter Halbschwester, nebst des Vaters Halbbruders Witwe habe verbieten wollen; sondern mir kommt es vor, als verbiete er blos die rechten Schwestern unserer Eltern, und die Witwe des vollbürtigen Bruders unseres Vaters, erlaube sie aber, so bald es nur Halbgeschwister unserer Eltern sind, es sey von Vaters- oder Mutterseite. Mich dünkt, die Sache werde noch klärer, wenn man das 20ste Capitel dazu nimt: denn da wird der Zusatz abermahls bey der eigenen Schwester wiederhohlt, (V. 17.) wer seine Schwester, die Tochter seines Vaters oder seiner Mutter nimt u. s. f. hingegen auch abermahls bey der Schwester des Vaters oder der Mutter ausgelassen. Man wird sich noch darzu aus dem 44sten §. erinnern, daß nach dem Herkommen, so Moses vor sich fand, und aus dem ohne Zweifel seine Gesetze, da wo sie es nicht aufheben und abändern, zu erklären sind, ein gar großer Unterschied zwischen einer vollbürtigen und Halbschwester war: indem man seine eigene Halbschwester, nicht aber die vollbürtige beyrathen durfte. Da er nun diesen alten Unterschied bey den Schwestern und Bruderswitwe der Eltern nicht aufhebt, so bleibt er geltend. Es kann überdem kein Zweifel seyn, daß die Vertraulichkeit und Freyheit des Umganges mit der Eltern Halbschwester bey weitem nicht so groß gewesen sey, als mit der rechten Schwester, und daher bey jener die Ursache des Verbots größesten Theils weggefallen seyn müsse.

Hiezu kommt endlich noch, daß da, wo Moses das Wort Mutter in seinen Ehegesetzen gebraucht, man deswegen blos die leibliche Mutter zu verstehen hat, weil er die Stiefmutter nicht ⌐N (Mutter), sondern des Vaters Frau zu nennen pfleget (*); ja daß auch wirklich von David und Nathan die Deutung darüber gemacht ist, daß es nicht auf die Stiefmutter gehe. Denn da Moses ausdrücklich unter Strafe der Verbrennung verboten hat, die Mutter seiner Frau zu beyrathen (**), so muß man dis zu Davids Zeit nicht von der Stiefmutter seiner Frau verstanden haben, indem David, ein Schwiegersohn Sauls durch die Michal, nach dem im Orient gewöhnlichen Recht eines Thronfolgers (*.*) die Kebsweiber Sauls nach dessen Tode genommen hat. Der Prophet Nathan fand auch hierin zum wenigsten gar keine Uebertretung des Gesetzes Mosis, wenn auch gleich sonst die damit verknüpfte Vielweiberey eine Unwissenheitssünde der damahligen Zeiten war, die aber Mosis Gesetz duldete: so, daß er auch in der bekannten Strafpredigt wegen des Ehebruchs mit der

---

(*) 3. B. Mos. XVIII, 8. (*.*) 2. Sam. III, 7. i. Kön. II, 22.
(**) 3. B. Mos. XVIII, 17. XX, 14.

Von Halbbürtigen Basen. Cap. 7. §. 108.

der Bathseba dem David die Heyrath mit Sauls Kebsweibern gar nicht als eine Sünde, sondern als ein Glück, dafür er hätte dankbar seyn sollen, zu Gemüthe führet, wenn er zu ihm spricht: Ich habe dir das Haus deines Herrn gegeben, und die Weiber deines Herrn in deinen Schooß (*). Man sehe den 8ten §.

Auf die Weise würden noch, ohne die Ehe mit der Stiefschwiegermutter und Stiefschwiegertochter zu rechnen, sechs Ehen, die man jetzt (**) gemeiniglich vor ausdrücklich verboten hält, erlaubt seyn: nehmlich, 1) die mit des Vaters Stiefschwester von Vaterseite: 2) mit des Vaters Stiefschwester von Mutterseite: 3) mit der Mutter Stiefschwester von Vaterseite: 4) mit der Mutter Stiefschwester von Mutterseite: 5) mit des Vaters Halbbruders von Vaterseite Witwe: 6) mit des Vaters Halbbruders von Mutterseite Witwe. Die letzte unter diesen sechs Ehen halten auch die Rabbaniten vor erlaubt nach dem Gesetz Mosis, ob sie sie gleich wegen der Aufsätze der Aeltesten verbieten. Siehe SELDENI uxorem Hebraicam L. I. c. III. n. VII. Von den andern Ehen, mit der Stiefschwiegermutter oder Stiefschwiegertochter, sage ich nicht einmahl, daß sie nach Mosis Gesetz nicht verboten sind: denn ich weiß nicht, ob viele in unsern Tagen ihre Folgerungen aus Mosis Eheverboten mit auf sie erstrecken wollen, wie ich sie denn auch nicht mit in dem Verzeichniß der Folgerungen aus Mosis Ehegesetzen finde, welche das Berlinische Oberconsistorium des Königes von Preussen Majestät vorgeleget hat (*.*).

§. 109.

Ob dergleichen Ehen, wenn sie auch erlaubt seyn sollten, wegen des Aergernisses zu unterlassen sind?

Gegen alle die Ehen, die ich bisher für nirgend von Mose verboten, und also für rechtmäßig nach dem Gütengesetz Gottes erklärt habe, machen noch einige

---

(*) 2. Sam. XII, 8.

(**) Daß unsere ersten Reformatores gelinder, und eben so dachten, als ich in diesem §. wieder zu denken wage, wird man aus D. Luthers Worten, die der seel. Baumgarten S. 105. der zweiten Sammlung seiner theologischen Gutachten anführt, sehen. Das Gutachten des seel. Baumgartens selbst, das 17te an der Zahl, ist eben der Meinung bey, und verdient nachgelesen zu werden.

(*.*) Juristisches Oraculum, sechster Theil, S. 318.

nige bisweilen diese letzte Einwendung, die mir auch wirklich in Abſicht auf eine der vorhingenannten Ehen zur Beantwortung vorgelegt iſt: wenn ſie auch nach dem Geſetze Gottes erlaubt wären, ſo müſſe man ſie doch zu Verhütung des Aergerniſſes der Schwachen unterlaſſen, und dieſer Schuldigkeit könne ſich kein Chriſte entziehen, da der Apoſtel Paulus Röm. XIV, und 1. Cor. VIII, und X, ſo ſcharf darauf dringe, daß man ſich ſeiner Freyheit lieber begeben, als den Schwachen im Glauben anſtößig werden ſolle.

Ich will zur Beantwortung dieſes Zweifels das nicht wiederhohlen, was ſchon oft von dem Unterſcheid des gegebenen und genommenen Aergerniſſes geſaget iſt, ſondern durch drey Anmerkungen zu zeigen ſuchen, daß die Vorſchriften des Apoſtels ſehr unbillig, und wider ſeine Meinung auf dieſe erlaubten Ehen gezogen werden.

1) So oft Paulus oder andere Apoſtel wollen, daß wir unſerer Freyheit um der Schwachen willen entſagen ſollen, ſo iſt ſtets von Dingen die Rede, die man ohne ſeinen gar großen Nachtheil unterlaſſen kann. Z. E. Paulus will, man ſoll ſich wegen der Juden des Eſſens der Götzenopfer enthalten, wenn einem ein Schwachgläubiger anzeigte, daß es Götzenopfer ſey: denn auſſer dem Fall erlaubt er ausdrücklich genug, es zu eſſen, wenn es nur nicht im Götzenhauſe ſelbſt geſchiehet, als da es von jederman für einen Dienſt des falſchen Gottes hätte gehalten werden müſſen. Dieſe iſt nun eine ſehr leichte Sache, und es wäre eine große Unfreundlichkeit geweſen, wenn man ſich, einem andern zu gefallen, einer ihm ſo ſehr anſtößigen Speiſe nicht in ſeiner Gegenwart hätte enthalten wollen: denn man konnte ja von andern Gerichten eſſen. Allein wer wird doch hiermit die Unterlaſſung einer Ehe, von der die ganze Glückſeligkeit unſeres Lebens abhängen kann, nur in Vergleichung ſetzen? Einer Speiſe enthalten wir uns auch wol aus Höflichkeit, wenn ſie dem andern unangenehm iſt, was für eine wunderliche Höflichkeit aber würde es ſeyn, wenn ſich einer aus bloſſer Gefälligkeit ſcheuen wollte, ein Frauenzimmer, welches zu lieben er nicht unterlaſſen kann, zu heyrathen? Dieſe Anmerkung bekommt noch ein mehreres Gewichte, wenn man bedenkt, daß die Juden ſich nicht bloß daran ärgerten, wenn die Heiden Götzenopfer, Blut und Erſticktes, ſondern überhaupt, wenn ſie etwas unreines aſſen, und nicht das ganze levitiſche Geſetz hielten. Dem ohngeachtet hat weder Paulus noch das
Concilium

Concilium zu Jerusalem ihnen alle diese Lasten auflegen wollen, weil sie, wie sich Petrus Apost. Gesch. XV, 10. erklärt, zu unerträglich waren, sondern sie sollten sich aus Gefälligkeit gegen die Juden bloß der wenigen und leicht zu vermeidenden Speisen enthalten, die der Meinung der Juden nach, allen Söhnen Noä verboten waren. Zeiget dieses nicht deutlich eine gewisse Gränze, über welche wir zu gehen nicht schuldig sind? Es ist wahr, Paulus sagt, er wolle lieber gar kein Fleisch essen, wenn sein Bruder sich daran ärgern sollte, 1. Cor. VIII, 13. allein er sagt es nur von sich, und macht andern keine Pflicht daraus, von denen er gewiß nicht mehr foderte als die Kirche zu Jerusalem, nehmlich daß sie sich vom Götzenopfer, Ersticktem und Blut enthalten sollten: und es kann nicht geleugnet werden, daß ein Lehrer in Absicht auf die Vermeidung des Anstoßes der Schwachen noch besondere Pflichten hat, zu denen andere nicht verbunden sind; zudem gehet das, was unmittelbar auf diese liebreiche Erklärung im 9ten Capitel folget, noch viel weiter, als Paulus andere Lehrer zu gehen verpflichtet.

2) Ich darf es als eine unter unsern Gottesgelehrten ausgemachte Sache zum voraus setzen, daß die Dinge, deren man sich im Anfang des Christenthums zu Vermeidung des Anstoßes der Schwachen enthalten sollte, nur auf kurze Zeit untersagt waren, und daß die Schwachen in der Erkenntniß zu wachsen suchen sollten: es kann daher aus Pauli Vorschriften und Exempel mit gefolgert werden, daß man sich auf immer und durch alle Zeitalter der christlichen Kirche, der Heyrathen enthalten soll, welche den Schwächern anstößig sind, eben so wenig als wir noch jetzt schuldig sind, aus Gefälligkeit gegen die Juden, oder gegen einige nicht genug unterrichtete Christen kein Blut zu essen.

3) Das allerwichtigste aber ist, daß Paulus in den angeführten Stellen von gar einem andern Aergerniß redet, als aus dergleichen Ehen entstehen kann. Die Juden, deren sehr viele in der christlichen Kirche waren, und noch täglich dazu übertraten, hielten es für eine offenbahre Sünde und Götzendienst, wenn einer Götzenopfer aß: und bekamen daher einen Widerwillen gegen das Christenthum, wenn sie dergleichen gewahr wurden, der sie entweder von dem Uebertritt zum Christenthum abhielt, oder wol gar zum Rückfall bewegte. Die Menge der Schwachen, die hiedurch

um

um ihren Glauben und Seligkeit kommen konnten, machte es desto nöthiger ihrer Schwachheit nachzugeben. Die aus den Heiden Bekehrten aber hielten noch theils die Götzen für grosse Mittelgeister, und sahen das Essen der Opfer als eine Art des ihnen erzeigten Dienstes an, wurden sie nun gewahr, daß ein alter erfahrner Christe Götzenopfer aß, so thaten sie es nach, und meinten, es streite nicht mit der Lehre Christi, den Götzen noch einen Dienst zu erweisen, wodurch sie sich denn schwerlich versündigten.

Man zeige mir doch eine solche Art des Aergernisses, so aus den Ehen, über die gestritten wird, entstehen könnte, oder entstehet! Hält es andere von der christlichen Religion ab, oder macht es einen einzigen rückfällig, daß Titius seiner Frauen Schwester, oder seines Bruders Tochter heyrathet? nichts weniger! Es entstehet nur ein grosses Gespräch in der Stadt darüber, und man beurtheilt ihn unglimpflich: das belieben nun einige ein Aergerniß zu nennen, obgleich niemand durch sein Exempel weder zu einer gleichen Ehe, noch weniger aber zu einer sündlichen Handlung bewogen wird. Oft würde auch die gantze Plauderey unterbleiben, wenn Lehrer und Prediger bey Gelegenheit in Gesellschaften nur so viel sagten, daß sie die Ehe nicht mit Gewißheit verwerfen könnten, und eines andern Freyheit nicht beurtheilen wollten. Thun sie aber das Gegentheil, und suchen wol selbst lieblose Urtheile auszubreiten, so sind sie, und nicht das Ehepaar, Schuld an dem Gespräche, das man Aergerniß zu nennen beliebt.

Es kommt also in der That bey diesen Ehen nichts auf die Frage an, ob man sie unterlassen soll, um andern kein Aergerniß zu geben, denn das, was Paulus an den angeführten Orten Aergerniß nennet, entstehet nicht aus ihnen: sondern darauf, ob man seinem eigenen guten Nahmen schuldig sey, sie zu unterlassen, um nicht von andern verlästert zu werden? Dieses ist nun wol niemanden vorzuschreiben, sondern, so wie in andern Fällen, also auch hier, seiner eigenen Ueberlegung anheim zu geben: und wenn er die Reden derer, die nicht unterrichtet sind, (die aber doch wol billig gegen eine von der höchsten Obrigkeit ihm gestatteten Sache nicht unehrerbietig reden sollten) über sich ergehen lassen will, so thut er ja niemanden Unrecht, sondern die sind Beleidiger, und handeln wider ihre Pflicht, die ihn lieblos beurtheilen, sonderlich wenn sie sich vielleichte nie die Mühe genommen haben, die Ehefragen gründlich und unpartheyisch zu untersuchen.

untersuchen. Indessen ist wol in unsern Tagen ihr Reden noch weniger zu achten als ehemahls, nachdem nicht nur die grösesten Juristen, und ganze Facultäten, sondern auch neuerlich einige unserer grösesten Theologen diese Ehen für erlaubt erklärt haben, auch hinlänglich bekannt ist, daß unsere ersten Reformatores eben so gedacht habrn, wie sie. Doch hievon thue ich nichts weiter hinzu; denn andere, z. E. der Herr Abt Jerusalem, haben hinlänglich gezeiget, daß man nicht gleichsam seinem eigenen guten Nahmen schuldig sey, eine solche bestrittene Ehe zu unterlassen: und die günstigen Urtheile unserer Reformatoren und anderer großen Männer für diese Ehen, die zwar die Rechtmäßigkeit der Sache nicht beweisen, aber doch den guten Nahmen des nahe verwandten Ehepaars hinlänglich schützen, sind auch schon gesammlet. Mie ist es genug, gezeiget zu haben, es werde durch diese Ehen kein Aergerniß von der Art gegeben, als in der ersten Kirche das Essen des Bluts und Götzenopfers gab: und vom Enthalten einer Speise sey noch kein Schluß auf das Enthalten einer Ehe zu machen.

§. 110.

Andere Folgerungen, so man aus Mosis Ehegesetzen ziehet, sonderlich die, da man die Verlobte für die Frau setzet.

Man ziehet sonst noch allerhand Folgerungen aus Mosis Ehegesetzen, mit denen ich mich nicht lange werde aufhalten dürfen. Einige sind so offenbahr ungegründet, daß ich meine Zeit mit der Untersuchung nicht verderben will, z. E. diejenigen, so die Gevatterschaften als geistliche Verwandtschaften annehmen. Daß auch Moses an die Verwandtschaften nicht habe denken können, die aus Adoptionen entstehen, weil dergleichen unter den Israeliten nicht gewöhnlich war, habe ich schon im 40sten §. beyläufig erinnert: und wenn auch bey uns Adoptionen gewöhnlicher wären, als sie sind, ja eben so gewöhnlich als bey den Römern, so würde doch die Ursache, um deren willen Moses sein Ehegesetz gab, unsere Fürsten noch nicht verbinden, den durch eine Adoption verwandt gewordenen die Ehe zu untersagen: denn der Umgang wird durch die Adoption nicht so genau, und die Gelegenheit zur Verführung nicht so häufig, als bey wahren Blutsfreunden. So lange wir in der Republik noch keine schädliche Folgen davon, daß die Pflegbefohlne von ihrem Vormunde oder dessen Söhnen nach abgelegter Rechnung geehlichet werden kann, in der Menge sehen, die ein Gesetz gegen solche Ehen nöthig und unentbehrlich macht, so lange kann auch keine dringende und verpflichtende Ursache vorhanden seyn, in Absicht auf Verwandte durch die Adoption dergleichen Ehegesetze zu geben, als Moses wegen der Blutsfreunde und Verschwiegerten gegeben hat. Wenn unter vielen möglichen Folgerungen eine sollte genauet werden, die vielleicht Mosi am wenigsten misfallen haben möchte, und dem Zustand seines Volks am ersten gemäß gewesen wäre, so würde es, die seyn, an die man am wenigsten zu gedenken pfleget, nehmlich die, so die Ammen und deren Töchter zur Ehe verbietet. Diese ist wirklich von den Arabern gemacht (§. 39.), deren Sitten mit den alten Israelitischen am genauesten übereinstimmen: sie wäre auch unter den alten Völkern, welche die Ammen als Mütter ehrten, und bey sich im Hause behielten, nicht unvernünftig gewesen, da der Sohn mit der Amme, die ihn groß zog, wol so genauen Umgang als mit seiner Mutter, und gegen deren Töchter so viel Freyheit als gegen seine leiblichen Schwestern haben konnte: indem man gemeiniglich nur alsdenn Ammen nahm, wenn die leibliche Mutter gestorben war. Ich habe aber schon oben erinnert, daß Moses nicht einmahl diese erträgliche Folgerung seinem Volk hat aufdringen, und dadurch ihre Freyheit enger einschränken wollen, indem er sonst der Ammen und ihrer Töchter zum wenigsten eben so ausdrücklich in seinem Gesetz würde gedacht haben, als der Stiefmutter und Halbschwestern: und noch weniger denke ich, daß jemand jetzt eine solche Folge aus seinen Gesetzen wider seinen Willen werde ziehen wollen, nachdem die Ammen nicht mehr sind, was sie zu seiner Zeit waren.

Wenn aber nicht einmahl solche Folgen statt finden, bey denen noch die Ursache, die das Gesetz veranlassete, auf eine merkliche Weise zum Grunde liegen, und vieles für sie gesaget werden könnte: wie wenig werden wir denn auf die Ausdehnungen zu achten haben, vermöge welcher einige allzuübertriebene Sittenlehrer auch die nächsten Blutsfreunde der Verlobten untersagen wollen, so oft Blutsfreunde der Ehefrau verboten sind (*), weil, wie sie sagen, die Verlöbniß vor Gott schon so gut sey als die Ehe. Daß Moses nicht die Braut, sondern die Frau an solchen Orten nenne, ist offenbahr, und wer etwas Hebräisch kann, der weiß auch, daß אשה nicht die Verlobte, sondern die heimgeführte und erkannte Frau anzeigt. Auch entstehet aus der blossen Verlobung kein so genauer Umgang, weder mit der Verlobten, noch mit ihren Verwandten, z. E. deren leiblichen Mutter, als auf die Vollziehung der Ehe zu folgen pflegt, ja die Verlobte selbst mußte sich dem Bräutigam bis auf den Hochzeittag verhüllen: es fällt also die ganze Ursache des Verbots weg. Ueber das wissen

wir

(*) 3. B. Mos. XVIII. v. 14. 15. 16. 17. 18. XX. 11. 12. 14. 20. 21.

auf die Verlobte, verworfen. Cap. 7. §. 110.

wie aus zwey Beyspielen, daß zur Zeit Davids an eine solche Folgerung gar nicht gedacht war. Das eine betrift David selbst. Ihm war die älteste Tochter Sauls versprochen: ob nun gleich verboten war, zu der einen Schwester noch die andere zu nehmen, so lange sie lebte (*), und die älteste Tochter Sauls ihren Vater noch um ein gutes, wenigstens um eilftehalb Jahr überlebt hat (**), so machte sich doch weder Saul noch David das allergeringste Bedenken bey einer Heyrath des Davids mit Michal der zweyten Tochter Sauls (*.*). Das andere ist entscheidender. Abisag, ein Frauenzimmer von ausnehmender Schönheit, war dem in seinem Alter ganz entkräfteten David zwar nicht zum Beyschlaf, zu dem er nicht mehr das Vermögen hatte, doch aber zum vertrautesten Umgang, und um Ursachen willen, die hieher nicht gehören, beygeleget; und der Verfasser der Bücher der Könige meldet uns ausdrücklich, (welches man auch leicht bey einem so entkräfteten Alter als vorhin beschrieben war, sonderlich in einem der heißen Länder, und nachdem sich David durch die Vielweiberey in seiner Jugend auf das Alter untüchtig gemacht hatte, glauben wird) daß David sie nicht erkannt habe (*.*.): indessen ward sie um des Wohlstandes willen als ein Kebsweib Davids gehalten. Diese begehrt nicht allein nach Davids Tode dessen Sohn Adonias zur Ehe (*.*.*.), sondern Bathseba bringt auch seine Bitte bey Salomon an, die sich doch wol nicht würde haben zur Mittelsperson der allerschimpflichsten Blutschande wider ihres gewesenen Gemahls Ehre gebrauchen lassen wollen. Die Bitte kostet zwar dem Adonias

Das

(*) 3. B. Mos. XVIII, 18.

(**) Achtehalb Jahr nach Sauls Tode, ward David erst über ganz Israel König: 2 Sam. V, 5. und die Dürre, so sich mit dem Tode der Söhne der ersten Tochter Sauls endigte, hatte drey Jahre gedauret XXI, 1. Dieser Söhne Tod aber erlebte sie noch, laut V. 10.

Nachschrift. Ich lasse das hier geschriebene stehen, nur so, daß ich im Text einen gar zu entscheidenden Ausdruck ausgelöscht habe. Die Redlichkeit und Liebe zur Wahrheit aber befiehlt mir doch, zu gestehen, daß dieser Beweis einiges von seiner Kraft durch die Critik verliert, die nicht jedes Wort in den gedruckten Ausgaben der Hebräischen Bibel für richtig erkennen will. Die Stelle, in der gesagt wird, daß Sauls älteste Tochter dem David versprochen sey, 1 Sam. XVIII, 17. 18. mangelt in der Vaticanischen Handschrift der LXX, und Josephus scheint sie auch nicht gelesen zu haben: und die andere Stelle, 2 Sam XXI, 1-10. hat auch noch vieles verdächtige, welches hier anzuzeigen der Ort nicht ist. Indessen kann ich auf zwey verdächtige Texte, ob sie gleich in unsern Uebersetzungen stehen, keinen sichern Schluß bauen.

(*.*) 1. Sam. XVIII, 17-28.

(*.*.) 1. Kön I, 1-4.

(*.*.*) 1. Kön. II, 13-22.

das Leben, weil Salomon seine Absicht merkte, daß er sich hiedurch, nach dem Gebrauch der Morgenländer als den rechtmäßigen Nachfolger Davids aufführen, und diese Heyrath zum Losungszeichen des Aufstandes gebrauchen wollte: allein mit keinem Worte läßt Salomon sich merken, daß er diese Ehe auf einer andern Seite für schwarz und lasterhaft halte, und sie eine Blutschande nennen könne; so er doch schwerlich verschwiegen haben würde, weil dadurch die Hinrichtung seines Bruders noch mehr gerechtfertiget, und sein Widersacher in mancher Augen abscheulicher geworden wäre. Ich habe mich zwar oben erklärt, daß ich die Beweise aus dem Herkommen zur Zeit Davids nicht so hoch schätze, als vielleicht andere thun: sie erinnern aber doch zum wenigsten die anders denkenden, daß sie wichtige Gründe werden anbringen müssen, wenn sie gegen die von mir angeführten Gründe uns bewegen wollen, anders zu denken, als man im Israelitischen Volk schon vor mehr als drittehalb tausend Jahren gedacht hat, da man der Zeit Mosis so viel näher lebte.

§. III.

Die Folgerung, nach welcher man für das Wort, Ehefrau, so in Mose stehet, eine Person substituiret, mit welcher Unzucht getrieben ist, wird erzählt.

Ich komme zu einer Folgerung, über welche das Urtheil schwerer ist, als über die vorhin genannten. Sie setzt an die Stelle, wo Moses eine Ehefrau nennet, eine Frauensperson, mit der vorhin Unzucht getrieben ist; siehet also vorhergehende Hurerey in dem und dem Grad für eben so hinderlich als eine vorher subsistirende Ehe an, wenn eine neue Ehe soll geschlossen werden. Um dies mit einzelnen Beyspielen faßlicher zu machen, so leitet sie aus den geschriebenen Eheverboten Mosis diese ungeschriebenen Eheverbote her:

1) Du darfst die nicht beyrathen, mit der dein Vater jemahls Unzucht getrieben hat: aus 3. B. Mos. XVIII, 8.

2) Du darfst die nicht beyrathen, mit der dein Sohn jemahls Unzucht getrieben hat: aus V. 15.

3) Du darfst die Tochter nicht beyrathen, wenn du jemahls mit ihrer Mutter Unzucht getrieben hast: aus V. 17.

4) Du

4) Du darfſt die Mutter nicht heyrathen, wenn du jemahls mit ihrer Tochter Unzucht getrieben haſt: auch aus V. 17.

5) Du darfſt die nicht heyrathen, mit der dein Bruder jemahls Unzucht getrieben hat: aus V. 16.

6) Wenn du jemahls mit einer Unzucht getrieben haſt, darfſt du, ſo lange ſie lebet, ihre Schweſter nicht heyrathen: aus V. 18.

7) Du darfſt die nicht heyrathen, mit der deines Vaters Bruder jemahls Unzucht getrieben hat: aus V. 14.

Es verſteht ſich bey dieſen unangenehmen Exempeln, die ich des Wohlſtandes wegen lieber nicht nennete, wenn die Nothwendigkeit es nicht erfoderte, daß nicht von einer ordentlichen Concubine, (denn die möchte Moſes unter dem Nahmen Frau vielleicht mit begriffen haben (*)) ſondern von Unzucht auſſer dem Concubinat, und alſo auch von ſolchen Frauensperſonen die Rede ſey, mit denen ſich die vorhin genannte Mannsperſon nur einige oder ein einzigesmahl vergangen hat.

Ich ſehe, daß hier ſolche, die ſonſt auf der gelindern Seite, und wider die Ausdehnung der Eheverbote durch Folgerungen ſind, dennoch wol dieſe Folgerung genehmigen. Z. E. der ſelige Baumgarten, mit deſſen theologiſchen Bedenken und Gutachten ich bisher in der Entſcheidung ſo mancher Fragen einig geweſen bin, ob wir gleich häufig andere Vorderſätze und Beweiſe haben, iſt dennoch hier in der Entſcheidung der Frage wenigſtens um die Hälfte ſtrenger, als ich ſeyn kann. Ihm war die Frage vorgelegt, ob jemand einer von ihm beſchlafenen Perſon Tochter heyrathen könne? und er beantwortet ſie im 1ten Stück der zweiten Sammlung ſeiner theologiſchen Gutachten mit Nein, und ſieht Hurerey und Ehe in Abſicht auf die Hinderniß, die ſie einer mit einer Verwandtin zu ſchlieſſenden Ehe machen, für gleich an.

Wenn ich meine eigene Meinung über dieſe Frage ſagen ſoll, von der ich freilich wünſche, daß ſie ſo ſelten als möglich vorkommen möge, ſo muß ich ſie wieder in zwey andere Fragen abtheilen:

1) Hat

(*) Siehe 1. B. Moſ. XXXV, 22. verglichen mit Cap. XXXXIX, 4.

1) Hat Moses diese Ehen verboten, oder können sie doch nach einer richtigen Folgerung aus seinen Gesetzen für verboten angesehen werden?

2) Sollen sie erlaubt werden?

§. 112.

Diese Folgerung kann nicht mit Recht aus Mosis Worten gemacht werden.

Ich glaube nicht, daß man die Eheverbote Mosis, Cap. XVIII, 8. 14. 15. 16. 17. 18. auf die im vorigen Paragraphen nahmhaft gemachten sieben Fälle deuten könne. Er nennet V. 8. 14. 15. 16. die Frau des Vaters, die Frau des Vaterbruders, die Schwiegertochter, mit dem Zusatz, sie ist deines Sohns Frau, die Frau des Bruders. Nach keinem Sprachgebrauch wird man doch wol die, mit der jemand Unzucht getrieben hat, seine Frau, oder die Schwiegertochter seines Vaters nennen, es müßte denn im Scherz geschehen: und am wenigsten hat man den Ausdruck in Gesetzen in einer so ungewöhnlichen Bedeutung zu nehmen.

Im 18ten Vers will ich mich zwar nicht auf das Wort, Frau (אשה) berufen, weil man hier darüber streiten könnte: allein das Wort, Nehmen, (לקח) in dem Verbot, du sollst keine Frau zu ihrer Schwester nehmen, zeiget doch, daß von der Ehe die Rede sey. Denn obgleich Nehmen bisweilen auch von Unzucht gesetzt wird, als 1. B. Mos. XXXIV, 2. so geschiehet es doch blos, wenn bey derselben einige Art von Gewalt gebraucht ist, sonst aber gehet das so sehr oft vorkommende Hebräische Wort auf das eheliche Nehmen.

Der 17te Vers könnte scheinen, auch alsdenn die Ehe mit der Tochter zu verbieten, wenn man vorhin die Mutter beschlafen hat, oder umgekehrt, weil der allgemeine Ausdruck, die Blöße aufdecken, gebraucht wird: "die "Blöße einer Frau und ihrer Tochter sollst du nicht aufdecken." Allein nicht zu gedenken, daß die weitläuftigere Redensart eines einzigen Verbotes, welches unter so viel andern seines gleichen stehet, aus den übrigen erklärt werden müßte, so fähret Moses sogleich fort: ihre Sohns- oder Tochtertochter sollst du nicht nehmen, ihre Blöße aufzudecken. Sie sind ihr Fleisch: da denn wiederum das Wort, nehmen, auf die Ehe zu gehen scheint.

So

auf Unzucht. Cap. 7. §. 112.

So wenig der bloße Wortverstand diesen Personen zur Heyrath untersagt, wenn man durch Hurerey mit ihnen (darf ich den Ausdruck brauchen?) verschwiegert ist: eben so wenig scheint es auch der Absicht Mosis gemäß zu seyn, wenn man seine Verbote durch eine Folgerung dahin ausdähnet. Hätte er diese Folgerung gewollt, so würde er doch bisweilen den weitläufigern Ausdruck, deren Blöße aufgedecket ist, in diesen Versen gebrauchet haben, ohne ihn durch einen solchen Zusatz, als V. 17. 18. geschiehet, einzuschränken. Allein, das thut er nirgends, weder in den vorhin angeführten, noch auch in den Parallelstellen, wo er von eben den Ehen redet. 3. B. Cap. XX, 11. 12. 14. 20. 21. 5. Buch Mos. XXIII, 1. XXVII, 20. 23. So nachläßig wäre doch wol schwerlich ein Gesetzgeber, der im Sinne hätte, auch die durch Hurerey entstandenen Schwiegerschaften zur Hinderniß der Ehen, mit gewissen auf die Art verschwiegerten Personen, zu machen.

Ueberdas sind die Umstände so verschieden, daß dadurch die Folgerung ganz aufhöret, und man würde sie nicht einmahl gewagt haben, wenn man nur die Frage aufgeworfen hätte, ob wol diese Folgerungen jemahls ein Stück eines vernünftigen und Bestand habenden bürgerlichen Gesetzes werden können? Denn

1) Bey vielen unter diesen (was vor ein Wort soll ich gebrauchen? Verwandtschaften? oder Schwiegerschaften? Es schickt sich freilich nicht! aber ich muß doch ein Wort haben. Ich will das letzte wagen), also bey vielen dieser unehelichen Schwiegerschaften erfolget gar nicht der genaue Umgang mit der verwandten Frauensperson, der die Ursache der Eheverbote war. Denn Unzucht wird heimlich getrieben, ohne daß man die Anverwandten etwas davon merken läßt. Wer z. E. mit der Tochter Unzucht treibt, wird nicht leicht die Mutter zur Vertrauten machen, sondern sich und seine Besuche ihren Augen so viel möglich entziehen. Oder wenn Titius mit einer Frauensperson in Unzucht lebt, so wird sein Bruder oder Brudersohn dadurch nicht eben den Zutrit bey ihr haben, als wenn sie Titii Ehefrau wäre. Ich will dis nicht mit mehreren Exempeln erläutern: blos bey Schwestern möchte das, was ich gesagt habe, etwan wegfallen. Denn da hat man freilich eher Beispiele, daß eine Schwester der andern, auch in unerlaubten Liebessachen, behülflich, und ihre Vertraute ist, wodurch sie Gelegenheit bekommt, mit eben der Mannsperson zu genau bekannt zu werden. Allein dis ist nur Ein etwas gleicher Fall unter so vielen verschiedenen. 2) Es

2) Es ist doch offenbar, daß Moses in dem 18ten und 20ten Capitel nicht blos dem Gewissen Regeln aus dem Sittengesetz vorschreiben, sondern zugleich bürgerliche Gesetze geben wolle, über denen die Obrigkeit halten, und im Uebertretungsfall Strafen üben soll. Nun aber ist kaum glaublich, daß ein bürgerliches Gesetz die Ehen zwischen Personen, die blos durch Unzucht mit einer dritten untereinander verschwiegert sind, untersagen werde, weil keine Obrigkeit über diesem Verbot halten kann. Denn Unzucht wird doch gemeiniglich so geheim getrieben, daß die Obrigkeit, ja wol der Bräutigam es nicht weiß, wenn des Bräutigams Bruder, oder Vater, oder Vaterbruder, mit der Braut unzüchtig gelebt hat; und umgekehrt die Braut nicht, wenn der Bräutigam mit ihrer Mutter, oder Tochter, oder Schwester zu thun gehabt hat. Ich werde hievon unten noch mehr reden. Dis ist abermahls ein großer Unterschied, bey dem der ganze Schluß von ehelichen und offenbahren, auf diese unehelichen und geheimen Schwiegerschaften wegfällt.

3) Hiezu kommt noch, daß einige der im 20sten Capitel verordneten Strafen ein sehr wunderliches und ungerechtes Ansehen haben würden, wenn man eine solche Ausdähnung des Gesetzes vornähme.

Z. E. sollte 3. B. Mos. XX, 11. auch diesen Satz mit in sich schließen, wer eine Person beyrathet oder beschläft, mit der sein Vater jemahls Unzucht getrieben hat, da sollen beide sterben - - und B. 12. wer eine Person beyrathet oder beschläft, mit der sein Sohn jemahls Unzucht getrieben hat, da sollen beide sterben; B. 14. wenn jemand die Mutter beyrathet oder beschläft, nachdem er vorhin mit der Tochter Unzucht getrieben hat, oder umgekehrt, da soll man ihn und beide Frauenspersonen tödten: so würden Personen, die von der vorhergegangenen Hurerey einer andern nichts wüßten, oder wissen konnten, oft das Todesurtheil empfangen. Weiß es denn der Vater, daß sein Sohn vorhin mit der Person Hurerey getrieben hat, die er heyrathen will, oder sich auch wol unehelich mit ihr einläßt? Oder wußte es z. E. in dem oben angeführten Baumgartischen Bedenken die Tochter, die der Anfragende zu heyrathen wünschte, daß ihre Mutter vorhin von ihm beschlafen war?

Oder,

auf Unzucht. Cap. 7. §. 112. 113.

Oder, wenn man aus V. 20. 21. die Folgerung machen wollte: wenn jemand eine Person beyrathet, die vorhin von seinem Bruder oder Vatersbruder beschlafen ist, so sollen die aus solcher Ehe erzeugte Kinder nicht ihm, sondern dem zugehören, der vorhin die Hurerey getrieben hat, so könnte wirklich kein unvernünftiger Gesetz gedacht werden. Der rechtmäßige Mann, der vielleicht von dieser Unzucht nichts wußte, würde gestraft, und alle seine Kinder ihm abgesprochen, hingegen der Hurer, der allein strafbar war, nach der Denkungsart der Hebräer, belohnet werden.

§. 113.

Die gegenseitigen Gründe werden vorgetragen, und auf sie geantwortet.

Weil ich eben das Gutachten des seel. Baumgartens vor mir habe, in welchem die gegenseitige Meinung behauptet ist, so ist es billig, seine Gründe für diese ausdähnende Folgerung nicht zu verschweigen, und zugleich die Ursachen anzumerken, die diesmahl meinen Beyfall zurück halten. Seine Gründe sind drey an der Zahl, (denn der vierte, so den eigentlichen Concubinat betrifft, steht mir nach der Erklärung, die ich S. 317. gegeben habe, nicht im Wege) und man findet sie bey ihm S. 135-137.

1) nach 1. Cor. VI. 16. wird derjenige, der an der Hure hänget, Ein Fleisch mit ihr, folglich darf einer die Tochter einer Person, die er beschlafen hat, eben so wenig nehmen, als die Tochter seiner Ehefrau.

Dieser Schluß hört auf gültig zu seyn, nachdem im vorigen §. der Unterscheid zwischen diesen beiden Schwiegerschaften gezeiget ist.

2) Amos II, 7. wird es als eine verabscheuenswürdige Sünde beschrieben, wenn Vater und Sohn sich mit einerley Hure vermischen; welches deutlich anzeiget, daß auch ein unrechtmäßiger Beyschlaf den darauf folgenden Beyschlaf des Vaters oder Sohns zur Blutschande mache.

Diese Folge sehe ich nicht ein. In den Worten des Propheten ist der Blutschande nicht gedacht: ein Mann und sein Sohn gehen zu einerley Mädchen, meinen Nahmen zu entheiligen. Daran wird freilich

S s

niemand zweifeln, daß die Verderbung der Sitten sehr weit gehen muß, wenn erst Vater und Sohn mit einerley unzüchtigen Frauensperson zu thun haben, und nicht einmahl auf einander jaloux sind, sondern wol gar bey dieser Unzucht wissentlich abwechseln: allein daraus folget ja noch nicht, daß es eben die Blutschande, daß es eben die Sünde sey, von der Moses im 18ten und 20sten Capitel redet: noch weniger, daß es Blutschande seyn würde, wenn der eine die Person heyrathete. Denn hier ist ja nicht von Heyrathen, sondern von gemeinschaftlicher Unzucht des Vaters und des Sohns die Rede. Es sey eben so arg, und noch wol ärger als Blutschande, wenn Vater und Sohn so weit Confidanten im Laster sind, daß sie Eine gemeinschaftliche Hure besuchen, (es zeigt zum wenigsten an, daß das Laster alle Schändlichkeit in den Augen des Volks, und die unreine Liebe alle Jalousie, die sie noch in Schranken halten könnte, ausgezogen habe): allein darum ist es noch eben so wenig vom Propheten für Blutschande ausgegeben, als die übrigen vorher und nachher erwähnten Uebelthaten, z. E. wenn man auf verpfändeten Betten neben dem Altar lieget.

3) David hat diejenigen Kebsweiber, die sein Sohn Absalom geschändet hatte, von sich gethan, und ihnen nie wieder ehelich beygewohnt: 2. Sam. XX, 3. weil er sich sonst der von seinem Sohn begangenen Blutschande würde theilhaftig gemacht, ja selbst dergleichen begangen haben. Da nun David eine von seinem Sohn erlittene Beleidigung, und seinen Kebsweibern angethane Gewaltthätigkeit, für eine nothwendige Hinderniß der Fortsetzung der Ehe mit ihnen hielt: so erhellet unwidersprechlich, daß ein unrechtmäßiger Beyschlaf die eheliche Verbindung anderer verwandten Personen hindern und unrechtmäßig machen könne.

Man darf nur die Stelle 2. Sam. XX, 3. nachlesen, so siehet man gleich, daß hier viel mehr steht, als in der biblischen Geschichte. David schied sich von seinen Kebsweibern, die Absalom geschändet hatte, und gab ihnen in einer Gattung von Wittwenstande, und unter genauer Verwahrung, den Unterhalt, ohne sie jemahls wieder zu berühren. Das ist es alles, was die Bibel sagt: sie setzt aber nicht hinzu, daß David aus der Besorgniß, als möchte er selbst eine Blutschande begehen, wenn er

seinem

auf Unzucht. Cap. 7. §. 113. 114.

seinen geschändeten Kebsweibern beywohnte, so gehandelt habe. Dis ist blos des seel. Baumgartens Urtheil von der Sache, und keine Geschichte: und auf dis Urtheil gründet er seine ganze Folgerung. Es ist nicht einmahl etwas vorhanden, so uns nur auf den Gedanken bringen könnte, den der seel. Baumgarten so gewiß, als wenn er buchstäblich in der Bibel stände, vorträgt. Denn David hatte doch sonst Ursache genug, sich der geschändeten Kebsweiber zu enthalten. Kein Mann von mittelmäßigem Stande, der einige Ehrliebe und Delicatesse hat, würde gern die Ehe mit einer Frau fortsetzen, die öffentlich, und zwar gerade um ihn zu beschimpfen, entehret ist. Hier aber ist nicht von der eigentlichen Gemahlin, sondern von Beyschläferinnen die Rede, deren Beybehaltung ein beständiges Ridicule und Verachtung auf David geworfen haben würde. Da er sich nun von ihnen scheiden, und sie in ein wohlverwahrtes Orientalisches Haram verschliessen konnte, so ist kein Wunder, daß er es that, und er brauchte hier nicht eben aus Trieb des Gewissens zu handeln. Man stelle sich doch nur in einem niedrigern und bürgerlichen Stande einen Mann vor, dessen rechtmäßige Frau so öffentlich entehret wäre, und der sie, weil es ganz ohne ihre Schuld geschehen, behalten müßte: würde nicht wenigstens die Stadt über ihn lachen, und manchmahl von dem geduldigen Mann, von vergangenen Schicksalen, von Vergleichungen u. s. w. reden? Ich sehe daher in der ganzen biblischen Erzählung nichts, daraus ich schliessen könnte, daß David den fernern Gebrauch dieser Kebsweiber für Blutschande gehalten habe.

§. 114.
Ob diese Ehen an und vor sich zu billigen, oder zu verwerfen sind?

Eine ganz andere Frage ist es, ob solche Ehen löblich, und der Sittenlehre oder dem Gewissen gemäß sind? Denn es ist gar wol möglich, daß sie diesen widersprechen, wenn gleich Moses im 18ten oder zwanzigsten Capitel seines dritten Buchs sie weder unmittelbar noch mittelbar verboten hat. Und hier werde ich freilich nichts zu ihrem Lobe sagen können. Ordentlich wird niemand sie bey Lebzeiten der andern Person, die an der Unzucht Theil genommen hat, wissentlich eingehen, wer nicht entweder im hohen Grad niederträchtig, oder einfältig, oder lasterhaft, oder wenigstens gegen das Laster so gleichgültig ist, daß er sich den Versuchungen dazu auf Lebenslang aussetzen will.

Die Mannsperson, die eine entehrte Person zur Ehegattin wählt, und von ihrer Entehrung weiß, möchte zwar überhaupt nicht für sehr delicat zu halten seyn: allein wenn der, welcher sie beschlafen hat, noch am Leben, und dabey ein so naher Verwandter des Bräutigams ist, als Vater, Sohn, Bruder, oder Onkel, so muß der Bräutigam entweder den Schluß fassen, auf lebenslang allen Umgang mit ihm abzubrechen, und gleichsam die Blutsfreundschaft aufzusagen, oder er muß sich gewärtig seyn, daß die vorige unreine Vertraulichkeit von neuen wieder angehen wird. Denn bey Frauenspersonen ist es die Regel, und nur wenig Ausnahmen von derselben: welche einmahl überwunden ist, wird von ihrem ersten Verführer, wenn er den Zutrit zu ihr behält, leicht wieder überwunden werden, und nicht ihre besten Vorsätze sind hinlänglich, sondern Flucht vor allem seinem Umgang wird erfodert, wenn ihre Tugend gesichert werden soll. Wüßte aber der Bräutigam nichts von dem vorigen Fehltrit seiner Braut, so muß man sie bey einer so gefährlichen Ehe im hohen Grad für eine Betriegerin halten, und man möchte wol auf den Verdacht kommen, daß sie noch aufs künftige gesonnen, oder doch nicht sehr abgeneigt sey, heimlich die vorige Bekanntschaft mit ihres Mannes Blutsfreunde fortzusetzen. Will ich auf das allergelindeste von ihr urtheilen, und von ihr die besten Vorsätze hoffen, so trauet sie doch ihren Kräften zu viel zu, sie stürzt sich selbst bey dem unvermeidlichen nahen Umgang mit ihrem ersten Verführer in Versuchung, sie ist also gegen die Gefahr neuer Sünden sehr gleichgültig, und dadurch versündiget sie sich schwerlich an Gott.

Der andere Fall ist dieser, wenn die Mannsperson selbst der verführende Theil gewesen ist, und die noch lebende Mutter, oder Tochter, oder Schwester seiner jetzigen Braut entehret hat. Ist dis, so wird der Bräutigam die Ehe entweder mit dem vesten Entschluß anfangen, mit diesen nächsten Freunden seiner Braut, ihrer Mutter, ihrer Tochter, ihrer Schwester, völlig zu brechen, ihnen sein Haus und Umgang zu verschliessen, und mit ihnen in einer der Feindschaft gleichgeltenden Entfernung zu leben: oder er scheint nicht ungeneigt zu seyn, die vorigen Sünden zu erneuren, und statt Hurerey künftig Ehebruch und wahre Blutschande zu begehen. Von der Abscheulichkeit dieses letzteren Vorsatzes brauche ich nichts zu sagen: der erste sieht doch aber auch unnatürlich und verhaßt aus, und nur sehr unempfindliche häßliche Gemüther werden sich entschliessen können, alle Rechte und Hülfe der nächsten Freundschaft so auf lebenslang aufzuheben, daß die Tochter mit der Mutter, und eine Schwester mit

mit der andern keinen Umgang, keinen Zutrit zu ihr haben, und weder Trost noch Hülfe von ihr geniessen soll. Wenn auch diese schwarze Entschliessung nicht in kaltem Blut (denn da wäre sie unmenschlicher), sondern wegen vorhergehender Feindschaft mit der zuerst entehrten Person gefasset würde, so bleibt sie doch vor Menschen abscheulich, und nach der christlichen Sittenlehre, die eine solche Verewigung der Feindschaften verbietet, und die Versöhnung befiehlt, im unerläßlichen Verstande verdammlich. Will man denn aber auch von dem Bräutigam wiederum auf das gelindeste urtheilen, und von ihm die besten Vorsätze, doch ohne Aufhebung aller Freundschaft und Umganges, hoffen, so muß ich von ihm wiederhohlen, was ich vorhin von der Braut sagte: er trauet seinen Kräften zu viel zu, er stürzt sich bey dem unvermeidlichen Umgang mit seiner Frauen Tochter, oder Schwester, die er einmahl verführet hat, in Versuchung, er ist also gegen die Gefahr einer neuen Sünde zu gleichgültig, und versündiget sich schwerlich an Gott. Mir kommt eine solche Ehe fast so vor, als wenn jemand heyrathet, und bedingt sich ein, seine Dienstmagd, mit der er vorhin Kinder gezeugt hat, lebenslang im Hause zu behalten.

Bey allem diesen wird man zugleich gewahr werden, daß meine bisher geäusserten Gründe nur alsdenn gelten, wenn der Verführer oder die Verführte noch am leben sind. Ist das nicht, und hat der Tod alle Furcht künftiger Blutschande gehoben, so weiß ich freilich gegen diese Ehen nichts moralisches einzuwenden: und fast eben das gilt, wenn ein Glücksfall den Verführer oder die Verführte in entlegene Länder weggeschaft haben sollte; wiewol es hier wegen Möglichkeit künftiger Zusammenkunft noch einigen Abfall leiden möchte.

§. 115.

Ob es rathsam sey, daß die Obrigkeit sie untersage?

Eine andere Frage ist es, ob die vorhin benannten Ehen, welche ich für das Gewissen so bedenklich halte, daß ich theologisch und moralisch immer von ihnen abrathen würde, auch durch bürgerliche Gesetze untersagt werden sollen? und ob ein Volk aus Vorsorge für seine Tugend dieses zu thun eben so gut schuldig sey, als es verpflichtet ist, Blutschande nicht zu dulden? Und diese Pflicht unterstehe ich mich nicht der gesetzgebenden Macht aufzubürden; ob ich gleich glaube, es wäre sehr gut, wenn sie diesen Ehen eine Hinderniß entgegen setzen könnte, die aber auszusinnen nicht so leicht ist, wenn sie nicht mehr Schaden als Vortheil stiften soll.

Diese Ehen sind doch gewiß nur selten. Mit Verhütung des Schadens aber, der aus seltenen Fällen entstehet, pflegen sich die Gesetze nicht leicht zu beschäftigen. Dis wäre schon genug ein eigenes Gesetz zu widerrathen. Allein noch wichtiger ist diese Betrachtung, daß sich kaum begreifen läßt, wie ein Gesetz wider sie in Ausübung zu bringen sey. Und doch ist es nicht genug, Gesetze zu geben, sondern man muß vorher überlegen, ob eine Möglichkeit sey, über ihnen zu halten. Unzucht wird meistentheils so heimlich begangen, und wo auch ein Argwohn, oder gar eine öffentliche Sage davon ist, fällt gemeiniglich der Beweis so schwer, daß wenn auch ein Gesetz alle die sieben im 111ten §. genannten Ehen auf das strengste verböte, nur selten eine wahre, im Gericht gültige, Hinderniß entstehen würde. Wer das Paar trauen soll, würde gemeiniglich nichts von der vorhergegangenen Unzucht wissen, oder, hätte er auch etwas davon gehört, sich nicht wagen dürfen, es merken zu lassen, weil der Beweis zu schwer fällt. Man würde es doch wol nicht als ein Stück des Aufgebots ansehen wollen, daß auch jedem Fremden ein Recht gegeben würde, Einsage gegen die Trauung zu thun, wenn er wüßte, oder starke Vermuthung hätte, daß der eine Theil vorher mit einem nahen Verwandten des andern Unzucht getrieben habe. Denn dis hieße, das ganze Volk in Ankläger und Angeber solcher Verbrechen, die den angebenden nicht beleidigen, oder, um mich des deutlichern lateinischen Wortes zu bedienen, in *delatores* verwandeln: welche gehäßige und schädliche Art von Leuten kluge Gesetzgeber abzuschrecken und zu strafen pflegen. So bald das Gesetz einen jeden anmahnt, die Hindernissen der proclamirten Ehe anzuzeigen, so stellet es ihn auch wegen der Anzeige sicher, so daß er bey ermangelndem völligem Beweise nicht gestraft werden kann, so lange man ihm nur nicht beweiset, daß er aus Bosheit und wider besseres Wissen die Hinderniß erdichtet habe: wenigstens ist dis raisonnable: denn da ein juristischer Beweis eines Verbrechens billig sehr schwer ist, und mehr dazu als zu einem logicalischen Beweise erfodert wird, so müßte der thöricht seyn, der einen noch so wahrscheinlichen Verdacht angäbe, wenn er, falls er mit dem Beweise stecken bliebe, gestraft werden könnte. Wollte aber ein Gesetzgeber jedem Fremden erlauben, daß er es gerichtlich anzeigen könnte, wenn er einen Verdacht hätte, oder eine Nachrede wüßte, daß von dem proclamirten Brautpaar der eine Theil mit einem Blutsfreunde des andern Unzucht getrieben habe: so würde es sehr oft in die Willkühr eines Feindes gesetzt seyn, das neue Ehepaar durch eine erdichtete Anklage auf das ärgste zu injuriiren, und dabey die Ehe unglücklich zu machen.

Ehen

auf Unzucht. Cap. 7. §. 115.

Eben diese Betrachtungen sind es auch, die ich S. 320. §. 112. im Sinne hatte, als ich leugnete, daß aus Mosis Eheverboten ein Verbot dieser Ehen zu folgern sey.

Wie fern übrigens die Obrigkeit diesen, freilich schädlichen, Ehen bisweilen steuren könne, gehört in meine Schrift nicht, wo ich nicht Rathschläge der Gesetzgebenden Klugheit wagen, sondern die Mosaischen Ehegesetze untersuchen und erklären will. Nur dis einzige: Kein Verbot solcher Ehen müßte von der Strenge seyn, daß es sie, wenn sie einmahl vollzogen sind, umstossen, oder beunruhigen, oder ihnen auch nur im Gewissen des unschuldigen Theils den Vorwurf der Blutschande machen könnte.

Das achte Hauptstück,

handelt von der Frage, ob die Zusätze zu Mosis Eheverboten von einer christlichen Obrigkeit abgeschaffet werden sollen, weil sie keine richtige Folgerungen aus seinem Gesetze sind.

§. 116.

Eine christliche Obrigkeit hat Recht, die Ehen allgemein zu erlauben, die Moses nicht verboten hat.

Da nach dem vorigen Capitel so manche Ehen, die man in den meisten Consistoriis für verboten hält, von Mose nie verboten sind, und zwar nahmentlich die:

1) mit der verstorbenen Frauen Schwester,
2) mit des Bruders Tochter,
3) mit der Schwester Tochter,
4) mit der Witwe des Mutterbruders,
5) mit des Brudersohns Witwe,

6) mit

Ob die von Mose nicht verbotenen Ehen

6) mit des Schwestersohns Witwe,
7) mit des Halbbruders Witwe,
8) mit des Vaters Stiefschwester,
9) mit der Stiefschwester der Mutter,
10) mit der Witwe des Halbbruders unsers Vaters,

so entstehet natürlicher Weise die Frage, ob diese zehn Ehen in einem christlichen Staat nicht lieber völlig zu erlauben wären, ohne daß deswegen einige Anfrage geschehen, oder Dispensation gesucht werden dürfte? Die nunmehr völlig in Uebung gekommene (*) Cabinets-Ordre des jetzigen Königes von Preußen

---

(*) Die Cabinetsordre erlaubet diese Ehen ohne Dispensation, die doch jetzt im Preußischen erfodert wird. Weil sie meines Wissens das einzige Gesetz in Deutschland ist, so alle von Mose nicht ausdrücklich gegebene Ehen dort völlig aufhebet, so bin ich begierig gewesen zu erfahren, wie weit sie in Uebung gekommen wäre, und theile davon mit, was ich weiß.

Der seel. Cantzler von Ludewig erklärte sie in den Hallischen Anzeigen, im andern Stück des dritten Theils, und zwar, wie es mir vorkommt, richtig, und dem Sinne des Gesetzgebers gemäß. Allein eine andere mehr authentische Erklärung, fast von eben der Zeit, die im sechsten Theil des juristischen Orakels S. 387-389 aufbehalten ist, widerspricht der Einigen, und wäre diese rechtskräftig geworden, so schiene die Cabinetsordre wieder aufgehoben zu seyn. Denn unter dem 17ten December 1743. ward dem Breßlauischen Oberamte, auf dessen Anfrage, zur näheren Information ein vom Berlinischen Oberconsistorio dem Könige eingereichtes Verzeichniß derjenigen Ehen, welche in heiliger Schrift, theils *expressis verbis*, theils EX PARITATE RATIONIS, klar verboten, und deswegen INDISPENSABEL sind, so der König höchsteigenhändig mit Marginalresolutionen begleitet hatte, abschriftlich übersandt. Dieses Verzeichniß giebt nicht nur in der Ueberschrift selbst die paritatem rationis als eine Erkenntnißquelle an, und stellet die Sache so vor, als wenn Ehen, die Moses gar nicht nennet, dennoch von ihm, wie es heißt, klar verboten, und deshalb indispensabel wären, sondern es nennet auch hernach unter den propter paritatem rationis verbotenen und indispensabeln Ehen, alle diejenigen, deren Unrechtmäßigkeit man blos durch eine Folgerung aus Mosis Worten erzwingen will, und noch dazu gemeiniglich mit dem Zusatz, vollbürtige Schwester und Halbschwester. Es scheinet also, daß damals das Consistorium, oder wenigstens der Concipiente, anders dachte, als der Gesetzgeber: und doch findet man weiter keine Marginalresolution, außer dieser einzigen: seines Bruders Wittwe kann man heyrathen. Wenn nicht die Copey, aus welcher der Abdruck im juristischen Orakel geschehen ist, mangelhaft war, wie man beynahe daraus schließen sollte, weil sie nur eine Marginalresolution hat, und es doch im Rescript in der mehrern Zahl heißt, nebst den von Uns eigenhändig bin-

uneingeschränkt zu erlauben sind. C. 8. §. 116.

Preußen vom 3ten Junii 1740. that dies, und verstattete jedermann, sich in den *Casibus*, wo die Ehe nicht klar in Gottes Wort verboten, sonder Dispensation und Kosten, nach Gefallen zu verheyrathen. Sie erweckte Anfangs bey manchen übel unterrichteten, die sich einbildeten, es würde erlaubet, was Gottes Gesetz nach einer daraus gezogenen richtigen Folgerung verbiete, einen heftigen Widerwillen: und destomehr ward sie wiederum von andern erhoben, unter welchen ich jetzt nur den seel. Ludewig (*) als einen sehr eifrigen Lobredner, und den Herrn Hofrath Ayrer (**), als einen gemäßigtern, nennen will.

So viel ist klar, daß, wenn ich im vorigen Capitel recht geurtheilet habe, und diese zehn Ehen nirgends von Mose verboten sind, einer christlichen Obrigkeit, die die Gesetzgebende Gewalt hat, in Absicht auf das Gewissen nichts entgegen stehen könne, wenn es ihr beliebe, sie ohne alle Einschränkungen zu

hinzugefügten Marginalresolutionen, so wäre es der strengern Partey in der That gelungen, durch eine vom Könige erhaltene authentische Erklärung der Cabinetsordre alles das zu nehmen, was sie zu sagen schien, und den Grundsätzen der strengern Theologen zuwider war. Und eben dis geschiehet auch in dem Project des *Corporis juris Fridericiani*, P. I. Libr. II. Tit. III. de nuptiis, da §. 15. die Ehe mit dem Onkel, (d. i. des Onkels mit der Niece) untersagt wird, und §. 17. die Schwägerschaften, über die gestritten wird, nicht von den Consistoriis, sondern vom Königl. Geheimen Etatsrath dispensiret werden sollen.

So sehr es hiebey scheinet, als sey die Cabinetsordre durch jüngere Gesetze abgeändert, so wird sie dennoch, wie ich auch Berlin zuverläßig weiß, so fern beobachtet, daß die oben erwähnten zehn Ehen überall auf geschehene Anfrage erlaubt werden: doch muß die Anfrage nicht unterlassen werden. Es ist also ohngefähr

diejenige Mittelstraße erwählt, die ich am Ende des 117ten §. nenne: also die Cabinetsordre nicht nach ihrem völligsten Umfang in Uebung gekommen. Was es mit dem Breslauischen Verzeichniß für eine Bewandniß habe, und ob solches im Juristischen Orakel falsch abgedruckt, oder widerrufen sey, habe ich nicht erfahren können. Das Project des Corporis Fridericiani aber hat selbst nicht vim legis erhalten, und berogiret daher der Cabinetsordre nicht.

(*) In den Hallischen Gelehrten Anzeigen. Siehe den dritten Band, das 34ste und 48ste Stück, u. f. f. Er geräth wider ältere Gesetze, die etwas anders verordnet hatten, in einen Eifer. Z. E. im 49sten Stück §. 7. wie finster und düster sieht es doch nicht deshalb in unserer Magdeburgischen Policeyordnung aus! und bald darauf nennet er, das unartige Dispensationsregister.

(**) *de jure dispensandi circa connubia jure divino non diserte prohibita.*

T t

zu erlauben. Römisches Recht, Kirchengesetze, Landesconstitutionen, die vorhin solche Ehen verboten haben mögen, kann die Gesetzgebende Gewalt aufheben.

Ich sehe auch nicht, was für Schaden diese Abschaffung so vieler Eheverbote, die in der Bibel nirgends stehen, bringen könnte. Die Verwandtschaften sind so nahe nicht, daß die Keuschheit der Familien durch Erlaubniß dieser zehn Ehen in eine merkliche Gefahr gesetzt würde: sonderlich nach unsern Sitten. Denn bey dem Umgange, den man in unsern Ländern beiden Geschlechtern erlaubet, geben die vorhin genannten Verwandschaften durch nahen Umgang keine vorzügliche Gelegenheit zur Verführung, und sie stehen völlig auf der Gränze, wo die Moral nichts mehr gebietet, sondern es der Gesetzgebenden Klugheit überläßt, wie weit sie die Sorgfalt der Eheverbote treiben will. Hat auch Moses, der aus Gottes Einsprache Gesetze gab, nicht für nöthig geachtet, zu Verhütung der Unzucht in Familien, diese zehn Ehen zu verbieten, so wird ein christlicher Landesherr, der sie erlaubet, seinem Gewissen nicht den Vorwurf machen dürfen, als sey er für die Tugend seiner Unterthanen zu sorglos. Von den besondern Ursachen, die bisweilen anrathen, unter einem Volke noch diese oder jene Ehe zu verbieten, die nach seinen Sitten gefährlich werden könnte (*), und um welcher willen ein vorsichtiger Gesetzgeber wol etwas mehr verbietet, als bey andern Völkern verboten werden muß, tritt hier keine ein.

Die einzigen, denen etwan im Anfang durch eine solche Aufhebung einiger hergebrachten Eheverbote wehe geschehen möchte, würden vielleicht Prediger seyn, die sich von den im vorigen Capitel vorgetragenen Sätzen nicht überführen können, und sich ein Gewissen machen, die Trauung zu verrichten. Ich erinnere mich auch wol, daß bey der vorhin erwähnten Preußischen Cabinetsordre die Anfangs die Klage der gemäßigter denken wollenden Misvergnügten war, daß Prediger dadurch zu etwas genöthiget würden, so wenigstens wider ihr irrendes Gewissen sey, welches man denn als eine Härte und Gewissenszwang auslegte.

Man könnte zwar hierauf sagen, daß Prediger billig die Bibel verstehen, und ein richtig belehrtes Gewissen haben sollten, und daß wirklich, nach
dem

(*) §. 31. 68.

uneingeschränkt zu erlauben sind? C. 8. §. 116.

denn sie einmahl nicht blos Glieder, sondern auch Diener der Kirche sind, ihr irrendes Gewissen nicht völlig so viel Nachsicht fodern kann, als das Gewissen eines andern Gliedes der Kirche, so nicht in ihren Diensten stehet: ferner, daß es doch sehr unbillig seyn würde, wenn ein Prediger in einer, nirgends klar in der Bibel verbotenen Sache, seine eigene Einsichten und Folgerungen zur Richtschnur für das Gewissen seiner Zuhörer machen, und verlangen wollte, sie sollten eine Ehe blos darum unterlassen, weil sie ihm sündlich vorkommt. Wer um Schonung für sein Gewissen bittet, muß auch über anderer Gewissen nicht herrschen wollen.

Allein ich will doch lieber eine gelindere Antwort zu Lösung des Zweifels vorschlagen, weil mir in der That das irrende Gewissen solcher Prediger, die in ganz andern Grundsätzen erzogen waren, und um eine Zeit in das Amt gekommen sind, da man diese zehn Ehen für verboten hielt, eines Mitleidens würdig scheint. Ihre vielleicht 20 bis 40 Jahre hindurch eingewurzelte Grundsätze können sie nicht auf einmahl ändern: Einsichten und Ueberzeugung hängen nicht von unserm Willen und Vorsatz ab, und unser Gewissen wird alsdenn eben recht eigensinnig und ungelehrig, wenn uns eine äussere Furcht und Besehl zu nöthigen scheint, daß wir ihm einen Satz aufdringen sollen.

In der That ist dem Gewissen solcher Prediger, welche diese zehn Ehen für unzuläßig halten, sehr leicht geholfen. Es muß ihnen nur erlaubt werden, die Trauung einem andern, der sie nicht für unrechtmäßig hält, zu überlassen. Wer hier sich noch beklagen wollte, daß er dadurch ein Theil seiner Einkünfte verlieren würde, der handelte wirklich sehr unbillig. Kann er verlangen, daß andere nicht heyrathen sollen, weil ihm, und zwar aus eigener Schuld, die Sporteln von ihrer Heyrath entgehen? oder kann er die Geldbelohnung einer Handlung begehren, die er sich weigert vorzunehmen, weil sie wider sein Gewissen ist?

Daran kann auch niemand zweifeln, daß es eine Gnade gegen die Unterthanen ist, wenn ihnen der Landesherr die Freyheit wiedergiebt, die sie von Natur hatten, sich zu verheyrathen, an wen sie wollen, nur die Verwandtschaften ausgenommen, die Moses ausdrücklich verboten hat. Die Liebe fällt doch bisweilen auf eine der oben genannten zehn Personen: und dieser Affect
steht

steht nicht so in unserer Macht, daß wir ihn nach Vorschrift der Gesetze von dem einen Gegenstande abwenden, und auf einen andern richten könnten. Er ist dabey oft so heftig und anhaltend, daß doch immer einige Personen unglücklich werden, wenn die bürgerlichen Gesetze ihnen die Verbindung, welche sie wünschen, untersagen. Gesetze können zwar nicht alle Bürger glücklich machen, aber sie sollten doch mit der Güte und Vorsicht gegeben seyn, daß sie ohne Noth niemanden unglücklich machen.

Weiter aber weiß ich auch für diese Erlaubniß nichts zu sagen. Die Bevölkerung, auf die der Gesetzgeber sein Augenmerk vorzüglich zu richten hat, und die man wol zum Hauptgrunde für die Erlaubniß aller zu erlauben möglichen Ehen angiebt, scheint dabey wenig zu gewinnen, und es ist in Absicht auf sie einerley, ob unter den vorhin genannten zehn Ehen neune erlaubt oder verboten sind. Denn, wenn ich nur die Frauenschwester ausnehme, so fällt die Liebe ohnehin nur selten auf diese nahen Verwandtinnen, und noch seltener thut sie es mit der Heftigkeit und Eigensinn, daß durch ihr Verbot eine Ehe weniger wird, denn wenn man weiß, man kann die Verwandte nicht heyrathen, so giebt man sich gemeiniglich zufrieden und heyrathet eine andere. Die wenigen Fälle, wo man eine von den neun genannten Personen so eifrig und treu liebt, daß man lieber ungeheyrathet bleibt, wenn man sie nicht erhalten kann, sind zu einzeln, als daß sie in die Bevölkerung einen Einfluß haben könnten.

§. 117.
Man kann aber deshalb noch nicht sagen, daß sie sie allgemein erlauben solle: es ist genug, wenn sie dispensirt.

Aus dem vorhingesagten, und dem Recht eines christlichen Landesherrn, diese Ehen allgemein zu erlauben, folget noch keine Pflicht, die zu thun: und diejenigen gehen ohne Zweifel zu weit, welche die Landesordnungen tadeln, in denen diese Ehen noch verboten bleiben. Denn daraus, daß Moses gewisse Ehen nie verboten hat, und daß sie auf keine Weise wider die vernünftige Sittenlehre und den Willen Gottes streiten, kann ja wol niemand schliessen, daß kein Landesgesetz sie verbieten dürfe, oder, daß die strengeren Verordnungen des Römischen Rechts wider die christliche Religion streiten, und deshalb unter Christen abgeschaft werden müssen. Unser bürgerliches Recht kann ja verbieten, was nach dem göttlichen oder Naturgesetz unverboten war: und Mose Gesetze sind noch vielweniger die Richtschnur, der unsre Gesetzgeber zu folgen angewiesen sind. Ich

uneingeschränkt zu erlauben sind? Cap. 8. §. 117.   333

  Ich glaube freilich, überhaupt von der Sache zu reden wäre es besser, wenn wir diese überflüßigen zehn Eheverbote gar nicht hätten: allein ich gestehe doch auch, daß ein Landesherr, oder wer sonst die Gesetzgebende Gewalt übet, Ursachen haben kann, sie unabgeschaft zu lassen. Aenderungen des Rechts pflegen mit einiger Gefahr verknüpft zu seyn; und die kann der Gesetzgeber vermeiden wollen. Er kann auch selbst zweifelhaft seyn, ob diese Ehen im göttlichen Gesetz verboten sind, oder nicht: Da nun einem Landesfürsten die Pflicht nicht obliegen kann, dis selbst zu prüfen, und er sich hierin gemeiniglich auf anderer Einsichten verläßt, die sich Berufswegen mit der Auslegung der Bibel beschäftigen, so kann es ihm wol nicht verdacht werden, wenn er, da er ihre Stimmen getheilt findet, und selbst keine eigene Meinung hat, das sicherste wählt, und die Gesetze läßt, wie sie sind. Dis gilt noch mehr, wenn die Gesetzgebende Gewalt nicht bey Einem ist, und selbst getheilte Meinungen hat. Es kann auch dem Gesetzgeber nützlich vorkommen, gleichsam einige Aussenwerke um das Gesetz zu ziehen, und über die nothwendigen Eheverbote noch einige andere zu Versicherung der Keuschheit in Familien zu geben: wie weit aber die Aussenwerk gehen solle, ist dem Ermessen der Gesetzgebenden Gewalt anheimgestellet. Niemand wird sie tadeln können, wenn sie gar Geschwisterkinder verbietet.

  Was ich vorhin von der Härte dieser Gesetze gegen einige wenige gesagt habe, deren Neigung gerade auf eine solche Person fällt, die ein menschliches Gesetz, härter als das göttliche, untersaget hat, das fällt weg, wenn der Landesherr nur geneigt ist, bey erheblichen Ursachen zu dispensiren. Geschiehet dis, so ist es ziemlich einerley, ob die Ehen schlechterdings erlaubt sind, oder durch eine leicht zu erhaltende Dispensation erlaubt gemacht werden: wenn nur die Dispensation nicht von der Gunst und Willkühr der Bedienten des Landesfürsten abhänget, und nicht durch große Summen erkauft werden muß. Denn ein mäßiges Dispensationsgeld, wie z. E. hier im Lande bey der Ehe mit der Frauensschwester gegeben, und ad pias causas verwandt wird, wird vermuthlich dem nicht beschwerlich vorkommen, der wirklich aus Zuneigung heyrathet, und wer es aus Interesse thut, hat sich noch weniger darüber zu beklagen.

  Vielleicht wendet man ein, ein Gesetz, von dem Dispensation zu erhalten stehe, sey so gut wie kein Gesetz, und werde besser gar abgeschaft. Nun habe ich zwar nichts gegen diesen letzten Rath in Absicht auf die zehn oben genannten Ehen; allein ich kann doch nicht verschweigen, daß solche Eheverbote doch etwas zur Verhütung der Unzucht in Familien beytragen können, wenn die Dispensation nur denen ertheilt wird, die sie nicht anticipirt haben, solche aber, die sich vorhin mit einander fleischlich vermischet haben, diese Wohlthat des Landesherrn schlechterdings verweigert wird (Siehe §. 126.). So machen es z. E. die Schwedischen Geseze bey Geschwisterkindern. Sie verbieten diese Ehe, falls der König nicht dispensiret: dis letzte aber wird durch eine einzelne nachher dazu gekommene Verordnung so erläutert: falls Se. Königl. Majestät dispensirt, und sie nicht durch einen unkeuschen Beyschlaf sich unwürdig gemacht haben, daß Ihro Majestät ihnen solche Gnade erzeigen (*).

§. 118.

Ob es rathsam sey, die Eheverbote der zweiten Classe aufzuheben, wenn man glaubt, daß sie blos den Israeliten gegeben sind?

Wenn die Eheverbote von der zweiten Classe, d. i. die, welche

1) des Bruders Witwe,
2) des Vaterbruders Witwe,
3) des Vaters Schwester,
4) der Mutter Schwester

betreffen, blos die Israeliten angehen, und nicht von allgemeiner Verbindlichkeit seyn sollten: so würde zwar der christliche Regent nicht sündigen, der auch diese Ehen allgemein erlaubte. Allein ich fürchte doch, daß diese Neuerung von schädlichen Folgen seyn könnte, und, theologisch davon zu reden, wollte ich sie aus Zärtlichkeit gegen die Gewissen nicht gern rathen. Denn wenn diese vier Ehen ohne Anfrage und Dispensation, also auch ohne alle Schwierigkeit geschlossen werden könnten, so würden manche sich ohne Ueberlegung, und ohne einige vorläufige Untersuchung ihrer Rechtmäßigkeit in sie begeben, und wol nicht einmahl wissen, daß etwas wider sie in Mosis Geseßen stehe. Die Liebe pflegt ohnehin unüberlegt zu seyn, und sich nicht viel mit Gewissensfragen zu beschäf-

(*) Weil ich die Stelle selbst nicht anzuzeigen weiß, so berufe ich mich auf das mündliche Zeugniß eines Schwedischen Juristen, des Herrn Doctor Rabenius zu Upsala, der mir diese Anmerkung schentlete, als er ehedem bey mir über einige von ihm ausgesuchte Stücke des Mosaischen Rechtes ein Collegium privatissimum hörte.

beschäftigen. Wenn nun solche nachher in der Bibel lesen, oder von andern hören, daß Moses ihre Ehe ausdrücklich unter den verbotenen nennet, so können zu späte Gewissenszweifel, und aus diesen, unglückliche Ehen entstehen. Diese sind weniger zu befürchten, wenn solche Ehen durch seltene Dispensation, und blos wegen sehr wichtiger Ursachen erlaubt werden: denn eben das Gesuch der Dispensation nöthiget die ansuchenden Theile, sich vorher belehren zu lassen, ob diese Eheverbote allgemein sind, oder nicht, und die Gründe dafür und dawider doch einigermassen zu prüfen, oder kennen zu lernen.

Das neunte Hauptstück,
von dem Dispensationsrecht des Fürsten.

§. 119.
In welcher Absicht noch vom Dispensationsrecht des Fürsten gehandelt wird.

Was ich im siebenten Capitel von den zehn Ehefällen, die am meisten streitig gewesen sind, geschrieben habe, überzeuget mich so völlig, daß, wenn ich auch die Gegenpartheyen nehme, ich mir doch das nicht wieder zweifelhaft machen kann, was ich vorhin behauptet hatte. Allein die große Verschiedenheit der menschlichen Gemüther, die so weit gehet, daß oft einerley Beweis den einen völlig überführet, und bey dem andern nicht einmahl einen Eindruck macht, erlaubt mir nicht zu hoffen, daß meine Gründe bey den meisten Wertheidigern der strengeren Meinung eben die Aenderung zu wege bringen werden, die sie bey mir verursachet haben, als sie sich bey Ausarbeitung dieser Schrift meinem Gemüth darstelleten. Vielleicht aber wird sie das überzeugen und beruhigen, was mich vorhin bewog, diese Ehen zum wenigsten in einzelnen Fällen nicht zu misbilligen, ehe ich noch einsahe, daß sie nie verboten wären: nehmlich das Dispensationsrecht der Obrigkeit, dessen sie sich nach Gottes Willen bedienen darf, und soll.

Es würde schon deswegen nicht unnütz seyn diese Materie abzuhandeln, und dadurch manchen Uebereilungen eines vermeinten göttlichen Eifers Einhalt zu thun: jedoch der Gebrauch davon erstreckt sich weiter. Es können Ehefälle vorkommen, ja sie kommen vor, die ausdrücklich von Mose verboten sind, z. E. die Ehe mit des Bruders und Vatterbruders Witwe, und die mit der Tante, bey denen die Frage entstehet, ob die Obrigkeit sie aus besondern Ursachen erlauben kann, und ob es auch rechtmäßig und unsündlich sey, ihre Dispensation zu suchen und anzunehmen. Beydes werde ich von den Ehen der zweiten Classe, die ich eben genannt habe, behaupten. Zwar möchte ich hier abermahls denen eine überflüßige Arbeit zu thun scheinen, die glauben, daß uns diese Ehegesetze von der zweiten Gattung nicht verpflichten: denn gehen sie blos den Israeliten an, so braucht nicht erst lange bewiesen zu werden, daß der Fürst seinen Unterthanen erlauben könne, von ihnen abzuweichen, indem sie, wenn sie ja in unsern Ländern eingeführt sind, nur als menschliche Gesetze darin gelten würden. Allein, da ich auch hievon durch das, was ich im 31. und 32sten §. geschrieben habe, nicht alle meine Leser zu überführen hoffen darf: so halte ich es nicht für unnütz, die hypothetische Frage zu beantworten, ob der Fürst auch in dem Fall von ihnen dispensiren könne, wenn sie nicht blos die Israeliten angehen, sondern auch uns. Ich rede aber nicht von allen verbotenen Ehen, nicht von denen zwischen Eltern und Kindern, und zwischen Geschwistern: sondern von den übrigen, die nach dem Herkommen vor Mosis Zeit erlaubt gehalten wurden. Von jenen glaube ich nicht, daß leicht in ihnen Dispensationen verlanget werden, noch weniger aber, daß ein Fürst geneigt seyn dürfte, solche zu ertheilen,

§. 120.

Gott hat selbst bey den Leviratsehen, aus einer nicht so sehr wichtigen Ursache dispensirt: folglich ist es ihm wohlgefällig, daß in allen ähnlichen Fällen dispensiret werde. Diese Dispensation gehöret nicht unter das, was um der Herzens Härtigkeit willen blos zugelassen ward.

Wenn ich hier dem Fürsten ein Dispensationsrecht zuschreibe, so berufe ich mich hauptsächlich auf das Beyspiel Gottes selbst. Die Ehe mit des Bruders Witwe ist ohne Zweifel von Mose ausdrücklich verboten (*), und noch dazu eine der allernächsten unter den verbotenen Ehen. Dem ohngeachtet hat Gott nicht blos erlaubt, sondern auch befohlen, daß von diesem Verbot dispensirt, und der Bruder gehalten seyn solle seines Bruders Witwe zu heyrathen,

wenn

(*) z. B. Mos. XVIII, 16. XX, 21.

Gott hat selbst dispensirt. Cap. 9. §. 120.

wenn dieser ohne Kinder verstorben war (*). Hieraus schliesse ich billig, es sey Gottes Wille, daß in allen Fällen, die nicht näher sind als dieser, dispensiret werden möge, wenn eben so wichtige Ursachen dazu vorhanden sind, und sich nicht besondere Abrathungsgründe finden, die bey jenem Fall nicht waren. Die Weisheit Gottes berechtiget mich zu diesem Schluß: denn ein weiser Gesetzgeber wird unter völlig gleichen Umständen geneigt seyn, gleiche Ausnahmen von seinem Gesetz zu machen. Da nun aber ohne Thorheit und Verwegenheit nicht von Gott erwartet und gefodert werden kann, daß er unmittelbar durch eine Stimme vom Himmel, oder durch eine innere Einsprache, in den einzelnen Fällen dispensiren soll, in denen er nach seiner unpartheyischen Weisheit dispensiret haben will: so bleibt nichts übrig, als daß derjenige, der die höchste Gewalt in der Republik hat, in solchem Falle die Erlaubniß zu der Heyrath auf eine Gott wohlgefällige Weise ertheilen könne.

Mancher wird mir dieses zugeben: allein er wird zweifelhaft seyn, ob sich der nicht versündige, welcher sich dispensiren läßt. Die Obrigkeit ist nicht schuldig, alles Unrecht mit Gewalt zu verwehren: sie kann manches geschehen lassen, um größer Uebel zu verhüten, so wie z. E. Moses die Ehescheidungen; allein darum ist dessen sein Gewissen noch nicht rein, der es thut. Vielleicht hat Gott nur um der Herzenshärtigkeit der Israeliten willen die Ehe mit des ohne Kinder verstorbenen Bruders Frau erlaubet!

Diese Bedenklichkeit läßt sich völlig heben. So wie unser Heiland, als er die Pharisäer überzeugen wollte, daß die Ehescheidungen deswegen nicht aufhörten sündlich zu seyn, weil Moses sie erlaubet habe, einen Unterschied zwischen erlauben und befehlen machte, und sie durch Fragen so weit trieb (**), daß sie nicht mehr sagten, Moses habe ihnen befohlen sich von der Frau zu scheiden, sondern nur vorschützeten, er habe es erlaubet: so kann ich hier umgekehrt sagen, Moses hat es nicht blos erlaubet, sondern befohlen, des ohne Kinder verstorbenen Bruders Wittwe zu heyrathen, ja er hat so gar auf die Unterlassung dieser Pflicht eine bürgerliche Strafe gesetzt, und den als lieblos beschrieben, der sich ihrer weigerte: unmöglich aber kann der heilige Gott etwas, das an und vor sich böse ist, auch nur in seinen bürgerlichen Gesetzen befehlen.
Denn

(*) 5. B. Mos. XXV, 5-10.   (**) Matth. XIX, 7. 8. verglichen mit Marc. X, 3-5.

Denn welchem Gesetze würde man doch folgen sollen, wenn einerley Sache vom Sittengesetz Gottes verboten, und von seinem bürgerlichen Gesetz geboten würde? Ueberdem redet auch Moses als Geschichtschreiber von dem Verfahren des Juda, welcher die Witwe seines ersten Sohns nicht mit seinem dritten Sohn dem Sela verheyrathen wollte, im 38sten Capitel seines ersten Buchs auf eine solche Art, daß man wohl siehet, er gebe dem Judas Unrecht, und Judas hätte sollen Anstalt zu dieser Leviratsehe machen, obgleich damahls noch kein bürgerliches Gesetz Gottes vorhanden war, sondern blos ein menschliches Herkommensrecht die Ehe erfoderte.

Ich habe schon vorhin erinnert, daß dieses eine der allernächsten Ehen gewesen sey, von der Gott auf diese Art dispensiret habe, es war aber doch auch nicht die einzige: sondern im Fall kein Bruder da war, so war auch des Bruders Sohn zur Leviratsehe, oder seines Vatersbruders Witwe zu freyen, verbunden: daher auch beide Ehen, wenn sie wider das Gesetz, und bey vorhandenen Kindern vollzogen waren, völlig auf einerley Art bestrafet wurden. §. 76.

Die Ursache, um welcher willen Gott diese Ehen gestattete, und im bürgerlichen Gesetz befahl, war nicht von so großer Wichtigkeit, daß man vorgeben könnte, jetzt fände sich dergleichen nicht bey den Ehen, wegen welcher Dispensation gesucht wird. Es war ein Point d'honneur der Israeliten, so blos in ihrer Meinung bestand. (Ich bitte wegen des französischen Wortes um Vergebung, denn ich mag nicht gern sagen, eine Einbildung von der Ehre, weil das deutsche Wort manchem zu hart klingen, und anstößig seyn dürfte: obgleich die Einbildung von der Ehre und Schande gleichfalls ein Gut und Uebel ist, auf welches ein weiser und gütiger Gesetzgeber zu sehen hat.) Der verstorbene Bruder war in der That durch die Leviratsehe nichts gebessert: er mußte doch sein Erbe und alle das Seinige einem überlassen, der nicht sein, sondern seines Bruders Sohn war. Der ganze Vortheil für ihn war, daß, da die Juden eine sehr fürchterliche Vorstellung davon hatten, wenn eines sein Nahme aus den genealogischen Registern ausgelöschet ward, und die Unfruchtbarkeit für eine große Schande hielten, sein Nahme in diesen Registern stehen blieb, und ihm zu Ehren ein Sohn darunter geschrieben ward, von dem man doch wol wußte, daß er sein wahrer Sohn nicht sey. Die vermeinte Schande ward also nur sehr unvollständig von ihm abgewandt, und ihm eine Art von Unsterblichkeit gegeben, welche, gegen die als Eitelkeit verlachte Unsterblichkeit der Gelehrten gerechnet, noch sehr viel eitler war. Die Nachwelt wußte, es sey einer des Nehmens gewesen: und er habe, - - - was denn? einen Sohn gezeuget? nein, nicht einmahl das, sondern er habe einen Bruder gehabt, der mit seiner Witwe einen Sohn gezeuget habe! Dem nugeachtet schien dis dem gütigen Gesetzgeber schon genug, eine sonst unerlaubte Ehe zu vergünstigen, ja zu befehlen, wenn auch nur dadurch ein solches eingebildetes Unglück von dem Sterbenden abgewandt, und ihm der kleine Trost verschaffet werden konnte, durch die Stammtafeln unvergeßlich zu seyn. Geld und Güter sind nicht die Sache, die man bey Heyrathen eigentlich suchen soll: allein wenn auch nur durch eine nahe Heyrath das sonst verlohren gehende Vermögen einer vornehmen Familie bey dem Mannesstamm erhalten werden könnte, so möchte ich wissen, ob dis nicht eine eben so wichtige Ursache zur Dispensation ist, als jene? Wie viel wichtiger aber sind die, so von einer ausnehmenden Liebe, von einer besondern Uebereinstimmung der Gemüther, oder gar von Gründen des Christenthums hergenommen sind? Würde der Gesetzgeber, dessen väterliches Herz ein Uebel der Israeliten fühlte, das zwar bloß in der Einbildung bestand, aber doch deswegen nicht unterließ ihnen empfindlich zu seyn, gegen die weit heftigere Quaal, die aus einer starken Liebe gegen die nahe Verwandtin entstehet, gleichgültig gewesen seyn? Sonderlich wenn er gesehen hätte, daß durch diese Liebe, die man sich nicht nehmen konnte, alle übrigen Heyrathen mit irgend einer andern Person unglücklich werden würden?

§. 121.

Einwendung hiegegen: der Gesetzgeber kann dispensiren, nicht aber die Unterobrigkeit seine Dispensation auf ähnliche Fälle ausdähnen. Philosophische Beantwortungen dieser Einwendung.

Die Einwendung so man hiegegen machen kann, will ich nicht verschweigen. Was dem Gesetzgeber erlaubt ist, das darf deswegen die Unterobrigkeit (dergleichen gegen Gott alle Könige sind) nicht thun, und wenn er in Einem Falle dispensirt hat, so dürfen die Unterobrigkeiten solches nicht auf andere Fälle ausdähnen, die ihnen ähnlich scheinen.

Ich gebe dis bey menschlichen Gesetzen zu, wiewol es doch auch seinen Abfall leidet, wenn die Ursache der Dispensation hinlänglich bekannt ist. Allein bey göttlichen Gesetzen tritt ein merklicher Unterschied ein. Wenn man es mit einem Gesetzgeber auf Erden zu thun hat, so kann die Unterobrigkeit an ihn berichten,

richten, und Antwort gewärtig seyn, so bald ein Fall vorkommt, in welchem man aus seinen andern Dispensationen schließt, daß er gleichfalls dispensiren werde: es entstehet also kein Schade daraus, wenn sie nicht einen Schritt weiter gehen darf, als der Buchstabe lautet, und ihr gar nicht vergönnet ist, dem vermuthlichen Sinn der Dispensation zu folgen. Allein bey dem nüsichtbahren Gott ist keine Rückfrage möglich; es würde also Schaden daraus entstehen, wenn die Unterobrigkeiten Gottes nicht berechtiget wären, dem Sinn seiner Gesetze so wohl, als seiner Dispensationen zu folgen. Hierzu kommt noch, daß bey der Dispensation eines menschlichen Gesetzgebers vielleicht eine persönliche Gunst vorgewaltet haben kann: daher eine Unterobrigkeit sie nicht auf minder begünstigte ausdähnen darf. Allein dis fällt bey dem unpartheyischen Gott weg.

Dürfte ich aber wol noch hinzusetzen, daß der Einwurf alsdenn von mehrerer Erheblichkeit seyn würde, wenn die Rede von einem willkührlichen Gesetz wäre, und nicht von einem Stück der vernünftigen Sittenlehre? von dieser wird Gott keine Ausnahme machen, als wo nach der vernünftigen Sittenlehre selbst die Regel einen Abfall leiden muß. Gehören nun die Eheverbote von der zweiten Gattung mit zu den Sätzen der vernünftigen Sittenlehre, so sehe ich aus der Ausnahme der Levitatsehen, zum wenigsten a posteriore, das Verbot der Sittenlehre laute also: du sollst die und die nicht heyrathen, wo nicht eine eben so wichtige Ursache, als die Erhaltung des Nahmens in den Stammtafeln ist, dich dazu berechtiget. Weiß ich nur so viel, so muß ich es als eine Frage der vernünstigen Sittenlehre untersuchen, was für Ursachen mich dazu berechtigen werden: ich kann aber eben so wenig fodern, daß sie alle in der Bibel nahmentlich ausgedruckt seyn sollen, als sonst die Bibel alle besonderen Ausnahmen von gewissen allgemeinen Regeln der Sittenlehre anzuzeigen pflegt. Es verhält sich nun die Sache so, als wenn eine Unterobrigkeit von dem Gesetzgeber in einer gewissen Art von Händeln bloß an das Naturgesetz gewiesen wäre; ihr wäre aber bekannt, daß der Gesetzgeber selbst von dem allgemeinen Satz desselben die und die Ausnahme für gegründet hielte. Würde sie nicht alsdenn ohne weitere Nachfrage auch alle andere völlig ähnliche Ausnahmen zu machen haben? Sind die Ehegesetze der zweiten Gattung Stücke der vernünftigen Sittenlehre, so wird dieses auf sie gedeutet werden können: sind sie es nicht, so gehen sie uns gar nicht an, und wir brauchen über ihre Ausnahmen nicht viel Worte zu verlieren.

Und hiermit ist auch beyläufig eine andere Einwendung beantwortet: daß nehmlich Gott nicht von dem Verbot der Ehe mit des Bruders Wittwe dispensire, sondern vielmehr dieselbe blos in dem Falle, wenn er Kinder hinterließ, verboten habe. Denn so bald ich bedenke, dis Verbot gehe uns gar nicht an, falls es nicht ein Stück der vernünftigen Sittenlehre ist, so wird doch dieser ihr Verbot so lauten müssen, wie ich es vorhin ausgedrückt habe, und es wird für meinen Beweis einerley seyn, ob man eine Dispensation von einem allgemeinen Verbot, oder ein eingeschränktes Verbot annehmen will. Doch ich kehre zur Beantwortung der vornehmsten Einwendung zurück.

§. 122.
Biblische Beantwortungen derselben, aus der Art Christi, die Dispensationen auszulegen.

Man kann es niemanden übel nehmen, wenn er mit diesen Antworten noch nicht völlig zufrieden ist, sondern wünschet, daß ihm der gemachte Zweifel aus der Bibel selbst benommen werden möchte. In Gewissenssachen ist dis das sicherste: und ich bin auch dazu bereit. Ob man in göttlichen Dispensationen blos bey dem einzelnen ausdrücklich dispensirten Fall stehen bleiben müsse, oder ob man davon auf andere ähnliche Fälle mit Zuversicht Schlüsse machen könne, soll uns das unfehlbare Beyspiel des großen Auslegers der Schrift, unsers Heilandes und Seeligmachers belehren.

Die Jünger Christi hatten, wie er selbst nicht leugnet, das Levitische Gesetz vom Sabbath darin gebrochen, daß sie am Sabbath Aehren durch das Ausreiben zum Essen zubereitet hatten (*), indem alle Zubereitung irgend einiger Speise, wenn sie auch noch so wenig mühsam war, unter die an dem Tage verbotenen Leibesarbeiten gerechnet ward (**). Wenn nun Christus ihr Verfahren gegen die Pharisäer vertheidigen, und zeigen will, daß gar wol in dem Falle, in dem sie sich befanden, das Gesetz des Sabbaths gebrochen werden könne; so beruft er sich unter andern auf eine doppelte Dispensation Gottes selbst. Erstlich, sagt er, ist unstreitig, daß Gott eine gewisse Brechung oder Entheiligung des Sabbaths geboten habe (*₊*); denn da das Schlachten
der

(*) Matth. XII, 1-8. Marc. II, 23-28. Luc. VI, 1-5.   (**) 2. B. Mos. XVI, 22-30.
(*₊*) Matth. XII, 5. 6.

342 Ob menschliche Obrigkeiten in gleichen Fällen

der Thiere eine Leibesarbeit, und ordentlich am Sabbath verboten ist, so hat doch Gott am Sabbath Opfer geordnet, und so gar die Priester brachen in dem Tempel selbst dadurch den Sabbath, ohne sich zu versündigen. Hieraus schließt er, daß auch seine Jünger um eines andern Gottesdienstes willen, nehmlich weil sie ihm hatten nachfolgen müssen, ohne vorher Speise zu bereiten, den Sabbath brechen könnten. Zum andern beruft er sich auf den Vorgang Davids in einer Sache, welche die Bibel billiget (*). Moses hatte verboten, daß jemand ausser den Priestern von den Schaubrodten essen möchte: als aber David zu Erhaltung seines Lebens flohe, und keinen Vorrath hatte mitnehmen können, so machte er sich kein Bedenken, die Schaubrodte zu essen, und der Priester, der nach Mosis eigener Verordnung der Ausleger seiner Gesetze seyn soll, stand auch nicht an, sie ihm zu geben. Die Handlung wird nicht allein stillschweigend gebilliget, sondern (welches ich noch zu mehrerer Erläuterung dazu setze) in dem auf die damahlige Flucht (**) verfertigten 27sten Psalm, als mit Gottes Erlaubniß geschehen beschrieben, wenn es v. 10. heißt: mein Vater und Mutter sind ferne von mir (*₊*), allein der Herr nimt mich zur Herberge auf (*₊*₊), d. i. er bewirthet mich, und ertheilt mir
gleichsam

(*) Matth XII, 3. 4. Marc. II, 25-27. Luc. VI, 1 4.

(**) Daß der Psalm auf eine Flucht und Unglück Davids gehe, ist für sich klar, und daß er nicht in die Zeit Absaloms, sondern Sauls falle, ergiebt sich aus der Erwähnung seiner Eltern, die um die Zeit der Flucht vor Absalom längstens todt seyn mußten. Daß es aber die Flucht vor Saul sey, die 1. Sam. XXI. beschrieben wird, zeiget sich daraus, daß er gleich nachher seine Eltern zu sich genommen hat, die mit ihm flüchtig werden mußten, 1. Sam. XXII, 1. 3. wie sich denn auch zu keiner andern Flucht der Umstand, daß ihn Gott zur Herberge aufgenommen haben soll, auf eben die aufnehmende Art schicket, als zu dieser. Schon v. 4. 5. stellet er sich vor, als einen, der in der Hütte des Stifts, an dem Orte der Gottesdienste, geschützt sey, und diesen Ort sich Lebenslang wünsche.

(*₊*) יעזבוני übersetzt man gemeiniglich, sie verlassen mich: allein es schickt sich schlecht zur Geschichte Davids, die uns erzählet, daß seine Eltern und Brüder, so bald sie seine Flucht vernommen haben, sich zu ihm begeben und mit ihm ein freywilliges Elend erwählet haben. Zuerst heißt das Wort, wie man aus dem Arabischen عزب sehen, ferne seyn, sich entfernen, davon nachher das verlassen genannt ist.

(*₊*₊) Daß אסף heißt, zur Herberge aufnehmen, ist aus jedem Hebräischen Wörterbuche bekannt, und man pflegt gemeiniglich die Hauptstelle B. d. Richter XIX, 18. davon anzuführen. Zu den Rechten der Gastfreundschaft gehörte aber nicht bloß die Aufnehmung des Fremden unter Dach und Fach, sondern auch die Speisung und Bewirthung desselben. Wer nunmehr den ganzen Psalm lieset, dem wird die Beschreibung, die David von seiner Flucht zu

der

dispensiren dürfen? Cap. 9. §. 122.

gleichsam bey sich die Rechte der Gastfreundschaft, welches geschahe, da David in der Hütte des Stifts eine Nacht Zuflucht fand, und von da aus mit Speise versehen ward. Hieraus schließt er nun weiter, daß auch erlaubt sey, ein levitisches Gebot zu brechen, und am Sabbath Speisen zu bereiten, wenn sie ein unverschuldeter Hunger dazu nöthige. Dieser Schluß, den kein Vernünftiger, und kein Verehrer Christi einer Unrichtigkeit beschuldigen wird, ist noch weit dreister, als der, den ich vorhin von dem Leviratsehen machte, und wird uns vielleicht veranlassen, noch einen Schritt weiter zu gehen, als wir sonst gewagt haben würden. Denn

1) Von der Dispensation eines Gesetzes wird auf ein ganz anderes Gesetz geschlossen, von den Schaubroden auf den Sabbath: und zwar

2) von einem blos levitischen Gesetze, wie die Verordnung von den Schaubrodten war, auf ein Gebot, so schon vor Mosis Zeit gewesen ist, nehmlich auf das vom Sabbath.

3) Aus einer Dispensation bey ungemein viel dringendern Ursachen wird gefolgert, daß Gott dispensiren werde, wo diese Ursachen in einem geringern Grad vorhanden waren. Hätte David die Schaubrodte nicht angenommen, so hätte er auf seiner Flucht in der Wüste Gefahr gelaufen zu verhungern: die Jünger Christi aber würden nicht davon gestorben seyn, sondern nur das Ungemach des Hungers auszustehen gehabt haben, wenn sie auch den ganzen Sabbath hindurch ohne Speise geblieben wären.

Wie wenig stimmet diese gütige Antwort Christi mit dem strengen Satz überein, daß man bey Ausnahmen, die Gott von einem Gebote macht, blos bey dem Buchstaben stehen bleiben müsse, und ihren weiter gehenden Sinn nicht sicher befolgen könne? Nähme man das an, so hätten die Pharisäer Christo mit Recht antworten können: deine Schlüsse sind unrichtig. Die Priester dürfen den Sabbath brechen, denn Moses hat es ausdrücklich befohlen; allein deine Jünger haben kein Recht, hieraus Folgen auf eine ganz andere Art der Brechung des Sabbaths zu machen. Das Gesetz des Sabbaths ist auch weit größer und heiliger, als die blos levitische Verordnung von den Schaubrodten, und

der Stiftshütte, und der ihm daselbst wiederfahrnen Wohlthat Gottes macht, nicht unvermuthlich bleiben können, wenn er einiger- maßen aufgeleget ist, eine Poesie zu verstehen, und gleichsam zu schmecken.

und es ist sehr unrichtig geschlossen, daß, weil man diese brechen kann, um sich das Leben zu erhalten, man auch jened übertreten dürfe, um sich der Unbequemlichkeiten des Hungers zu erwehren.

Die Pharisäer gaben Christo diese Antwort nicht: und wer es nicht gleichsam in ihrem Nahmen thun will, der wird auch meinen Schluß gelten lassen müssen, nachdem er durch einen so großen Vorgänger gesichert ist. Niemand aber wird weniger Schein des Rechts haben, ihn mir abzuleugnen, als die strengere Parthey: denn da sie aus den Eheverboten Mosis, ohne einigen solchen Vorgang zu haben, Folgen auf Ehen machen will, deren große Unähnlichkeit ich gezeiget habe; wie kann sie es, ohne sich selbst zwiefach unrecht zu geben, mir verdenken, daß ich aus den göttlichen Dispensationen, wo ich Christum zum Vorgänger habe, blos auf ähnliche Fälle, oder da gleich wichtige Ursachen vorhanden sind, Folgen mache? Sollte ihr nicht auch die Regel bey Auslegung der Gesetze beyfallen: man habe die Verbote, so die Freyheit einschränken, nicht über den Buchstaben auszudähnen: hingegen seyen die so genannten *favorabilia* so weit, als der Sinn des Gesetzes es leide, zu erstrecken. Doch ich will ihr alle Betrachtungen, die aus dieser Regel fließen könnten, freywillig schenken: denn sie wird sich ohnehin verpflichtet sehen, meine Folgerungen noch für gültiger zu erkennen, als die ihrigen sind.

§. 123.
Zweite Beantwortung des Zweifels aus Mose selbst.

Was ich bey dem Schluß des 121sten Paragraphens gesagt habe, daß die Ausnahme der Leviratsehen von den Eheverboten nicht für eine willkührliche Ausnahme zu halten sey, sondern in gleichen Fällen von der unveränderlichen Sittenlehre selbst gemacht, und die Eheverbote von dem Sittengesetz nur hypothetisch unter der Bedingung vorgeschrieben werden, wenn nicht eine eben so wichtige Ursache, als bey den Hebräern die Erhaltung des Nahmens in den Stammtafeln war, die nahe Ehe anräth: das wird durch die Geschichte Mosis ungemein bestätiget. Denn er siehet es schon über zweyhundert Jahre vor der Zeit, in welcher er diese Ausnahme in seinen Gesetzen gemacht hatte, nicht blos für erlaubt, sondern in Betracht des damahligen Landrechtes von Palästina für eine Schuldigkeit an, daß andere sie machen sollten: und stellet es an dem Judas als eine Versündigung vor, die auch dieser endlich selbst

dispensiren dürfen? Cap. 9. §. 123.

selbst erkennet, und für ärger hält, als die offenbahre und freylich Cananitische Blutschande der Thamar (*), daß er seinen Sohn Sela nicht angehalten hatte, seines Bruders Witwe zu heyrathen, als dieser ohne Kinder verstorben war. Es verdienet das ganze 38ste Capitel des ersten Buchs Mosis hiervon nachgelesen zu werden. Da man nun damahls sich noch nicht auf die ausdrückliche Dispensation Gottes beruffen konnte, so folget, daß nach Mosis Meynung auch ohne schriftliche Erklärung des Willens Gottes eine Ursache von der Wichtigkeit nicht allein das Recht gab, sondern auch eine Schuldigkeit mit sich brachte, seines Bruders Witwe zu heyrathen: damahls aber konnten doch die Leute ohnmöglich anders, als aus der Wichtigkeit der Ursachen schliessen, in welchem Falle eine so nahe Heyrath vorzunehmen wäre, und was sie bewog, die Leviratsehe für rechtmäßig zu halten, das muste sie auch bewegen, bey allen andern gleich wichtigen Ursachen die Ehe in die nahe Freundschaft zu billigen und zu vollstrecken. Hätte aber ein Bruder in der damahligen Zeit sich eben solche Eheverbote, als Moses nachher vorgeschrieben hat, zur Sittenlehre machen, und dabey seinem verstorbenen Bruder unter dem Vorwande keinen Saamen erwecken wollen, daß er keine ausdrückliche Ausnahme Gottes vor sich habe: hätte er so denken wollen, wie man denken muß, wenn man mir den Einwurf macht, den ich jetzt bestreite: so würde er sich nach Mosis Urtheil gegen das Recht seines Landes versündiget, und einer unnatürlichen Lieblosigkeit schuldig gemacht haben. Was würde aber denn der Moses zu dem Vorgeben derjenigen strengen Casuisten sagen, die bey viel wichtigern anrathenden Gründen der Obrigkeit die Hände binden wollen, die sonst geneigt wäre zu dispensiren, und die ihr verbieten dem Sinn des Gesetzes zu Folge einen Schritt zu thun, der nicht ausdrücklich in dem Buchstaben der Gesetze bestimmet ist? Dürfte er, wenn er lebte, nicht gar so weit gehen, daß er sie für die moralische Ursache mancher Zeitlebens misvergnügten Ehe, und anderer betrübten Folgen der verweigerten Dispensation ausgäbe?

Die letzte Einwendung, die man mir gegen diese Stelle Mosis macht, dürfte etwan seyn: daß zu des Altvaters Judä Zeit das Gesetz noch nicht gegeben gewesen sey, das die Ehe mit des Bruders Witwe verbot, und daß daher die Leviratsehe auch ohne ausdrückliche Dispensation Gottes erlaubt gewesen sey. Allein entweder sind Eheverbote von der zweyten Classe ein Stück des ewigen und unveränderlichen Sittengesetzes: oder nicht? Ist das letztere, so sind wir gar nicht

(*) 1. B. Mos. XXXVIII, 26.

Y 3

nicht an sie gebunden, sondern sie gehen blos die Juden an: ist aber jenes, so war zu Judä Zeit die Ehe mit des Bruders Witwe eben so wohl verboten als jetzt. Die Unwissenheit macht niemanden von seiner Verpflichtung gegen das ewige Sittengesetz los, denn es enthält keine Gebote, die man nicht bey gehöriger Sorgfalt und Fleiß finden könnte. Was also damahls recht war, ist und bleibt noch jetzt und künftighin recht, und wenn damahls vor Mosis Gesetzen eine so nahe Ehe erlaubt gewesen ist, so oft eine auch von Gott noch nicht benannte wichtige Ursache sie anrieth, so hat sich das Sittengesetz auch seit früher Zeit nicht geändert, sondern die Fälle, in denen vor und nach seinem geschriebenen Gesetz gewisse nahe Ehen bey den Völkern, die nicht Israeliten sind, erlaubt werden dürfen, sind und bleiben einerley.

§. 124.
Noch andere Beweise des Dispensationsrechts.

Diesen Beweis für das Dispensationsrecht habe ich ausführlich vorstellen müssen; bey den übrigen wird es genug seyn, sie nur zu nennen, und dem Nachdenken der Leser selbst zu überlassen. Ich rechne dahin, daß die Ursachen des Verbots der Ehen zwischen Personen, die nicht so nahe verwandt sind als Bruder und Schwester, bey andern Völkern eben so sehr dringend nicht sind, wenn man diejenigen davon nimt, die sich auf die besondern Umstände und Gewohnheiten der Israeliten gründeten: (§. 67 t 8. 69.) so, daß aus einzelnen Dispensationen, sonderlich unter der Einschränkung, die im 126sten Paragrapho vorkommen soll, kein Schade in der Republik entstehen, und die Hurerey deswegen nicht in die Familie einreissen wird. Ich könnte mich auch zum Ueberfluß darauf berufen, daß selbst unter dem Israelitischen Volke die Könige ein Recht gehabt haben, von den bürgerlichen Gesetzen, die Moses gegeben hat, in einzelnen Fällen zu dispensiren, wovon in meiner zweiten (*) Commentatione ad leges divinas de poena homicidii, §. 34. 35. und 37. ausführlicher gehandelt ist. Sind nun diese Obrigkeiten, die ohne Zweifel in viel eigentlicherem Verstande Unterobrigkeiten Gottes waren, und die noch dazu in einzelnen Fällen durch den Hohenpriester, oder durch die Propheten bey Gott hätten Rückfrage halten können, nicht so genau und unverbrüchlich an den Buchstaben der Gesetze Mosis gebunden gewesen, und haben sie allenfalls das Recht gehabt, so wie von der Strafe des Todtschlages, also auch von diesen Verboten eine be-
sonder

(*) Sie ist in dem 1759. herausgekommenen Syntagma commentationum, das dritte Stück.

sondere Ausnahme zu machen: wie will man denn unsere Obrigkeiten, bey denen so wohl die Theocratie, als die Möglichkeit einer unmittelbaren Rückfrage bey Gott wegfällt, enger einschränken, als jene eingeschränkt gewesen sind?

§. 125.

Beyspiele einiger Fälle, dabey die Obrigkeit ihr Dispensationsrecht sicher und mit gutem Gewissen üben kann.

Welche Ursachen die höchste Obrigkeit für hinlänglich zur Dispensation halten will, ist hier nicht auszumachen, sondern ihrem eigenen Ermessen an heim zu stellen. Da bey uns viele Ursachen des Verbots dieser Ehen wegfallen, welche dem Israelitischen Volk eigen waren (§. 67. 68. 69.), und wir über das gesehen haben, wie gütig Christus in den Folgerungen verfährt, die er aus göttlichen Dispensationen macht (§. 122. S. 343. N. 3.), so möchten bisweilen noch kleinere Ursachen, als bey den Leviratsehen obwalten, die Dispensation der Obrigkeit rechtfertigen (*) können. Doch will ich zum Ueberfluß einen Fall erdichten, welcher dem von Gott ausdrücklich dispensirten, so ähnlich ist, als er in unsern Republiken gedacht werden kann.

Wir wollen uns zwey Brüder, Cajus und Sempronius, vorstellen, unter denen der ältere, Cajus, ein ansehnliches Vermögen hat. Er hat geheyrathet, und in den errichteten Eheverträgen sein ganzes Vermögen auf den Fall, wenn er ohne Kinder sterben wird, der Frau verschrieben. Die Ehe ist unfruchtbar; Cajus wird tödtlich krank, und läßt sich noch auf dem Todtenbette merken, es würde ihm leid thun, wenn sein ganzes Vermögen in eine fremde Familie kommen sollte, hingegen würde es ihm zu einigem Trost gereichen, wenn auf den Fall

---

(*) Ich schreibe mit Willen rechtfertigen, und ich behaupte keines Weges, daß die Obrigkeit durch das Exempel Gottes verpflichtet sey zu dispensiren. Denn die göttliche Dispensation in dem Leviratsehen ist nur ein Stück des bürgerlichen Gesetzes, dem man keine allgemeine Nachahmung schuldig ist. Die Obrigkeit kann Ursachen haben, sich gar nicht mit Dispensationen abzugeben, wenn sie fürchten muß, zu oft mit solchem Gesuch behelligt zu werden: und es sind auch Regimentsverfassungen möglich, bey denen der Obrigkeit das Dispensationsrecht wo nicht genommen, doch sehr eingeschränkt ist. Ueberhaupt ist auch stets zu bedenken, daß häufige Dispensationen den Nutzen des Gesetzes schwächen würden, weil auch nur die Hofnung, Dispensation zu erhalten, die Verführung erleichtern würde. Es bleibt alles der Weisheit einer gütigen Obrigkeit überlassen.

Fall seines Ablebens seine Witwe und Erbin sich mit Sempronio verheyrathen wollte, daß also das Vermögen doch auf Kinder fiele, die seinen Nahmen trügen. Er bittet sie zwar nicht eigentlich darum: man hat aber doch aus seinen Reden Spuren, daß ihm solches lieb seyn würde. Cajus stirbt: seine Witwe und Sempronius sind geneigt, einander zu heyrathen; sie bringen ihr Gesuch vor die Obrigkeit: hat nun nicht die Obrigkeit eine eben so gültige Ursache zu dispensiren, als bey den Leviratsehen obwaltete? ist nicht die Ursache noch etwas stärker? denn bey den Israeliten blieb doch auch ohne Leviratsehe das Erbe bey der Familie, und fiel den Söhnen des Bruders zu; hier würde es aber an ganz fremde gefallen seyn.

Sollen aber die Mannspersonen mehr Recht zum Glücke haben, als das andere Geschlecht? Würde nicht folgender Zufall eben so rührend seyn, und eben so viel gnädige Aufmerksamkeit des Landesvaters verdienen, als der vorige? Cajus, dessen Jahre ich auf 30 setzen will, hat eine Vatersschwester von 24 Jahren: sein Vater und Mutter sind gestorben, und von ihnen, sonderlich von der letztern, hat er ein ansehnliches Vermögen ererbet, dahingen sein Großvater seiner Tante nur etwas mäßiges hat hinterlassen können. Er will heyrathen, und es versteht sich, daß er das Seinige seiner Ehegattin und Kindern gönnen, nicht aber zu ihrem Nachtheil an Seitenverwandte vermachen will. Er liebet nicht allein seines Vaters Schwester, die in den Jahren ist, daß er sie heyrathen kann: sondern er wünscht noch über das, daß bey ihren mittelmäßigen Umständen sie diejenige wäre, die durch eine Heyrath mit ihm in Ueberfluß gesetzt würde. Er hält bey einer so edlen Absicht um Dispensation an: was soll die Obrigkeit thun, die sich dessen erinnert, was Gott gethan hat, und die bey der Dispensation keine politische Bedenklichkeit findet? Man könnte die Bewegungsgründe noch dringender machen, wenn man dazu setzte, daß sein größeres Vermögen, und ihr kaum mittelmäßiges Auskommen, von einer ungleichen Theilung herrühre, die sein Großvater im Testament gemacht hatte: oder daß der Großvater noch lebe, und selbst eine solche Heyrath gern sähe. Sie ist zwar wider Mosis Gesetz; allein bey weitem nicht so nahe, als die mit des unfruchtbaren Bruders Witwe, und bey ihr bringen viel stärkere Bewegungsgründe zur Dispensation vor, als der sehr willkührliche Gedanke der Hebräer von der Ehre war.

Ich

Ich habe mit Willen noch nicht die stärksten Bewegungsgründe in diesen erdichteten Fällen angebracht. Was ich genannt habe, sind nur Nebensachen bey der Ehe. Eine so heftige Liebe, die alle andere Ehen unglücklich machen würde, wenn man seine nahe Verwandtin nicht bekommen kann, dieser Affect, den die Menschen nicht so in ihrer Gewalt haben, daß sie ihn nach Belieben mindern und ändern können: würde wol noch mehr Aufmerksamkeit einer gnädigen Obrigkeit verdienen, deren väterliches Herz sich auch zu den Schwächen ihrer Unterthanen herabläßt.

§. 126.
In welchen Fällen die Obrigkeit nicht dispensiren soll.

Doch ich will auch kürzlich sagen, von was für Fällen ich glaube, daß nicht darin vor vollzogener Ehe kann dispensirt werden. Ich nehme erst alle Ehen der Eltern mit den Kindern, oder der Geschwister unter einander aus: denn da würde bey dem genauen Umgang die Gefahr der frühen Verführung zu groß werden, wenn nur ein einziges Beyspiel der Dispensation vorhanden wäre, und das allerleichtgläubigste Frauenzimmer die geringste Hofnung schöpfen könnte, die Schande der Verführung durch eine darauf folgende Ehe zu verbergen. In einem so bedenklichen Fall mit den Gesetzen gleichsam Versuche zu machen, ist zu gefährlich. Ich rechne auch bey uns die Stiefgeschwister dahin, weil sie eben so freyen Umgang unter einander, und gleiche Gelegenheit zur Verführung haben, als die rechten Geschwister.

Ueber diese Ehen entstehet auch wol nicht leicht eine Frage, und kaum wird jemand so unverschämt seyn, eine christliche Obrigkeit um Erlaubniß zur Heyrath mit seiner Mutter, oder Tochter, oder Schwester zu bitten. Ich sollte auch wol fast nicht denken, daß man wegen der von Paulo im Neuen Testament so schwarz abgemahlten (*), und für eine von den Heiden verabscheuete Hurerey erklärten Ehe mit der Stiefmutter streiten werde, ob sie dispensabel sey. Die Gefahr, die aus einer einzigen Dispensation entstünde, wäre zu groß, und würde bey vielen die Hofnung einer gleichen Dispensation erwecken: so bald aber die nur irgend gefasset werden kann, wird bey dem genauen Umgang des Sohns mit der Stiefmutter es nicht an Ehebrüchen von der schändlichsten Art fehlen, und weder Ehre noch Leben des Vaters sicher seyn. Die Gefahr ist desto

(*) 1. Cor. V, 1–5.

deſto gröſſer, weil doch ofte der jungen Stiefmutter der ihr an Jahren gleichere Sohn beſſer gefallen könnte, als ihr ſchon bejahrter Ehemann.

    Von der Ehe mit der Stieftochter, die der vorigen doch ſo vollkommen gleich iſt, wird bisweilen gelinder gedacht. Gemeine Leute ſtellen ſie ſich wol als eine ganz thunliche Ehe vor, dadurch die Mutter ihre Tochter verſorgen will. Ich habe ſelbſt den Fall geſehen, daß eine ſonſt tugendhafte, aber einfältige Perſon aus dem Dienſt ging, und alles Warnens ohngeachtet zu ihrer bejahrten Mutter zog, die einen jüngern Mann hatte, weil die Mutter nicht mehr lange leben zu können glaubte, und auf den Fall den Mann der Tochter beſtimmet hatte, der auch mit dieſer Beſtimmung gar wohl zufrieden war. Selbſt Gelehrte hoffen bisweilen in Abſicht auf dieſe Ehe, was nicht zu hoffen noch zu wünſchen iſt: und es iſt nicht lange, da ich ſehr anhaltend um ein ihr günſtiges Bedenken erſucht bin, wodurch ein ſonſt anſehnlicher Juriſte für ſeine Clienten eine Diſpenſation dieſer Art zu erhalten hoffete. Man wird mir zu trauen, daß ich die Ertheilung dieſes Reſponſi eben ſo anhaltend verbeten habe, obgleich ſonſt manche beſondere Gründe eintraten, die das Geſuch ſcheinbarer machten. Meine Gegengründe, die ich aber damahls nicht ausführte, weil man blos ein gefälliges Reſponſum von mir begehrte, ſind dieſe. Einmahl iſt dieſe Ehe derjenigen, die Paulus für eine mehr als heidniſche Hurerey erklärt, ſo vollkommen gleich, daß der Apoſtel kein günſtigeres Urtheil von ihr würde haben fällen können. Zum andern hat ſie auch Moſes als gleich angeſehen, indem er auf die Ehe mit der Stieftochter eben ſo gut als auf die mit der Schwiegermutter und Schweſter, Lebensſtrafe ſetzt (§. 75.). Zum dritten ſcheint ſie gewiſſermaſſen noch näher und bedenklicher zu ſeyn, als die mit der Stiefſchweſter, die, wie wir oben geſehen, vor Moſes Zeit nicht ganz unerlaubt war: nun glaube ich doch nicht, daß jemand dem Landesherrn anrathen werde, die Ehe mit der Stiefſchweſter jemahls durch eine Diſpenſation zu erlauben, in der doch Abraham gelebt hat; deſto weniger aber ſoll er denn auch die Diſpenſation zur Ehe mit der Stieftochter geben. Und viertens würde eine ſolche Diſpenſation wider alle über die Tugend des Volks wachende Güte und Klugheit des Landesherrn ſeyn: denn auch nur eine einzige Diſpenſation iſt hinlänglich, mehrerer Hofnung rege zu machen, und dadurch die Gelegenheit zu Verführung der heranwachſenden Stieftöchter gerade auf die fürchterliche Art zu geben, die im 6ten Capitel beſchrieben iſt, und durch Eheſetze vermieden werden ſoll. Die Gelegenheit zur Verführung iſt ſo groß, als ſie irgend bey einer Verwandtſchaft

schaft seyn kann: denn ordentlich hat der Stiefvater die Stieftochter bey sich im Hause, und, weil er ihr den Unterhalt geben muß, beynahe die völlige väterliche Gewalt über sie. Er als Aufseher ihrer Sitten hat stets den freyen Zutritt zu ihrem Zimmer und Schlafstelle. An Reitzung zur Verführung wird es auch nicht mangeln: denn die heranwachsende und mannbar werdende Stieftochter wird leicht besser gefallen, als die immer älter werdende Mutter, sonderlich wenn diese, wie unter Handwerksleuten und sonst bey Personen niedrigen Standes oft geschiehet, schon beym Anfang ihrer zweiten Heyrath alt war. Können nun Stiefvater und Stieftochter bey zunehmenden Jahren und Schwachheit der Mutter sich Hofnung auf einander machen, und hilft wol die Mutter selbst eine solche Hofnung befördern, so ist es nicht zu vermeiden, daß nicht Unzucht die sehr gewöhnliche Folge der Hofnung seyn sollte, und noch dazu diese allerschlimmste Art der Unzucht, die Mann und Tochter in Versuchung setzen wird, das Ende der Mutter zu beschleunigen.

In den entfernteren Verwandtschaften scheint mir die Dispensation also denn gerade wider den Endzweck der Gesetze zu seyn, wenn ein strafbarer Umgang vorhergegangen ist, und durch die Ehe vertuschet werden soll. Wenn das geschehen kann, so fällt der ganze Nutzen des Gesetzes weg, welcher eben war, zu verhüten, daß nicht unter Hofnung der Ehe die nächsten Blutsfreundinnen von dem, der einen freyeren Zugang zu ihnen hat, verführt werden können. Welche Obrigkeit also im Fall einer vorhergegangenen Schwängerung dispensiren wollte, die würde eben so wohl thun, wenn sie das ganze Gesetz wider diese Ehen aufhübe: macht sie sich aber daraus ein Gewissen, so hat sie sich es auch aus jener Dispensation eben so sehr zu machen. Ich weiß, wie weit dieser Satz von dem schändlichen Rath einiger Gewissenlosen Advocaten abgehet, die ihren Clienten wol angeben, wenn die Dispensation schwer hält, durch einen unehelichen Beyschlaf sie gleichsam von der Obrigkeit zu erzwingen: ich schätze es mir aber für eine Ehre, wenn meine Sätze von dergleichen Rathgebern und ihrer Gedenkungsart am allerweitesten entfernt sind (*).

(*) Man sehe hierbey den 117ten §. S. 334 nach.

Das

Das zehnte Hauptstück.

Was bey allzunahen Ehen zu thun sey, wenn sie aus Unwissenheit der nahen Verwandtschaft, oder unter obrigkeitlicher Dispensation schon vollzogen sind, und man nachher an deren Rechtmäßigkeit zu zweifeln anfängt.

§. 127.

Viele bekommen über die Fortsetzung einer nahen Ehe Zweifel und Gewissensangst: daher diese letzte Abhandlung nöthig wird.

Die menschliche Schwachheit, und die Veränderlichkeit unserer Einsichten, macht noch eine Abhandlung beynahe unentbehrlich, und zum wenigsten sehr vielen nützlich, die sonst nur auf so wenige Fälle gehen würde, daß ich sie sicher hätte überschlagen können. Mancher ist bey dem Anfange einer Ehe, über deren Rechtmäßigkeit gestritten wird, durch die Gründe ihrer Vertheidiger, leicht überzeuget: die Liebe redet mit ein Wort dazu, und giebt den Beweisen gern Beyfall. Allein mit der Zeit, wenn der erste Affect sich vermindert, nimt zugleich und in eben der Proportion die Kraft einiger Scheinbeweise ab, welche die gelindere Parthey bisweilen reichlich genug anzubringen pfleget, man geräth in Aengstlichkeit und Zweifel, es hat wol ein veränderter Zustand der Gesundheit mit einen Einfluß in die Denkungsart und in das Gewissen, und wenn einem auch bessere und richtigere Gründe vorgehalten werden, ist man doch nicht im Stande, sie recht zu fassen, und sich damit zu beruhigen. Denn ein einmahl in Angst gesetztes Gewissen ist nicht geschickt, die Gründe für und wider eine Sache unpartheyisch zu überlegen: es macht den Menschen allzusehr zum Zweifler; sonderlich alsdenn, wenn einige der Gründe, die man zu seiner Beruhigung vorbringt, bey genauer Prüfung zu schwach erfunden werden. Von diesen schließt das ängstliche Gewissen auf die übrigen Beweise, und hält sie gleichfals für verdächtig. Ich gestehe es frey, daß ich nur eine kleine Hofnung habe, einen, welcher schon in einer hochgestiegenen Gewissensangst ist, durch die im 7ten Capitel vorgetragenen Beweise zu befriedigen, denn es giebt ihnen

kein

kein ruhiges Gehör, und wenn sie ihm ja wahrscheinlich vorkommen, so ist er sich doch immer selbst verdächtig, als wenn er um eines falschen Trostes willen sich diese Gründe allzu günstig und partheyisch vorstellete, da er doch gerade das Gegentheil thut.

Käme es blos darauf an, ob er seine ehemahlige Handlung, da er in die Ehe getreten ist, für sündlich erklären sollte, so wäre der Sache noch leicht gerathen: Denn er würde in solchem Fall das vergangene Gott demüthig abbitten, und es würde ihm keinen Schaden thun, wenn er eine rechtmäßige Handlung aus Irrthum im Gebet zu Gott sich selbst als eine Sünde anrechnete. Allein der Ehestand soll fortgesetzet werden, und er ist wol so schwach, dieses für eine fortgesetzte Sünde, und jeden Beyschlaf für eine neue Blutschande zu halten. Gesundheit und Gemüthskräfte leiden stets von neuen durch die Angst, die er dabey empfindet, und also wird er immer untüchtiger, über die ihm ohnehin verdächtigen Trost- und Beruhigungsgründe ein kühles und vernünftiges Urtheil zu fällen.

Es ist dis eine der wichtigsten Ursachen, um welcher willen gewissenhafte Freunde bisweilen dergleichen Ehen, über welche noch disputiret wird, widerrathen, wenn auch gleich jetzt beide Verwandten noch so sehr von der Rechtmäßigkeit derselben überzeuget werden könnten. Niemand, sagen sie, weiß zum voraus, wie er in einigen Jahren von eben diesen Ehen denken wird, und in was vor Gewissensangst er darüber gerathen kann, davon man auch in der That so manche traurige Exempel vor sich hat, daß sie andern wol zur Warnung dienen können. Es ist also sicherer, sich ihrer zu enthalten, und sich unter den vielen Frauenspersonen, die man ohne einigen Anstoß des Gewissens heyrathen kann, eine Gehülfin auszusuchen.

Nun hoffe ich zwar, daß die nicht so leicht einem nachfolgenden Zweifel ausgesetzt seyn sollen, die die Rechtmäßigkeit ihrer Ehe auf die im 7ten Capitel vorgetragenen Beweise gründen: und ich habe deswegen alle schwache Beweise so sorgfältig vermieden und verworfen, weil aus ihnen die quälendsten Gewissenszweifel zu entstehen pflegen, wenn man ihren Ungrund einsiehet. Ich will aber dennoch suchen auch solche, deren Gewissen nachher an dem zweifelhaft wird, was sie vorhin vest glaubten, zu überzeugen, daß, gesetzt sie hätten zu nahe geheyrathet, die Fortsetzung der Ehe doch rechtmäßig und keine Blutschande sey.

Andere

Andere haben wol wirklich näher geheyrathet, als Moses es erlaubet, und sind, ohne sich im geringsten zu bekümmern, ob die Sache vor Gott rechtmäßig sey, damit zufrieden gewesen, wenn sie nur von der weltlichen Obrigkeit Dispensation erlangen konnten. Wachet diesen nachher das Gewissen auf, so werden sie die Beantwortung derselben Frage noch viel sehnlicher wünschen, je gewisser sie bey dem Antrit ihrer Ehe sich wenigstens darin versündiget haben, daß sie bey einer so wichtigen Sache sich nicht sorgfältiger um den Willen Gottes, und die Gewißheit von ihrer Rechtmäßigkeit bekümmerten.

Ich setze übrigens bey der zu gebenden Antwort zum voraus, daß die Rede nicht von Ehen zwischen leiblichen Geschwistern, oder Eltern und Kindern sey: denn solche Ehen erhalten ohnedem in unsern Republiken keine Dispensation: sind sie aber aus Unwissenheit der Verwandtschaft vollzogen, so soll von diesem seltenen Falle im 132sten §. gehandelt werden.

§. 128.
Die einmahl vollzogenen Ehen sind nicht zu trennen, wenn sie auch zu nahe wären.

Ich glaube mit hinlänglichen Gründen aus der heiligen Schrift beweisen zu können, daß in jenem ersten Fall keine Ehescheidung vorzunehmen sey, sondern nach Gottes Willen die Ehe, wenn sie auch wirklich zu nahe, und mit einer Versündigung angefangen wäre, dennoch fortgesetzet werden müsse. Es haben daher weder die Eheleute selbst sich über den ferneren Beyschlaf ein Gewissen zu machen, als wäre er eine stets neue Versündigung: noch weniger aber sollen die Prediger, die ohnedem ihre oft mangelhafte Einsichten, und gar nicht untrügliches Gewissen, andern nicht zur Richtschnur machen können, durch Predigen wider solche Leute, durch hartes Zureden, oder auch ungünstige Urtheile in den Gesellschaften, am allerwenigsten aber durch Verweigerung des Abendmahls, Schuld an einer Gewissensangst werden, die sie vielleicht nicht wieder gut zu machen im Stande seyn dürften, wenn sie es dereinst gern thun wollten. Ueberhaupt hat zwar, wenn einmahl das Dispensationsrecht des Fürsten bewiesen ist, der Prediger keine Ursache, eine Ehe, die von der Obrigkeit erlaubet ist, zu tadeln: und in zweifelhaften Fällen soll er nicht meynen, daß er dazu gesetzt sey, unglimpflich von dem zu urtheilen, was er vielleicht aus Mangel der Einsicht für unrecht hält: besonders aber hat er da vorsichtig zu seyn.

seyn, und sich lieber nach geschehener Sache alles Urtheils zu enthalten, wo aus einem unrichtigen Urtheil so großes Unglück entstehen kann.

§. 129.

Erster Beweis: Mosis Gesetze erlauben die Fortsetzung solcher Ehen.

Ich gründe meinen Satz zuförderst auf Mosis eigene Ehegesetze, welche die Fortdauer solcher Ehen erlauben. Denn da das erste Ehegesetz, 3. B. Mos. 18. verschiedentlich übertreten seyn mochte, und deswegen zum zweiten mahl gegeben, und mit Strafen begleitet ward, so wird zwar auf die Ehen zwischen Eltern und Kindern, und zwischen Geschwistern, sollten es auch nur Stiefkinder und Stiefgeschwister seyn, der Tod gesetzet, allein bey der Ehe mit des Bruders Witwe und des Vaters Bruders Witwe (*), wird zur Strafe verordnet, daß die Kinder aus solcher Ehe nicht ihnen, sondern dem verstorbenen Bruder oder Vatersbruder zugehören sollen, eine Strafe, die die Fortsetzung der Ehe zum voraus setzt und erlaubet.

Damit aber nicht jemand auf die Vermuthung kommen möge, als bestehe die Strafe, sie sollen unfruchtbar sterben, darin, daß sie zwar dem Nahmen nach Eheleute blieben, aber ohne den Beyschlaf fortsetzen zu dürfen, daher sie auch unfruchtbar sterben müßten, (denn an solchen Erfindungen ist ein einmahl zweifelhaft gemachtes und geängstigtes Gewissen reich) so ist zu wissen, daß nichts mehr gegen den Sinn Mosis seyn würde, als eine Ehe ohne Beyschlaf. Im Morgenlande kann nicht allein die Frau wegen seltenen Beyschlafs gerichtlich klagen: sondern Moses hat auch sonst in einem andern Gesetz verordnet, daß wenn einer eine Magd geehliget habe, und hernach bey Nehmung einer freyen Frau ihr den Beyschlaf nicht etwan versage, sondern nur verringere, die Magd frey und also geschieden seyn soll (**). Moses würde also lieber die Ehescheidung, als eine Ehe ohne Beyschlaf verordnet haben, die zu den größesten Uebeln Anlaß geben mußte.

Hat nun aber Moses gewollt, daß die Ehe in eine so nahe Freundschaft nicht getrennet werden sollte, der Moses, der das Band der Ehe noch für unzertrennlicher hält, als das Band zwischen Eltern und Kindern (*.*): wie sollten

(*) 3. B. Mos. XX, 20. 21. Siehe §. 76.
(**) 2. B. Mos. XXI, 10. 11.
(*.*) 1. B. Mos. II, 24. Siehe §. 131. 133.

ten wir, denen Christus Mosis Zeugniß von der Unzertrennlichkeit der Ehen authentisch ausgeleget hat, dazu kommen, eine allzu nahe Ehe, so einmahl vollzogen ist, zu trennen, und die eine Sünde durch eine andere weit größere, die, wenn die geschiedenen wieder freyen, in Christi Augen ein Ehebruch ist, gleichsam gut zu machen?

Sollen aber die Personen in der Ehe bleiben, so müssen sie sich auch nach 1. Cor. VII. den Beyschlaf leisten, und es ist desto gewisser, daß Moses solches wolle, weil er wegen der Kinder aus dieser Ehe eine Verordnung macht, daß sie nicht ihnen, sondern dem ersten Ehemann angeschrieben werden sollen. Diese Verordnung ist zwar bloß politisch, und gehet nur die Israeliten an, wie alle Gesetze Mosis, darin eine Strafe bestimmet wird: man siehet aber doch daraus, was der vom Geiste Gottes getriebene Moses vor Gedanken von der Fortsetzung einer solchen Ehe hatte.

§. 130.
Zweyter Beweis aus dem Beyspiel Abrahams und Sara, und der auf ihre fortgesetzte Ehe sich gründenden Verheissung Gottes.

Der andere Beweis ist noch weit entscheidender und allgemeiner. Abraham lebte mit der Sara, die seine Halbschwester war, in einer so nahen Ehe, dazu gewiß niemand in einem christlichen Lande Dispensation erhalten wird. Diese Ehe hat er unter der allergenauesten Billigung Gottes fortgesetzet. Gott verhieß ihm nicht nur im 15ten Capitel des ersten Buchs Mosis einen leiblichen Sohn, der ein Erbe alles ihm versprochenen Segens, und insonderheit des gelobten Landes seyn sollte, welches zum voraus setzte, daß er den Beyschlaf mit der Sara, seiner Stiefschwester und Frau fortsetzen sollte: sondern, da Sara an ihrer eigenen Fruchtbarkeit gänzlich zweifelte, und deshalb dem Abraham ihre Magd zuführete, er auch mit ihr den Ismael zeugete, so erklärte sich Gott abermahls, daß dieses nicht der Sohn wäre, dem die Verheissungen geschenkt seyn sollen, sondern Sara solle ihm einen Sohn gebähren, und mit dem wolle er seinen Bund bestätigen (*). Es wollte also Gott im geringsten nicht, daß die Ehe mit Sara aufhören und getrennet werden sollte: sondern so lieb dem Abraham die Erfüllung der göttlichen Verheissungen war, so schuldig war er auch, ihr noch bis in das späteste Alter ehelich beyzuwohnen, indem Gott keine andere, als die mit der Sara erzielten Kinder, für den Saamen ansehen wollte, dem er die Verheissungen schuldig sey (**).

Man

(*) 1. B. Mos. XVII, 18-21.   (**) 1. B. Mos. XXI, 12. Röm. IX, 7. 8.

nicht zu trennen. Cap. 10. §. 130.

Man kann hier nicht sagen, daß Abraham die Ehe aus einer Dispensation und einzelnen Vergünstigung Gottes fortgesetzet habe: Gott befiehlet es ihm niemahls, sondern setzt es stets als bekannt zum voraus, daß es nicht anders geschehen müsse, und da er den verheissenen Saamen durch die Hagar zu erlangen hoffete, so läßt ihn Gott nachher deutlich genug merken, daß dieses gar sehr wider seine Meinung, und ihm mißfällig gewesen sey: er hätte seine ersten Verheissungen, obgleich in denselben Sara nicht genannt war, doch billig so auslegen sollen, daß, wenn ihm ein Sohn verheissen werde, es ein Sohn von der Sara sey. Man mache sich also sonst so viel Gedanken davon als man will, daß Gott einen besonders heiligen Mann bisweilen von einer Pflicht des Sittengesetzes, die andere verbindet, lossreche: so ist doch dieses keine Lossprechung gewesen, sondern was dem Abraham hierin recht war, muß allen und jeden zu allen Zeiten recht seyn.

Eben so wenig kann man die fortgesetzte Ehe mit der Sara für eine der Schwachheits- und Unwissenheitssünden halten, deren Gott an dem Abraham und andern Heiligen gar viele geduldet hat. Gott kann, seiner Heiligkeit unbeschadet, unerkannte Sünden übersehen, und ungeahndet lassen, allein er kann sie nicht, wie hier geschiehet, zur einzigen Bedingung der Verheissung machen, durch welche er ihnen seine Gnade auf das kräftigste zu erkennen geben will. Hier ist so gar die Fortsetzung dieser so nahen Ehe dergestalt mit dem Glauben, der Abraham zur Gerechtigkeit gerechnet war, verbunden, daß man nicht sehen kann, wie ohne sie dieser Glaube hätte bestehen können. Denn da Abraham das Wort(*), also (nehmlich wie die Sterne am Himmel) soll dein Saame seyn, dem ich Palästina schenken will, im Glauben annahm, und daraus billig schloß, daß der Gott, der so eifrig sey, ihm nach dem Tode in seinen spätesten Nachkommen gutes zu erzeigen, ihm seine Sünden, und sonderlich seine ehemahlige Abgötterey vollkommen vergeben habe: so ward ihm der Glaube zur Gerechtigkeit gerechnet. Wie hätte er nun nach der Erscheinung, die im 17ten Capitel erzählet wird, und in welcher sich Gott deutlich erklärte, daß dieser Sohn mit der Sara müsse gezeuget werden, den ehemahligen Glauben behalten können, wenn er sich der Sara hätte entziehen wollen, da ohne Beyschlaf bey ihr der verheissene Sohn nicht gebohren werden konnte? So sehr ich also, wenn ich das Mosaische Verbot der Halbschwester auch für ein Stück des

Moral

(*) 1. B. Mos. XV, 5. 6. 7-18.

Moralgesetzes annehme, behaupten muß, daß die Verheyrathung Abrahams eine Unwissenheitssünde gewesen ist. So wenig kann ich doch solches von der Fortsetzung dieser Ehe zugeben, die Gott, ohne sie zu befehlen, weil sie keines ausdrücklichen Befehls nöthig hatte, zur einzigen Bedingung seiner Verheissungen macht, und durch deren Unterlassung Abraham aus einem Gläubigen zum Verächter der göttlichen Verheissungen geworden seyn würde.

Dieser Beweis ist zwar überhaupt so deutlich, daß man sich seiner nicht erwehren kann, so lange man noch Mosis Bücher zu einem Erkenntnißgrunde in der Sittenlehre annimt: und ich wüßte nicht, wie man jemahls die Rechtmäßigkeit irgend einer Sache aus der Bibel erweisen wollte, wenn man ihn für unzulänglich hielte. Denn der klärste Befehl Gottes, eine Handlung vorzunehmen, beweiset ihre Rechtmäßigkeit noch nicht so stark, weil man ihn für eine Dispensation halten kann; so hier nicht angehet. Allein die strengere Parthey ist noch mehr, und gleichsam doppelt verpflichtet, diesem Beweise Gehör zu geben. Denn wenn sie aus Mosis Eheverboten Folgen auf andere Fälle machet, deren merkliche Unähnlichkeit ich im siebenten Capitel gezeiget habe, wie kann sie eine so deutliche Folge ableugnen, die keine solche Lücken und Gebrechen hat. Ich setze dis hinzu, weil ich am ersten glaube, daß solche dieses Capitel zu ihrer Beruhigung gebrauchen werden, die Heyrathen vollzogen haben, so Moses nie verboten hat, und sich nachher über dieselben ein unnöthiges Gewissen machen: denn die Fälle sind zum wenigsten bisher selten gewesen, daß die Ehen, die Moses nahmentlich verboten hat, unter obrigkeitlicher Dispensation vollzogen wären, es müßte denn etwan die Ehe mit des Bruders Wittwe seyn.

§. 131.
Dritter Beweis, aus der Unzertrennlichkeit der Ehe, und aus den Ursachen der Eheverbote.

Nach diesen biblischen Beweisen kann ich auch wol die Ursache hinzufügen, wegen welcher Gott nicht will, daß solche Ehen getrennet werden: die denn zugleich den philosophischen Beweis eben des Satzes abgeben könnte, wenn man sie weiter auszuführen beliebte.

Sie ist doppelt. Erstlich ist die Ehe ein so heiliges Band, das um keiner andern Ursache willen als wegen Hurerey getrennet werden soll: und die Trennung der Ehe ist eine weit größere Sünde, als selbst der Anfang einer allzu

nicht zu trennen. Cap. 10. §. 131.

aufzunahen Ehe wäre. Moses, der die Ehescheidung um der Herzenshärtigkeit seines Volks willen im bürgerlichen Gesetz erlauben mußte, erklärt sich also von ihrer Sündlichkeit: Darum mag ein Mann Vater und Mutter verlassen, aber er soll seinem Weibe anhangen, und sie sollen Ein Leib seyn (*). Die Meinung ist nicht, daß der Mann jenes thun solle; sondern zwey Sünden werden mit einander verglichen, und die eine so groß und schrecklich gefunden, daß die andere dagegen erträglich, und gern zu dulden, und zuzugeben scheint. Ist nun die Ehescheidung eine weit größere Sünde, als wenn ein Sohn seinen Eltern alle Verbindung und Gehorsam aufsagen wollte: wer wird denn nicht auch gern zugeben, daß sie eine ärgere Sünde sey, als eine nahe Heyrath? sonderlich wenn man dieser ihre Unrechtmäßigkeit (so ich doch nicht thue) aus dem verletzten respectu parentelae herleiten will.

Zum andern würde eine solche Ehescheidung dem Endzweck der Eheverbote nicht gemäß, ja viel mehr gerade zuwider seyn. Der Endzweck war, die Verführung naher Anverwandten unter gemachter Hofnung zur Ehe zu hindern: was träget es aber zu dem Endzwecke bey, wenn ein Paar, so sich unter obrigkeitlicher Vergünstigung mit einander verbunden hatte, sich entweder gänzlich wiederum trennete, oder sich doch des Beyschlafes enthielte? Eine völlige Ehescheidung aber würde gar dem Endzweck schnurstracks zuwider laufen: denn dadurch würde ja die vorige Ehe zur Hureren gemacht, und in Absicht auf die Kinder eben die Folgen haben, als die Hureren hat; dieselbigen schrecklichen Folgen, zu deren Vermeidung der Ehestand eingesetzt ist. Und sollte beiden Theilen erlaubt seyn, zu einer anderweitigen Heyrath zu schreiten, so ist dis eben die gewisseste Gefahr für die Keuschheit. Denn nach der Regel, daß eine Mannsperson, die einmahl mit der Frauensperson genau genug bekannt geworden ist, den Angrif wagen zu dürfen, gemeiniglich sieget, folgt gar zu stark, daß der geschiedene Mann, wenn er nur will, seine Frau, die nun in einer andern Ehe stehet, leicht wird verführen können: und dis ist eben die eine Hauptursache, warum die Ehescheidungen verboten seyn müssen, weil, wenn sie gewöhnlich und häufig wären, durch sie eine fast allgemeine Unkeuschheit in den Ehestand einreissen würde.

§. 132.

(*) 1. B. Mos. II, 24.

§. 132.

Frage, was zu thun sey, wenn Bruder und Schwester einander geheyrathet hätten, ohne es zu wissen? Wird so beantwortet, wie sie Lutherus beantwortet hat.

Der Fall ist schwerer zu entscheiden, wenn sich Brüder und Schwestern, oder Eltern und Kinder, die schlechterdings keine Nachricht von ihrer Verwandtschaft haben, geehlichet haben, und nachher von ihrer nahen Verwandtschaft benachrichtiget werden sollten: er kommt aber auch selten vor. Wer Herrn Gellerts Schwedische Gräfin gelesen hat, der wird sich ein gar wahrscheinlich gedichtetes Beyspiel von dieser Art erinnern, welches dienen könnte, den Fall nicht aufzuklären, und lebhafter vorzustellen.

Was soll also die Obrigkeit thun, wenn Bruder und Schwester, ohne es zu wissen, mit einander in einer ordentlichen Ehe gelebt haben? soll sie das Paar trennen, oder beysammen lassen? und was sollen diese Eheleute selbst zu Beruhigung ihres Gewissens thun? die Ehe fortsetzen, oder nicht?

Ich kann zwar keine so unmittelbar aus der Bibel genommene Antwort auf diese Frage geben, als auf die vorige, weil der ungemein seltene Fall in der Bibel nicht vorkommt: denn wenn Moses dergleichen Ehen zum voraus setzt, so sind sie wider besseres Wissen vollzogen, und werden deswegen von ihm mit dem Tode bestrafet. Sehe ich aber auf die Ursache der Eheverbote, so bleibt mir kein Zweifel übrig, daß die Ehe mit gutem Gewissen fortgesetzet werden könne, sonderlich wenn ich an die von Mose und Christo so nachdrücklich gelehrte Unzertrennlichkeit der Ehen denke. Die Eheverbote sollen die Gelegenheit der Verführung aufheben, welche aus dem vertrauten Umgang der nächsten Verwandten entstehet: die beiden Geschwister aber, von denen wir reden, haben sich vorhin gar nicht als Geschwister gekannt, folglich ist auch aus ihrer Verwandtschaft keine Gelegenheit zur Verführung entstanden, und wenn alle Geschwister einander so wenig kenneten als sie, so würden nicht einmahl Eheverbote nöthig seyn. Die Fortsetzung der Ehe kann höchstens, wenn sie bekannt wird, ein Aergerniß oder eine Gelegenheit geben, andere Schwestern zur Hurerey zu verführen; hingegen wenn die Ehe getrennet wird, so wird dadurch aller vorige Beyschlaf wirklich Hurerey, und bekommt die schädlichen Folgen, die die Hurerey sündlich machen. Kann nun wol die Wahl zweifelhaft

haft scheinen, was schlimmer und verwerflicher sey: selbst Hurerey treiben? oder in einer Ehe leben, aus der andere ein Aergerniß nehmen, und vielleicht Gelegenheit bekommen können, sich einander zur Hurerey zu verführen? Kann ich ein Aergerniß nicht anders vermeiden, als wenn ich selbst eine gleich schlimme That begehe, so ist es kein gegebenes, sondern ein genommenes Aergerniß, und für mich ist es erträglicher, wenn blos andere sündigen, als daß ich es selbst thue. Indessen ist doch sehr zu rathen, daß eine solche Ehe mit der tiefsten Verschwiegenheit bedeckt werde: nicht allein um des Gewissens der Eheleute willen, so einen quälenden Zweifel darüber bekommen kann, wenn sie selbst ihre Verwandtschaft von einem thöricht-dienstfertigen Freunde erfahren, sondern auch wegen des vorhin erwähnten Exempels. Denn wenn einmahl Beyspiele solcher Ehen bekannt werden, so erleichtern sie die Verführung unter Geschwistern, indem die Leichtgläubigkeit des andern Geschlechts alsdenn eh zu überreden ist, daß ein gleiches auch in mehrern Fällen erlaubt werden könne und werde. Der Schaden, den solche Ehen thun, bestehet eigentlich in ihrer Bekanntmachung, und es würden nicht so wohl die Personen, die unwissend in dieselben getreten sind, als vielmehr die, welche sich geschäftig bewiesen, die Nachricht davon auszubreiten, es geschehe nun aus Schwatzhaftigkeit, oder Muthwillen und Lust andere herunter zu setzen, oder aus blindem Eifer, vor Gott die Ursache aller Verführungen seyn, so daraus entstehen dürfen. Sie, und nicht die unwissenden Geschwister, sind die wahren Blutschänder.

Ich sehe wol, daß die hiedurch noch nicht überzeugt seyn werden, die mit dem Inhalt des sechsten Capitels ablengnen, und die Ursache der Eheverbote im respectu parentelae suchen. Da dieser nur die Ehen zwischen Eltern und Kindern, und nicht die zwischen Geschwistern angeht, so würde ich nicht eigentlich nöthig haben mich mit ihnen einzulassen. Jedoch ich würde in dem Falle, da einer unwissend seine Stiefmutter geheyrathet hätte, und blos von Fortsetzung der Ehe, bey deren Anfang keine Sünde vorgegangen war, die Rede wäre, vielleicht auch ihnen aus ihren eigenen Grundsätzen ein Genügen leisten können. Gesetzt, der verletzte respectus parentelae machte dergleichen Ehen sündlich, so würde die Frage also zu setzen seyn: Was ist erträglicher, seinen Eltern, sollten es auch die rechten Eltern seyn, die kindliche Ehrfurcht nicht leisten, wenn sie selbst damit zufrieden sind, ja es verlangen, daß sie ihnen nicht geleistet werde? oder eine Ehe, die Anfangs ohne Versündigung vollzogen, und eine wahre Ehe ist, trennen? Ich will nicht die Entscheidung geben, sondern Moses mag sie wiederum geben.

geben. Er spricht: ein Sohn verlasse Vater und Mutter, aber er hange an seinem Weibe, und sie müssen Ein Leib seyn!

Ich will nur noch die eine Betrachtung hinzusetzen. Wenn dergleichen Eheleute sich wieder von einander scheiden, so handeln sie wider das offenbahre Wort Christi, der ausser dem Fall der Hurerey den Eheleuten schlechterdings verbietet, sich von einander zu trennen: und sie haben kein von Gott gebilligtes Exempel vor sich, dadurch sie ihr Gewissen wegen einer Ehescheidung beruhigen könnten. Setzen sie aber die Ehe fort, so haben sie nicht allein kein Verbot Gottes wider sich, sondern auch ein von Gott selbst veranstaltetes Beyspiel vor sich. Sie leben in eben dem Ehestande, in welchem die unmittelbarste göttliche Providenz die Kinder Adams gesetzt hatte, und in diesen Stand sind sie nicht nach eigener Wahl getreten, denn sie wußten ihre Verwandtschaft nicht, sondern blos eben diesem Auge, das alles siehet, war es bekannt, daß sie Geschwister wären, als es ihre eheliche Verbindung sahe, ohne sie zu verhindern.

Ich würde etwas furchtsamer gewesen seyn, das zu schreiben, was ich von diesem seltenen Vorfalle denke, weil es manchen unglimpflichen Verdrehungen und Verfälscherungen ausgesetzt seyn kann: wenn ich nicht einen Gewehrsmann vor mir hätte, der mich wenigstens bey der ganzen evangelischen Kirche, und selbst bey den Gliedern derselben, die anders denken als ich, gegen einen ungleichen Verdacht vertreten kann. Ich meyne den seeligen Doctor Luther, dessen ungemein merkwürdige Stelle von einem noch ärgern Ehefall, als ich nur zu erdichten mich unterstand, mein werthester Herr College, der Herr Doctor Walch, mir freundschaftlich mitgetheilet hat, als ich ihm den Inhalt dieses Abschnitts erzählte. Sie stehet unter seinen Tischreden, in dem 22sten Theil der Hallischen Ausgabe seiner Werke S. 1730, und ist werth, hier ganz gelesen zu werden: Doctor Martin Luther sagte von einem Fall, der sich zugetragen hätte; nehmlich, es wäre eine Mutter von ihrem eigenen Sohn geschwängert worden. Denn da der Sohn bey der Magd schlafen wollte, und sie das ihrer Frauen anzeigte und klagte, sprach die Frau: er ist noch jung, ich glaube es nicht. Da aber der Sohn bey der Magd anhielte, legte sich die Mutter in der Magd Bette; der Sohn kam, meynete es wäre die Magd, schlief bey ihr, und schwängerte sie, die Mutter aber schwieg stille, hielte es heimlich, und sagte dem Sohn nichts davon. Darnach gelag sie, brachte eine Tochter, die zog sie auf, und hielte sie für ihre Magd. Da nun das Mägdlein erwuchs, nahm sie der Sohn zur Ehe, wußte aber nicht, daß seine Schwester war. In diesem Fall wird beide, der Sohn und die Tochter,

Ehefrage, wird gebilliget. Cap. 10. §. 132.

ter, billig entschuldiget, als die von diesen Dingen nichts wußten; sondern die Schuld ist der Mutter. Diese Ehe sollte man nicht zerreissen, und den Unwissenden kein Gewissen machen. Dis ist bey unsern Gedanken geschehen. Ob sich dieser Ehefall, den Dr. Luther en Tische erzählt, wirklich so zugetragen, oder ob er ihn nur erdichtet hat, um seine Meinung über einen solchen Fall zu sagen, will ich dahin gestellet seyn lassen. Denn es kann gar wol seyn, daß die, so seine Tischreden aufschrieben, ihn unrecht verstanden haben, und einen erdichteten Casum für eine wahre Geschichte hielten. Mir war es blos um Luthers Urtheil zu thun, welches ich vernünftig finde.

Ich kann nicht leugnen, daß ich gern anstatt erdichteter Fälle einen wahren aus der Geschichte haben möchte, um ihn zu beurtheilen. In der That sind sie so selten, daß ich mich, da ich ihn unter Christen aufsuchen will, bisher vergeblich darum bemühet habe, und man möchte vielleicht die Anmerkung darüber machen, es sey nicht nöthig von einem so überaus seltenen Fall zu reden, von dem der Casuiste erst das Exempel dichten muß. Endlich ist mir doch ein Fall vorgekommen, der vollkommen wahrscheinlich ist, der Wahrheit am nächsten kommt, und von sehr vielen für historisch richtig gehalten wird, nehmlich Swifts seiner, und er verdient, daß ich ihn erzähle, und beurtheile.

Swift hat im Jahr 1716 diejenige Person, die er Stella zu nennen pflegt, und deren wahrer Nahme Esther Johnson war, geheyrathet: und dennoch hat er sie nachher nie öffentlich als seine Frau angesehen, oder nach sehr einem Nahmen genannt wissen wollen. Sie wohnte stets in einem von ihm abgesonderten Hause, und er sprach sie niemahls ohne Zeugen. Man giebt vor, daß der Kummer über dis sonderbahre Betragen ihre Gesundheit geschwächet, und ihren Tod, der im Jahr 1728. erfolgete, verursachet habe. Ob Hochmuth, oder Unvermögen, oder eine andere blos in Swifts Eigensinn liegende Ursache, ihn zu dieser unerlaubten und grausamen Enthaltsamkeit bewogen habe, darüber ist das Publicum, und selbst seine Freunde, ungewiß geblieben: sehr viele aber glaubten, er habe bald nach der Hochzeit von der noch lebenden Mutter der Stella ein trauriges Geheimniß erfahren, das ihm die Ehe zur Blutschande machte. Es sey nehmlich Stella nicht die wahre Tochter des Kaufmanns Johnsohns, sondern eine natürliche Tochter von Wilhelm Temple gewesen, und eben dieser Wilhelm Temple habe auch Swifts Mutter beschlafen, und dem Beyschlaf habe Irrland seinen größesten Schriftsteller, Jonathan Swift, zu danken. Diese Erzählung scheint zwar unrichtig zu seyn, und läßt sich weder mit gewissen Datis des Aufenthalts von Wilb. Temple, noch mit der Mittelmäßigkeit seiner Vorsorge für Swift, ja selbst für die Stella, der er blos 1000 Pfund vermacht hat, reimen (*): allein sie sey wahr oder falsch, so will ich sie einmahl jetzt annehmen, um über einen, nicht blos romanesken, sondern für wahr gehaltenen Fall urtheilen zu können.

Es ist gewiß, wenn Swift seine Verwandschaft mit Stella vorher gewußt hätte, so hätte er sie nach den Gesetzen Mosis nicht beyrathen sollen. Denn sein Verbot, 3. B. Mos. XVIII, 9. scheint allerdings mit auf uneheliche Geschwister zu gehen: der Ausdruck, sie sey in oder ausserhalb Hauses gebohren, kann wol nichts anders sagen, als, sie sey ehelich oder unehelich. Allein nachdem diese Ehe einmahl unwissend vollzogen war, konnte sie in Gottes Augen nicht mißfälliger seyn, als die Ehe der Kinder Adams: und niemanden konnte aus ihrer Fortsetzung ein Schaden entstehen. Aller böse Verdacht eines vorhergehenden unkeuschen Beyschlafs, der unter Begünstigung der Blutsfreundschaft vorgegangen sey, fiel ohnehin weg: denn das Brautpaar war 1716 schon so ziemlich alt, Swift 49 (**), und Stella 33 Jahr (***): und ihre vorige Bekanntschaft gründete sich nicht auf die Verhältniß von Bruder und Schwester, die sie selbst nicht wußten, sondern von Lehrer und Schülerin. Es hätte also die Mutter der Stella, wenn sie ein so trauriges Geheimniß hatte, es entweder vorher sagen, oder nachher verschweigen sollen: und Swift und Stella hätten ungeachtet der Entdeckung ihre Ehe fortsetzen können.

§. 133.

Die Stelle 1. B. Mos. II, 24. von der Unzertrennlichkeit der Ehen, wird zu Bestätigung des vorigen erkläret.

Ich habe mich bey Entscheidung dieser Fragen auf die Unzertrennlichkeit der Ehe berufen: und zwar insonderheit darauf, daß, nach Mosis Ausspruch, eine Ehe trennen, ärger sey, als Vater und Mutter den Gehorsam aufkündigen. Man möchte diese Erklärung der Stelle 1. B. Mos. II, 24. die ich im 131sten §. zum voraussetzte, und schon ehedem in dem 6ten Fascikel der Relationum de libris novis vorgetragen habe, vielleicht nicht gelten lassen wollen. Ich nehme mir daher die Freyheit, sie noch zuletzt durch folgende Anmerkungen zu erläutern und zu bestätigen.

1) Die Worte, darum wird oder soll ein Mann Vater und Mutter verlassen u. s. f. sind nicht für Worte Adams anzusehen, der im vorigen Verse geredet

---

(*) Will man beide Theile hören, so sehe man für sie das Gentlemans-Magazine 1757. Novembre, S. 488. bis 491. und wider sie Orrery's Remarks on the Life and Writings of Jonathan Swift: und Swifts Leben, so der im Jahr 1760 gedruckten Ausgabe seiner Werke von Johann Hawkesworth vorgesetzt ist.

(**) Swift war 1667. den 30. Nov. gebohren.

(***) Im Jahr 1699. war Stella 16 Jahr alt. Life of Swift S. 15.

1.B.Mos. II, 24. erklärt. Cap. 10. §. 133.

geredet hatte, sondern für Worte Mosis, welcher über die ganze vorhergehende Geschichte, und insonderheit über Adams Rede bey Erblickung der Eva eine moralische Anmerkung macht. Die Sache ist aus dem Inhalt der Worte selbst klar. Was wußte doch Adam am ersten Tage der Schöpfung, da er kaum auf die Welt geblicket hatte, von Vater und Mutter? Da aber Moses von dem Geiste Gottes getrieben ist, und seine Worte Gottes Worte sind, so siehet man, mit wie großem Recht Christus diese Anmerkung Mosis, Matth. XIX, 4. 5. für eine Rede Gottes ausgiebt: und der unwitzige Spott, den ich sehr oft gehört habe, daß Christus sich irre, indem er Gotte die Ausdrücke Adams zuschreibe, trift nicht den untrüglichen Ausleger der Schrift, sondern seine eigenen Erfinder, die unbedachtsam genug dazu sind, dem Adam Worte in den Mund zu legen, die sich zu seinen Umständen so wenig schicken.

2) Die Worte sind nicht als eine Vorherverkündigung von dem, was geschehen werde, anzusehen, sondern enthalten ein Urtheil von dem, was geschehen solle. Wie oft würde eine solche Vorherverkündigung von denen zur Unwahrheit gemacht seyn, die sich von ihrer Frau trenneten, und ihr einen Scheidebrief gaben? und würde es nicht beynahe eben so eine Weissagung seyn, als wenn man eins der zehn Gebote, die alle, blos das vierte ausgenommen, im Futuro stehen, zur Weissagung machen, und so erklären wollte: Ich sehe, daß du Israelitisches Volk den Sabbath heiligen, nicht ehebrechen, nicht stehlen wirst, und so weiter? Was sollen auch in einer Vorherverkündigung die Anfangsworte sagen: darum wird ein Mann Vater und Mutter verlassen? etwa dieses, daß ein Sohn, wenn er heyrathen wolle, sich aus seines Vaters Hause begeben, und seine eigene und abgesonderte Haushaltung anfangen werde? Allein das war bey den Hebräern zum wenigsten nicht das gewöhnlichste. Der Sohn blieb auch nach der Heyrath Haussohn, und brachte seinem Vater die Schwiegertochter mit in das Haus und an den Tisch.

3) Vater und Mutter verlassen heißt folglich auch nicht, sich dem Ort und Wohnung nach von seinen Eltern entfernen, so wenig als das ihm entgegen gesetzte Anhangen an seinem Weibe mit einer Entfernung von dem Ort, wo sich die Frau aufhält, streitet, welche sehr oft erfodert werden konnte, z. E. wenn die Israeliten wider ihre Feinde zu Felde zogen. Vielmehr zeiget uns jener Gegensatz, daß von einem moralischen Verlassen die Rede sey, welches darin bestehet, wenn man die Verbindung mit Vater und Mutter aufhebet, und ihnen die Pflichten der kindlichen Liebe nicht mehr erzeiget, die man ihnen schuldig ist.

4) Wenn nun Moses saget: darum verlasse ein Mann Vater und Mutter, aber er hange seinem Weibe an, so ist gar die Meinung nicht, als

wolle er die erste von beiden Sünden billigen und erlauben, darauf er vielmehr in seinem bürgerlichen Rechte Todesstrafen gesetzt hat: sondern es ist eine Figur der Rede, durch welche die letzte Sünde so abscheulich vorgestellet wird, daß dagegen andere auch noch so große Sünden erträglich, und wenn eins von beiden seyn sollte, gleichsam zu wünschen wären. Die Redensart ist ohngefähr so, als wenn umgekehrt Gott saget, er fodere Liebe des Nächsten und nicht Opfer. Diese foderte er auch im Alten Testament, allein wenn eine von beiden Pflichten unterlassen werden sollte, so verlangte er, daß es nicht die Liebe des Nächsten, sondern die Opfer treffen möchte. Wir haben in unserer deutschen Sprache eben solche Redensarten, wenn wir ein Laster recht sehr abscheulich vorstellen wollen; und wir würden vielleicht in einem hyperbolischen Ausdruck den Spieler von Profeßion ermahnen, sich auf das Stehlen zu legen, um ihm recht nachdrücklich zu sagen, daß wir seine Lebensart noch für schändlicher halten. Wer aber auch aus der Hebräischen Sprache Beyspiele haben wollte, würde sie in den Sprüchwörtern Salomons nicht vergeblich suchen.

Wenn ich daher diese Anmerkung Mosis etwas weitläuftiger umschriebe, so würde sie sagen: Gott hat aber nicht von ohngefähr diese Art des Ursprungs des menschlichen Geschlechts von Einem Blute gewählet, da er gar wohl entweder mehrere Paare erschaffen, oder doch Mann und Frau unabhängig von einander, und ohne Stof zu der Frau vom Manne zu nehmen, hätte bilden können. Die genaue Vereinigung, so Eheleute verbinden muß, sollte ihnen gleich bey der ersten Ehe, die Gott veranstaltete, gezeiget werden. Es giebt daher auch keine heiligere, und unauflöslichere Verbindung, als die Ehe. Die Leser meiner Gesetze werden wissen, wie ich es ansehe, wenn einer seinen Eltern den Gehorsam aufkündigen wollte, und daß ich darauf Todesstrafen gesetzet habe. Allein wenn ich ihnen meine Gedanken von der Ehe als ein Sittenlehrer, und nicht als ein bürgerlicher Gesetzgeber sagen soll, so mag einer das in seiner Geburt gegründete Band mit den Eltern zertrennen, wenn er ja Lust hat, die heiligsten Verknüpfungen aufzulösen, allein seiner Ehegattin muß er unveränderlich anhängen, und sie beide müssen nur als ein einziger Leib, der ohne den Tod nicht getrennet werden kann, angesehen werden.

Ob diese Erklärung mit der überein kommt, die Christus darüber giebt, will ich dem Urtheil meiner Leser überlassen. Thut sie solches, und ist sie richtig, so sind auch die darauf gegründeten Sätze dieses Capitels hinlänglich gesichert.

※ ※ ※

Verzeichniß
der angeführten und erläuterten Schriftstellen.

1. B. Mos.

II, 23. Seite 51. 173.
   24. , 285. 355. 359. 364.
IV, 26. , 81.
VI, 2. 4. 14. S. 81.
IX, 6. S. 10. 11. 202.
XI, 26. 27. S. 122.
   29. S. 113. 116. 246.
XII, 12. 13. 14. S. 110.
XV, 5. 6. 7. 18. , 357.
   10-13. S. 125.
   16. S. 111.
XVI, 2. , 231.
   6-9. S. 284.
XVII, 17-22. S. 356.
XVIII, 10. S. 112.
XIX, 31. 35. S. 111. 267. 272.
XX, 2. S. 110.
   5. , 82.
   12. , 110. 111. 112. 113. 128.
   16. , 212.
XXI, 12. S. 356.
   21. , 132.
   23. , 62.
XXIV. S. 115. 132.
   3-9. S. 93. 132.
   15-25. S. 212. 132.
   28. S. 112. 115.
   29. , 115.
   48. , 132.

1. B. Mos.

XXIV, 60. Seite 112.
XXV, 1. 2. , 124.
   5. 6. , 166.
XXVI, 7. S. 110.
   8. , 82.
   33. , 132. 166.
   34. 35. S. 33. 132. 166.
XXVII, 15. , 166.
   46. , 33. 133.
XXVIII, 1-9. , 33. 133.
   2. 9. , 115.
XXIX, 9. 11. 12. S. 212.
   14. S. 44.
   19. , 133.
XXX, 3. 4. 9. S. 231.
XXXII, 33. S. 112.
XXXIV, 2. , 218.
   13. , 115.
XXXV, 22. , 317.
XXXVII, 27. , 44.
XXXVIII, 9. 10. S. 160. 216. 270. 289.
   26. , 345.
XLI, 44. S. 161.
XLVIII, 4. S. 317.
   22. , 139.
XLIX. S. 4.

2. B. Mos.

II, 11. S. 123.

Verzeichniß

2. B. Mos.

II, 20. Seite 126.
23. S. 47.
XVI, 22-30. S. 341.
XX, 7-14. S. 292. 300.
XXI, 7-11. S. 284.
17. S. 36.
33. S. 244.
XXII, 3. 4. S. 244.
XXIII, 4. 5. S. 244. 246.
12. S. 244.
18. S. 245.
XXV, 4. S. 244.
XXVI, 20. S. 124.
XXXIII, 5. S. 246.
XXXIV, 20. S. 244.
26. S. 246.
XXXVIII, 9. S. 270.

3. B. Mos.

XIV, 21. S. 246.
XVIII. S. 33. 68. 87. 220. u. f. f.
2. S. 107.
3. , 107. 110.
6. , 31. 57.
7. , 175. 268. 271.
8. , 271. 308. 314. 318.
9. , 108. 364. 274. 307.
10. , 114.
11. , 108. 114. 274. 307.
12. , 44. 53. 54. 108. 122. 238. 245.
13. , 52. 54. 58. 238. 245.
14. , 41. 206. 238. 259. 266. 276. 277. 314. 318.

3. B. Mos.

XVIII, 15. Seite 314. 318.
16. S. 67. 216. 238. 276. 277. 314. 318.
17. S. 22. 38. 41. 52. 53. 60. 62. 108. 272. 279. 308.
18. , 38. 41. 227. 229. 230. 272. 279. 314. 318.
19. , 38. 39. 41.
20. , 41.
22. , 41.
23. , 41. 65.
24. , 79. 84. 86.
24-28. S. 84.
25-29. , 79.
25. S. 110.
XIX, 29. , 61.
XX. , 33. 68. 220. u. f. f.
9. , 36.
11. , 41. 223. 320.
12. , 65. 223.
14. , 22. 31. 39. 41. 59. 60. 223. 308.
17. , 32. 62. 223. 308.
18. , 32.
19. , 54. 109. 122. 238. 245. 262.
20. , 39. 109. 225. 238. 256.
21. , 39. 66. 79. 109. 226. 238. 256. 277. 355.
23-24. S. 8. 79. 355.
XXI, 2. 3. S. 36. 41. 52. 57.
XXIV, 22. , 84.
XXV, 8. , 57.

XXV,

der angeführten und erläuterten Schriftstellen.

3. B. Mos.
XXV, 49. Seite 36. 45. 54. 56.

4. B. Mos.
XIII, 6. S. 17.
XIV, 6. 30. 38. S. 17. 18.
XXVI, 59. S. 123. 125.
    65. 1. 17.
XXVII, 11. , 36. 46. 56.
    9-11. S. 58.
XXXVI. S. 129.
    5-13. S. 33.

5. B. Mos.
XIV, 3. S. 85.
XVII, 17. S. 233.
XXI, 17. , 139.
XXII, 1. , 246.
    4. , 246.
XXIV, 1-4. S. 100. 305.
XXV, 4. S. 244.
    5-10. S. 218. 288. 337.

Josua
XV, 17. S. 16.

Richter.
I, 13. S. 16. 17.
VIII, 30. S. 231.
X, 2. S. 232.
XII, 2. S. 233.
    14. , 233.
XIX, 18. S. 342.

Ruth.
III, 1-10. S. 288.

Ruth.
III, 7-9. Seite 218.
IV. S. 288.

1. B. Sam.
I, 6. S. 233.
X, 14. 15. 16. S. 44.
XIV, 51. S. 44.
XV, 23. S. 303.
XVIII, 17. 18. S. 315.
    17-28. S. 315.
XXI. S. 342.
XXII, 1-5. S. 342.
XXV, 1. S. 20.

2. B. Sam.
II, 17. S. 233.
III, 7. 8. S. 217. 308.
V, 5. S. 315.
X, 2. , 63.
XIII, 4-12. 20. S. 307.
    13. S. 19.
XVI, 20-23. S. 19. 21. 217.
XIX, 14. S. 44.
XX, 3. S. 322.
XXI, 1. 10. S. 315.

1. B. d. Kön.
I, 1-4. S. 315.
    31. S. 284.
II, 13. 14. S. 21.
    13-22. S. 315.
    22. S. 308.
    21-24. S. 217.

Verzeichniß

1. B. d. Chron.
II, 9. 18. 19. 21. 25. 26. S. 231.
232
46. 47. 48. S. 232.
55. S. 16.
III, 15. S. 17.
19-24. S. 256.
IV, 5. S. 232.
42. 43. S. 135.
V, 12. S. 139.
VII, 4. S. 232.
14. S. 231.
20. 23. S. 125.
VIII, 8. S. 232.
XXIX, 29. S. 20.

2. B. d. Chron.
XXIII, 3. S. 233.

Esther.
II, 7. S. 127.

Hiob.
VI, 14. S. 63.
XXIV, 10. 11. S. 244.
XXX, 8. S. 65.
XXXI, 9-11. S. 61.

Psalm.
XXVII. S. 342.
XLV, 12. 14. S. 284.

Sprichw.
III, 32. S. 85.
V, 12. S. 49.

Sprichw.
XX, 10. Seite 85.
XXVII, 19. S. 63.

Hohelied.
III, 4. S. 113.

Jes.
III. S. 215.
XI, 13. S. 233.
LIV, 10. S. 62.

Jerem.
II, 2. S. 62.
XXII, 30. S. 227.
XXXII, 6. 8. 12. S. 127.

Ezech.
XVI, 43. S. 61.
XXII, 11. S. 59. 274.

Daniel.
II, 47. S. 47.
21. S. 62.

Hoseas.
II, 21. S. 62.

Amos.
II, 7. S. 103. 321.

Matth.
V. S. 292-305.
21. S. 301.
22. S. 297.

Matth.

der angeführten und erläuterten Schriftstellen.

Matth.

V, 31. S. 222. 305.
    37. S. 297.
VII, 28. 29. S. 304.
XII, 1-8. S. 341.
XIV, 4. S. 255.
XIX, 4. 5. S. 365.
    7. 8. S. 48. 337. 365.
    9. S. 99.
XXII, 36. S. 301.

Marc.

II, 23-28. S. 341.
VI, 18. S. 255.
X, 3-5. S. 337.
   21. S. 298.

Luc.

III, 19. S. 255.
VI, 1-5. S. 341.

Apostelgesch.

XV, 10. S. 105. 311.

Röm.

IX, 7. 8. S. 356.
XIV. S. 310.

1. Cor.

V, 1-5. S. 46. 224. 349.
VI, 16. S. 321.
VII. S. 356.
VIII, 13. S. 311.
IX, 9. S. 244.
X. S. 310.

2. Cor.

II, 5. S. 97.
VII, 12. S. 97.
XI, 32. S. 135.

Galat.

II, 14. S. 70.
   20. S. 76.
III, 15. 17. S. 76.
IV, 20. S. 76.

1. Tim.

V, 18. S. 244.

Register
über die vornehmsten Sachen.

Abrahams Vorgeben, Sara sey seine Schwester, hat einen dreyfachen Sinn, S. 114. u. f. f.
— erklärt selbst die Zweydeutigkeit seiner Rede, 119.
— war der älteste unter seinen Brüdern, 121.
— lebte mit der Sara unter Gottes Billigung in der Ehe, 356.

Absaloms Blutschande, 19.

Abscheu, natürlicher, gegen die nahen Ehen, ist unerweislich, 91. 147.
— was darunter zu verstehen, 190.
— wird widerleget s. 148. u. f. f.

Achsä Ehe mit dem Othniel entscheidet in Ehefragen nichts, 17. 18.

Adams und seiner Kinder Ehen, streiten nicht mit den Ehegesetzen, 91. 200.

Adonias gesuchte Ehe mit der Abisag, 315.

Adoption war bey den Hebräern nicht gebräuchlich, 139.
— wird bey den Arabern als eine Verwandschaft angesehen, ebend.

Aergerniß, ob wegen demselben gewisse Ehen zu unterlassen, 112. was bey Paulo darunter zu verstehen, 310.

Alterthümer der Juden haben keine Nachrichten die Ehesachen betreffen, 16. u. f. f.

Amme ist bey den Morgenländern als Mütter geachtet, 136. 207. Tochter derselben zu heyrathen, verbietet Moses nicht, 314. aber Muhamed, 136.

Amnon, Thamars Halbbruder, 19. 307.

Amram, ob er seine Tante in der Ehe gehabt, ist zweifelhaft, 122. oder seines Vaters Bruders Tochter, 123. 124.

Anverwandte, nahe, heissen in Mose Scheer Basar, 48. s. Verwandten.

Anverwandte, unter selbigen sind nicht einzelne Heyrathen zu verstehen, 91.

Arabien, in selbigem waren vor und nach Christi Geburt die Juden mächtig, 135.

Araber, die Ismaelitischen, haben ein strengeres Herkommen in Ehesachen als Moses, 133.
— scheinen sanften Mosis Ehegesetze zur Richtschnur genommen zu haben, 134.
— verbieten Heyrathen zwischen Verwandschaften, die aus Adoptionen entstehen, 138.
— wie sie die Ehescheidung vornehmen, 140.

Arabisches Eherecht, wie es mit dem Mosaischen verwandt, 136.

Aretas, der Paulum wollte gefangen setzen, wer er gewesen? 135.

Athenienser, stimmen in Ehesachen sehr mit Mose überein, 129. Ursachen davon, 130. verbieten die Ehe mit der Halbschwester, 129.

Augustinus versteht unter Bruders Frau, die vom Bruder geschieden, 327.

Auslegung der Gesetze, was dabey zu beobachten, 243.

Auslegungsregeln des Decalogi werden beurtheilt, 295-300.

Ausspeyen in das Gesicht, was es im Leviratsgesetz heisse, 218.

Baumgarten ist von der gelindern Partey in Ehesachen, 105.
— unterscheidet Scheer und Scheer Basar, 54. bis wird widerleget, 56. 57. dessen Einwurf wider die Ehe des Onkels mit der Niece und Schwestertochter, 211.

über die vornehmsten Sachen.

Baumgarten genehmigt die Folgerung aus Mosis verbottenen Ehen, von der Ehe auf Unzucht, 317.
Bergpredigt Christi, in selbiger werden die Gebote des Decalogi nicht ausgedähnet, 293
— in selbiger wird nicht einmahl der Decalogus angeführt, 301. sondern die Moral der Pharisäer widerleget, 302.
— in selbiger trägt Christus die Aussprüche der gesunden Sittenlehre vor, 303.
Beyschläferin, siehe Concubine.
Blöße aufdecken, was es heisse, 31. u. f. f. wird von beyden Geschlechtern gesagt, 32. ob es Hurerey bedeute, 34. oder leichtsinnige Entblössungen, 40. Gründe dawider, 41. 47. zeigt die Ehe mit den nächsten Verwandten an, 35. u. f. f.
Bluträcher, siehe Goel.
Blutschande, deren Abscheulichkeit, 197.
— besondere Fälle derselben, verdienen den Namen nicht, 203.
— was unter diesem Namen begriffen sey, 223.
— auf selbige setzt Moses Lebensstrafe, ebend.
— Absaloms, wird erzählt, 19. der Tochter Loth, 267. 270. der Thamar, 218.
Blutschänder zu Corinth beyrathete seine Stiefmutter, 96. dis war nicht ein Ehebruch, eben das. u. 99. 100.
Botanik, Kenntniss derselben wird zur Erklärung der Hebr. Sprache erfordert, 25. u. f. f.
Bruder, was dis Wort bey den Hebräern unter sich begreife, 17. 110
— selbiger hatte bey den Hebräern das Recht, seinen Consens in die Verheyrathung der Schwestern zu geben, 115. (**) dis war nicht bey den Aegyptiern, 129.
Bruder des Vaters, war bey den Hebräern nicht der Goel, 290.
— er konnte daher nicht die Frau seines verstorbenen Neveus nehmen, 291.

Bücher Samuelis sind nicht ganz von Samuel, sondern von Gath und Nathan, 20. (*)
Buffons Meynung vom Verbot der nahen Ehen, 154. wird widerleget, 156.
Calebs Tochter beyrathet Othniel, 16. 17.
Cananiter billigen nicht alle Arten von Blutschande, 111. auch nicht die Ehe des Vaters mit der Tochter, 268.
— konnten das Verbot der nahen Ehen ohne Offenbarung erkennen, 145. worden wegen Blutschande gestraft, 146. selbige bevölkerten Griechenland und die südliche Küste von Europa, 130.
Chesed, Etymologie dieses Worts, 61. 64.
— ist nicht, Gnade, Frömmigkeit, Heiligkeit, zu übersetzen, 62.
— wird von der natürlichen Liebe, 62. und von der ehelichen und unzüchtigen Liebe zwischen Bruder und Schwester gebraucht, 64.
Clericus hat die wahre Ursache der Eheverbote angegeben, 175.
Concubine ist in Mose mit unter den Namen, Frau, begriffen, 317.
— unter selbigen hatte David nicht die Mutter der Michal, 22.
Concubinae, wie selbiges von der Ehe verschieden, 166.

Davids Heyrath mit Sauls Kebsweibern, 22. mit der Michal, 315. mit der Abisag, ebend. hatte nicht seine Schwiegermutter in seinem Serraille, 22.
David war König über ganz Israel achtbald Jahr nach Sauls Tode, 315. (*)
— scheidet sich von seinen Kebsweibern, die Absalom geschändet, 322.
Decalogus, dessen gewöhnliche Auslegungsart ist falsch, 295-300. wird nicht in der Bergpredigt Christi angeführt, 301.
Dispensiren kann der Landesherr in Ehen, die

Register

die Mose nicht ausdrücklich verboten, 329. u. f. f. nicht aber erlauben, 332.
Dispensiren, Fälle, wo dies geschehen kann, 327 328. Beyspiele davon, 347
—— Fälle, wo die Obrigkeit nicht dispensiren soll, 349.
Dispensationsrecht der Fürsten in Ehegesetzen wird untersucht, 315.
—— Gründe für selbiges, 1) weil Gott selber dispensiret, 316. Einwurf dagegen wird beantwortet, 339. 341. 344. 2) weil solches dringende Ursachen nothwendig machen, 346
Doda, was darunter zu verstehen, 126. 127. (*)

Ehe, ihr Unterscheid vom Concubinat, 166.
—— ihre Unzertrennlichkeit, 358. wird bewiesen, 364.
—— Adams und seiner Kinder, streitet nicht mit Mosis Ehegesetzen, 93. 200.
—— mit der leiblichen Schwester ist an sich nicht sündlich, 201. 203. aber ungewöhnlich zu Abrahams Zeit, 110. (*)
—— war zu Cambyses Zeit unter Persern nicht erlaubt, 128.
—— auch nicht bey den Atheniensern, 129.
—— war bey den Egyptiern durch Gesetze erlaubt, 87. 88.
—— wenn sie unwissend vollzogen, was zu thun, 360.
—— mit der Halbschwester war nach den Herkommen der Israeliten erlaubt, 106. 110. 114. auch bey den Persern, 128. und Atheniensern, 129. selbige verbietet Moses, 114. setzt Lebensstrafe darauf, 223. Araber verbieten sie ebenfalls, 134.
—— mit der Tante war vor Mose gebilliget, 108. 122. Mosis Vater lebte wahrscheinlich in selbiger, 122. war aber nicht sehr gebräuchlich, 132. wird von Mose verboten, Ursachen davon, 166. 205. 208.

Ehe des Vaters mit der leiblichen Tochter war unter den Canaanitern ungewöhnlich, 267. deren erschreckliche Folgen, 177. selbige verbietet Moses nicht, 268. Ursachen davon, 270
—— des Sohnes mit der Mutter war bey den Persern beliebt, 156.
—— mit des Vaters und Mutterbrüders Töchtern war bey den Patriarchen angenehm, 115.
—— zwischen Geschwisterkindern, siehe Geschwisterkinder.
—— mit der verstorbenen Frauen Schwester, ist nach Mose erlaubt, 222. das zeigt der dreyfache Zusatz in Mose, wo er von dieser Ehe handelt, 229. Einwurf dagegen, wird beantwortet, 235. ist eine der nützlichsten Ehen, 235. Philo erklärt selbige für erlaubt, 237.
—— mit der Tochter des Bruders und der Schwester ist erlaubt, 134. war nach dem Herkommen der Israeliten erlaubt, 117. 118. 246. Einwurf dagegen, beantwortet, 263.
—— mit der Witwe des Bruders verbietet Moses, 219. 276. 280. S. Wittwe des Bruders.
—— mit den Kindern der Amme verbietet Moses nicht, 314. aber Muhamet, 136.
—— zwischen zusammengebrachten Kindern, 220.
—— mit Adoptirten und Pflegebefohlnen untersagt Moses nicht, 311.
—— mit Blutsfreunden der Verlobten sind nicht untersagt, 314.
—— auf Unzucht, 316. u. f. f. ob sie Moses mit untersaget, 318. werden ganz verworfen, 114.
Ehefragen, deren Entscheidung geben nicht die Meynungen der Kirchenväter und Gottesgelehrten, 15. nicht der Juden, 23.
Ehefrau siehe Frau.
Ehegesetze Mosis, werden erklärt, 220. 221.

über die vornehmsten Sachen.

221 u. f. f. welche unter ihnen die Christen verbinden, 69 u f. f. verbinden und, weil sie Stücke des Sittengesetzes sind, 68. 84. gehen alle Menschen an, 74. 84. Ursachen davon, 1) weil die Canaaniter wegen Uebertretung derselben gestraft worden, 84. u. f. f. 2) weil Moses sie von bürgerlichen unterscheidet 89. 3) weil Paulus sie für verbindlich erklärt, 96. 99. Einwendung dagegen beantwortet, 97. sie sind verbindlich, nicht wegen der grössern Heiligkeit der Christen, 77 sie sind keine leges universales positivae, Ursache davon, 78. 79. sondern sie sind leges morales hypotheticae oder derivativae, 93 u. f. f ob alle, oder nur die nächsten die Christen verbinden, 101. theilen sich in zwey Classen, 102. S. Gesetze Mosis.
Ehegesetze der zweiten Classe, sind aus Vorsichtigkeit gegeben 103. sind nicht von allgemeiner Verbindlichkeit, 105 u f. f
— der Araber sind strenger als Mosis seine, 117.
— der Perser und Athenienser kommen mit den Mosaischen überein, 128. Ursachen davon, 118. 129
— der Römer sind mit den Mosaischen nicht verwandt, 141
— ihre Ursachen sind keine Geheimnisse 144
— die Ursachen derselben. Siehe Ursachen der Eheverbote.
— ob in selbigem Grade, oder einzelne Ehen verboten, 238
— ob wir sie ausdehnen können, 241.
— verbieten keine Ehen als die ausdrücklich genannt sind, 275 281.
— warum Moses selbige wiederholet, 245 u f. 223
Ehen, nahe, sind nicht an sich sündlich, 93 100
— die Moses ausdrücklich verbietet,238.
— nach G oben gerechnet, welche verboten, 239.

Ehen, Moses verbietet seine, als die er ausdrücklich nennet, 275.
— verbotene, ob selbige blos den Israeliten, oder allen Menschen untersaget sind, 67. u. f. f. sie sind nicht an sich schädlich, 91. 94.
— vollzogene, sind wegen Gewissenszweifeln nicht zu trennen, 154-156.
Eheverbote Mosis, ihre Moralität, 84. Ursachen von selbigen, 113 Regeln hiebey, 145. Siehe Ursachen der Eheverbote.
— Nothwendigkeit derselben in einem Lande, 180. 184.
— selbige zeigt schon die philosophische Moral an, 185. Gründe dafür, ebend. und (*) u. f. f. Einwürfe dagegen, 187. 195. 197.
Ehescheidung erklärt Moses für Sünde, 319
— ist dem Zweck der Ehe zuwider, ebend.
— wie selbige bey Arabern geschieht, 140.
Ehrfurcht, kindliche, ist keine Ursache der Eheverbote, 158. Siehe respectus parentelae.
Eifersüchtig seyn, was es heisse, 233.
Eltern, schliessen im Orient die Ehen, 132.
Etymologie des Worts Scheer. 46. u. f. von Zimma, 60. von Chesed, 64. von Thebel, 61. von Nidda, 66.

Familien konnten unter den Israeliten nicht reicher werden als sie waren, 170. (*)
— deren Rath zu hindern hat Moses die nahen Heyrathen nicht verboten, 169. 170.
Fleisch des Fleisches, was es in Mose heisse, 42. u. f. f. 172
— Uebersetzungen der Alten von diesem Wort. 43. 44.
Fleisch heisse nicht, das übrige seines Fleisches, 47. Siehe Scheer basar.
Fleisch

Register

Fleisch heißt bey Hebräern und Syrern der Leib, 285. (*)
— ein Fleisch seyn, wird entweder gebraucht von dem Beyschlaf, 285. oder von der Unzertrennlichkeit der Ehe, 173. 285.
Fluchen, Gesetz wider selbiges ist ein bürgerliches, 36. (*,*)
Frau des Vaters so viel als Stiefmutter, 96. (*)
Frau, begreift die Witwe, 278. und in Mose auch die Concubine, 317.
— des Bruders, Ehe mit selbiger heißt bey Mose Nidda, 66. ob die Ehe mit selbiger von Johanne dem Täufer gebilliget sey, 215. Augustinus und die Arab. Uebersetzer, verstehen unter selbiger die abgeschiedene, 277.
Frauen, waren bey den Hebräern ihren Männern nicht gleich, sondern unterworfen, 284
Fremdlinge hatten unter Juden einerley Gesetze und Rechte mit ihnen, 84. (*,*)
Fry Einwendung wider das Verbot der Ehen, 33.
— verstehet unter Blöße aufdecken, Hodhurerey, 35.
— hält alle Ehen für erlaubt, ebend.
— verstehet unter Scheer basar alle Menschen, 36.

Gebote, die zehen, deren gewöhnliche Auslegung, 292. was darwider zu erinnern, 293. 294. die gewöhnlichen Auslegungsregeln derselben werden beurtheilt, 295-300.
Genealogie, war bey den Juden in hohen Werth, 217. 318.
— des Kenaz, Bruder des Caleb, 18.
— des Abrahams, 116. 119.
— des Amram, Mosis Vaters, 122.
Gesetz wider das Fluchen ist ein bürgerliches, 36. (*,*)

Gesetz von der Strafe des Todtschlages ging bloß die Söhne Noä an, 10. 11.
— muß nicht weitläuftig seyn, 242.
Gesetze Gottes sind in keiner besondern Schreibart abgefasset, 243.
— Mosis, viele derselben waren vor ihm ein altes Recht, LL. 243. allgemeine Regel, nach welcher sie zu beurtheilen, 137. sind abgeschaft, was das für einen Sinn habe, 70. (*) u.f. verbinden uns nur, wenn sie ein Stück des Naturgesetzes, und von Christo und den Aposteln wiederholet sind, 70. und (*) und 72. sie sind für uns ein principium cognoscendi der Pflichten, 71. Roi. geben uns nicht bewegen an, weil wir durch Annehmung des Christenthums Juden geworden, 74. können nicht in unsern Staaten eingeführt werden, 76. u.f. weise Vorsicht bey Gebung derselben, 89. sind strenger als das Herkommen, 113. richten sich zuweilen nach dem Herkommen, 1L. 244. können aus Arabischen Sitten erläutert werden, 209. 210. 213. 214. ihre Wiederholung hat weise Ursachen, 222. warum selbige mit Strafen begleitet, 222.
Geschwisterkinder durften einander bey den Patriarchen beyrathen, 115. ebenfalls bey den Arabern, 137. anfänglich auch bey den Römern, 142. Beweis davon aus Plutarcho, 142. und Tacito, 144 N. 2. Nachher war unter ihnen diese Heyrath unerlaubt, 143. Einwürfe dagegen, 143. (*)
— Heyrath zwischen selbigen muß zuweilen des Gesetzgebers Klugheit verbieten, 113. 196.
Gleichheit der Eheleute ist nicht nothwendig, 283.
— selbige war gar nicht bey den Israeliten, 284.
— ist also kein Beweis wider die Ehe des Onkels mit der Niece, 284.

Goel,

über die vornehmsten Sachen.

Goel, vor unter den Hebräern diesen Namen führte, 290. wie er bey den Arabern heißt, und was er zu verrichten, 49.

Gräuel, (thoeba) heißt bey Mose unreine Speise, und zuweilen moralisch Böses, 85 (*) und (**).

Gränzen zwischen nahen und entfernten Verwandten, 205. 208. bey den Römern war es der Kuß, 142. bey den Morgenländern der Zutritt zu einem unverhüllten Frauenzimmer, 208.

Grade, ob Moses selbige in Ehen verboten, 238. Gründe gegen selbige: 1) wie haben sein Recht ein göttlich Gesetz auszudähnen, 241. was für diesen Beweis gesagt werden kann, 245. 2) die Rechnung der Verwandten nach Graden ist bloß Römisch, 247. 3) die Tradition der Juden zählt die Grade nicht, 248. 253. 4) bey einigen wird der respectus parentelae nicht verletzet, 259. 5) weil Moses die Schwester der verstorbenen Frau zu heyrathen erlaubt, 275. 6) weil zwischen den ausdrücklich genannten und ungenannten Ehen ein Unterschied ist, 281-291.

— Gründe für die Berechnung der Grade: 1) weil Moses die Ehen wegen der nahen Anverwandtschaft verbietet, 260. Beantwortung dieses Beweises, 265. 2) sonst hätte Moses die Ehe des Vaters mit der Tochter nicht verboten, 267. 3) weil Ezechiel der Ehe mit der Schwiegermutter und Tochter einerley Namen giebt, 274. 4) weil Christus in der Bergpredigt die Gebote ausdähnt, 291. u. f.

Gübling, hält das Verbot der Ehen für einen legem positivam universal., 80. wird widerleget, 80. 81. hält die Ehegesetze für Geheimnisse, 145. dessen Einwurf wider die Verhüllung der Frauenzimmer im Orient, 209. (*) 214. wird widerleget, 210. (*) 214. behauptet, man könne aus arabischen Sitten

Mosis Gesetze nicht erläutern, 214. leugnet, daß die Ehe mit der vollbürtigen Schwester buchstäblich verboten, 274.

Hammonds doppelter Einwurf wider das Verbot der nahen Ehen, 197. 199. wird widerleget, 198. 200.

Halbschwester, siehe Stiefschwester.

Heathe Uebersetzung des Buchs Hiob, 65.

Herkommen der Araber, ist strenger als Mosis Ehegesetze, 133. selbiges kommt denselben doch sehr nahe, 134. Ursachen davon, 135.

— verbietet, die Milchschwestern zu heyrathen, 134. 136. ingleichen die Geschwisterkinder, 137. ferner, die Ehen zwischen Verwandtschaften, die aus Adoption entstehen, 139.

— ist keine Auslegung der Mosaischen Ehegesetze, 137. 138.

— der Israeliten, verdammte schon vor Mosis Zeiten die nahen Heyrathen, 110. 111. darinnen kamen andere Völker überein, 111. besonders die Ehegesetze der Perser und Athenienser, 127. u. s.

— selbiges verbot die Ehe mit der Halbschwester nicht, 112. 113. 127. 131.

— kommt mit dem Römischen in Eherechten nicht überein, 141.

— erlaubte Menschen und Vieh von dem zu geniessen, was sie zubereiteten, 244.

— der Römer ist viel strenger als Mosis in Ehesachen, 142.

Herodische Familie, Ehen in selbiger, 250. was von ihnen zu urtheilen, 253.

Heyrath in die nahe Freundschaft ist nicht schlechterdings dem Naturgesetz zuwider, 93. war bey den Hebräern beliebt, 33. 115. 132. selbige einzugehen ward oft der Bräutigam gezwungen,

Heyrath innerhalb des Stammes, war

Bbb nicht

Register

nicht eine Ehe in die nahe Freundschaft, 31.

Heyrath der Kinder schliessen in Orient die Eltern, 112. 222.
—— der Schwestern, in selbige mußte bey den Hebräern der Bruder seine Einwilligung geben, 115. (**) 222.

Heyrath, warum sie bey uns mit Feyerlichkeiten vollzogen wird, 222.

Hirten, herumziehende, ihre Lebensart, 112. 113.

Horror naturalis, was darunter zu verstehen, 150. u. f. ist keine Ursache der Eheverbote, 147. hängt von der Erziehung ab, 148. 152. wir finden ihn nicht bey wilden Völkern, 148. auf ihn kann Moses seine Absicht haben, 149.

Hottingers Erklärung von Thebel, 61.

Hülfsmittel zur Erklärung des Hebräischen, 25.

Hurerey, um selbige in den Familien zu hindern, verbietet Moses die nahen Ehen, 176.
—— in den Familien, macht das Volk lasterhaft, 180. hindert die Erziehung der Kinder, 181. bringt eine Abnahme des Volks zu wege, ebend. verursachet Ehescheidung, ebend. und viele andere Laster, 182.

Hutchesons Meynung vom Verbot der nahen Ehen, 154. dessen Einwurf wider selbige, 195.

Jacobi, Consistorialrath, verstehet unter Scheer basar Kinder oder Enkel, 51. wird widerlegt, 51. 52.

Jiska, die Tochter Milka, ist nicht Sara, 116.

Jochebed, wessen Tochter sie sey, 122 u. f.

Johannes, der Täufer, ob er die Ehe mit des Bruders Wittwe entschieden 155.

Josephi Auslegung der Ehegesetze Mosis, 251. dessen Character, 254.

Ismaeliten, ihre Eherechte, 133. u. f. f.

Israeliten, waren kein dummes Volk, 242. ihr Herkommen, s. Herkommen.

Juden, dieser ihre Meynungen und Erklärungen entscheiden nichts in Ehefragen, 23. zählen die Grade in Ehen nicht, 105. 248. u. f. theilen sich hierinnen in zwey Secten, 252.
—— schätzten die Genealogie hoch, 217. 218. u. f.
—— hatten nach der Babyl. Gefangenschaft wenig Kenntniß der Hebräischen Sprache, 23. verlohren im Babyl. Elend alle ihre Sitten, 27. waren vor und nach Christi Geburt in Arabien mächtig, 135. ihre Tradition, siehe Tradition.

Kammer (חדר) der Mutter, was darunter zu verstehen, 11.

Karaiten, wer sie waren, 252. sind strenge in Ehegesetzen, 253. ihre Meynung entscheidet nichts, 254.

Kebsweib siehe Concubine.

Kenas, dessen Genealogie, 11.

Kirchenväter, deren Meynungen mischen sich nichts in Ehefragen, 11.

Könige der Juden, ob sie das Recht zu dispensiren gehabt, 19. ihr Serrail wird beschrieben, 21.

Kuß, war bey den Römern die Gränze zwischen nahen und entfernten Verwandtschaften, 142.

Laban war leiblicher Bruder von der Rebecca, 115. u. (**)

Lebensstrafe setzt Moses auf Blutschande, 223.
—— war bey Mose nur Steinigung und Schwerdt, 229. Erhenken und Verbrennen waren Folgen der Steinigung, 224. u. f.

Leviratsehen, deren Beschaffenheit und Ursprung, 216. u. f. waren keine Art von Adoption, 139.

Leviratz-

über die vornehmsten Sachen.

Leviratehen verstattete Gott, nicht wegen Hartnäckigkeit der Juden, 337 Ursache, warum er selbige befahl. 238.
Leviratsrechte, wen es anging oder nicht, 217. 268-291.
Lots Töchter, ihre Blutschande, 267. 270.
Ludewigs, Canzler, rechtliche Ermahnung an die Gerichte rc. 167. äussert die Meynung, daß Eheverbote Mosis haben sollen die Macht der Familien hindern, 169. wird widerleget, 170. meynet, die Eheverbote sollten die Kosten in Familien hindern, 171. hat die wahre Ursache der Eheverbote eingesehen, 175.
Lügen, Nothlügen sind sündlich, 300.
Luthers Entscheidung über allzunahe vollzogene Ehen, 362.

Macht der Familien, ob selbige Moses durch die verbotenen Ehen habe hindern wollen, 170.
Meynungen der Juden nach der Babyl. Gef. sind kein Entscheidungsgrund in Ehefragen, 23. auch nicht der Kirchenväter und Gottesgelehrten, 11.
Mittel zur Erlernung der Hebräischen Sprache, 25.
Mongolen haben die Leviratsehen, 217. und Polyandrie, ebend.
Montesquieu hat die wahre Ursache der Eheverbote Mosis, 175. dessen unrichtige Meynung von der Uebereinstimmung der Athenienßischen Ehegesetze mit den Mosaischen wird widerleget, 130. (**).
Mosis Gesetze, siehe Gesetze und Ehegesetze.
Moralität der Eheverbote, 69. wird bewiesen 1) weil Moses versichert, die Cananiter wären wegen derselben gestraft worden, 84. u. f. 2) weil sie Moses ausdrücklich von levitischen Gesetzen unterscheidet, 89. 3) weil Paulus sie für sündlich erkläret, 96.

Muhamed ist strenger in Ehegesetzen als Moses, 135. 137. wählet gemeiniglich das Strenge in seinen Gesetzen, 136. ist aber doch in einigen Stücken von Mose entfernt, 137. borget von Juden viele Gebräuche und Fabeln, 134.
Mutter, unter selbige ist in Ehegesetzen die leibliche zu verstehen, 108.
—— Ehe derselben mit dem Sohn war bey Persern beliebt, 136. deren Abscheulichkeit, 179. 180.

Naturgeschichte, Erkenntniß derselben, wird zur Erklärung des Hebräischen erfordert, 25. u. f.
Naturgesetz ist unterschieden vom Recht der Natur, 69. 71. 92. selbiges verbietet in Gesellschaften die nahen Ehen, 182. u. f. f. verbietet die Polygamie, 163.
Nebenbuhler, was das in Mose heisst, 66. 233.
Nidda, der Name der Ehe mit des Bruders Witwe, 66. dessen Etymologie, 66.
Niece, Ehe mit selbiger war nach dem Herkommen der Israeliten erlaubt, 117. 118. 246. war bey den Arabern verboten, 136. was die Römer von dieser Ehe gehalten, 251. was Josephus davon gemeynet, 251. merkwürdiges Beyspiel dieser Ehe, 250. 156. ob Johannes, der Täufer, sie für rechtmäßig erkannt, 255. war nicht so nahe geachtet als die Taute, 265.

Onans Sünde, 270.
Onkel, Ehe desselben mit der Niece ist in Mose nicht verboten, 246. Einwurf dagegen wird beantwortet, 283-286.
Othniel, war nicht Calebs Bruder, sondern sein Enkel, 17. beyrahtet Calebs Tochter, 16.

Perser kommen in Eherechten einigermassen mit Mose überein, 127. u. f.

Perser

Register

Perser hielten die Ehe der Mutter mit dem Sohn für erlaubt, 156.

Pferdezucht, einige Anmerkungen darüber, 155. u. f. (*)

Pharisäer Auslegung der Gebote Gottes, 302. wird in der Bergpredigt widerleget, ebend.

Philo hat die wahre Ursache der Eheverbote, 176. 178.

— hält die Ehe mit der verstorbenen Frauen Schwester für erlaubt, 237.

Phönicier machten Griechenland gesittet, 130.

Polyandrie bey den Mongolen, 217.

Polygamie, nach dem Naturgesetz verboten, 161. war unter den Israeliten erlaubt 231. Exempel davon aus der Bibel gesammlet, ebend. (**) u. 212.

Polygamie gab Anlaß zur Leviratsehe, 216.

Premontval, dessen Verdienst um die Ehegesetze, 5. 6. 211.

— sammlet die Beyspiele der Polygamie unter den Israeliten, 231. 232.

Probabilismus moralis, muß bey den Eheverboten nicht geheget werden, 4.

Rabbaniten, wer sie sind, 252. sind gelinde in Ehegesetzen, ebend. ihre Meynungen entscheiden nichts, 254.

Rabbinen, einige derselben verstanden arabisch, 25.

— sind meistens schlechte Erklärer Mosis, 27. u. f. ihre Meynungen widersprechen sich, 28. 29.

Rebecca eine leibliche Schwester Labans, 115. u. (*)

Recht der Natur ist nicht einerley mit Naturgesetz, 69. 71. 90.

— hat nichts wider die nahen Ehen einzuwenden, 91.

Respectus parentelae, was darunter zu verstehen, 158.

— was er bey den Hebräern seyn können, 166. ist eine unzulängliche Ursache der Eheverbote, 92. 158. Gründe darwider, denn derselbe macht die nahen Heyrathen nicht sündlich, 159. ist kein Widerspruch der Pflichten, 160. auch kein natürlich Verhältniß, das nicht könne geändert werden, 161. das Verhältniß ist nur zufällig, 164.

Respectus parentelae fällt bey der Stiefmutter und Concubine des Vaters weg, 161. wie auch bey der Ehe mit des Bruders und der Schwester Tochter, 219.

— läßt sich nicht auf die Ehe zwischen Bruder und Schwester deuten, 165.

Römer, derselben Eherechte sind mit dem Mosaischen nicht verwandt, 141.

Sabbath konnte gebrochen werden, 341.

Samuelis Bücher sind nicht ganz von ihm, sondern von Gad und Nathan, 22. (*)

Sara kann in einem dreyfachen Sinn die Schwester Abrahams seyn, 114. u. f. ist nicht einerley mit Jiska, 116. u. (*) sie ist nicht Abrahams Bruder Tochter, 118. sondern seine Stiefschwester, 119.

Schädlichkeit der nahen Ehen, die physicalische, 154.

Schändlichkeit der nahen Ehen, 93. 147. 200.

Scheer basar, was es heiße, 42. u. f. ist nicht das übrige seines Fleisches, 47. auch kein synonymon von basar, 47. 48. 49. (*), sondern es heißt, nahe verwandt seyn, 48. bey den Arabern der Gott, 49. 50. ob unter selbigen Kinder und Enkel zu verstehen, 50. 51.

Schleyer, selbigen trugen unter den Patriarchen nur verheyrathete, 212. 215. aber schon zu Jesaiä Zeit bis jetzo ist es anders im Orient, 212. 215.

Schwester, was bey den Hebräern darunter zu verstehen, 114. 230. 106.

— die leibliche, Ehe mit selbiger war ungewöhnlich zu Abrahams Zeit, 110. u. (*); Aegyptier erlaubten sie, 138. 139.

über die vornehmsten Sachen.

129. Es war bey Priestern und Atheniensern verboten, 128. 129. Moses verbietet sie ausdrücklich, 274.
Schwester, die vollbürtige, war von der
Halbschwester dem Herkommen nach
unterschieden, 112.
—— Halbschwester, s. Stiefschwester.
—— der verstorbenen Frau, Ehe mit
selbiger ist nach Mose erlaubt, 227. u.
s. f. das zeigt ein dreyfacher Zusatz in
seinen davon handelnden Gesetz an, 229.
Rabbinisten erlauben diese Ehe, 232. ingleichen Philo, 237. Einwurf dagegen
beantwortet, 235. Rüglichkeit der Ehe
mit selbiger, 235. ist nicht einerley
mit des Bruders Witwe, 279. Ursache,
warum man diese Ehe für verboten gehalten, 228.
Schwägerin von der Frau und des Bruders Seite, war bey den Hebräern unterschieden, 279.
Schwiegermutter Davids, war nicht unter selben Nebeweibern, 22.
Schwägerschaften, uneheliche, sind in
Moses Gesetzen nicht begriffen, 319.
Seldeni uxor hebraica, 98. (*) 249.
Aufsatz aus selbigen, 230. 309.
Serrallen der Jüdischen Könige, 21. kam
allezeit auf den Successorem, 217.
Sinnen der Juden haben sich sehr geändert, 27.
Sixtus VI. verbietet die nahen Ehen, 93.
182. 184. 201. Gründe dafür. 91. 94.
—— von selbigen dispensirt Gott nie, 93.
—— hat nichts wider die Eheverbote der
zweiten Classe einzuwenden, 102. 103.
Sohn, was es im Hebräischen bedeutet, 17.
—— Ehe desselben mit der Mutter ist
abscheulich, 179. war aber dennoch bey
Persern beliebt, 138 139.
—— des Bruders durfte dessen Witwe
nicht heyrathen, 289.
Stiefmutter heißt im Hebr. des Vaters
Frau, 96. (*) 162. 308. Unter diesen Namen ist auch die Concubine begriffen, 163.

Stiefmutter, Ehe mit selbiger nennet
Paulus Hurerey, 97.
Stiefschwester, Ehe mit selbiger erlaubt
das Herkommen der Israeliten, 113.
127. Abraham hatte selbige in der Ehe,
119–121. Moses verbietet diese Ehe,
114. Perser und Athenienser erlauben
sie, 128. 129
—— des Vaters, von Vater und Mutter Seite, der Mutter, von Vater und
Mutter Seite, ist nicht ausdrücklich
verboten zu heyrathen, 309.
Stiefschwiegermutter- und Tochter ist
nicht verboten zu heyrathen, 309.
Strafen, siehe Lebensstrafen.
—— auf verbotene Ehen. 222. Strafen am Leben werden auf die Uebertretung der verbotenen Ehen der ersten
Classe gesetzt, 223. gelindere auf die
zweite Classe, 225.
Sünde, oder Schuld tragen, was es
heißt, 227.

Tante, warum die Ehe mit selbiger verboten, 166. 207. 208. das Verbot dieser Ehe ist nicht auf die Ehe mit der Nichte
zu extendiren, 265. 296.
—— Ehe mit selbiger ist bey Arabern
verboten, 136.
—— ob Amram mit selbiger in der Ehe
gelebt, ist ungewiß, 122.
Thamar, Schwiegertochter Judä, begeht
Unzucht, 217.
—— Halbschwester Amnons, 19. 20.
307. ihre Geschichte ist im Streit über
die verbotenen Ehen unentscheidend, 21.
Thalmud, Beurtheilung desselben, 28. ist
in Ehesachen nicht entscheidend, 28.
Thebel heißet die Heyrath mit der Schwiegertochter, 65. Schande mit Vieh,
ebend. bey den Arabern die unflätige
Liebe, 65.
Tochter, wie vielerley Sinn dieses Wort
habe, 17. 114. 123. wird von der Enkelin gebraucht, 123.

Bbb 3   Tod-

Register

Tochter, leibliche, Ehe des Vaters mit selbiger hat erschreckliche Folgen, 177. war bey den Canaanitern ungewöhnlich, 267. Moses verbietet sie mit Worten nirgends, 268. Ursache davon, 270. u. f. er verbietet sie aber unter einem andern Namen, 272.

—— der Schwester, Jerusalems Abhandlung über die Ehe mit selbiger, 80. Ehe mit selbiger verbietet Moses nicht, 103. 134. 181. Einwurf dagegen wird beantwortet, 283. u. f. f. Muhamed verbietet diese Ehe, 136.

—— des Bruders, merkwürdiges Beyspiel der Ehe mit selbiger, 249. Urtheil über dasselbe, 256 und Gebrauch davon, 258. ob Johannes der Täufer diese Ehe entschieden habe, 255. Muhamed verbietet sie, 136.

—— des Mutter- und Vaterbruders, siehe Geschwisterkinder.

Todesstrafen sind bey Mose nur Schwerdt und Steinigung, 284. Erhenken und Verbrennen sind Folgen von ihnen, 225.

Tradition der Juden ist nicht glaubwürdig, 27. 253. sie geschahe bis auf die Zeit des Thalmuds nicht schriftlich, sondern mündlich, 28. wird von Christo widerleget, 29. zählt die Grade nicht, 248. u. f. f. Urtheil darüber, 249. Ein Beweis davon aus dem Herkommen der Juden, 250. und aus der Familie Herodis, 250. Josephus erzählt die Ehe mit der Niece als etwas gewöhnliches, 251. die Rabbaniten zählen keine Grade, 252.

Troglodyten üben die wildeste Unzucht, 65.

Uebersetzung der LXX Dollmätscher, ihr Gebrauch, 25.

Umgang der leiblichen Geschwister war bey den Hebräern viel genauer als zwischen Halbgeschwister, 173.

Unfruchtbar seyn, was es in Ehegerichten heisse, 226.

Unterschied der ausdrücklich von Mose verbotenen und ungenannten Ehen, 287-291.

Unzertrennlichkeit der Ehen, 353. wird bewiesen, 364.

Unzucht ob Moses in seinem Gesetze selbige verbieten wollen, 35. 197.

—— die wildeste üben die Troglodyten 65.

—— der Töchter Loth, 267. 270.

—— Ehe auf selbige, 316. u. f. ob auf sie aus Mose Folgerung zu ziehen, 318. Gründe dafür, 321. und darwider, 322.

Ursachen der Eheverbote Mosis, 145. u. f. f. Regeln hiebey, 146. Falsche Ursachen sind: 1) der horror naturalis, 147. u. f. 2) der respectus parentelae, 99. 158. 3) nicht, um aus den Menschen eine Familie zu machen, 152. 4) nicht, um die Abartung der Menschen zu hindern, 153. 5) nicht, weil die Verwandte schon ein Fleisch sind, 172. Widerlegung aus Adams und Eva Beyspiel, 173. Wahre Ursache davon ist zur Verhütung der Hurerey in Familien, 176. 177. 184. (*)-190. Moses hatte diese Ursache bey seinen Gesetzen, 204. diese Ursache ist nicht unbekannt gewesen, 175. sie findet sich bey C. v. Ludewig, 175. bey Clerico, 175. beym Montesquieu, 176. u. Philone, ebend.

Vater, Ehe desselben mit der Tochter, s. Tochter.

Verbot der Ehe, siehe Eheverbot.

Verbotene Ehen, gewisse derselben scheinen besondere Namen gehabt zu haben, 58.

Verbotene Grade der Ehe gab es schon zu Abrahams Zeit, 110.

Verbot, ob von specie desselben auf das ganze genus zu schliessen, 295.

Verbren-

über die vornehmsten Sachen.

Verbrennung, was es bey Mose für eine Strafe sey, 225.
Verführung zur Hurerey sollen die Eheverbote hindern, 176.
Verhüllung mit dem Schleyer ist im Orient ein Zeichen der nahen Freundschaft, 209. Güblings Einwurf dagegen widerlegt, 210. die Verhüllung ist im Oriat nothwendig, 211.
Verlobte, ob selbige unter dem Namen Ehefrau begriffen, 114.
Vertraulichkeit, ist keine wesentliche Pflicht des Ehestandes, 214.
Verunreinigen wird bey Mose blos von einer respectiven und bürgerlichen Unreinigkeit gebraucht, 85. als von moralischen, 85. (**)
Verwandte des Fleisches, 43.
Verwandtschaft, deren Namen werden bey den Hebräern weitläuftiger genommen, 17. 114. 120.
—— nahe, die einige Ursache der Eheverbote, 165. wird weiter ausgeführt, 160. u. f. f. Einwürfe dagegen beantwortet, 35. 263. 264. die Gränzen zwischen der nahen und entfernten, 205. 208.
—— durch Adoption bey den Arabern, 139. u. f.
Vielweiberey, wie sie im Hebräischen und Arabischen heisse, 233. ist nach dem Naturgesetz verboten, 163. war bey den Juden erlaubt, 231. nur durften sie nicht zwey Schwestern haben, 232. 234.
Weib des Vaters, siehe Frau.
Wiederholung der Ehegesetze Mosis, warum sie geschehen, 221. 246.
Witwe, wird unter dem Namen Frau begriffen, 278. gehörte bey den Orientalitern zur Verlassenschaft, 289.
Witwe des Bruders, Moses verbietet sie zu beyrathen, 216. 235. 276-281. Ehe mit selbiger heißt bey Mose Nidda, 66. ist sehr schädlich, 66. 287. ist nicht einerley mit der Ehe mit der verstorbenen Frauen Schwester, 235. u. f. ist im Preußischen vom Könige erlaubt, 281. mußten die Israeliten beyrathen, wenn derselbe keine Kinder hinterlassen, 219. 290. in andern Fällen war es verboten, ebend. u. 289.
—— des Mutterbruders untersagt die Tradition der Juden zu beyrathen, 254. Moses aber nicht, 259. Ursachen davon, 289 u. f. f.
—— des Vaterbruders verbietet Moses ausdrücklich, 256-259. Ursachen davon, 288.
—— des Mutter Bruders u. Schwestersohns verbietet Moses nicht, 289.
—— des Schwiegersohns und Schwiegervaters ist von Mose nicht verboten, 22.
—— des Vaters Halbbruders, ob sie Moses verboten, 307.
Wollust, unnatürliche, sind im Orient sehr häufig, 270. (**) des Onans Sünde ist hieher nicht zu ziehen, 270. (*)
Zeit von Josua bis auf die Babyl. Gefangenschaft entscheidet in Ehesachen nichts, 18.
Zimma, dessen Etymologie, 60. wird gebraucht von Unzucht mit einer, die unter unserm Schutz und Verwandtschaft stehet 61.
Zinsen, worauf sich das Verbot derselben unter den Israeliten bezogen, 75.

www.ingramcontent.com/pod-product-compliance
Lightning Source LLC
Chambersburg PA
CBHW020108010526
44115CB00008B/740